INIZIAZIONE
AL NUOVO TESTAMENTO

STUDIUM BIBLICUM FRANCISCANUM
Analecta
53

NELLO CASALINI OFM

INIZIAZIONE
AL NUOVO TESTAMENTO

FRANCISCAN PRINTING PRESS
Jerusalem
2001

Offset 4480-VI-2001, Jerusalem   ISSN 0081-8933

PREMESSA

Questo testo è nato dallo studio ed è destinato a coloro che iniziano lo studio del Nuovo Testamento, perché è un testo iniziatico, che io scrissi per me stesso quando iniziai l'insegnamento di Sacra Scrittura allo Studium Biblicum Franciscanum di Jerusalem.

Avendo intrapreso tale funzione per servire la Parola che mi faceva vivere, decisi di ripercorrere in breve e sinteticamente tutti i testi della nuova rivelazione per ritrovare in essi i fondamenti e i principi di quella fede che dovevo trasmettere, affinché io per primo fossi confermato nella mia fedeltà alla dottrina che avevo ricevuto.

Per questo il saggio che propongo non riguarda la teologia specifica di questo o di quel testo, ma la tradizione della fede che ci hanno tramandato e la cui sintesi è racchiusa nel 'Credo' che tutti professiamo, prima quello detto 'apostolico', poi quello ufficialmente chiamato 'costantinopolitano'.

Questa è la ragione per cui ho posto come titolo 'Iniziazione al Nuovo Testamento' e non 'Introduzione', perché questa ha come scopo di trattare per lo più questioni di storia e di critica letteraria, quella invece di iniziare alla fede ricevuta esaminando i passi più significativi in cui è stata tramandata.

Anche se la presentazione di ogni testo inizia con l'esposizione critica della sua struttura letteraria, lo scopo non è di risolvere il problema, ma solo di dare al lettore alcuni elementi generali sulla composizione di ogni scritto, in cui la rivelazione è stata tramandata, perché solo questa è l'oggetto specifico o la materia da me esposta.

Ci si potrebbe domandare se tutti questi *loci communes* della fede si possono unificare in una sintesi logica e ragionevole, come lo spirito della mente richiede.

Credo che sia possibile e io stesso ho già tentato una simile impresa nel mio saggio 'I misteri della fede', in cui ho unito le differenti testimonianze apostoliche secondo la logica dei simboli o delle metafore in cui sono espresse e in conformità all'ordine dei principi divini, quale è seguito nel 'Credo', in cui sono sintetizzati.

Ma devo dire con franchezza che questo testo è passato quasi inosservato, perché il nostro tempo sembra più interessato alla ricostruzione storicizzante e verosimile delle vicende in cui sono nati e si sono formati i testi della rivelazione, piuttosto che al contenuto delle verità rivelate e alla bellezza che emana dalla loro ordinata successione.

Coloro che casualmente lo hanno notato, o lo hanno semplicemente svalutato o lo hanno giudicato in modo severo togliendo ad esso la qualifica stessa di 'Teologia del Nuovo Testamento', che avevo posto come secondo titolo. Forse hanno ragione, se per 'teologia' intendono l'esposizione categoriale delle verità della 'fede', a cui si dedicano per lo più tutte le teologie del Nuovo Testamento esponendo il pensiero teologico specifico di ogni teologo, secondo le categorie proprie del suo pensiero. Ma se per 'teologia' si intende il discorso vero su Dio, allora la stessa fede e le verità che la costituiscono meritano questo titolo in modo eminente ed eccelso, perché per noi rappresenta la stessa rivelazione su Dio e sul suo mistero, di cui i misteri della fede sono solo il modo simbolico con cui è a noi comunicato.

Quindi chi lo ritiene utile, può trovare in quel saggio già edito l'esposizione logica e ordinata dei singoli testi che esamino in questo, insieme ad altri che ho integrato per dare uno sguardo più completo sulle testimonianze della fede tramandate nel Nuovo Testamento. Se invece desidera conoscere i problemi esegetici specifici che queste stesse testimonianze presentano, lo prego di attendere un poco. Ho già steso una 'Introduzione alla teologia del Nuovo Testamento', affinché il suo desiderio sia in qualche modo soddisfatto.

Ma chi è già esperto in queste ricerche, non ha bisogno di attendere il saggio annunciato. Egli già sa dove cercare in sintesi le notizie essenziali di cui si alimenta il suo studio. Questo testo non è stato scritto per chi ha già raggiunto la maturità nella conoscenza del Nuovo Testamento, ma per uno iniziando, che desidera abbracciare con uno sguardo breve, rapido e sintetico, le testimonianze della fede più rilevanti che ci hanno tramandato i singoli scritti di cui è composto. A lui è dedicato questo scritto, non per il nome proprio con cui è designato, ma come cercatore e amante della verità di Dio.

Avverto il lettore che questo testo è stato composto in due tempi e due luoghi diversi con diverse consuetudini scientifiche. Per questo alcune riviste sono indicate con abbreviazioni leggermente diverse. Chi è interessato può sciogliere le sigle servendosi dei repertori a disposizione.

Per la loro particolarità, segnalo che "Rivista Biblica Italiana" è stata abbreviata con *RivB*, "La Scuola Cattolica" con *ScCat*, "Rassegna di Teologia" con *RassT*, "Parola Spirito Vita" con *PSV*, "Rassegna di Teologia Morale" con *RTM*, "Euntes Docete" con *ED*, "Liber Annuus" dello Studio Biblico Francescano di Gerusalemme con *SBFLA*, e gli "Analecta" dello SBF con SBFAn

Ringrazio padre E. Alliata per aver dato al testo la sua forma editoriale rispettando i canoni della bellezza formale che soddisfa il gusto estetico del lettore e invita a leggere e padre G. C. Bottini per avere seguito la redazione dell'opera dall'inizio alla fine con spirito benevolo e amicizia cordiale.

PARTE PRIMA

MARCO

Bibliografia (Studi) H. Baarlink, *Anfängliches Evangelium*. Ein Beitrag zur näheren Bestimmung der theologischen Motiven im Markusevangelium, Kampen 1977. - E. Best, *The Tentation and Passion in the Markan Soteriology* (SNTS.MS2), Cambridge, 2a ed. 1990. - Idem, *Following Jesus*. Discipleship in the Gospel According to Mark (JSNT.SS 4), Sheffield 1981. - Idem, *Mark* - The Gospel as Story, Edingurgh 1983; rist.1988. - Idem, *Disciples and Discipleship*. Studies in the Gospel According to Mark, Edinburgh 1986. - C.C. Black, *The Disciples According to Mark*. Markan Redaction in Current Debate (JSNT.SS 27), Sheffield 1989. - Idem, "The Quest of Mark the Redactor: Why Has It Been Pursued and What Has It Thought Us?", *JSNT* 33 (1988) 19-39.- M.- E. Boismard, *Jésus, un homme de Nazareth reconté par Marc l'évangeliste*, Paris 1996.- C. Breytenbach, *Nachfolge und Zukunftserwartung nach Markus* (ATANT 71), Zurich 1984.- K. Broadhead, *Teaching with Authority*. Miracles and Christology in the Gospel of Mark (JSNT.SS 74), Sheffield 1992.- Idem, *Profet, Son, Messiah*. Narrative Form and Function in Mark 14-16 (JSNT.SS 97), Sheffield 1994.- T.A. Burkill, *Mysterious Revelation*. An Examination of the Philosophy of St. Mark's Gospel, Ithaca, NY, 1963.- Idem, *New Light in the Earliest Gospel*. Seven Markan Studies, Ithaca, NY, 1972.- H. Cancik, "Die Gattung Evangelium. Markus im Rahmen der antiken Historiographie", *Humanistische Bildung* 4 (1981) 63-101, rist. in: *Markus-Philologie*, ed. H. Cancik, 85-113.- H. Cancik (ed.), *Markus-Philologie*. Historische, literaturgeschichtliche und stilistische Untersuchungen zum zweiten Evangelium (WUNT 33), Tübingen 1984.- D.W. Chapman, *The Orphan Gospel*. Mark's Perspective on Jesus (Biblical Seminar Series 16), Sheffield 1993.- A.Y. Collins, *The Mark's Gospel a Life of Jesus?* The Question of Genre (Père Marquette Lecture), Milwaukee, WI, 1990.- J.C. Cook, *The Structure and Persuasive Power of Mark* (SBL Semeia Studies), Atlanta 1995. - G. Dautzenberg, "Die Zeit des Evangeliums. Mk 1,1-15 und die Konzeption des Markusevangeliums", *BZ* 21 (1977) 219-234.- Idem, "Die Zeit des Evangeliums. Mk1,1-15 und die Konzeption des Markusevangeliums", BZ 22 (1978) 76-91. - O. Davidsen, *The Narrative Jesus*. A Semiotic Reading of Mark's Gospel, Aarhus 1993.- J.R. Donahue, "Jesus as Parable of God in the Gospel of Mark", *Int* 32 (1979) 369-388.- Idem, *The Theology and Setting of the Discipleship in the Gospel of Mark* (The 1983 Père Marquette Theology Lecture), Milwaukee, WI, 1983.- Idem, "A Neglected Factor in the Theology of Mark", *JBL* 101 (1982) 563-594.- D. Dormeyer, *Der Sinn des Leidens Jesu*. Historisch-kritische und textpragmatische Analyse zur Markuspassion (SBS 96), Stuttgart 1979.- Idem, *Die Passion Jesu als Verhaltensmodell* (NTAbh 11), Münster 1974.- J. Ernst, *Markus*. Ein theologisches Portrait, Düsseldorf 1987.- F. Fendler, *Studien Zum Markusevangelium*. Zur Gattung, Chronologie, Messiasgeheimnistheorie und Überlieferung des zweiten Evangeliums (GTA 49), Göttingen 1991.- A.J. Festugère, *La Bonne Nouvelle de Jésus-Christ selon Marc*, Paris 1992.- C. Focant, "L'incompréhénsion des disciples dans le second évangile. Tradition et rédaction", *RB* 82 (1975) 161-185.- R.M. Fowler, *Let the Reader Understand*. Reader-Response Criticism and the Gospel of Mark, Minneapolis 1991.- V. Fusco, "Rivelazione di Gesù - Rivelazione di Dio. Il problema del 'Dio di Gesù Cristo' nella prospettiva marciana", *ScCat* 117 (1989) 149-166.- J.P. Heil, *The Gospel of Mark as a Model for Action*. A Reader-Response Commentary, New York 1992.- M. Hengel, "Probleme des Markusevangeliums", in: *Das Evangelium und die Evangelien*, ed. P. Stuhlmacher(WUNT 28), Tübingen 1983, 221-265.- M.D. Hooker, *The Message of Mark*, London 1983.- Idem, *Son of Man in Mark,* London 1967.- M. Horstmann, *Studien zur markinischen Christologie*. Mk 8,27-9,13 als Zugang zum Christusbild des zweiten Evangeliums (NTAbh 6), Münster 1969.- H.C. Kee, *Community of the New Age*. Studies in Mark's Gospel, Philadelphia 1977.- W.H. Kelber (ed.), *The Passion in Mark*. Studies on Mark 14-16, Philadelphia 1976.- Idem, *Mark's Story of Jesus*, Philadelphia 1983.- K. Kertelge, *Die Wunder Jesu im Markusevangelium* (StANT 23), München 1970.- Idem, "Die Epiphanie Jesu im

Evangelium (Markus)", in: *Gestalt und Anspruch des Neuen Testaments,* ed. J. Schreiner - G. Dautzenberg, Würzburg 1969, 153-172; rist. in: *Das Markus-Evangelium,* ed. R. Pesch (WdF 411), Darmstadt 1979, 259-282.- J.D. Kingsbury, *The Christology of Mark,* Philadelphia 1983.- Idem, "The Significance of the Cross Within Mark's Gospel", *Int* 47 (1993) 370-379.- H.-J. Klauck, "Die erzählerische Rolle der Jünger im Markusevangelium", *NT* 24 (1982) 1-26.- U. Kmiecik, *Der Menschensohn im Markusevangelium* (FzB 81), Würzburg 1997.- D.-A. Koch, *Die Bedeutung der Wundererzählung fur die Christologie des Markusevangeliums* (BZNW 42), Berlin 1975.- H.W. Kuhn, *Ältere Sammlungen im Markusevangelium* (SUNT 8), Göttingen 1970. - P. Lamarche, *Révélation de Dieu chez Marc,* Paris 1976.- A. Lindemann, "Literatur zu den synoptischen Evangelien 1984-1991 (II)", *ThR* 59 (1994) 113-185: 113-147.- E. Lohmeyer, *Galiläa und Jerusalem* (FRLANT 34), Göttingen 1936.- B. Mack, *A Myth of Innocence.* Mark and Christian Origins, Philadelphia 1988.- Idem, "A Mythe of Innocence at Sea", *Continuum* 1 (1991) 140-151.- E.S. Malbon, "Text and Context. Interpreting the Disciples in Mark", *Semeia* 62 (1993) 81-102.- E. Manicardi, *Il cammino di Gesù nel vangelo di Marco.* Schema narrativo e tema teologico (AnBib 96), Roma 1981.- J. Marcus, *The Way of the Lord.* Christological Exegesis of the Old Testament in the Gospel of Mark, Louisville, KY, 1992.- C. Marshall, *Faith as a Theme in Mark's Narrative* (SNTS. MS 64), Cambridge1989.- R.P. Martin, *Mark Evangelist and Theologian,* Exeter 1972.- W. Marxen, *Der Evangelist Markus.* Studien zur Redaktionsgeschicte des Evangeliums (FRLANT 67), Göttingen, 2a ed. 1959.- F.J. Matera, "Interpreting Mark - Some Recent Theories on Redaction Criticism", *Louvain Studies* 2 (1968) 113-131.- Idem,*What Are They Saying About Mark?,* New York 1987.- R.P. Meye, *Jesus and the Twelve.* Discipleship and Revelation in Mark's Gospel, Grand Rapids, MI, 1968.- P. Müller, *'Wer ist dieser?'* - Jesus im Markusevangelium (BThSt 271), Neukirchen-Vluyn 1995.- J.C. Naluparayil, *The Identity of Jesus in Mark.* An Essay on Narrative Christology (SBFAn 49), Jerusalem 2000.- F. Neirynck et al. (ed.), *The Gospel of Mark.* A Cumulative Bibliography 1950-1990 (BETL 102), Leuven 1992.- N. Perrin, "The Christology of Mark. A Study on Methodology", *JR* 51 (1971) 173-187, rist. in: *L'évangile selon Marc,* ed. M. Sabbe, 471-485.- Idem, "Towards an Interpretation of the Gospel of Mark", in: *Christology and Modern Pilgrimage,* ed. H.D. Betz, Philadelphia 1976, 1-78.- Idem, "The Interpretation of the Gospel of Mark", *Int* 30 (1979) 115-124.- R. Pesch (ed.), *Das Markus-Evangelium* (WdF 411), Darmstadt 1979.- P. Pokorný, "Das Markusevangelium. Literarische und theologische Einleitung mit Forschungsbericht", *ANRW* II 25.3 (1985) 1969-2035.- A. Quesnell, *The Mind of Mark.* Interpretation and Method through the Exegesis of Mk 6,52 (AnBib 38), Rome 1969.- J. Rademakers, "L'évangile de Marc. Structure et théologie", in: *L'évangile selon Marc,* ed. M. Sabbe, 221-239.- Idem, *La bonne nouvelle de Jésus selon saint Marc,* 2 voll., Bruxelles 1974.- G. Rau, "Das Markus-Evangelium. Komposition und Intention der ersten Darstellung christlicher Mission", *ANRW* II 25.3 (1985) 2036-2257.- K.G. Reploh, *Markus - Lehrer der Gemeinde.* Eine redaktionsgeschichtliche Studie zu den Jüngerperikopen des Markusevange-liums (SBM 9), Stuttgart 1969.- D. Rhoads - D. Michie, *Mark as Story.* An Introduction to the Narrative of the Gospel, Philadelphia 1982.- V.K. Robbins, *Jesus the Teacher.* A Socio-Rhetorical Interpretation of Mark, Minneapolis 1984, rist. 1992.- M. Sabbe (ed.), *L'évangile selon Marc.* Tradition et rédaction (BETL 34), Leuven 1974; 2a éd. augmentée 1988.- L. Schenke, *Der gekreuzigte Christus.* Versuch einer literarkritischen und traditionsgeschichtlichen Bestimmung der vormarkinischen Passionsgeschichte (SBS 69), Stuttgart 1974.- Idem, *Die Wundererzählungen des Markusevangeliums* (SBB) Stuttgart 1974.- Idem, *Studien zur Passionsgeschichte des Markus und Redaktion in Markus 14,1-42* (FzB 4), Würzburg 1971.- Idem, *Das Markusevangelium* (UTB 405), Stuttgart 1988.- R. Schnackenburg, " 'Das Evangelium' im Verständnis des ältesten Evangelisten", in: *Orientierung an Jesus,* FS J. Schmid, ed. P. Hoffmann, Freiburg i.Br. 1973, 309-343.- J. Schreiber, "Die Christologie des Markusevangeliums. Beobachtungen zur Theologie und Komposition des zweiten Evangeliums", *ZThK* 58 (1961) 154-183.- Idem, *Theologie des Vertrauens.* Eine redaktionsgeschichtliche Untersuchung des Markusevangeliums, Hamburg 1967.- Idem, *Die*

Markuspassion, Hamburg 1969.- Idem, *Die Markuspassion*. Eine redaktionsgeschichtliche Untersuchung (BZNW 68), Berlin 1993.- K. Scholtissek, *Die Vollmacht Jesu*. Traditions- und redaktionsgeschichtliche Analyse zu einem Leitmotiv markinischer Christologie (NTAbh 25), Münster 1992.- S. Schulz, "Markus und das Alte Testament", *ZThK* 58 (1961) 184-197.- J. Schuling, *Studien zum Verhaltnis von Logienquelle und Markusevangelium* (FzB 65), Wurzburg 1991.- E. Schweizer, "Die theologische Leistung des Markus", *EvTh* 4 (1964) 337-355.- Idem, "Mark's Contribution to the Quest of the Historical Jesus", *NTS* 10 (1963-64) 421-432.- D.P. Senior, *The Passion of Jesus in the Gospel of Mark* (The Glazier Passion Series 2), Wilmington, DE, 1984.- J. Sergeant, *Lion Let Loose*. The Structure and Meaning of St. Mark's Gospel, Exeter 1988.- W. Shiner, *Follow Me!* Disciples in the Markan Rhetoric (SBL.DS 145), Atlanta 1995.- Th. Söding, *Glaube bei Markus* (SBB12), Stuttgart 1985.- Th. Söding (ed.), *Der Evangelist als Theologe*. Studien zum Markusevangelium (SBS 163), Stuttgart 1995.- B.H.M.G.M. Standaert, *L'évangile de Marc*. Composition et genre littéraire, Zvevenkerken, Brugge, 1984.- H.-J. Steichele, *Der leidende Sohn-Gottes*. Eine Untersuchung einer alttestamentlichen Motive in der Christologie des Markusevangeliums (BU 14), Regensburg 1980.- A. Stock, *Call to Discipleship*. A Literary Study of Mark's Gospel (Good News Studies 1), Wilmington, DE, 1982.- Idem, *The Method and Message of Mark*, Wilmington, DE, 1989.- C. Stock, *Boten aus dem Mit-Ihm-Sein*. Das Verhältnis zwischen Jesus und den Zwölf nach Markus (AnBib 70), Rome 1975.- A. Suhl, *Die Funktion der alttestamentlichen Zitate und Anspielungen im Markusevangelium*, Gütersloh 1965.- R.C. Tannehill, "The Gospel of Mark as Narrative Christology", *Semeia* 16 (1979) 57-95.- D.B. Taylor, *Mark's Gospel as Literature and History*, London 1993.- W.R. Telford (ed.), *The Interpretation of Mark* (Issues in Religion and Theology 7), Philadelphia-London 1985.- Idem, *Mark* (New Testament Guides), Sheffield 1995.- G. Theissen, *Urchristliche Wundergeschichten* (StNT 8), Gütersloh 1974.- D.L. Tiede, *The Charismatic Figure as Miracle Worker* (SBL.DS 1), Missoula, MT, 1972.- B. van Iersel, *Reading Mark*, Edinburgh 1989.- F. van Segbroeck et al. (ed.), *The Four Gospels 1992*, FS F. Neirynck, (BETL 100), Leuven II 693-1183 (The Gospel of Mark).- T.J. Weeden, *Mark's Traditions in Conflict*, Philadelphia 1971.- A. Weiser, *Theologie des Neuen Testaments*. II. Theologie der Evangelien (SBT 8), Stuttgart-Berlin-Bonn 1993, 44-78.- W. Weiss, *"Eine Lehre in Vollmacht"*. Die Streit- und Schulgespräche des Markusevangeliums (BZNW 52), Berlin 1989.- W. Zager, *Gottesherrschaft und Endgericht in der Verkündigung Jesu*. Eine Untersuchung zur markinischen Jesusüberlieferung, einschliesslich der Q-Parallele (BZNW 82), Berlin 1996.- R. Zwick, *Montage im Markusevangelium*. Studien zur narrativen Organization der ältesten Jesuserzählung (SBB 18), Stuttgart 1989.

(Commenti) J.A. Books, *Mark* (NAC 23), Nashville 1991.- B.H. Branscombe, *The Gospel of Mark* (MCNT), London 1937.- C.E.B. Cranfield, *The Gospel According to St. Mark*, Cambridge 1959, 4a ed. 1977.- J. Ernst, *Das Evangelium nach Markus* (RNT), Regensburg 1981.- R.H. Gundry, *Mark*. A Commentary on His Apology for the Cross, Grand Rapids, MI, 1993.- J. Gnilka, *Das Evangelium nach Markus* (EKK II/1-2), Zurich/Neukirchen-Vluyn 1986; 2a ed. 1989.- W. Grundmann, *Das Evangelium nach Markus* (ThHK 2), Leipzig, 8a ed., 1980.- R.A. Guelich, *Mark1,1-8,26* (WBC34A), Dallas, TX, 1989.- E. Haenchen, *Der Weg Jesu*. Eine Erklärung des Markusevangeliums und der kanonischen Parallelen, Berlin, 2a ed., 1968.- M. D. Hooker, *The Gospel According to Mark* (BNTC), London 1991.- L.W. Hurtado, *Mark* (NIBC 2), Peabody, MA, 1989.- E. Klostermann, *Das Markusevangelium* (HNT 3), Tübingen, 5a ed., 1971.- M.-J. Lagrange, *L'évangile selon Saint Marc* (EB), 4 ed., Paris 1929; P. Lamarche, *Evangile de Marc* (EB. NS 33), Paris 1996.- W.L. Lane, *The Gospel According to Mark* (NICNT), Grand Rapids, MI, 1974.- S. Legasse, *L'évangile de Marc* (LD Comm 5), 2 voll., Paris 1997.- E. Lohmeyer, *Das Evangelium nach Markus* (KEK I/2), 8a ed., Göttingen 1967.- D. Lührmann, *Das Markusevangelium* (HNT 3), Tübingen 1987.- C.S. Mann, *Mark* (AB 27), Garden City, NY, 1986.- J. Mateos.- F. Camacho, *El Evangelio de Marcos*, t.l, Cordoba 1993.- C.G. Montefiore, *The Synoptic Gospels* I, 2a ed., London 1927.- R. Pesch, *Das Markusevangelium*. I. Teil Kap 1,1-8,26 (HThK II/1), 5a ed., Freiburg-Basel-Wien, 1989.- Idem, *Das*

Markusevangelium. II. Teil Kap 8,27-16,8 (HThK II/2), 4a ed., Freiburg-Basel-Wien 1991.-
H. Plummer, *The Gospel According to St. Mark* [1914], rist. Grand Rapids, MI, 1982.- W.
Schmithals, *Das Evangelium nach Markus* (ÖTK 2/1-2), 2a ed., Gütersloh 1986.- E. Schweizer,
Das Evangelium nach Markus (NTD 1), 7a ed., Göttingen 1989.- H.B. Swete, *The Gospel
According to St. Mark*, 3a ed., London 1927.- V. Taylor, *The Gospel According to St. Mark*,
London 1953.- G. Wohlenberg, *Das Evangelium nach Markus* (KNT 2), 3a ed., Leipzig 1930.

I   *Autore, luogo e data di composizione di Mc*

Secondo Eusebio di Cesarea, *Hist Eccl* III 39, 15, il vangelo 'secondo
Marco' (KATA MAPKON) sarebbe stato composto da un certo Marco, "in-
terprete di Pietro" (ἑρμηνευτὴς Πέτρου), che scrisse con cura (ἀκριβῶς
ἔγραψε) ciò che ricordava (ὅσα ἐμνημόνευσεν). Egli prende questa notizia
dall'opera 'Interpretazione (o spiegazione) delle parole (o dei detti) del Signore' (Λογίων κυριακῶν ἐξηγέσεως) di Papia di Gerapoli, scritta verso il
120/130 d.C. Costui l'avrebbe ascoltata personalmente da un certo presbitero
Giovanni (cf. *Hist Eccl* III 39,4). Di conseguenza la notizia dovrebbe essere
molto antica e potrebbe risalire al tempo della diffusione del testo. Ma non
può essere né verificata né smentita con l'aiuto di altre fonti storiche indipendenti. Secondo la tradizione questo Marco potrebbe essere identificato con
Giovanni Marco, di cui si parla negli Atti degli Apostoli. In casa di sua madre
Maria si rifugia Pietro dopo la liberazione prodigiosa dal carcere (At 12,12).
E' compagno di Paolo e Barnaba in Antiochia e loro aiuto all'inizio del primo
viaggio missionario (At 12,25 13,5); ma poi si dissocia da loro e torna a Gerusalemme (At 13,13). Per questo Paolo rifiuta di portarlo con sé nel secondo
viaggio e si separa da Barnaba per un disaccordo su questo (At 15,35-39). La
stessa tradizione identifica l'autore del vangelo con il Marco che Paolo chiama suo collaboratore in Flm 24, lo raccomanda all'ospitalità della comunità
in Col 4,10 e chiede a Timoteo di portarlo con sé perché potrebbe essere utile
al ministero (2Tm 4,11). Potrebbe essere diverso da Giovanni Marco degli
Atti. Ma colui che ha scritto la lettera ai Colossesi lo chiama 'cugino' di
Barnaba in Col 4,10. Con ciò lascia capire o vuole far capire che si tratta della
stessa persona. Come luogo di composizione Eusebio di Cesarea, *Hist Eccl* II
15, indica Roma. Alcuni studiosi dubitano. Ritengono che sia una notizia
dedotta da 1Pt 5,13 in cui chi scrive manda i saluti dicendo: "Saluta voi la
eletta (sc. sorella: cf. 2Gv 13) in Babilonia e Marco, mio figlio (Ἀσπάζεται
ὑμᾶς ἡ ἐν Βαβυλῶνι συνεκλεκτὴ καὶ Μάρκος ὁ υἱός μου). Poiché la tradizione attribuisce la lettera a Pietro e poiché 'Babilonia', da cui l'autore finge
di scrivere, è identificata con Roma in Ap 17,1 la stessa tradizione ne ha
dedotto che Roma potrebbe essere il luogo di composizione del vangelo.

Forse la notizia potrebbe contenere qualche cosa di storico se si pensa che il vangelo di Marco godeva di una tale autorità che Matteo e Luca lo hanno seguito fedelmente nella composizione del loro. Ciò si potrebbe spiegare supponendo che sia stato diffuso da una comunità autorevole. Roma quindi non è impossibile come luogo di composizione. Ma W.G. Kümmel fa giustamente notare che anche altre comunità godevano di grande autorità nello stesso periodo in Siria, in Galilea e in Transgiordania. Il problema quindi non è risolto e il testo non offre alcun indizio per risolverlo. Ma sembra che si debba escludere che sia stato composto in Palestina o da un autore palestinese perché non conosce bene la geografia del luogo (cf. 5,1 5,18-20 7,31 8,22 10,1 11,1). Per stabilire la data di composizione si prende in considerazione Mc 13,7-8 in cui parla di 'guerre' e si pensa che ciò possa alludere alle guerre tra i pretendenti al governo dell'impero dopo la morte di Nerone avvenuta nel 68 d.C., in particolare alla ripresa della 'guerra giudaica' da parte di Tito. Quindi potrebbe essere stato scritto poco prima del 70 d.C., che è l'anno della distruzione di Gerusalemme. Se poi si tiene conto che in 13,7 l'autore dice che ciò non è ancora la fine (ἀλλ'οὔπω τὸ τέλος) e che in Mc 13,20b afferma che il Signore "ha abbreviato i giorni (sc. della tribolazione)" per gli eletti (ἐκολόβωσεν τὰς ἡμερας), si potrebbe supporre che la guerra giudaica sia già finita. Il testo quindi potrebbe essere stato scritto poco dopo il 70 d.C. L'ipotesi potrebbe trovare conferma in Mc 13,14 dove parla di "abominio della desolazione" (τὸ βδέλυγμα τῆς ἐρημώσεως), che sembra alludere alla distruzione del tempio come già avvenuta e annunciata in Mc 13,2. Coloro che riferiscono Mc 13,14 al tempo di Coligola (c.ca 39 d.C.) dimenticano che la supposta profanazione del tempio indicata dall'immagine non è mai avvenuta perché l'imperatore è morto ucciso prima che potesse attuare il suo progetto di profanazione facendo porre una statua nel Tempio. Quindi l'espressione "abominio della desolazione", ripresa da LXX Dan 9,27 12,11, potrebbe riferirsi alla presenza reale del vincitore pagano Tito proprio nel luogo del tempio di Dio, da cui fece asportare tutti gli arredi sacri al momento della presa della città, come attesta la stessa tradizione iconografica pagana (cf. l'Arco di Tito in Roma).

Bibliografia (Introduzioni) I. Broer, *Einleitung in das Neue Testament. I. Die synoptischen Evangelien, die Apostelgeschichte und die johanneische Literatur* (NEB Ergänzungsband 2/1 zum NT), Würzburg 1998, 76-88.- H. Conzelmann-A. Lindemann, *Arbeitsbuch zum Neuen Testament*, Tübingen ¹²1998, 320-321.- W.G. Kümmel, *Einleitung in das Neue Testament*, Heidelberg ²¹1983, 53-73.- W. Marxen, *Einleitung in das Neue Testament*, Göttingen ⁴1978, 139-149.- U. Schnelle, *Einleitung in das Neue Testament*, Göttingen ³1999, 214-234 .- (Studi) C.C. Black, "Was Mark a Roman Gospel?", *ExpT* 105 (1993) 36-40.- P.J.J. Botha, "The Historical Setting of Mark's Gospel: Problems and Possibilities", *JSNT* 51 (1993) 27-55.- M. Hengel, "Entstehungszeit und Situation des Markusevangeliums", in: *Markus-Philologie*, ed.

H. Cancik, 1-45.- U.H.J. Körtner, "Markus der Mitarbeiter des Petrus", *ZNW* 71 (1980) 160-173.- J. Kürziger, "Die Aussagen des Papias von Gerapolis zur literarischen Form des Markusevangeliums", *BZ* 21 (1977) 245-264.- J. Markus, "The Jewish War and the *Sitz im Leben* of Mark", *JBL* 111 (1992) 441-462.- K. Niederwimmer, "Johannes Markus und die Frage nach dem Verfasser des zweiten Evangeliums", *ZNW* 58 (1967) 172-188.- B. Orchard, "Mark and the Function of Traditions", in: *The Four Gospels 1992*, FS F. Neirynck, ed. F. van Segbroeck, II 779-800.- R. Pesch, *Das Markusevangelium* I, 3-15.- E. Schweizer, "Markus, Begleiter des Petrus?", in: *The Four Gospels 1992*, ed. F. van Segbroeck, II 751-773.- H.E.W. Turner, "The Tradition on Mark's Dependence upon Petrus", *ExpT* 71 (1959/60), 260-263.- B. van Iersel, "De thuishaven van Markus (Rome as the Locus of Mark's Gospel)", *TijdTheol* 32 (1992) 125-142.- G. Zuntz, "Wann wurde das Evangelium Marci geschrieben?", in: *Markus-Philologie*, ed. H. Cancik, 47-71.

II *Piano letterario del vangelo di Marco*

E' opinione comune che sia molto difficile comprendere la composizione del vangelo di Marco. Non ci sono indizi letterari sufficienti per stabilire il piano del testo. Gli autori adottano diversi criteri di divisione.

W. G. Kümmel divide il testo in cinque parti secondo un criterio geografico: Mc 1,1-13 Introduzione.- Mc 1,14-5,43 Parte I: Gesù in Galilea.- Mc 6,1-9,50 Parte II: Gesù in cammino in Galilea e fuori della Galilea.- Mc 10,1-10,52 Parte III: Gesù in cammino verso Gerusalemme.- Mc 11,1-13,37 Parte IV: Gesù a Gerusalemme.- Mc 14,1-16,8 Parte V: Racconto della passione e resurrezione. Il piano non è totalmente coerente col principio di divisione adottato. La passione si svolge a Gerusalemme e Gerusalemme è in Giudea. Quindi le Parti IV e V dovrebbero formare una sola parte e il testo andrebbe diviso in quattro e non in cinque parti. A. Wickenhauser e J. Schmid adottano un criterio misto, geografico e narrativo e dividono il testo in tre parti: Mc 1,1-13 Antefatto.- Mc 1,14-6,6a Parte I: Il ministero in Galilea.- Mc 6,6b - 10,52 Parte II: Gesù in viaggio.- Mc 11,1 - 16,20 (conclusione lunga) Parte III: A Gerusalemme - Attività, passione, morte e resurrezione di Gesù.

Questo piano sembra più coerente del precedente perché si basa su un elemento narrativo evidente: dal cap. 6 al cap. 10 Gesù è 'in viaggio'. Mi sembra tuttavia che non ci sia nessuna ragione per porre un inizio della Parte II in Mc 6,6b. Se il criterio adottato è quello di 'Gesù in viaggio', l'inizio della parte deve essere posto in Mc 6,1 "E partì di là" (καὶ ἐξῆλθεν ἐκεῖθεν). Allo stesso modo infatti sono indicati i viaggi successivi in Mc 7,24 "E levatosi di là" (ἐκεῖθεν ἀναστάς), in Mc 8,27 "E partì Gesù" (καὶ ἐξῆλθεν ὁ Ἰησοῦς), in Mc 10,1 "E levatosi di là" (καὶ ἐκεῖθεν ἀναστάς).

Ma il difetto fondamentale di questo tipo di piano è di adottare un criterio di divisione che non corrisponde alla intenzione dell'autore che vuole narrare il vangelo annunciato da Gesù Cristo. Quindi gli spostamenti e i viaggi di Gesù sono in funzione dell'annuncio del Vangelo. Tenendo conto di questo la maggior parte degli autori preferisce adottare una divisione secondo il principio tematico. Seguendo questo criterio il testo è diviso in sei parti, di cui indico i titoli presi dai commenti più diffusi e da alcuni studi recenti.

Mc 1,1-13 (o 15) Introduzione o Prologo o Inizio.- Mc 1,14 (o 16) - 3,6 (o 12) Parte I: 'Nuovo insegnamento con potenza" (P. Pokorný), 'Inizio della missione in Galilea' (G. Rau), 'Gesù e il popolo' (X. Léon-Dufour), 'Gli inizi' (E. Lohmeyer), 'Il ministero in Galilea' (V. Taylor), 'Comparsa potente di Gesù' (R. Pesch), 'Gesù opera potentemente davanti al popolo' (J. Gnilka).- Mc 3,7 (o 13) - 6,6 (o 6,13 o 6,29) Parte II: 'Chi è costui?' (P. Pokorný), 'La nuova comunità della salvezza come *familia dei* e il mistero del regno di Dio' (G. Rau), 'Gesù e i suoi' (X. Léon-Dufour), 'Presso il lago di Genezaret' (E. Lohmeyer), 'Il culmine del ministero in Galilea' (V. Taylor), 'L'attività didattica e miracolosa di Gesù e il suo effetto evidente' (R. Pesch), 'Dottrina e miracoli di Gesù' (J. Gnilka). -Mc 6,7 (6,14 o 6,30) - 8,26 Parte III: 'e tutti mangiarono e furono sazi' (P. Pokorný), 'Proseguimento e ampliamento della missione di Gesù verso Israele' (G. Rau), 'Gesù e i suoi discepoli' (X. Léon-Dufour), 'Il prodigio del pane' (E. Lohmeyer), 'Il ministero oltre la Galilea' (V. Taylor), 'Gesù si rivolge a Giudei e a pagani' (R. Pesch), 'In costante peregrinazione' (J. Gnilka).- Mc 8,27 - 10,52 Parte IV: 'Il cammino del Figlio diletto' (P. Pokorný), 'Missione nel segno dell'avvicinarsi del regno di Dio' (G. Rau), 'Il cammino del figlio dell'uomo (X. Léon-Dufour), 'La via verso la passione' (E. Lohmeyer), 'Cesarea di Filippi: il viaggio verso Gerusalemme' (V. Taylor), 'La via del Figlio dell'Uomo verso la passione e la sequela della croce dei discepoli' (R. Pesch), 'Esortazione alla sequela della croce' (J. Gnilka). Mc 11,1 - 12,44 (o 13,37) Parte V: 'La mia casa sarà chiamata una casa di preghiera per tutti i popoli' (P. Pokorný), 'La venuta del Signore nel suo tempio' (G. Rau), 'Messaggio di Gesù in Gerusalemme' (E. Lohmeyer), 'Il ministero di Gesù in Gerusalemme' (V. Taylor), 'Dimostrazione messianica e insegnamento di Gesù nel tempio' (R. Pesch), 'L'attività di Gesù in Gerusalemme' (J. Gnilka).- Mc 14,1-16,8 Parte VI: 'Veramente questo uomo era Figlio di Dio' (P. Pokorný), 'Il martirio del re d'Israele per la festa di Pasqua' (G. Rau), 'Il racconto della passione e della resurrezione' (V. Taylor), 'La passione di Gesù e l'annuncio della sua resurrezione' (R. Pesch), 'La passione, la morte e la tomba vuota di Gesù' (J. Gnilka).

Non tutti coloro che dividono il testo in sei parti sono d'accordo sull'inizio e la fine di ciascuna parte. Mc 1,14-15 per alcuni costituisce la fine del Prologo sia perché Marco ha interesse ad unire l'attività di Giovanni con quella di Gesù come appare da Mc 1,7 sia perché continua il tema del 'vangelo' con cui inizia in Mc 1,1 (cf. G. Rau, R. Pesch, J. Gnilka). Per altri è l'inizio della Parte I perché indica l'inizio dell'attività di Gesù (P. Pokorný, E.

Lohmeyer, V. Taylor). Mc 3,7-11 per alcuni è la fine della Parte I di cui sarebbe un 'sommario' conclusivo sull'attività di Gesù descritta nella parte precedente (J. Gnilka). Per altri l'inizio naturale della parte successiva in quanto è la ripresa esplicita del soggetto in Mc 3,7 'Gesù con i suoi discepoli' e anticipa temi sviluppati in seguito, in particolare quello della 'barca' (P. Pokorný, E. Lohmeyer, V. Taylor). Mc 6,6b-13.14-29 per qualcuno è da unire con la Parte II che precede per il tema del rifiuto dell'annuncio, di cui l'uccisione di Giovanni sarebbe un segno e che è un tema sviluppato in Mc 3,21-35 e 6,1-6a (E. Lohmeyer, R. Pesch, P. Pokorný che estendono fino a Mc 6,29). Per altri (G. Rau, J. Gnilka) è da unire con la parte che segue, di cui sarebbe l'inizio perché l'invio dei discepoli in missione di cui si parla in Mc 6,6b-12 è collegato al loro ritorno di cui si dice in Mc 6,30. Mc 8,22-26 'La guarigione del cieco di Betsaida' è considerato da alcuni inizio simbolico della Parte IV, in cui Gesù parla di se stesso e del proprio destino per istruire i discepoli che ancora non capiscono (cf. A. Kuby). Per altri invece è la conclusione di ciò che precede perché Mc 8,27 costituisce un reale inizio senza diretto collegamento narrativo con tale episodio (P. Pokorný, G. Rau, E. Lohmeyer, V. Taylor, R. Pesch, J. Gnilka).

Mc 13,1-37 'Il discorso sulla fine', è considerato da alcuni la chiusura naturale della Parte V (Mc 11,1-12,44), che narra le vicende di Gesù nel tempio (P. Pokorný, G. Rau, E. Lohmeyer. V. Taylor). Qualcuno invece lo considera parte a se stesso, distinto da ciò che precede e da ciò che segue (R. Pesch).

D. A. Koch, nel suo saggio sulla struttura di Marco, ritiene che le sei parti minori siano da subordinare a una divisione maggiore, che sarebbe costituita da Mc 8,27 in cui inizia la pericope che narra l'evento del riconoscimento di Gesù come il Cristo. Di conseguenza il racconto sarebbe composto da due parti maggiori: Mc 1,1-8,26 e Mc 8,27-16,8, di cui Mc 1,1-13 (o 15) potrebbe essere il 'Prologo'. La prima parte riguarderebbe l'attività di Gesù in Galilea e dintorni, con centro sul 'mare di Galilea'; la seconda parte indicherebbe l'andata verso Gerusalemme.

Qualcuno invece (cf. H. Conzelmann - A. Lindemann), fà rilevare la coerente unità letteraria costituita da Mc 8,27-10,52 caratterizzata dalle tre predizioni della passione (Mc 8,31 9,31 10,33-34) e dal tema della istruzione dei discepoli, a cui corrisponde l'indicatore narrativo 'per strada' (o per la via) (ἐν τῇ ὁδῷ): Mc 8,27 e 10,52 (cf. 9,33.34 e 10,32), con cui l'autore sembra delimitare anche simbolicamente questa parte della narrazione come il viaggio di Gesù verso il luogo della passione e della morte, annunciata dalle sue parole. Per questo motivo propongono una diversa divisione in tre parti: Mc 1,1-8,26 'Attività di Gesù in Galilea e fuori della Galilea'; Mc 8,27-10,52 'La via di Gesù verso la passione e la sequela nel dolore'; Mc 11,1-16,8 'Gesù a Gerusalemme. Mc 1,1-13 (o 15) si potrebbe distinguere come 'Prologo' di introduzione.

Mi sembra che una divisione tematica, in tutte le sue forme, non rispetti completamente i dati narrativi del testo. Il più evidente è costituito da Mc 6,1 7,24 8,27 10,1 in cui lo scrittore segnala l'inizio di un viaggio. L'ultimo è verso Gerusalemme e termina in Mc 10,52. Quindi Mc 6,1-10,52 dovrebbero costituire una unità narrativa. Inoltre la passione di Gesù, narrata in Mc 14,1-16,8 ha come 'causa' la manifestazione della sua autorità messianica narrata in Mc 11,1- 12,44. Quindi Mc 11,1 - 16,8 formano una unità narrativa.

Tenendo conto di questo e adottando un criterio misto (geografico, narrativo e tematico) il racconto potrebbe essere diviso in tre parti maggiori con prologo. Mc 1,1-13 'Preparazione all'annuncio'.- Mc 1,14- 5,43 Parte I: 'Annuncio del regno di Dio in Galilea'.- Mc 6,1-10,52 Parte II: 'Rifiutato, Gesù si occupa di quelli che lo seguono e si fa riconoscere come il Cristo dai suoi discepoli con la duplice moltiplicazione dei pani. Riconosciuto, li istruisce sul destino del Figlio dell'Uomo che gli è riservato, invitando a seguire sullo stesso cammino.- Mc 11,1-16,8 Parte III: 'Gesù a Gerusalemme per compiere il destino che gli è riservato: essere ucciso e risorgere al terzo giorno'. Ogni parte maggiore potrebbe essere suddivisa in più sezioni narrative minori, che potrebbero essere anche quelle già segnalate. Ma non c'è accordo sul criterio da adottare per la divisione. C'è un certo consenso nel considerare Mc 3,6 come fine di una sezione (o per altri di parte), perché i farisei e gli erodiani decidono di ucciderlo. Ciò potrebbe essere considerato come 'rifiuto' dell'annuncio; o meglio, l'annuncio trova durezza di cuore e quindi da ciò scaturisce la decisione di farlo morire.

Seguendo questo criterio, alcuni vorrebbero collocare una seconda fine in Mc 6,6a: Gesù è disprezzato in patria e quindi 'rifiutato' dai suoi. Ma ciò va contro il criterio narrativo che annuncia in Mc 6,1 l'inizio di un viaggio ('Partito di là'). Quindi è necessario porre una fine in Mc 5,43 se si usa il criterio narrativo di 'Gesù in viaggio'. La Parte II (Mc 6,1-10,52) risulta divisa in quattro sezioni: Mc 6,1-7,23 'Primo viaggio di Gesù, verso la sua patria e sue conseguenze: allargamento della missione'; Mc 7,24-8,26 'Secondo viaggio di Gesù, verso Tiro e Sidone e la Decapoli e ciò che ne consegue: l'estensione della missione ai pagani'; Mc 8,27-9,29 'Terzo viaggio di Gesù, verso Cesarea di Filippo e ciò che ne consegue: riconoscimento di Pietro e istruzione dei dodici sul destino del Figlio dell'Uomo che gli è riservato, con l'invito a seguirlo'; Mc 10,1-52 'Quarto viaggio di Gesù verso il territorio della Giudea per dare compimento al destino del Figlio dell'Uomo in Gerusalemme, come aveva annunciato'.

Allo stesso modo la Parte III (Mc 11,1-16,8) andrebbe divisa in tre sezioni narrative: Mc 11,1-12,44 'Gesù manifesta la sua autorità messianica in Gerusalemme, ma non è accolto'; Mc 13,1-37 'Rifiutato, annuncia la fine, la distruzione del tempio e il ritorno del Figlio dell'Uomo (per il giudizio)'; Mc 14,1-16,8 'Gesù subisce le conseguenze della sua manifestazione pubblica per dare compimento alla volontà di Dio, subendo la morte in vista della resurrezione'.

Bibliografia (Introduzioni) I. Broer, *Einleitung in das Neue Testament* 1,73-74.- H. Conzelmann-A. Lindemann, *Arbeitsbuch zum Neuen Testament*, 314-318;.- W.G. Kümmel, *Einleitung in das Neue Testament*, 55-61.- X. Léon-Dufour, "L'évangile de Marc", in: *L'annonce de l'évangile*. Introduction à la Bible. Tome III. Le Nouveau Testament, vol 2, Paris 1976, 46-51.- A. Wickenhauser - J. Schmid, *Introduzione al Nuovo Testamento*, 246-249. 255-256.- U. Schnelle, *Einleitung in das Neue Testament*, 221-223.- (Studi) D.A. Koch, "Inhaltliche Gliederung und geographischer Aufriss im Markusevangelium", *NTS* 29 (1983) 145-166.- A. Kuby, "Zur Komposition des Markusevangeliums", *ZNW* 49 (1958) 52-64.- F.C. Lang, "Kompositionsanalyse des Markusevangeliums", *ZThK* 74 (1977) 1-24.- R. Pesch, *Naherwartungen*. Tradition und Redaktion in Mk 13 (KBANT), Düsseldorf 1968,48-73.- Idem, *Das Markusevangelium* I, 32-40.- P. Pokorný, "*Das Markusevangelium*", *ANRW* II 25.3, 2004-2007.- G. Rau, "Das Markusevangelium", *ANRW* II 25.3, 2036.- V.K. Robbins, "Summons and Outline in Mark. The Three-Step Progression", *NT* 23 (1981) 97-114.- J.M. Robinson, "The Literary Composition of Mark", in: *L'évangile selon Marc*, ed. M. Sabbe, 11-19.- G. Schille, "Bemerkungen zur Formgeschichte des Evangeliums. Rahmen und Aufbau des Markusevangeliums", *NTS* 4 (1957) 1-24.- S. Smith, "A Divine Tragedy. Some Observations on the Dramatic Structure of Mark's Gospel", *NT* 37 (1995) 209-231.- A. Stock, "The Structure of Mark", *BTB* 23(1985) 291-296.

III *Lo scopo teologico del vangelo di Marco*

Il vangelo di Marco è ispirato da una idea fondamentale che guida la narrazione e la composizione, e cioè che Gesù è il Figlio di Dio venuto ad annunciare il regno di Dio e ad inaugurarlo attraverso il compimento del suo destino di Figlio dell'Uomo, secondo il piano stabilito da Dio: soffrire, morire, risorgere.

Questo tema è proposto all'inizio del testo come indicazione generale del suo contenuto: (Ἀρχὴ εὐαγγελίου Ἰησοῦ Χριστοῦ [υἱοῦ Θεοῦ]), "inizio del vangelo di Gesù Cristo, [Figlio di Dio]" (Mc 1,1). Poi riappare nei momenti culminanti della narrazione. Nel battesimo Gesù vede aprirsi i cieli, lo Spirito scendere su di lui e ode una voce dal cielo: σύ εἶ ὁ υἱός μου, ὁ ἀγαπητός, ἐν σοὶ εὐδόκησα, "Tu sei il figlio mio, il prediletto. In te mi sono compiaciuto" (Mc 1,11). Alla trasfigurazione, dopo la prima rivelazione della sua passione e resurrezione, i discepoli odono una voce: οὗτός ἐστιν ὁ υἱός μου, ὁ ἀγαπητός, ἀκούετε αὐτοῦ, "Costui è il figlio mio, il prediletto. Ascoltatelo" (Mc 9,7b).

Dopo la sua morte, il centurione che gli stava di fronte, vistolo morire in quel modo, esclama ἀληθῶς οὗτος ὁ ἄνθρωπος υἱὸς Θεοῦ ἦν, "Veramente questo uomo era figlio di Dio" (Mc 15,39c). La morte di croce, subita nel compimento della volontà divina, rivela che egli è il Figlio di Dio.

Bibliografia. E.S. Johnson, "Is Mk 15,39 the Key to Mark's Christology?", *JSNT* 31 (1987) 3-22.- C.R. Kazmierski, *Jesus the Son of God*. A Study of the Markan Tradition and Its Redaction by the Evangelist (FzB 33), Würzburg 1979.- R. Pesch, *Das Markusevangelium* I, 48-63.- M. Theobald, "Gottessohn und Menschensohn", *SNTU* A 13 (1988) 37-79.- Ph. Vielhauer, "Erwägungen zur Christologie des Markusevangeliums", in: Idem, *Aufsätze zum Neuen Testament* (ThB 31), München 1965, 199-215.- J. Zmijewski, "Die Sohn-Gottes Prädikation im Markusevangelium. Zur Frage einer eigenständigen markinischen Titelchristologie", *SNTU* A 12 (1987) 5-34.

Tutta la narrazione pertanto è una esposizione in forma narrativa del modo in cui Gesù ha rivelato se stesso come Figlio di Dio e il destino del Figlio dell'Uomo a cui è venuto a dare compimento. Questo modo di rivelazione, espresso in forma narrativa, è ciò che da tempo gli studiosi chiamano 'il segreto messianico'. Lo svelamento di questo segreto infatti divide il testo in due parti fondamentali: fino alla confessione di Pietro in Mc 8,27-30 Gesù cerca di nascondere la sua identità alle folle, ma si fa conoscere progressivamente dai discepoli; da Mc 8,31 fino alla fine parla apertamente del proprio destino di Figlio dell'Uomo ai discepoli che lo hanno riconosciuto come il Cristo, Figlio di Dio. In Gerusalemme infine si rivela pubblicamente con gesti simbolici davanti a tutti e proclama apertamente di essere il Figlio di Dio davanti al sinedrio.

Questa rivelazione pubblica della sua identità è la causa reale della sua morte. Quindi si deve dire che la rivelazione di essere Figlio di Dio gli permette di subire la Passione destinatagli come Figlio dell'Uomo. Nella prima parte della narrazione, Marco descrive Gesù che cerca di mantenere nascosta la sua identità di Figlio di Dio, ordinando ai demoni che lo conoscono di tacere e di non manifestarlo (Mc 1,34 3,11-12) e vietando ai malati guariti di parlare della guarigione che hanno ottenuto (Mc 1,44 al lebbroso; Mc 5,43 dopo la resurezione della figlia di Giairo; Mc 7,36 dopo la guarigione del sordo muto nella Decapoli; Mc 8,26 al cieco di Betsaida). Lo stesso Marco nota che il divieto non viene rispettato in Mc 1,45 5,20 7,36b. Quindi attraverso questo modo di narrare egli fa comprendere che Gesù voleva restare nascosto o sconosciuto, ma non poteva perché le sue opere lo rivelavano e lo rendevano manifesto.

Nella seconda parte Gesù agisce in modo diverso. In Mc 8,30 ordina ai discepoli che lo hanno riconosciuto come il Cristo di tacere: "E impose loro severamente di non parlare di lui a nessuno". Ma in Mc 9,9 dopo la

trasfigurazione, rinnova il divieto specificando che vale fino alla resurrezione: "ordinò loro di non raccontare a nessuno ciò che avevano visto, se non
dopo che il Figlio dell'Uomo fosse risuscitato dai morti". Egli stesso, d'altra
parte, continua a farsi conoscere da loro. Ai suoi discepoli parla apertamente
per tre volte della passione e della resurrezione del Figlio dell'Uomo che egli
deve subire (Mc 8,31 9,31 10,33-34). Quando essi hanno capito, rivela pubblicamente la sua identità di Figlio di Dio in Gerusalemme e per questa rivelazione viene messo a morte. Tenendo conto di tutti questi dati si deve dire
che Marco usa di questo espediente narrativo con uno scopo teologico, per
far comprendere che il Figlio di Dio è colui che deve subire il destino del
Figlio dell'Uomo, perché in questa obbedienza si rivela la sua figliolanza
divina. Infatti il Figlio dell'Uomo *deve* (δεῖ) soffrire molto, essere ucciso e
risuscitare (Mc 8,31) perché così sta scritto di lui (καὶ πῶς γέγραπται ἐπὶ
τὸν υἱὸν τοῦ ἀνθρώπου: Mc 9,9.12a). Dicendo che 'sta scritto' (γέγραπται),
indica che questa è la volontà di Dio, il Padre, che così ha stabilito.

Ciò risulta chiaro dall'episodio della trasfigurazione e nell'agonia del
Getsemani. Nel primo, la voce dalla nube invita i discepoli ad ascoltare il
Figlio che ha appena annunciato loro la sua passione e li ha invitati a seguirlo
prendendo la loro croce (Mc 7,7: cf. 8,31.34 9,7). Nel secondo, di fronte alla
passione che deve subire, prega il Padre che si compia ciò che lui vuole (Mc
14,36); e quando vengono ad arrestarlo, si sottomette al suo volere esclamando: "Si compiano le scritture" (ἀλλ'ἵνα πληρωθῶσιν αἱ γραφαί: Mc 14,49c).
Quando questo disegno è compiuto ed egli muore sulla croce in obbedienza
al volere di Dio, il centurione lo riconosce come Figlio di Dio esclamando:
"Veramente questo uomo era Figlio di Dio" (Mc 15,39c).

Bibliografia. W.G. Kümmel, *Einleitung in das Neue Testament*, 61-65.- U. Luz, "Das
Geheimnismotiv und die Markinische Christologie im Markusevangelium", *ZNW* 56 (1965)
9-30.- G. Minette de Tillesse, *Le secret messianique dans l'évangile de Marc* (LD 46), Paris
1969, 279-326.- H. Räisänen, *Das Messiasgeheimnis im Markusevangelium*, Helsinki 1976;
completamente rielaborato in Idem, *The 'Messianic Secret' in Mark's Gospel,* Edinburgh 1990.-
G. Strecker, "Zur Messiasgeheimnistheorie im Markusevangelium", in: *Eschaton und Historie*,
Aufsätze, Göttingen 1979, 35-51.- W. Wrede, *Das Messiasgeheimnis in den Evangelien* [1901],
Göttingen 4 1969.

Da ciò che precede risulta che il vangelo di Marco deve essere considerato una scritto di 'iniziazione'. Gesù stesso educa i suoi discepoli a credere in
se stesso come Figlio di Dio per rivelare loro il mistero della morte e della
resurrezione del Figlio dell'Uomo, che egli deve attuare perché così Dio vuole. Ma rivelando il proprio mistero, fa comprendere che questo è il destino di
quelli che lo seguono, e quindi la condizione per entrare nel regno di Dio. Ed
ecco i momenti fondamentali di questa pedagogia iniziatica di Gesù.

In Mc 1,16-20 chiama Simone, Andrea, Giacomo e Giovanni e promette loro di farli 'pescatori di uomini'. Davanti a loro scaccia gli spiriti immondi (Mc 1,21-28), guarisce i malati (Mc 1,29-31.32-34), perdona i peccati (Mc 2,1-12), concede la sua amicizia ai peccatori rivelando la sua compassione (Mc 2,15-17). In Mc 3,13-19 in vista di conferire loro la sua stessa missione, li associa a se stesso "perché stiano con lui". In Mc 4,1-34 rivela loro il mistero del regno di Dio, di cui parla in parabole alle folle, per educarli alla visione delle cose della fede. Placando la tempesta incomincia a suscitare fede nella sua persona (Mc 4,35-41) e con i miracoli che compie manifesta la necessità della fede per ottenere la salvezza che egli può concedere. "Figlia, la tua fede ti ha salvato" (Mc 5,34), dice alla donna con il flusso di sangue guarita; "non temere, continua solo a credere" (Mc 5,36), dice a Giairo dopo che sua figlia è morta.

Nelle parabole rivela che il regno non ha apparenza, ma dove è presente si manifesta e viene alla luce da solo (Mc 4,26-29). All'inizio è come un piccolo seme, poi si espande come un albero (Mc 4,30-32). Quindi parlando del regno e del suo mistero, parla di se stesso in modo velato. Ma con i miracoli che compie dimostra che il regno è presente e si manifesta in lui che agisce per la salvezza di chi ha fede. Davanti a loro compie due moltiplicazioni di pani per farsi riconoscere. Ma poiché non capiscono e il loro cuore è duro (Mc 7,52 8,17-21), egli stesso li aiuta a credere. La guarigione del cieco di Betsaida (Mc 8,22-26) indica nel segno l'acquisto della fede, che poi si esprime nella confessione di Pietro: "Tu sei il Cristo" (Mc 8,29).

Ora che hanno ottenuto la fede, inizia ad insegnare loro che il Figlio dell'Uomo *deve* soffrire, morire e risorgere. Per tre volte ritorna su questo argomento (Mc 8,31 9,31 10,33-34); e per tre volte insegna che il destino di quelli che lo vogliono seguire è simile al suo. Chi vuole essere suo discepolo deve prendere la propria croce (Mc 8,34), diventare ultimo e farsi servo di tutti (Mc 9,36 10,43-44), come il Figlio dell'Uomo, che è venuto non per essere servito, ma per servire e dare la sua vita in riscatto per molti (Mc 10,45).

Ma essi non capiscono (Mc 9,10.32). Pietro si ribella al suo discorso (Mc 8,32-33) e fino all'ultimo litigano tra loro per chi debba essere il primo e occupare il primo posto (Mc 9,33-34 10,35-37). Quando sale a Gerusalemme per morire ucciso, sono presi da timore (Mc 10,32). La loro fede è ancora debole, come rivela l'episodio del ragazzo indemoniato sordomuto, che non hanno potuto guarire (Mc 9,14-27). Non possono compiere il segno, perché pur credendo la loro fede è debole di fronte al destino di morte del Figlio dell'Uomo che non comprendono.

Gesù stesso li aiuta a crescere pienamente nella fede. La guarigione del cieco di Gerico (Mc 10,46-52) indica nel segno che l'aiuto di Gesù li rende idonei a comprendere il mistero della morte e della resurrezione del Figlio dell'Uomo. E lo seguono. Quindi la guarigione del cieco di Betsaida (Mc 8,22-26) indica che hanno raggiunto la fede che Gesù è il Figlio di Dio; quella del cieco di Gerico (Mc 10,46-52) indica che la loro fede è cresciuta fino alla comprensione che il Figlio di Dio deve subire il destino di morte del Figlio dell'Uomo. Per questo lo seguono. Ma solo il compimento di quel destino darà a loro la piena maturità della fede che si rivela nel centurione che esclama di fronte alla croce: "Veramente questo uomo era Figlio di Dio" (Mc 15,39).

Bibliografia. J. Delorme, "Aspects doctrinaux du second évangile", *ETL* 43 (1967) 74-99.- D.J. Hawkin, "The Incomprehension of the Disciples in the Markan Redaction", *JBL* 91 (1972) 491-500.- Idem, "The Symbolism and Structure of the Markan Redaction", *EvQ* 49 (1977) 98-110.- W.H. Kelber, "Mark 14,32-42: Getsemane. Passion Christology and Disciples Failure", *ZNW* 63 (1972) 166-187.- K. Kertelge, "Die Epiphanie Jesu im Evangelium", in: *Gestalt und Anspruch des Neue Testaments*, ed. J. Schreiner-G. Dautzenberg, Würzburg 1969, 153-172.- E.E. Lemcio, "The Intention of the Evangelist Mark", *NTS* 32 (1986) 187-206.- F.J. Moloney, "The Vocation of the Disciples in the Gospel of Mark", *Salesianum* 43 (1981) 487-516.- G. Minette de Tillesse, "Structure théologique de Marc", in: *The Four Gospels 1992*, ed. F. van Segbroeck et al., II 905-933.- R. Pesch, "Die Passion des Menschensohnes", in *Jesus und der Menschensohn*, FS A. Vögtle, ed. R. Pesch - R. Schnackenburg, Freiburg i.Br. 1975, 166-195.- L. Schenke, "Der Aufbau des Markusevangeliums als hermeneutischer Schlüssel?, *BN* 32 (1986) 54-82.- J.B. Tyson, "The Blindness of the Disciples in Mark", *JBL* 80 (1961) 261-268.

MATTEO

Bibliografia (Studi) A. van Aarde, *God-With-Us*. The dominant Perspective in Matthew's Story and Other Essays (TS.S5), Pretoria 1994.- D.C. Allison, "Matthew: Structure, Biographical Impulse and The *Imitatio Christi*", in: *The Four Gospels 1992*, FS F. Neirynck, ed. F. van Segbroeck et al. (BETL 100), Leuven 1992, II 1203-1221.- B.W. Bacon, *Studies in Matthew*, London 1930.- D.L. Balch (ed.), *Social History of the Matthean Community*. Cross- Disciplinary Approach, Minneapolis 1991.- G. Barth, "Das Gesetzverständnis des Evangelisten Matthäus", in: *Überlieferung und Auslegung im Matthäusevangelium*, ed. G. Bornkamm-G. Barth - H.J. Held, 54-154.- H.D. Betz, *Studien zur Bergpredigt*, Tübingen 1985.- G. Bornkamm-G. Barth-H.J. Held (ed.), *Überlieferung und Auslegung im Matthäusevangelium* (WMANT 1), Neukirchen-Vluyn, 7a ed., 1975.- I. Broer, "Versuch zur Christologie des ersten Evangeliums", in: *The Four Gospels 1992*, ed. F. van Segbroeck, II 1251-1282.- Idem, *Das Verhältnis von Judentum und Christentum im Matthäusevangelium* (Franz Delitz Vorlesung 1994), Münster 1995.- S.H. Brooks, *Matthew's Community*. The Evidence of its special Sayings Material (JSNT.SS 16), Sheffield 1987.- F.W. Burnett, "Characterization and Christology in Matthew. Jesus in the Gospel of Matthew", *SBLSP* 28 (1989) 588-603.- C.E. Carlston, "Christology and Church in Matthew", in: *The Four Gospels 1992*, ed. F. van Segbroeck, II 1283-1304.- N. Casalini, *Il vangelo di Matteo come racconto teologico* (SBFAn 30), Jerusalem 1990.- D. Charette, *The Theme of Recompense in Matthew's Gospels* (JSNT.SS 79), Sheffield 1992.- W.D. Davies, *The Setting of the Sermon on the Mount*, Cambridge, 2a ed. 1966.- C. Deutsch, *Hidden Wisdom and the Easy Yoke*. Wisdom, Torah and Discipleship in Matthew 11,25-30 (JSNT.SS 18), Sheffield 1987.- Idem, "Wisdom in Matthew: Transformation of a Symbol", *NT* 32(1990) 13-47.- M. Didier (ed.), *L'évangile selon Matthieu* (BETL 29), Gembloux 1972.- T.L. Donaldson, *Jesus on the Mountain*. A Study in Matthean Theology (JSNT.SS 8), Sheffield 1985.- R.A. Edwards, *Matthew's Story of Jesus*, Philadelphia 1985.- P.F. Ellis, *Matthew*. His Mind and His Message, Cambridge, 6a ed., 1984.- J. Ernst, *Matthäus*. Ein theologisches Portrait, Düsseldorf 1989.- R. Fabris, "Il Dio di Gesù Cristo nella teologia di Matteo", *ScCat* 117 (1989) 121-184.- R.T. France, *Matthew*. Evangelist and Teacher, Grand Rapids, MI, 1989.- L.-J. Franier, *Le jugement dernier*. Implications éthiques sur le bonheur de l'homme, Mt 25,31-46 (Recherches morales. Synthèse 17), Paris 1992.- G. Geist, *Menschensohn und Gemeinde* (FzB 57), Würzburg 1986.- H. Giesen, *Christliches Handeln*. Eine redaktionskritische Untersuchung zum δικαιοσύνη-Begriff im Matthäus-Evangelium (EHS.T 181), Frankfurt a.M. 1982.- W.J. Harrington, *Matthew: Sage, Theologian*. The Jesus of Matthew, Dublin 1998.- H.J. Held, "Matthäus als Interpret der Wundergeschichten", in: *Überlieferung und Auslegung im Matthäusevangelium*, ed. G. Bornkamm-G. Barth - H.J. Held, 155-287.- D.B. Howell, *Matthew's Inclusive Story* (JSNT.SS 42), Sheffield 1990.- R. Hummel, *Die Auseinandersetzung zwischen Kirche und Judentum im Matthäusevangelium* (BEvTh 33), München, 2a ed., 1966.- G.D. Kilpatrick, *The Origins of the Gospel According to St. Matthew*, Oxford, 2a ed., 1950.- J.D. Kingsbury, *Matthew*. Structure, Christology, Kingdom, Philadelphia 1975; 2a ed., Minneapolis 1989.- Idem, *Matthew as Story*, 2a ed. 1988.-D.-W. Köhler, *Die Rezeption des Matthäusevangeliums in der Zeit vor Irenäus* (WUNT 2/24), Tübingen 1987.- A. Kretzer, *Die Herrschaft des Himmels und die Söhne des Reiches*. Eine redaktionsgeschichtliche Untersuchung zum Basileiabegriff und Basileiaverständnis im Matthäusevangelium (SBM 10), Stuttgart-Würzburg 1971.- G. Künzel, *Studien zum Gemeindeverständnis des Matthäus-Evangeliums* (CThM A/10), Stuttgart 1978.- J. Lambrecht, *Out of the Treasure*. The Parables in the Gospel of Matthew (Louvain Theological and Pastoral Monographs 10), Louvain 1992.- J. Lange (ed.), *Das Matthäus-Evangelium* (WdF 525), Darmstadt 1980.- A. Lindemann, "Literatur zu den synoptischen Evangelien 1984-1991 (III)", *ThR* 59 (1994) 113-185: 147-185.- U. Luz, "Eine thetische Skizze der matthäischen

Christologie", in: *Anfänge der Christologie*, FS F. Hanh, ed. C. Breytenbach-H. Paulsen, Göttingen 1990, 221-235.- Idem, *Die Jesusgeschichte des Matthäus*, Neukirchen-Vluyn 1993.- D. Marguerat, *Le jugement dans l'évangile de Matthieu*, Genève 1981.- E. Massaux, *Influence de l'évangile de saint Matthieu sur la littérature chrétienne avant saint Irénée* (BETL 75), Leuven, rist. anast., 1986.- M. Mayordomo-Marín, *Den Anfang Hören*. Leseorientierte Evangelienexegese am Beispiel von Matthäus 1-2 (FRLANT 180), Göttingen 1998.- J.P. Meier, *Law and History in Matthew's Gospel* (AnBib 71), Rome 1976.- Idem, *The Vision of Matthew*. Christ, Church and Morality in the First Gospel, New York, 2a ed., 1991.- H. Merklein, *Jesu Botschaft von Gottesherrschaft* (SBS 111), Stuttgart 1983.- W.E. Mills, *The Gospel of Matthew* (Bibliographies for Biblical Research. New Testament Series 1), Lewiston, NY, 1993.- L. Morris, *The Gospel According to Matthew*, Grand Rapids, MI, 1992.- M. Müller, "The Theological Interpretation of the Figure of Jesus in the Gospel of Matthew. Some Principal Features in Matthew's Christology", *NTS* 45 (1999) 157-173.- F. Neirynck - J. Verheyden - R. Corstjens, *The Gospel of Matthew and the Sayings Souce Q*. A Cumulative Bibliography 1950-1995. Vol. One Alphabetical List, Vol. Two Table of contents - Indexes (BETL 140 A-B), Leuven 1998.- P. Nepper-Christensen, *Das Matthäusevangelium ein judenchristliches Evangelium?* (Acta Theologica Danica 1), Aahrus 1958.- J. Nieuviarts, *L'entrée de Jésus à Jérusalem* (Mt 21,1-17). Messianisme et accomplissement des Ecritures en Matthieu (LD 176), Paris 1999.- L. Oberlinner - P. Fiedler (ed.), *Salz der Erde - Licht der Welt*. Exegetische Studien zum Matthäusevangelium, FS A. Vögtle, Stuttgart 1991.- D.E. Orton, *The Understanding Scribe*. Matthew and the Apocalyptic Ideal (JSNT.SS 95), Sheffield 1989.- J.A. Overman. *Matthew's Gospel and Formative Judaism*. The Social World of the Matthean Community, Minneapolis, MN, 1990.- W. Pesch, *Matthäus als Seelsorger* (SBS 2), Stuttgart 1966.- B. Przylbylski, *Righteousness in Matthew and his World of Thought*, Cambridge 1980.- M. Quesnel, *Jésus-Christ selon saint Matthieu*. Synthèse théologique (Jésus et Jésus-Christ 47), Paris 1991.- B. Rigaux, *Le témoignage de l'évangile de Matthieu*, Bruges-Paris 1967.-J. Roloff, "Das Kirchenverständnis des Matthäus im Spiegel seiner Gleichnisse", *NTS* 38 (1992), 337-356.- A.J. Saldarini, *Matthew's Christian-Jewish Community* (Chicago Studies in the History of Judaism), Chicago-London 1994.- A. Sand, *Das Gesetz und die Propheten*. Theologie des Evangeliums nach Matthäus (BU 11), Regensburg 1974.- Idem (ed.), *Das Matthäusevangelium* (EdF 275), Darmstadt 1991.- Idem, " 'Schule des Lebens'. Zur Theologie des Matthäusevangeliums", in: *Theologie im Werden*. Studien zu den theologischen Konzeptionen im Neuen Testament, ed. J. Hainz, Paderborn 1992, 57-82.- L. Schenke (ed.), *Studien zum Matthäusevangelium*, FS W. Pesch (SBS 136), Stuttgart 1988.- G. Scheuermann, *Gemeinde im Umbruch* (FzB 77), Würzburg 1966.- E. Schweizer, *Matthäus und seine Gemeinde* (SBS 71), Stuttgart 1974.- F. van Segbroeck (ed.), *The Four Gospels 1992*, FS F. Neirynck (BETL 100), Leuven 1992, II 1187-1448.- D. Senior, *What Are They Saying About Matthew?*, New York 1983.- P.L. Shuler, *A Genre for the Gospels*. The Biographical Character of Matthew, Philadelphia 1982.- D.C. Sim, *The Gospel of Matthew and Christian Judaism*. The History and Social Setting of the Matthean Community (Studies of the NT and Its World), Edinburgh 1998.- B. Standaert, "L'évangile selon Matthieu. Composition et genre littéraire", in: *The Four Gospels*, ed. F. van Segbroeck, II 1223-1250.- G.N. Stanton, "The Origin and Purpose of Matthew's Gospel. Matthean Scholarship from 1945 to 1980", *ANRW* II 25.3 (1984) 1889-1951.- Idem, *A Gospel for a New People*. Studies in Matthew, Edinburgh 1992.- A. Stock, *The Method and Message of Matthew*, Collegeville, MN, 1994.- G. Strecker, *Der Weg der Gerechtigkeit* (FRLANT 82), Göttingen, 3a ed., 1971.- Idem, *Die Bergpredigt*, Göttingen, 2a ed., 1985.- W. Trilling, *Das wahre Israel*. Studien zur Theologie des Matthäusevangeliums (STUNT 10 = EThSt 7), München, 3a ed., 1967.- D. Trunk, *Der messianische Heiler*. Eine redaktions- und religionsgeschichtliche Studie zu den Exorcismen im Matthäusevangelium (HBS 3), Freiburg i. Br. 1994.- D. Verseput, *The Rejection of the Humble Messianic King*. A Study of the Composition of Matthew 11-12 (EUS 291), Frankfurt 1986.- G. Yamasaki, *John the Baptist Life and Death*. Audience Oriented Criticism of Matthew's Narrative (JSNT.SS

167), Sheffield 1998.- D.J. Weaver, *Matthew's Missionary Discourse* (JSNT.SS 38), Sheffield 1990.- R. Walker, *Die Heilsgeschichte im ersten Evangelium* (FRLANT 91), Göttingen 1967.- A. Weiser, *Theologie des Neuen Testaments*, II. Die Theologie der Evangelien, Stuttgart-Berlin-Köln 1993, 79-116.- M.J. Wilkins, *The Concept of Disciple in Matthew's Gospel* (NT.S 59), Leiden 1988.- K.-C. Wong, *Interkulturelle Theologie und multikulturelle Gemeinde im Matthäusevangelium*. Zum Verhältnis von Juden und Heidenchristen im ersten Evangelium (NTOA 22), Freiburg (H)-Göttingen 1992.- J. Zumstein, *La condition du croyant dans l'évangile selon Matthieu* (OBO 16), Freiburg (H)-Göttingen 1977.
(Commenti) P. Bonnard, *L'évangile selon saint Matthieu* (CNT 1), Neuchâtel, 2a ed., 1970.- W.D. Davies - D.C. Allison, *Commentary on the Gospel According to saint Matthew*, Voll. I,II,III (ICC), Edinburgh 1988, 1991, 1995.- H. Frankemölle, *Matthäusevangelium*, Bd. 1, Düsseldorf, 2a ed., 1999; Bd 2. Düsseldorf 1997.- D.E. Garland, *Reading Matthew*. A Literary and Theological Commentary on the First Gospel (Reading the New Testament Series), London 1993.- J. Gnilka, Das Matthäusevangelium I/II (HThK I/1-2), Freiburg i.Br., 1986, 1988.- W. Grundmann, *Das Evangelium nach Matthäus* (ThHK 1), Berlin, 6a ed., 1986.- R. Gundry, *Matthew*. A Commentary to His Literary and Theological Art, Grand Rapids, MI, 2a ed., 1982.- D.A. Hagner, *Matthew 1-13* (WBC 33A), Dallas 1993.- D.A. Hare, *Matthew*, Louisville 1993.- D.J. Harrington, *The Gospel of Matthew* (Sacra Pagina), Collegeville 1991.- E. Klostermann, *Das Matthäusevangelium* (HNT 4), Tübingen, 4a ed., 1971.- E. Lohmeyer, *Das Evangelium nach Matthäus* (KEK Sonderband), Göttingen, 4a ed., 1967.- U. Luck, *Das Evangelium nach Matthäus* (ZBK.NT 1), Zürich 1993.- U. Luz, *Das Evangelium nach Matthäus* (EKK I/1-3), Zürich-Einsiedeln-Köln, I 2a ed. 1989; II 1990, III 1997.- R.H. Mounce, *Matthew* (NIBC), Peabody 1993.- D. Patte, *The Gospel According to Matthew*. A Structural Commentary on Matthew's Faith, Philadelphia 1987.- A. Sand, *Das Evangelium nach Matthäus* (RNT), Regensburg 1986.- R. Schnackenburg, *Matthäusevangelium* I/II (NEB.NT I/1-2), Würzburg, I 2a ed. 1991; II 2a ed. 1994.- E. Schweizer, *Das Evangelium nach Matthäus* (NTD 2), Göttingen, 4a ed., 1986.- C. Tresmontant, *Evangile de Matthieu*, Paris 1986.-

I   *Autore, luogo e data di composizione di Mt*

Eusebio di Cesarea, *Hist Eccl* III 39,16 attribuisce il vangelo ΚΑΤΑ ΜΑΘΘΑΙΟΝ a un certo "Matteo, il quale raccolse in lingua ebraica i detti. Poi ciascuno li tradusse come era capace" (Ματθαῖος μὲν οὖν ἑβραΐδι διαλέκτῳ τὰ λόγια συνετάξατο, ἑρμήνευσε δ'αὐτὰ ὡς ἦν δύνατος ἕκαστος). Prende la notizia da Papia di Gerapoli. Ma per molti studiosi non è degna di fede. Il testo del vangelo che noi possediamo è stato scritto in greco e dall'analisi filologica non risulta essere una traduzione dall'ebraico. E' stato composto direttamente in lingua greca.

Resta il fatto che l'autore del testo è chiamato 'Matteo' e la tradizione lo ha identificato con il personaggio che porta lo stesso nome nella lista dei dodici apostoli tramandata in Mt 10,3 Mc 3,18 Lc 6,15 At 1,13. Poiché Mt 10,3 lo chiama 'esattore delle tasse' (ὁ τελώνης), si pensa che questo Matteo sia lo stesso personaggio che in Mc 2,14 e Lc 5,24 è chiamato da Gesù "mentre era seduto al tavolo delle imposte" (καθήμενον ἐπὶ τὸ τελώνιον), di nome Levi e del quale Marco dice che era figlio di Alfeo. Supponendo che questa identificazione sia giusta, non si riesce a spiegare perché la stessa persona sia chiamata con due nomi diversi 'Matteo' e 'Levi', che non compaiono mai insieme, come accade nel caso di Giovanni Marco in At 12,12.24.

Sul luogo di composizione non c'è unanimità tra gli studiosi. Due ipotesi meritano attenzione: che sia stato composto a Antiochia di Siria, oppure in qualche altra parte al di là del Giordano, a est. La prima si basa su un fatto esterno al testo. E' conosciuto da Ignazio di Antiochia nelle sue lettere (cf. Efesini 17,1 Smirnesi 1,1 6,1 Policarpo 1,3 2,2). La seconda si basa su un dato interno al testo. In Mt 19,1 si dice che Gesù partì dalla Galilea e andò nei monti della Giudea, al di là del Giordano (πέραν τοῦ Ἰορδάνου).

Chi scrive queste frasi deve trovarsi all'est del Giordano, per il quale i monti della Giudea sono 'al di là' del Giordano, cioè ad ovest della regione dove si trova. Per stabilire la data in cui fu scritto, si devono tenere presenti due dati sicuri, uno interno e uno esterno al testo. In Mt 22,7 nella parabola del banchetto di nozze sta scritto che il re, adirato perché gli invitati hanno rifiutato l'invito a nozze e hanno ucciso i suoi servi, "mandando i suoi eserciti, uccise quegli omicidi e incendiò la loro città" (πέμψας τὰ στρατεύματα αὐτοῦ, ἀπώλεσεν τοὺς φονεῖς ἐκείνους καὶ τὴν πόλιν αὐτῶν ἐνέπρησεν). Ciò potrebbe alludere alla distruzione di Gerusalemme già avvenuta. Quindi il vangelo sarebbe stato scritto dopo il 70 d.C. Nella lettera di Ignazio di Antiochia agli abitanti di Smirne (1,1) si trova la citazione di Mt 3,15 ἵνα πληρωθῇ πᾶσα δικαιοσύνη, "affinché si compia ogni giustizia".

Quindi il vangelo potrebbe essere stato scritto prima del 115 d.C., che è la data approssimativa per il martirio di Ignazio. Se si vuole stabilire una data più precisa tra il 70 e il 115 d.C. si devono tenere presenti due fatti interni al testo. Nel cap. 23 Gesù pronuncia un discorso terribile contro i farisei. Nella narrazione si parla spesso dei 'loro scribi', delle 'loro sinagoghe', delle 'vostre sinagoghe' (οἱ γραμματεῖς αὐτῶν: Mt 7,29; ἐν ταῖς συναγωγαῖς αὐτῶν: Mt 9,35; ἐν ταῖς συναγωγαῖς ὑμῶν: Mt 23,34). Questi dati suppongono una separazione tra Giudei e cristiani. Ciascuno ha una propria sinagoga e tra loro c'è odio e violenza. Questa separazione, già in corso dopo la guerra giudaica, è stata sancita nella riunione dei farisei a Jabne, verso l'85 d.C., quando Samuele il Piccolo fece inserire nella preghiera sinagogale delle 18 benedizioni la maledizione contro gli eretici (ברכת המינים). Quindi il vangelo di Matteo potrebbe essere stato scritto dopo quella data.

Bibliografia (Introduzioni) I. Broer, *Einleitung in das Neue Testament* I, 103-114.- H. Conzelmann - A. Lindemann, *Arbeitsbuch zum Neuen Testament*, 330-332.- W.G. Kümmel, *Einleitung in das Neue Testament*, 89-92.- U. Schnelle, *Einleitung in das Neue Testament*, 258-261.- A. Wickenhauser - J. Schmid, *Introduzione al Nuovo Testamento*, 269-274.286-288. (Studi) E.L. Abel, "Who wrote Matthew?", *NTS* 17 (1970/71) 138-152.- R. Aguirre, "La comunidad de Mateo y el Judaísmo", *EstB* 51 (1993) 233-249.- W.D. Davies - D.C. Allison, *Commentary on the Gospel According to saint Matthew* I, 7-58.- C. Deutsch, "Christians and Jews in the First Century. The Gospel of Matthew", *Thought* 67 (1992), 399-408.- D.A. Hagner, "The *Sitz im Leben* of the Gospel of Matthew", *SBLSP* (1985) 244-270.- J. Kürziger, "Das Papiazeugnis und die Endgestalt des Matthäusevangeliums", *BZ* 4 (1960) 19-38.- Idem, "Irenäus und sein Zeugnis zur Sprache des Matthäusevangeliums", *NTS* 10 (1963) 108-115.- J. Munck, "Die Tradition über das Matthäusevangelium bei Papia", in: *Neotestamentica et Patristica,* FS O. Cullmann, ed. B. Reicke - W.C. van Unnik (NT.S 6), Leiden 1962, 249-260.- R. Pesch, "Levi-Matthäus (Mk 2,14 Mt 9,9 10,3). Ein Beitrag zur Lösung eines alten Problems", *ZNW* 59 (1968) 40-56.- C.S. Petrie, "The Authorship of 'The Gospel According to Matthew'. A Reconsideration of the External Evidence", *NTS* 14 (1967) 15-33.- G. Stanton, "Origin and Purpose of Matthew's Gospel", 1910-1921.1941-1943.- B.T. Viviano, "Where was the Gospel according to St Matthew written?", *CBQ* 41 (1979) 533-546.- J. Zumstein, "Antioche sur l'Oronte et l'évangile selon Matthieu", in: Idem, *Miettes Exégètiques*, Genf 1991, 151-167.

II *Piano letterario del vangelo di Matteo*

Sul piano letterario del vangelo di Matteo non c'è accordo tra gli esegeti. Ma vi sono alcune caratteristiche stilistiche e letterarie che tutti tengono presente, anche se poi le interpretano diversamente in funzione dei loro piani.

Tutto il testo è racchiuso da quella che viene considerata una 'inclusione generale', che ne indica l'idea teologica dominante. In Mt 1,23 con la citazione di Is 7,14 Gesù è soprannominato 'Emmanuele', che viene tradotto "Dio con noi (lett. Con noi [è] Dio)" (μεθ'ἡμῶν ὁ θεός), con riferimento a Is 8,8 e in Mt 28,20 apparendo ai suoi discepoli dopo la resurrezione Gesù promette:"Ecco io [sono] con voi (ἐγὼ μεθ'ὑμῶν εἰμι) tutti i giorni fino alla fine dei secoli".

Il testo è strutturato su cinque discorsi maggiori: capp. 5-7 'Discorso del monte'; cap. 10 'Discorso di missione'; cap. 13 'Discorso in parabole sui misteri del regno di Dio'; cap. 18 'Discorso comunitario'; capp. 24-25 'Discorso escatologico o sulla fine'. La fine di ogni discorso è segnata da una frase quasi identica: καὶ ἐγένετο ὅτε ἐτέλεσεν ὁ Ἰησοῦς τοὺς λόγους τούτους, "E avvenne, quando Gesù ebbe finito questi discorsi", in Mt 7,28 11,1 13,53 19,1 26,1.

I discorsi si alternano con le parti narrative: capp. 1-2 'Genealogia e nascita di Gesù'; capp. 3-4 'Preparazione alla predicazione di Gesù: predicazione di Giovanni, battesimo e tentazione'; capp. 8-9 'I prodigi compiuti da Gesù' (una serie di dieci miracoli); capp. 11-12 'Reazioni alla predicazione di Gesù'; capp. 14-17 'La formazione della comunità dei discepoli'; capp. 19-22 'Verso Gerusalemme'; capp. 26-28 'Passione e resurrezione'.

La narrazione sembra divisa in due grandi parti da una frase che segna l'inizio di ciascuna: ἀπὸ τότε ἤρξατο ὁ Ἰησοῦς "da allora incominciò Gesù".

in Mt 4,17 per indicare che Gesù inizia ad annunciare (κηρύσσειν); in Mt 16,21 per indicare che inizia a rivelare (δεικνύναι) la passione e la sua resurrezione (cf. J.D. Kingsbury).

Infine per mezzo di due sommari sull'attività di Gesù in Mt 4,23-25 e in Mt 9,35-38 l'autore sembra richiamare l'attenzione su una unità narrativa in Mt 5,1-9,34 e presentarla come 'annuncio del regno di Dio' (cf. H.J.B. Combrink, W. Wilkens).

Sulla base di questi indizi letterari sono stati proposti diversi piani compositivi.

Coloro che assegnano ai cinque discorsi una funzione strutturante, fanno diverse proposte, in base al modo in cui li collegano con la parte narrativa. B.W. Bacon suppone che Matteo abbia voluto organizzare il suo testo in cinque libri, in cui ogni discorso è preceduto da una parte narrativa: capp. 3-7 I, capp. 8-10 II, capp. 11,1-13,52 III, capp. 13,53-18 IV, capp. 19-25 V, preceduti da una 'Introduzione' (capp. 1-2) e da una 'Conclusione' (capp. 26-28). In questo modo letterario il vangelo verrebbe presentato come 'la nuova legge' in antitesi e opposizione ai cinque libri del Pentateuco, 'l'antica legge', scritti da Mosè, per fare comprendere che Gesù è il 'nuovo Mosè'.

Questo piano ebbe molto successo nelle generazioni passate. Ora è abbandonato. Eccetto qualche elemento nel racconto dell'infanzia, non si è riusciti a provare convincentemente che Matteo nel resto del vangelo voglia presentare Gesù come 'nuovo Mosè' per opporlo all'antico. (cf. tuttavia D.C. Allison, *The New Moses. A Matthean Typology*, Minneapolis, MN, 1993).

E. Vaganay nella 'Bible de Jérusalem' ha proposto un piano simile a quello di B.W. Bacon. Ma ha suggerito di considerare le parti narrative che precedono come esempio o illustrazione di ciò che è insegnato nei discorsi che seguono. Quindi capp. 3-4 dovrebbero illustrare il contenuto dei capp. 5-7 'Il discorso del monte'; capp. 8-9 dovrebbero illustrare ciò che è detto nel cap. 10 'Il discorso di missione'; capp. 11-12 dovrebbero illustrare il contenuto del cap. 13 'Il discorso in parabole sui misteri del regno di Dio'; capp. 14-17 dovrebbero illustrare ciò che è detto nel cap. 18 'Il discorso comunitario'; capp. 19-23 dovrebbero illustrare il contenuto dei capp. 24-25 'Il discorso sulla fine'. Ma è stato fatto notare che questo piano letterario non corrisponde al contenuto del testo. Solo tra i capp. 11-12 e il cap. 13 è possibile riscontare una certa relazione tematica: le diverse reazioni alla predicazione di Gesù, narrate nei capp. 11-12, troverebbero riscontro simbolico nella parabola del seminatore. Nelle altre parti non c'è alcuna corrispondenza tra narrativa e discorso.

Naturalmente, è stato proposto un piano esattamente opposto al precedente, che propone di collegare i discorsi che precedono con la parte narrativa che segue e serve da illustrazione. Come l'altro, anche questo non corrisponde al testo per le stesse ragioni. Quindi oggi si è propensi ad abbandonare questo tipo di piano letterario perché non si riconosce ai discorsi una funzione strutturante fondamentale. Con una analisi più attenta, D.R. Bauer ha mostrato che essi sono inseriti e collegati nelle parti narrative che precedono e seguono. Pertanto non possono essere separati dalla narrazione, che occorre assumere a criterio per stabilire il piano letterario.

Ma anche in questo caso non c'è consenso. A. Wickenhauser e J. Schmid adottano il criterio geografico. Ponendo in evidenza il luogo dove accadono i fatti, dividono il testo in quattro parti: Mt 1,1-2,23 'Prologo'; Mt 3,1-4,11 Parte I 'Preparazione all'attività di Gesù', che insieme formano l'antefatto'; Mt 4,12-13,58 Parte II: 'Ministero di Gesù in Galilea'; Mt 14,1-20,34 Parte III: 'Gesù in viaggio verso Gerusalemme'; Mt 21,1-28,15 Parte IV: 'Gesù a Gerusalemme'; Mt 28,16-20 'Epilogo'. W. G. Kümmel adotta un criterio puramente stilistico. Facendo notare che solo in Mt 4,17 e Mt 16,21 si trova la frase ἀπὸ τότε ἤρξατο ὁ Ἰησοῦς, "da allora incominciò Gesù", divide il testo in questo modo: Mt 1,1-4,16 'Prologo'; Mt 4,17-16,20 Parte I: 'Annuncio del regno di Dio in Galilea'; Mt 16,21-25,46 Parte II: 'Gesù in cammino verso Gerusalemme e gli annunci della passione'; Mt 26,1-28,20 'Conclusione'.

Queste due divisioni si basano su qualche elemento del testo, ma trascurano lo sviluppo specifico della narrazione che è simile a quello del vangelo di Marco e che Matteo ha certamente usato come fonte per la composizione del suo scritto. Coloro che tengono conto di questo (cf. F. Neirynck), fanno notare che non è possibile porre un inizio assoluto di parte in Mt 4,17 e Mt 16,21 perché questi due versetti sono inseriti in una pericope più vasta che costituisce realmente l'inizio. Quindi Mt 4,17 non si può separare da Mt 4,12-16 in cui Matteo apre la narrazione della predicazione di Gesù in Galilea con la citazione di Is 8,23-9,1 e Mt 16,21 non si può separare da Mt 16,13-20 che narra la confessione di Pietro, a cui il primo annuncio della passione è strettamente legato.

Tenendo conto di questo, le due parti fondamentali del testo dovrebbero iniziare in Mt 4,12 e Mt 16,13. Ma neppure su questo c'è accordo. Molti preferiscono attenersi rigorosamente al dato stilistico e narrativo offerto dal testo stesso. In tal modo la confessione di Pietro e la promessa della fondazione della chiesa chiudono la prima parte in Mt 16,20; mentre il primo annuncio della passione apre la seconda parte in Mt 16,21. Coloro che dividono il testo in questo modo (cf. D.R. Bauer, H.J.B. Combrink, J.D. Kingsbury), considerano la confessione di Pietro e ciò che segue il punto culminante della narrazione; altri, pur riconoscendo questa importanza, pongono la fine di una parte maggiore in Mt 13,53-58 che narra del rifiuto dei suoi a Nazareth e l'inizio di una nuova parte maggiore in Mt 14,1.

Tenendo conto di queste incertezze, mi sembra che la cosa migliore sia di non proporre un piano definitivo, ma di descrivere il contenuto del testo rispettando i vari elementi letterari che ho rilevato all'inizio e su cui tutti sono d'accordo. Inoltre occorre tenere presente che il vangelo si presenta come una 'biografia' di Gesù, che incomincia con la genealogia e la nascita, prosegue con l'esposizione della sua attività, termina con la sua morte e resurrezione.

La mia esposizione seguirà lo sviluppo narrativo del testo stesso: capp. 1-2 'Nascita di Gesù'; capp. 3-4 'Preparazione e inizio della predicazione di Gesù'; capp. 5,1-9,34 'Annuncio del regno di Dio'; cap. 10 'Discorso di missione'; capp. 11-12 'Reazioni all'annuncio di Gesù'; cap. 13,1-52 'Discorso in parabole sui misteri del regno di Dio'; capp. 13,53-16,12 'Gesù si separa dal popolo e si occupa di quelli che lo seguono'; capp. 16,13-17,27 'Confessione di Pietro e promessa di fondazione della chiesa; annuncio della passione e trasfigurazione'; cap. 18 'Discorso comunitario'; capp. 19,1-20.34 'Gesù va in Giudea e sale a Gerusalemme'; capp. 21,1-22,46 'Gesù a Gerusalemme'; capp. 23,1-39 'Discorso contro i farisei'; capp. 24,1-25,46 'Discorso sulla fine del mondo e il giudizio universale'; capp. 26,1-28,20 'Narrazione della passione e resurrezione'.

Bibliografia (Introduzioni) I. Broer, *Einleitung in das Neue Testament,* 99-101.- H. Conzelmann-A. Lindemann, *Arbeitsbuch zum Neuen Testament,* 326-329.- W.G. Kümmel, *Einleitung in das Neue Testament,* 74-77.- X. Léon-Dufour, "L'évangile de Matthieu", in: *L'annonce de l'évangile,* 82-89.- U. Schnelle, *Einleitung in das Neue Testament,* 241-244.- A. Wickenhauser - J. Schmid, *Introduzione al Nuovo Testamento,* 266-269. (Studi) B.W. Bacon, 'The Five Books' of Moses against the Jews", *The Expositor* 15 (1918) 56-66.- D.R. Bauer, *The Structure of Matthew's Gospel.* A Study in Literary Design (JSNT.SS 31), Sheffield 1988, 73-108.- W. Carter, "Kernels and Narrative Blocks: The Structure of Matthew's Gospel", *CBQ* 54 (1992) 463-481.- J.B. Combrink, "The Macrostructure of the Gospel of Matthew", *Neot* 16 (1982) 1-20.- Idem, "The Structure of the Gospel of Matthew as Narrative", *TynB* 34 (1983) 61-90.- P. Gaechter, *Die literarische Kunst im Matthäusevangelium* (SBS 7), Stuttgart 1965, 60-65.- J.D. Kingsbury, "The Structure of Matthew's Gospel and His Concept of Salvation History", *CBQ* 35 (1973) 451-474.- Idem, *Matthew:* Structure, 7-25.- F. Neirynck, "La rédaction matthéenne et la structure du premier évangile", *ETL* 43 (1967) 41-73.- Idem, "Ἀπὸ τότε ἤρξατο ὁ Ἰησοῦς and the Structure of Matthew", *ETL* 64 (1988) 21-59; rist. in: Idem, *Evangelica* II (BETL 99), Leuven 1991, 141-182.- L. Romaroson, "La structure du premier évangile", *ScEsp* 26 (1974) 69-112.- E. Schweizer, *Matthäus und seine Gemeinde* (SBS 71), Stuttgart 1974, 15-31.- G. Stanton, "Origin and Purpose of Matthew's Gospel", 1903-1906.- D.O. Via, "Structure, Christology and Ethics in Matthew", in: *Orientation by Disorientation,* FS W.A. Beardslee, ed. R.A. Spencer, Pittsburg 1980, 199-217.- U. Wilckens, "Die Komposition des Matthäus-Evangeliums", *NTS* 31 (1985) 24-38.

III *Lo scopo teologico del vangelo di Matteo*

Il testo del vangelo di Matteo narra la vita di Gesù di Nazareth, come vita del Figlio di Dio fatto uomo per dare compimento alla salvezza promessa da Dio. Per questo gli eventi fondamentali sono presentati come compimento delle profezie. In lui si realizza ciò che esse hanno annunciato del Cristo.

Il modo della sua nascita da Maria per opera dello Spirito Santo (ἐκ πνεύματος ἁγίου: Mt 1,18.20) è considerato come compimento di ciò che era stato detto dal Signore per mezzo del profeta (ἵνα πληρωθῇ τὸ ῥηθὲν ὑπὸ τοῦ κυρίου διὰ τοῦ προφήτου: Mt 1,22). Segue la citazione di Is 7,14: "Ecco la vergine concepirà e partorirà un figlio, che sarà chiamato Emmanuele".- La sua nascita, avvenuta a Betlemme di Giuda, è come è stato scritto per mezzo del profeta (οὕτως γὰρ γέγραπται διὰ τοῦ προφήτου: Mt 2,5b). Segue la citazione di Michea 5,1: "E tu Betlemme [terra di Giuda], non sei [davvero] il più piccolo tra i capoluoghi di Giuda. Da te infatti uscirà un capo che pascerà il mio popolo, Israele".

L'andata in Egitto è vista in funzione del compimento di ciò che era stato detto dal Signore per mezzo del profeta (ἵνα πληρωθῇ τὸ ῥηθὲν ὑπὸ τοῦ κυρίου διὰ τοῦ προφήτου: Mt 2,15a). Segue la citazione di Osea 11,1: "Dall'Egitto ho chiamato mio figlio". L'uccisione dei bambini di Betlemme, ordinata da Erode (Mt 2,16), è considerata come compimento di ciò che era stato detto per mezzo del profeta Geremia (τότε ἐπληρώθη τὸ ῥηθὲν διὰ Ἰερεμίου τοῦ προφήτου: Mt 2,17). Segue la citazione di Ger 31,15: "Una voce in Rama si ode, pianto e grande lamento. Rachele piange i suoi figli e non vuole essere consolata perché [più] non sono".

La sua abitazione a Nazareth (Mt 2,23) è considerata come compimento di ciò che era stato detto dai profeti (ὅπως πληρωθῇ τὸ ῥηθὲν διὰ τῶν προφητῶν). Segue una citazione: "Sarà chiamato Nazareno", che potrebbe corrispondere a Is 11,1 di cui sarebbe una allusione (*neçer*, "Virgulto") o a Gdc 13,5.7 (*nazîr*). La sua abitazione a Cafarnao (Mt 4,13) è considerata come compimento di ciò che era stato detto per mezzo del profeta Isaia (ἵνα πληρωθῇ τὸ ῥηθὲν διὰ Ἡσαΐου τοῦ προφήτου: Mt 4,14a). Segue la lunga citazione di Is 8,23-9,1-2: "La terra di Zabulon e la terra di Neftali, strada del mare, al di là del Giordano, Galilea delle genti: il popolo che sedeva nella tenebra vide grande luce e su coloro che dimoravano nella regione e nell'ombra di morte una luce si è levata (o è sorta) per essi".

Le guarigioni che Gesù compie (Mt 8,16) sono considerate come compimento di ciò che era stato detto per mezzo del profeta Isaia (ἵνα πληρωθῇ τὸ ῥηθὲν διὰ Ἡσαΐου τοῦ προφήτου: Mt 8,17a). Segue la citazione di Is 53,4: "Egli prese le nostre infermità e portò le [nostre] malattie". L'ordine di non divulgare la notizia delle guarigioni (Mt 12,16) è considerato come compimento di ciò che era stato detto per mezzo del profeta Isaia (ἵνα πληρωθῇ τὸ ῥηθὲν διὰ Ἡσαΐου τοῦ προφήτου: Mt 12,17). Segue per esteso la citazione di Is 42,14: "Ecco il mio servo, che ho scelto, il mio prediletto, in cui si compiacque la mia anima. Porrò il mio Spirito sopra di lui e il giudizio ai popoli annuncerà. Non contenderà né griderà né alcuno udrà sulle piazze la sua voce. Una canna infranta non spezzerà e lo stoppino fumigante non spegnerà, finché [non] abbia condotto a vittoria il giudizio. E nel suo nome spereranno i popoli".

Il suo modo di parlare in parabole (Mt 13,34) è considerato come compimento di ciò che era stato detto dal profeta (ὅπως πληρωθῇ τὸ ῥηθὲν διὰ τοῦ προφήτου: Mt 13,35a). Segue la citazione di Sal 78,2: "Aprirò in parabole la mia bocca. Annuncerò cose nascoste dalla fondazione [del mondo]". L'ingresso a Gerusalemme su un'asina e il suo puledro (Mt 21,1-3) è considerato come compimento di ciò che era stato detto dal profeta (ἵνα πληρωθῇ τὸ ῥηθὲν διὰ τοῦ προφήτου: Mt 21,4). Segue la citazione di Is 62,11 unita alla citazione di Zacc 9,9: "Dite alla figlia di Sion: Ecco il tuo re viene a te, umile (o mite) e seduto sopra un'asina e sopra un puledro, figlio di bestia da soma".

L'acquisto del 'campo del vasaio' col denaro del tradimento (Mt 27,3-8) è considerato come compimento di quanto era stato detto da Geremia (τότε ἐπληρώθη τὸ ῥηθὲν διὰ Ἰερεμίου τοῦ προφήτου: Mt 27,9a). Segue la citazione di Zacc 11,12-13 unita all'idea dell'acquisto che si trova in Ger 32,6-15: "E presero i trenta denari, il prezzo del venduto, che avevano contrattato dai figli di Israele e li diedero per il campo del vasaio, come mi aveva ordinato il Signore".

Accanto a queste 'citazioni di compimento' (*Erfüllungszitate*), ce ne sono altre fatte per mostrare che ciò che Gesù compie è conforme alla scrittura, cioè alla volontà divina. Durante la tentazione (Mt 4,1-11), Gesù risponde al tentatore citando Dt 8,3 "Non di pane solo vivrà l'uomo, ma di ogni parola che esce dalla bocca di Dio"; Dt 6,16 "Non tentare il Signore, tuo Dio"; e Dt 6,13 "Il Signore, tuo Dio, adorerai e a lui solo renderai il culto", per mostrare che il Figlio di Dio non è colui che agisce secondo il proprio volere, ma colui che è totalmente sottomesso alla volontà di Dio e alle sue parole.

All'inizio del discorso del monte afferma di essere venuto per dare compimento alla legge e ai profeti (Mt 5,17). Ai farisei che lo contestano perché mangia con i peccatori (Mt 9,11), risponde citando Osea 6,6 "Misericordia voglio, non sacrificio" (Mt 9,13b). Cita per la seconda volta la stessa frase quando gli stessi lo criticano perché i suoi discepoli strappano spighe di grano il giorno di sabato e se ne nutrono (Mt 12,2.7). Quando i discepoli domandano perché parla in parabole alle folle (Mt 13,10), risponde citando Is 6,9-10 "Udrete e non comprenderete. Guarderete e non vedrete. Infatti il cuore di questo popolo si è appesantito e di orecchi sono diventati duri e i loro occhi sono diventati cisposi, affinché non vedano con gli occhi e con gli orecchi [non] odano e con il cuore [non] comprendano e [non] si convertano e io li guarisca". Infine l'accettazione della passione è presentata come necessaria per dare compimento alle scritture: "Come dunque si compirebbero le scritture, che così deve accadere?" (Mt 26,54).

Inoltre 'Il discorso del monte' (Mt 5,1-7,29) è considerato in Mt 11,5b come predicazione della buona novella (o notizia) ai poveri, con riferimento a Is 61,1. Le guarigioni che Gesù compie (di ciechi, zoppi, lebbrosi, sordi e le resurrezioni dei morti) sono presentate come 'opere del Cristo' (τὰ ἔργα τοῦ Χριστοῦ) in Mt 11,2 e conformi all'annuncio profetico di Is 26,19 29,18ss 35,5 a cui il testo allude con singole parole che Gesù stesso dice.

Per mezzo di questo modo narrativo ed espositivo Matteo presenta la vita di Gesù di Nazareth come compimento della parola di Dio per mezzo dei profeti per mostrare che lui è il Cristo, l'erede promesso da Dio a Davide e ad Abramo (Mt 1,1). Per questa ragione, la narrazione inizia con una genealogia in cui Gesù è presentato come 'figlio di Davide' e 'figlio di Abramo'. Egli è l'erede promesso, il Messia atteso. Per questa stessa ragione, durante la narrazione, lo lascia invocare spesso come 'figlio di Davide' da coloro che invocano il suo aiuto (Mt 9,27: i due ciechi; Mt 15,22: la donna cananea; Mt 20,30.31: i due ciechi di Gerico); oppure da coloro che vedendo le opere che compie lo credono 'il Cristo' (Mt 11,2: Giovanni; Mt 12,23: le folle; Mt 21,9.15: le folle e i bambini).

Lo scopo teologico di questa forma espositiva e narrativa è chiaro. Mostrare che Gesù di Nazareth è 'il figlio di Davide', 'il Cristo', 'colui che viene' (ὁ ἐρχόμενος: Mt 11,3), perché ciò che lui compie corrisponde alla parola di Dio a cui egli dà volutamente compimento. Ciò è possibile perché Gesù di Nazareth è 'il Figlio di Dio', fatto uomo per lo Spirito Santo (Mt 1,18.20), per salvare il popolo dai suoi peccati (Mt 1,21) con il sangue versato per la remissione dei peccati (τὸ αἷμα μου... τὸ περὶ πολλῶν ἐκχυννόμενον εἰς ἄφεσιν ἁμαρτιῶν: Mt 26,28). In lui 'Dio [è] con noi' (Mt 1,23c) e con noi resterà fino alla fine del mondo (Mt 28,20) perché nella sua morte viene comunicato il perdono che salva dal peccato.

Si discute molto se 'le citazioni di compimento', con la formula introduttiva quasi identica, siano dell'autore 'Matteo', oppure se siano da attribuire ai discepoli della sua scuola. Il problema è sorto perché qualcuno ritiene che il testo greco citato sia diverso da quello della traduzione dei Settanta (LXX), presente nelle citazioni che egli prende dal vangelo di Marco. Ma questa valutazione non è condivisa da tutti. Quindi lo stesso problema è posto in discussione. Prima di trovare una soluzione, è bene domandarsi se il problema sussiste realmente per non intessere ipotesi e teorie di sole parole.

Bibliografia (Erfüllungszitate, Formula-Quotations) K. Standhal, *The School of Matthew and its Use of the Old Testament* (ASNU 20), Uppsala 1954; 2a ed. Philadelphia 1968.- G. Strecker, *Der Weg der Gerechtigkeit*, 49-85.- R.H. Gundry, *The Use of the Old Testament in St Matthew's Gospel* with Special Reference to the Messianic Hope (NT.S 18), Leiden 1967.- R.S. McCornell, *Law and Prophecy in Matthew's Gospel*, Basel 1969.- W. Rothfuchs, *Die Erfüllungszitate des Matthäus-Evangeliums* (BWANT 88), Stuttgart 1969.- F. van Segbroeck, "Les citations d'accomplissement dans l'évangile selon Matthieu d'après trois ouvrages recentes", in: *L'évangile selon Matthieu*, ed. M. Didier, 107-130.- L. Hartman, "Scriptural Exegesis in the Gospel of St Matthew and the Problem of Communication", in: *L'évangile selon Matthieu*, ed. M. Didier, 131-152.- D.L. Cope, *Matthew: A Scribe Trained for the Kingdom of Heaven* (CBQ.MS 5), Washington 1976.- P. Soares-Prabhu, *The Formula-Quotations in the Infancy Narrative of Matthew* (AnBib 63), Rome 1976.- R.T. France, "The Formula-Quotations of Matthew 2 and the Problem of Communication", *NTS* 27 (1980/81) 233-251.- F. Martin, "Parole, écriture, accomplissement dans l'évangile de Matthieu", *SémBib* 50 (1988) 27-51.- Idem, "Sortir du Livre", *SémBib* 54 (1989) 1-18.- M. Trimalle, "Citations d'accomplissement et architecture de l'évangile selon S. Matthieu", *EstB* 48 (1990) 47-79.- G.N. Stanton, "Matthew's Use of the Old Testament", in: *It is Written*. Scripture Citing Scripture, ed. D.A. Carson - H.M.G. Williamson, Cambridge 1988. 205-219.- H. Hübner, *Biblische Theologie des Neuen Testaments* 3, Göttingen 1995, 100-110.- F.-J. Moloney, "Beginning the Gospel of Matthew. Reading Matthew 1,1-2,23", *Salesianum* 54 (1992) 341-359.- J. Miler, *Les citations d'accomplissement dans l'évangile de Matthieu* (AnBib 140), Rome 1999.

Dalla forma espositiva che ho rilevato risulta chiara l'idea teologica fondamentale del testo: nella vita di Gesù di Nazareth si compie un disegno o un piano divino di salvezza, che ha come scopo l'annuncio della venuta del regno dei cieli e la liberazione dell'uomo dal peccato affinché possa entrare in esso. Gesù annuncia l'avvicinarsi del regno. Con il suo insegnamento indica a coloro che lo seguono un modo di viere per potervi entrare. Con i miracoli che compie suscita la fede affinché chi crede e lo segue possa ottenere il perdono dei peccati che scaturisce dalla sua morte e attendere con fiducia la venuta del regno e del giudizio, mettendo in pratica ciò che Gesù ha insegnato. Quindi nel vangelo di Matteo tutta la vita di Gesù ha come scopo l'annuncio del regno di Dio e la narrazione mostra il modo in cui lo ha annunciato. Da ciò dipende anche l'ordine espositivo, che è anche ordine narrativo.

I capp. 1-2 narrano la sua nascita per opera dello Spirito Santo. I capp. 3-4 presentano la predicazione del Battista, il battesimo di Gesù e il superamento della tentazione nel deserto come preparazione all'annuncio del regno. Lo Spirito che lo ha generato (Mt 1,18.20) scende su di lui nel battesimo (Mt 3,16) e lo spinge nel deserto per essere tentato dal diavolo (Mt 4,1). Nei capp. 5-9 annuncia il regno dei cieli. Nel 'discorso del monte' (capp. 5-7) 'la buona novella (o notizia) ' del regno è annunciata ai poveri (Mt 11,1). Con le opere che compie rivela che il Cristo è presente (Mt 11,2.5a) e che il regno di Dio è giunto vicino (Mt 12,28) (capp. 8-9).

Con l'insegnamento dato sul monte porta a compimento l'istruzione della legge (Mt 5,17). Il principio che ispira il compimento è l'amore del prossimo, riassunto nella regola d'oro: "Tutto quello che volete che gli altri facciano a voi, anche voi fatelo a loro. Questo è infatti la legge e i profeti" (Mt 7,12). Per raggiungere questo scopo propone ai discepoli di imitare Dio: "Avete udito che fu detto: Amerai il tuo prossimo e odierai il tuo nemico. Ma io vi dico: Amate i vostri nemici e pregate per i vostri persecutori affinché siate figli del vostro Padre celeste, che fa sorgere il suo sole sopra i malvagi e sopra i buoni e fa piovere sopra i giusti e sopra gli ingiusti (...) Siate dunque perfetti come è perfetto il Padre vostro celeste" (Mt 5,43-45.48).

Pertanto Gesù porta a compimento la legge morale dell'Antico Testamento mostrando che il suo scopo è il bene del prossimo e che quindi essa è ispirata dall'amore che viene da Dio. Per questa ragione l'interpretazione della legge che egli dà nelle cosiddette 'antitesi' ("Avete udito che fu detto (...) Ma io vi dico") risulta più rigorosa della stessa legge, perché l'amore per il prossimo ha come modello l'amore di Dio stesso, che ha ispirato la legge a cui dà compimento. E Dio vuole solo il bene né può tollerare che qualcuno riceva del male ingiustamente.

Bibliografia (su Mt 5,17-20 e la Legge) H.D. Betz, "Die hermeneutischen Prinzipien in der Bergpredigt (Mt 5,17-20)", in: *Verification*, FS G. Ebeling, Tübingen 1982, 27-41.- R. Blanks, "Matthew's Understanding of the Law: Authenticity and Interpretation of Mt 5,17-20", *JBL* 93 (1974) 226-242.- G. Bornkamm, "Enderwartung und Kirche im Matthäusevangelium", in: *Überlieferung und Auslegung im Matthäusevangelium*, ed. G. Bornkamm - G. Barth - H.J. Held, 54-154.- I. Broer, *Freiheit von Gesetz und Radikalizierung des Gesetzes* (SBS 98), Stuttgart 1980.- Idem, "Die Antithesen und der Evangelist Matthäus", *BZ* 19 (1975) 50-63.- Idem, "Anmerkungen zum Gesetzesverständnis des Matthäus", in: *Das Gesetz im Neuen Testament*, ed. K. Kertelge (QD 108), Freiburg - Basel -Wien 1986, 128-145.- R.F. Collins, "Matthew's ἐντολαί", in: *The Four Gospels 1992*, ed. F. van Segbroeck, II 1325-1348.- H. Frankemölle, "Die sogenannten Antithesen des Matthäus (Mt 5,21ff). Hebt Matthäus für Christen das Alte Testament auf? Von der Macht der Vorurteilen", in: *Die Bibel. Das Bekannte Buch - das fremde Buch*, Paderborn 1994, 61-92.- R.G. Guelich, *Not to Annull the Law Rather to Fulfill the Prophets*. An Egegetical Study of Jesus and the Law in Matthew with Emphasis on 5:17-18, diss., Hamburg 1967.- H. Hübner, *Biblische Theologie des Neuen Testaments* 3, 110-115.- U. Luz, "Die Erfüllung des Gesetzes bei Matthäus", *ZThK* 25 (1978) 398-435.- J.P. Meier, *Law and History in Matthew's Gospel* (AnBib 71), Rome 1976.- A. Sand, *Das Gesetz und die Propheten*. Untersuchungen zur Theologie des Evangeliums nach Matthäus (BU 11), Regensburg 1974.

Dall'insegnamento di Gesù risulta che c'è una sola strada per entrare nel regno dei cieli: diventare perfetti come Dio, il Padre che è nei cieli e questa perfezione è una perfezione nel modo di amare. Amando come Dio, si diventa come Dio e si entra nel regno di Dio. Questa è 'la giustizia' del regno di Dio che il discepolo deve cercare di raggiungere (Mt 6,33; cf. Mt 5,20). Solo con essa è possibile entrare. Come poterla raggiungere? Con le proprie forze?

Con le opere prodigiose che Gesù compie (capp. 8-9) dimostra che chi lo segue con fede ottiene la misericordia che lo può salvare. Viene liberato dalle sue infermità dalla misericordia divina che lo conduce alla salvezza. Ciò è indicato da due citazioni poste al centro della serie dei dieci miracoli che Gesù compie per mostrare ciò che quei segni vogliono significare. In Mt 8,16-17 un sommario riassume l'opera di Gesù: scaccia demoni, guarisce malati. Segue immediatamente la citazione di Is 53,4: "Ha preso su di sé le nostre infermità e si è addossato le nostre malattie". In Mt 9,10-13 narra che siede a mensa con i peccatori. A chi lo accusa, risponde citando Osea 6,6:"Misericordia voglio, non sacrificio".

Quindi tra l'insegnamento di Gesù che indica come entrare nel regno (capp. 5-7) e i miracoli che compie (capp. 8-9) per mostrare che il regno di Dio è in lui presente (cf. Mt 12,28) c'è un rapporto teologico essenziale. La dottrina indica ciò che il discepolo deve fare per accedere nel regno dei cieli. I miracoli mostrano che con la fede egli ottiene da Gesù la cura della sua infermità morale, cioè la salvezza dal peccato che lo libera dal male e lo mette in condizione di poter attuare ciò che Gesù chiede: amare come il Dio vivente e diventare a lui simile per potere entrare nel regno dei cieli che egli è venuto ad annunciare.

Per questa ragione anche nella esposizione narrativa i capp, 5-7 e i capp. 8-9 formano una unità letteraria, delimitata all'inizio e alla fine da due sommari sull'attività di Gesù (Mt 4,23-25 e Mt 9,35-38). Essa espone l'annuncio del regno di Dio: la buona notizia data ai poveri (Mt 11,2.5c) affinché vi possano entrare cercando la giustizia con cui accedere; e le opere del Cristo (Mt 11,2.5a) con cui chi lo segue viene liberato dal male che lo impedisce.

Bibliografia (su Mt 8-9) H.J. Held, "Matthäus als Interpret der Wundergeschichten", in: *Überlieferung und Auslegung*, ed. G. Bornkamm - G. Barth - H.J. Held, 155-287.

Nel cap. 10 Gesù manda in missione i dodici perché le folle che hanno udito il messaggio lo cercano (Mt 9,35-38). I capp. 11-12 descrivono le reazioni diverse al suo annuncio. Giudica severamente la sua generazione perché non ha creduto (Mt 11,16-18.20-24). Benedice il Padre per avere rivelato il suo mistero ai piccoli (Mt 11,25-27). I farisei decidono di ucciderlo (Mt 12,14) e lo considerano posseduto da un demonio (Mt 12,24). I discepoli che lo seguono, sono i suoi parenti perché fanno la volontà di Dio (Mt 12,46-50).

Nel cap. 13 parla in parabole dei misteri del regno dei cieli affinché coloro che non credono non comprendano ciò che dice e non si salvino. Hanno il cuore indurito (Mt 13, 10-17). Ai discepoli invece spiega ogni cosa. La parabola del seminatore indica che la parola del regno seminata da Gesù è accolta in modo diverso (Mt 13,18-23). La parabola della zizzania spiega che il mondo è il regno del Figlio di Dio e che in esso, accanto al grano da lui seminato, cioè ai buoni, c'è anche la zizzania seminata dal diavolo, cioè i cattivi. Essi rimarranno insieme fino al giudizio perché questo è il volere del Figlio (Mt 13,24-30). Al momento del giudizio, il Figlio sradicherà i malvagi dal suo regno e i buoni splenderanno nel regno del Padre loro.

Quindi il tempo attuale è il tempo del regno del Figlio di Dio, che alla fine avrà compimento nel regno del Padre.

Bibliografia (su Mt 13) J. Dupont, "Le point de vue de Matthieu dans le châpître des paraboles", in: *L'évangile selon Matthieu*, ed. M. Didier, 221-259.- B. Gerhardsson, "The Seven Parables in Matthew 13", *NTS* 19 (1977/78) 16-37.- J. Jeremias, "Die Deutung des Gleichnis vom Unkraut und dem Weinen", in: *Neotestamentica et Patristica*, FS O. Cullmann (NT.S 6), Leiden 1962, 59-63.- J.D. Kingsbury, *The Parables of Jesus in Matthew 13*, London 1969.- D. Wenham, "The Structure of Matthew 13", *NTS* 25 (1979) 516-522.- A.N. Wilda, "The Parable of the Sower", *Semeia* 2 (1974) 134-151.

Nei capp. 13,53-18,35 narra che Gesù, rifiutato a Nazareth, si prende cura di quelli che lo seguono. Le due moltiplicazioni di pani (Mt 14,13-21 e Mt 15,32-39) indicano nel segno e in modo simbolico che Gesù diventa pastore (cf. Mc 9,36) del popolo che si forma da coloro che credono in Israele e da coloro che credono tra i pagani (cf. Mt 14,13-14 e Mt 15,21-27.29-31). Questo popolo costituirà la sua Chiesa.

Questa sezione infatti termina con la confessione di Pietro e la promessa di fondare su di lui la Chiesa (Mt 16,18). La Chiesa tuttavia non è il regno, ma è l'altro popolo a cui il regno è affidato dopo essere stato tolto al popolo d'Israele, come è detto in Mt 21,43: "Perciò vi dico: Vi sarà tolto il regno di Dio e sarà dato a un altro popolo (letteralmente: "a un popolo", ἔθνει), che lo farà fruttificare". A Pietro conferisce le chiavi del regno dei cieli, con il potere di legare e di sciogliere (Mt 16,19).

Lo stesso potere è conferito ai dodici in Mt 18,18. Si tratta quindi di una autorità che scaturisce dalla professione della fede e che si manifesta nella disciplina del perdono che esclude o ammette nella Chiesa di Cristo. Quindi Pietro esercita per funzione ciò che tutti i discepoli ricevono per vocazione alla fede: il dono della misericordia verso il prossimo in nome della fede in Cristo, che nel suo sangue ha salvato tutti dal peccato (cf. Mt 26,28). In tal modo Gesù concede ai discepoli il potere di perdonare che lui stesso possiede (cf. Mt 9,1-18).

Bibliografia. C.E. Carlston, "Christology and Church in Matthew", in: *The Four Gospels 1992*, ed. F. van Segbroeck, II 1293-1304.- F.D. Kingsbury, "The Figure of Peter in Matthew's Gospel as a Theological Problem", *JBL* 98 (1979) 67-83.- R. Schnackenburg, "Petrus im

Matthäusevangelium", in: *A cause de l'évangile*, FS J. Dupont (LD 123), Paris 1985, 107-125.- G. Stanton, "Origin and Purpose of Matthew's Gospel", 1929.

Nei capp. 16,21-20,34 Gesù parla ai suoi discepoli della sua passione, morte e resurrezione (Mt 16,21-23 17,22-23 20,17-18). Dopo il primo annuncio, li invita a prendere la croce e a seguirlo (Mt 16,24). La croce è la condizione per guadagnare la vita (Mt 16,25) e per resistere davanti al giudizio del Figlio dell'Uomo quando verrà nel suo regno per rendere a ciascuno secondo le sue azioni (Mt 16,27.28). La croce quindi è la condizione per entrare nel regno. Essa può salvare dal giudizio.

Dopo il secondo annuncio, mentre si trova a Cafarnao, pronuncia 'il discorso comunitario' (Mt 18,1-35), provocato dalla domanda "Chi è il più grande nel regno dei cieli?" (Mt 1,8,1b). Risponde con un gesto simbolico. Ponendo nel mezzo un bimbo, dice: "Se non vi convertirete e non diventerete come bambini, non entrerete nel regno dei cieli (....) Perché chiunque diventa piccolo come questo bambino sarà il più grande nel regno dei cieli" (Mt 18,3-4). Si pone quindi la domanda di sapere che cosa significhi l'immagine 'diventare come bambini'. La risposta è nelle frasi che seguono, in cui Gesù parla dei piccoli che credono il lui (cf. Mt 18,6). Per entrare nel regno dei cieli quindi occorre accogliere Gesù nella fede, perché questa trasforma e fa diventare come lui, cioè bambini, in quanto piccoli nella fede.

Questa trasformazione si manifesta nell'accoglienza di chi ha bisogno di perdono, perché così agisce il Padre celeste che, come un pastore, lascia le novantanove pecore sane per cercare quella che si è smarrita. Egli non vuole che nessuno di questi piccoli si perda (Mt 18,12-14). Il perdono quindi è il modo di farsi piccolo per diventare grande nel regno, cioè un modo per accedere ad esso. Per questo Gesù li istruisce sul perdono (Mt 18,15-35). Solo il fratello che lo rifiuta è da considerare estraneo ed è escluso dal regno, perché rifiutandolo si esclude da se stesso (Mt 18,15-17).

Quindi il potere di legare e di sciogliere che i discepoli possiedono (Mt 18,18) scaturisce dalla fede con cui accolgono Gesù e, accogliendolo, esercitano verso i fratelli la stessa misericordia che Gesù fa conoscere a loro.

A questa misericordia non ci sono limiti. Alla domanda di Pietro "Quante volte devo perdonare?", risponde "Fino a settanta volte sette", che significa simbolicamente 'sempre'. La ragione di questa condotta che Gesù chiede dal discepolo è ancora una volta il modo di agire del Padre celeste, che egli presenta con una parabola in cui il regno dei cieli è paragonato a un padrone che aveva cancellato il debito a un servo. Ma avendo saputo che costui aveva fatto imprigionare un compagno di servizio che gli doveva un debito, lo chiama di nuovo e lo costringe a pagare tutto il debito fino all'ultimo, dicendo: "Non dovevi forse anche tu avere pietà del tuo compagno, così come io ho avuto pietà di te?" (Mt 18,33). E conclude con queste parole: "Così anche il mio Padre celeste farà a ciascuno di voi se non perdonerete di cuore al vostro fratello" (Mt 18,35). La morale di questo racconto spiega la risposta data a Pietro all'inizio: chi non perdona, non sarà perdonato da Dio e quindi sarà escluso dal regno.

Da questa istruzione ai discepoli risulta che il perdono è la condizione per entrare nel regno, perché questo è il modo di essere e di agire di Dio, che costituisce il regno stesso.

Bibliografia (su Mt 18). P. Bonnard, "Composition et signification de Mt 18", in: *De Jésus aux évangiles,* ed. I. de la Potterie (BETL 25), Gembloux 1967, 130-140.- G.Bornkamm, "Die Binde-und Lösegewalt in der Kirche des Matthäus", in: *Die Zeit Jesu*, FS H. Schlier, ed. G. Bornkamm - K. Rahner, München 1970, 93-107.- W. Pesch, "Die sogenannte Gemeindeordnung Mt 18", *BZ* 7 (1963) 220-235.- E. Schweizer, *Matthäus und seine Gemeinde,* 106-115.- W.G. Tompson, *Matthew's Advise to a Divided Community*. Matthew 17: 22- 18:35, Rome 1970.- W. Trilling, *Hausordnung Gottes*. Eine Auslegung von Matthäus 18, Düsseldorf 1960.

Nei capp. 21,1-28,20 Gesù è a Gerusalemme perché si compia la sua passione e resurrezione per mezzo della quale entra nel suo regno. Ai sommi sacerdoti e ai capi del popolo che contestano la sua autorità (Mt 21,23-27), risponde con un atto di accusa narrando la parabola dei vignaiuoli che uccidono il figlio del padrone della vigna per impadronirsi dell'eredità (Mt 21,33-39). Con ciò preannuncia la sua morte e le sue conseguenze per il regno di Dio. Poiché lo rifiutano, perdono il regno di Dio, che sarà dato a un popolo che lo farà fruttificare (Mt 21,44). Poi narra una seconda parabola, in cui paragona il regno dei cieli a un re che fece un banchetto di nozze per suo figlio. Poiché gli invitati rifiutano l'invito e uccidono i servi che lo portano, egli fa incendiare la loro città e poi manda i servi per le strade a invitare chiunque per riempire la sala. Scoperto che uno è senza l'abito di nozze, lo fa legare e gettare fuori nelle tenebre (Mt 22,1-14). Questa parabola quindi è una ammonizione per coloro che verranno a far parte del nuovo popolo destinato al regno. Non basta essere invitati, ma occorre esserne degni per parteciparvi.

Le due parabole che ho sinteticamente esaminato (Mt 21,33-44 e Mt 22,1-14) espongono una teologia della storia della salvezza, come storia del regno dei cieli. Gesù, 'il Figlio' e 'erede', è venuto per consegnarlo alle pecore perdute della casa di Israele (cf. Mt 15,24). Ma uccidendolo (cf. Mt 21,38-39), i capi del popolo lo rifiutano (cf. Mt 21,42) e con ciò perdono il regno che era loro destinato (Mt 21,43a). Tolto a loro, il regno è consegnato a 'un popolo' diverso (Mt 21,43b), cioè a chiunque ha accettato l'invito e ha accolto Gesù (Mt 22,8-10). Ma anche costoro non sono sicuri di potervi entrare. Se non ne sono degni, saranno esclusi (Mt 22,11-13). E' necessario quindi fare fruttificare il regno per potere accedere al regno. Vi accede solo chi già lo vive.

Bibliografia (su Mt 21,33-22,14). W.G. Kümmel, *Das Gleichnis von den bösen Weingärtner. Heilsgeschehen und Geschichte* (MTSt 3), Marburg 1965.- K. Snodgrass, *The Parable of the Wicked Tenants* (WUNT 27), Tübingen 1983.- A. Vögtle, "Die Einladung zum grosseren Gastmahl und zum königlichen Hochzeitsmahl", in: *Das Evangelium und die Evangelien* (KBANT), Düsseldorf 1971, 171-218.-

Prima della passione, Gesù istruisce i discepoli sulla fine. Con un lungo discorso annuncia la venuta del Figlio dell'Uomo (Mt 24,1-51). Poiché nessuno sa quando viene (Mt 24,36), li esorta alla vigilanza con due parabole sul regno dei cieli. Con la prima invita a vigilare narrando la sorte toccata alle dieci vergini invitate al banchetto di nozze (Mt 25,1-13). Poiché 'lo sposo' (il Signore) tarda, si addormentano tutte. Quando giunge a mezzanotte, entrano nella sala delle nozze solo le cinque vergini che avevano mantenuto accese le loro lampade, una metafora per dire che non avevano cessato di sperare. Quindi esse ottengono ciò che hanno atteso e sperato. Le altre non sono riconosciute dal Signore perché non l'hanno atteso. Il regno quindi viene con il ritorno del Signore e vi entra solo chi lo ha atteso, desiderando di entrare.

Bibliografia (su Mt 25,1-13) K.P. Donfried, "The Allegory of the Ten Virgins as a Summary of Matthean Theology", *JBL* 93 (1974) 415-428.- W. Schenk, "Auferweckung der Toten oder Gericht nach den Werken. Tradition und Redaktion in Matthäus XXV 1-13", *NT* 20 (1978) 278-299.

Con la seconda parabola esorta alla vigilanza operosa. Paragona il regno dei cieli a un padrone che, partendo, consegnò l'amministrazione dei suoi beni ai servi, dando a ciascuno dei talenti secondo la loro capacità. Al suo ritorno, ricompensa ciascuno secondo il frutto che ha prodotto. A quello che è restato ozioso toglie il talento che gli è stato dato e lo caccia nelle tenebre. Quindi ciascuno riceverà secondo la sua opera (Mt 25,14-30). La partecipazione ai beni del regno dei cieli dipende dalla condotta e dalle azioni di ciascuno. Ognuno riceve ciò che ha seminato.

Bibliografia (su Mt 25,14-30). J. Dupont, "La parabole des talents (Mt 25,14-30) ou des mines (Lc 19,12-27)", *RThPh* 19 (1969) 376-391.- P. Fiedler, "Die übergebene Talente", *BiLe* 11 (1970) 259-273.- A. Piug I Tarrèch, "La parabole des Talents (Mt 25,14-30) ou des mines (Lc 19,11-28)", in: *A cause de l'évangile*, FS J. Dupont, Paris 1985, 165-193.

In queste due parabole, delle vergini (Mt 25,1-13) e dei talenti (Mt 25,14-30) parla del regno dei cieli che verrà al suo ritorno. Dalla condotta di ciascuno dipende il suo esito, perché dal modo in cui ha agito il discepolo dipenderà il modo di agire del Signore al suo ritorno. Entra nel regno chi lo attende (Mt 25,10) e riceve secondo le sue opere (Mt 25,21.23). Chi non lo attende e non ha operato per il regno sarà escluso (Mt 25,12 e Mt 25,26-30).

Per non lasciare dubbi sulle opere da compiere per entrare nel regno dei cieli, descrive nel simbolo il giudizio finale (Mt 25,31-46). Quando il Figlio dell'Uomo tornerà nella sua gloria, consegnerà il regno a coloro che hanno fatto opere di misericordia: dato da mangiare agli affamati, da bere agli assetati, ospitato forestieri, vestito nudi, visitato i malati, visitato i carcerati. Costoro saranno riconosciuti dal Signore perché gli hanno fatto del bene. Dice: "Ogni volta che avete fatto queste cose a uno solo di questi miei fratelli più piccoli, le avete fatto a me" (Mt 25,40). Chi non fa queste cose quando poteva farle, sarà escluso dal regno e destinato al fuoco eterno (Mt 25,41).

Tutto questo desta stupore, ma conferma che la misericordia è l'unica via per accedere al regno e la sua porta d'ingresso. Vi entra chi ha operato la misericordia che egli stesso ha ricevuto da Dio in Cristo. Sarà escluso chi non ha operato misericordia nel mondo. Entra nel regno di Dio chi, amando come Dio, diventa simile a Dio.

Bibliografia (su Mt 25,31-46). E. Brandenburger, *Das Recht des Weltrichters* (SBS 99), Stuttgart 1980.- D.R. Catchpole, "The Poor on Earth and the Son of Man in Heaven", *BJRL* 61 (1979) 355-397.- P. Christian, *Jesus und seine geringste Brüder* (EThSt 12), Erfurt 1975.- U. Wilkens, "Gottes geringste Brüder", in: *Jesus und Paulus*, FS W.G. Kümmel, Göttingen 1975, 363-383.

Dopo la resurrezione, Gesù appare ai discepoli sul monte e si presenta come colui che ha ricevuto ogni potere in cielo e sulla terra (Mt 28,16-20). Quindi con la sua morte e resurrezione è iniziato il suo regno, affinché coloro che credono vi possano accedere e ottenere la salvezza per cui è venuto nel mondo (cf. Mt 1,21). Con la resurrezione è insediato Signore nel suo regno e manda i discepoli a fare discepoli tutti i popoli affinché ricevano il battesimo e osservino tutto ciò che egli ha insegnato (Mt 28,19). Il battesimo concede il perdono e l'espiazione del peccato conseguita con la sua morte espiatoria (cf. Mt 26,28); la dottrina indica la strada da seguire per vivere bene. L'uno e l'altra sono condizione essenziale per accedere alla salvezza finale, nel regno del Padre (Mt 25,34; cf. Mt 13,43).

Bibliografia (su Mt 28,16-20). J. Gnilka, *Das Matthäusevangelium II*, 534-549.- L. Goppelt, *Theologie des Neuen Testaments* II, 541-547.- J.D. Kingsbury, *Matthew*, 128-160.

LUCA

Vangelo e Atti degli Apostoli

Bibliografia generale (Vg e At). D.L. Bock, *Proclamation from Prophecy and Pattern*. Lucan Old Testament Christology (JSNT.SS 12), Sheffield 1987.- G.C. Bottini, *Introduzione all'opera di Luca*. Aspetti teologici (SBFAn 35), Jerusalem 1992.- F. Bovon, *Luc le théologien*. Vingt-cinq ans de recherches (1950-1975), 2e éd. augmentée, Neuchâtel-Paris 1988.- Idem, "Etudes lucaniennes. Rétrospective et Prospective", *RThPh* 125 (1993) 113-135.- L. Brawley, *Centering on God*. Method and Message of Luke-Acts (Library Currents in Biblical Interpretation), Louisville 1990.- J.T. Carrol, *Response to the End of History*. Eschatology and Situation in Luke-Acts (SBL.DS 92), Atlanta 1988.- D.M. Crump, *Jesus the Intercessor*. Prayer and Christology in Luke-Acts (WUNT 2/49), Tübingen 1992.- J.A. Darr, *The Character Building*. The Reader and the Rhetoric of Characterization in Luke-Acts (Library Currents in Biblical Interpretation), Louisville, KY, 1992.- R.I. Denevo, *The Things Accomplished Among Us*. Prophetic Tradition in the Structural Pattern of Luke-Acts (JSNT.SS 141), Sheffield 1997.- M. Dömer, *Das Heil Gottes*. Studien zur Theologie des lukanischen Doppelwerkes (BBB 51), Köln-Bonn 1978.- Ph. F. Esler, *Community and Gospel in Luke-Acts* (SNTS.MS 17), Cambridge 1987.- C.A. Evans - J.A. Sanders, *Luke and the Scripture*. The Function of Sacred Tradition in Luke-Acts, Minneapolis 1993.- J.A. Fitzmyer, *Luke, the Theologian*, London 1989.- C.H.T. Fletcher-Luis, *Luke-Acts: Angels, Christology and Soteriology* (WUNT 2/94), Tübingen 1997.- E. Franklin, *Christ the Lord*. A Study in the Purpose and Theology of Luke-Acts, Philadelphia 1975.- Idem, *Luke: Interpreter of Paul, Critic of Matthew* (JSNT.SS 92), Sheffield 1994.- A. George, *Etudes sur l'oeuvre de Luc* (SB), Paris 1978.- T. Holtz, *Untersuchungen über die altestamentlichen Zitate bei Lukas* (TU 104), Berlin 1968.- D. Juel, *Luke-Acts. The Promise of History,* Atlanta 1983.- L.E. Keck- J.L. Martin (ed.), *Studies in Luke-Acts*, FS P. Schubert, Nashville, NY, 1966; 2a ed. Philadelphia 1980.- M. Korn, *Die Geschichte Jesu in veränderter Zeit*. Studien zur bleibenden Bedeutung Jesu im lukanischen Doppelwerk (WUNT 2/51), Tübingen 1993.- W.S. Kurz, *Reading Luke-Acts*. Dynamic of Biblical Narrative, Louisville, KY, 1993.- W.G. Kümmel, "Luc en accusation dans la théologie contemporaine", in: *L'évangile selon Luc*, ed. F. Neirynck, 3-19 = Idem, "Lukas in der Anklage der heutigen Theologie", in: *Das Lukas-Evangelium,* ed. G. Braumann, 416-436.- P. Luomanen, *Luke-Acts*. Scandinavian Perspective (PFES 54), Göttingen 1991.- R. Maddox, *The Purpose of Luke-Acts* (FRLANT 126), Göttingen 1982.- O. Mainville, *L'Esprit dans l'oeuvre de Luc* (Héritage et projet 45), Ville Saint-Laurent, Quebec, 1991.- I.H. Marshall, *Luke*. Historian and Theologian, Exeter 1970.- D.P. Moessner, "The Christ must suffer, the Church must suffer. Rethinking the Theology of the Cross in Luke-Acts", *SBLSP* 29 (1990) 165-195.- Idem, "The Meaning of ΚΑΘΕΞΗΣ in the Lukan Prologue as a Key to the Distinctive Contribution of Luke's Narrative Among the 'Many', in: *The Four Gospels 1992*, ed. F. van Segbroeck, II 1513-1528.- R. Morgenthaler, *Lukas und Quintilian*. Rhetorik als Erzählkust, Zürich 1993.- J.H. Neyrey (ed.), *The Social World of Luke-Acts*, Peabody, 1991.- J.M. Nützel, *Jesus als Offenbarer Gottes in den lukanischen Schriften* (FzB 39), Würzburg 1980.- F.O' Fearghail, *The Introduction to Luke-Acts*. A Study of the Role of Lk 1,1-4,44 in the Composition of Luke's Two volume Work (AnBib 126), Rome 1991.- R.F. O' Toule, *The Unity of Luke's Theology*. An Analysis of Luke-Acts (Good News Studies 9), Wilmington 1984.- P. Pokorný, *Theologie der lukanischen Schriften* (FRLANT 174), Göttingen 1998.- W. Radl, *Paulus und Jesus im lukanischen Doppelwerk* (EHS.T 49), Frankfurt a.M. 1975.- W. Reinhart, *Das Wachstum des Gottesvolkes*. Untersuchungen zum Gemeindewachstum im lukanischen Doppelwerk auf dem Hintergrund des Alten Testaments,

Tübingen 1995.- M. Rese, *Alttestamentliche Motive in der Christologie des Lukas* (StNT 1), Gütersloh 1969.- E. Richard (ed.), *New Views on Luke and Acts*, Collegeville 1990.- G. Schneider, *Lukas, Theologe der Heilsgeschichte* (BBB 59), Bonn 1985.- W.H. Shepherd, *The Narrative Function of the Holy Spirit as a Character in Luke-Acts* (SBL.DS 147), Atlanta 1994.- D.M. Sweatland, *Our Journey With Jesus.* Discipleship According to Luke-Acts, Collegeville 1990.- Ch.H. Talbert, *Literary Patterns, Theological Themes and the Genre of Luke-Acts* (SBL.MS 20), Missoula 1974.- Idem (ed.), *Perspectives on Luke-Acts*, Danville/ Edinburgh 1978.- Idem (ed.), *Luke-Acts.* New Perspectives from the Society of Biblical Literature Seminar, New York 1984.- R.C. Tannehill, *The Narrative Unity of Luke-Acts*. Vol. 1: The Gospel According to Luke, Philadelphia 1986; Vol. 2: The Acts of the Apostles, Minneapolis 1990.- D.L. Tiede, *Prophecy and History in Luke-Acts,* Philadelphia 1980.- P. Tremolada, "La teologia di Luca (1986-1996)", *ScCat* 126 (1998) 59-108.- C.M. Tuckett (ed.), *Luke's Literary Achievement.* Collected Essays (JSNT.SS 116), Sheffield 1995.- Idem, *Luke,* Sheffield 1997.- J.B. Tyson, *The Death of Jesus in Luke-Acts*, Columbia, SC, 1986.- Idem (ed.), *Luke-Acts and the Jewish People*, Minneapolis 1988.- G. Wagner, *Exegetical Bibliography of the New Testament.* 2: Luke-Acts, 1985.- A. Weiser, *Theologie des Neuen Testaments.* II. Die Theologie der Evangelien, Berlin - Stuttgart - Köln 1993, 117-152.- S.G. Wilson, *Gentiles and Gentile Mission in Luke-Acts* (SNTS.MS 23), Cambridge 1973.

(*Il Vangelo di Luca*) (Studi). J.N. Aletti, *L'art de reconter Jésus-Christ*: l'écriture narrative de l'évangile de Luc, Paris 1989.- L. Alexander, *The Preface to Luke's Gospel.* Literary Convention and Social Context in Luke's 1,1-4 and Acts 1,1 (SNTS.MS 78), Cambridge 1993.- D.L. Bock, *Luke* (IVPNT), Illinois - Leicester 1994.- F. Bovon, *Lukas in neuer Licht* (BThSt 8), Neukirchen-Vluyn 1985.- P, Böhlemann, *Jesus und der Täufer.* Schlüssel zur Theologie und Ethik des Lukas (SNTS.MS 99), Cambridge 1997.- G. Braumann (ed.), *Das Lukas-Evangelium.* Die Redaktions- und Kompositionsgeschichtliche Forschung (WdF 280), Darmstadt 1974.- P.S. Brown, *Apostasy and Perseverance in the Theology of St Lukas* (AnBib 36), Rom 1969.- U. Busse, *Die Wunder des Propheten Jesu* (FzB 24), Stuttgart, 2a ed., 1979.- G. Bussmann - W. Radl (ed.), *Der Treu Gottes trauen.* Beiträge zum Werk des Lukas, FS G. Schneider, Freiburg i.Br. 1991.- L.D. Chrupcaa, *Il Regno opera della Trinità nel vangelo di Luca* (SBFAn 45), Jerusalem 1998.- H. Conzelmann, *Die Mitte der Zeit.* Studien zur Theologie des Lukas [1954] (BHT 17), Tübingen, 7a ed., 1993.- A. Dauer, *Beobachtungen zur Arbeitstechnik des Lukas* (BBB 79), Frankfurt a.M. 1990.- M. Diefenbach, *Die Komposition des Lukasevangeliums unter Berücksichtigung antiker Rhetorikelemente*, Frankfurt a.M. 1993.- J. Drury, *Tradition and Design in Luke's Gospel.* A Study in Early Christian Historiography, London 1976.- H. Flender, *Heil und Geschichte in der Theologie des Lukas* (BEvTh 41), München 1965.- R. Glöckner, *Die Verkündigung des Heils beim Evangelisten Lukas* (Walberg Studien 9), Mainz 1976.- M.D. Goulder, *Luke. A New Paradigm.* Vol. 1 and 2 (JSNT.SS 20), Sheffield 1989.- J.B. Green, *The Theology of the Gospel of Luke,* Cambridge 1995.- A. Gueret, *La mise en discours.* Recherches sémiotiques à propos de l'évangile de Luc, Paris 1987.- W.F. Horn, *Glaube und Handeln in der Theologie des Lukas* (GTA 26), Göttingen 1983.- J.D. Kingsbury, *Conflict in Luke*: Jesus, Authorities, Disciples, Minneapolis 1991.- H. Klein, *Barmherzigkeit gegenüber den Elenden und Geächteten.* Studien zur Botschaft des lukanischen Sondergut (BThSt 10), Neukirchen-Vluyn 1987.- G. Lohfink, *Die Sammlung Israels.* Eine Untersuchung zur lukanischen Ekklesiologie (StANT 39), München 1975.- A. Lindemann, "Literatur zu den synoptischen Evangelien 1984-1991 (III)", *ThR* 59 (1994) 252-284: 252-281.- K. Löning, *Das Geschichtswerk des Lukas.* I: Israels Offnung und Gottes Geheimnisse, Stuttgart 1997.- G. Nebe, *Prophetische Züge im Bilde Jesu bei Lukas* (BWANT 127), Stuttgart 1989.- F. Neirynck, "La matière marcienne dans l'évangile de Luc", in: *L'évangile selon Luc,* ed. F. Neirynck, 67-111.- Idem (ed.), *L'évangile selon Luc -The Gospel of Luke* (BETL 32). Revised and Enlarged Edition of *L'évangile de Luc.* Problèmes littéraires et théologiques (BETL 32), Gembloux 1973; Leuven 1989.- M.A. Powell, *What Are They Saying About Luke?*, New York 1989.- W. Radl, *Das*

Lukas-Evangelium (EdF 261), Darmstadt 1988.- M. Rese, "Das Lukas-Evangelium. Ein Forschungsbericht", *ANRW* II 25.3 (1984) 2258-2328.- W.C. Robinson, *Der Weg des Herrn.* Studien zur Geschichte und Eschatologie im Lukas-Evangelium, Hamburg 1964.- L. Schottroff - W. Stegemann, *Jesus von Nazareth - Hoffnung der Armen*, Stuttgart, 3a ed., 1990.- F. van Segbroeck, *The Gospel of Luke.* A Cumulative Bibliography 1973-1988 (BETL 88), Leuven 1989.- Idem (ed.), *The Four Gospels 1992*, FS F. Neirynck (BETL 100), Leuven 1992, II 1451-1716.- J.-W. Taeger, *Der Mensch und sein Heil.* Studien zum Bild des Menschen und zur Sicht der Bekehrung bei Lukas (StNT 14) Gütersloh 1982.- S. Zedda, *Teologia della salvezza nel Vangelo di Luca*, Bologna 1991.
(*Gli Atti degli Apostoli*) (Studi). G.C. Bottini - N. Casalini, "Trama e teologia degli Atti degli Apostoli", *SBFLA* 49 (1999) 137-180. C. Breytenbach, *Paulus und Barnaba in der Provinz Galatien.* Studien zur Apostelgeschichte 13f.; 16,6; 18,23 und den Adressaten des Galaterbriefes (AGJU 38), Leiden 1996.- A. Dauer, *Paulus und die christliche Gemeinde im syrischen Antiochien* (BBB 106), Weinheim 1996.- M. Dibelius, *Aufsätze zur Apostelgeschichte,* Göttingen, 3a ed., 1957.- M. Dumais, "Les Actes des Apôtres. Bilan et orientation", in: *'De bien de manières'.* La recherche biblique aux abords du XXIe siècle. Actes du Cinquantenaire de l'ACEBAC (1943-1993) (LD 163), Paris 1996, 307-364.- J. Dupont, *Etudes sur les Actes des Apôtres* (LD 45), Paris 1967.- Idem, *Nouvelles études sur les Actes des Apôtres*, Paris 1984.- W. Gasque, *A History of the Criticism of the Acts of the Apostles* (BGBE 17), Tübingen 1975.- Idem, "A Fruitful Field. Recent Studies of the Acts of the Apostles", *Int* 42 (1988) 117-131.- E. Grässer, "Acta-Forschung seit 1962", *ThR* 41 (1976) 141-194.259-290; *ThR* 42 (1977) 1-68.- F. Hahn, "Der gegenwärtige Stand der Forschung der Apostelgeschichte", *ThR* 82 (1986) 177-190.- C.J. Hemer, *The Book of Acts in the Setting of Hellenistic History* (WUNT 49), Tübingen 1989.- M. Hengel, "Der Historiker Lukas und die Geographie Palästinas in der Apostelgeschichte", *ZDPV* 99 (1983) 147-183.- F.J.F. Jackson - L. Lake (ed.), *The Beginnings of Christianity*, I-V, London 1920-1933.- N.C. Kee, *Good News to the End of the Earth.* The Theology of Acts, Philadelphia 1990.- H.-J. Klauck, *Magie und Heidentum in der Apostelgeschichte* (SBS 167), Stuttgart 1996.- E. Kränke, *Jesus der Knecht Gottes.* Die heilsgeschichtliche Stellung Jesu in den Reden der Apostelgeschichte (BU 8), Regensburg 1972.- W. Kraus, *Zwischen Jerusalem und Antiochia.* Die 'Hellenisten', Paulus und die Aufnahme der Heiden in das endzeitliche Gottesvolk (SBS 179), Stuttgart 1999.- J. Kremer (ed.), *Les Actes des Apôtres.* Traditions, rédaction, théologie (BETL 48), Gembloux 1979.- K Löning, *Die Saulustradition in der Apostelgeschichte* (NTAbh 9), Münster 1971.- Idem, "Das Evangelium und die Kulturen. Heilsgeschichtliche und kulturelle Aspekte kirchlicher Realität in der Apostelgeschichte", *ANRW* II 25.4 (1987) 2604-2646.- I.H. Marshall, *The Acts of the Apostles* (New Testament Guides), Sheffield 1992,- I.H. Marshall - D. Peterson (ed.), *Witness to the Gospel.* The Theology of Acts, Grand Rapids, MI, 1998.- W.E. Mill, *The Acts of the Apostles* (Bibliography for Biblical Research New Testament Series 5), New York 1996.- R.J. Pervo, *Profit with Delight.* The Literary Genre of the Acts of the Apostles, Philadelphia 1987.- P. Pilhofer, *Philippi.* Band I: Die erste christliche Gemeinde Europas (WUNT 87), Tübingen 1995.- E. Plumacher, *Lukas als hellenistischer Schriftsteller.* Studien zur Apostelgeschichte (StUNT 9), Göttingen 1973,- Idem, "Apostelgeschichte", *TRE* 3(1978) 483-528.- Idem, "Acta-Forschung 1974-1982", *ThR* 48 (1983) 1-56; *ThR* 49 (1984) 105-169.- M.H. Powell, *What Are They Saying About Acts?*, New York 1991.- V. Stolle, *Der Zeuge als Angeklagter* (BWANT 102), Stuttgart 1973.- C.J. Thornton, *Der Zeuge des Zeugen.* Lukas als Historiker der Paulusreisen (WUNT 56), Tübingen 1991.- E. Vallauri, "La teologia degli Atti", *Laurentianum* 16 (1975) 336-356.- Ph. Vielhauer, "Zum 'Paulinismus' der Apostelgeschichte", in: Idem, *Aufsätze zum Neuen Testament* (ThB 31), München 1965, 9-27.- A. Vögtle, *Die Dynamik des Anfangs.* Leben und Fragen der jüngen Kirche, Freiburg i.Br. 1988.- B. Wander, *Gottesfürchtige und Sympatisanten* (WUNT 104), Tübingen 1998.- G. Wasserberg, *Aus Israels Mitte - Heil für die Welt* (BZNW 82), Berlin 1998.- J. Wenhert, *Die Wir-Passagen der Apostelgeschichte* (GTA

40), Göttingen 1989.- A. Weiser, "Das 'Apostelkozil' (Apg 15,1-35): Ereignis, Überlieferung, lukanische Deutung", *BZ* 28 (1984) 145-167.- A. Wickenhauser, *Die Apostelgeschichte und ihr Geschichtswert* (NTAbh 8,3-5), Münster 1921.- B.W. Winter - A.D. Clarke (ed.), *The Book of Acts in Its First Century Setting*, Voll. 1-6, Grand Rapids, MI, 1993-1997.- B. Witherington, III (ed.), *The Acts of the Historians* - Acts and Ancient Historiography, Cambridge 1994.- Idem (ed), *History, Literature and Society in the Book of Acts*, Cambridge 1996.- S. Zedda, *Teologia della salvezza negli Atti degli Apostoli*. Studi sulla terminologia, Bologna 1994.- Ch. Zettner, *Amt, Gemeinde und kirchliche Einheit in der Apostelgeschichte des Lukas* (EHS.T 423), Frankfurt a.M. 1991.

(Commenti al Vangelo di Luca) D.L. Bock, *Luke* I/II (BakerExCNT), Grand Rapids 1996.- F. Bovon, *Das Evangelium nach Lukas* [Lk 1,1-14,35] (EKK III/1-2), Zürich/ Neukirchen-Vluyn I 1989, II 1996.- Idem, *L'évangile selon saint Luc* [Lc 1,1-14,35] (CNT III/ a, b), Genève 1 1991, 2 1996.- R.A. Culpepper, "The Gospel of Luke", in: *The New Interpreter's Bible IV*, Nashville 1996.- J. Ernst, *Das Evangelium nach Lukas* (RNT), Regensburg, 6a ed., 1993.- C.A. Evans, *Luke* (NIBC 3), Peabody, Mass., 1990.- A.J. Fitzmyer, *The Gospel According to Luke*, I/II (AB 28 e 28A), New York I, 3a ed. 1986, II 1986.- N. Geldenhuys, *Luke* (NIC), Grand Rapids, rist. 1995.- W. Grundmann, *Das Evangelium nach Lukas* (ThHK 3), Berlin, 10a ed., 1984.- L.T. Johnson, *The Gospel of Luke* (Sacra Pagina 3), Collegeville 1991.- E. Klostermann, *Das Lukasevangelium* (HNT 5), Tübingen, 3a ed. 1975.- J. Kremer, *Lukasevangelium* (NEB.NT 3), Würzburg, 2a ed., 1992.- K. Löning, *Das Geschitswerk des Lukas*. I: Israels Hoffnung und Gottesgeheimnisse, Stuttgart 1996.- I.H. Marshall, *The Gospel of Luke* (NIGTC), Exeter, la rist., 1979.- J. Nolland, *Luke* I,II,III (WBC 35A.35B.35C.), Dallas I 1989, II 1990, III 1993.- W. Schmithals, *Das Evangelium nach Lukas* (ZBK.NT 3.1), Zürich 1980.- G. Schneider, *Das Evangelium nach Lukas* I/II (ÖTK 3/1-2) (=GTB 500.501), Gütersloh I, 3a ed. 1992; II, 2a ed. 1984.- E. Schweizer, *Das Evangelium nach Lukas* (NTD 3), Göttingen, 3a ed., 1993.- H. Schürmann, *Das Lukasevangelium* [Lk 1,1-11,54] (HThK 3/1-2), Freiburg i.Br. I, 4a ed., 1990; II 1994.- C.H. Talbert, *Reading Luke,* A Literary and Theological Commentary on the Third Gospel, New York 1986.- R.C. Tannehill, *The Narrative Unity of Luke-Acts*. Vol 1: The Gospel According to Luke, Minneapolis 1986.- D.L. Tiede, *Luke* (AugsCNT), Minneapolis 1988.- W. Wiefel, *Das Evngelium nach Lukas* (ThHK 3), Leipzig 1988.-

(Commenti agli Atti degli Apostoli) C.K. Barret, *The Acts of the Apostles*. Vol 1 (Acts I-XIV); Vol. 2 (Acts XV-XXVIII) (ICC), Edinburgh I 1994, II 1998.- O. Bauernfeind, *Kommentar und Studien zur Apostelgeschichte* (WUNT 22), Tübingen 1980.- F.F. Bruce, *The Book of Acts* (NIC), Grand Rapids 1994.- H. Conzelmann, *Die Apostelgeschichte* (HNT 7), Tübingen, 2a ed., 1972.- C. Delebeque, *Les Actes des Apôtres,* Paris 1982.- E. Haenchen, *Die Apostelgeschichte* (KEK 3), Göttingen, 7a ed., 1977.- J. Jervell, Die *Apostelgeschichte* (KEK 3), Göttingen 1997.- L.T. Johnson, *The Acts of the Apostles* (Sacra Pagina 5), Collegeville, 1992.- G. Lüdemann, *Das frühe Christentum nach den Traditionen der Apostelgeschichte*. Ein Kommentar, Göttingen 1987.- J. Munck, *Acts of the Apostles* (AB 31), New York 1967.- F. Mussner, *Die Apostelgeschichte* (NEB.NT 5), Würzburg, 2a ed., 1988.- R. Pesch, *Die Apostelgeschichte* I/II (EKK 5/1-2), Zürich/ Neukirchen-Vluyn I, 2a ed., 1995; II 1987.- J. Roloff, *Die Apostelgeschichte* (NTD 5), Göttingen, 2a ed., 1988.- G. Schille, *Die Apostelgeschichte des Lukas* (ThHK 5), Leipzig, 3a ed., 1989.- W. Schmithals, *Die Apostelgeschichte nach Lukas* (ZBK.NT 3/2), Zürich 1982.- G. Schneider, *Die Apostelgeschichte* (HThK 5/1-2), Freiburg i. Br. I 1980, II 1982.- C.H. Talbert, *Reading Acts*. A Literary and Theological Commentary of the Acts of the Apostles, New York 1997.- R. Tannehill, *The Narrative Unity of Luke-Acts*. Vol 2: The Acts of the Apostles, Minneapolis 1990.- J. Taylor, *Les Actes des Apôtres*. V. Commentaire Historique (Actes 18,23-28,31) (EB.NS 30), Paris 1996.- A. Weiser, *Die Apostelgeschichte* I/II (ÖTK 5/1-2) (=GTB 507.508), Gütersloh I, 2a ed., 1989; II 1985.- D. Williams, *Acts* (NIBC 5), Peabody 1991.- J. Zmijewski, *Die Apostelgeschichte* (RNT), Regensburg 1994.

I   *Autore, luogo e data di composizione di Luca (Vg e At)*

All'inizio degli Atti degli Apostoli (At 1,1) l'autore presenta il testo che noi chiamiamo 'Vangelo di Luca' come ὁ πρῶτος λόγος, "il primo discorso", di cui Atti sarebbe 'il secondo' e quindi la continuazione del primo. L'uno e l'altro sono dedicati a Teofilo. Tenendo conto di questo, gli studiosi sono convinti che il 'Vangelo di Luca' e 'Atti degli Apostoli' formino una sola opera in due parti, di cui Lc 1,1-4 sarebbe il 'Prologo'. Peciò io ne farò l'esposizione insieme, come qualcuno già incomincia a fare.

Il 'primo discorso' che la tradizione ha chiamato εὐαγγέλιον κατὰ Λουκᾶν e il 'secondo discorso' che la tradizione ha chiamato Πράξεις Ἀποστόλων, sono attribuiti da Ireneo di Lione, *Adv Haer* III 1,1 e III 14,14 a 'Luca'. La notizia è riportata da Eusebio di Cesarea, *Hist Eccl* V 8,3. Secondo questa stessa tradizione Luca sarebbe 'il caro medico' (ὁ ἰατρὸς ὁ ἀγαπητός) che si trova accanto a Paolo nella sua prigionia e di cui manda i saluti alla comunità di Colossi (Col 4,14), a Filemone (Flm 24) e a Timoteo (2Tim 4,11). Secondo una ipotesi più recente, Luca avrebbe accompagnato Paolo nei suoi viaggi, come risulterebbe dal 'noi' nella narrazione del viaggio da Troade a Filippi (At 16,10-17); del viaggio verso l'Asia fino a Mileto (At 20,5-13); del viaggio da Mileto a Gerusalemme (At 21,1-17); del viaggio da Cesarea a Roma (At 27,1 fino a 28,16) (cf. M. Hengel, *Zur urchristlichen Geschichtsschreibung*, Stuttgart, 2a ed. 1984, 60).

Quanto alla prima notizia non trova conferma nella teologia dell'opera. Le idee teologiche fondamentali di Paolo non si trovano né nel Vangelo né negli Atti (cf. Ph. Vielhauer, "Der 'Paulinismus' der Apostelgeschichte", *EvTh* 10,1950, 1-15). Anzi, non si trovano neppure nei discorsi che Luca attribuisce a Paolo in varie occasioni, durante i suoi viaggi. Quanto alla seconda ipotesi, il 'noi' della narrazione si può spiegare diversamente: o come appartenente alla 'fonte' che l'autore adopera, oppure allo stile del genere letterario 'racconto di viaggio', fatto in prima persona plurale, come risulta dalle fonti profane.

Dall'opera stessa si può desumere soltanto che 'Luca' è un cristiano di origine greca. Scrive bene in greco; ignora la geografia della Palestina; evita le parole semitiche o i semitismi che trova nelle fonti che adopera per il suo vangelo (in particolare in Marco); descrive i fatti del tempo di Gesù secondo le consuetudini del mondo greco. Poiché ha un grande rispetto per la Legge di Mosè, occorre domandarsi se non sia un 'proselito', convertito al cristianesimo.

Come luogo di composizione dei testi, la tradizione tramandata da Eusebio di Cesarea, *Hist Eccl* III 4,6 indica Antiochia di Siria. Secondo Gerolamo, *Comm in Matth* (prologo), avrebbe scritto in Acaia e nel territorio della Beozia (*Acaiae Beotiaeque partibus*), quindi in Grecia. Non è possibile verificare le due notizie.

Per la data delle due opere, Eusebio di Cesarea, *Hist Eccl* II, 22 indica gli inizi degli anni sessanta. Si pensa che tale notizia sia una 'ipotesi' dedotta da Eusebio stesso dalla finale degli Atti degli Apostoli che non narra la morte di Paolo, avvenuta verso il 64 d.C. secondo un computo della tradizione. Da ciò si può supporre che fosse ancora in vita quando Luca scrisse il suo testo. Ma questa ipotesi è smentita dal testo stesso. Lc 19,43-44 e Lc 21,20.24 descrivono con grande precisione l'assedio di Gerusalemme, la sua distruzione, l'uccisione, la deportazione dei suoi abitanti e l'odio generale che quella lunga guerra aveva suscitato contro tale popolo. Quindi il vangelo è stato scritto dopo il 70 d.C.

Gli Atti degli Apostoli sono stati composti dopo questa data, come risulta da At 1,1 che chiama il Vangelo 'primo discorso'. Poiché la lingua è la stessa, ma non identica, si deve supporre che l'autore abbia lasciato trascorrere del tempo tra la composizione del 'primo' e quella del 'secondo' discorso.

Per stabilire una data più precisa per gli Atti si deve tenere presente che nel testo non c'è nessun riferimento alle lettere di Paolo, benché Paolo sia uno dei personaggi più importanti del racconto. Si suppone che queste lettere siano state raccolte verso la fine del primo secolo o all'inizio del secondo. Tenendo conto di questo fatto, si suppone che gli Atti siano stati scritti prima della fine del primo secolo, tra l'80 e il 90 d.C. Di più non si può precisare e il testo non offre nessuna indicazione.

Bibliografia (Introduzioni). F. Bovon, "Evangile de Luc et Actes des Apôtres", in: *Evangiles synoptiques et Actes des Apôtres* (Pétite Bibliothèque des Sciences Bibliques 4), Paris 1981, 262-270.- I. Broer, *Einleitung in das Neue Testament* I, 130-138.155-157.- H. Conzelmann-A. Lindemann, *Arbeitsbuch zum Neuen Testament*, 342-343.348.360.- W.G. Kümmel, *Einleitung in das Neue Testament*, 116-120.153-154.- W. Marxen, *Einleitung in das Neue Testament,* 137-152.- A. Wickenhauser - J. Schmid, *Introduzione al Nuovo Testamento*, 293-298.313-314.415-418.420-423.- U. Schnelle, *Einleitung in das Neue Testament*, 255-260.276-277. (Studi) C.K. Barrett, *The Acts of the Apostles.* Vol 1 (ICC), Edinburgh 1998, 30-48.- F.F. Bruce, "The Acts of the Apostles: Historical Reconstruction or Theological Reconstruction?", *ANRW* II 25.3 (1985) 2569-2603: 2591-2600.- V. Fusco, "Le sezioni-noi degli Atti nella discussione recente", *BeO* 25 (1983) 73-86.- H. Klein, "Zur Frage nach dem Abfassungsort der lukanischen Schriften", *EvTh* 32 (1972) 467-477.- S.M. Praeder, "The Problem of First Person Narrative in Acts", *NT* 29 (1987) 193-218.- D.D. Schmidt, "Syntactical Style in the 'we'-sections of Acts: How Lucan Is It?", *SBLSP* 28 (1989) 300-308.

II *Piano letterario dell'opera di Luca*

Per stabilire il piano letterario del Vangelo di Luca si deve tenere presente che si tratta di una διήγησις, "narrazione", o "racconto". Ecco alcuni indizi letterari che permettono di dividerlo in più parti.

Lc 1,1-4 costituiscono il 'Prologo'; Lc 3,1-2 è un 'sommario' solenne che indica l'inizio storico della predicazione di Giovanni; Lc 9,51 segna in modo deliberato l'inizio del viaggio di Gesù verso Gerusalemme, che si estende nella narrazione fino a Lc 19,27 (o Lc 19,28 o Lc 19,48) e che costituisce la parte narrativa più originale di questo vangelo, in rapporto a quello di Marco e di Matteo. La trama tuttavia è identica. In base a questi elementi si dovrebbe dividere il racconto in quattro parti: Lc 1,5-2,52 Parte I; Lc 3,1-9,50 Parte II; Lc 9,51-19,27 (o 28 o 48) Parte III; Lc 19,28 (o 29 o 20,1)-24,53 Parte IV. Ma non tutti sono d'accordo con questa divisione generale.

F. Wickenhauser, J. Schmid e W.G. Kümmel considerano Lc 1,5-4,13 come unità letteraria e fanno iniziare la successiva in Lc 4,14 con il ritorno di Gesù in Galilea dopo la tentazione. Mi sembra che ciò non sia conforme al testo che sottolinea in modo volutamente solenne in Lc 3,1 l'inizio della predicazione di Giovanni, come preparazione alla predicazione di Gesù secondo il disegno storico-salvifico chiaramente espresso nei capp. 1-2. Inoltre W.G. Kümmel spezza in due parti 'il viaggio verso Gerusalemme': I (Lc 9,51-13,30) 'Inizio del viaggio verso Gerusalemme'; II (Lc 13,31-19,27) 'Nuovo inizio del viaggio verso Gerusalemme'. Questa divisione non trova consenso perché non corrisponde al testo. Non si comprende per quale ragione segnare 'due inizi' del viaggio, quando è chiaro che esso inizia in Lc 9,51.

Tenendo conto di queste osservazioni critiche, mi sembra che sia più opportuno rispettare il criterio narrativo dell'autore, che vuole narrare non una semplice biografia di Gesù, ma 'una storia' delle cose che sono accadute. Lc 1,5-2,52 'Storia dell'annuncio, della nascita e della fanciullezza di Giovanni e di Gesù, Lc 3,1-9,50 'La predicazione di Giovanni e la predicazione di Gesù in Galilea'. Questa parte, in genere, è divisa in più sezioni secondo le 'fonti' che Luca adopera, cioè Marco e la cosiddetta 'fonte Q': Lc 3,1-4,15 (o 30) Prima sezione (Q); Lc 4,16 (o 31) - 6,20a Seconda sezione (Mc); Lc 6,20b - 7,50 Terza sezione (Q); Lc 8,1 - 9,50 Quarta sezione (Mc).

Questa divisione rispetta il criterio redazionale, ma trascura lo sviluppo narrativo proprio dell'autore, che sta facendo una 'narrazione'. In base a questo criterio narrativo non si trova nessuna interruzione tra Lc 4,15 e Lc 4,16 o tra Lc 4,30 e Lc 4,31. La narrazione iniziata in Lc 3,1 procede ininterrotta fino a Lc 4,15, a Lc 4,30 e va oltre. L'unica 'interruzione' narrativa degna di nota è 'la genealogia di Gesù' (Lc 3,23-38) posta dopo il battesimo (Lc 3,21-22) e prima della narrazione della tentazione (Lc 4,1-13). Se si vuole rispettare questo dato, occorre separare Lc 3,1-38 come 'Tempo della predicazione di Giovanni' e iniziare in Lc 4,1 il 'Tempo della predicazione di Gesù'; oppure, prendendo alla lettera ciò che l'autore dice in Lc 3,23 ritenere 'la genealogia' un inizio. Oppure si può pensare che la missione di Gesù inizi con il superamento della tentazione di Satana: "Il diavolo si allontanò da lui per ritornare al tempo opportuno" (Lc 4,13). Satana, sconfitto, si ripresenta alla fine del suo ministero, cioè all'inizio del racconto della passione in Lc 22,3: "Allora Satana entrò in Giuda, detto Iscariota" e segue la narrazione del tradimento (Lc 22,4-6). Satana, sconfitto all'inizio, prende la sua vittoria nella passione, facendolo condannare benché innocente. Questo elemento forma una inclusione teologica che permetterebbe di considerare la narrazione da Lc 4,1 fino a Lc 21,38 come 'Tempo della vittoria su Satana'.

Inoltre tra Lc 6,20a e Lc 6,20b non c'è nessuna interruzione narrativa: Gesù pronuncia 'il discorso del piano', dopo essere 'disceso dal monte' (Lc 6,17-19), dove era salito a pregare con i discepoli (Lc 6,12-16). Dunque l'inizio di una sezione dovrebbe essere posto in Lc 6,12 e non in Lc 6,20b. La divisione redazionale in Lc 8,1 corrisponde a quella narrativa.

In Lc 9,51-19,27 (o 48) narra 'il viaggio di Gesù verso Gerusalemme'. Questa parte è divisa in tre sezioni: Lc 9,51-13,21 Prima sezione; Lc 13,22-17,10 Seconda sezione; Lc 17,11-19,27 (o 48) Terza sezione. Il criterio di divisione è puramente narrativo: in Lc 9,51 13,21 17,11 l'autore fa notare che Gesù è 'in viaggio' verso Gerusalemme. Sul contenuto delle tre sezioni non c'è consenso perché non si riesce a trovare un ordine espositivo.

Lc 19,28 (o 29 o 20,1)-24,53 sono divisi in tre sezioni secondo il principio narrativo: Lc 19,28 (o 29 o 20,1)-21,39 Prima sezione, 'Ingresso a Gerusalemme e insegnamento nel tempio'; Lc 22,1-23,56 Seconda sezione, 'Racconto della passione'; Lc 24,1-52 Terza sezione 'Racconto della resurrezione e delle apparizioni del risorto'. Si chiude con una breve notizia sull'ascensione di Gesù in Lc 24,50-53.

Per il piano letterario di Atti non c'è nessun consenso. W.G. Kümmel adotta come principio di divisione del testo l'espansione geografica della parola di Dio: At 1,1-14 'Prologo' e 'Ascensione'. At 1,15-8,3 Parte I 'Diffusione del vangelo a Gerusalemme'. At 8,5-11,18 Parte II 'Diffusione del vangelo in Samaria e nella regione costiera'. At 11,19-15,35 Parte III 'Diffusione del vangelo fino ad Antiochia e da Antiochia'. At 15,36-19,21 Parte IV 'Diffusione del Vangelo nelle regioni intorno al mare Egeo'. At 19,22-28,31 Parte V 'Diffusione del vangelo da Gerusalemme a Roma'. Questa divisione corrisponde ad un elemento del testo, ma ne trascura altri più conformi alla intenzione dell'autore.

W. Marxen adotta come principio della divisione i personaggi più importanti della narrazione e divide il racconto in due: At capp. 1-12 'Ciclo (o Atti) di Pietro'; At capp. 13-28 'Ciclo (o Atti) di Paolo'. Ma ciò è troppo contrario al testo. Paolo è già presente in At 9,1-30 che narra la sua conversione e prepara quindi la narrazione della missione che egli inizia al cap. 13. At 8,5-40 narra della missione di Filippo in Samaria, verso Gaza e ad Azoto, lungo la costa fino a Cesarea. At 6,7-7,60 narra della testimonianza e della lapidazione di Stefano. At 15,1-29 narra ancora di Pietro al 'concilio' di Gerusalemme e di Giacomo. Quindi il criterio adottato non è valido: il narratore da rilievo anche ad altri personaggi, di cui quella divisione non tiene conto e che la smentiscono.

A. Wickenhauser e J. Schmid propongono una divisione in tre parti: At 1,1-26 'Introduzione'; At 2,1-9,31 Parte I 'La chiesa giudeo-cristiana'; At 9,32-15,35 Parte II 'Fondamento e consolidazione della conversione dei gentili'; At 15,36-28,31 Parte III 'Paolo e la missione presso i gentili'.

Questo piano è elaborato secondo il principio della missione ai pagani, che corrisponde alla finalità teologica del racconto. Ma non tiene conto che nella Parte III quasi tutti i discorsi sono tenuti da Paolo davanti a 'giudei' e che la narrazione da At 21,1 a At 28,31 riguarda le vicende giudiziarie di Paolo (arresto, processi vari: davanti al sinedrio, davanti a Felice, davanti a Festo e al re Agrippa) e il suo invio a Roma, a cui si è appellato. Quindi il criterio non è sufficiente a rendere conto del contenuto reale della narrazione.

Se si prende come programma narrativo il compito che Gesù affida ai discepoli prima della sua ascensione al cielo (At 1,8), cioè la testimonianza che devono rendere a lui con la forza dello Spirito Santo in Gerusalemme, in Giudea, in Samaria e fino ai confini della terra, risulta che lo scopo dell'autore è quello di narrare la diffusione di questa testimonianza o 'parola', secondo il mandato di Gesù. In questo caso occorre prendere in considerazione tre sommari, in cui l'autore sottolinea espressamente la crescita, la diffusione e il rafforzamento della 'parola' per mezzo della testimonianza apostolica: At 6,7 "Intanto la parola si diffondeva"; At 12,24 "Intanto la parola di Dio cresceva e si diffondeva"; At 19,20 "Così la parola del Signore cresceva e si rafforzava". Ciò potrebbe suggerire una divisione letteraria del testo in quattro parti: At 1,1-11 'Introduzione' e 'La promessa di Gesù agli apostoli'; At 1,12-6,7 Parte I 'Discesa dello Spirito e testimonianza in Gerusalemme'. At 6,8-12,24 Parte II 'Il rifiuto della testimonianza in Gerusalemme, lapidazione di Stefano, persecuzione della Chiesa e diffusione della parola fuori da Gerusalemme (in Samaria e in Giudea) fino ad Antiochia'. At 13,1-19,20 Parte III 'Diffusione della parola da Antiochia a Cipro, in Pisidia e Licaonia, in Macedonia (Filippi, Tessalonica, Berea), in Acaia (Atene, Corinto), in Frigia, in Galazia, in Asia (Efeso)'. At 19,21-28,31 Parte IV 'Da Gerusalemme verso Roma. Diffusione della parola fino ai confini della terra'.

In ciascuna delle parti occorrerà rispettare tutte le sezioni narrative di cui sono composte, secondo lo stile proprio dell'autore, che ama connettere i diversi fatti tra loro, anticipando quelli che seguono.

Bibliografia (Introduzioni) F. Bovon, "Evangile de Luc et Actes des Apôtres", 208-232.232-254.- I. Broer, *Einleitung in das Neue Testament*, 150-151.- H. Conzelmann - A. Lindemann,

Arbeitsbuch zum Neuen Testament, 339-340.- W.G. Kümmel, *Einleitung in das Neue Testament*, 95-97.122-124.- W. Marxen, *Einleitung in das Neue Testament*, 137-142.- Ch. Perrot, "Les Actes des Apôtres", in: *L'annonce de l'évangile*, 243-255.- U. Schnelle, *Einleitung in das Neue Testament*, 264-265.- A. Wickenhauser-J. Schmid, *Introduzione al Nuovo Testamento*, 290-293.391-394. (Studi) G. Betori, "Alla ricerca di una articolazione per il libro degli Atti", *RivB* 37 (1989) 185-205.- Idem, "Strutturazione degli Atti e storiografia antica", *Cristianesimo nella storia* 12 (1991) 251-263.- G.C. Bottini, "La struttura del vangelo di Luca. Proposta per una lettura d'insieme", in: *Il vangelo secondo Luca*, ed. R. Corona, L'Aquila 1988, 32-41.- Idem, "La struttura degli Atti degli Apostoli", in: *Gli Atti degli Apostoli*, ed. R. Corona, L'Aquila 1990, 30-34.- H. Conzelmann, *Die Mitte der Zeit*, 12-86.- A. George, "La construction du troisième évangile", *ETL* 43 (1967) 100-129.- R. Pesch, *Die Apostelgeschichte* I, 36-42.- G. Sellin, "Komposition, Quelle und Funktion des lukanischen Reiseberichtes", *NT* 20 (1978) 100-135.

III *Piano teologico del 'primo' discorso di Luca (Il Vangelo)*

L'intenzione con cui Luca ha scritto le sue opere è espressa nel 'Prologo' del suo vangelo (Lc 1,1-4) (cf. F. O'Fearghail, *The Introduction to Luke-Acts*, 96-102).

Egli intende fare un racconto (διήγησις) e scrivere con ordine dall'inizio (ἄνωθεν…καθεξῆς…γράψαι) sulle cose che sono accadute tra noi (περὶ τῶν πεπληροφορημένων ἐν ὑμῖν πραγμάτων). Poiché i due testi sono letterariamente legati tra loro, è necessario leggere insieme Vangelo e Atti (i due discorsi: cf. At 1,1) per comprendere quali siano le cose che si sono compiute: la nascita di Gesù, il salvatore, l'annuncio della salvezza a Israele, la sua morte, resurrezione e ascensione, il dono dello Spirito Santo e l'annuncio del perdono dato nel suo nome a tutte le genti, fino ai confini della terra. Narrando questi fatti, Luca vuole mostrare il modo in cui Dio ha mandato a compimento la promessa di salvezza fatta ai padri per mezzo dei profeti, contenuta nella scrittura. Quindi l'ordine del racconto corrisponde all'ordine in cui si è realizzato il piano salvifico di Dio. Il Vangelo narra la prima parte di questo piano: la nascita del salvatore, Gesù, l'annuncio della salvezza a Israele, la sua morte e resurrezione, con un breve annuncio della sua ascensione. Gli Atti narrano la seconda parte di questo piano: l'ascensione di Gesù al cielo, la discesa dello Spirito Santo nel giorno di Pentecoste, l'annuncio della salvezza dato nel suo nome a tutte le genti, per mezzo degli apostoli che portano la loro testimonianza fino agli estremi confini della terra.

Per rispettare questa visione storico-salvifica, esporrò prima il piano teologico del Vangelo di Luca, riservando quello di Atti al paragrafo seguente.

Bibliografia (Sull'unità narrativa e teologica e Lc-At) T. Bergholz, *Der Aufbau des lukanischen Doppelwerkes* (EHS.T 545), Frankfurt a.M. 1995.- G.C. Bottini, *Itroduzione all'opera di Luca. Aspetti teologici* (SBFAn 35), Jerusalem 1992,39-75.- R.J. Dillon, "Previewing Luke's Purpose from His Prologe (Luke 1,1-4)", *CBQ* 43 (1981) 205-227.- J. Dupont, "La conclusion des

Actes et son rapport à l'ensemble de l'ouvrage de Luc", in: *Les Actes des Apôtres,* ed. J. Kremer, 359-404.- J.M. Dawsey, "The Literary Unity of Luke-Acts: The Questions of Style - a Task for Literary Critic", *NTS* 35 (1989) 48-66.- J.D. Kingsbury, "The third Gospel a Preface to Acts? Some Reflections", in: *The Four Gospel 1992,* ed. F. van Segbroeck, 1451-1466.- G. Klein, "Lukas 1,1-4 als theologisches Programm", in: *Das Lukas-Evangelium,* ed. G. Braumann, 170-203.- W.S. Kurz, "Narrative Approaches to Luke-Acts", *Bib* 68 (1987) 195-220.- K. Löning, "Lukas - Theologe der von Gott geführten Heilsgeschichte (Lk-Apg)", in: *Anspruch und Gestalt des Neuen Testaments,* ed. J. Schreiner - G. Dautzenberg, Würzburg 1969, 200-228.- I.H. Marshall, "Luke and His 'Gospel' ", in: *Das Evangelium und die Evangelien,* ed. P. Stuhlmacher (WUNT 28), Tübingen 1983, 289-308.- F. O'Fearghail, *The Introduction to Luke-Acts,* 96-102.- G. Schneider, "Der Zweck des lukanischen Doppelwerkes", *BZ* 21 (1977) 45-66.- J.T. Squire, *The Plan of God in Luke-Acts* (SNTS.MS 76), Cambridge 1993.- C.H. Talbert, *Literary Patterns, Theological Themes and the Genre of Luke-Acts,* 16-18.- R.C. Tannehill, *The Narrative Unity of Luke-Acts,* 15-44.- A. Weiser, *Theologie des Neuen Testaments* II, 119-132.

Il programma annunciato nel prologo viene rigorosamente attuato e si nota subito nell'ordine seguito dalla narrazione del Vangelo. La prima parte narra della nascita (capp. 1-2) e della predicazione di Gesù in Galilea (Lc 3,1-9,50). Anche se dà notizia della sua predicazione nelle sinagoghe della Giudea (Lc 4,44), narrativamente Gesù non esce mai dai confini della Galilea e il racconto lascia volutamente da parte tutti i viaggi di Gesù in territorio pagano raccontati nel Vangelo di Marco (Mc 7,24: viaggio verso Tiro e Sidone; Mc 7,31: viaggio nella Decapoli; Mc 8,27: viaggio nel territorio di Cesarea di Filippo). Questa esclusione ha un motivo teologico: è necessario che si compia la morte e la resurrezione del Cristo affinché la salvezza sia annunciata nel suo nome ai pagani (cf. Lc 24,46-47).

Per questo la seconda parte del racconto (Lc 9,51-19,48) è dedicata a raccontare 'il viaggio di Gesù verso Gerusalemme', in cui quegli eventi si compiranno. Il motivo del viaggio è annunciato nella trasfigurazione in Lc 9,31 in cui egli parla con Mosè ed Elia del "suo esodo (o uscita) che doveva compiere in Gerusalemme" (τὴν ἔξοδον αὐτοῦ, ἣν ἤμελλεν πληροῦν ἐν Ἰερουσαλήμ). E Gesù ha urgenza di attuarlo. In Lc 9,51 si legge: "Mentre stavano compiendosi i giorni in cui sarebbe stato tolto [dal mondo], si diresse decisamente verso Gerusalemme (lett. indurì il volto nel viaggiare verso Gerusalemme)". In Lc 12,49 parla di nuovo in modo simbolico della sua morte e dell'urgenza di darvi compimento: "Sono venuto a portare un fuoco sulla terra e come vorrei che fosse già acceso. C'è un battesimo che devo ricevere e come sono angosciato finché non sia compiuto". In Lc 13,31-33 risponde ai Farisei che lo invitano ad andarsene perché Erode lo vuole uccidere: "E' necessario che oggi, domani e il giorno seguente io vada per la mia strada perché non è possibile che un profeta muoia fuori Gerusalemme". In Lc 18,31 verso la fine del viaggio, dice ai discepoli: "Ecco noi andiamo a Gerusalemme e tutto ciò che fu scritto dai profeti riguardo al Figlio dell'Uomo si compirà". Giunto a Gerusalemme, si compie ciò che desiderava. Satana, che lo aveva lasciato alla tentazione, entra in Giuda affinché lo tradisca (Lc 22,3-6) e il disegno di Dio trova compimento. Durante la cena, prima dell'arresto, dice:"Tutto quello che mi riguarda volge al suo termine" (Lc 22,37).

Quindi lo schema narrativo del Vangelo è dettato dal piano di Dio che deve trovare compimento in Gerusalemme, con la morte e resurrezione del Cristo. Luca pertanto narra in modo lineare e rigoroso il cammino di Gesù dalla Galilea a Gerusalemme per subire il destino che Dio gli ha assegnato, morire e risorgere, affinché nel suo nome sia predicata la salvezza a tutte le genti nel perdono dei peccati.

Bibliografia. X. Léon-Dufour, "L'évangile de Luc", in: *L'annonce de l'évangile*, 113-121.- I.H. Marshall, *Luke, Historian and Theologian*, 144-156.

E' opportuno ripercorrere il racconto narrato nel Vangelo per individuare i passi più importanti in cui diventa chiara l'idea teologica che lo guida. Si tratta della storia di Gesù di Nazareth, il salvatore promesso da Dio a Israele. La sintesi di questa storia è data dallo stesso Luca in At 10,38.39b-41: "Dio consacrò in Spirito Santo e potenza Gesù di Nazaret, il quale passò facendo del bene e risanando tutti coloro che erano sotto il potere del diavolo, perché Dio era con lui (…)

Essi lo uccisero appendendolo alla croce, ma Dio lo ha risuscitato il terzo giorno e volle che apparisse, non a tutto il popolo ma a testimoni prescelti da Dio, a noi, che abbiamo mangiato e bevuto con lui dopo la sua resurrezione dai morti".

Queste parole ci danno la chiave di lettura del racconto. Esso deve essere interpretato come la narrazione del modo in cui Gesù, per mezzo dello Spirito di Dio, ha liberato gli uomini dal potere di Satana per condurli alla salvezza. Lo stesso testo aggiunge in At 10,43: "Tutti i profeti gli rendono testimonianza: chiunque crede in lui ottiene la remissione dei peccati per mezzo del suo nome". Questa affermazione suggerisce altri due elementi da tenere presenti per comprendere la sua storia. Essa è accaduta in modo conforme alla testimonianza dei profeti e la salvezza da lui offerta consiste nel perdono dei peccati, che egli concede a chi crede nel suo nome.

Tenendo presenti queste parole dell'autore, il Vangelo deve essere letto come la storia della lotta di Gesù contro Satana. Egli ha sottratto gli uomini al suo potere, affinché costoro credano nel suo nome e ottengano il perdono dei peccati, con cui accedono alla salvezza. Ed ecco il modo in cui Luca narra questa liberazione.

I capp. 1-2 narrano l'annuncio, la nascita e la fanciullezza di Giovanni insieme all'annuncio, alla nascita e alla fanciullezza di Gesù. Questo intreccio narrativo serve a mostrare che Dio ha deciso il ruolo che l'uno e l'altro dovevano avere nel suo piano salvifico. Giovanni doveva annunciare la venuta di Gesù e preparare il popolo ad accoglierlo. Infatti l'angelo Gabriele è mandato ad annunciare a Zaccaria la nascita di Giovanni (Lc 1,13) e lo stesso angelo è mandato ad annunciare la nascita di Gesù a Maria (Lc1,31). Il compito di Giovanni è quello di ricondurre molti figli d'Israele al Signore, di camminargli davanti con lo spirito di Elia e di preparare al Signore un popolo ben disposto (Lc 1,16.17). Il compito di Gesù è quello di ereditare il trono di Davide, di regnare sulla casa di Giacobbe e di avere un regno senza fine (Lc 1,32-33). Per mostrare che ciò è opera di Dio e non di un uomo, narra che Giovanni è concepito da Elisabetta sterile e nella sua vecchiaia, la stessa età di Zaccaria (Lc 1,7.18.36), perché così Dio ha voluto (Lc 1,25.37.58). Gesù è concepito da una vergine che non conosce uomo e per opera dello Spirito Santo (Lc 1,34-35).

In questo modo Luca dimostra in forma di racconto che tutto si compie per volere di Dio e per dare compimento a ciò che aveva promesso. Questa idea teologica è espressa con chiarezza nel canto di Maria ('il 'Magnificat') (Lc 1,46-55) e nel canto di Zaccaria (il 'Benedictus') (Lc 1,67-79).

Nel suo canto, Maria afferma che ciò che sta accadendo è una manifestazione della misericordia (τὸ ἔλεος: Lc 1,50) di Dio e compimento della promessa fatta ad Abramo:"Ha soccorso Israele suo servo, ricordandosi della sua misericordia, come aveva promesso ad Abramo e alla sua discendenza" (Lc 1,54-55). Poiché ciò che accade è un'opera di salvezza, Maria chiama Dio 'mio salvatore' (Lc 1,47). Nel suo canto Zaccaria, pieno di Spirito Santo (Lc 1,67), considera ciò che sta accadendo un'opera di salvezza di Dio "che ha visitato e redento il suo popolo e ha suscitato per noi una salvezza potente nella casa di Davide" (Lc 1,68b-69); e come compimento della promessa: "come aveva promesso per bocca dei santi profeti" (Lc 1,70). Poi specifica che questa salvezza consiste nel 'perdono dei peccati', che Giovanni, come profeta dell'Altissimo, ha il compito di annunciare e fare conoscere e che Gesù, come Figlio dell'Altissimo, deve realizzare e concedere. Per questa ragione Gesù è paragonato a un sole che sorgendo porta la luce a coloro che sono nelle tenebre e nell'ombra di morte (Lc 1,78-79); e al momento della nascita è chiamato 'salvatore' (σωτήρ), il quale è il Cristo Signore (ὅς ἐστιν Χριστὸς κύριος) (Lc 2,11).

Infine, per mezzo del canto di Simeone, Luca fa conoscere dall'inizio della narrazione che Gesù è lo strumento di salvezza (τὸ σωτήριον) che Dio ha preparato per tutti. Come tale salvezza è annunciata a Israele è narrato nel Vangelo; come è predicata a tutti i popoli è narrato negli Atti. Alla fine di Atti (At 28,28), Paolo afferma solennemente davanti ai Giudei che rifiutano di credere: "Sia dunque noto a voi tutti che questa salvezza di Dio (τοῦτο τὸ σωτήριον τοῦ Θεοῦ) è annunciata ai pagani ed essi ascolteranno".

Concludendo si deve affermare che Luca presenta nei primi due capitoli del Vangelo il piano narrativo dei due discorsi di cui si compone la sua opera (Vangelo e Atti) e l'idea teologica da cui sono ispirati: Gesù di Nazaret è il salvatore che realizza la salvezza promessa da Dio ad Abramo e alla casa di Davide per mezzo dei profeti. Questa salvezza consiste nel perdono dei peccati ed è destinata prima a Israele e poi a tutti i popoli.

Bibliografia (su Lc 1-2) T.W. Barnes, "The Epoch of Israel. Luke I-II and the Theological Plan of Luke-Acts", *NTS* 13 (1967) 184-195.- R.E. Brown, *La nascita del Messia secondo Matteo e Luca*, Assisi 1981, 307-680.- U. Busse, "Das 'Evangelium' des Lukas. Die Funktion der Vorgeschichte im lukanischen Doppelwerk", in: *Der Treue Gottes trauen*, ed. C. Bussman - W. Radl, 161-179.- M. Coleridge, *The Birth of the Lucan Narrative. Narrative as Christology in Luke 1-2* (JSNT.SS 88), Sheffield 1993.- A. George, "Le parallélisme entre Jean et Jésus en Luc 1-2", in: *Mélanges bibliques B. Rigaux*, ed. A. Descamp - A. de Halleux, Gambloux 1970, 147-171.- M. Korn, *Die Geschichte Jesu in veränderter Zeit*, 35-55.- R. Laurentin, *Structure et théologie de Luc I-II* (EB), Paris 1957.- Idem, *I vangeli dell'infanzia di Cristo*, Milano 1986, 15-331.- I.H. Marshall, *Luke, Historian and Theologian*, 94-102.103-115.- P.S. Minear, "Luke's Use of the Birth-Stories", in: *Studies in Luke-Acts*, FS P. Schubert, ed. L.E. Keck - J.L. Martin, Philadelphia, 2a ed., 1980, 111-130.- W. Radl, *Der Ursprung Jesu*. Traditionsgeschichtliche Untersuchungen zu Lukas 1-2 (HBS 7), Freiburg i.Br. 1996.

Lc 3,1-9,50 narra il modo in cui Gesù porta a compimento la salvezza di Dio, per mezzo dello Spirito Santo. Al momento del battesimo riceve lo Spirito Santo (Lc 3,22) che lo riempie e lo assiste nel suo compito (Lc 4,14). Nella sinagoga di Nazareth legge Is 61,1-2 per farsi conoscere e per manifestare il programma che deve realizzare: "Lo Spirito del Signore è su di me. Per questo mi ha consacrato con l'unzione e mi ha mandato per annunciare ai poveri un lieto messaggio, per proclamare ai prigionieri la liberazione e ai ciechi la vista, per rimettere in libertà gli oppressi e per predicare un anno di grazia del Signore" (Lc 4,18-19). Poi annuncia ai presenti: "Oggi si è compiuta questa scrittura che voi avete udito con i vostri orecchi" (Lc 4,21).

In questo modo narrativo Luca vuole mostrare che tutta l'opera di Gesù narrata di seguito è la realizzazione di quella parola di Dio, a cui egli dà compimento. Quindi tutta la sua vita deve essere considerata come 'anno di grazia del Signore'. Una conferma di questa interpretazione si trova nella parabola del fico sterile (Lc 13,6-9). Il padrone vuole tagliarlo perché non porta frutto. Ma l'agricoltore lo prega di lasciarlo ancora 'un anno' per zapparlo e concimarlo, per vedere se porta frutto per l'avvenire. Altrimenti sarà tagliato. L'albero è Israele e l'agricoltore è Gesù che con la sua missione di salvezza spera di salvarlo dalla rovina e dal giudizio che Dio ha già deciso perché non porta frutto. Tenendo conto di questo, mi sembra che H. Conzelmann abbia detto bene affermando che Luca divide la storia della salvezza in tre epoche: I Tempo di Israele (Legge e Profeti); II Tempo di Gesù

(Centro del tempo); III Tempo della Chiesa (Tempo dello Spirito Santo) fino alla parusia e al ritorno del Cristo.

Coloro che lo contestano (cf. W.G. Kümmel, U. Schnelle) propongono uno schema a due tempi: I Tempo dell'Antico Testamento (o della Promessa), II Tempo del Nuovo Testamento (o del Compimento). A me sembra che questi non tengano in considerazione il fatto che la vita di Gesù chiude l'Antico Testamento perché porta a compimento le scritture e apre il tempo del Nuovo Testamento perché solo dopo questo compimento la salvezza può essere annunciata a tutti i popoli, fino agli estremi confini del mondo (Lc 24,45-49 At 1,8).

Bibliografia. H. Conzelmann, *Die Mitte der Zeit*, 9.- Idem, *Theologie des Neuen Testaments*, 171.- W.G. Kümmel, "Das Gesetz und die Propheten gehen bis Johannes - Lukas 16,16 im Zusammenhang der heilsgeschichtlichen Theologie der Lukasschriften", in: Idem, *Heilsgeschichte und Geschichte*. II. Gesammelte Aufsätze 1965-1976 (MThSt 16), Marburg 1978, 75-86.- U. Schnelle, *Einleitung in das Neue Testament*, 268.

Da Lc 4,31 a Lc 6,11 il racconto di Luca procede come quello di Marco. Guarisce un indemoniato nella sinagoga di Cafarnao (Lc 4,31-37), guarisce la suocera di Pietro (Lc 4,38-39), compie molte guarigioni e scaccia demoni (Lc 4,40-41); annuncia il regno di Dio dovunque perché per questo è stato mandato (Lc 4,42-44); poi invita Pietro a seguirlo dopo che costui si è riconosciuto peccatore vedendo la pesca miracolosa compiuta gettando la rete sulla sua parola (Lc 5,1-11). Questo episodio suggerisce di considerare i discepoli come dei 'peccatori' che si sono convertiti di fronte alla sua opera. Segue la guarigione del lebbroso (Lc 5,12-16), del paralitico per mostrare che egli ha il potere di perdonare (Lc 5,17-26). Chiama Levi, pubblicano o esattore di tasse, per mostrare che egli è venuto a "chiamare i peccatori a conversione" (Lc 5,27-32); guarisce l'uomo dalla mano inaridita per mostrare che il suo compito è quello di salvare una vita" (Lc 6,6-11).

Da Lc 6,17 a Lc 7,50 il racconto di Luca è diverso da quello di Marco. Per spiegare la diversità si dice che usa una fonte diversa (la fonte Q). Le folle lo seguono. Egli proclama beati i discepoli e promette loro il regno di Dio perché sono 'poveri' (Lc 6,20-23). Maledice 'i ricchi' perché sono sazi e non hanno bisogno di consolazione (Lc 6,24-25). Poi invita coloro che lo ascoltano ad amare i nemici e ad essere misericordiosi come Dio, cioè li esorta a perdonare, a non giudicare, a non condannare (Lc 6,27-38). Conclude esortandoli a mettere in pratica le sue parole per costruire una casa con le fondamenta che resiste alla piena del fiume (Lc 6,46-49). Guarisce il servo del centurione che ha fede (Lc 7,1-10) e ridona la vita al figlio unico della vedova di Nain (Lc 7,11-17).

Quando Giovanni gli manda a domandare: "Sei tu colui che viene?" (Lc 7,18-19), cioè il Messia, guarisce in quello stesso istante molti malati e indemoniati (Lc 7,21). Poi risponde: "Andate e riferite a Giovanni ciò che avete visto e udito: i ciechi riacquistano la vista, gli zoppi camminano, i lebbrosi vengono sanati, i sordi odono, i morti risuscitano, ai poveri è annunciata la buona novella" (Lc 7,22-23). Con queste parole Gesù si richiama direttamente al testo di Is 61,1 letto nella sinagoga di Nazaret. In questo modo Luca fa comprendere al lettore che tutto ciò che egli ha narrato da Lc 4,31 a Lc 7,17 deve essere considerato come una unità letteraria, in cui si narra il modo in cui Gesù dà compimento a ciò che il profeta aveva annunciato.

Questa parte si chiude con il rimprovero di Gesù alla sua generazione che non crede e con la narrazione del perdono della donna peccatrice in casa di Simone, il fariseo. Simone si stupisce che Gesù si lasci toccare e ungere i piedi da una donna malfamata. Gli risponde che essa merita il perdono perché il suo gesto rivela amore e fede. "Le sono perdonati i suoi peccati perché ha molto amato". E alla donna dice: "La tua fede ti ha salvato" (Lc 7,36-50).

Questo episodio ha valore simbolico. Da una parte mostra che la donna ha ottenuto la salvezza perché Gesù le comunica il perdono dei peccati; dall'altra indica che la salvezza che essa ha ottenuto è frutto della sua fede per il Cristo, al quale si è accostata piangendo. Ha lavato i suoi piedi col suo pianto e ha rivelato in questo gesto la sua conversione e il suo pentimento. Considerando insieme questa parte narrativa, da Lc 4,16 a Lc 7,50, è necessario trarre delle conclusioni sul suo significato teologico, formulandole in forma di ipotesi interpretative. Le guarigioni che Gesù compie dai demoni e dalle malattie devono essere considerate alla luce di Is 61,1-2 citato nella sinagoga di Nazaret (Lc 4,18-19) e valutate come gesti per mezzo dei quali libera 'i prigionieri' e 'gli oppressi' da ciò che li tiene schiavi, cioè come liberazioni dal demonio e dal peccato, con cui Satana tiene incatenato l'uomo e di cui la malattia è un segno.

Ciò è confermato dal racconto del paralitico (Lc 5,17-26). Prima dice: "Ti sono rimessi i tuoi peccati". Poi lo guarisce dal suo male in segno del perdono. Tenendo conto di questo, è necessario considerare le guarigioni dal demonio e dalle malattie come un gesto che indica la grazia del perdono e di conseguenza come un'invito rivolto a coloro che assistono al miracolo (o lo leggono) affinché credano, si pentano e ottengano il perdono di Dio per essere salvati anche loro. Ciò risulta evidente anche dalla trama del racconto che Luca ha narrato fino a questo punto. L'annuncio che Gesù ha dato termina con un rimprovero alla sua generazione perché non crede (Lc 7,31-35) e con un gesto di perdono per la donna peccatrice che ha creduto, manifestando il suo pentimento.

Da Lc 8,1 a Lc 9,50 Luca segue di nuovo il racconto di Marco (Mc 4,1-9,40), ma lo espone in modo sintetico. Racconta una sola parabola del regno, una sola moltiplicazione di pani. Elimina il racconto della morte di Giovanni (Mc 6,17-29), l'episodio di Gesù che cammina sulle acque (Mc 6,45-56). Elimina anche la discussione sul puro e l'impuro (Mc 7,1-23) e i viaggi di Gesù in territorio pagano, a Tiro e Sidone e nella Decapoli (Mc 7,24-8,26).

La narrazione riprende presentando Gesù che gira per i villaggi annunciando il regno di Dio, accompagnato dai discepoli e da alcune donne da lui guarite da malattie e demoni, che li assistono con i loro beni (Lc 8,1-3). Narra la parabola del seminatore alle folle (Lc 8,4-8). La spiega ai discepoli (Lc 8,9-15), rivelando che il diavolo toglie dal cuore degli uomini la parola di Dio affinché non si salvino (Lc 8,12). Ma ci sono anche coloro che la custodiscono con cuore buono e sincero e portano frutto (Lc 8,15). In questo modo insegna che la fede è necessaria affinché la parola di Dio porti salvezza.

I miracoli che sono narrati da Lc 8,22 a Lc 8,56 hanno lo scopo di mostrare proprio questo. Gesù può salvare. Ma è necessaria la fede per ottenere la salvezza, che nella parabola del seminatore è indicata con l'immagine della terra che produce frutto buono. Placando la tempesta sul lago, si rivela Signore (Lc 8,22-25). Liberando dal demonio l'uomo di Gerasa dimostra che in lui è in opera una potenza che salva (Lc 8,26-39). Ma alla donna guarita da emorragia dice: "Figlia, la tua fede ti ha salvato" (Lc 8,48). A Giairo dice: "Non temere. Soltanto abbi fede e sarà salvata" (Lc 8,50). La missione di Gesù in Galilea è così terminata. Manda i discepoli per raccogliere il frutto della sua predicazione (Lc 9,1-6). Accoglie e guarisce le folle che lo seguono e parla loro del regno di Dio. Li nutre per mostrare che si prende cura di loro (Lc 9,10-17). Pietro lo riconosce come 'il Cristo di Dio' ed egli annuncia immediatamente la passione e la resurrezione del Figlio dell'Uomo (Lc 9,18-22). Poi invita chi lo vuole seguire a prendere la propria croce 'ogni giorno' e annuncia il ritorno del Figlio dell'Uomo e la venuta imminente del regno di Dio (Lc 9,23-27). Durante la trasfigurazione sul monte parla con Mosè ed Elia della sua 'partenza (o uscita)' che avrebbe portato a compimento in Gerusalemme (Lc 9,20-36): un modo simbolico per dire che deve portare a compimento la sua morte e la sua uscita dal mondo. Sceso dal monte guarisce un indemoniato (Lc 9,37-43). A coloro che lo ammirano per tale prodigio annuncia di nuovo in forma misteriosa la propria passione: " Mettetevi bene in mente queste cose: il Figlio dell'Uomo sta per essere consegnato nelle mani degli uomini" (Lc 9,44). Ma essi non comprendono il senso di questa frase, che per loro resta incomprensibile.

In questo modo narrativo Luca conclude la missione di Gesù in Galilea e annuncia il programma narrativo della parte seguente. Da Lc 3,1 a Lc 9.50

egli ha narrato l'annuncio del regno di Dio e della salvezza che Gesù concede con il perdono affinché gli uomini, liberati dal potere del diavolo, vi abbiano accesso. Ora da Lc 9,51 a Lc 19,48 narra il 'viaggio di Gesù verso Gerusalemme' e da Lc 20,1 a Lc 24,53 narra le vicende di Gesù a Gerusalemme, la sua morte, resurrezione, la promessa dello Spirito e l'ascensione. Questa seconda parte del racconto è guidata da una idea teologica diversa dalla precedente. Gesù va a Gerusalemme come colui che va a prendere possesso del suo titolo regale. Ma le due parti sono strettamente collegate, perché Gesù va a diventare Signore del regno che è venuto ad annunciare. Il regno annunciato viene quando egli si siede alla destra di Dio, dopo la sua resurrezione.

Questo tema teologico è espresso in modo misterioso nel racconto (o parabola) con cui Gesù conclude il suo viaggio (Lc 19,11-27). A tutti coloro che lo seguono e credono che il regno di Dio deve manifestarsi subito, risponde dicendo che un uomo nobile parte per un paese lontano per ricevere il titolo regale e poi ritornare e lascia ai suoi servi le monete da investire. In questo modo egli presenta se stesso come colui che va a ricevere il titolo di re. E ciò accade con la morte, la resurrezione e ascensione, con cui siede alla destra di Dio e viene proclamato da Dio Signore e giudice (At 2,33.36).

Tenendo conto di questo si deve dire che Luca presenta 'il viaggio di Gesù verso Gerusalemme' come 'cammino verso il regno di Dio' e la sua morte, resurrezione e ascensione in Gerusalemme come la sua 'uscita' dal mondo per essere proclamato Signore di quel regno che ha annunciato e che si manifesterà al suo ritorno (Lc 9,26.27) e a cui sono destinati coloro che lo seguono con fede durante il viaggio. In questo modo la seconda parte narrativa del testo (Lc 9,51-19,48) è strettamente collegata con la prima (Lc 3,1-9,50) e ciò che Gesù dice e insegna durante il viaggio può essere considerato come 'istruzione' data a coloro che vogliono fare insieme a lui il cammino verso il regno di Dio.

Bibliografia (su Lc 3,1-9,50) L. Cerfaux, "L'utilisation de la source Q par Luc. Introduction au Séminaire" [1968], in: *L'évangile de Luc,* ed. F. Neirynck, 61-69.- F. Neirynck, "La matière marcienne dans l'évangile de Luc [1973]", in: *L'évangile de Luc,* ed. F. Neirynck, 157-201.- T. Schramm, *Der Markus-Stoff bei Lukas.* Eine literarkritische und redaktionsgeschichtliche Untersuchung (SNTS.MS 14), Cambridge 1971.-

Il racconto del viaggio si può dividere in tre sezioni: I Lc 9,51-13,20; II Lc 13,21-17,10; III Lc 17,11-19,48.

Ogni sezione inizia con una indicazione che Gesù è in viaggio verso Gerusalemme: in Lc 9,51 "Si diresse decisamente verso Gerusalemme"; in Lc 13,22 "mentre camminava verso Gerusalemme"; in Lc 17,11 "durante il viaggio verso Gerusalemme". In ogni parte Gesù parla di molte cose e gli studiosi non riescono a trovare un 'ordine' logico nell'esposizione. Alcuni pensano che Luca lasci parlare Gesù 'a caso' (*at random*) e quindi non è possibile tracciare una sintesi teologica di ciò che è detto. A me sembra che l'idea teologica dominante sia manifesta nella stessa narrazione. Il viaggio è un cammino verso il regno di Dio. Pertanto le istruzioni riguardano il modo per ottenere la salvezza e poter entrare nel regno quando Gesù tornerà nella gloria come Figlio dell'Uomo.

Infatti in ogni sezione Gesù dà consigli su come comportarsi per ottenere la salvezza; rivolge costanti inviti al pentimento e alla conversione; offre con la sua parola e con le sue azioni il perdono e la salvezza a chi crede; esorta a vigilare perché il Figlio dell'Uomo verrà quando nessuno lo attende e farà il suo giudizio. Entreranno nel regno solo coloro che avrà scelto perché li ha trovati vigilanti e operosi nei beni loro affidati.

Questo schema narrativo e teologico si ritrova in ogni sezione. Ma non è mai presentato allo stesso modo, perché il racconto procede secondo il ritmo del 'viaggio'. Quindi ogni sezione ha un tema specifico, in cui l'idea teologica generale che guida il racconto viene esposta in una particolare situazione narrativa e introdotta per mezzo di una 'domanda' rivolta a Gesù. Nella prima sezione il tema è introdotto con la domanda "Che devo fare per ereditare la vita eterna?" (Lc 10,25). Nella seconda dalla domanda: "sono pochi quelli che si salvano?" (Lc 13,23) e nella terza dalla domanda: "Quando verrà il regno di Dio?" (Lc 17,20).

Analizzo le tre sezioni per mostrare i punti più importanti della narrazione, in cui l'idea teologica emerge nella forma narrativa, e il modo in cui Gesù risponde alle domande.

Il tema della prima sezione (Lc 9,51-13,21) è proposto dalla domanda di un dottore della legge: "Maestro che devo fare per ereditare la vita eterna?" (Lc 10,25).

Inizia un dialogo con Gesù, in cui la domanda riceve una prima risposta: la Legge prescrive di amare Dio e il prossimo. Poi Gesù spiega che cosa significa 'amare il prossimo' narrando il racconto del samaritano che si prende cura dell'uomo ferito e abbandonato dai ladri sulla strada di Gerico. In tal modo la domanda ha ricevuto già una risposta: per ereditare la vita eterna si deve amare Dio e prestare aiuto al prossimo che ha bisogno di essere aiutato (Lc 10,29-37).

La narrazione continua con la visita in casa di Marta (Lc 10,38-42). Gesù la rimprovera perché si occupa di molte cose e loda la sorella Maria che ascolta la sua parola. In questo modo indica che non vuole essere servito, ma ascoltato perché solo chi ascolta la parola di Dio e la custodisce, cioè la mette in pratica, è beato (cf. Lc 11,28), in quanto raggiunge la vita eterna a cui vuole condurre quella parola.

Insegna ai discepoli il 'Padre nostro' (Lc 11,1-4) e li esorta a pregare Dio con insistenza per avere in dono lo Spirito Santo (Lc 11,9-13). La ragione di questa esortazione è data con il racconto che segue. Gesù guarisce un indemoniato (Lc 11,14-23). Alcuni lo criticano dicendo che scaccia i demoni nel nome del capo dei demoni. Risponde: "Se invece io scaccio i demoni con il dito di Dio, è dunque giunto a voi il regno di Dio". E conclude dicendo in tono ammonitivo: "Chi non raccoglie con me, disperde" (Lc 11,23). Con queste parole invita a credere in lui. Poi ne dà la spiegazione: chi si separa da lui cade di nuovo sotto il potere del demonio e la sua condizione diventa peggiore della precedente (Lc 11,24-26). Una donna lo dice beato per questo discorso. Risponde dicendo: "Beati coloro che ascoltano la parola di Dio e la osservano" (Lc 11,27-28). Di fronte alle folle che si accalcano, rimprovera la sua generazione 'malvagia', che non si converte e non ascolta la sua predicazione. Nel giudizio sarà condannata (Lc 11,29-32). Poi con la parabola della lucerna, rivolge una esortazione alla fede, che come la luce fa uscire dalle tenebre perché conduce alla salvezza.

Considerando insieme tutta questa sequenza narrativa (Lc 11,1-36) si scopre un ordine teologico, da cui é guidata. Insegna ai discepoli a pregare per chiedere con insistenza al Padre lo Spirito Santo. Ma lo Spirito opera in Gesù Cristo che con esso libera l'uomo dal potere del demonio e lo salva per il regno di Dio. Quindi è necessario 'raccogliere' con lui, cioè credere in lui, se si vuole essere liberati dal diavolo. Condanna la sua generazione perché non si converte e mostra la necessità della fede per uscire dalle tenebre e accedere alla luce della salvezza.

Tenendo conto di questo, si deve dire che la domanda rivolta in Lc 10,25 riceve una risposta più completa. "Che devo fare per avere la vita eterna?" Amare Dio e il prossimo e credere in Gesù Cristo per essere da lui liberati dal potere del diavolo per mezzo dello Spirito Santo. In questo modo si ottiene la salvezza che permette di entrare nel regno di Dio.

Terminata questa istruzione, il racconto prosegue con un pranzo in casa di un fariseo. Gesù pronuncia parole di accusa e di condanna contro i farisei e i dottori della legge (Lc 11,37-54). Uscito, esorta i suoi discepoli a guardarsi dalla ipocrisia e esorta tutti i suoi amici a confessare apertamente la loro fede nel Figlio dell'Uomo (Lc 12,1-12). Ammonisce la folla, invitandola a guardarsi dall'avidità e dalla cupidigia perché la ricchezza non salva la vita, che dipende solo da Dio (Lc 12,13-21). Esorta i discepoli ad abbandonarsi con fiducia alla provvidenza di Dio (Lc 12,22-32); a dare tutto in elemosina per avere un tesoro nei cieli (Lc 12,33-34). Conclude esortandoli ad essere pronti per la venuta del Figlio dell'Uomo. Egli farà il giudizio chiedendo conto a ciascuno di ciò che gli fu dato (Lc 12,35-48). Ricorda velatamente la sua passione, da cui tutto dipende: è venuto a portare un fuoco sulla terra, che si deve accendere e c'è un battesimo che deve subire. Il battesimo è la sua morte e il fuoco è lo Spirito che deve 'ardere' la terra in vista del suo ritorno (Lc12,49-50). Termina con un invito alle folle affinché riconoscano i segni dei tempi e a comprendere che questo è il tempo della fine. Poi con una parabola li invita a mettere in regola le cose prima di comparire davanti al giudice. Chi non si mette in ordine pagherà fino all'ultimo spicciolo. Un modo per avvertire che il giudizio sarà severo con chi non ha cambiato condotta di vita in tempo (Lc 12,54-59).

La sequenza narrativa che segue è un pressante invito alla conversione (Lc 13,1-20). L'idea dominate è quella della salvezza offerta da Gesù. Poiché la fine è vicina, questo è il tempo della salvezza, perché è 'un anno di grazia' e della misericordia.

Incomincia con un dialogo. Alcuni gli dicono che Pilato ha ucciso i Galilei e ha mescolato il loro sangue col sangue dei loro sacrifici. Risponde trasformando il fatto in un preannuncio del giudizio: "Se non vi convertirete, perirete tutti allo stesso modo" (Lc 13,1-5).

Prosegue con una parabola per indicare loro che questo è il tempo della misericordia. Alla minaccia di condanna e all'invito alla conversione, fa seguire una offerta di perdono e di grazia. Un padrone vuole tagliare un fico che non porta frutto. Ma l'agricoltore lo prega di attendere ancora 'un anno' affinché egli lo possa zappare e concimare. Se poi non porta frutto, sarà tagliato (Lc 13,6-9). In questo modo misterioso, Gesù parla di se stesso. Dio ha deciso di tagliare l'albero, cioè di fare il giudizio contro Israele. Gesù lo prega intercedendo affinché egli lo possa salvare con la sua predicazione e la sua opera. Poi per mostrare che in lui opera una forza che salva, libera dai lacci di Satana una donna che da diciotto anni viveva ricurva e resa schiava dalla sua malattia (Lc 13,10-17). Per invitare alla fiducia, conclude paragonando il regno di Dio a un seme di senapa che cresce e diventa grande come un albero; e al lievito che fa fermentare tutta la farina (Lc 13,18-21). Il regno di Dio è destinato a crescere perché Gesù è venuto a salvare.

La seconda sezione del 'viaggio' (Lc 13,22-17,10) ha come tema la salvezza, o meglio, chi è destinato alla salvezza. E' proposto dalla domanda di un tale: "Signore, sono pochi quelli che si salvano?" (Lc 13,23). La risposta a questa domanda è complessa. Occorre seguire tutto il percorso narrativo della sezione per comprenderla.

Si divide in tre sequenze narrative, con una introduzione e un conclusione: Lc 13,22-35 'Introduzione'; I Lc 14,1-35; II Lc 15,1-32; III Lc 16,1-31; Lc 17,1-10 'Conclusione'.

Nella introduzione (Lc 13,22-35) risponde alla domanda non dicendo se sono pochi o molti quelli che si salvano, ma indicando la condizione per potersi salvare. Occorre entrare per la porta stretta per non restare esclusi dal regno di Dio. Quando sarà chiusa la porta, ci sarà pianto per coloro che sono restati fuori del regno, dove siedono Abramo, Isacco, Giacobbe, i profeti e tutti coloro che saranno invitati a mensa nel regno di Dio. Si tratta quindi di un invito alla conversione rivolto alla sua generazione. Poi manifesta il suo proposito di andare a Gerusalemme perché là deve morire (Lc 13,31-33). Infine annuncia la distruzione di Gerusalemme che ha rifiutato la sua protezione (Lc 13,34-35). Quindi invita alla conversione affinché si possano salvare perché il giudizio è alle porte.

Poi va a pranzo in casa di un fariseo e compie un gesto simbolico: guarisce un idropico, cioè un uomo 'gonfio' di acqua (Lc 14,1-6). Poi dà il significato teologico del suo gesto, esortando gli invitati a non mettersi ai primi posti quando si è invitati, ma ad occupare gli ultimi perché chi si umilia sarà esaltato (Lc 14,7-11). In questo modo parla del banchetto alla mensa del regno di Dio, in cui i primi posti saranno assegnati a coloro che si mettono all'ultimo posto davanti a Dio, cioè a coloro che si sentono indegni e peccatori di fronte a lui. Esorta colui che lo ha ospitato a invitare coloro che non possono ricambiare l'invito per avere la ricompensa nella resurrezione dei giusti (Lc 14,12-14). Infine racconta la storia degli invitati alla cena. Coloro che avevano ricevuto l'invito, rifiutano. Allora il padrone di casa fa invitare tutti coloro che si trovano per le piazze e per le strade di campagna. Coloro che lo rifiutarono non assaggeranno la cena (Lc 14,15-24). Questa parabola narra in forma di racconto la storia della salvezza. Gli invitati che rifiutano l'invito sono il popolo d'Israele che Dio aveva destinato al regno. Poiché essi hanno rifiutato, egli ha invitato tutti gli altri popoli che hanno accolto l'invito. L'uomo che fa la cena è Dio e 'il servo' che invita alla cena è Gesù che con la sua predicazione ha invitato prima Israele alla conversione per entrare nel regno di Dio e poi tutti coloro che lo hanno accolto.

In tal modo la domanda posta all'inizio riceve una prima risposta negativa: non si salveranno coloro che hanno rifiutato l'invito a entrare nel regno, cioè i membri del popolo di Israele. E poi una risposta positiva: si salveranno tutti coloro che saranno invitati dopo il rifiuto di Israele, cioè coloro che accolgono l'invito di Gesù, come sarà narrato negli Atti.

La seconda sequenza (Lc 15,1-32) inizia dicendo che i peccatori si accostano a Gesù. I farisei protestano perché Gesù li accoglie e mangia con loro. Risponde narrando tre parabole per mostrare che egli offre la misericordia di Dio e il perdono per il peccatore che si pente del proprio peccato. Dio infatti si rallegra per un peccatore che si pente come un pastore che ritrova la pecora smarrita (Lc 15,4-7), come una donna che ritrova la moneta perduta (Lc 15,8-

10), come un padre che fa festa perché ritrova il figlio che aveva lasciato la casa paterna (Lc 15,19-31).

Con questa seconda sequenza la domanda iniziale riceve una risposta più precisa. "Chi è destinato alla salvezza?" Coloro che hanno accolto l'invito di Gesù alla conversione e hanno ottenuto da lui la misericordia di Dio e il perdono, cioè i peccatori pentiti del loro peccato e perdonati da Dio, per la loro fede in Gesù Cristo.

Nella terza sequenza narrativa (Lc 16,1-31) Gesù mostra che saranno esclusi dalla salvezza coloro che non si pentono, cioè coloro che credono di potersi salvare da soli, come l'amministratore disonesto (Lc 16,1-12); coloro che come i farisei si ritengono giusti davanti a Dio e confidano nella loro ricchezza (Lc 16,13-18). Per costoro racconta la storia del ricco giunto nell'inferno dopo la sua morte, per mostrare che per i ricchi non c'è speranza di salvezza perché non hanno fede: "neanche se uno risuscitasse dai morti, saranno persuasi" (Lc 16,19-31).

In questo modo il discorso è completo e la domanda posta all'inizio ha ricevuto la risposta attraverso un lungo percorso narrativo. Nella prima sequenza del percorso, ha risposto dicendo che Israele sarà escluso dalla salvezza perché ha rifiutato l'invito. Ma saranno accolti nel regno tutti gli altri popoli a cui verrà portato. Nella seconda sequenza ha rivelato che sono accolti nella salvezza i peccatori pentiti dei loro peccati, a cui Gesù ha comunicato la misericordia e il perdono di Dio. Questi sono gli invitati che hanno accolto l'invito ad entrare nel regno, Nella terza sequenza ha mostrato che saranno esclusi dalla salvezza coloro che non si pentono perché non credono, cioè coloro che credono di potersi salvare da soli, senza Dio.

La terza sezione (Lc 17,11-19,48) ha come tema la venuta del regno di Dio, proposto dalla domanda di un fariseo: "Quando verrà il regno di Dio?" (Lc 17,20). Risponde: "Il regno di Dio è in mezzo a voi" (Lc 17,21). Un modo misterioso per dire che il regno di Dio è già presente nella salvezza che Gesù compie liberando l'uomo dal potere del diavolo, come ha insegnato lui stesso (cf. Lc 11,20). Tuttavia questo regno si manifesterà solo quando Gesù tornerà come Figlio dell'Uomo. Prima è necessario che subisca la passione (Lc 17,25). Solo dopo la sua morte, egli sarà proclamato Signore di quel regno che deve venire. Per questo, dopo la risposta, rivolge in invito alla vigilanza per attendere il ritorno del figlio dell'Uomo che deve operare la scelta del giudizio (Lc 17,22-37).

Rivolge un invito a pregare con insistenza, narrando la parabola del giudice che fa giustizia alla vedova che lo supplica con tenacia di fare giustizia contro il suo avversario. Così Dio non farà aspettare e farà giustizia ai suoi eletti (Lc 18,1-8). Poi ammonisce a non ritenersi giusti e a non disprezzare gli altri perché Dio giustifica solo coloro che si confessano peccatori. Insegna questo con il racconto del fariseo e del pubblicano che pregano nel tempio. Il pubblicano è giustificato perché si ritiene peccatore davanti a Dio. Il fariseo non è giustificato perché si ritiene giusto. "Chi si esalta sarà umiliato. Chi si umilia sarà esaltato" (Lc 18,9-14).

In questo modo l'insegnamento teologico di questa prima sequenza narrativa (Lc 17,11-18,14) è completo. La domanda posta all'inizio ha avuto una risposta. Il regno di Dio è già presente nella salvezza operata dal Cristo. Ma si manifesterà solo con il suo ritorno, dopo che avrà subito la passione con cui sarà insediato Signore di quel regno. La sua venuta deve essere invocata con insistenza affinché Dio faccia giustizia ai suoi eletti. Ma giustificati saranno soltanto coloro che si confessano davanti a lui come peccatori.

La seconda sequenza narrativa di questa terza sezione (Lc 18,15-43) riprende il racconto di Marco (Mc 10,13-34,46-52). Inizia invitando ad accogliere il regno di Dio come bambini perché solo così è possibile entrare (Lc 18,15-17). Prosegue con il racconto del capo ricco per mostrare che non può entrare nel regno chi presume di salvarsi da solo e non si affida a Dio (Lc 18,18-30).

Conclude dicendo che ormai è vicino a Gerusalemme "e tutto ciò che fu scritto dai profeti riguardo al Figlio dell'Uomo si compirà" (Lc 18,31-34).

La terza sequenza narrativa (Lc 19,1-48) racconta la fine del viaggio. Giunto a Gerico, compie un gesto simbolico per indicare il senso della missione che ha compiuto nel mondo, e quindi il senso di tutto il vangelo fino a questo punto. Dice a Zaccheo, un peccatore che cerca di vederlo stando su un albero: "Oggi devo fermarmi in casa tua". Zaccheo lo accoglie e promette di dare ai poveri metà dei suoi beni. Gesù conclude: "Oggi la salvezza è entrata in questa casa (…) Il figlio dell'Uomo infatti è venuto a cercare e a salvare ciò che era perduto" (Lc 19,1-10). La risposta di Zaccheo alla sua visita gratuita, cioè la ricchezza distribuita ai poveri solo per generosità d'anima, rivela la sua gratitudine per la salvezza ottenuta. Con il suo gesto, il Cristo gli ha comunicato la misericordia di Dio facendosi ospitare in casa sua in risposta alla sua fede. Zaccheo lo voleva vedere e ha manifestato il suo desiderio salendo su di un albero perché era piccolo di statura.

Il viaggio è concluso perché la missione è stata compiuta. Ha annunciato il regno di Dio e ha offerto la misericordia affinché coloro che credono siano salvati dal potere del diavolo e vi entrino.

A coloro che credono che il regno si manifesti subito, risponde con un racconto in cui rivela il senso delle cose che gli devono accadere in Gerusalemme. Un uomo nobile parte per andare a ricevere il titolo di re. Consegna ai servi dieci monete affinché le facciano fruttificare. I suoi concittadini si oppongono al suo titolo regale. Quando ritorna, chiede conto ai servi delle monete affidate. Premia coloro che hanno portato frutto, ma toglie a colui che è restato in ozio. Poi ordina di uccidere i suoi nemici, coloro che non volevano che diventasse re (Lc 19,11-27). Il significato del racconto simbolico è chiaro e riassume le vicende del Cristo e del suo popolo esprimendo la storia della salvezza del teologo che ha scritto il vangelo. Egli esce dal mondo con la sua morte, resurrezione e ascensione per essere proclamato Signore del regno. Quando ritorna, chiederà conto a ciascuno del suo operato e farà il giudizio. I suoi nemici saranno uccisi perché non lo volevano re, disconoscendo la sua funzione e il titolo che gli era dovuto.

Bibliografia (su Lc 9,51-19,48) J.H. Davies, "The Purpose of the Central Section of St Luke's Gospel", *StEv* II (1964) 164-169.- A. Denaux, "The Delineation of the Lucan Travel Narrative Within the Overall Structure of the Gospel of Luke", in: *The Synoptic Gospels*, ed. C. Focant (BETL 110), Leuven 1993, 357-392.- H.L. Egelkraut, *Jesus' Mission to Jerusalem*: A redactional-critical study of the central narrative of the Gospel of Luke, Frankfurt a.M. 1976.- W. Grundmann, "Fragen der Komposition des lukanischen 'Reiseberichts' ", *ZNW* 50 (1959) 252-270.- P. Moessner, *Lord of the Banquet*. The Literary and Theological Significance of the Lucan Travel Narrative, Minneapolis 1989.- P. von Osten-Sacken, "Zur Christologie des lukanischen Reiseberichts", *EvTh* 83 (1973) 476-496.- L. Resseguie, "Interpretation of the Luke's Central Section (Luke 9,51-19,44) Since 1856", *StBTh* V/2 (1975) 3-36.- G.W. Trompf, "La section médiane de l'évangile de Luc: l'organisation des documents", *RHPhR* 53 (1973) 141-154.- J.W. Wenham, "Synoptic Indipendence and Origin of Luke's Travel Narrative", *NTS* 27 (1981) 507-515.

Da Lc 20,1 a Lc 24,53 narra come Gesù è uscito dal mondo. Giunto a Gerusalemme egli è alla mèta del suo viaggio. Satana che si era ritirato dopo la tentazione (Lc 4,13), ritorna ed entra in Giuda affinché lo tradisca (Lc 22,3-6). Durante la cena annuncia: "Tutto quello che mi riguarda volge al suo termine" (Lc 22,37). Durante l'agonia del Getsemani, prega perché si compia la volontà di Dio (Lc 22,42). Messo in croce dice: "Padre, perdonali perché non sanno quello che fanno" (Lc 23,25). Uno dei malfattori, crocifissi con lui, lo difende dagli insulti dell'altro, riconoscendo di avere meritato il castigo e lo supplica: "Gesù, ricordati di me, quando entrerai nel tuo regno". Risponde: "Oggi sarai con me in Paradiso" (Lc 23,43). Questo episodio rivela in modo narrativo il senso salvifico della morte del Cristo. Chi lo accoglie con fede, entra con lui nel suo regno perché ottiene da lui l'accoglienza che vi dà accesso, cioè il perdono di Dio per il suo peccato. Risorto da morte, appare ai discepoli. Spiega loro ciò che è accaduto e annuncia il loro compito: "Sono queste le parole che dicevo quando ero ancora con voi. Bisogna che si compiano tutte le cose scritte su di me nella Legge di Mosè, nei Profeti e nei Salmi. Allora aprì loro la mente alla comprensione delle scritture e disse: "Così sta scritto. Il Cristo dovrà patire e risuscitare dai morti il terzo giorno e nel suo nome saranno predicate alle genti tutte la conversione e il perdono dei peccati, cominciando da Gerusalemme. Di questo voi siete testimoni. E io manderò su di voi quello che il Padre mio ha promesso" (Lc 24,44-49). Detto questo, li conduce a Betania, li benedice e sale al cielo (Lc 24, 50-52).

In questo modo termina il Vangelo e quindi termina il programma narrativo che Luca si era proposto all'inizio riguardo al Cristo. L'angelo aveva detto a Maria: "Il Signore gli darà il trono di Davide (…) e il suo regno non avrà fine" (Lc 1,32.33). Risorgendo dai morti e salendo al cielo, Gesù viene proclamato Signore del regno di Dio che ha annunciato (cf. At 2,32.36). In tal modo il piano di Dio riguardante il Cristo è stato realizzato e il racconto è finito. Ma la finale contiene già il programma narrativo del 'secondo discorso', cioè degli Atti degli Apostoli, in cui dovrà mostrare il modo in cui Gesù concede lo Spirito e diffonde la salvezza a tutte le genti che accolgono la testimonianza degli apostoli.

Bibliografia (su Lc 22-24) F. Bovon, "Le récit lucanien de la Passion de Jésus (Lc 22-223)", in: *The synoptic Gospels*, ed. C. Focant (BETL 110), Leuven 1993, 393-423.- F. Morel Balatrón, "El relato de la pasión según san Lucas. De Streeter a Brown. 20 años de investigación de la composición de Lc 22-23", *EstB* 54 (1996) 79-114.- R. Karris, *Luke Artist and Theologian*. Luke's Passion Account as Literature, New York 1985.- J. Neyrey, *The Passion According to Luke*. A Redaction Study of Luke's Soteriology, Mahwah, NY, 1985.- D. Senior, *The Passion of Jesus in the Gospel of Luke*, Wilmington, DE, 1985.

IV *Piano teologico del 'secondo discorso' di Luca (Gli Atti degli Apostoli)*

All'inizio degli Atti Luca dice che ha già scritto un 'primo discorso' su ciò che Gesù incominciò a fare e insegnare (περὶ πάντων... ὧν ἤρξατο ὁ Ἰησοῦς ποιεῖν τε καὶ διδάσκειν: At 1,1) fino al momento in cui fu portato in cielo. Dicendo 'incominciò' (ἤρξατο) allora, lascia intendere che ora 'continua'. Quindi con il secondo racconto Luca vuole continuare a narrare per ordine tutto ciò che Gesù continua a fare per dare compimento alla promessa di Dio, cioè l'annuncio della salvezza fino ai confini della terra.

Ciò risulta anche dal modo in cui fa il racconto, mostrando continuamente che il 'soggetto' reale o agente di ciò che accade è Gesù stesso che agisce nei suoi discepoli o direttamente o per mezzo dello Spirito Santo affinché facciano ciò che deve essere fatto. In At 1,8 prima dell'ascensione, è lui che promette lo Spirito Santo e conferisce agli apostoli il compito di testimoniarlo: "Avrete forza dallo Spirito Santo che manderò su di voi e mi sarete testimoni a Gerusalemme, in tutta la Giudea, e la Samaria e fino agli estremi confini della terra".

E' lo Spirito dato da lui (At 2,32-33) che spinge gli apostoli a testimoniare davanti al popolo (At 2,14-36) e davanti al Sinedrio (At 4,8). E' lo Spirito che dice a Filippo di raggiungere l'Etiope, amministratore della regina di Etiopia Candace, per rendere testimonianza a Gesù (At 8,29). E' il Signore Gesù che appare a Paolo (At 9,4-6) e lo destina a portare il suo nome davanti a tutti i popoli, ai re e ai figli di Israele (At 9,15). E' Gesù stesso che gli appare nel tempio al suo ritorno a Gerusalemme dopo la conversione per esortarlo ad uscire dalla città e ad andare tra i pagani: "Affrettati ed esci da Gerusalemme perché non accetteranno la tua testimonianza su di me (…) Va, perché io ti mando lontano, tra i pagani" (At 22,17-21). E' lo Spirito che ordina a Pietro di seguire gli uomini che lo devono condurre in casa del centurione Cornelio (At 10,19; cf. At 11,12) e lo costringe a battezzare lui e la sua famiglia scendendo su di loro mentre egli fa la sua testimonianza su Gesù di Nazaret (At 10,44-47; cf. At 11,15). E' lo Spirito che sceglie Barnaba e Saulo ad Antiochia per mandarli a predicare (At 13,2). E' lo Spirito di Gesù che impedisce a Paolo di recarsi in Bitinia a portare l'annuncio e una visione nella notte lo costringe a passare in Macedonia (At 16,7.9). E' Gesù stesso che appare a Paolo di notte a Corinto dicendogli di non temere e di continuare a testimoniare (At 18,9-10). E' ancora Gesù che gli si presenta accanto dopo l'arresto in Gerusalemme per fargli coraggio e indicargli lo scopo di ciò che sta accadendo: "Coraggio, come hai testimoniato per me a Gerusalemme, così è necessario che mi renda testimonianza anche a Roma" (At 23,11). Dio stesso collabora a questa opera per mezzo del suo angelo per mandare a compimento il suo disegno. Per mezzo del suo angelo libera gli apostoli (At 5,19-20) e Pietro (At 12,7-10) dalla prigione; ordina a Cornelio di andare a chiamare Pietro a Cesarea e di ascoltare tutto ciò che gli dice (At 10,3-6.30-32; cf. At 11,13-14). Per mezzo di una visione prepara Pietro alla conversione del pagano Cornelio (At 10,9-16; cf. At 11,5-10).

In questa forma narrativa Luca fa comprendere che Gesù continua ad agire; che egli è il vero soggetto che porta la salvezza a tutte le genti per dare compimento alla promessa di Dio. La narrazione pertanto mostra la realizzazione di questo disegno salvifico, descrivendo il modo in cui la salvezza si è diffusa attraverso la diffusione della parola di Dio, testimoniata dagli apostoli in Gerusalemme, in Giudea e Samaria, fino agli estremi confini della terra, secondo il programma affidato loro da Gesù in At 1,8. Quindi per comprendere come avviene la diffusione della salvezza, occorre prestare attenzione non solo al racconto dei 'fatti' con cui Luca descrive l'espansione e la crescita della parola, ma anche ai 'discorsi' degli apostoli, con i quali la parola stessa viene testimoniata e diffusa.

Bibliografia. G. Betori, "Lo Spirito e l'annuncio della parola negli Atti degli Apostoli", *RivB* 35 (1987) 399-442.- P. Bossuyt, *L'Esprit en Actes.* Lire les Actes des Apôtres (Le livre et le rouleau 3), Bruxelles 1998.- R.L. Movery, "Direct Statements Concerning God's Activity in Acts", *SBLSP* 29 (1990) 196-221.- R.F. O'Toole, "Activity of the Risen Jesus in Luke-Acts", *Bib* 62 (1981) 471-498.- J.B. Shelton, *Mighty in Words and Deeds.* The Role of the Holy Spirit in Luke-Acts, Handrickson, MA, 1991.

Il racconto dei 'fatti' si sviluppa in modo ordinato secondo il programma indicato da Gesù in At 1,8. In At 2,1-13 narra la discesa dello Spirito Santo che era stato promesso. In At 2,14-6,6 segue la narrazione della testimonianza degli apostoli in Gerusalemme. In At 6,7 Luca conclude questa parte con l'affermazione che *la parola di Dio si diffondeva.* Segue l'arresto, il discorso e la lapidazione di Stefano (At 6,8-7,60) per mostrare che i capi del popolo hanno rifiutato la testimonianza su Cristo. La persecuzione che si scatena subito dopo non impedisce, ma serve alla diffusione della parola: "I dispersi dunque passavano annunciando la parola" (At 8,4). Tra questi c'è anche Filippo che, cacciato, annuncia la parola in Samaria, a Gaza nella Giudea e sulla costa fino a Cesarea di Filippo (At 8,5-25.26-40). Narrando la conversione di Paolo a questo punto (At 9,1-31), Luca presenta il personaggio che diffonderà la parola di Dio oltre i confini della Samaria e della Giudea e di cui parlerà in seguito. La narrazione della conversione del centurione Cornelio (At 10,1-48 11,1-18) segna il passaggio della fede ai pagani attraverso il dono dello Spirito Santo fatto a loro da Dio perché credono nel nome di Gesù Cristo (At 11,17; cf. At 10,34-48). Luca conclude questo racconto facendo notare che gli ascoltatori di Pietro esclamano: "Dunque anche ai pagani Dio ha concesso che si convertano affinché abbiano vita" (At 11,18).

In At 11,19-26 riprende la narrazione sui 'dispersi' dalla persecuzione avvenuta dopo la morte di Stefano (At 8,1.4) per mostrare che essi, cacciati da Gerusalemme, diffusero la parola di Dio in Fenicia, a Cipro e ad Antiochia di Siria, dove fu accolta anche dai greci e dove per la prima volta i discepoli del Cristo furono chiamati 'cristiani'. Con la diffusione della parola fino ad Antiochia sono stati superati i confini geografici della Samaria e della Giudea. In tal modo la seconda parte del programma indicato dalle parole di Gesù in At 1,8 è compiuto. Per questo Luca annota per la seconda volta che "la parola di Dio cresceva e si diffondeva" (At 12,24).

Da Antiochia la parola di Dio viene diffusa altrove. In At 13,1-14,28 narra la testimonianza di Barnaba e Paolo in Pisidia e in Licaonia. Nella sinagoga di Antiochia di Pisidia, Paolo annuncia ai giudei che Dio ha compiuto la promessa fatta ai padri risuscitando Gesù dai morti (At 13,32-33). La sua testimonianza è rifiutata. Ma il rifiuto dei giudei torna a beneficio dei pagani e della diffusione tra loro della parola della salvezza. "Poiché la respingete e non vi ritenete degni della vita eterna, ecco noi ci rivolgiamo ai pagani" (At 13,46). Segue la citazione di Is 49,6 per mostrare che in ciò che accade si compie il disegno di Dio: "Così infatti ci ha ordinato il Signore: Io ti ho posto come luce per le genti affinché tu porti la salvezza fino agli estremi confini della terra" (At 13,47). Quindi anche il rifiuto dei giudei fa parte del disegno di Dio. Segue la narrazione del 'concilio' di Gerusalemme (At 15,1-35) che approva l'opera di evangelizzazione di Barnaba e Paolo. Si riconosce ufficialmente da parte di tutta la chiesa che Dio ha permesso ai pagani di venire alla fede, concedendo loro lo Spirito Santo (At 15,7-11). Giacomo approva il discorso di Pietro, vedendo in questo fatto il compimento delle parole del profeta Amos 9,11-12: "Riedificherò la tenda di Davide che era caduta (…) perché anche gli altri uomini cerchino il Signore e tutte le genti sulle quali è invocato il mio nome - dice il Signore che ha fatto queste cose conosciute dall'eternità" (At 15,15-18).

Con queste parole pronunciate da Giacomo, Luca manifesta la sua visione della storia della salvezza. Ciò che sta accadendo dopo la morte e resurrezione di Cristo, cioè l'annuncio della salvezza dato a tutti i popoli, è la realizzazione di un piano che Dio aveva concepito dall'eternità, e che ora ha deciso di mandare a compimento. Da questo punto fino alla fine del racconto, il vero protagonista è Paolo, che diffonde la parola di Dio in Macedonia (a Filippi, a Tessalonica, a Berea), in Acaia (Atene, Corinto), nella Provincia d'Asia (Efeso) (At 15,36-19,20). A Corinto i giudei rifiutano di credere alla testimonianza di Paolo su Cristo. E Paolo di nuovo è costretto ad una scelta: "Da ora in poi andrò dai pagani" (At 18,6). Lo stesso accade a Efeso. Poiché alcuni dei giudei si ostinano a non credere e rifiutano la testimonianza sul regno di Dio, si separa da loro e inizia ad insegnare in una scuola privata per due anni, "col risultato che tutti gli abitanti della provincia d'Asia, giudei e greci, potevano ascoltare la parola di Dio" (At 19,8-10). Luca termina questa parte della narrazione scrivendo:"*Così la parola del Signore cresceva e si moltiplicava*" (At 19,20).

In questo modo indica che il programma dato da Gesù viene realizzato, ma non è ancora giunto a compimento. La parola deve essere testimoniata fino a Roma. Paolo infatti decide di visitare Gerusalemme e poi di andare anche a Roma (At 19,21). Ma non è lui a decidere come. E' Dio infatti che guida le cose per mandare a compimento il suo disegno di salvezza per tutte le genti.

Il racconto che segue da At 19,21 a At 28,31 vuole mostrare che non è Paolo a decidere le cose che devono accadere, ma Dio che le conduce affinché si compia ciò che deve accadere. A Gerusalemme, viene arrestato nel tempio (At 21,27-36). Chiede di potere parlare al popolo per difendersi dalle accuse che gli vengono fatte per placarlo. Ma chiude il discorso con parole che lo inferociscono. Ricorda le parole che Gesù gli disse nel tempio dopo la sua conversione: "Va, perché io ti manderò lontano, tra i pagani" (At 22,21). Udito questo, lo rifiutano e chiedono al tribuno di toglierlo di mezzo. Quella stessa notte Gesù gli appare per fargli coraggio e per indicargli lo scopo di tutto ciò che sta accadendo: "E' necessario che tu mi renda testimonianza anche a Roma" (At 23,11). Il disegno di Dio procede verso il suo compimento. A Cesarea, Paolo si difende e si appella al tribunale di Cesare. Festo, il governatore, decide di mandarlo a Roma anche se non ha trovato nessuna colpa che meriti la morte o le catene (At 26,31-32).

In tal modo a causa dell'arresto, Paolo ha potuto rendere testimonianza a Gesù davanti al popolo di Gerusalemme (At 22,1-21); davanti al sinedrio del popolo (At 23,1-10); davanti al governatore Felice (At 24,10-21.24-25); davanti al governatore Festo e al re Agrippa (At 26,1-29). Infine, giunto a Roma, completa la sua opera rendendo la sua testimonianza davanti ai giudei di quella città. Alcuni lo accolgono, altri rifiutano. Egli commenta il fatto citando Is 6,9-10 accusandoli di non credere e di avere il cuore duro e di escludersi da soli dalla salvezza per mancanza di fede. E conclude: "Questa salvezza di Dio, viene rivolta ai pagani ed essi ascolteranno" (At 28,28). Il mandato di Gesù agli apostoli in At 1,8 è concluso, simbolicamente concluso. La testimonianza è giunta a Roma, "agli estremi confini della terra". In tal modo è completo anche il racconto perché Luca ha sviluppato il programma narrativo che si era proposto.

Bibliografia (sulla composizione di Atti). R.L. Brawley, "Paul in Acts: Aspects of Structure and Characterization", *SBLSP* 27 (1988) 90-105.- Idem, *Centering on God*. Method and Message in Luke-Acts, Louisville 1990.- J. Kodell, "The Word of God grew. The Ecclesial Tendency of *Logos* in Acts 6,7; 12,24; 19,20", *Bib* 55 (1974) 505-519.- I.H. Marshall, *Luke, Historian and Theologian*, 157-215.- F. Mussner, "Die Erzählintention des Lukas in der Apostelgeschichte", in: *Der Treue Gottes trauen*, ed. C. Bussmann - W. Radl, 29-41.- Ph. Rolland, "L'organization du Livre des Actes et le l'ensamble de l'oeuvre de Luc", *Bib* 65 (1984) 81-86.- M.C. Parson, "Christian Origins and Narrative Opening: The Sense of a Beginning in Acts 1-5", *RevExp* 87 (1990) 403-422.- R.C. Tannehill, "Israel in Luke-Acts: A Tragic Story", *JBL* 104 (1985) 69-85.- J.B. Tyson, "The Gentile Mission and the Authority of Scriptures in Acts", *NTS* 33 (1987) 619-631.

Considerando la testimonianza degli apostoli, cioè 'i discorsi' che essi pronunciano, si deve notare che anche in questo Luca resta fedele al suo programma narrativo e teologico. In ogni discorso si trovano alcuni elementi essenziali: 1 si ricorda la morte di Gesù di Nazaret; 2 si annuncia la sua resurrezione; 3 si citano alcuni testi della scrittura per dimostrare che ciò è conforme alla promessa di Dio; 4 si rivolge un invito alla conversione per ottenere il perdono dei peccati e accedere alla salvezza.

Questi elementi si trovano nei discorsi che Pietro e Paolo rivolgono ai giudei e ai pagani. Ma non si trovano sempre tutti insieme né sempre nello stesso ordine in cui li ho indicati. Ma essi fanno parte dell'annuncio apostolico e corrispondono perfettamente al programma teologico che Luca si è proposto di sviluppare nel suo racconto. Esaminerò pertanto in breve i discorsi per mostrare la coerenza con cui Luca ha attuato ciò che si era proposto.

Nel discorso di Pietro alla Pentecoste (At 2,14-36.38-40), questi elementi sono tutti presenti. In base ad essi si può dividere in quattro parti: I At 2,14b-21; II At 2,22-24; III At 2,25-36; IV At 2,38-40. Nella prima parte spiega che il dono dello Spirito Santo che hanno ricevuto è conforme alla profezia di Gioele 3,1-5. Nella seconda parte ricorda che essi hanno ucciso Gesù di Nazaret, secondo il disegno di Dio. Nella parte terza cita Sal 16,8-11 per dimostrare che Gesù non ha subito la corruzione della morte e poi cita Sal 110,1 per mostrare che è risorto e si è seduto alla destra di Dio: "Disse il Signore al mio Signore: Siedi alla mia destra". Spiega che, seduto alla destra di Dio, ha ricevuto lo Spirito Santo che ha effuso su coloro che credono (At 2,32-35). Conclude affermando: *"Sappia dunque con certezza la casa d'Israele che Dio ha costituito Signore e Cristo quel Gesù che voi avete crocifisso"* (At 2,36). Nella parte quarta risponde a coloro che gli domandano che cosa devono fare: *"Pentitevi e ciascuno di voi si faccia battezzare nel nome di Gesù per la remissione dei peccati. Dopo riceverete lo Spirito Santo"* (At 2,38). La conversione e il perdono servono alla salvezza: "Salvatevi da questa generazione perversa" (At 2,40).

Dopo la guarigione dello storpio, Pietro pronuncia un discorso al popolo di Gerusalemme nel cortile del tempio (At 3,12-26). Si divide in due parti: I At 3,12-16; II At 3,17-26. Nella prima parte, li accusa di avere rinnegato Gesù davanti a Pilato (At 3,13) e di avere ucciso colui che è l'autore della vita (At 3,15a). Ma Dio lo ha risuscitato dai morti (At 3,15b). Quindi la prima parte contiene la testimonianza sulla morte e la resurrezione di Gesù. Nella seconda parte li giustifica dicendo che essi hanno agito per ignoranza. Ma poi afferma che Dio in questo modo ha dato compimento "a ciò che aveva annunciato per bocca dei profeti, cioè che il suo Cristo sarebbe morto" (At 3,17-18). Infine li esorta al pentimento: *"Pentitevi dunque e cambiate vita affinché siano cancellati i vostri peccati"* (At 3,19).

Conclude ricordando di nuovo la resurrezione e invitando alla conversione: "Dio, dopo avere risuscitato il suo servo, lo ha mandato a voi, per portarvi la benedizione e affinché ciascuno si converta dalla sua iniquità" (At 3,26). La resurrezione quindi è segno di speranza, affinché ciascuno si converta e si salvi.

Di nuovo, nella sua difesa davanti al sinedrio (At 4,8-12), Pietro testimonia che Dio ha risuscitato dai morti Gesù di Nazaret che essi hanno crocifisso

(At 4,10). Poi cita Sal 118,22 per dimostrare che ciò che è accaduto è conforme alla scrittura e al volere di Dio: Gesù è la pietra che scartata da voi costruttori, è diventata pietra d'angolo (At 4,11). Poi spiega il senso teologico di questa immagine: "In nessun altro c'è salvezza. Non vi è infatti altro nome dato agli uomini sotto il cielo nel quale è stabilito che possano essere salvati" (At 4,12). Ma non rivolge loro alcun invito alla conversione perché essi, capi del popolo, sono nemici della nuova dottrina e non vogliono che venga diffusa.

Nel discorso che Pietro rivolge al pagano Cornelio e alla sua famiglia (At 10,34-43) si trovano gli elementi essenziali della 'testimonianza' apostolica formulata da Luca. Ricorda in breve la vita di Gesù di Nazaret, "il quale passò facendo del bene e risanando tutti coloro che erano sotto il potere del diavolo perché Dio era con lui" (At 10,38). Poi ricorda che i giudei lo hanno ucciso appendendolo alla croce. Ma Dio lo ha risuscitato dai morti ed è apparso a testimoni prescelti da Dio. Afferma che Dio lo ha costituito giudice dei vivi e dei morti (At 10,42). Conclude dicendo: "Tutti i profeti gli rendono questa testimonianza: *chiunque crede in lui ottiene la remissione dei peccati per mezzo del suo nome*" (At 10,43).

La logica teologica di questo discorso è chiara: poiché Gesù è risorto ed è stato costituito giudice dei vivi e dei morti, è bene convertirsi e ottenere il perdono dei peccati nel suo nome per potersi salvare e non cadere sotto il suo giudizio.

Nei *discorsi di Paolo* si trova lo stesso schema teologico che ho mostrato nei discorsi di Pietro. Ma gli elementi che lo compongono sono usati in modo più libero e il loro contenuto è dettato spesso dalle situazioni narrative in cui viene a trovarsi il protagonista del racconto.

Nella sinagoga di Antiochia di Pisidia pronuncia un lungo discorso (At 13,16-41). Si può dividere in tre parti: I At 13,16-25; II At 13,26-37; III At 13,38-41. Nella prima parte ricorda la storia del popolo di Israele, dall'uscita dall'Egitto a Davide. La conclude affermando che dalla sua discendenza "Dio ha tratto per Israele un salvatore, Gesù" (At 13,23). Nella seconda parte rende testimonianza a Gesù, affermando che gli abitanti di Gerusalemme non lo hanno riconosciuto. Lo hanno condannato a morte. Hanno chiesto a Pilato che fosse ucciso, lo hanno deposto dalla croce e messo in un sepolcro. In questo modo hanno dato compimento alla parola dei profeti (At 13,27b) e a tutto quanto era stato scritto su di lui (At 13,29). Ma Dio lo ha risuscitato dai morti (At 13,30) e in questo modo ha dato compimento alla promessa fatta ai padri (At 13,32). Cita come conferma della resurrezione Sal 2,7: "Mio figlio tu sei, oggi ti ho generato"; e Sal 16,10 già citato da Pietro nel discorso di Pentecoste (At 2,25-28): "Non permetterai che il tuo santo veda la corruzione". Nella terza parte rivolge un invito alla conversione: "Vi sia dunque noto, fratelli, che *per opera di lui* (cioè di Gesù) *vi viene annunciata la remissione dei peccati* e che chiunque crede viene giustificato da tutto ciò in cui non fu possibile essere giustificati mediante la legge di Mosè" (At 13,38). Il perdono dei peccati è concesso a chi crede. Nel perdono c'è la salvezza che destina alla vita eterna (At 13,46c).

Agli abitanti di Listra, completamente pagani, Paolo e Barnaba parlano in modo diverso (At 14,15-17). Li invitano a convertirsi al Dio vivente e ad abbandonare gli idoli, ricordando che Dio si è fatto conoscere nelle generazioni passate facendo loro del bene, mandando le piogge e concedendo stagioni ricche di frutti. Non parlano loro del Cristo perché adorano solo idoli e non hanno nessuna conoscenza del Dio vivente. Invece davanti all'Areopago di Atene, Paolo parla apertamente del Cristo perché costoro già adorano 'il Dio sconosciuto', anche se lo ignorano. Non cita mai le scritture dell'Antico Testamento perché sono pagani. Ma cita i loro poeti. Tuttavia il discorso contiene gli elementi essenziali della testimonianza: invito alla conversione perché Dio ha risuscitato Gesù e lo ha costituito giudice.

Il discorso (At 17,22-31) si divide in tre parti: I At 17,22b-23; II At 17,24-29; III At 17,30-31. Nella prima parte si mostra ammirato per la loro pietà verso gli déi e per l'altare che hanno innalzato 'al Dio sconosciuto'. Nella seconda annuncia che il Dio che essi adorano senza conoscere è il Dio creatore del cielo e della terra (At 17,24); che dà a tutti la vita e il respiro (At 17,25) e che è vicino a ciascuno di noi (At 17,27). Noi discendiamo da lui (At 17,28c-29). Nella parte terza rende testimonianza al Cristo. Annuncia che Dio invita tutti gli uomini a pentirsi dei loro peccati perché ha stabilito un giorno in cui giudicherà la terra per mezzo di un uomo. Gesù, che ha costituito giudice risuscitandolo dai morti.

Da questo discorso, unico tra tutti i discorsi, risulta chiara la teologia di Luca: Paolo invita al pentimento affinché gli uomini possano salvarsi dal giudizio che Dio farà per mezzo di Gesù Cristo. L'invito alla conversione serve a ottenere il perdono dei peccati nel nome di Gesù per non cadere sotto il suo giudizio. Gesù è il salvatore perché è il giudice del giudizio finale. Chi si converte e crede in lui, ottiene la salvezza nel perdono dei peccati. Chi non crede, non potrà resistere davanti a lui quando tornerà come giudice.

I discorsi che ho esaminato sono tutti discorsi di missione, cioè pronunciati da Pietro e da Paolo per rendere testimonianza della resurrezione di Gesù e annunciare il perdono dei peccati per chi si pente e crede nell'annuncio. In questi discorsi risulta chiaro il modo in cui Luca realizza in forma narrativa il programma teologico che aveva annunciato alla fine del vangelo (Lc 24,46-47). Ma ci sono altri discorsi che Paolo pronuncia in sua difesa durante i processi che deve subire dopo l'arresto a Gerusalemme. Sono contenuti nell'ultima parte della narrazione (At 19,21-28,31). Anche questi discorsi confermano che Luca resta fedele ad suo programma teologico annunciato alla fine del Vangelo, e cioè che il perdono è annunciato a tutti i popoli nel nome del Cristo morto e risorto.

Nel discorso al popolo di Gerusalemme, dopo l'arresto (At 22,1-21), Paolo ricorda la sua conversione sulla strada di Damasco e poi la visione nel tempio. Ricorda che egli ha portato la testimonianza tra i pagani perché così Gesù ha voluto (At 22,21). Nel processo davanti al sinedrio (At 22,30-23,10) afferma di credere nella resurrezione dei morti (At 23,6). La stessa cosa ripete davanti al governatore Felice, a Cesarea (At 24,10-21). Prima si difende dalle accuse e poi conferma di credere nella resurrezione dei giusti (At 24,15). Per questo motivo cerca di condurre una vita irreprensibile davanti a Dio e agli uomini (At 24,16). Queste affermazioni confermano l'idea teologica fondamentale del testo: la fede nella resurrezione richiede la conversione, cioè una vita onesta, per essere salvati dal giudizio e partecipare alla resurrezione dei giusti.

La stessa idea ricorre in modo chiaro nell'ultimo dei discorsi, pronunciato da Paolo in sua difesa davanti al governatore Festo e al re Agrippa, a Cesarea (A 26,3-23). Si può dividere in tre parti: I At 26,4-11; II At 26,12-18; III At 26,19-23. Nella prima parte ricorda la visione sulla strada di Damasco e la missione che Gesù gli ha affidato: "Per questo ti libererò dal popolo e dai pagani, ai quali ti mando per aprire gli occhi, perché passino dalle tenebre alla luce e dal potere di Satana a Dio e ottengano la remissione dei peccati e l'eredità in mezzo a coloro che sono stati santificati per la fede in me" (At 26,17-18). Nella terza parte afferma di avere eseguito ciò che Gesù gli aveva ordinato: "Prima a quelli di Damasco, poi a quelli di Gerusalemme e in tutta la regione della Giudea e infine ai pagani, *predicavo di convertirsi* e di rivolgersi a Dio, comportandosi in maniera degna della conversione" (At 26,20). E conclude: "Null'altro io affermo se non ciò che i profeti e Mosè dichiararono che doveva accadere, che cioè il Cristo sarebbe morto e che, primo tra i risorti da morte, avrebbe annunciato la luce al popolo e ai pagani" (At 26,23).

In queste parole, che Luca fa pronunciare a Paolo, riassume tutto ciò che ha raccontato nel testo di Atti per dimostrare che nei fatti accaduti e che egli ha narrato per ordine, ha trovato realizzazione ciò che Gesù aveva ordinato agli apostoli per dare compimento al disegno di Dio. Nello sviluppo del racconto, ha mostrato in che modo Gesù ha continuato ad agire direttamente e con il suo Spirito per realizzare la diffusione della testimonianza fino agli estremi confini della terra (At 1,8). Nei discorsi che gli apostoli pronunciano ha mostrato in che modo essi hanno realizzato il mandato di annunciare a tutti i popoli la conversione e il perdono nel nome di Gesù Cristo, morto e risorto, come indicato alla fine del Vangelo (Lc 24,46-47). In questo modo Luca espone in forma narrativa il compimento della profezia di Simeone, all'inizio del Vangelo: la salvezza preparata da Dio davanti a tutti i popoli (Lc 2,29-32). Terminato questo racconto, Luca ha portato a compimento il programma narrativo che si era fissato nel 'Prologo' all'inizio del Vangelo (Lc 1,1-4). Con il Vangelo ha narrato l'annuncio del perdono offerto da Gesù a Israele, il rifiuto da parte del popolo, la sua morte e resurrezione e la sua uscita dal mondo. Negli Atti ha narrato come Gesù, proclamato Signore del regno di Dio che aveva annunciato, ha effuso lo Spirito affinché il perdono fosse annunciato a tutti i popoli fino agli estremi confini della terra.

Bibliografia (sui discorsi di Atti). W. Bowker, "Speeches in Acts: A Study in Proem and Yelammedenu Forms", *NTS* 14 (1967/68) 96-111.- F.F. Bruce, "Paul's Apologetic and the Purpose of Acts", *BJRL* 69 (1986) 379-393.- M. Dibelius, "Die Reden der Apostelgeschichte und die antike Geschichtsschreibung", in: Idem, *Aufsätze zur Apostelgeschichte* (FRLANT 60), Göttingen 1951.- J. Dupont, "Les discours missionaires des Actes des Apôtres", *RB* 69 (1962) 37-60; rist. in: Idem, *Etudes sur les Actes des Apôtres* (LD 45), Paris 1965, 138-155.- E. Plümacher, "Die Missionsreden der Apostelgeschichte in ihrer Beziehung zur hellenistischen Literatur", in: Idem, *Lukas als hellenistischer Schriftsteller*. Studien zur Apostelgeschichte, 32-79.- E. Schweizer, "Zu den Reden der Apostelgeschichte", *Theologische Zeitschrift* (Basel) 13 (1957) 1-11.- M.L. Soards, *The Speeches of Acts*. Their Content and Concern, Louisville, KY, 1995.- F. Veltmann, "The Defence Speeches of Paul in Acts", in: *Perspectives on Luke-Acts*, ed. C.H. Talbert, 243-256.- M. Wilcox, "A Foreword to the Study of the Speeches of Acts", in: *Christianity, Judaism and Other Greco-Roman Cults,* FS M. Smith, ed. J. Neusner, Vol 1: New Testament (SJLA 12), Leiden 1975, 206-225.- U. Wilkens, *Die Missionsreden der Apostelgeschichte*. Form- und traditionsgeschichtliche Untersuchung (WMANT 5), Neukirchen 1961; 3a ed. 1974.

GIOVANNI

Bibliografia (Studi). P.N. Anderson, *The Christology of the Fourth Gospel* (WUNT 2.78), Tübingen 1996.- J. Ashton, *Understanding the Fourth Gospel,* Oxford 1991.- J. Becker, "Aus der Literatur zum Johannesevangelium", *ThR* 47 (1982) 279-301.305-347; *ThR* 51 (1986) 1-78.- K. Berger, *Am Anfang war Johannes,* Stuttgart 1997.- J. Beutler, *Martyria.* Traditionsgeschichtliche Untersuchung zum Zeugnisthema bei Johannes (FTS 10), Frakfurt a.M. 1972.- Idem, "Literarische Gattungen im Johannesevangelium. Ein Forschungsbericht 1919-1980", *ANRW* II 25.3 (1985) 2506-2568.- J. Beutler (ed.), *Studien zu den johanneischen Schriften* (SBAB 25), Stuttgart 1998.- W.J. Bittner, *Jesu Zeichen im Johannesevangelium* (WUNT 2/26), Tübingen 1987.- J. Blank, *Krisis.* Untersuchungen zur johanneischen Christologie und Eschatologie, Freiburg i.Br. 1964.- M.-E. Boismard, *Moïse ou Jésus.* Essai de christologie johannique (BETL 84), Leuven 1988.- Idem, *Critique textuelle ou critique littéraire?* Jean 7,1-51 (Cahier de la Revue Biblique 40), Paris 1998.- T. E. Bollard, *Johannine Christology and the Early Church* (SNTS.MS 13), Cambridge 1970.- F.-M. Braun, *Jean le théologien.* T 1: Jean le théologien et son évangile dans l'église ancienne, Paris 1959; T 2: Les grandes traditions d'Israel: l'accorde des écritures d'après le quatrième évangile, Paris 1964; T 3: Lé mystère du Christ, Paris 1966; T 4: Le Christ nôtre Seignuer, hier et aujourd'hui, Paris 1972.- T.L. Brodie, *The Quest for the Origin of John's Gospel.* A Source-Oriented Approach, New York-Oxford 1993.- R.E. Brown, *The Community of the Beloved Disciple.* The Life, Loves and Hates of an Indiviadual in New Testament Times, New York 1979.- K.-M. Bull, *Gemeinde zwischen Integration und Abgrenzung.* Ein Beitrag zur Frage nach dem Ort der joh Gemeinde (n) in der Geschichte des Urchristentums (BBET 24), Frankfurt/Bern/New York 1992.- J.-A. Bühner, *Der Gesandte und sein Weg im 4. Evangelium* (WUNT 2/2), Tübingen 1977.- O. Cullmann, *Der johanneische Kreis.* Zur Ursprung des Johannesevangeliums, Tübingen 1975.- R.A. Culpepper, *The johannine School* (SBL.DS 26), Missoula, MN, 1975.- Idem, *Anatomy of the Fourth Gospel.* A Study in Literary Design, Philadelphia 1983; 2a ed. 1987.- R.A. Culpepper - C.C. Black (ed.), *Exploring the Gospel of John*, FS D. Moody Smith, Louisville 1996.- M. Davies, *Rhetoric and Reference in the Fourth Gospel* (JSNT.SS 69), Sheffield 1992.- A. Denaux (ed.), *John and the Synoptics* (BETL 101), Leuven 1992.- C.H. Dodd, *The Interpretation of the Fourth Gospel*, Cambridge 1953.- Idem, *The Historical Tradition of the Fourth Gospel,* Cambridge 1963; 3a ed. 1968.- J. Dunderberg, *Johannes und die Synoptiker* (AASF.DHL 69), Helsinki 1994.- J.A. Du Rand, *Johannine Perspectives.* Introduction to the Johannine Writings I, Pretoria 1991.- J. Ernst, *Johannes.* Ein theologisches Portrait, Düsseldorf 1991.- J. Ferreira, *Johannine Ecclesiology* (JSNT.SS 160), Sheffield 1998.- R.T. Fortna, *The Fourth Gospel and Its Predecessors.* From Narrative Source to Present Gospel (SNTS.MS 11), Cambridge 1989.- J. Frey, *Die johanneische Eschatologie.* Ihre Probleme im Spiegel der Forschung seit Reimarus, Bd. I/II (WUNT 96), Tübingen 1997.1998.- J. Frühwald-König, *Tempel und Kult.* Ein Beitrag zur Christologie des Johannesevangeliums (BU 27), Regensburg 1998.- M. Gourgues, "Cinquante ans de recherche johannique. De Bultmann à la narratologie", in: *De bien de manières*, La recherche biblique aux abords du XXIe siècle, ed. M. Gourgues - L. Laberger (LD 163), Paris 1996, 229-306.- W. Grudmann, *Der Zeuge der Wahrheit,* Berlin 1985.- H.-P. Heekerens, *Die Zeichen-Quelle der johanneischen Redaktion.* Ein Beitrag zur Entstehungsgeschichte des vierten Evangeliums (SBS 113), Stuttgart 1984.- M. Hengel, *Die johanneische Frage.* Ein Lösungsversuch (WUNT 67), Tübingen 1993.- O. Hofius - H.C. Kammler, *Johannesstudien* (WUNT 88), Tübingen 1996.- A. Jaubert, *Approches de l'évangile de Jean*, Paris 1976.- M. De Jonge (ed.), *L'évangile de Jean.* Sources, rédaction, théologie (BETL 44), Leuven, 2a ed. , 1987.- E. Käsemann, *Jesu letzter Wille nach John 17,* Tübingen, 4a ed., 1980.- J.-D. Kaestli-J. Poffet - J.-M. Zumstein, (ed.), *La communauté johannique et son histoire*. La trajectoire de l'évangile de Jean aux deux premiers siècles, Génève 1990.- J.J. Kanagaray, *'Mysticism' in the Gospel of John*. An Inquiry into its Background (JSNT.SS 158), Sheffield 1998.- Th. Knöppler, *Die Theologia Crucis des Johannesevangeliums* (WMANT 69), Neukirchen-Vluyn 1994.- H. Kohler, *Kreuz und Menschwerdung im Johannesevangelium*. Ein exegetischer Versuch zur johanneischen Kreuzestheologie (AThANT 72), Zürich 1987.- Korting, *Die esoterische Struktur des Johannesevangeliums*, 2 voll. (BU 25), Regensburg 1994.- J. Kügler, *Der andere König*. Religions-geschichtliche Perspektive auf die Christologie des Johannesevangeliums (SBS 178), Stuttgart 1999.- R. Küschhelm, *Verstockung, Gericht und Heil* (BBB 76), Frankfurt a.M. 1990.- R. Kysar, *John's Story of Jesus*, Philadelphia 1984.- Idem, *The Fourth Evangelist and his Gospel*, Augsburg/Minneapolis 1985.- Idem, "The Fourth Gospel. A Report on Recent Research", *ANRW* II 25.3 (1985) 2389-2480.- Idem, *John, the Maverick Gospel*, rev. ed., Louisville, KY, 1993.- M. Labahn, *Jesus als Lebensspender*. Untersuchung zu einer Geschichte der johanneischen Tradition anhand ihrer Wundergeschichte (BZNW 98), Berlin 1999.- D.A. Lee, *The Symbolic Narrative of the Fourth Gospel* (JSNT.SS 95), Sheffield 1995.- B. Lindars, *John* (New Testament Guides), Sheffield 1990.- Idem, *Essays on John*, ed. C.M. Tuckett (SNTA 17), Leuven 1992.- E. Little, *Echoes of the Old Testament in the Wine of Galilee (John 2:1-11) and the Multiplication of the Loaves and Fishes (John 6:1-15)*. Toward an Appreciation (Cahiers de la Revue Biblique 41), Paris 1998.- W.R.G. Loader, *The Christology of the Fourth Gospel* (BET 23), Frankfurt a.M., 2a ed., 1992.- F.E. Lopez, *El mundo joánico*. Introducción al cuarto evangelio, Oviedo 1998.- E. Malatesta, *St John's Gospel: 1920-1965* (AnBib 32), Rom 1967.- B.J. Malina-R.L. Rohrbaugh, *Social-Science Commentary on the Gospel of John*, Minneapolis 1998.- V. Mannucci, *Giovanni il vangelo narrante*. Introduzione all'arte narrativa del quarto vangelo (Epifania della Parola. Nuova serie 5), Bologna 1993.- J.L. Martin, *History and Theology in the Fourth Gospel*, Nashville, 2a ed., 1979.- J.P. Miranda, *Der Vater, der mich gesandt hat* (EHS.T 7) Frankfurt a.M. 1972.- G. Mlakuzhyl, *The Christocentric Literary Structure of the Fourth Gospel* (AnBib 117), Rome 1987.- F.J. Moloney, *The johannine Son of Man*, Roma, 2a ed., 1976.- F. Mussner, *Der johanneische Seheweise* (QD 28), Freiburg i.Br. 1965.- J.B. Müller, *Die Menschwerdung des Gottessohnes* (SBS 140), Stuttgart 1990.- F. Neirynck, et al., *Jean et les synoptiques* (BETL 49), Leuven 1979.- F. Neirynck, "John and the Synoptics in Recent Commentaries", *ETL* 74 (1988) 386-397.- G.R. O'Day, *Revelation in the Fourth Gospel*. Narrative Mode and Theological Claim, Philadelphia 1986.- T. Onuki, *Gemeinde und Welt im Johannesevangelium* (WMANT 56), Neukirchen-Vluyn 1984.- H. Orchard, *Courting Betrayal*. Jesus as Victim in the Gospel of John (JSNT.SS 161), Sheffield 1998.- G. Ostenstad, *Patterns of Redemption in the Fourth Gospel*. An Experiment in Structural Analysis (Studies in the Bible and Early Christianity 38), Lewiston, NY, 1998.- J. Painter, *The Quest for the Messiah*. The History, Literature and Theology of the johannine Community, Edinburgh 1991.- J. Pancaro, *The Law in the Fourth Gospel* (NT.S 42), Leiden 1975.- N.R. Petersen, *The Gospel of John and the Sociology of the Light*. Language and Characterization in the Fourth Gospel, Valley Forge, PA, 1993.- I. de la Potterie, *La vérité dans saint Jean*, 2 voll. (An Bib 73-74), Rome 1997.- J. Rahner, *Jesus von Nazareth als Ort der Offenbarung Gottes im vierten Evangelium* (BBB 117), Bodesheim 1998.- A. Reinhartz, *The Word in the World*. The Cosmological Tale in the Fourth Gospel (SBL.MS 45), Atlanta 1992.- K.H. Rengstorff (ed.), *Johannes und sein Evangelium* (WdF 82), Darmstadt 1973.- J. Riedl, *Das Heilswerk Jesu nach Johannes*, Freiburg. i. Br. 1973.- M. Rodriguez Ruiz, *Der Missionsgedanke des Johannesevangeliums* (FzB 55), Würzburg 1987.- W. Schmithals, *Johannesevangelium und Johannesbrife*. Forschungsgeschichte und Analyse (BZNW 64), Berlin 1992.- U. Schnelle, *Antidocetic Christology in the Gospel of John*, Minneapolis 1992.- Idem, *Antidoketische Christologie im Johannesevangelium* (FRLANT 144), Göttingen 1987.- L. Schottroff, *Der Glaubende und die feindliche Welt* (WMANT 37), Neukirchen-Vluyn 1970.- Schwanke, *Licht und Finsternis* (HBS 5), Freiburg i.Br. et al., 1995.- F. van Segbroeck (ed.), *The Four Gospels 1992*, FS F. Neirynck (BETL 100), Leuven 1992, 1723-2221.- E.M.

Seidebottom, London 1961.- G. Sellin-F. Vouga (ed.), *Logos und Buchstabe* (TANZ 20), Tübingen 1997.- G.S. Sloyan, *What Are They Saying About John?*, New York 1991.- S.S. Smalley, *John. Evangelist and Interpreter*, Exeter 1978.- D.M. Smith, *Johannine Christianity*, Columbia 1984.- Idem, *John among the Gospels*. The Relationship in Twentieth-Century Research, Minneapolis 1992.- D.M. Smith, *The Theology of the Gospel of John* (New Testament Theology), Cambridge 1995.- M.W. Stibbe (ed.), *The Gospel of John as Literature*. An Anthology of Twentieth-Century Perspectives (NTTS 17), Leiden et al., 1993.- M.W.G. Stibbe, *John as Story-teller*. Narrative Criticism and the Fourth Gospel (SNTS.MS 73), Cambridge 1992.- A. Stimpfle, *Blinde sehen*. Die Eschatologie im traditionsgeschichtlichen Prozess des Johannesevangeliums (BZNW 57), Berlin-New York 1990.- B.G. Suchard, *Scripture within Scripture*. The Interrelationship of Form and Function in the Explicit Old Testament Citations in the Gospel of John (SBL.DS 133), Atlanta 1992.- O. M. Theobald, *Die Fleischwerdung des Logos*. Studien zum Verhältnis des Johannesprologs zum Corpus des Evangeliums und zu 1Joh (NTAbh 20), Münster 1988.- W. Thüsing, *Erhöhung und Verherrlichung Jesu im Johannesevangelium*, Münster, 3a ed., 1979.- H. Thyen, "Aus der Literatur zum Johannesevangelium", *ThR* 39 (1974) 1-69.222-252.289-330; *ThR* 42 (1977) 211-270; *ThR* 43 (1978) 328-359; *ThR* 44 (1979) 97-134.- Idem, "Entwicklungen innerhalb der johanneischen Theologie und Kirche im Spiegel von Joh 21 und der Lieblingsjüngertexte des Evangeliums", in: *L'évangile de Jean,* ed. M. de Jonge, 259-299.- Idem, "Johannesevangelium", *TRE* 17 (1988) 200-225.- F.G. Untergassmair, "Das Johannesevangelium. Ein Bericht über neuere Literatur aus der Johannesforchung", *ThRev* 90 (1994) 91-108.- G. van Belle, *Johannine Bibliography* 1966-1985 (BETL 106), Leuven 1988.- G. van Belle, *The Signs Source in the Fourth Gospel*. Historical Survey and Historical Evalutation of the Semeia Hypothesis (BETL 116), Leuven 1994.- J. Wagner, *Auferstehung und Leben* (BU 19), Regensburg 1988.- C. Welck, *Erzählte Zeichen*. Die Wundergeschichte des Johannesevangeliums literarisch untersucht. Mit einem Ausblick auf Joh 21 (WUNT 2/69), Tübingen 1994.- K. Wengst, *Bedrängte Gemeinde und verherrlichter Christus*. Ein Versuch über das Johannesevangelium (Kaiser Taschenbücher 114), München 1981; 4a ed. 1992.- U. Wilckens, *Zeichen und Werke*. Ein Beitrag zur Theologie des Vierten Evangeliums in Erzählungs- und Redestoff (AThANT 55), Zürich 1969.- M.E. Willett, *Wisdom Christology in the Fourth Gospel*, San Francisco 1992.- B. Witherington III, *John's Wisdom*, Louisville 1995.

(Commenti) R.G.Beasley Murry, *John* (WBC 36), Dallas, TX, 1987.- J. Becker, *Das Evangelium nach Johannes* I/II (ÖTK 4/1-2), Göttingen, 3a ed. 1991.- M.-E. Boismard-A.Lamouille, *L'évangile de Jean*, Paris 1977.- T.Z. Brodie, *The Gospel According to John*. A Literary and Theological Commentary, Oxford 1993.- R.E. Brown, *The Gospel According to John I/II* (AB 29.29A), New York 1966.1970.- R. Bultmann, *Das Evangelium nach Johannes* (KEK 2), Göttingen, 12a ed., 1986.- D.A. Carson, *The Gospel According to John*, Leicester-Grand Rapids 1992.- J. Gnilka, *Das Johannesevangelium* (NEB.NT 4), Würzburg, 4a ed., 1993.- E. Haenchen, *Das Johannesevangelium*. Ein Kommentar, ed. U. Busse, Tübingen 1980.- G. Keil, *Das Johannesevangelium*. Ein philosophischer und theologischer Kommentar, Göttingen 1997.- B. Lindars, *John* (NCeB), London 1992.- F.-J. Moloney, *The Gospel of John* (Sacra Pagina 4), Collegeville 1998.- L. Morris, *The Gospel According to John* (NIC), Grand Rapids 1995.- R. Schnackenburg, *Das Johannesevangelium* (HThK IV/1-4), Freiburg i.Br. I 7a ed. 1992; II 5a ed. 1990; III 6a ed. 1992; IV 3a ed. 1994.- L. Schenke, *Johannes*. Kommentar, Düsseldorf 1998.- J. Schneider, *Das Evangelium nach Johannes,* ed. E. Fascher (ThHK Sonderband), Leipzig, 4a ed. 1988.- U. Schnelle, *Das Evangelium nach Johannes* (ThHK 4), Leipzig 1998.- M.W.G. Stibbe, *John* (Reading: A New Biblical Commentary), Sheffield 1993.- C.H. Talbert, *Reading John*. A Literary and Theological Commentary on the Fourth Gospel and the Johannine Epistles, New York 1992.- U. Wilckens, *Das Evangelium nach Johannes* (NTD 4), Göttingen 1997.- C.J.H. Wright, *John* (NIBC), Peabody 1997.

I   *Autore, data e luogo di composizione di Gv*

Il redattore che ha scritto le parole finali del vangelo ΚΑΤΑ ΙΩΑΝΝΗΝ afferma che ciò che precede (capp. 1-20) è stato scritto dal 'discepolo che Gesù amava': "Questo è il discepolo che rende testimonianza su questi fatti e *li ha scritti* e noi sappiamo che la sua testimonianza è vera" (Gv 21,24).

Di questo 'discepolo che Gesù amava' (ὅν ἤγαπα ὁ Ἰησοῦς: Gv 13,23b; ὅν ἐφίλει ὁ Ἰησοῦς: Gv 19,26; 20,2) il testo narra solo pochi episodi, sempre in rapporto con Pietro. In Gv 13,23-25 posava il capo sul petto di Gesù e Pietro gli fa cenno di domandare il nome del traditore. In Gv 18,15 forse è ancora lui 'l'altro discepolo' che segue Gesù insieme a Pietro e lo introduce nel cortile del palazzo del sommo sacerdote. In Gv 19,26-27 si trova sotto la croce e Gesù gli affida sua madre. In Gv 19,35 probabilmente è ancora lui che rende testimonianza che il soldato ferisce con la lancia il fianco di Gesù, da cui esce sangue ed acqua. In Gv 20,2-8 Maria di Magdala annuncia a Pietro e a lui ("all'altro discepolo che Gesù amava": Gv 20,26) che il sepolcro è vuoto e insieme a Pietro corre a vedere e crede. In Gv 21,7 è lui che per primo riconosce il Signore sulla spiaggia del lago di Tiberiade e lo dice a Pietro. In Gv 21,20-23 Pietro domanda al Signore che ne sarà di questo discepolo che li seguiva. Risponde: "Se voglio che rimanga finché io venga, che importa a te?". In tutti questi episodi non si dice mai il suo nome. La tradizione lo chiama 'Giovanni' e lo identifica con Giovanni fratello di Giacomo, figlio di Zebedeo, chiamato da Gesù all'inizio della sua predicazione, secondo il racconto dei sinottici (cf. Mc 1,19-20 Mt 4,11-22 Lc 5,10).

La testimonianza antica più autorevole è data da Ireneo di Lione. Nella sua opera *Adversus Haereses* III 1,2 (citato da Eusebio di Cesarea, *Hist Eccl* V 8,4), afferma: "Poi (cioè: dopo Marco, Matteo, Luca) Giovanni, il discepolo del Signore, che anche posò sul petto di lui (Gv 13,3), pubblicò a sua volta un vangelo mentre abitava in Efeso, in Asia". Nella stessa opera, in II 33,3 (cf. Eusebio, *Hist Eccl* III 23,3) afferma di avere ricevuto questa notizia dagli anziani che in Asia si erano incontrati con Giovanni, il discepolo del Signore. E in una lettera a Florino (riportata da Eusebio, *Hist Eccl* V 20,4-8) afferma di avere sentito lui stesso la notizia dal vescovo Policarpo quando era ancora bambino: "...(Io mi posso ricordare esattamente) come (il beato Policarpo) raccontava del suo rapporto con Giovanni e gli altri che avevano visto il Signore". Questa, in breve, la tradizione raccolta da Ireneo. Gli studiosi fanno notare che gli anziani, dai quali Ireneo ha ricevuto la notizia, affermano solo di avere conosciuto un certo Giovanni, definito 'discepolo del Signore'. Ma non dicono che egli sia il figlio di Zebedeo e che abbia scritto il vangelo attribuito a Giovanni.

Si suppone quindi che la stessa tradizione abbia identificato il 'Giovanni', a cui viene attribuito il vangelo, col 'Giovanni' di cui parlavano gli anziani e col 'Giovanni' fratello di Giacomo, figlio di Zebedeo. Ma questa identificazione è messa in dubbio per una ragione fondamentale. Nel vangelo di Giovanni mancano proprio quegli episodi importanti in cui Giovanni, figlio di Zebedeo, fu testimone insieme a Giacomo suo fratello e a Pietro: la chiamata dei primi discepoli (cf. Mc 1,16-20), la resurrezione della figlia di Giairo (cf. Mc 5,37), la trasfigurazione (cf. Mc 9,2), l'agonia del Getzemani (cf. Mc 14,33).

Tenendo conto di questo, si suppone che 'il discepolo che Gesù amava' non sia Giovanni figlio di Zebedeo, ma un altro Giovanni. In favore di questa ipotesi viene citato Papia (riportato da Eusebio, *Hist Eccl* III 39,3 e sg.): "Quando incontravo qualcuno che era stato con i presbiteri (o anziani), sempre mi informavo sui discorsi di questi ultimi, per sapere ciò che aveva detto Andrea o Pietro, o Filippo o Giacomo, o Giovanni o Matteo, o qualche altro discepolo del Signore e ciò che dicono Aristione o il *presbitero (o anziano) Giovanni, discepoli del Signore*"

Da questo testo risulta chiaro che la tradizione conosce due Giovanni: il fratello di Giacomo, figlio di Zebedeo, apostolo e Giovanni l'anziano, ugualmente discepolo del Signore, ma non apostolo. Si suppone quindi che questo Giovanni l'anziano (ὁ πρεσβύτερος) sia il 'Giovanni' a cui è attribuito il vangelo (cf. M. Hengel).

Questa ipotesi è molto intelligente. Ma non ci sono prove per poterla confermare. Il problema dell'autore pertanto resta aperto (cf. U. Schnelle). Due soli elementi sono sicuri: che è stato scritto dal 'discepolo che Gesù amava' e che la tradizione gli dà il nome di 'Giovanni'.

Come luogo di composizione Ireneo, nell'opera che ho già citato (*Adv Haer* III 1,2) indica Efeso e come tempo di composizione il tempo di Traiano (99-117 d.C.) (*Adv Haer* III 3,4 riportato da Eusebio, *Hist Eccl* III 23,4). Lo stesso Ireneo in *Adv Haer* II 25,5 afferma che Giovanni visse fino ai primi anni di Traiano. Tenendo conto di questo si suppone che il Vangelo sia stato scritto tra il 90 e il 100 d.C. in Asia Minore (cf. R. Schnackenburg). Di più non si può precisare. Qualcuno suggerisce che sia stato composto in Siria perché Ignazio di Antiochia, morto verso il 117 d.C., è il primo autore cristiano che sembra conoscere il testo di questo vangelo (cf. W.G. Kümmel).

Due dati confermano la notizia della tradizione. Nel testo l'autore afferma che i giudei avevano deciso di cacciare dalla sinagoga coloro che credevano in Cristo (Gv 9,22; cf. 9,34 12,41). Poiché questa decisione fu presa nel raduno dei farisei a Jabne verso l'85 d.C. il vangelo è certamente posteriore, cioè *dopo* questo decisione, dopo l'85 d.C. Inoltre poiché Ignazio conosce il testo, si deve dire che sia stato scritto *prima* del 117 d.C., in cui certamente è morto, secondo il computo attualmente vigente.

Bibliografia (Introduzioni). I. Broer, *Einleitung in das Neue Testament* I, 189-196.- H. Conzelmann-A. Lindemann, *Arbeitsbuch zum Neuen Testament*, 372-373.- W.G. Kümmel, *Einleitung in das Neue Testament*, 200-212.- U. Schnelle, *Einleitung in das Neue Testament*, 482-487.- A. Wickenhauser - J. Schmid, *Introduzione al Nuovo Testamento*, 348-358. 387-388.- R.E. Brown, *The Gospel According to John* I, XCVII-CII.- R. Schnackenburg, *Das Johannesevangelium* I, 449-464 (ex. 18: 'Der Jünger der Jesus liebte'). (Studi) R. Bauckham, "The Beloved Disciple as Ideal Author", *JSNT* 49 (1993) 21-44.- K. Berger, *Am Anfang war Johannes,* 84-90.- R.A. Culpepper, *John, the Son of Zebedee.* The Life of a Legend (Studies on Personalities of the New Testament), Columbia, SC, 1994.- W. Eckle, *Den der Herr liebhatte.* Rätsel um den Evangelisten Johannes. Zum historischen Verständnis seiner autobiographischen Andeutungen, Hamburg 1991.- M. Hengel, *Die johanneische Frage*, 13-25. 306-325.- H.M. Jackson, "Ancient Self Referencial Conventions and Their Implications for the Authorship and Integrity of the Gospel of John", *JThS* 50 (1999) 1-34.- J. Kügler, *Der Jünger, den Jesus liebte* (SBB 16), Stuttgart 1988.- T. Lorenzen, *Der Lieblingsjünger im Johannesevangelium* (SBS 55), Stuttgart 1988.- F. Manns, *John and Jamnia.* How the break occurred berween Jews and Christians c. 80/100 A.D., Jerusalem 1988.- W.A. Meeks, "Breaking Away: Three New Testament Pictures of Christianity's Separation from the Jewish Communities", in: *To See Ourselves As Other See Us.* Christians, Jews, and 'Others' in Late Antiquity, ed. J. Neusner - E.S. Frerichs, Chico 1985, 93-115.- G. Reim, "Zur Lokalisierung der johanneischen Gemeinde", *BZ* 32 (1988) 72-86.- M. Rese, "Das Selbstzeugnis des Johannesevangeliums über seinem Verfasser", *ETL* 72 (1996) 75-111.- E.E. Ruckstuhl-P. Dschulnig, *Stilkritik und Verfasserfrage im Johannesevangelium* (NTOA 17), Freiburg (H), 1991.- R. Schnackenburg, "Der Jünger, den Jesus liebte", in: EKK Vorarbeiten 2, Zürich 1970, 97-117.- S.M. Schneiders, " 'Because of the Woman's Testimony …'. Reexamining the Issue of the Authorship in the Fourth Gospel", *NTS* 44 (1998) 513-535.- G. Siegert, "Unbeachtete Papiaszitate bei armenischen Schriftstellern", *NTS* 27 (1981) 605-614.- H.Thyen, "Nocheinmal: Johannes 21 'der Jünger, den Jesus liebte' ", in: *Texts and Contexts.* Biblical Texts in Their Textual and Situational Contexts, ed. T. Fornberg - D. Hellholm, Oslo 1995, 147-190.

II *Piano letterario del vangelo di Giovanni*

Ci sono alcune indicazioni letterarie che tutti tengono presenti per stabilire un piano narrativo del testo. Gv 1,1-18 formano come un 'prologo' del racconto. Gv 12,37-43.44-50 costituiscono una 'conclusione' alla parte precedente composta dal racconto dei 'segni' compiuti da Gesù. In Gv 12,37 si legge: "Sebbene avesse compiuto tanti segni davanti a loro, non credettero in lui". In Gv 13,1 indica l'inizio della parte seguente, come narrazione del tempo dell'ora: "Prima della festa di Pasqua, Gesù sapendo che era giunta la sua ora di passare da questo mondo al Padre, dopo avere amato i suoi che erano nel mondo, li amò fino alla fine". Gv 20,30-31 costituiscono la 'prima conclusione' del vangelo: "Molti altri segni fece Gesù in presenza dei discepoli. Ma non tutti sono stati scritti in questo libro. Questi sono stati scritti perché crediate che Gesù è il Cristo, Figlio di Dio e perché credendo abbiate la vita nel suo nome". Gv 21,1-25 costituisce di conseguenza una 'aggiunta', con una 'seconda conclusione' del vangelo (Gv 21,24-25).

In base a questi elementi narrativi, il testo è diviso quasi da tutti in due parti: I capp. 1-12; II capp. 13-20; aggiunta cap. 21. Ma alcuni non sono d'accordo con questo piano. E.B. Allo, usando il criterio geografico e crono-logico, propone di dividere il testo in cinque parti: Gv 1,1-18 'Prologo'; Gv 1,19-4,44 Parte I 'Periodo di preparazione (per lo più in Giudea)'; Gv 4,45-7,9 Parte II 'Ministero in Galilea'; Gv 7,10-11,57 Parte III 'Dichiarazioni solenni di Gesù a Gerusalemme'; capp. 12-19 Parte IV 'La grande settimana di Passione'; capp. 20-21 Parte V 'Resurrezione e apparizioni'.

Questa divisione non rispetta alcuni dati narrativi. Gv 4,46-54 narra il 'segno' compiuto da Gesù al suo arrivo in Galilea e in Gv 4,3 indica l'inizio del viaggio verso la Galilea. Quindi appartiene alla narrazione che precede. Con Gv 5,1 inizia una nuova sequenza narrativa: Gesù va di nuovo a Gerusa-lemme. Gv 7,10 non può essere considerato un inizio di parte perché la se-quenza narrativa inizia in Gv 7,1. Gv 11,57 non può essere fine di parte ma solo di sequenza narrativa. Il cap. 12 non può appartenere alla parte sulla passione perché Gv 12,37-43 chiude la parte dei 'segni' che precede e in Gv 13,1 c'è un inizio solenne di parte.

D. Mollat ('Bible di Jérusalem'), usa come criterio di divisione 'le feste' a cui l'autore si riferisce continuamente: Gv 2,13 la festa di Pasqua a Gerusa-lemme; Gv 5,1 una festa a Gerusalemme; Gv 6,4 la seconda festa di Pasqua in Galilea; Gv 7,2 la festa delle capanne a Gerusalemme; Gv 10,22 la festa della dedicazione a Gerusalemme; Gv 12,12 la terza festa di Pasqua a Gerusalem-me. In base a queste indicazioni cronologiche, divide il testo in otto parti: Gv 1,1-18 'Prologo'; Gv 1,19-3,21 Parte I 'La prima Pasqua'; Gv 3,22-4,54 Par-te II 'Viaggio in Samaria e Galilea'; Gv 5,1-47 Parte III 'Seconda festa a Gerusalemme'; Gv 6,1-70 Parte IV 'La Pasqua del pane di vita in Galilea'; Gv 7,1-10,21 Parte V 'La festa delle capanne'; Gv 10,22-11,54 Parte VI 'La festa della dedicazione'; Gv 11,55-19,42 Parte VII 'L'ultima Pasqua'; capp. 20-21 Parte VIII 'Il giorno della resurrezione'.

Questa divisione non rispetta l'ordine narrativo del testo. Gv 2,1-11 è collegato narrativamente a ciò che precede e chiude la sequenza narrativa dedicata alla scelta dei discepoli e alla testimonianza di Giovanni. Gv 2,13-21 apre la sequenza narrativa che segue: Gesù va a Gerusalemme e manifesta la sua autorità. Gv 10,22 non può essere inizio di parte perché riprende il tema del 'pastore e delle pecore' continuando ciò che ha detto in Gv 10,1-21. Gv 10,40-42 è un *sommario* che fa da cesura: sintetizza la parte che precede e chiude una sequenza narrativa. Gv 11,55 è solo un inizio di sequenza narra-tiva che si chiude naturalmente con la conclusione sui 'segni' in Gv 12,37-44.

In Gv 13,1 c'è un inizio solenne di parte. Per queste ragioni il piano non si può accettare.

Oggi c'è un consenso abbastanza generale tra gli studiosi a dividere il testo in due parti maggiori: I capp. 1-12 e II capp. 13-20, più cap. 21 aggiunto. Ma ci sono opinioni diverse sulla composizione delle due parti in sezioni distinte.

J. van den Bussche ha proposto la divisione seguente: cap. 1 'Introduzione'; capp. 2-4 'Libro dei segni'; capp. 5-12 'Libro delle opere'; capp. 13-17 'Libro degli addii'; capp. 18-20+21 'Libro della passione'. Alla parte I, capp. 1-12 dà il titolo 'Il giorno di Gesù'; alla Parte II, capp. 13-21 dà il titolo 'L'ora di Gesù'.

K. Dodd accetta la divisione in due parti. Ma propone titoli diversi: Gv 1,18.19-51 'Prologo e testimonianza'; Gv 2,1-12,50 'Libro dei segni'; Gv 13,1-20,31 'Libro della passione', diviso in due sezioni: Gv 13,1-17,26 'Discorsi di addio'; Gv 18,1-20,31 'Racconto della passione'.

Tenendo conto che per lo più tutti sono d'accordo di dividere il racconto in due parti maggiori, ma sono in disaccordo sulla composizione delle singole parti, mi sembra che la cosa migliore sia seguire le sequenze narrative del testo. I Gv 1,1-18 'Prologo'; II Gv 1,19-2,11 'Testimonianza di Giovanni, scelta dei discepoli, primo segno alle nozze di Cana'; III Gv 2,12-3,36 'Gesù a Gerusalemme; purificazione del tempio; colloquio con Nicodemo. Gesù al Giordano'; IV Gv 4,1-54 'Gesù in viaggio verso la Galilea, passa per la Samaria. Colloquio con la samaritana. Giunge in Galilea: secondo segno a Cana'; V Gv 5,1-47 'Gesù a Gerusalemme per una festa. Guarigione del malato alla piscina Betesda e discorso sull'opera del Figlio'; VI Gv 6,1-71 'Pasqua in Galilea. Discorso sul pane di vita'; VII Gv 7,1-52 'Gesù nel tempio a Gerusalemme per la festa delle capanne'; VIII Gv 8,1-59 'Gesù nel tempio si presenta come luce del mondo'; IX 9,1-41 'Gesù guarisce il cieco nato'; X Gv 10,1-42 'Discorso sul pastore e le pecore. Rivelazione della sua unità con il Padre'; XI Gv 11,1-54 'Resurrezione di Lazzaro'; XII Gv 11,55-12,50 'Gesù a Gerusalemme per la Pasqua: è giunta l'ora'; XIII Gv 13,1-14,31 'Lavanda dei piedi. Un discorso di addio'; XIV Gv 15,1-16,33 'Altro discorso di addio'; XV Gv 17,1-26 'Preghiera di Gesù, detta dell'ora o anche sacerdotale'; XVI Gv 18,1-19,42 'Racconto della passione'; XVII Gv 20,1-29 'Racconto della tomba vuota e delle apparizioni a Maria di Magdala e ai discepoli in Gerusalemme'; XVIII Gv 20,30-31 'Prima conclusione del vangelo'; XIX Gv 21,1-23 'Aggiunta: apparizione di Gesù sul lago di Tiberiade'; XX 21,24-25 'Seconda conclusione del vangelo'.

Bibliografia (Introduzioni). I. Broer, *Einleitung in das Neue Testament* I, 182.183-189.- H. Conzelmann-A. Lindemann, *Arbeitsbuch zum Neuen Testament*, 161-164.- E. Cothenet, "Le

quatrième évangile", in: *La tradition johannique*. Introduction à la Bible. Edition nouvelle. T.III. Le Nouveau Testament, vol 4, Paris 1977, 131-159.- W.G. Kümmel, *Einleitung in das Neue Testament*, 160-162.165-183.- U. Schnelle, *Einleitung in das Neue Testament*, 492-495. (Studi). E.B. Allo, "Jean (Evangile de)", *DBS* 4, 817-821.- H. van den Bussche, "La structure de Jean 1-12", in: *L'évangile de Jean*. Etudes et problème, Bruges-Paris 1958, 61-109.- C.H. Dodd, *Interpretation of the Fourth Gospel*, 289-291.- C.H. Giblin, "The Tripartite Narrative Structure of John's Gospel", *Bib* 71 (1990) 449-468.- G. Mlakuzhyl, *The Christocentric Literary Structure of the Fourth Gospel*, 5-86.137-238.238-241.- A. Weiser, *Theologie des Neuen Testaments* II, Stuttgart 1993, 154-157.

III *Il piano teologico del vangelo di Giovanni*

Lo scopo per cui Giovanni ha scritto il suo vangelo è indicato alla fine. In Gv 20,30-31 si legge: "Molti altri segni fece Gesù in presenza dei suoi discepoli. Ma non sono stati scritti in questo libro. Questi sono stati scritti affinché crediate che Gesù è il Cristo, il Figlio di Dio e affinché credendo abbiate la vita nel suo nome". Ha scritto quindi con lo scopo di suscitare fede nel lettore, per convincere che Gesù è il Figlio di Dio affinché coloro che credono ricevano la vita (τὴν ζωήν). Lo scopo pertanto non è semplice, ma duplice: suscitare fede in Gesù, offrire a chi crede la possibilità di avere la vita. Ma è evidente che lo scrittore evangelista può raggiungere solo il primo scopo: suscitare la fede. Il secondo è scopo di Dio, perché solo Dio può dare la vita nel Figlio.

Tenendo conto di questa distinzione fondamentale, si deve dire che lo scopo del racconto è di suscitare la fede nel lettore, affinché credendo che Gesù è il Figlio di Dio, ottenga da Dio stesso la vita che egli comunica attraverso il Figlio, a cui rende testimonianza il racconto. Si tratta quindi di seguire ciò che è narrato per vedere il modo in cui ha esposto i segni che Gesù ha compiuto per scoprire come questa narrazione conduce chi legge a credere, affinché ottenga la vita che promette.

Si discute molto se egli abbia scritto per portare alla fede chi ancora non crede, o se voglia aumentare la fede di chi è già credente. Nel primo caso, si suppone che il testo abbia uno scopo missionario, per invitare alla conversione i non credenti, in particolare i giudei della diaspora. Nel secondo caso avrebbe lo scopo di nutrire la fede dei credenti sottoposti a dure prove. Mi sembra che le due possibilità non si escludono. I capp. 5-10.11 sono chiaramente rivolti ai 'giudei': Gesù discute con loro, provoca domande, dà risposte, invita a credere. I capp, 13-17 sono chiaramente rivolti ai 'discepoli', a coloro che già credono, affinché comprendano il mistero di Dio che si rivela nella morte di croce del Figlio, narrata nei capp. 18-20.

Bibliografia (sul piano teologico in generàle e lo scopo della narrazione). R. Bultmann, *Das Evangelium des Johannes*, 1-47.- J. Caba, *Dai vangeli al Gesù storico*, Roma 1974, 343-349.- J.D.G. Dunn, "Let John Be John. A Gospel for Its Time", in: *Das Evangelium und die Evangelien*, ed. P. Stuhlmacher (WUNT 28), Tübingen 1983, 307-339.- J. T. Forestell, *The Word of the Cross* (AnBib 57), Rome 1974, 17-57.- M. Gourgues, *Pour que vous croyez*. Pistes d'exploration de l'évangile de Jean, Paris 1982, 73-101.- M. de Jonge, "Jewish Expectations about the 'Messiah' according to the Fourth Gospel", *NTS* 19 (1973) 246-270.- R. Kysar, "The Fourth Gospel", 2425-2432.- G. McRae, "The Fourth Gospel and Religionsgeschichte", *CBQ* 32 (1970) 17-24.- J.L. Martyn, "Glimpses in the History of the johannine Community", in: *L'évangile de Jean*, ed. M. de Jonge, 149-175.- G. Mlakuzhyil , *The Christocentric Structure*, 138-143.- S. Pancaro, *The Law in the Fourth Gospel*, 389-456.- J.A.T. Robinson, "The Destination and Purpose of St John's Gospel", *NTS* 6 (1959/60) 117-131.- L. Schenke, "Der 'Dialog Jesu mit den Juden' im Johannesevangelium", *NTS* 34 (1988) 573-603.- R. Schnackenburg, *Das Johannesevangelium* I, 146-153.400-405.- L. Vaganay, "La finale du IVe évangile", *RB* 45 (1936) 512-538.- H. van den Bussche, "La structure de Jean I-XII", in *L'évangile de Jean*, ed. M. de Jonge, 61-109.- Idem, *Jean. Commentaire de l'évangile spirituel*, Bruges 1967, 53-59.- W.C. van Unnik, "The Purpose of St John's Gospel", *SE* 1 (1959) 382-411.- A. Wind, "Destination and Purpose of the Gospel of John", *NT* 14 (1972) 26-69.

L'esposizione inizia con una 'introduzione' (Gv 1,1-18), in prosa innica, quasi poetica, che gli studiosi chiamano per convenzione 'Prologo'. Ritengono che sia un 'inno' e lo dividono, con più o meno consenso, in tre parti: I Gv 1,1-5; II Gv 1,6-13; III Gv 1,14-18. Nella prima parte (Gv 1,1-5) presenta il *Logos* (ό λόγος) di Dio, che noi traduciamo con 'Verbo' (trascrivendo semplicemente il latino *verbum*), oppure con 'Parola' con una traduzione letterale più conforme alla nostra lingua. In realtà si tratta della 'Parola di Dio', un essere trascendente, del quale afferma che "era in principio", che "era presso Dio", che "era Dio", che "tutto è stato fatto per mezzo di lui", che "in lui era la vita" e che "la vita è la luce degli uomini".

Nella parte seconda (Gv 1,6-13) narra che Giovanni fu mandato da Dio per rendere testimonianza alla luce. Poi continua affermando che questa luce venne nel mondo, che il mondo non lo riconobbe, che i suoi non l'hanno accolto. Ma a coloro che lo hanno accolto ha dato il potere di diventare figli di Dio. In questa seconda parte chiama simbolicamente il Verbo 'luce' e in poche righe riassume la storia narrata nel vangelo: la testimonianza di Giovanni, la sua venuta nel mondo, il rifiuto da parte dei suoi, l'accoglienza da parte dei credenti, la trasformazione dei credenti in figli di Dio.

Nella terza parte (Gv 1,14-18) dice che il Verbo si fece carne, cioè divenne uomo, che abitò tra noi; che i suoi hanno contemplato la sua gloria di Figlio unigenito del Padre; che dalla sua pienezza hanno ricevuto grazia su grazia, perché Gesù Cristo ha portato la grazia e la verità rivelando Dio che nessuno aveva mai visto. In questa parte afferma che il Verbo si fece carne per portare la grazia e la verità, rivelando Dio agli uomini. Questo Verbo incarnato e fatto uomo è chiamato con il nome proprio Gesù Cristo, la cui storia racconta il vangelo.

Tenendo conto di queste affermazioni si deve dire che il 'Prologo' espone in sintesi il programma narrativo e teologico del vangelo. Il programma narrativo è contenuto nella seconda parte (Gv 1,6-13), in cui riassume a tratti gli eventi essenziali della vita del Verbo incarnato. Il programma teologico è contenuto nella terza parte (Gv 1,14-18) in cui indica lo scopo per cui il Verbo si è fatto uomo, cioè per rivelare Dio, affinché coloro che credono siano trasformati in figli di Dio. I due programmi sono strettamente collegati. Ciò che Gesù ha compiuto per rivelare Dio, sono i fatti narrati nel testo. Il racconto di conseguenza ha uno scopo rivelativo per affermazione esplicita di colui che lo ha composto.

Bibliografia (su Gv 1,1-18). R.A. Culpepper, "The Pivot of John's Prologue", *NTS* 30 (1984) 354-381.- H. Gese, "Der Johannesprolog", in: Idem, *Alttestamentliche Vorträge zur biblischen Theologie*, München 1977, 152-201.- E. Haenchen, "Probleme des johanneischen Prologs", in: Idem, *Gott und Mensch*, 114-134.- O. Hofius, "Struktur und Gedankengang des Logos-Hymnus in Joh 1,1-18", *ZNW* 78 (1987) 1-25; rist. in: O. Hofius - H. Ch. Kammler, *Johannesstudien*. Untersuchungen zur Theologie des vierten Evangeliums (WUNT 88), Tübingen 1996, 1-23. - P. Hofrichter, *Am Anfang war der Johannesprolog* (BU 17), Regensburg 1986.- A. Jasper, *The Shining Garment of the Text*. Gendered Reading of John's Prologue (JSNT.SS 165), Sheffield 1998.- P. Lamarche, "Le Prologue de Jean", *RSR* 52 (1964) 497-537.- J.A.T. Robinson, "The Relation of the Prologue to the Gospel of John", *NTS* 9 (1962/63) 120-129.- R. Schnackenburg, *Das Johannesevangelium* I, 197-207.-J. Staley, "The Structure of John's Prologue: Its Implications for the Gospel's Narrative Structure", *CBQ* 48 (1986) 241-264.

Seguendo l'intenzione dell'autore, il testo del vangelo deve essere letto come uno scritto che contiene la rivelazione di Dio che nessuno ha mai visto. Questa rivelazione è fatta da Gesù, il Figlio di Dio stesso, cioè il Verbo di Dio, che si è fatto uomo per fare conoscere agli uomini Dio, affinché da questa conoscenza della verità su Dio vengano trasformati in figli di Dio, come il Figlio che ha comunicato loro la conoscenza di Dio.

Coerente col suo programma, il racconto inizia con la testimonianza di Giovanni. Per due volte lo chiama 'agnello di Dio' (ὁ ἀμνὸς τοῦ Θεοῦ), in Gv 1,29: "Ecco l'agnello di Dio! Ecco colui che toglie il peccato del mondo"; e in Gv 1,36: "Ecco l'agnello di Dio!". Questa testimonianza indica con chiarezza che lo scopo di Gesù è di togliere il peccato del mondo e quindi di comunicare il perdono, cioè la grazia, attraverso la rivelazione di Dio. In tal modo, dall'inizio del racconto, il lettore sa che il Verbo incarnato, Gesù, è destinato ad essere immolato come l'agnello pasquale, che questa immolazione nella morte toglie il peccato perché in tale evento egli fa conoscere Dio, comunicando con questa rivelazione la grazia del perdono.

Bibliografia (su Gv 1,19-36). A. Negoitsa - C. Daniel, "L'Agneau de Dieu et le Verbe de Dieu", *NT* 13 (1971) 24-37.- J.H. Roberts, "The 'Lamb of God' (Jn 1,29.36)", *Neot* 2 (1968) 41-56.

In realtà l'autore mette continuamente in evidenza che proprio questa è la mèta di Gesù. Attraverso il tema narrativo dell'*ora* fa la sua teologia. Il lettore è tenuto 'in sospeso' dall'inizio del racconto fino al momento decisivo, cioè fino alla fine, quando giunge l'ora in cui Gesù rivela ai discepoli la sua identità con il Padre e si lascia crocifiggere sulla croce.

In Gv 2,1-11 durante le nozze a Cana, la madre gli dice che non hanno più vino. Risponde: "*Non è ancora giunta la mia ora*" (Gv 2,4). In Gv 7,30 cercano di arrestarlo nel tempio perché dice che viene da Dio, "ma nessuno riuscì a mettergli le mani addosso perché *non era ancora giunta la sua ora*". In Gv 8,20 l'evangelista nota che nessuno lo arrestò perché "*non era ancora giunta la sua ora*". In Gv 12,23 Gesù dice: "*E' giunta l'ora* che sia glorificato il Figlio dell'Uomo"; e in Gv 12,27-28 sapendo di essere ormai giunto all'ora della morte, esclama: "Ora la mia anima è turbata. E che devo dire? Padre, salvami *da questa ora*? *Ma per questo sono giunto a questa ora.* Padre, glorifica il tuo nome". In Gv 13,1 finalmente l'evangelista fa sapere che l'ora è giunta: "Prima della festa di Pasqua, Gesù *sapendo che era giunta la sua ora di passare da questo mondo al Padre*, dopo avere amato i suoi che erano nel mondo, li amò fino alla fine". Infine in Gv 17,1 inizia la preghiera dicendo: "Padre, *è giunta l'ora*, glorifica il Figlio tuo affinché il Figlio glorifichi te".

Da questi testi il lettore viene a sapere che Gesù è venuto al mondo *per l'ora*, che questa ora è l'ora della sua passione, che in questa passione egli glorifica il Padre e riceve gloria dal Padre, che nella morte che subisce rivela il suo amore per i suoi fino alla fine. La morte di Gesù ha tanta importanza nel racconto di Giovanni perché in quell'ora si rivela l'amore di Dio che salva.

La funzione rivelativa della croce è espressa in Gv 8,24-28. Ai giudei che contestano la sua testimonianza dice: "Se non credete che *Io sono* morirete nei vostri peccati" (Gv 8,24). Gli domandano: "Tu, chi sei?". Risponde: "*Quando avrete innalzato il Figlio dell'Uomo, allora saprete che Io sono*". L'innalzamento è la morte sulla croce. Questa morte rivela che egli è Dio. Da questa rivelazione scaturisce il perdono che salva e conduce alla vita.

La stessa idea teologica si trova espressa in Gv 12,24 dove, parlando per immagini, Gesù rivela la forza salvifica della croce e della sua morte: "Se il chicco di grano caduto in terra non muore, rimane solo. Se invece muore, produce molto frutto". Il 'frutto' che il chicco morto produce, sono coloro che vengono salvati perché credono nella sua morte. Ciò è confermato da Gv 12,32 in cui Gesù afferma: "*Io, quando sarò innalzato da terra, attirerò tutti a me*". L'evangelista aggiunge: "Questo diceva per indicare di quale morte doveva morire". La morte sulla croce del Figlio di Dio attira a lui tutti, perché quella morte comunica a tutti la salvezza.

Questa salvezza è possibile perché quella morte rivela l'amore di Dio. Ciò è detto in Gv 3,16: "*Dio ha tanto amato il mondo*, da dare il suo Figlio

unigenito, affinché chiunque crede in lui non muoia ma abbia la vita". Ma
questa vita è comunicata nella sua morte che rivela quell'amore, come dice in
Gv 3,14-15: "Bisogna che il Figlio dell'Uomo sia innalzato, affinché chiunque crede in lui abbia la vita eterna".

Bibliografia (sul motivo narrativo dell'ora). J.T. Forestell, *The Word of the Cross*, 58-82.- G. Ferraro, *L'ora di Cristo nel quarto Vangelo*, Roma 1974.- J. Senaeve, "Le thème de l'heure dans le quatrième évangile", *RAfrT* 13 (1983) 29-50.

Si pone quindi il problema di sapere in che modo l'amore di Dio che
salva si rivela nella morte del Figlio sulla croce. La risposta a questa domanda è data dalla stessa narrazione. In Gesù si rivela l'amore di Dio che salva
perché in lui, il Figlio, si rivela Dio, il Padre stesso. Questo è lo scopo delle
opere e dei discorsi di Gesù: fare comprendere che in lui si rivela il Padre,
affinché chi lo segue con fede sia preparato a comprendere il mistero della
croce in cui il Figlio muore per salvare e in quella morte rivela l'amore del
Padre che offre la vita del Figlio, in cui egli stesso vive, per dare la vita a
quelli che credono nel suo nome.

E' necessario pertanto percorrere tutto il racconto per seguire il modo in
cui Giovanni presenta Gesù che rivela se stesso come Figlio per fare conoscere il Padre che lo ha mandato, perché da questa rivelazione scaturisce la fede
che dona la vita all'uomo che legge la sua narrazione.

In Gv 2,23 racconta che Gesù compie 'segni' (σημεῖα) a Gerusalemme e
che questi segni suscitano la fede. Segue la narrazione dell'incontro notturno
e segreto con Nicodemo (Gv 3,1-21). Costui vedendo i segni che Gesù compie crede di potere riconoscere che viene da Dio (Gv 3,2). Gli risponde che
non lo può capire (Gv 3,3). Solo chi nasce dall'alto, cioè da Dio, per mezzo
dell'acqua e dello Spirito, può capire che Gesù viene da Dio e quindi "vedere
il regno di Dio" (Gv 3,3), ed "entrare nel regno di Dio" (Gv 3,5). Alla domanda: "Come può accadere questo?", risponde che il Figlio dell'Uomo deve
essere innalzato affinché chi crede in lui abbia la vita eterna (Gv 3,14). Con
questa risposta Gesù insegna a Nicodemo che per nascere da Dio per mezzo
dell'acqua e dello Spirito è necessario che il Figlio dell'Uomo muoia sulla
croce, affinché chi crede in quella morte abbia la vita eterna, cioè la vita
stessa di Dio. Insegnando queste cose, gli suscita il desiderio di rinascere e lo
invita a credere nella sua morte affinché possa ottenere la vita divina che gli
lascia desiderare.

Bibliografia (su Gv 3,1-21). G.C. Gaeta, *Il dialogo con Nicodemo*, Brescia 1974.- C. Hofius, "Das Wunder der Wiedergeburt. Jesu Gespräch mit Nikodemus Joh 3,1-21", in: O. Hofius - H. Ch. Kammler, *Johannesstudien*, 33-80.- M. de Jonge, "Nicodemus and Jesus. Some Observations on Misunderstanding and Understanding", *BJRL* 53 (1971) 338-358.- R. Pesch,

" 'Ihr musst von oben geboren werden' - Eine Auslegung von Joh 3,1-12", *BiLe* 7 (1966) 208-219.- R. Schnackenburg, *Das Johannesevangelium* I, 377-392.404-411.

In Gv 4,1-42 racconta che Gesù incontra una donna di Samaria presso il pozzo di Giacobbe, vicino alla città di Sichar. Inizia il dialogo chiedendo da bere: "Dammi da bere" (Gv 4,7c). Lei si stupisce e lui incomincia a rivelare se stesso offrendo acqua da bere: "Se tu conoscessi il dono di Dio e chi è colui che ti dice 'Dammi da bere', tu stessa gliene avresti chiesto ed *egli ti avrebbe dato acqua viva*" (Gv 4,10). Nella donna cresce lo stupore e la curiosità: "Tu non hai mezzo per attingere (…) da dove hai dunque questa acqua?" (Gv 4,11). Risponde: "Chi beve dell'acqua che io gli darò diventerà in lui sorgente di acqua viva che zampilla per la vita eterna" (Gv 4,14). La donna non capisce e tuttavia è già presa dal desiderio di avere l'acqua che Gesù offre: "Signore (…), dammi di questa acqua, affinché io non abbia più sete" (Gv 14,15a). In questo modo misterioso Gesù le ha fatto desiderare di avere l'acqua viva che zampilla per la vita eterna. Alla fine del colloquio, si rivela a lei come il Messia (Gv 4,26).

La gente della città, avvertita dalla donna, accorre per vederlo. Gesù, vedendola venire, parla ai discepoli per immagini, annunciando la morte e il frutto che deve portare. "Mio cibo è fare la volontà di colui che mi ha mandato e compiere la sua opera" (Gv 4,34). "Levate i vostri occhi e guardate i campi che già biondeggiano per la mietitura" (Gv 4,35e). La salvezza di tutta quella gente che lo cerca e crede dipende dall'opera (τὸ ἔργον) di Dio, che il Figlio deve compiere e questa opera è una sola: la sua morte sulla croce, perché solo chi crede in essa ottiene la vita eterna, come ha detto a Nicodemo (Gv 3,14). Pertanto anche l'acqua viva offerta alla donna samaritana è solo una promessa, fatta per suscitare il desiderio e spingere a credere, affinché chi crede possa ottenere dalla sua morte la vita che lascia desiderare con le parole che dice.

Bibliografia (su Gv 4,1-41). F.-M. Braun, "Avoir soif et boire: J 4,10-14; 7,37-39", in: *Mélanges bibliques B. Rigaux*, ed. A. Descamp - A. de Halleux, Gembloux 1970, 247-258.- G. Friedrich, *Wer ist Jesus* ? Die Verkündigung des vierten Evangelisten dargestellt an Joh 4,4-42, Stuttgart 1967.- F. Hahn, "Die Worte vom lebendigen Wasser im Johannesevangelium", in: *God's Christ and His People*, FS N.A. Dahl, Oslo 1977, 51-70.- B. Olsson, *Structure and Meaning of the Fourth Gospel*. Text-Linguistic Analysis of John 2,1-11 and 4,1-42 (CB.NT 6), Uppsala 1974, 115-257.

I colloqui di Gesù con Nicodemo e con la samaritana sono molto simili. Sia nell'uno che nell'altro, egli suscita curiosità e desiderio per condurre a credere. Devono quindi essere considerati come un mezzo pedagogico per suscitare la fede. Ma questa fede ha come scopo la vita eterna che scaturisce dalla sua morte.

Nei capp 5-11 la rivelazione di Gesù diventa più profonda. Con le opere che compie e le parole che dice cerca di condurre alla maturità della fede, affinché chi crede a ciò che egli dice possa ottenere la salvezza indicata dalle opere che compie. Esse non sono altro che dei segni che manifestano ciò che egli può operare in chi crede nella sua morte. Quindi le opere non sono la salvezza, ma segni della salvezza, compiute per suscitare la fede affinché chi crede ottenga nella sua morte la salvezza che lasciano sperare.

Nel cap. 5 narra che Gesù guarisce un malato alla piscina Betesda in Gerusalemme (Gv 5,1-9). Ma la guarigione che compie è segno del perdono che concede. Al malato guarito dice: "Ecco, sei guarito. Non peccare più affinché non ti accada qualche cosa di peggio" (Gv 5,14). Ai giudei che lo perseguitano per questa opera compiuta di sabato si rivela come il Figlio: *"Il Padre mio opera sempre e anche io opero"* (Gv 5,17). Cercano di ucciderlo perché chiama Dio suo padre e si fa come Dio (Gv 5,18). Risponde rivelando la perfetta unità di agire tra lui e il Padre: *"Il Figlio da sé non può fare nulla, se non ciò che vede fare al Padre. Quello che egli fa, anche il Figlio lo fa"* (Gv 5,19). Poi spiega che questa unità di azione si manifesta nel dare la vita: *"Come il Padre risuscita i morti e dà vita, così anche il Figlio dà la vita a chi vuole"* (Gv 5,21). Ma il Figlio può dare la vita perché il Padre gli ha concesso di avere in se stesso la vita: *"Come il Padre ha la vita in se stesso, così ha concesso al Figlio di avere la vita in se stesso"* (Gv 5,26). Quindi l'unità di agire presuppone l'unità nell'avere. Il Figlio dona la vita perché il Padre gli ha concesso di avere la vita. La vita che il Figlio concede, è la vita stessa del Padre, che egli da lui riceve. Il Figlio concede la vita *nell'ora*. Questa 'ora' si manifesta al presente: i morti che udranno la voce del Figlio di Dio vivranno (Gv 5,25); e nel futuro: i morti usciranno dai sepolcri per la resurrezione della vita e per la resurrezione del giudizio (Gv 5,28-29).

Per ottenere la vita che il Figlio concede, è necessaria la fede: "Chi ascolta la mia parola e crede in colui che mi ha mandato, ha la vita eterna e non va incontro al giudizio, ma è passato dalla morte alla vita" (Gv 5,24).

Bibliografia (su Gv 5,1-30). J. Bernard, "La guérison de Betesda. Harmoniques judéo-hellénistiques d'un recit de miracle un jour de sabbat", *MSR* 33 (1976) 3-34.- C.H. Dodd, "John 5,19-25 in Christian History of Interpretation", in: *Studies Presented to John Knox*, Cambridge 1967, 183-198.- A. Duprez, *Jésus et les dieux guérisseurs. A propos de Jean 5*, Paris 1970.- C.A. Sandberg, "Ἴσος τῷ Θεῷ: Christology in John 5,17-30", *BR* 15 (1970) 19-31.- A. Vanhoye, "Composition de Jean 5,19-30", in: *Mélanges bibliques B. Rigaux*, ed. A. Descamp - A. de Halleaux, Gambloux 1970, 259-274.

Nel cap. 6 narra la moltiplicazione dei pani (Gv 6,1-15). Alla gente che lo cerca, Gesù dice in modo misterioso: "Procuratevi il cibo che non perisce, ma che dura per la vita eterna e che il Figlio dell'Uomo vi darà. Perché su di lui il

Padre, Dio, ha messo il sigillo" (Gv 6,27). Domandano che devono fare per avere questo cibo. Risponde: "Credere in colui che egli ha mandato" (Gv 6,29b). Poi spiega che questo cibo è il pane disceso dal cielo, che dà la vita al mondo e rivela che lo è lui stesso: *"Io sono il pane della vita"* (Gv 6,35); *"Io sono il pane disceso dal cielo"* (Gv 6,41b); *"Io sono il pane vivo disceso dal cielo. Se uno mangia di questo pane vivrà in eterno e il pane che io darò è la mia carne per la vita del mondo"* (Gv 6,51).

Per avere la vita è necessario credere nella carne del Figlio dell'uomo, cioè nella sua morte per la vita del mondo. E questa fede si manifesta concretamente nel mangiare la sua carne e nel bere il suo sangue: "Chi mangia la mia carne e beve il mio sangue ha la vita eterna e io lo risusciterò nell'ultimo giorno" (Gv 6,54). Mangiando la sua vita, si ha la sua vita: *"Come il Padre, che ha la vita,* ha mandato me *e io vivo per il Padre*; così anche *colui che mangia di me, vivrà per me"* (Gv 6,57).

Molti discepoli, dopo questo discorso, lo abbandonano perché è duro (Gv 6,59-60.66). Ma i discepoli (i dodici) restano e Pietro confessa la sua fede anche per loro: "Da chi andremo? Tu hai parole di vita eterna. Noi abbiamo conosciuto che tu sei il santo di Dio" (Gv 6,68-69).

Leggendo insieme i capp. 5-6 si nota una progressione nella rivelazione che Gesù compie. Nel cap. 5 Gesù rivela di avere la stessa vita del Padre e con la guarigione del malato indica nel segno che egli la concede per mezzo del perdono. Nel cap. 6 rivela che tale vita è concessa solo a coloro che credono che egli è il Figlio mandato dal Padre per dare la sua vita per il mondo; e che manifestano questa fede nell'atto simbolico di mangiare il suo corpo e bere il suo sangue. Solo mangiando di lui, vivono da lui.

Bibliografia (su Gv 6,1-71). J.-N. Aletti, "Le discours du pain de vie (Jn 6). Problèmes de composition et fonction des citations de l'Ancien Testament", *RSR* 62 (1974) 169-197.- C.K. Barrett, "Das Fleisch des Menschensohnes (Joh 6,53)", in: *Jesus und der Menschensohn*, FS A. Vögtle, ed. R. Pesch - R. Schnackenburg, Freiburg i.Br. 1975, 342-354.- J.D.G. Dunn, "John VI - An Eucharistic Discourse?", *NTS* 17 (1971) 329-338.- A. Feuillet, *Le discours du pain de vie*, Paris 1967.- H. Schlier, "Joh 6 und das johanneische Verständnis der Eucharistie", in: Idem, *Das Ende der Zeit*, Freiburg i.Br. 1972, 102-123.- R. Schnackenburg, "Das Brot des Lebens", in: *Tradition und Glaube*, FS K.-G. Kuhn, Göttingen 1968, 328-342.

Nel cap. 7 narra che Gesù si presenta nel tempio per la festa delle capanne. La gente discute se egli sia il Cristo e si domanda da dove viene, quale sia la sua origine. Egli risponde con una rivelazione: "Chi ha sete, venga a me e beva. Chi crede in me - come dice la scrittura - fiumi d'acqua viva sgorgheranno dal suo seno" (Gv 7,37-38). Giovanni commenta: "Questo egli diceva riferendosi allo Spirito che avrebbero ricevuto i credenti in lui. Infatti non c'era ancora lo Spirito, perché Gesù non era stato ancora glorificato" (Gv 7,39).

Gesù offre a tutti l'acqua viva che aveva offerto alla donna di Samaria. E anche in questo caso, come in quello, l'offerta è una promessa, con cui suscita la fede, affinché chi crede possa ottenere nella sua morte ciò che promette.

Bibliografia (su Gv 7,37-38). H. Rahner, " 'Flumina de ventre Christi'. Die patristische Auslegung von Joh 7,37-38", *Bib* 22 (1941) 269-302.367-403.- M. Mínguez, "El Agua y el Espiritu en Jn 7,37-39", *EstB* 31 (1972) 369-398.

Nei capp. 8-10 Giovanni narra un confronto diretto tra Gesù e i giudei. Potrebbero formare un'unica unità letteraria col cap. 7. Se si ritiene che Gv 8,1-11 - il perdono della donna adultera - sia una interpolazione, Gv 7,53 continuerebbe con Gv 8,11. A me sembra che la pericope Gv 8,1-11 non sia fuori posto perché nel discorso che segue in Gv 8,12-59 Gesù parla spesso dei peccati in cui muoiono coloro che non credono in lui (Gv 8,21.24a.24b) e da cui libera il Figlio (Gv 8,34.35). Pertanto non è irragionevole supporre che il discorso fosse preceduto da un 'segno' o un 'gesto' simbolico che significa l'offerta del perdono.

Bibliografia (su Gv 7,53-8,11). H. von Campenhausen, "Zur Perikope von Ehebrecherin (Jon 7,53-8,11)", *ZNW* 68 (1977) 164-175.- F. Rousseau, "La femme adultère. Structure de Jean 7,53-8,11", *Bib* 59 (1978) 473-480.

Il confronto con i giudei inizia con le parole di rivelazione: "*Io sono la luce del mondo*. Chi segue me, non cammina nelle tenebre, ma avrà la luce della vita" (Gv 8,12). Con ciò si rivela come 'luce del mondo' e promette 'la luce della vita' a chi lo segue. Si tratta quindi di un invito a credere che egli sia luce, affinché chi crede possa ottenere la luce che egli dice di essere. I giudei reagiscono al suo invito accusandolo di darsi testimonianza da solo. Gesù risponde parlando apertamente del Padre che gli rende testimonianza: "Sono io che do testimonianza a me stesso; ma anche *il Padre, che mi ha mandato, mi dà testimonianza*" (Gv 8,18). Poi rivela la sua origine divina: "Voi siete di quaggiù, *io sono di lassù*. Voi siete di questo mondo, *io non sono di questo mondo*" (Gv 8,23). Infine li esorta a credere nel suo essere divino e trascendente per essere liberati dai peccati: "Vi ho detto che morirete nei vostri peccati. *Se infatti non credete che Io sono* (ἐγώ εἰμι)), *morirete nei vostri peccati.* (Gv 8,24). Non capiscono e domandano: "Tu, chi sei?". Risponde che lo capiranno al momento del suo innalzamento (sulla croce): "*Quando avrete innalzato il Figlio dell'Uomo, allora saprete che Io sono* (ἐγώ εἰμι)" (Gv 8,28).

Il perdono dei peccati è concesso a chi crede nella origine divina di Gesù. Ma questa origine si rivela solo nel suo innalzamento sulla croce, da cui chi crede ottiene il perdono dei peccati. Il discorso è pertanto una promessa che troverà compimento nella sua morte. Ad essa si deve rivolgere la fede di chi crede e legge le parole che Gesù dice.

Infatti a coloro che credono e ascoltano la sua parola, Gesù promette la liberazione: "Se rimarrete fedeli alla mia parola, sarete veramente miei discepoli, conoscerete la verità e la verità vi farà liberi" (Gv 8,31b-32a). Poi spiega che si tratta di liberazione dal peccato, che sarà concessa dal Figlio: "Chiunque commette peccato, è schiavo del peccato (...). Se dunque il Figlio vi farà liberi, sarete liberi davvero" (Gv 8,34.36a). Rifiutano le sue parole affermando di non essere schiavi, cioè di non essere peccatori e di avere Dio come Padre. Risponde negando la loro presunzione ad avere una origine divina e manifesta apertamente la propria: "Se Dio fosse vostro padre, certo mi amereste perché *da Dio sono uscito e vengo*" (Gv 8,42); e promette la vita eterna a chi crede a questa verità che dice: *"Se uno osserva la mia parola, non conoscerà mai la morte"* (Gv 8,51). Gli domandano: "Chi pretendi di essere?". Risponde rivelando di nuovo la sua divinità e la sua trascendenza: *"Prima che Abramo fosse, Io sono* (ἐγώ εἰμι)" (Gv 8,58). Cercano di lapidarlo perché hanno compreso ciò che ha detto. Ma lui esce dal tempio.

Bibliografia (su Gv 8,28 e Gv 8,31-59). F. Manns, *La vérité vous fera libres*. Etude exégétique sur Jean 8/31-59, Jérusalem 1976.- J. Riedl, " 'Wenn ihr den Menschensohn erhöht habt, werdet ihr erkennen' (Joh 8,28)", in: *Jesus und der Menschensohn*, FS A. Vögtle, Freiburg i.Br. 1975, 355-370.- C.L. Ziegler, "Erläuterungen der schwierigen Stelle Joh 8,19-59", *MRP* 5 (1976) 227-290.

Considerando che durante il discorso Gesù promette la liberazione dai peccati a coloro che credono nel suo essere divino che si rivela nel suo innalzamento sulla croce, si deve concludere che anche questo discorso di rivelazione è una esortazione a credere, affinché chi crede possa sperimentare nella sua morte il perdono che promette.

Tenendo conto di questo, la guarigione del cieco nato che Giovanni narra subito dopo questo discorso rivelativo (cap. 9) deve essere considerata una opera che Gesù compie per confermare nel segno che egli può concedere la luce che promette con le sue parole e che dice di essere (Gv 8,12). Questa luce è la fede, che riconosce in lui il Signore, il Figlio dell'Uomo, che egli afferma di essere (Gv 9,35-38). Ma poiché il suo essere divino si rivela nel suo innalzamento sulla croce, come egli stesso ha detto (Gv 8,28), l'opera che compie sul cieco dalla nascita è un gesto simbolico, un segno, con cui promette di fare conoscere la verità del suo essere a chi crede nella sua morte, affinché veda e abbia la luce della vita.

Bibliografia (su Gv 9,1-42). G. Bornkamm, "Die Heilung des Blindgeborenen (Joh 9)", in: Idem, *Geschichte und Glaube* II, München 1971, 65-72.- J.L. Martyn, *History and Theology in the Fourth Gospel*, 3-41.- G. Reim, "Joh 9. Tradition und zeitgenossische messianische Diskussion", *BZ* 22 (1978) 245-253.

Nel cap10 narra che Gesù, guarito il cieco, si presenta come il pastore buono: *"Io sono il pastore buono.* Conosco le mie pecore e le mie pecore conoscono me, come il Padre conosce me e io conosco il Padre e *offro la vita per le pecore"* (Gv 10,14-15). Poi rivela che il Padre lo ama proprio per questo motivo, perché offre la vita per salvare, obbedendo al suo ordine: *"Per questo il Padre mi ama, perché io offro la mia vita per poi riprenderla di nuovo.* Nessuno me la toglie. Ma la offro da me stesso, perché ho il potere di offrirla e il potere di riprenderla di nuovo. *Questo comando ho ricevuto dal Padre mio"* (Gv 10,17-18).

Da queste parole il lettore comprende che il Figlio di Dio muore spontaneamente perché il Padre vuole che offra la vita e subisca la morte, affinché con quella morte possa salvare la vita delle pecore. E' Dio stesso quindi, il Padre, che offre la vita del Figlio per salvare e fare vivere le sue pecore.

Questa rivelazione conferma quella che Gesù aveva fatto a Nicodemo: "Dio (…) ha tanto amato il mondo da dare il suo Figlio unigenito, affinché chiunque crede in lui non muoia, ma abbia la vita eterna" (Gv 3,16). Ma aggiunge ciò che là non era rivelato: l'amore del Padre per il Figlio. Il Padre ama il Figlio perché il Figlio obbedisce al suo comando, di dare la sua vita affinché in questa offerta si manifesti l'amore del Padre stesso che salva.

Di fronte a questa rivelazione, i giudei gli domandano se è il Cristo. Risponde rivelando la sua unità con Dio: *"Io e il Padre siamo una cosa sola* (lett. *uno)"* (Gv 10,30). Cercano di lapidarlo perché si fa come Dio (Gv 10,33c). Risponde invitandoli a credere e rivelando di nuovo la sua unità con Dio: "Se non compio le opere del Padre mio, non credete. Ma se le compio, anche se non volete credere a me, crederete almeno alle opere, affinché sappiate e conosciate che *il Padre è in me e io nel Padre"* (GV 10,37-38). Cercano di prenderlo. Ma fugge da loro.

Bibliografia (su Gv 10,1-18). F. Hahn, "Die Hirtenrede in Joh 10", in: *Theologia Crucis - Signum Crucis*, FS E. Dinkler, Tübingen 1979, 185-200.- O. Kiefer, *Die Hirtenrede (Joh 10,1-18)* (SBS 23), Stuttgart 1967.- B. Kowalski, *Die Hirtenrede (Joh 10,1-18) im Kontext des Johannesevangeliums* (SBB 31), Stuttgart 1996.- I. de la Potterie, "Le bon Pasteur", in: *Populus Dei*, Mélanges Card. Ottaviani, Roma 1969,927-968.- A.J. Simonis, *Die Hirtenrede im Johnnesevangellum* (AnBib 29), Rom 1967.-J.L. De Villier, "The Shepherd and His Flock: The Christ of John", *Neot* 2 (1971) 89-103.

Dopo queste parole di rivelazione, Giovanni narra la resurrezione di Lazzaro (Gv 11,1-44). Col gesto che compie, Gesù conferma la sua unità con Dio che manifesta con le parole. A Maria dice: *"Io sono la resurrezione e la vita.* Chi crede in me, anche se muore, vivrà. Chiunque vive e crede in me, non morirà in eterno" (Gv 11,24). Poi ridona la vita a Lazzaro e conferma con la sua azione ciò che ha affermato con le parole. Egli fa risorgere perché fa rivivere e fa rivivere perché è vita che non muore, cioè immortale. Ma poiché questa vita eterna ed immortale scaturisce in chi crede nel suo innalzamento sulla croce, come egli stesso continua a promettere, anche la resurrezione di Lazzaro deve essere considerata come un gesto simbolico, che suscita la fede perché manifesta l'opera vivificante che egli stesso compie in chi crede che egli è il Figlio dell'Uomo innalzato sulla croce. Compiendo la resurrezione di Lazzaro, rivela ciò che può fare in chi crede nella sua morte. Il gesto anticipa nel segno ciò che farà in futuro. E' una promessa, a cui egli stesso darà compimento dopo essere stato innalzato.

Bibliografia (su Gv 11,1-44). H. C. Cadman, "The Raising of Lazarus", *SE* 1 (1959) 423-434.- A. Feuillet, *Etudes johanniques*, Paris 1962,130-151.- D. Merli, "Lo scopo della resurrezione di Lazzaro", *BeO* 12 (1970) 59-82.- K. Romaniuk, "Je suis la résurrection et la vie", *Conc* 60 (1970) 63-70.- G. Sass, *Die Auferstehung des Lazarus*, Neukirchen-Vluyn 1967.- A.R. Scognamiglio, "La resurrezione di Lazzaro: un 'segno' tra passato e presente", *Nicolaus* 5 (1977) 13-58.

Concludendo questa parte del suo racconto dedicato ai 'segni', si deve dire che Giovanni nei capp, 2-12 narra la progressiva rivelazione di Gesù. Con i gesti che compie e con le parole che dice esorta alla fede nel suo essere divino e nella sua identità con il Padre, affinché chi crede possa ottenere dal suo innalzamento sulla croce ciò che lascia sperare con ciò che dice e con le opere che compie.

Ma la preparazione alla rivelazione della croce non è ancora terminata. Affinché l'evento della sua passione e del suo innalzamento sulla croce diventi una rivelazione dell'amore di Dio che salva, è necessario che in esso Dio stesso appaia. Ciò viene rivelato nei discorsi di addio, fatti solo ai discepoli perché si tratta di una rivelazione che non può essere capita da tutti, ma soltanto dai credenti. In un primo discorso di addio (Gv 13,31-14,31) parla in modo simbolico del suo ritorno al Padre (Gv 14,2-3). Poi aggiunge: "E del luogo dove vado, voi conoscete la via" (Gv 14,4). Tommaso dice che non sa dove va. Quindi non possono conoscere la via. Risponde: "*Io sono la via, la verità e la vita. Nessuno viene al Padre se non per mezzo mio. Se conosceste me, conoscereste anche il Padre. Fin da ora lo conoscete e lo avete veduto*" (Gv 14,7).

Filippo chiede: "Mostraci il Padre e ci basta" (Gv 14,8). Risponde: "*Chi ha visto me, ha visto il Padre*" (Gv 14,9d). "Le parole che dico, non le dico da me. Ma il Padre, che è in me, compie le sue opere. Credetemi: *Io sono nel Padre e il Padre è in me*" (Gv 14,10-11b). Con queste parole, la rivelazione è completa. Chi vede il Figlio, vede il Padre. E quindi chi crede, vede nell'amore del Figlio che muore per salvare, l'amore stesso del Padre che offre la vita del Figlio che muore. Nel Figlio che offre la sua vita, è il Padre che offre la propria per dare la salvezza, perché la vita che il Figlio offre, l'ha ricevuta dal Padre ed è il Padre che gli ha concesso di averla (Gv 5,26) ed egli vive per il Padre (Gv 6,57).

L'amore del Padre si rivela ai credenti per mezzo dello Spirito che promette di dare dopo il suo innalzamento: "Io pregherò il Padre ed egli vi darà un altro consolatore perché rimanga con voi sempre" (Gv 14,16). In questo modo lo vedranno di nuovo e comprenderanno la sua unità con il Padre: "Voi mi vedrete perché io vivo e voi vivrete" (Gv 14,19-20). Si tratta quindi di una esperienza nello Spirito, in cui egli si rivela vivo e presente in coloro che credono. Ma poiché si tratta di una presenza vivente scaturita dalla rivelazione dell'amore di Dio in chi crede nella morte del Figlio, egli invita ad amare perché questa è la condizione che lo rende presente. La fede si trasforma in amore. *"Chi mi ama, sarà amato dal Padre mio e anche io lo amerò e mi manifesterò a lui"* (Gv 14,21). *"Se uno mi ama, osserverà la mia parola e il Padre mio lo amerà e noi verremo a lui e prenderemo dimora presso di lui"* (Gv 14,23).

In tal modo l'amore per il Figlio di Dio che muore sulla croce diventa la strada per accedere al Padre, per avere in se stessi l'amore del Figlio e l'amore del Padre. Infatti la presenza vivente di Dio è portata dall'amore. Ed è con questa speranza che termina la preghiera di Gesù, prima della sua passione: *"E io ho fatto conoscere loro il tuo nome e lo farò conoscere perché l'amore con il quale mi hai amato sia in essi e io in loro"* (Gv 17,26).

Bibliografia (Su Gv 14,1-16,33 17,1-26). R. Bultmann, *Das Evangelium des Johannes*, 462-489.- C.H. Dodd, *Interpretation of the Fourth Gospel*, 151-169.187-200.- A. Dettwiler, *Die Gegenwart des Erhöhten*. Eine exegetische Studie zu den johanneischen Abschiedsreden (Joh 13,31-16,33) unter besonderer Berücksichtigung ihrer Relekturcharakter (FRLANT 169); Göttingen 1995.- F.C. Fensham, " 'I am the Way, the Truth and the Life': John 14,6", *Neot* 2 (1968) 81-88.- Ch. Hoegen-Rohls, *Der nachosterliche Johannes*. Die Abschiedsreden als hermeneutischer Schlüssel zum vierten Evangelium (WUNT 84), Tübingen 1996.- S. Migliasso, *La presenza dell'Assente*. Saggio di analisi letteraria-strutturale e di sintesi teologica di Gv 13,31-14,31, Roma 1979.- J. Neugebauer, *Die eschatologischen Aussagen in den johanneischen Abschiedsreden*. Eine Untersuchung zu Johannes 13-17 (BWANT 140), Stuttgart 1995.- A. Niccacci, "Esame di Gv 14", *ED* 31 (1978) 209-260.- I. de la Potterie, " 'Je suis la voie, la vérité, la vie' (Jn 14,6)", *NRT* 88 (1966) 917-926.- Idem, *La vérité en Saint Jean* II, 241-278.- H. Ritt, *Das Gebet zum Vater* (FzB 36), Würzburg 1979.- R. Schnackenburg, *Das Johannesevangelium* III, 63-100.

Le parole di Gesù nel discorso di addio sono una promessa per coloro che lo seguono. In ciò che narra nei capp. 18-20 Giovanni mostra in forma narrativa e simbolica il modo in cui Gesù vi dà compimento. Nel racconto della passione (capp. 18-19) narra che Gesù porta a compimento l'opera di Dio per la salvezza del mondo. Egli non subisce gli eventi, ma li dirige per compiere ciò che Dio vuole. Si offre spontaneamente a coloro che vengono ad arrestarlo (Gv 18,4-8) per bere il calice che Dio gli ha preparato (Gv 18,11). Davanti a Pilato afferma di avere un regno, ma non di questo mondo: "*Il mio regno non è di questo mondo (…). Il mio regno non è di quaggiù*" (Gv 18,36a.d). E di fronte alla sua domanda insistente afferma di essere re: "*Io sono re. Per questo sono nato e per questo sono venuto nel mondo, per rendere testimonianza alla verità*" (Gv 18,37). Quindi Gesù è re perché testimone della verità che compie, cioè di quella morte che subisce spontaneamente come Figlio per rivelare con quel gesto l'amore di Dio che lo ha dato per la salvezza del mondo.

Giovanni prende cura di far notare che Pilato si siede in tribunale verso mezzogiorno (Gv 19,14) e decide di consegnarlo affinché sia crocifisso. In tal modo Gesù muore prima del tramonto, quando veniva immolato l'agnello pasquale nel tempio. Prima di morire dice: "*E' compiuto*" (τετέλεσται) (Gv 19,30). In questo modo Giovanni fa comprendere che Gesù ha realizzato in modo cosciente fino all'ultimo l'opera del Padre e il suo comando di dare la vita per salvare (cf. Gv 10,18).

Dopo la morte, non gli spezzano le ossa. Ma un soldato gli squarcia il fianco con la lancia. Ne esce *sangue e acqua* (Gv 19,33-34). In questo modo Giovanni fa della teologia simbolica in forma narrativa. Dicendo "non gli spezzarono le gambe" (Gv 19,33), presenta la morte di Gesù come l'immolazione dell'agnello pasquale al quale, secondo la scrittura di Esodo 12,16, non bisognava rompere alcun osso (Gv 19,36). Dicendo che dal suo fianco uscì 'sangue ed acqua' rivela il valore espiatorio di quella morte. L'acqua indica lo Spirito e il sangue l'espiazione del peccato che quello stesso Spirito opera nel cuore di chi crede nell'efficacia salvifica di quella morte (cf. Gv 3,14-15 6,51).

Dopo la resurrezione, appare ai discepoli e con le parole indica chiaramente l'efficacia espiatoria della sua morte, che Giovanni aveva già mostrato dando valore simbolico ad alcuni fatti della narrazione. Soffia sui discepoli e dice: "Ricevete lo Spirito Santo. A chi rimetterete i peccati, saranno rimessi. A chi non li rimetterete, resteranno non rimessi" (Gv 20,22-23). Trattandosi del mistero, il linguaggio resta simbolico. Ma esprime bene l'efficacia salvifica della sua morte, a cui ha invitato a credere con le parole dette e con le opere compiute.

In tal modo il programma narrativo e teologico di Giovanni è giunto alla fine. Le parole che egli ha posto all'inizio del racconto hanno trovato compimento nella morte che il Cristo ha subito, come agnello immolato, per togliere il peccato del mondo. E la promessa che Gesù ha fatto per esortare a credere in se stesso trova compimento nel dono dello Spirito, che purifica dal peccato e porta in colui che crede l'amore stesso di Dio, e quindi la rivelazione della vita che dà luce.

Bibliografia (su Gv 18-19). R. Bultmann, *Das Evangelium des Johannes*, 489-540.- R. Baum-Bodenbender, *Hoheit in Niedrigkeit* (FzB 49), Würzburg 1984.- J. Bligh, *The Sign of the Cross. The Passion and Resurrection of Jesus according to St John*, Slough 1975.- A. Dauer, *Die Passionsgeschichte im Johannesevangelium* (StANT 30), München 1972.- C.H. Dodd, *Interpretation of the Fourth Gospel*, 423-443.- M. Lang, *Johannes und die Synoptiker.* Eine redaktionsgeschichtliche Analyse von Joh 18-20 vor dem vormarkinischen und lukanischen Hintergrund (FRLANT 187), Göttingen 1998.- B. Lindars, "The Passion in the Fourth Gospel", in: *God's Christ and His People*, FS N.A. Dahl, Oslo 1977, 71-86.- U.B. Müller, "Die Bedeutung des Kreuzestodes Jesu im Johannesevangelium", *KuD* 21 (1975) 49-71.- I. de la Potterie, *La passion de saint Jean*. Text et Esprit (Lire la Bible 23), Paris 1986.- M. Cabbe, "The Trial of Jesus before Pilate in John and its Relation to the Synoptic Gospels", in: *John and the Synoptic Gospels*, ed. A. Denaux, 341-385.- M. Weise, "Die Passionswoche und die Epiphanie-Woche im Johannesevangelium", *KuD* 12 (1966) 48-62.

Terminata la lettura, il lettore comprende il destino di una vita e riceve una proposta. Giovanni gli ha narrato la vita del Verbo di Dio e con il racconto lo ha invitato a seguire il percorso di Gesù, il suo personaggio, per sentire di sé allo stesso modo, a pensare al proprio destino come a quello di colui che ha letto nel testo. E' questo destino infatti che prende l'animo di colui che legge il racconto.

Il Verbo è la vita e chi cerca la vita la vede apparire in una forma umana che gli viene proposta come progetto per la sua esistenza. La vita, che è Dio, appare nel mondo e il suo scopo è morire per fare vivere. Solo dalla vita che muore sgorga la vita che fa vivere. Tutto il racconto è quindi proteso verso quella morte, in cui ogni cosa trova compimento.

Gesù dice: "Sono uscito dal Padre e sono venuto nel mondo. Ora lascio il mondo e vado al Padre" (Gv 17,28). L'uscita dal mondo e il ritorno al Padre sono nella morte che il Figlio deve subire. Questa morte è voluta dal Padre (Gv 10,18) e il Figlio la subisce per amore: per mostrare che ama il Padre (Gv 14,31) e per essere amato dal Padre (Gv 10,17).

La ragione per cui il Figlio la subisce è la coscienza di venire da Dio e di tornare a Dio e che quindi in Dio tutto gli è dato (Gv 13,3). Deve solo vivere restituendo a lui la vita che da lui ha ricevuto, affinché si compia il volere divino, la salvezza del mondo.

PARTE SECONDA

AI ROMANI

Bibliografia (Studi). J.-N. Aletti, *Israel et la Loi dans la lettre aux Romains* (LD 173), Paris 1998.- Idem, *Comment Dieu est-t-il just?* Clefs pour intérpréter la lettre aux Romains (Parole di Dieu), Paris 1991.- D.E. Aune, "Romans as a Logos Protrepticos in the Context of Ancient Religious and Philosophical Propaganda", in: *Paulus und das antike Judentum,* ed. M. Hengel - U. Heckel (WUNT 58), Tübingen 1991, 91-121.- W. Baird, "On Reading Romans Today", *Int* 34 (1980) 45-58.- R. Baulis, *L'évangile, puissance de Dieu* (LD 53), Paris 1968.- P. Bläser, *Das Gesetz bei Paulus* (NTAbh 19/1-2), Münster 1941.- H. Boers, "The Problem of Jews and Gentiles in the macrostructure of Romans", *Neot* 15 (1981) 1-11.- G. Bornkamm, "Der Römerbrief als Testament des Paulus", in: Idem, *Glaube und Geschichte* II. Gesammelte Aufsätze Bd. IV (BEvTh 53), München 1971, 120-139.- R. Bring, *Christus und das Gesetz.* Die Bedeutung des Gesetzes des Alten Testaments nach Paulus und sein Glauben an Christus, Leiden 1968.- F.F. Bruce, "Paul and the Law of Moses", *BJRL* 57 (1975) 259-279.- J.-M. Cambier, *L'évangile de Dieu selon l'épître aux Romains.* T. 1: L'évangile de la justice et de la grace, Bruges - Paris 1967.- W.S. Campbell, "The Romans Debate", *JSNT* 10 (1981) 19-28.- Idem, *Paul Gospel in a Intercultural Context.* Jews and Gentiles in the Letter to the Romans (Studies in the Intercultural History of Christianity 69), Frankfurt a.M. et al. 1991.- C.H. Cosgrove, "Justification in Paul: A Linguistic and Theological Reflection", *JBL* 106 (1987) 653-670.- J.A. Crafton, "Paul's Rhetorical Vision and the Purpose of Romans: Toward a New Understanding", *NT* 32 (1990) 317-339.- N.A. Dahl, "The Doctrine of Justification: Its Social Function and Implication", in: Idem, *Studies in Paul,* Minneapolis 1977.- K.P. Donfried, "Justification and Last Judgement in Paul", *ZNW* 67 (1976) 90-110.- K.P. Donfried (ed.), *The Romans Debate.* Revised and Expanded Edition, Peabody - Edinburgh 1991 (!a ed. 1977).- J.W. Drane, *Paul, Libertine or Legalist?* A Study in the Theology of the Major Pauline Epistles, London 1975.- N. Elliott, *The Rhetoric of Romans:* Argumentative Constraint and Strategy and Paul's Dialogue with Judaism (JSNT.SS 45), Sheffield 1990.- H.J. Gamble, *The Textual History of the Letter to the Romans:* A Study in Textual and Literary Criticism (StD 42), Grand Rapids 1977.- L. Gaston, "For *All* the Believers: The Inclusion of the Gentiles as the Untimate Goal of Torah in Romans", in: Idem, *Paul and the Torah,* Vancouver 1987, 116-134.- A.G. Guerra, *Romans and the Apologetic Tradition*: The Purpose, Genre and Audience of Paul's Letter (SNTS.MS 81), Cambridge 1995.- K. Haacker, "Exegetische Probleme des Römerbriefes", *NT* 20 (1978) 1-21.- J.P. Heil, *Romans - Paul's Letter of Hope* (AnBib 112), Rom 1989.- H. Hüber, *Das Gesetz bei Paulus.* Ein Beitrag zum Werden der paulinischen Theologie (FRLANT 119), Göttingen, 3a ed., 1982.- Idem, "Paulusforschung seit 1945: Ein kritischer Literaturbericht", *ANRW* II 25.4 (1987) 2699-2840.- A.J. Hultgren, *Paul's Gospel and Mission.* The Outlook from His Letter to the Romans, Philadelphia 1985.- L.A. Jervis, *The Purpose of Romans*: A Comparative Letter Structure Investigation (JSNT.SS 55), Sheffield 1991.- R. Jewett, "Major Impulses in the Theological Interpretation of Romans as an Ambassadorian Letter", *Int* 36 (1982) 5-20.- Idem, "The Law and the Cohexistence of Jews and Gentiles in Romans", *Int* 39 (1985) 341-356.- B.N. Kaye, *The Thought Structure of Romans,* with Special Reference to Chapter 6, Austen 1979.- M. Kettunen, *Der Abfassungszweck des Römerbriefes,* Helsinki 1979.- W.G. Kümmel, "Der Botschaft des Römerbriefes", *ThZ* 99 (1974) 481-488.- W.B. Longenecker, *Eschatology and Covenant.* A Comparison of the 4 Esra and Romans 1-11 (JSNT.SS 57), Sheffield 1991.- S. Lyonnet, *Le message de l'épître aux Romains,* Paris 1971.- Idem, *Les étapes de l'histoire du salut selon l'épître aux Romains,* Paris 1969.- Idem, *Etudes sur l'épître aux Romains,* (AnBib 120), Rome 1989.- J.P. Louw, *A Semantic Discourse Analysis of Romans,* Pretoria 1979.- W. Manson, "Notes on the Argument of Romans (chapters 1-8)", in: *New Testament Essays* in Memory of T.W. Manson, ed. A.J.B. Higgins, Manchester 1959, 150-164.- C. Maurer, *Die Gesetzeslehre des Paulus nach ihrem Ursprung und in ihrer Entfaltung dargelegt,* Zürich 1941.- M. Müller, *Vom Schluss zum Ganzen.* Die Bedeutung des paulinischen Briefcorpusabschlusses (FRLANT 172), Göttingen 1997, 208-239.- F. Mussner, "Heil für Alle: Der Grudgedanke des Römerbriefes", *Kairos* 23 (1981) 207-214.- M. Quesnel *Les chrétiens et la loi juive.* Une lecture de l'épître aux Romains (Lire la Bible), Paris 1998.- S. Pedersen, "Theologische Überlegungen zur Isagogik des Römerbriefes", *ZNW* 76 (1985) 47-67.- H. Ponsot, *Une introduction à la lettre aux Romains,* Paris 1988.- R. Rábanos, "Buletín Bibliografíco de la carta a los Romanos (1960-1980)", *EstB* 44 (1986) 325-450.- P. Rossano, et al. (ed.), *Attualità della lettera ai Romani* (Guidati dallo Spirito 25), Roma 1989.- K.H. Schelkle, *Paulus Lehrer der Väter.* Die altkirchliche Auslegung von Römer 1-11, Düsseldorf 1958.- W. Schmithals, *Der Römerbrief als historisches Problem* (StNT 9), Gütersloh 1975.- R. Schmitt, *Gottesgerechtigkeit - Heilsgeschichte.* Israel in der Theologie des Paulus (EHS.T 240), Frankfurt a.M. 1984.- S.K. Stowers, *The Diatribe and Paul's Letter to the Romans* (SBL.DS 57), Chico 1981.- P. Stuhlmacher, "Der Abfassungszweck des Römerbriefes", *ZNW* 77 (1986) 180-193.- A. Van Dülmen, *Die Theologie des Gesetzes bei Paulus* (SBS 5), Stuttgart 1964.- A.J.M. Wedderburn, *The Reasons for Romans* (Studies of the New Testament and Its World), Edinburgh 1988.- A. Willer, *Der Römerbrief - eine dekalogische Komposition* (AzTh 66), Stuttgart 1981.- S.K. Williams, "The 'Righteousness of God' in Romans", *JBL* 99 (1980) 241-290.- W. Wuellner, "Paul's Rhetoric of Argumentation in Romans", in: *The Romans Debate,* ed.K.P. Donfried, 128-146.- J.A. Ziesler, "Some Recent Works on the Letter to the Romans", *ER* 12 (1985) 96-101.

(Commenti) W. Sanday - A. Headlam, *Commentary on the Epistle to the Romans* (ICC), Edinburgh, 5a ed., 1902.- H. Lietzmann, *An die Römer* (HNT 8), Tübingen 1906; 5a ed. 1971.- M.-J. Lagrange, *Saint Paul. Épître aux Romains* (EB), Paris 1916; 6a ed. 1950.- C.H. Dodd, *The Epistle of Paul to the Romans* (MNTC), London 1932.- P. Althaus, *Der Brief an die Römer* (NTD 6), Göttingen 1935.- A. Schlatter, *Gottes Gerechtigkeit.* Ein Kommentar zum Römerbrief, Stuttgart 1935; 5a ed. 1975.- A. Nygren, *Der Römerbrief,* Göttingen 1952; 3a ed. 1959.- O. Michel *Der Brief an die Römer* (KEK 14), Göttingen 1955; 5a ed. 1978.- J. Huby - S. Lyonnet, *Saint Paul. Épître aux Romains* (VS 10), Paris 1957.- C.K. Barrett, *A Commentary on the Epistle to the Romans* (BNTC), London 1957.- F. Leenhardt, *L'épître de saint Paul aux Romains* (CNT 6), Neuchâtel-Paris 1957.- O. Kuss, *Der Römerbrief.* Lieferung 1-3, Regensburg 1957, 1959, 1978.- J. Murray, *The Epistle to the Romans,* 2 voll. (NICNT), London 1960, 1965.- F.F. Bruce, *The Epistle to the Romans* (TynNT), Leicester 1963.- H.W. Schmidt, *Der Brief des Paulus an die Römer* (ThHK 8a), Berlin 1962; 3a ed. 1972.- E. Käsemann, *An die Römer* (HNT 8a), Tübingen 1974; 4a ed. 1980.- C. E.B. Cranfield, *Commentary on the Epistle to the Romans,* 2 voll. (ICC), Edinburgh I 1975, II 1979.- A. Viard, *Saint Paul. Épître aux Romains* (SB), Paris 1976.-. H. Schlier, *Der Römerbrief* (HThK VI), Freiburg-Basel-Wien 1977; 2a ed. 1979.- U. Wilckens, *Der Brief an die Römer* (EKK VI/1-3), Zürich/Neukirchen-Vluyn I 1978, II 1980, III 1982.- R. Pesch, *Römerbrief* (NEB.NT 6), Würzburg 1983.- A.J. Achtemeier, *Romans,* Atlanta 1985.- D. Zeller, *Der Brief an die Römer* (RNT), Regensburg 1985.- L. Morris, *The Epistle to the Romans,* Grand Rapids, MI, 1988.- J.D.G. Dunn, *Romans* (WBC 38A.38B), Dallas, TX, 1988.- J.A. Fitzmyer, *Romans* (AB 33), Garden City, NY, 1993.- T.R. Schreiner, *Romans* (Baker ExCNT 6), Grand Rapids, MI, 1998.- K. Haacker, *Der Brief des Paulus an die Römer* (ThHK 6), Leipzig 1999.

I   *Piano letterario di Rm*

Il testo che porta il titolo (ΠΡΟΣ ΡΩΜΑΙΟΥΣ) si presenta come una lettera: Rm 1,1-17 Introduzione epistolare (Rm1,1-7: Prescritto; Rm 1,8-17: Proemio), con l'enunciato del tema in Rm 1,16-17; Rm 15,14-32 Conclusione epistolare; Rm 16,1-27 Aggiunta con saluti (Rm 16,1-24: Saluti; Rm 16,25-27 Dossologia o Lode a Dio). Ci si domanda se sia possibile trovare un piano e dividere ragionevolmente 'il corpo' della lettera da Rm 1,18 a Rm 15,13. Indico le diverse proposte di divisione.

S. Lyonnet, nella 'Nouvelle Bible de Jérusalem', divide il testo in *due parti*: I Rm 1,18-11,36 La salvezza per la fede; II Rm 12,1-15,13 Parenesi. La parte prima è divisa in due sezioni: A Rm 1,18-4,25 La giustificazione; B Rm 5,1-11,36 La salvezza. La prima sezione è divisa in tre sottosezioni: Rm 1,18-3,20 Pagani e giudei sotto la collera di Dio; Rm 3,21-31 La giustizia di Dio e la fede; Rm 4,1-25 L'esempio di Abramo. La seconda sezione è divisa in quattro sottosezioni: Rm 5,1-11 La giustificazione, garanzia di salvezza; Rm 5,12-7,25 Liberazione dal peccato, dalla morte e dalla legge; Rm 8,1-39 La vita del cristiano nello Spirito; Rm 9,1-11,36 La situazione di Israele.

M. Ramaroson (1972) propone di dividere il testo in: I Rm 1,18-3,20 L'Uomo senza la fede; II Rm 3,21-11,36 L'uomo con la fede; III Rm 12,1-15,13 Parte parenetica.

Ph. Rolland (1975), propone una divisione in *quattro parti*: I Rm 1,18-4,26 Nostra giustizia; II Rm 5,1-8,39 Nostra vita; III Rm 9,1-11,36 Nostra salvezza; IV Rm 12,1-15,13 Esposizione parenetica. Il suo piano è riportato con una divisione più precisa da P. Dornier e M. Carrez (1983). Ogni parte è divisa in due e la divisione delle prime tre è fatta in base al criterio tematico. Paolo espone all'inizio di ogni parte 'il tema'. Ne sviluppa prima l'antitesi e poi la tesi. In tal modo il testo resta diviso in otto sezioni: I Rm 1,17 Tema: A Rm 1,18-3,20 L'ira di Dio e l'assenza di fede dell'uomo, B Rm 3,21-4,25 La giustizia di Dio e la fede dell'uomo; II Rm 5,1-5 Tema: A Rm 5,6-7,25 Il peccato e la morte, B Rm 8,1-39 Lo Spirito e la vita; III Rm 9,1-2 Tema: A Rm 9,3-10,21 Il popolo ha rifiutato la giustificazione, B Rm 11,1-36 Il popolo sarà salvato; IV Rm 12,1-2 Introduzione: A Rm 12,3-13,14 La metamorfosi cristiana, B Rm 14,1-15,13 Accoglienza reciproca nella comunità.

La divisione in quattro parti è la più comune. E' proposta da A. Descamp (1963), da J.M. Cambier (1977), da W.G. Kümmel, da A. Wickenhauser e J. Schmid. Gli ultimi due la includono nella divisione generale in due parti: Rm 1,18-11,36 Parte dottrinale, Rm 12,1-15,13 Parte parenetica.

Ma ci sono due varianti fondamentali: A. Feuillet (1950 e 1959), U. Luz (1969) e F.J. Leenhardt (1957 CNT) fanno terminare la Parte I in Rm 5,11 e iniziare la Parte II in Rm 5,12; mentre J. Dupont (1955), U. Wilckens (1978, 1980, 1983 EKK VI: 1-3), J.D.G. Dunn (1985 e 1988 WBC 38A.38B) fanno terminare la Parte I in Rm 5,21 e iniziare la Parte II in Rm 6,1.

La 'Tradution Oecuménique de la Bible' (1973 NT) propone una divisione in *cinque parti*: I Rm 1,18-3,20 Il peccato; II Rm 3,21-4,25 La giustificazione; III Rm 5,1-8,39 La santificazione; IV Rm 9,1-11,36 Israele; V Rm 12,1-15,13 Parenesi. Questa divisione è presentata, ma respinta come insufficiente. Una seconda è proposta in sostituzione della precedente: I Rm 1,18-4,25; II Rm 5,1-6,23; III Rm 7,1-8,39; IV Rm 9,1-11,36; V Rm 12,1-15,13. Il tema delle parti I-IV sarebbe unico, ma sviluppato sotto aspetti diversi, presentando prima una situazione di sventura e poi una situazione di salvezza.

Riassumo lo schema come è proposto da P. Dornier e M. Carrez (1983). I Aspetto giuridico: A Rm 1,18-3,20 Pagani e giudei sotto il peccato; B Rm 3,21-4,25 Pagani e giudei salvati dalla grazia. II Aspetto teologico: A Rm 5,1-14 L'umanità solidale di Adamo nel peccato e nella morte. B Rm 5,15-6,23 L'umanità solidale con Cristo e risorta con lui nel battesimo. III Aspetto psicologico o spirituale: A Rm 7,1-25 L'umanità schiava della legge, B Rm 8,1-39 Liberazione dell'umanità nello Spirito. IV Aspetto storico: A Rm 9,1-10,21 Infelicità di Israele nel suo rifiuto di Cristo, B Rm 11,1-36 Accesso alla salvezza finale del nuovo Israele formato da pagani e giudei.

Tuttavia P. Dornier e M. Carrez ripropongono questa divisione con una variante: la parte prima termina in Rm 5,11 e la seconda inizia in Rm 5,12. Di conseguenza Rm 5,12-14 formano l'aspetto negativo della trattazione e Rm 5,15-6,23 l'aspetto positivo della Parte II.

Da questa molteplicità di proposte risulta evidente che il testo non è facile da dividere. Non è possibile riconoscere un piano o una struttura evidente. Ma ci sono degli elementi comuni a tutti i piani proposti. Occorre tenerli presente perché indicano che c'è un certo consenso nella individuazione di alcune unità letterarie.

Il primo piano mette in evidenza che i capp. 12-15 si separano dai precedenti per il genere diverso, che è di tipo 'esortativo'; mentre negli altri prevale il genere espositivo, o didattico o 'dialogico', cioè argomentativo. Tuttavia trascura un fatto evidente: i capp, 1-11 non formano un blocco unitario. Il terzo e il quarto piano convergono nell'indicare una unità letteraria nei capp. 9-11 che trattano del problema di Israele: del suo indurimento e della sua salvezza finale. Su ciò converge anche il primo piano che considera i capitoli come la quarta sottosezione della seconda sezione (Rm 5,1-11,36), della prima parte (Rm 1,18-11,36).

Più difficile è trovare una convergenza nella divisione dei capitoli 1-8. Tutti propongono una divisione minore in Rm 1,18-3,20. Ma io non vedo la ragione di questa divisione. Il (νυνì δέ) di Rm 3,21 è teologicamente importante, ma logicamente dipende da ciò che precede in Rm 3,9-20. In questi versi riassume la dimostrazione che tutti, pagani e giudei, sono sotto il peccato e in Rm 3,21-31 mostra che ora tutti sono giustificati per la fede in Cristo Gesù. In Rm 4,1-25 ricorda il caso di Abramo perché è un esempio che serve a spiegare ciò che ha affermato. Quindi il cap 3 non può essere diviso in modo innaturale come viene proposto, ma deve essere mantenuto unito.

Non c'è nessun accordo per la divisione finale della parte I: Rm 4,25? Rm 5,11? o Rm 5,25? E' difficile da valutare e da decidere. Rm 4,25 chiude una parte di tipo argomentativo, di natura dialogica; Rm 5,1 inizia una parte di genere espositivo e l'argomento è diverso. In Rm 4,1-25 cerca di spiegare con l'esempio di Abramo che la giustificazione si ottiene per fede; in Rm 5,1-11 parla della condizione dei giustificati in rapporto alla salvezza finale. La particella οὖν, 'dunque', di Rm 5,1 potrebbe essere conclusiva, ma potrebbe anche significare una ripresa. L'argomento della giustificazione, già trattato in Rm 3,21-31 è ripreso per mostrare quali ne siano le conseguenze, dopo una interruzione dovuta alla presentazione del caso di Abramo. Rm 5,12 non si può separare da Rm 5,11 perché l'affermazione che siamo stati riconciliati con Dio trova la sua spiegazione in Rm 5,12-21. Adamo ci aveva reso peccatori e nemici di Dio con il suo peccato; Cristo ci ha resi giusti e riconciliati con Dio, cioè amici di Dio, con la sua obbedienza. Rm 6,1 si ricollega con una domanda a ciò che precede immediatamente in Rm 5,20. In questo verso si afferma che dove ha abbondato il peccato ha sovrabbondato la grazia. La domanda di Rm 6,1 chiede: continuiamo a restare nei peccati perché sovrabbondi la grazia? Quindi Rm 6,1 si ricollega a Rm 5,20-21 e Rm 5,12 a Rm 5,11. Non è pertanto possibile dividere in due il cap. 5 e considerare Rm 5,1-11 la fine della Parte I (Rm 1,18-5,11) e Rm 5,12 l'inizio della Parte II (Rm 5,12-8,39). Non è neppure possibile considerare Rm 5,1-21 fine della prima parte (Rm 1,18-5,21) perché Rm 6,1 si ricollega direttamente a Rm 5,20-21 e continua lo sviluppo in forma di dialogo. Occorrerà quindi porre un inizio in Rm 5,1.

Da Rm 6,1 a Rm 7,25 il discorso procede in forma dialogica, per mezzo di domande in Rm 6,1 6,15 7,1 7,5 che fanno progredire lo sviluppo dell'argomento. Da Rm 8,1 inizia una parte conclusiva di ciò che precede, come indica la congiunzione (ἄρα νῦν), 'dunque'. Tenendo conto che Rm 6,1 si ricollega a ciò che precede e che Rm 9,1 inizia un argomento nuovo, si potrebbe considerare i capp. 5 8 come una unità letteraria.

Quindi per motivi didattici ed espositivi si potrebbe accettare una divisione in quattro parti: I Rm 1,18-4,25; II Rm 5,1-8,39; III Rm 9,1-11,36; IV Rm 12,1-15,13. Ma per restare fedeli al testo, occorre tenere presenti le seguenti sequenze discorsive, secondo una analisi del discorso. I Rm 1,18-32 I pagani sotto il dominio del peccato. II Rm 2,1-29 I giudei sotto il dominio del peccato. III Rm 3,1-31 Tutti sotto il dominio del peccato e tutti giustificati per la fede in Gesù Cristo. IV Rm 4,1-25 Il caso di Abramo come esempio che conferma l'argomento trattato: fu giustificato per fede prima che fosse circonciso. V Rm 5,1-21 I giustificati sono stati riconciliati con Dio: liberati dal peccato di Adamo per la grazia di Cristo. VI Rm 6,1-23 I giustificati sono morti al peccato. Quindi non devono continuare a peccare. VII Rm 7,1-25 Di conseguenza sono anche liberi dalla legge. La funzione della legge è di svelare l'esistenza del peccato, da cui salva il Cristo. VIII Rm 8,1-39 Non c'è condanna per chi è in Cristo. E' libero dalla legge perché è libero dal peccato, in quanto cammina secondo lo Spirito che fa compiere la giustizia richiesta dalla legge. IX Rm 9,1-11,36 Israele ha cercato la propria giustizia e rifiutato la giustizia di Dio. Perciò la giustificazione è passata ai pagani. Ma Dio è fedele. Ha scelto un resto che ha creduto. Alla fine tutto Israele sarà salvato. X Rm 12,1-15,13 La condotta ispirata dalla fede.

Bibliografia (Introduzioni). J.- M. Cambier, "L'épître aux Romains", in: *Les lettres apostoliques*. Introduction à la Bible. Edition Nouvelle. T.III. Le Nouveau Testament, vol. 3, Paris 1977, 126-134.- H. Conzelmann - A. Lindemann, *Arbeitsbuch zum Neuen Testament*, Tübingen, 12a ed. 1998, 277-283.- P. Dornier - M. Carrez, "L'épître aux Romains", in: *Lettres de Paul, Iacques, Pierre et Jude* (Petite Bibliothèque des Sciences Bibliques 3), Paris 1983, 145-154.- H. - J. Klauck, *Die antike Briefliteratur und das Neue Testament,* Paderborn 1998, 228-230.- W.G. Kümmel, *Einleitung in das Neue Testament*, 266-280.- U. Schnelle, *Einleitung in das Neue Testament*, Göttingen, 3a ed. 1999, 123-144.
(Studi). K. Prümm, "Zur Struktur des Römerbriefes", *ZTK* 72 (1950) 332-349.- A. Feuillet, "Le plan salvifique de Dieu d'après l'épître aux Romains", *RB* 57 (1950) 336-387.- N.A. Dahl, "Two Notes on Romans 5", *StTh* 5 (1951) 37-48.- S. Lyonnet, "Note sur le plan de l'épître aux Romains", *RSR* 39 (1951/52) 301-316.- J. Dupont, "Le problème de la structure lettéraire del l'épître aux Romains", *RB* 62 (1955) 365-397.- A. Feuillet, "La citation d'Habacuc 2,4 et les huit premiers chapîtres de l'épître aux Romains", *NTS* 6 (1959/60) 55-65.- A. Descamp, "La structure de Romains 1-11", in:*Studiorum Paulinorum Congressus Internationalis Catholicus I* (AnBib 17), Romae 1963, 3-14.- X. Léon-Dufour, "Situation littéraire de Rom 5", *RSR* 51 (1963) 83-95.- K. Grayston, "'I am not ashamed of the gospel': Romans 1,16a and the Structure of the Epistle", *SE* 2 (1964) 569-573.- A. Roosen, "Le genre littéraire de l'épître aux Romains", *SE* 2 (1964) 465-471.- R.C.M. Ruijs, *De Struktuur van de Bief aan de Romainen.* Een stilistische, vormhistorische en thematische analyse van Rom 1,16-3,23, Utrecht - Nijmegen 1964.- B. Noack, "Currents and Backwaters in the Epistle to the Romans", *StTh* 19 (1965) 155-166.- U. Luz, "Zum Aufbau von Röm 1-8", *TLZ* 25 (1969) 161-181.- L. Ramaroson, "Un 'nouveau plan' de Rom 1,16-11,36", *NRT* 94 (1972) 943-958.- U. Wilckens, "Über Abfassungszweck und Aufbau des Römerbriefes", in: Idem, *Rechtfertigung als Freiheit*, Neukirchen-Vluyn 1974, 110-170.- Ph. Rolland, "Il est notre justice, notre vie, notre salut. L'ordonnance des thèmes majeurs de l'épître aux Romains" *Bib* 56 (1975) 394-404.- R. Scrogg, "Paul as Rhetorician: Two Homilies in Romans 1-11", in: *Jews, Greeks and Christians*: Religious Cultures in Late Antiquity, FS W.D. Davies, Leiden 1976, 271-298.- Ph. Rolland, *Epître aux Romains*. Text grec structuré, Rome 1980.- P. Lemarche - C. Le Dû, *Epître aux Romains. V-VIII*: structure littéraire et sens, Paris 1980.- U. Vanni, "La struttura letteraria della lettera ai Romani (Rm 1,1-11,36). Bilancio e prospettive", in: *Parola e Spirito,* FS S. Cipriani, Brescia 1982, I 439-455.- R. Penna, "La funzione strutturale di 3,1-8 nella lettera ai Romani", *Bib* 69 (1988) 507-542.- Ph. Rolland,"L'antithèse de Rm 5-8", *Bib* 69 (1988) 369-400.- M.L. Reid, "A Rhetorical Analysis of Romans 1,1-5,21 with Attention Given to the Rhetorical Function of 5, 1-11", *PersRelSt* 19 (1992) 255-272.- C.D. Myrs, "Chiastic Inversion in the Argument of Romans 3-8", *NT* 35 (1933) 30-47.- J. Lambrecht, "The Caesura between Romans 9,30-33 and 10,1-4", *NTS* 45 (1999) 141-147.

II *Teologia di Rm*

Bibliografia (generale). A. Feuillet, "Le plan salvifique de Dieu d'après l'épître aux Romains", *RB* 57 (1950) 336-387.- Idem, "La vie nouvelle du chrétien et les trois Personnes divines d'après Rom I-VIII", *RThom* 83 (1983) 5-39.- R. Bultmann, "Glossen im Römerbrief", in: Idem, *Exegetica*, Tübingen 1967, 278-284.- L. Morris, "The Theme of Romans", in: *Apostolic History and the Gospel*, FS F.F. Bruce, Exeter 1970, 249-263.- P. Stuhlmacher, "Das paulinische Evangelium", in: *Das Evangelium und die Evangelien*, ed. P. Stuhlmacher (WUNT 28), Tübingen 1983, 157-182.- J. Jewett "Following the Argument of Romans", *WW* 6 (1986) 382-389.- J.D.G. Dunn, "Paul's Epistle to the Romans. An Analysis of Structure and Argument", *ANRW* II 25.4 (1987) 2842-2890.- F. Refoulé, "Unité de l'épître aux Romains et histoire du salut", *RScPhTh* 71 (1987) 219-242.- B. Rossi, "Struttura letteraria e articolazione teologica di Rm 1,1-11,36", *SBFLA* 38 (1988) 59-133.- W. Dabourne, *Purpose and Cause in Pauline Exegesis*. Romans 1,1-4,25 and a New Approach to the Letter (SNTS.MS 104), Cambridge 1999.- M. Theobald, "Glaube und Vernunft. Zur Argumentation des Paulus im Römerbrief", *ThQ* 169 (1989) 287-301.- W. Bindemann, *Theologie im Dialoge*. Ein traditionsgeschichtlicher Kommentar zu Römer 1-11, Leipzig 1992.

1. *Il tema: la giustizia dalla fede*. Il tema della lettera è indicato in Rm 1,16-17: il vangelo è potenza di Dio per la salvezza di chi crede. In esso si rivela la giustizia di Dio da fede a fede, come sta scritto: "Il giusto vivrà da fede" (Abacuc 2,4). La prima frase significa che per mezzo del Vangelo Dio può salvare chi lo accoglie con fede. E in questo senso è giusto dire che il vangelo è una forza (δύναμις), con cui Dio salva. Ma è evidente che questo è un modo di parlare usando l'astratto per il concreto e significa semplicemente che con il vangelo Dio può salvare chi crede. La seconda frase indica il modo in cui Dio opera la salvezza: egli concede la sua giustizia a chi crede e in questo modo lo fa vivere, perché lo salva dal giudizio che incombe sull'uomo peccatore. Quindi la giustizia di Dio (δικαιοσύνη Θεοῦ) è un concetto astratto che indica il perdono del peccato, per mezzo del quale l'uomo è reso giusto davanti a Dio.

Per comprendere lo scopo per cui Paolo dà l'annuncio del vangelo per mezzo del suo testo scritto, occorre tenere presente che 'la salvezza' di cui parla è quella definitiva: la salvezza dal giudizio finale. Quindi il vangelo è annunciato affinché chi crede sia giustificato, cioè liberato dai peccati e possa salvarsi dall'ira di Dio nel giorno del giudizio, per essere ammesso alla gloria di Dio.

Questo scopo appare chiaro in alcuni passi del testo. In Rm 2,16 afferma che Dio giudicherà i segreti del cuore nel giorno del giudizio, che egli farà per mezzo di Gesù Cristo. E tale giudizio si basa sulle opere o azioni compiute da ciascuno (Rm 2,6). In Rm 5,9.10 mostra che coloro che sono stati giustificati sperano nella salvezza finale. Lo Spirito che hanno ricevuto (Rm 5,5) li conferma in questa speranza. Ma la salvezza definitiva è ancora futura. Per questo in Rm 8,24 può dire con semplicità che "nella speranza siamo stati salvati". E dunque attendiamo con perseveranza la salvezza e la nostra parte-cipazione alla gloria.

Tenendo conto di questo, il testo della lettera deve essere letto come un'an-nuncio del vangelo, dato a chi legge, affinché sapendo quale è il disegno di Dio possa credere, ottenere la giustificazione nella fede e sperare nella salvezza dal giudizio finale. E ciò vale anche se chi riceve le lettera è già credente.

Bibliografia. R. Bultmann, "ΔΙΚΑΙΟΣΥΝΕ ΘΕΟΥ", *JBL* 83 (1964) 12-16.- E. Käsemann, "Gerechtigkeit bei Paulus", *ZTK* 58 (1961) 367-378.- G. Klein, "Gerechtigkeit als Thema der Paulusforschung", in: Idem, *Rekonstruktion und Interpretation* (BEvTh 50), München 1969, 225-236.- E. Lohse, "Die Gerechtigkeit Gottes in der paulinischen Theologie", in: Idem, *Die Einheit des Neuen Testaments.* Exegetische Studie zur Theologie des Neuen Testaments, Göttingen [2]1973, 209-227.- U. Schnelle, *Gerechtigkeit und Christusgegenwart.* Vorpaulinische und Paulinische Tauftheologie (GTA 24), Göttingen, 3a ed; 1986, 92-103.217-224.- M.L. Soards, "Käsemann's Righteousness Reexamination", *CBQ* 49 (1987) 264-267.- J.-N. Aletti, "Comment Paul voit la justice de Dieu en Rm. Enjeux d'une absence de définition", *Bib* 73 (1992) 359-375.- J.D.G. Dunn, "The Justice of God. A Renewed Perspective on Justification By Faith", *JTS* 43 (1992) 1-22.- P. Stuhlmacher, "The Theme of Romans", *ABR* 36 (1988) 31-44.

2. Sviluppo del tema. Il tema posto in Rm 1,16-17 è sviluppato in tre parti o sequenze discorsive: I Rm 1,18-4,25; II Rm 5,1-8,39; III Rm 9,1-11,36.

a) Tutti sono sotto il peccato e tutti sono giustificati in Cristo

Nella prima sequenza (Rm 1,18-4,25) mostra che tutti sono sotto il domi-nio del peccato, come dice lui stesso in Rm 3,9; ma che tutti sono giustificati per la fede in Cristo. La dimostrazione di questa affermazione teologica è eseguita in quattro sequenze discorsive minori: A Rm 1,18-32; B Rm 2,1-29; C Rm 3,1-31; D Rm 4,1-25.

Nella prima sequenza (Rm 1,18-32) dimostra che i pagani sono sotto il dominio del peccato e che per questo incombe su di loro l'ira di Dio. Il loro peccato consiste nel non avere riconosciuto Dio, che si manifesta nelle opere visibili della creazione e di avere confuso il creatore con le sue creature. In questo modo lo hanno rappresentato con l'immagine di un essere corruttibile: l'uomo, gli uccelli, i quadrupedi, i rettili (Rm 1,18-23). Questa perversione teologica si rivela nella loro condotta perversa: avendo adorato Dio in modo sbagliato, hanno agito anche in modo sbagliato. Non avendo compreso l'or-dine divino che c'è nella creazione, hanno agito in modo contrario all'ordine naturale (Rm 1,24-32).

Nella seconda sequenza (Rm 2,1-29) dimostra che anche il giudeo è sotto il peccato perché compie le stesse cose che fanno i pagani (Rm 2,1-10). L'uno e gli altri renderanno conto a Dio. Saranno giudicati secondo le loro opere, perché non c'è parzialità davanti a Dio (Rm 2,11-12). I pagani che hanno la legge nel cuore. saranno giudicati secondo questa legge interiore; i giudei che hanno la legge scritta, saranno giudicati secondo questa legge, che si vantano di conoscere e che insegnano, ma che non rispettano.

Poiché il giudeo potrebbe credere di essere esentato dal giudizio per il semplice fatto di essere un giudeo, di avere la legge e di essere circonciso, nella terza sequenza (Rm 3,1-31) riassume la sua dimostrazione per farlo tacere. Cita una serie di testi della scrittura (Rm 3,9-20), i quali affermano che nessuno è giusto. E in tal modo dimostra che per la stessa 'legge' dei giudei, da cui ha preso quei testi, tutti sono colpevoli davanti a Dio. Può quindi concludere che la legge non giustifica nessuno, ma fa conoscere il peccato denunciando le trasgressioni (Rm 3,20).

Bibliografia. J.M. Bassler, *Divine Impartiality*. Paul and a Theological Axiom (SBL. DS 59), Chico, CA, 1982.-Q.-N. Aletti. "Rm 1,18-3,20. Incohérence ou cohérence de l'argumentation paulinienne?", *Bib* 69 (1988) 47-62.

Avendo dimostrato che tutti sono sotto il dominio del peccato, afferma in antitesi a questo che ora (νυνὶ δέ) tutti sono giustificati per le fede in Cristo Gesù. Egli afferma che ora si è manifestata la giustizia di Dio, testimoniata dalla legge e dai profeti, per mezzo della fede di Gesù Cristo, per tutti coloro che credono (Rm 3,21-22). Ciò accade gratuitamente (δωρεάν), senza condizione e solo per la sua grazia (τῇ αὐτοῦ χάριτι), per mezzo della redenzione che è in Cristo Gesù (διὰ τῆς ἀπολυτρώσεως τῆς ἐν Χριστῷ Ἰησοῦ) (Rm 3,24).

Questa redenzione consiste nella liberazione dai peccati che vengono espiati nel suo sangue (ἐν τῷ αὐτοῦ αἵματι). Per questo motivo, usando un linguaggio simbolico preso dal culto sacrificale del tempio, chiama il Cristo ἱλαστήριον, "espiatorio", cioè colui nel quale e per il quale Dio effettua la purificazione dal peccato (Rm 3,24-25). Agendo in questo modo, Dio si è rivelato giusto, mostrandosi fedele alla promessa di salvezza contenuta nella legge e nei profeti da lui ispirati; e capace di giustificare coloro che credono, perdonando il loro peccato (Rm 3,26).

Bibliografia. P. Stuhlmacher, "Zur neueren Exegese von Röm 3,24-26", in: Idem, *Versöhnung, Gesetz und Gerechtigkeit Gottes*, Göttingen 1981, 117-135.- J. Ziesler, "Romans 3:21-26", *ExpT* 93 (1981/82) 356-359.- L.T. Johnson, "Romans 3:21-26 and the Faith of Jesus", *CBQ* 44 (1982) 77-90.- H. Hübner, "Paulusforschung", 2709-2721.- A. Di Marco, "δικαιοσύνη, δικαίωμα, δικαίωσις in Rm. Linguistica ed esegesi", *Laurentianum* 24 (1983) 46-75.- N.S.L. Fryer, "The Meaning and Translation of ΗΙΛΑΣΤΗΡΙΟΝ in Romans" 3:25", *EvQ* 59 (1987) 99-116.- W. Kraus, *Der Tod Jesu als Heiligtumsweihe*. Eine Untersuchung zum Umfeld der Sühnevorstellung in Römer 3,25-26a (WUNT 66), Tübingen 1991.

Poiché questa salvezza è gratuita e offerta a chi crede, è chiaro che non dipende dalla legge, di cui si vanta il giudeo. Paolo dice che non c'è motivo di vantarsi, perché ciò non è accaduto per la legge delle opere (διὰ… νόμου… τῶν ἔργων), ma per la legge della fede (ἀλλὰ διὰ νόμου πίστεως) (Rm 3,27). E' evidente che questo è un modo di parlare per analogia, che significa che la salvezza non dipende dal possesso della legge e dalla pratica delle sue norme, ma dalla fede in Gesù Cristo. Quindi l'espressione διὰ νόμου τῆς πίστεως è puramente analogica, cioè costruita proprio per opporla anche linguisticamente all'altra, διὰ νόμου τῶν ἔργων. Perciò non mi sembra ragionevole dire che l'espressione διὰ νόμου τῆς πίστεως significhi "la legge" dell'antica alleanza che testimonia la giustizia di Dio, perché in questo caso significherebbe la stessa cosa di διὰ νόμου τῶν ἔργων. Ma ciò è escluso dalla logica del discorso.

Bibliografia. C.E.B. Cranfield, "'The Works of Law' in the Epistle to the Romans", *JSNT* 43 (1991) 89-101.-J.D.G. Dunn, "Yet once more - 'The Works of Law': A Response", *JSNT* 46 (1992) 99-112.- H. Hübner, "Paulusforschung", 2682-2691.

Nella quarta sequenza (Rm 4,1-25) spiega il suo discorso portando l'esempio di Abramo. Dio lo ha ritenuto giusto, cioè degno di accedere alla salvezza, perché ha creduto alla parola di Dio, benché lui fosse già vecchio e Sara, sua moglie, fosse sterile. L'episodio è narrato in Gn 15,6. Fa notare che ciò accadde prima che Dio gli desse l'ordine della circoncisione stabilito dalla legge (Rm 4,1-6.9-12). In tal modo il caso di Abramo serve a confermare la verità del vangelo annunciato da Paolo: Dio concede la giustificazione a chi crede in lui, indipendentemente dal possesso della legge. E questa giustificazione consiste nel perdono dei peccati, per mezzo del quale Dio concede la beatitudine (Rm 4,6-7). Poiché la giustificazione si ottiene per fede, essa è destinata a tutti quelli che credono, sia pagani che giudei, se accedono alla fede (Rm 4,11-12). In Rm 4,14-15 fa notare che se la promessa di Dio dovesse dipendere dal rispetto delle pratiche della legge, nessuno la potrebbe ottenere, perché la legge non può essere osservata. Di conseguenza essa denuncia i peccati degli uomini e provoca l'ira di Dio, che condanna e destina alla morte escludendo dalla eredità divina.

Per questo in Rm 4,16, usando il linguaggio della scrittura, dice che la promessa è destinata a tutta la discendenza di Abramo, a quella che viene dalla legge (τῷ ἐκ νόμου) e a quella che viene dalla fede di Abramo (τῷ ἐκ πίστεως). Per questa ragione Abramo può essere chiamato padre di tutti, cioè di tutti coloro che credono (Rm 4,16), perché è il primo di cui la scrittura attesta che fu giustificato per fede. L'esempio di Abramo è usato per istruire il credente. Guardando il modo in cui Dio ha agito con lui, può capire che anche colui che crede in Dio che ha risuscitato Gesù dai morti viene giustificato per la sua resurrezione (Rm 4,23-25).

Bibliografia. J.N. Aletti, "L'acte de croire pour l'apôtre Paul", *RSR* 77 (1989) 233-250.- F.F. Bruce, "Abraham Our Father (Romans 4,1)", in: Idem, *The Time is Fulfilled*, Exeter 1978, 57-74.- G.N. Davies, *Faith and Obedience in Romans.* A Study in Romans 1-4 (JSNT.SS 39) Sheffield 1990.-D.B. Garlington, *'The Obedience of Faith'.* A Pauline Phrase in the Historical Context (WUNT 2/38), Tübingen 1991.- J. Jeremias, "Zum paulinischen Glaubensverständnis", in: *Foi et salut selon S. Paul* (AnBib 42), Rome 1970, 51-58.- E. Käsemann, "Der Glaube Abrahams in Röm 4", in: Idem, *Paulinische Perspektiven*, Tübingen ²1972, 140-177.- F. Montagnini, *La prospettiva storica della lettera ai Romani.* Esegesi di Rom 1-4 (Studi Biblici), Brescia 1980.

b) *Giustificati per fede, saremo salvati*

Nella parte II (Rm 5,1-8,31) descrive quale è la condizione di coloro che sono stati giustificati per fede. Fin qui ha mostrato soltanto che il vangelo rivela la giustizia di Dio, concedendo il perdono dei peccati a chi crede nel sangue espiatorio del Cristo. Resta da mostrare in che modo questa giustificazione può condurre alla salvezza dal giudizio finale, che è lo scopo per cui è annunciato il vangelo. L'esposizione si può dividere in quattro sequenza discorsive: A Rm 5,1-21; B Rm 6,1-23; C Rm 7,1-25; D Rm 8,1-39.

Nella prima sequenza (Rm 5,1-21) afferma che coloro che sono stati giustificati possono sperare nella gloria futura. Questa speranza di salvezza è certa perché è confermata dal dono dello Spirito, che riversa in loro l'amore di Dio (Rm 5,1-5). Quindi, se Dio li ha giustificati e riconciliati con sé quando erano peccatori per mezzo del sangue (Rm 5,9) e della morte del Cristo (Rm 5,10), certamente li salverà dall'ira del giudizio ora che sono giustificati e riconciliati con lui (Rm 5,6-11). Poi spiega che questa riconciliazione era necessaria a causa del peccato di Adamo, per mezzo del quale il peccato e la morte sono entrati nel mondo. Per la sua disobbedienza tutti sono stati costituiti peccatori, e hanno meritato la condanna di Dio che destina alla morte. Per l'obbedienza del Cristo tutti saranno costituiti giusti (Rm 5,19). La sua morte procura la giustificazione per grazia. Toglie il peccato e riconcilia l'uomo con Dio. In tal modo, liberati dal peccato e dalla condanna di morte che merita il peccato, i giustificati sono destinati alla vita eterna (Rm 5,21). Conclude con una affermazione paradossale: dove ha abbondato il peccato, ha sovrabbondato la grazia (Rm 5,20b).

Bibliografia. E. Brandenburger, *Adam und Christus* (WMANT 7), Neukirchen-Vluyn 1962.- A. Feuillet, "Le règne de la mort et le règne de la vie (Rom 5,12-21)", *RB* 77 (1970) 481-521.- S. Lyonnet, "Le peché originel en Rom 5,12", *Bib* 41 (1960) 325-355.- F. Montagnini, *Rom 5,12-14 alla luce del dialogo rabbinico* (RivB.S 4), Brescia 1971.- M. Wolter, *Rechtfertigung und zukünfiges Heil.* Untersuchungen zu Röm 5,1-11 (BZNW 43), Berlin 1978.

Nella seconda sequenza (Rm 6,1-23) affronta un problema che sorge dalla sua affermazione conclusiva della sequenza precedente. Se il peccato ha procurato la giustificazione per grazia, allora si potrebbe pensare che sia lecito continuare a peccare per ottenere l'abbondanza della grazia (Rm 6,1). Risolve questo problema mostrando che colui che è stato giustificato deve vivere in modo nuovo. Se continua a peccare, è destinato alla morte. La giustificazione per grazia non gli giova a niente.

Per mostrare che colui che è giustificato può vivere in modo nuovo, spiega quali sono gli effetti che la fede produce nella vita del credente. In un primo paragrafo (Rm 6,1-14), usando il linguaggio sacramentale, afferma che chi crede in Cristo è stato battezzato nella sua morte ed è risorto con lui per una vita nuova. Ciò significa che l'uomo precedente, che lui chiama uomo vecchio (ὁ παλαιὸς ἄνθρωπος) (Rm 6,6a), schiavo del peccato, è morto. Quindi colui che crede è stato liberato dal peccato in modo da vivere facendo la giustizia di Dio (Rm 6,12-13). Ma chi è libero dal peccato, è anche libero dal dominio della legge, perché la legge ha potere solo su chi pecca e non su chi è guidato dalla grazia (Rm 6,14).

In un secondo paragrafo (Rm 6,15-23) cerca di dissipare subito un equivoco, che potrebbe sorgere dalla sua affermazione di Rm 6,14a, che chi è giustificato non è più sotto la legge. Risponde ricordando che il peccato conduce alla morte (Rm 6,16d). Quindi chi è stato liberato dal peccato non deve continuare a peccare, ma servire la giustizia di Dio (Rm 6,18), per conseguire la santificazione e la vita eterna (Rm 6,22).

Bibliografia. J. Eckert, "Die Taufe und das neue Leben: Röm 6,1-11 im Kontext der paulinischen Theologie", *MTZ* 38 (1987) 203-222.- F.M. Gillman, *A Study of Romans 6,5a.* United to a Death Like Christ's, San Francisco 1992.- F.S. Melan, "Bound to Do Right", *Neot* 15 (1981) 118-138.- G.M.M. Pelser, "The Objective Reality of the Renewal of Life in Romans 6:1-11", *Neot* 15 (1981) 101-117.- R. Schlarb, *Wir Sind mit Christus begraben.* Die Auslegung von Röm 6,1-11 im Frühchristentum bis Origenes (BGBE 31), Tübingen 1990.- A.B. Toit, "Δικαιοσύνη in Röm 6: Beobachtungen zur ethischen Dimension der paulinischen Gerechtigkeitsauffassung", *ZTK* 76 (1979) 261-291.

Nella terza sequenza (Rm 7,1-25) spiega che la liberazione dal peccato ha come conseguenza la liberazione dal potere della legge. Di ciò aveva già parlato in Rm 6,14 affermando che chi è giustificato non è più sotto la legge, ma sotto la grazia. Ora discute il problema con più cura. Avendo dimostrato in Rm 6,15-23 che questa liberazione dalla legge non significa libertà di peccare, ora deve spiegare quale è il vero significato della sua affermazione.

In un primo paragrafo (Rm 7,1-6) spiega che coloro che sono stati giustificati, sono stati liberati dalla legge perché con Cristo sono morti al peccato che li teneva prigionieri. La legge infatti stimola le passioni di chi è nella carne e queste producono la morte. Ma su chi serve nello Spirito non ha più potere perché è libero dal peccato.

Si pone subito un problema. Se la legge stimola il peccato, non è essa stessa peccato e male? Di ciò discute in un secondo paragrafo (Rm 7,7-13), in cui parla in prima persona usando il pronome 'Io', facendo propria e rivivendo in se stesso l'esperienza di Adamo, narrata nel racconto del libro della Genesi. Da questa esperienza risulta che l'uomo, quando riceve la legge che gli dice di non desiderare, scopre di avere in se stesso una concupiscenza che scatena tutti i desideri. Quindi il peccato è già presente, ma giace come morto e tuttavia riprende vita non appena il comandamento stimola la concupiscenza, che trascinando con sé il desiderio, spinge l'uomo a peccare e gli procura la morte. Tenendo conto di questo, risponde alla domanda iniziale affermando che la legge è buona. Ma il peccato si serve di ciò che è buono per manifestare se stesso, causando la morte dell'uomo spingendolo al peccato. In un terzo paragrafo (Rm 7,14-25) spiega come può accadere questo, mostrando che la legge è spirituale, ma l'uomo in quanto tale è venduto schiavo al peccato. Usando ancora il pronome personale 'Io', fa notare che l'uomo sperimenta in se stesso una contraddizione che lo divide: desidera fare il bene, ma compie il male. Quindi non fa quello che vuole, ma ciò che detesta. Questo fatto dimostra che egli riconosce che la legge è buona e che non è lui a fare il male, ma il peccato che abita in lui (Rm 7,15-17). La sua condizione pertanto è miserabile. Nell'intimo acconsente alla legge di Dio. Ma nelle sue membra c'è la legge del peccato, che fa guerra alla legge di Dio e lo rende schiavo. Da questo corpo che lo destina alla morte perché lo spinge a peccare, lo salva Dio in Cristo Gesù. Per questo ringrazia Dio che opera la liberazione in Cristo (Rm 7,25a).

Bibliografia. G. Bornkamm, "Sünde, Gesetz und Tod (Römer 7)", in: Idem, *Das Ende des Gesetzes*. Paulusstudien (BEvTh 16), München ⁵1966, 51-69.-R. Bultmann, "Römer 7 und die Anthropologie des Paulus", in: Idem, *Exegetica,* Tübingen1967, 198-209.- J.M. Cambier, "Le 'Moi' dans Rom 7", in: *Law of The Spirit in Rom 7 and 8*, ed. L. De Lorenzi, Roma 1976, 13-72.- H. Hübner, "Paulusforschung", 2668-2676.- W.G. Kümmel, "Römer 7 und die Bekehrung des Paulus", in: Idem, *Römer 7 und das Bild des Menschen im Neuen Testament* (ThB 53), München 1974, 36-42.- J. Lambrecht, *The Wrechted 'I' and Its Liberation*. Paul in Romans 7 and 8 (Louvain Theological and Pastoral Monographs 14), Leuven 1992.- S. Lyonnet, "L'histoire di salut selon le ch 7 de l'épître aux Romains", *Bib* 43 (1962) 117-151.- R. Schnackenburg, "Römer 7 im Zusammenhang des Römerbriefes", in: *Jesus und Paulus*, FS W.G. Kümmel, ed. E.E. Ellis - E. Grässer, Göttingen 1975, 283-300.- U. Schnelle, *Neutestamentliche Anthropologie* (BThSt 18), Neukirchen-Vluyn 1991, 79ss.- L. Schottroff, "Die Schreckenherrschaft der Sünde und die Befreiung durch Christus nach dem Römerbrief des Paulus", *EvT* 39 (1979) 497-510.- G. Theissen, *Psychologische Aspekte paulinischer Theologie* (FRLANT 131), Göttingen 1983, 181-268.

La quarta sequenza (Rm 8,1-39) inizia affermando e concludendo la dimostrazione precedente che non c'è condanna per coloro che sono in Cristo Gesù.

In un primo paragrafo (Rm 8,1-11) mostra che la legge dello Spirito che da vita in Cristo Gesù (ὁ νόμος τοῦ πνεύματος τῆς ζωῆς ἐν Χριστῷ Ἰησοῦ) (Rm 8,2) libera coloro che credono dalla legge del peccato e della morte (ἀπὸ νόμου τῆς ἁμαρτίας καὶ τοῦ θανάτου), perché il Cristo ha eliminato il peccato con la sua morte, in modo che la giustizia richiesta dalla legge (τὸ δικαίωμα τοῦ νόμου) sia compiuta dai credenti, che non vivono secondo la carne (κατὰ σάρκα), ma secondo lo Spirito (κατὰ πνεῦμα) (Rm 8,1-8).

In questo modo Paolo spiega in che modo la fede conferma la legge, secondo l'espressione da lui usata in Rm 3,31. Di conseguenza non è possibile interpretare l'espressione di Rm 8,2 ὁ νόμος τοῦ πνεύματος τῆς ζωῆς ἐν Χριστῷ Ἰησοῦ come indicazione della legge mosaica, perché questa è indicata espressamente in Rm 8,4 con l'espressione τὸ δικαίωμα τοῦ νόμου. Ma si tratta di una costruzione linguistica analogica, che significa semplicemente lo Spirito, perché è questo che libera dalla legge del peccato e della morte, cioè dal peccato e dalla morte, e dona a chi crede la possibilità di adempiere la giustizia della legge, come è detto in Rm 8,4b con l'espressione equivalente κατὰ πνεῦμα.

La liberazione dal peccato e dalla morte avviene perché chi vive secondo lo Spirito desidera le cose dello Spirito e i desideri spirituali portano alla vita (Rm 8,5-6.10-11).

In un secondo paragrafo (Rm 8,12-30) fa comprendere che la vita di cui parla è la vita futura e che essa dipende dalla propria condotta. Chi cammina secondo lo Spirito vivrà e parteciperà alla gloria di Dio, perché lo Spirito di Dio rende figli di Dio e quindi eredi di Dio e coeredi di Cristo (Rm 8,12-17). Tuttavia la gloria si manifesterà solo quando il corpo sarà redento, cioè quando saremo liberati dalla corruzione, che è il segno della nostra condizione mortale. Quindi nella speranza siamo salvati (Rm 8,24). Questa espressione significa che noi speriamo ancora nella salvezza e per questo l'attendiamo con perseveranza. E in questa attesa lo Spirito intercede per noi presso Dio affinché porti a compimento il suo disegno in nostro favore (Rm 8,26-27). In tal modo ha mostrato che la giustificazione ottenuta è solo l'inizio del disegno della salvezza che si compirà con la nostra partecipazione alla gloria divina.

Questa speranza è certa perché lo Spirito ha riversato nei nostri cuori l'amore di Dio, come ha detto in Rm 5,5. Ora aggiunge che per coloro che amano Dio tutto concorre al bene (Rm 8,28) e quindi nulla ci può separare dall'amore di Cristo (Rm 8,35) e dall'amore di Dio in Cristo Gesù (Rm 8,39).

Bibliografia. J.M. Cambier, "La liberté spirituelle dans Romains 8,12-17", in: *Paul and Paulinism*, FS C.K. Barrett, ed. M.D. Hocker - S.G. Wilson, London 1982, 205-220.- O. Christoffersson, *The Earnest Expectation of the Creature*. The Flood-Tradition as Matrix of

Romans 8,18-27 (CB.NT 23), Stockholm 1990.- E. Fuchs, "Der Anteil des Geistes am Glauben des Paulus: Ein Beitrag zum Verständnis von Röm 8", *ZTK* 72 (1975) 293-302.- H. Hübner, "Paulusforschung", 2668-2676.- E. Lohse, "Ὁ νόμος τοῦ πνεύματος τῆς ζωῆς. Exegetische Anmerkungen zu Röm 8,2", in: *Neues Testament und christliche Existenz,* FS H. Braun, ed. H.D. Betz - L. Schottroff, Tübingen 1973, 279-287.- H. Paulsen, *Überlieferung und Auslegung in Römer 8* (WMANT 43), Neukirchen-Vluyn 1974.- P. von Osten-Sacken, *Römer 8 als Beispiel paulinischer Theologie* (FRLANT 112), Göttingen 1975.- H. Räisänen, "Das 'Gesetz des Glaubens' (Röm 3,27) und 'das Gesetz des Geistes' (Röm 8,2)", *NTS* 26 (1979) 101-117.- T.R. Schreiner, "The Abolition and Fulfillment of the Law in Paul", 35 (1989) 47-74.- R.W. Thompson, "How is the Law Fulfilled in Us? An Interpretation of Rom 8:4", *Louvain Studies* 11 (1986) 31-40.- I. de la Potterie, "Le chrétien conduit par l'Esprit dans son cheminement eschatologique", in: *Law of the Spirit*, ed. L. De Lorenzi, 209-241.- B. Rossi, *La creazione tra il gemito e la gloria. Studio esegetico e teologico di Rm 8,18-25* (Collana Biblica), Roma 1992.

c) *Tutto Israele sarà salvato*

La parte III (Rm 9,1-11,36) è dedicata alla discussione del problema della salvezza di Israele. Il problema viene posto e discusso con grande attenzione perché è di natura teologica e riguarda il modo in cui Dio ha mandato a compimento il suo piano salvifico per mezzo dell'annuncio del vangelo. Da ciò che è accaduto risulta che la maggioranza di Israele ha rifiutato l'annuncio della giustificazione in Gesù Cristo e che solo pochi di loro sono venuti alla fede accogliendo l'annuncio. Inoltre risulta che, a causa di questo rifiuto, Dio ha suscitato accoglienza per il vangelo presso i pagani, che secondo Paolo non lo stavano neppure aspettando.

Da questi fatti sorgono tre domande. Forse Dio è venuto meno alla parola data a Israele? Di chi è la responsabilità di ciò che è accaduto? Ha forse Dio abbandonato il suo popolo?

In una prima sequenza (Rm 9,1-32) risponde alla prima domanda. Afferma subito che la parola di Dio non è venuta meno (Rm 9,6). Poi cerca di spiegare che tutto ciò che è accaduto corrisponde al modo di agire di Dio, come è testimoniato nella scrittura: egli sceglie liberamente chi vuole per dare compimento a ciò che decide.

Ciò appare chiaramente nella scelta di Isacco come erede di Abramo e non di Ismaele, perché Isacco è nato dalla sua promessa (Rm 9,7-8). Allo stesso modo ha preferito Giacobbe a Esaù, che era il primogenito (Rm 9, 12-13).

Poi per mostrare la libertà di Dio nelle sue decisioni, cita le parole che dice a Mosè: userà misericordia con chi vuole (Rm 9,15) e quelle che dice al Faraone: lo ha fatto sorgere per manifestare in lui il suo potere (Rm 9,17). Da questi esempi presi dalla scrittura risulta che Dio agisce in modo libero. Perciò conclude: "Dio usa misericordia con chi vuole e indurisce chi vuole" (Rm 9,18).

Questo modo di agire potrebbe suscitare delle obbiezioni. A qualcuno potrebbe apparire ingiusto (Rm 9,14); e qualcuno potrebbe far notare che Dio non ha il diritto di rimproverare se egli stesso indurisce (Rm 9,19).

Paolo risponde a queste domande in modo categorico, per far comprendere al suo interlocutore l'assoluta libertà di Dio. Afferma che nessuno può resistere al suo volere (Rm 9,19c) e che l'uomo non può discutere con il suo creatore (Rm 9,20). Poi portando l'esempio del vaso e del vasaio, fa notare che la creatura non può contestare al creatore il modo con cui egli l'ha fatta, perché il creatore è libero di fare le creature come crede (Rm 9,20-21). Riaffermata la libertà di Dio, conclude che non possiamo dire nulla se egli ha sopportato Israele che meritava la sua ira e ha usato misericordia con coloro che ha scelto tra i giudei e tra i pagani (Rm 9,22-24). Ciò fa parte della sua libertà di agire. Poi citando Is 10,22-23 e Is 1,9 fa notare che per mezzo dei giudei che si sono convertiti alla fede, Dio ha salvato 'un resto' (Rm 9,27-28) e ha preservato Israele dalla distruzione (Rm 9,29). In tal modo ha risposto alla domanda iniziale, spiegando in che modo Dio è restato fedele alla sua parola verso Israele.

In una seconda sequenza (Rm 10,1-21) risponde alla seconda domanda: chi è responsabile di ciò che è accaduto? Israele. Cercando di stabilire la propria giustizia davanti a Dio con l'osservanza della legge, hanno ignorato la giustizia offerta da Dio gratuitamente e non si sono sottomessi alla giustizia offerta da Dio in Cristo a chi crede (Rm 10,1-3). Fa notare che il Cristo è il fine a cui tende la legge (τέλος γὰρ νόμου Χριστός), per la giustificazione di ogni credente (εἰς δικαιοσύνην παντὶ τῷ πιστεύοντι) (Rm 10,4).

Questa affermazione serve come giustificazione della precedente. Dio ha offerto la sua giustizia in Cristo per ognuno che crede e in tal modo ha posto fine alla legge. Israele ha ignorato questa giustizia presumendo di raggiungere una propria giustizia con l'osservanza della legge, come ha affermato in Rm 9,31b. Quindi ha perso la giustificazione.

In Rm 10,14-18 cerca di mostrare che in questo modo e a causa del loro atteggiamento non hanno giustificazione. Essi hanno ricevuto l'annuncio, lo hanno udito, lo hanno compreso, ma non hanno creduto. Conclude citando Is 65,2 in cui Dio si lamenta perché Israele non ha preso le mani che egli tendeva verso di loro per salvarli.

Cita Dt 32,21 per fare comprendere che Dio ha manifestato ad un altro popolo la salvezza per renderli gelosi (Rm 10,19-21).

In una terza sequenza (Rm 11,1-36) risponde alla terza domanda: Dio ha ripudiato il suo popolo? Risponde: No! Ma è il popolo che ha rifiutato Dio. Questo è il significato della citazione di 1Re 19,10.14 in cui Elia dice a Dio: "(...) hanno ucciso i tuoi profeti" (Rm 11,1-3).

Dio tuttavia è restato fedele e non ha ripudiato il popolo. Questo è il significato della citazione di 1Re 19,18 in Rm 11,4 in cui Dio risponde a Elia che si è riservato un resto tra il popolo. Ma specifica subito che questo resto è stato scelto per grazia e non per le opere (Rm 11,5). Gli altri sono stati induriti da Dio perché non hanno creduto.

Ciò è affermato in Rm 11,7d. Le due citazioni della scrittura in Rm 11,8-10 (Is 29,10 e Sal 69,25) hanno lo scopo di descrivere questo stato di indurimento e di mostrare che esso è stato voluto da Dio. Poiché a causa del loro indurimento la salvezza è giunta ai pagani (Rm 11,11), Paolo crede di potere scoprire in questo fatto un indizio che gli permette di fare una ipotesi teologica sul mistero di Dio. Poiché l'indurimento di Israele si è trasformato in una ricchezza del mondo (Rm 11,12) e poiché l'annuncio del vangelo da loro rifiutato ha trovato accoglienza presso i pagani e ha riconciliato il mondo con Dio (Rm 11,15), esso durerà finché tutte le genti non saranno entrate nel piano di salvezza di Dio (Rm 11,25). "Allora tutto Israele sarà salvato" (Rm 11,26).

Il modo di questa salvezza è tuttavia misterioso e problematico. Dice che Dio manderà anche a loro il salvatore promesso, perché così sta scritto in Is 59,20-21 (Rm 11,26b-27). Giustifica questa affermazione facendo notare che i pagani ottennero la salvezza con la misericordia dopo essere vissuti nella disobbendienza. Così anche Israele, che ora è nella disobbendienza, otterrà misericordia. Conclude affermando: "Dio ha rinchiuso tutti nella disobbedienza, per usare a tutti misericordia" (Rm 11,32). In questo modo fa comprendere che la disobbedienza di Israele non è che un caso della disobbedienza generale. Quindi anche per essa Dio userà misericordia.

Con queste parole lo sviluppo del tema posto in Rm 1,16-17 è giunto alla fine. Paolo ha mostrato ampiamente che per mezzo del vangelo Dio giustifica chi crede e lo destina alla salvezza finale.

Bibliografia. J.W. Aagerson, "Scripture and Structure in the Development of the Argument in Romans 9-11", *CBQ* 48 (1986) 265-289.- R. Badenas, *Christ the End of the Law*. Romans 10,4 in Pauline Perspective (JSNT.SS 10), Sheffield 1985.- E. Brandenburger, "Paulinische Schriftauslegung in der Kontroverse um das Verheissungswort Gottes (Röm 9)", *ZTK* 82 (1985) 1-47.- J.C. Becker, "The Faithfullness of God and the Priority of Israel in Paul's Letter to the Romans", *HTR* 79 (1986) 10-16.- T. Bultmann, "Christus des Gesetzes Ende", in: Idem, *Glaube und Verstehen* II, Tübingen [5]1968, 32-58.- A.J. Guerra, "Romans: Paul's Purpose and Audience with Special Attention to Romans 9-11", *RevB* 97 (1990) 219-237.- E. Guttgemanns, "Heilsgeschichte bei Paulus oder Dynamik des Evangeliums? Zur Struktur und Relevanz von Röm 9-11 für die Theologie des Römerbriefes", in: Idem, *Studia Linguistica* (BeTh 60), München 1971, 34-58.- O. Hofius, "Das Evangelium und Israel. Erwägungen zu Römer 9-11", *ZTK* 83 (1986) 297-324.- H. Hübner, *Gottes Ich Israel*. Zum Schriftgebrauch des Paulus in Römer 9-11 (FRLANT 136), Göttingen 1984.- D.G. Johnson, "The Structure and Meaning of Romans 11", *CBQ* 46 (1984) 91-103.- W. Keller, *Gottes Treue - Israels Heil*. Röm 11,25-27. Die These von 'Sonderweg' in der Diskussion (SBB 40), Stuttgart 1998.- B. Klappert, "Traktat für Israel. Die paulinische Verhältnisbestimmung von Israel und Kirche als Kriterium neutestamentlicher Sachaussagen über die Juden", *Jüdische Existenz und Erneuerung der christlichen Theologie* (ACJD 11), München 1981, 5-137.- W.G. Kümmel, "Die Probleme von Römer 9-11 in der gegenwärtigen Forschungslage", in: Idem, *Heilsgeschehen und Geschichte* II (MThSt 16), Marburg 1976, 245-260.- H.-M. Lübking, *Paulus und Israel im Römerbrief.* Eine Untersuchung zu Römer 9-11 (EHS.T 260), Frankfurt a. M. 1986.- H. Räisänen, "Römer 9-11: Analyse eines geistigen Ringes", *ANRW* II 25.4 (1987) 2891-2939.- F. Refoulé, *"....et ainsi tout Israel sera sauvé"*. Romains 11,25-32 (LD 117), Paris 1984.- M. Rese, "Die Rettung der Juden nach Römer 11", in: *L'apôtre Paul*. Personnalité, style et conception du ministère, ed. A. Vanhoye (BETL 73), Leuven 1986, 422-430.- D. Sänger, *Die Verkündigung des Gekreuzigten und Israel* (WUNT 75), Tübingen 1994.- W.R. Siegert, *Argumentation bei Paulus*, gezeigt am Röm 9-11 (WUNT 34), Tübingen 1985.- N. Walter, "Zur Interpretation von Röm 9-11", *ZTK* 81 (1984) 172-195.

AI CORINZI 1

Bibliografia (Studi). S. Arai, "Die Gegner des Paulus im ersten Korintherbrief und das Problem der Gnosis", *NTS* 19 (1972) 430-437.- C.K. Barrett, *From First Adam to Last*, London - New York 1962.- Idem, "Christianity at Corinth", *BJRL* 46 (1963/64) 269-297.- K. Barth, *Die Auferstehung der Toten*, 1924.- L.L. Belleville, "Continuity and Discontinuity: A Fresh Look at 1 Corinthians in the Light of First Century Epistolary Forms and Conventions", *EvQ* 59 (1987) 15-37.- W. Bieder, "Paulus und seine Gegner in Corinth", *TZ* 17 (1961) 319-333.- R. Bieringer (ed.), *The Corinthian Correspondence* (BETL 125), Leuven 1996.- H. Braun, "Exegetische Randglossen zum 1. Korintherbrief", in: Idem, *Gesammelte Studien zum Neuen Testament und sein Umwelt*, Tübingen ²1967, 178-204.- R. Bultmann, "K. Barth: 'Die Auferstehung der Toten'", *ThBl* 5 (1926) 1-14.- R.F. Collins, "Reflections on 1 Corinthians as an Hellenistic Letter", in: *The Corinthian Correspondence,* ed. R. Bieringer, 39-61.- G. Dautzenberg, *Urchristliche Prophetie.* Ihre Erforschung, ihre Voraussentzungen im Judentum ind ihre Struktur im ersten Korinthbrief (BWANT 104), Stuttgart 1975.- P. Ellingworth - H. Hanson, *A Translator Handbook on Paul's First Letter to the Corinthians,* London et al. 1985.- E.E. Ellis, "Paul and His Opponents", in: Idem, *Prophecy and Hermeneutics in Early Christianity* (WUNT 18), Tübingen 1978, 80-115,- Idem, "Traditions in First Corinthians", *NTS 32* (1986) 481-502.- Idem; " 'Wisdom' and 'Knowledge' in First Corinthians", in: Idem, *Prophecy and Hermeneutics,* 45-62.- A. Erikson, *Tradition as Rhetorical Proof:* Pauline Argumentation in 1 Corinthians, Stockholm 1998.- G.D. Fee, "Toward a Theology of 1 Corinthians", *SBLSP* 8 (1989) 265-281.- B. Fjärstedt, *Synoptic Tradition in 1 Corinthians*, Uppsala 1975.- E. Fischer, "Die Korintherbriefe und die Gnosis", in: *Early Christian Origins,* FS H.R. Willoughby, ed. R. Wikgren, Chicago 1961, 60-66.- V.P. Furnish, *The Theology of the First Letter to the Corinthians* (NT Theology), Cambridge 1999.- P.W. Gooch, *Partial Knowledge.* Philosophical Studies in Paul, Nôtre Dame, IN, 1987.- W.A. Grudem, *The Gift of Prophecy in 1 Corinthians,* Washington, DC, 1982.- J.C. Hurd, *The Origin of 1 Corinthians,* New York - London, 1965; nuova ed. 1983.- R. Jewett, "The Redaction of 1 Corinthians and the Trajectory of the Pauline School", *JAAR* 46 (1978) 389-444. - H.-J. Klauck, *Herrenmahl und Hellenisticher Kultus.* Eine religionsgeschichtliche Untersuchung zum ersten Korintherbrief (NTAbh 15), Münster 1982.- D. Lührmann, "Freundschaftsbrief trotz Spannungen. Zur Gattung und Aufbau des ersten Korintherbriefs", in: *Studien zum Text und zur Ethik des Neuen Testaments*, FS H. Greeven (BZNW 47), Berlin 1986, 298-314.- K. Maly, *Mündige Gemeinde.* Untersuchungen zur pastoralen Führung des Apostels im 1. Korintherbrief (SBM 2), Stuttgart 1967.- T.W. Manson, "St. Paul in Ephesus (3): The Corinthian Correspondence", *BJRL* 26 (1941/42) 101-120.- W. Meeks, *The First Urban Christians,* New Haven 1983.- M.M. Mitchell, *Paul and the Rhetoric of Reconciliation:* An Exegetical Investigation of the Language and Composition of 1 Corinthians (HUTh 28), Tübingen 1991.- B.A. Pearson, *The Pneumatikos - Psychikos Terminology* (SBL.DS 12), Missoula 1973.- H. Probst, *Paul und der Brief.* Die Rhetorik des antiken Briefes als Form der paulinischen Korrespondenz (WUNT 2/45), Tübingen 1991.- W. Schenk, "Korintherbriefe", *TRE* 19 (1989) 620-640.- A. Schlatter, *Die korinthische Theologie*, Gütersloh 1914.- H. Schlier, "Über das Hauptanliegen des 1.Brief an die Korinther",in: Idem, *Die Zeit der Kirche*, Freiburg i. Br. 1956, 147-159.- W. Schmithals, *Die Gnosis in Korinth.* Eine Untersuchung zu den Korintherbriefe (FRLANT 66), Göttingen ³1969.- A. Schreiber, *Die Gemeinde in Korinth.* Versuch einer gruppendynamischen Betrachtung der Entwicklung der Gemeinde von Korinth auf der Basis des ersten Korintherbriefes (NTAbh 12), Münster 1977.- E. Schüssler-Fiorenza, "Rhetorical Situation and Historical Reconstruction in 1 Corinthians", *NTS* 33 (1987) 386-403.- E. Schweizer, "Haben die paulinischen Wertungen und Weisungen Modellcharakter?", *Greg* 56 (1975) 137-171.- J.H. Schütz, *Paul and the Anatomy of the Apostolic Authority* (SNTS.MS 26), Cambridge 1975, 187-213.- G. Sellin, "Haupt-

probleme des ersten Korintherbriefes", *ANRW* II 25.4 (1987) 2940-3044.- Th. Söding, *Das Wort des Kreuzes* (WUNT 93), Tübingen 1997.- A. Stewart-Sykes, "Ancient Editors and Copysts and Modern Partition Theories: The Case of the Corinthian", *JSNT* 61 (1996) 53-64.- P. Stuhlmacher, *Das paulinische Evangelium* I (FRLANT 95), Göttingen 1968, 266-286.- G. Theissen, "Die Starke und die Schwache in Korinth", *EvTh* 35 (1975) 155-172.- Idem, *Studien zur Soziologie des Urchristentums* (WUNT 19), Tübingen 1983, 201-317.- A.C. Thiselton, "Realized Eschatology at Corinth", *NTS* 24 (1977/78) 510-526.
(Commenti) E. B. Allo, *Première épître aux Corinthiens* (EB), Paris 1937; rist. 1956.- P.L. Bachmann, *Der erste Brief an die Korinther* (KNT 7), Leipzig [4]1936, con aggiunte di E. Stauffer.- C.K. Barrett, *A Commentary on the First Epistle to the Corinthians* (BNTC), London 1968; [2]1971.- H. Conzelmann, *Der erste Brief an die Korinther* (KEK 5), Göttingen 1969; [2]1981.- E. Fascher, *Der erste Brief des Paulus an die Korinther,* Kap 1-7 (ThHK 7/1), Berlin 1975; [2]1980.- G.D. Fee, *The First Epistle to the Corinthians* (NICNT), Grand Rapids, 1987.- J. Héring, *La première épître de saint Paul aux Corinthiens* (CNT 7), Neuchâtel 1949; [2]1959.- H.-J. Klauck, *1. Korintherbrief* (NEB.NT 7), Würzburg 1984.- J. Kremer, *Der erste Brief an die Korinther* (RNT), Regensburg 1997.- F. Lang, *Die Briefe an die Korinther* (NTD 7), Göttingen 1986, 15-250.- H. Lietzmann - W.G. Kümmel, *An die Korinther I und II* (HNT 9), Tübingen [5]1969.- H. Merklein, *Der erste Brief an die Korinther.* Kap 1-4 (ÖTK 7/1), Gütersloh 1992.- W.F. Orr - J.A. Walther, *I Corinthians* (AB 32), Garden City, NY, 1976.- A. Robertson - A. Plummer, *Commentary on the First Epistle to the Corinthians* (ICC), Edinburgh [3]1915.- A. Schlatter, *Paulus der Bote Jesu,* Stuttgart 1934.- W. Schrage, *Der erste Brief an die Korinther* [Kap 1,1-14,40] (EKK VII/1-3), Zürich/Neukirchen-Vluyn I 1991; II 1995; III 1999.- Chr. Senft, *La première épître aux Corinthiens* (CNT 7), Genève 1990.- C.H. Talbert, *Reading Corinthians.* A Literary and Theological Commentary on 1 and 2 Corinthians, New York 1987.- J. Weiss, *Der erste Korintherbrief* (KEK 5), Göttingen 1910; rist. 1977.- H.D. Wendland, *Die Briefe an die Korinther* (NTD 7), Göttingen [15]1981.- B. Witherington, *Conflict and Community*: A Socio-Rhetorical Commentary on 1 and 2 Corinthians, Grand Rapids - Carlisle 1994.- C. Wolff, *Der erste Brief an die Korinther* (ThHK 7), Berlin 1996.- N. Watson, *The First Epistle to the Corinthians* (EpwC), London 1992.

I   *Piano letterario di 1Cor*

La prima lettera ai Corinzi si compone di gruppi o unità letterarie 'aggiunte' le une alle altre, secondo la mutazione dell'argomento. Il passaggio da un argomento all'altro è indicato dalla formula περὶ δέ, 'riguardo a'. Ciò permette di individuare i seguenti inizi: 1Cor 7,1 sul matrimonio e sui non sposati; 1Cor 7,25 sulle vergini; 1Cor 8,1 sopra le carni sacrificate agli idoli; 1Cor 12,1 sopra i doni dello Spirito; 1Cor 16,1 sulla colletta per Gerusalemme; 1Cor 16,12 su Apollo.

Accanto a queste unità, ce ne sono altre che si distinguono per il loro argomento: 1Cor 1,1-4,21 le divisioni nella comunità di Corinto; 1Cor 5,1-6,20 tre problemi etici; 1Cor 11,1-34 l'ordine nelle assemblee eucaristiche; 1Cor 15,1-58 sulla resurrezione dei morti.

Tenendo presente queste differenze tematiche, il testo può essere diviso in otto parti: 1Cor 1,1-3 Introduzione; 1Cor 1,4-9 preghiera di ringraziamento; 1Cor 1,10-4,21 parte I Le divisioni nella comunità di Corinto (o 'i partiti'); 1Cor 5,1-6,20 Parte II Tre problemi etici: l'incesto, le accuse dei fratelli discusse davanti ai tribunali pagani, la prostituzione; 1Cor 7,1-24.25-30 Parte III Sul matrimonio, sulle vedove, sui non sposati, sui fidanzati; 1Cor 8,1-11,1 Parte IV Sulla libertà di mangiare carne sacrificata agli idoli; 1Cor 11,2-34 Parte V Sulle donne nelle riunioni di preghiera, sul modo di celebrare la cena del Signore; 1Cor 12,1-14,40 Parte VI Sui doni dello Spirito; 1Cor 15,1-58 Parte VII Sulla resurrezione dei morti, sulla resurrezione di Cristo, sulla resurrezione dei credenti, sulla fine; 1Cor 16,1-18 Parte VIII Comunicazioni, saluti, conclusione.

Poiché tra le parti di questo testo non c'è alcun legame logico, trattando ciascuna un argomento diverso, alcuni hanno pensato che sia stato composto con lettere scritte in tempi diversi e messe insieme in occasione della pubblicazione. Perciò il corpo della lettera viene diviso in due, tre, in quattro lettere distinte. Chi desidera essere informato può trovare una sintesi recente in G. Sellin (1987) e U. Schnelle (1999).

Tutte queste ipotesi fanno notare che tra le diverse parti della lettera ci sono delle contraddizioni che si potrebbero spiegare formulando l'ipotesi che essa sia stata composta con brani di lettere o intere lettere scritte in tempi diversi o in situazioni diverse.

Ecco alcune di queste 'contraddizioni'. In 1Cor 4,19 promette di andare subito, ma in 1Cor 16,3a li informa che pensa di trattenersi ancora ad Efeso fino alla Pentecoste, poi si metterà in viaggio per la Macedonia.

In 1Cor 10,1-22 respinge decisamente l'idolatria e quindi la partecipazione a banchetti in cui si magia carne sacrificata agli idoli; in 1Cor 8,1-13 e in 1Cor 10,23-11,1 consiglia di non mangiare la carne sacrificata agli idoli, ma solo per rispettare la coscienza degli altri. Nel cap. 9 si difende da accuse contro il suo apostolato, ma di ciò non si parla affatto nei capp. 1-4. In 1Cor 11,18 dà l'impressione di venire a sapere per la prima volta che ci sono tra loro delle divisioni, ma nei capp. 1-4 ha già parlato a lungo di queste divisioni.

Si fa notare che queste contraddizioni si potrebbero 'spiegare' supponendo che il testo sia stato composto con lettere diverse. Ecco alcune ipotesi di divisione e composizione del testo.

E. Dinkler (1960) propone di dividere il testo in *due lettere*: A 1Cor 6,12-20; 9,24-10,22; 11,1-34; 12-14; B 1Cor 1,1-6,11; 7,1-9,23; 10,23-11,1; 15; 16. La lettera A sarebbe stata scritta prima della lettera B.

G. Sellin (1987) propone una divisione in *tre lettere*: A (prima lettera: cf. 1Cor 5,9): 1Cor 11,2-34; 5,1-8; 6,12-20; 9,24-10,22; 6,1-11; B (lettera di risposta a domande dei Corinzi): 1Cor 5,9-13; 7,1-9,23; 10,23-11,1; 12,1-14.33a.37-40; 15; 16; C 1Cor 1,1-4,21.

W. Schenk (1969) propone una divisione in *quattro lettere*: A (prima lettera: cf. 1Cor 5,9): 1Cor 1,1-9; 2Cor 6,14-7,1; 1Cor 6,1-11; 11,2-34; 15; 16,13-34; B 1Cor 9,1-18; 9,24-10,22; 6,12-20; 5,1-13; C (risposta a una lettera dei Corinzi): 1Cor 7,1-18; 9,19-23; 10,23-11,1; 12,1-31a; 14,1c-40; 12,31b-13,13; 16,1-12; D 1,10-4,21.

Il lettore avrà notato che questo autore non esita a trasferire nella 1Corinzi brani della 2 Corinzi. Così fanno anche altri autori, in particolare W. Schmithals (1973), di cui per ora rinuncio a riportare l'ipotesi per non appesantire l'esposizione. Quelle che ho riportato servono come esempio del modo in cui si tenta di risolvere le supposte contraddizioni interne del testo. Esse scompaiono supponendo che il testo sia 'una raccolta' di lettere e non una sola lettera. Ma occorre domandarsi se tali contraddizioni realmente sussistono. A me sembra che le due serie di motivi addotti per dividere il testo non siano decisive. La differenza tematica delle parti non può essere una prova decisiva. La varietà dei temi non è in disaccordo con il genere epistolare, essendo il testo una lettera di informazione. Le cosiddette 'contraddizioni' mi sembrano solo apparenti.

In 1 Cor 4,19 dice che verrà presto (ταχύς); ma aggiunge 'se piace al Signore'. Ciò indica che il tempo non è ancora determinato. Resta da decidere. In 1Cor 16,8 dice che resterà a Efeso fino alla Pentecoste. Poi si metterà in viaggio verso la Macedonia (1Cor 16,4), in modo da trascorrere da loro l'inverno. Il tempo quindi è determinato dal viaggio. Dice che lo inizierà dopo Pentecoste e ne dà l'annuncio a loro dopo la Pasqua, come si può desumere da 1Cor 5,7-8. Quindi, tra l'annuncio del viaggio e il suo inizio c'è un mese di tempo, o 40 giorni. Non mi sembra che ciò possa costituire una contraddizione con il 'presto' di 1Cor 4,19.

In 1Cor 11,18 dice di sentire che tra loro ci sono divisioni quando si radunano per celebrare la cena del Signore. Aggiunge subito che in parte ci crede. Dunque non se ne stupisce, perché già sa che tra loro ci sono divisioni nelle idee, di cui ha parlato a lungo nei capp. 1-4. Crede alle informazioni che riceve e non si stupisce che anche nelle riunioni culturali si possano manifestare discordia e divisione, che hanno negli animi. Anche in questo caso, non c'è contraddizione.

In 1Cor 8,1-13 e 1Cor 10,23-11,1 riconosce ai credenti la libertà di mangiare carni sacrificate agli idoli. Ma consiglia di rinunciare se questo dovesse offendere la coscienza dei deboli e farli ricadere nell'idolatria (1Cor 8,10-11). Per questa ragione, dopo avere ricordato la storia dei padri nel deserto, che ricaddero nell'idolatria (1Cor 10,1-13), li ammonisce a guardarsi dall'idolatria e quindi dal mangiare le carni sacrificate agli idoli, se per loro è ancora una partecipazione con i demoni (1Cor 10,14-23). Data l'ammonizione, ritorna sulla questione in 1Cor 10,23-11,1 per riaffermare il principio generale già affermato in 1Cor 8,1-13. A colui che crede, tutto è lecito. Ma per il rispetto della coscienza di chi è debole, è meglio rinunciare a mangiare le carni sacrificate agli idoli. In 1Cor 8,1-11,1 Paolo muta affermazioni in rapporto ad un interlocutore diverso, 'i forti' e 'i deboli' nella fede.

Bibliografia. (Introduzioni) W. Marxen, *Einleitung in das Neue Testament,* 67-72.- A. Wickenhauser - J. Schmid, *Introduzione al Nuovo testamento,* 467-479.- M. Carrez, "Paul et l'église de Corinthe", in: *Les lettres apostoliques,* 62-81.- W.G. Kümmel, *Einleitung in das Neue Testament,* 232-242.- U. Schnelle, *Einleitung in das Neue Testament,* 70-88.- (Studi) K.E. Bailey, "The Structure of 1 Corinthians and Paul's Theological Method with special Reference to 4:17", *NT* 25 (1983) 152-181.- U. Borse, " 'Tränenbrief' und 1. Korintherbrief", *SNTU* A 9 (1984) 175-202.- C. De Boer, "The Composition of 1 Corinthians", *NTS* 40 (1994) 229-245.- H. Merklein, "Die Einheitlichkeit des ersten Korintherbriefes", *ZNW* 75 (1984) 153-183; rist. in: Idem, *Studien zu Jesus und Paulus* (WUNT 43), Tübingen1987, 345-375.- M.M. Mitchell, "Concerning περὶ δέ in 1Corinthians", *NT* 31 (1989) 229-256.- R. Pesch, *Paulus ringt um die Lebensform der Kirche.* Vier Briefe an die Gemeinde Gottes in Korinth. Paulus neu gesehen (HB 1291), Freiburg i.Br. 1986.- W. Schenk, "Der 1.Korinterbrief als Briefsammlung", *ZNW* 60 (1969) 219-243.- G. Segalla, "Struttura filologica e letteraria della prima lettera ai Corinti", in: *Testimonium Christi,* FS J. Dupont, Brescia 1985, 465-480.- G. Sellin, "Hauptprobleme des ersten Korintherbriefes", 2964-2986.- Idem. "1Korinther 5-6 und der 'Vorbrief' nach Korinth", *NTS* 37 (1991) 335-358.- W. Schmithals, "Die Korintherbriefe als Briefsammlung", *ZNW* 64 (1973) 263-280.

II *Teologia di 1Cor*

La prima lettera ai Corinzi non ha un tema unico. Discute problemi pratici e teologici dei destinatari. Mi limito a seguire i temi teologici, secondo l'ordine del testo.

1. *Il discorso della croce e la sapienza di Dio.* Nella Parte I (1Cor 1,1-4,21) affronta il problema delle divisioni nella comunità. Si sono formati gruppi in lotta tra loro, che si richiamano all'autorità di maestri diversi: Paolo, Apollo, Cefa, Cristo. E' probabile che tale discordia sia nata dal fatto che qualche maestro abbia impressionato i Corinzi per la sapienza del discorso (σοφία λόγου: 1Cor 1,17). Paolo prende posizione di fronte a questo fatto, parlando della croce di Cristo come sapienza di Dio (θεοῦ σοφία: 1Cor 1,30 e 2,7), in due sequenze discorsive: 1Cor 1,18-31 e 1Cor 2,1-15. Nella prima (1Cor 1,18-31) usa un linguaggio pieno di paradossi, che non rivelano il contenuto del mistero, ma lo nascondono. Chi legge quindi non capisce se non ha già esperienza delle cose della fede. In lui il discorso produce confusione. Se invece crede, comprende ciò che si nasconde sotto il velo del linguaggio paradossale.

Esordisce affermando, senza dare spiegazione, che la parola della croce(ὁ λόγος... ὁ τοῦ σταυροῦ) è pazzia (μωρία) per quelli che vanno alla perdizione;

è potenza di Dio (δύναμις θεοῦ) per coloro che si salvano (1Cor 1,18). In
1Cor 1,21 porta il motivo di questa affermazione. Il mondo non ha conosciuto Dio con la sapienza (διὰ τῆς σοφίας). Per questo Dio salva con la stoltezza
della predicazione (διὰ τῆς μωρίας τοῦ κηρύγματος).

In 1Cor 1,22-23 spiega che il tema di tale predicazione è il Cristo crocifisso (Χριστὸν ἐσταυρομένον), il quale per i giudei è un ostacolo alla fede,
perché essi chiedono la manifestazione della potenza di Dio nei miracoli per
poter credere. Per i greci è stoltezza perché un Cristo crocifisso non è conforme
all'immagine della potenza di Dio che essi si formano con la sapienza del
ragionamento e del pensiero. Per coloro che credono invece il Cristo crocifisso rivela la potenza di Dio e la sapienza di Dio (Θεοῦ δύναμις καὶ θεοῦ
σοφία), perché salva e indica una via di saggezza per la vita. In 1Cor 1,30
sintetizza il discorso e conclude affermando che per coloro che credono (per
'noi'), Gesù Cristo è diventato per opera di Dio sapienza (σοφία), giustizia
(δικαιοσύνη), santificazione (ἁγιασμός), redenzione (ἀπολύτρωσις). Queste quattro parole astratte indicano delle realtà concrete, cioè le diverse fasi
della salvezza che Dio compie in colui che ha accolto con fede l'annuncio del
Cristo crocifisso. La parola ἀπολύτρωσις indica 'riscatto' dai peccati, la liberazione dalla schiavitù del peccato. La parola 'giustizia', indica l'atto con
cui Dio 'giustifica' i peccati del peccatore e giustificandoli li perdona. La
parola ἁγιασμός, 'santificazione', indica la perfezione generata dallo Spirito
in coloro che sono stati liberati dal peccato. La parola σοφία, 'sapienza',
indica una forma di vita divina che si rivela nella croce. Tutto questo è operato da Dio in coloro che credono in Cristo crocifisso.

Nella seconda sequenza discorsiva (1Cor 2,1-16) riprende il discorso sulla 'sapienza', dicendo che di essa parla tra i perfetti (ἐν τοῖς τελείοις) (1Cor
2,1), cioè tra coloro che praticando la disciplina della croce hanno raggiunto
una più profonda conoscenza delle cose divine. Inizia a parlare in modo generico, dicendo che Dio aveva prestabilito questa sapienza prima dei secoli e
che i dominatori di questo mondo non l'hanno conosciuta. La prova di questa
ignoranza è evidente: hanno crocifisso il Signore della gloria (τὸν κύριον
τῆς δόξης) (1Cor 2,6-8). Ciò significa che non hanno riconosciuto in
Gesù la sapienza di Dio e se non l'hanno riconosciuta, significa che non la
conoscevano.

Da queste affermazioni il lettore viene a sapere che la sapienza di Dio
(θεοῦ σοφία), di cui parla nel mistero (ἐν μυστερίῳ) (1Cor 2,7), è il Cristo.
In 1Cor 2,9 afferma che Dio l'ha preparata per coloro che lo amano, citando
insieme Is 64,3 Ger 3,16 e Sir 1,10. In 1Cor 2,10 indica il modo in cui Dio ha
rivelato questa sapienza a quelli che lo amano: per mezzo dello Spirito (διὰ
τοῦ πνεύματος). In 1Cor 2,11 spiega questa sua affermazione facendo notare

che solo lo Spirito di Dio conosce le cose di Dio (τὰ τοῦ Θεοῦ). Ed è proprio lo Spirito di Dio che i credenti hanno ricevuto (1Cor 2,12). In 1Cor 2,13 trae la conclusione di questa argomentazione. Avendo ricevuto lo Spirito di Dio, che dà conoscenza delle cose di Dio, può affermare di parlare di cose spirituali con parole spirituali (πνευματικοῖς [sc. λόγοις] πνευματικὰ συνκρίνοντες).

Il lettore che segue questa argomentazione non deve dimenticare che πνευματικά, 'cose spirituali', si riferisce a τὰ τοῦ Θεοῦ, 'le cose di Dio' di 1Cor 2,11c; e che questa espressione si riferisce a sua volta a θεοῦ σοφία, 'sapienza di Dio', di 1Cor 2,7 e che questa espressione si riferisce a sua volta a Χριστὸν ἐσταυρομένον di 1Cor 1,23, al Cristo crocifisso. E' lui il tema del discorso della croce (ὁ λόγος... τοῦ σταυροῦ) (1Cor 1,18), pronunciato nella predicazione, che è il vangelo (τὸ εὐαγγέλιον) annunciato da Paolo (1Cor 1,17).

Bibliografia. R. Baumann, *Mitte und Norm des Christlichen.* Zur Auslegung von 1 Kor 1,1-3,4 (NTAbh NF 5), Münster 1968.- M.A. Chevallier, "La construction de la communauté sur le fondement du Christ", in: *Paolo a una Chiesa divisa*, ed. L. De Lorenzi, Roma 1980, 109-136.- E. Borghi, "Il tema della σοφία in 1Cor 1-4", *RivB* 40 (1992) 421-458.- S. Cipriani, " 'Sapientia crucis' e sapienza 'umana' in Paolo", *RivB* 36 (1988) 343-361.- H. Conzelmann, "Paulus und die Weisheit", *NTS* 12 (1965) 231-244.- N.A. Dahl, "Paulus and the Church of Corinth according to 1 Cor 1:10-4:21", in: *Christian History and Interpretation*, FS J. Knox, ed. W.R. Farmer et al., Cambridge 1967, 313 -335; rist. in: Idem, *Studies in Paul*, Minneapolis 1977, 40-61.- G. Fiore, " 'Covert Allusion' in 1 Corinthians 1-4" *CBQ* 47 (1985) 85-102.- M.D. Goulder, "Σοφία in 1 Corinthians", *NTS* 37 (1991) 516-534.- R.A. Horsley, "Pneumatikos vs Psychikos. Distinctions of Spiritual Status among the Corinthians", *HTR* 69 (1976) 269-288.- Idem, "Wisdom of Word and Words of Wisdom in Corinth", *CBQ* 39 (1977) 224-239.- M.J. Joseph, " 'Jesus Christus and Him Crucified' (A Study of 1Corinthians Chapters 1-2)", *Biblebhashyam* 14 (1988) 176-184.- H.-J. Klauck, " 'Christus Gottes Kraft und Gottes Weisheit' (1Kor 1,24). Jüdische Weisheitsüberlieferungen im Neuen Testament", *WissWeish* 55 (1992) 3-22.- P. Lampe, "Theological Wisdom and the 'Word About the Cross'. The Rhetorical Scheme of 1Corinthians 1-4", *Int* 44 (1990) 117-131.- F. Lang, "Die Gruppen in Korinth nach 1Kor 1-4", *ThBeitr* 14 (1983) 68-79.- P. Marshall, *Enmity in Corinth* (WUNT 2/52), Tübingen 1987.- S.M. Pogoloff, *Logos and Sophia.* The Rhetorical Situation of 1Corinthians (SBL.DS 134), Atlanta 1992.- E. Schwarr, "Wo's Weisheit ist, ein Tor zu sein. Zur Argumentation von 1Kor 1-4", *WortDienst* 20 (1989) 210-235.- P. Stuhlmacher, "Die hermeneutische Bedeutung von 1 Kor 2,6-16", *ThBeitr* 18 (1987) 133-158.- J. Theis, *Paulus als Weisheitslehrer.* Der Gekreuzigte und die Weisheit Gottes in 1Kor 1-4 (BU 22), Regensburg 1991.- U. Wilckens, *Weisheit und Torheit.* Eine exegetisch-religionsgeschichtliche Untersuchung zu 1. Kor 1 und 2 (BHT 26), Tübingen 1959.- Idem, "Das Kreuz Christi als die Tiefe des Weisheit Gottes. Zu 1.Kor 2,1-16", in: *Paolo a una Chiesa divisa*, ed. L. De Lorenzi, 43-108.- Idem, "Zu 1. Kor 2,1-16", in: *Theologia Crucis-Signum Crucis*, FS E. Dinkler, ed. C. Andresen - G. Klein, Tübingen 1979, 501-537.- M. Winter, *Pneumatiker und Psychicher in Korinth.* Zum religionsgeschichtlichen Hintergrund von 1. Kor 2,6-3,4 (MThSt 12), Marburg 1975.

2. *Siamo membra di Cristo e tempio dello Spirito.* Nella terza sequenza (1Cor 6,12-30) della Parte II (1Cor 5,1-6,20) sconsiglia ai Corinzi la prostituzione. Si serve a questo scopo di un linguaggio sacramentale per mostrare le

conseguenze pratiche della fede. In 1Cor 6,15 afferma che il corpo di chi crede costituisce le membra del corpo di Cristo (1Cor 6,15). E' una immagine per dire che il Cristo vive in loro. In 1Cor 6,17 ne porta il motivo affermando che chi si unisce al Signore forma con lui un solo spirito (ἕν πνεῦμα). Quindi l'affermazione di 1Cor 6,15 dipende dall'affermazione di 1Cor 6,17. Poiché coloro che credono formano un solo spirito con il Signore, il loro corpo può essere detto membra di Cristo (τὰ σώματα ὑμῶν μέλη Χριστοῦ). Il Cristo vive in loro con il suo Spirito. In 1Cor 6,19 può concludere ricordando il principio generale. Poiché nei credenti c'è lo Spirito Santo che hanno ricevuto da Dio, il loro corpo può essere detto con una immagine simbolica 'tempio dello Spirito Santo' (ναὸς τοῦ ἐν ἡμῖν πνεύματος ἁγίου). Di conseguenza non sono più padroni di se stessi, ma appartengono a Dio.

Bibliografia. T. A. Burkill, "Two into One: The Notion of the Carnal Union in Mk 10:8, 1Cor 6:16, Eph 5:31", *ZNW* 62 (1971) 115-120.- M. Coune, "La dignité chrétienne du corps. 1Cor 6,13c-20.- *ASeign* 33 (1970) 46-52.- E. Fuchs, "Die Herrschaft Christi. Zur Auslegung von 1Kor 6,12-20", in: *Neues Testament und Christliche Existenz*, FS H. Braun, Tübingen 1973, 183-193.- V.P. Furnish, "Belonging to Christ. A Paradigme for Ethics in First Corinthians", *Int* 44 (1990) 145-158.- R. Kempthorne, "Incest and the Body of Christ: A Study of 1Cor 6,12-20", *NTS* 14 (1967/68) 568-574.- J. Murphy-O'Connor, "Corinthian Slogans in 1Cor 6,12-20", *CBQ* 40 (1978) 391-396.- J.I. Miller, "A Fresh Look at 1Cor 6,16 f.", *NTS* 27 (1980) 125-127.- C. Wiener, "Notes sur 1Cor 6,12-20", in: *Le corps et le Corps du Christ dans la Ie épître aux Corinthiens* (LD 114), Paris 1983, 88-93.- B.S. Rosner, *Paul, Scripture and Ethics*. A Study of 1Corinthians 5-7 (Biblical Studies Library), Grand Rapids, MI, 1999.

3. *Un solo Dio, un solo Signore.* Nel primo paragrafo (1Cor 8,1-6) della prima sequenza (1Cor 8,1-13) della Parte IV (1Cor 8,1-11,1), affronta il problema se sia lecito al cristiano mangiare carne sacrificata agli idoli. Per risolverlo in modo teologico, richiama un principio fondamentale della fede: c'è un solo Dio, il Padre (εἷς Θεὸς ὁ πατήρ), dal quale tutto proviene (ἐξ οὗ τὰ πάντα); e noi siamo per lui (ἡμεῖς εἰς αὐτόν). Quindi c'è un solo Dio, il quale può essere chiamato 'Padre' perché è il creatore di tutto e noi tendiamo a lui, come verso il nostro scopo (1Cor 8,6a).

Poi afferma che c'è un solo Signore, Gesù Cristo (εἷς κύριος, Ἰησοῦς Χριστός), che tutto è per mezzo di lui (δι' οὗ τὰ πάντα), da interpretare nel senso che Dio, che è l'origine di tutto, ha creato tutto per mezzo di Gesù Cristo. Di conseguenza anche noi siamo per mezzo di lui (ἡμεῖς δι' αὐτοῦ). Quindi, poiché Gesù Cristo è colui per mezzo del quale Dio comunica esistenza a tutte le cose, egli può essere detto 'Signore'. La nostra vita dipende da lui, fin dall'origine. In queste affermazioni, alla unicità di Dio, origine (ἐξ οὗ) e fine (εἰς αὐτόν) di tutto, corrisponde l'unicità del mediatore, Gesù Cristo, per mezzo del quale (δι' οὗ / δι' αὐτοῦ) tutto esiste, per mezzo del quale l'esistenza giunge a tutto ciò che è creato.

Bibliografia. A. T. Cheng, *Idol Foods in Corinth.* Jewish Background of the Pauline Legacy (JSNT.SS 176), Sheffield 1999.- R.A. Horsley, "The Background of the Confessional Formula in 1 Cor 8,6", *ZNW* 69 (1978) 130-135.- Idem. "Gnosis in Corinth. 1Corinthians 8,1-6", *NTS* 27 (1980) 32-51.- J. Murphy-O'Connor, "1Cor 8,6: Cosmology or Soteriology?", *RB* 85 (1978) 253-267.- D. Newton, *Deity and Diet.* The Dilemma of Sacrificial Food in Corinth (JSNT.SS 169), Sheffield 1998.- S. Virgulin, "Gli idolotiti in 1Cor 8,1-11", *ED* 39 (1986) 307-320.- W.L. Willis, *Idol Meat in Corinth.* The Pauline Argument in 1 Corinthians 8 (SBL.DS 68), Chico, CA, 1985.

4. *La comunione al sangue e al corpo del Signore.* Nel secondo paragrafo (1Cor 10,14-22) della terza sequenza discorsiva (1Cor 10,1-11,1) della Parte IV (1Cor 8,1-11,1), per dissuadere dalla idolatria, ricorda il valore sacramentale della cena del Signore. Il calice della benedizione è considerato comunione con il sangue di Cristo (κοινωνία... τοῦ αἵματος τοῦ Χριστοῦ); il pane che spezziamo è comunione con il corpo di Cristo (κοινωνία τοῦ σώματος τοῦ Χριστοῦ) (1Cor 10,17).

Bibliografia. H.-J. Klauck, *Herrenmahl und hellenisticher Kultus.* Eine religionsgeschichtliche Untersuchung zum ersten Korintherbrief (1 Kor 8-11) (NTAbh 15), Münster 1987.- W.A. Sebothoma, " Κοινωνία in 1 Corinthians 10,16", *Neot* 24 (1990) 63-69.- B.W. Winter, "Theological and Ethical Responses to Religious Pluralism. 1 Corinthians 8-10", *TynB* 41 (1990) 209-226.

5. *La cena del Signore.* Nel terzo paragrafo (1Cor 11,23-34) della Parte V (1Cor 11,2-34) trasmette la tradizione ricevuta dal Signore. Ecco le parole della istituzione: "Il Signore Gesù, nella notte in cui era tradito, prese il pane (ἄρτον), avendo reso grazie (εὐχαριστήσας), spezzò e disse: Questo è il mio corpo, che è per voi. Fate questo in memoria di me (εἰς τὴν ἐμὴν ἀνάμνησιν). Ugualmente, anche il calice (τὸ ποτήριον), dopo cena, dicendo: Questo calice è la nuova alleanza (ἡ καινὴ διαθήκη), nel mio sangue (ἐν τῷ ἐμῷ αἵματι). Questo fate, ogni volta che ne bevete, in memoria di me" (1Cor 11,23-24).

Questa rievocazione contiene alcuni principi fondamentali della fede. Le parole τὸ ὑπὲρ ὑμῶν, 'quello (o che è) per voi', affermano il valore espiatorio della morte di Cristo, secondo l'interpretazione tradizionale. Lo stesso valore affermano le parole ἡ καινὴ διαθήκη, 'la nuova alleanza', perché l'alleanza preannunciata da Ger 31,31-34 annuncia la misericordia di Dio con il perdono dei peccati.

Il valore sacramentale della cena è indicato dalle parole stesse con cui il pane (ἄρτον) e il calice (τὸ ποτήριον) sono considerati dal Signore suo corpo e suo sangue: μοῦ... τὸ σῶμα, ἐν τῷ ἐμῷ αἵματι. Per questa ragione la cena ha il compito di ricordare il Signore, εἰς τὴν ἐμὴν ἀνάμνησιν (1Cor 11,24d.25d). Paolo specifica che si tratta di una memoria sacramentale, in cui coloro che vi partecipano annunciano la morte del Signore: τὸν θάνατον τοῦ κυρίου καταγγέλλετε. L'annuncio avviene per mezzo del ricordo (ἀνάμνησιν) e torna a beneficio di quelli che vi partecipano. Nella fede i segni che ricordano la morte del Signore producono nei partecipanti ciò che indicano, l'espiazione del peccato.

Bibliografia. O. Hofius, "τὸ σῶμα τὸ ὑπὲρ ὑμῶν 1Kor 11,24", *ZNW* 80 (1989) 80-88.- Idem, "Herrenmahl und Herrenmahlparadosis. Erwägungen zu 1Kor 11,23b-25", *ZTK* 85 (1988) 371-408.- N. Hyldahl, "Μετὰ τὸ δεῖπνον, 1 Kor 11:25 (og Luk 22,20)", *SEÅ* 51-52 (1986/ 87) 100-107.- M. Karrer, "Der Kelch des Neuen Bundes. Erwägungen zum Verständnis des Herrenmahl nach 1Kor 11,23b-25", *BZ* 34 (1990) 198-221.- P. Lampe, "Das korinthische Herrenmahl im Schnittpunkt hellenistisch-römicher Mahlpraxis und paulinischer Theologia Crucis" (1Kor 11,17-34)", *ZNW* 82 (1991) 183-213.- H. Maccoby, "Paul and the Eucharist", *NTS* 37 (1991) 247-267.- H. Schlier, "Das Herrenmahl bei Paulus", in: Idem, *Das Ende der Zeit*, Freiburg i.Br. 1971, 201-215.

6. *I doni dello Spirito: la dottrina dei carismi* (χαρίσματα). In 1Cor 12,1-11 parla dei doni dello Spirito. Ne indica il fondamento teologico e spiega quale è la loro funzione nella chiesa.

Il fondamento teologico è indicato nella professione di fede, in 1Cor 12,3: "Nessuno può dire 'Gesù è Signore', se non è sotto l'azione dello Spirito Santo". La stessa professione di fede è opera dello Spirito.

In 1Cor 12,4 afferma che ci sono differenze di carismi (διαιρέσεις χαρισμάτων), ma lo stesso Spirito (τὸ... αὐτὸ πνεῦμα). Per comprendere la relazione che c'è tra i differenti carismi e lo Spirito, occorre leggere 1Cor 12,11 in cui afferma che l'unico e medesimo Spirito (τὸ ἓν καὶ αὐτὸ πνεῦμα), produce (ἐνεργεῖ) tutti i differenti carismi (πάντα... ταῦτα), distribuendo a ciascuno come vuole (διαιροῦν ἰδίᾳ ἑκάστῳ καθὼς βούλεται).

In 1Cor 12,5 i differenti carismi sono messi in rapporto con i servizi differenti da rendere all'unico Signore e con l'attività di Dio, che opera tutto in tutti. Afferma che ci sono diversità di ministeri (lett. servizi) (διαιρέσεις διακονιῶν) e lo stesso Signore (ὁ αὐτὸς κύριος). Si dovrebbe interpretare unendo 1Cor 12,4 con 1Cor 12,5 e dicendo che i differenti carismi dello Spirito sono dati in vista dei ministeri o 'servizi' e che colui che serve è alle dipendenze dell'unico Signore. In 1Cor 12,6 afferma che ci sono diversità di operazioni (o attività) (διαιρέσεις ἐνεργημάτων), ma lo stesso Dio (ὁ αὐτὸς θεός), che opera tutto in tutti (ὁ ἐνεργῶν τὰ πάντα ἐν πᾶσιν). In tal modo tutto è ricondotto a Dio. Quindi interpretando 1Cor 12,4 insieme a 1Cor 12,5 e a 1Cor 12,6 si deve affermare che Dio, attraverso lo Spirito, opera in tutti coloro che esercitano un servizio o 'ministero' per l'unico Signore.

Lo scopo del servizio è indicato in 1Cor 12,7: a ciascuno è data una manifestazione dello Spirito (φανέρωσις τοῦ πνεύματος) per l'utilità (πρὸς τὸ συμφέρον). Si deve aggiungere senza esitazione che si tratta dell'utile della comunità, della Chiesa, come risulta dalla lunga discussione del cap. 14. Il dono della profezia è ritenuto più grande di quello del parlare con il dono delle lingue perché chi profetizza si fa capire e con ciò che dice edifica l'ascoltatore che crede (1Cor 14,3) e spinge alla conversione il non credente (1Cor 14,24-25).

In 1Cor 12,8-10 elenca i doni dello Spirito nel modo seguente: discorso di sapienza (λόγος σοφίας); discorso di conoscenza (λόγος γνώσεως); fede (πίστις); doni di guarigioni (χαρίσματα ἰαμάτων); attività di miracoli (ἐνεργήματα δυνάμεων); profezia (προφητεία); discernimenti di spiriti (διακρίσεις πνευμάτων); varietà di lingue (γένη γλωσσῶν); interpretazione di lingue (ἑρμηνεία γλωσσῶν).

In 1Cor 12,27-30 viene presentato un secondo elenco. Dopo avere paragonato la comunità a un corpo con molte membra (1Cor 12,12-26), abbandona il linguaggio delle immagini e spiega che cosa esso significa nella realtà della chiesa. In questo modo i carismi dello Spirito, di cui ha parlato in modo generico in 1Cor 12,8-10, vengono presentati di nuovo come funzioni assegnate da Dio nella chiesa. Afferma quindi che Dio ha posto nella chiesa (ἐν τῇ ἐκκλησίᾳ) alcuni: primo (πρῶτον) apostoli; secondo (δεύτερον) profeti; terzo (τρίτον) maestri; poi (ἔπειτα) miracoli, doni di guarigioni, assistenza, i governi (o direzioni), generi di lingue (1Cor 12,28).

E' facile notare che alcuni dei doni indicati in 1Cor 12,8-10 si trovano anche in questo elenco; ma alcuni sono scomparsi e al loro posto sono apparsi i nomi o i titoli di coloro che di fatto esercitano tali doni nella chiesa. E' evidente quindi che i carismi dello Spirito non si identificano con le funzioni gerarchiche della chiesa. Tuttavia le funzioni gerarchiche sono presenti e sono considerate anch'esse come poste da Dio, evidentemente per mezzo dello Spirito, come le altre.

L'esistenza di un ordine gerarchico nelle funzioni poste da Dio nella chiesa è indicato con chiarezza dall'ordine di successione in cui i doni sono enumerati in 1Cor 12,28: πρῶτον, δεύτερον, τρίτον, ἔπειτα primo, secondo, terzo, poi … Ciò è confermato dal discorso sul corpo e le membra in 1Cor 12,12-26 in cui ha fatto notare che in un corpo ci sono molte membra e che alcune sono ritenute più nobili di altre. In questo modo fa capire che anche nella chiesa, corpo di Cristo (1Cor 12,27), alcuni carismi sono più importanti di altri e tuttavia non possono esistere senza gli altri e son necessari gli uni agli altri.

Tenendo presente queste cose, si deve dire che Paolo non oppone i carismi dello Spirito e le funzioni della chiesa, perché anche queste sono carismi dello stesso Spirito, poste da Dio per l'utilità di tutti.

Bibliografia. R. Grieszegl, *Die Sprengkraft des Geistes*. Charismen und apostolisches Dienst des Paulus nach 1Korintherbrief (Hochschulschriften Forschungen 2), Frankfurt a.M. 1989.- F. Hahn, "Charisma und Amt", *ZTK* 76 (1979) 419-449.- U. Heckel, "Paulus und die charismatiker. Zur theologischen Einordnung der Geistesgaben in 1 Kor 12-14", *ThBeitr* 23 (1992) 117-138.- T. Holz, "Das Kennzeichen des Geistes (1.Kor 12,1-3)", *NTS* 18 (1971/72) 365-376.- E. Käsemann, "Amt und Gemeinde im NT", in: Idem, *Exegetische Versuche und Besinnungen* I Göttingen 1960, 109-134.- Th. Söding, " 'Ihr aber seid der Leib Christi' (1Kor 12,27). Exegetische Beobachtungen zu einem zentralen Motiv paulinischer Ekklesiologie", *Catholica* 45 (1991) 135-162.- A. Vanhoye, *I Carismi nel Nuovo Testamento*, I e II, Roma 1983, 32-90.

7. La carità e la visione (faccia a faccia) di Dio. In 1Cor 13,1-13 presenta la carità (ἀγάπη) come il carisma più grande. La sequenza precedente si conclude con una esortazione a cercare i carismi più grandi (τὰ χαρίσματα τὰ μείζονα) (1Cor 12,31). In 1Cor 13,1-13 fa l'elogio della carità. In 1Cor 13,13 afferma che restano solo fede speranza e carità (πίστις, ἐλπίς, ἀγάπη), ma che la carità è la più grande tra queste (μείζων δὲ τούτων ἡ ἀγάπη). Quindi la carità è il carisma più grande dello Spirito. Per quale ragione? Lo si comprende dal modo di esposizione.

In 1Cor 13,1-3 afferma semplicemente, senza dare giustificazione, che senza la carità anche gli altri doni dello Spirito sono niente e le azioni più eroiche non hanno alcun valore. Cita il parlare le lingue degli uomini e degli angeli, la profezia, la fede che trasporta le montagne, la conoscenza dei misteri e tutta la scienza, la generosità totale, l'eroismo fino alla morte. Tutto ciò non giova se uno non ha la carità (1Cor 13,1a.2d.3c). Ciò potrebbe significare che tutti gli altri doni dello Spirito hanno il loro scopo nella carità, cioè sono in funzione della carità e devono tendere a produrre la carità. Se manca la carità, non raggiungono lo scopo e quindi non giovano a niente. Non compiono il servizio per cui sono dati dallo Spirito.

In 1Cor 13,4-7 presenta le qualità della carità, che si possono riassumere nella frase finale che si legge in 1Cor 13,7: la carità copre tutto, crede tutto, spera tutto, sopporta tutto. Da ciò risulta che la fede e la speranza sono funzioni della carità. Ma quale è lo scopo della carità?

Condurre alla conoscenza diretta di Dio, cioè alla visione faccia a faccia, come si può desumere dalle affermazioni di 1Cor 13,8-13.

In 1Cor 13,8 afferma che la carità non avrà mai fine e in 1Cor 13,13 conclude affermando che la carità è più grande della fede e della speranza. Tra la prima e l'ultima affermazione c'è il discorso sullo sviluppo della conoscenza di coloro che credono (1Cor 13,9-12). Questa conoscenza è ora imperfetta, allora sarà perfetta.

Imperfetta è la conoscenza che abbiamo delle cose divine sulla terra. Essa è paragonabile alla visione in uno specchio, per immagine (ἐν αἰνίγματι)

(1Cor 13,12a). Perfetta sarà la conoscenza che avremo quando vedremo direttamente Dio. Questa conoscenza è paragonata a un vedere faccia a faccia (πρόσωπον πρὸς πρόσωπον). L'oggetto o il fine della conoscenza non è mai nominato.

Ma è evidente che si tratta di Dio, a cui tende la conoscenza della fede. Pertanto quando l'uomo vedrà Dio in modo diretto, avrà raggiunto la conoscenza perfetta di colui in cui aveva creduto e sperato. In quel giorno quindi la fede e la speranza verranno meno, perché l'uomo ha raggiunto ciò che ha creduto e sperato, Dio stesso. Ma la carità non viene meno, non può venire meno, perché è l'amore che unisce colui che crede a Dio. Di conseguenza tale amore non può mai finire perché proprio questo amore concede a chi crede la partecipazione alla vita di Dio, in cui ha creduto e sperato.

Bibliografia. G. Bornkamm, "Der köstlichere Weg (1Kor 13)", in: Idem, *Das Ende des Gesetzes* (BEvTh 16), München 1952, 93-112.- R. Kieffer, *Le primat de l'amour*, Paris 1975.- H. Schlier, "*Über die Liebe. 1 Kor 13*", in: Idem, *Aufsätze biblicher Theologie*, Freiburg i.Br. 1968, 179-186.- C. Spicq, *Agape dans le Nouveau Testament*, vol. II (EB), Paris 1959, 53-120.- P. Wischmeyer, *Der höchste Weg. Das 13. Kapitel des 1. Korintherbriefes* (StNT 13), Gütersloh 1981.

8. *La resurrezione dei morti.* In 1Cor 15,1-58 discute il problema della resurrezione. La discussione ha il seguente sviluppo: in 1Cor 15,1-11 riafferma il vangelo che ha ricevuto; in 1Cor 15,12-19 parla della resurrezione di Cristo per confermarla di fronte a coloro che la negano; in 1Cor 15,20-34 mostra il fine a cui tende il mondo o, per usare altre parole, parla della fine del mondo; in 1Cor 15,51-58 proclama la vittoria di Cristo sulla morte. Sintetizzo in pochi paragrafi l'essenziale della teologia di questo capitolo.

Quanto al contenuto del vangelo, di cui parla in 1Cor 15,1-11 ripete di avere trasmesso a loro (παρέδωκα) ciò che egli stesso ha ricevuto. Questa tradizione della fede è da lui sintetizzata in tre punti: 1) il Cristo è morto per i nostri peccati (ὑπὲρ τῶν ἁμαρτιῶν ἡμῶν), secondo le scritture (κατὰ τὰς γραφὰς); 2) è stato sepolto ed è risorto al terzo giorno, secondo le scritture (κατὰ τὰς γραφὰς); 3) è apparso (ὤφθη) a Cefa, poi ai Dodici.

Quanto alla verità della resurrezione di Cristo, ne parla in 1Cor 15,12-19 per mostrare quali siano le conseguenze negative, se viene negata. Se il Cristo non è risorto, vana è la fede e noi siamo ancora nei peccati (1Cor 15,16). Perché? Perché se Cristo non è risorto, colui che è morto sulla croce è semplicemente un uomo. Di conseguenza la morte non è stata né assunta né vinta da Dio. Quindi Dio non è riconciliato con l'uomo e il peccato dell'uomo non è perdonato.

In 1Cor 15,20-28 mostra quali sono le conseguenze che scaturiscono dalla fede in Cristo risorto. La morte, conseguenza del peccato di Adamo, è superata, perché tutti risorgeranno in Cristo (1Cor 15,22). Quando ciò accadrà, sarà la fine (1Cor 15,22). La morte sarà annientata (1Cor 15,26). Il Figlio consegnerà il regno al Padre (1Cor 15,24); e Dio sarà tutto in tutti (ὁ θεὸς [τὰ] πάντα ἐν πᾶσιν) (1Cor 15,28). Quindi coloro che credono nella resurrezione di Cristo sperano nella resurrezione finale dei morti per partecipare alla pienezza della vita di Dio.

Quanto al corpo dei risorti, ne parla a lungo in 1Cor 15,35-44. Afferma che il corpo attuale, che egli chiama corpo animale (σῶμα ψυχικόν) (1Cor 15,44a), è destinato alla corruzione; e risorgerà un corpo spirituale (σῶμα πνευματικόν) (1Cor 15,44b). In 1Cor 15,45-50 fa un confronto tra la nostra condizione attuale e quella futura. Quanto alla condizione attuale, afferma che ora portiamo l'immagine di Adamo, cioè dell'uomo fatto di terra o fango (τὴν εἰκόνα τοῦ χοϊκοῦ); quanto alla condizione futura afferma che allora porteremo l'immagine del Cristo, cioè dell'uomo celeste, perché è venuto dal cielo (τὴν εἰκόνα τοῦ ἐπουρανίου [sc. ἀνθρώπου]) (1Cor 15,49).

In 1Cor 15,50 indica il significato di queste immagini simboliche affermando che la corruzione (ἡ φθορά) non può ereditare l'incorruttibilità (τὴν ἀφθαρσίαν). E in 1Cor 15,53 afferma che, per questo motivo, è necessario che ciò che è corruttibile si rivesta di incorruttibilità e ciò che è mortale si rivesta della immortalità (ἀθανασίαν). La trasformazione è quindi necessaria per accedere alla immortalità divina. Quando ciò accadrà, la morte sarà vinta. Ma già ora possiamo ringraziare Dio che ci dà la speranza della vittoria sulla morte nel Signore Gesù Cristo (1Cor 15,57).

Bibliografia. G. Barth, "Zur Frage nach der in 1 Korinther 15 bekämpften Auferstehungsleugnung", *ZNW* 83 (1992) 187-201.- G. Burchard, "1Kor 15,39-41", *ZNW* 75 (1984) 233-258.- H.C.C. Cavallin, *Life After Death*: Paul's Argument for the Resurrection of the Dead. 1 Corinthians 15, Gleerup 1974.- H. Conzelmann, "Zur Analyse der Bekenntnisformel 1 Kor. 15,3-5", *EvTh* 25 (1965) 1-11.- L. De Lorenzi (ed.), *Resurrection du Christ et des chrétiens* (1Cor 15) (Série Monographique de 'Benedictina'. Section Biblique-Oecuménique 8), Rome 1985.- R.A. Horsley, " 'How can you say, that there is not resurrection of the Dead?' Spiritual Elitism in Corinth", *NT* 20 (1978) 203-231.- J. Kloppenborg, "An Analysis of the Pre-Pauline Formula in 1Cor 15:3b-5, in the Light of some Recent Literature", *CBQ* 40 (1978) 351-367.- J. Kremer, *Das älteste Zeugnis der Auferstehung Christi.* Eine bibeltheologische Studie zur Aussage und Bedeutung von 1 Kor 15,1-11 (SBS 17), Stuttgart 1976.- S.M. Lewis, *'So That God May Be All in All'.* The Apocalyptic Message of 1 Corinthians 15, 12-34 (Tesi Gregoriana - Serie teologica 42), Roma 1998.- J. Murphy-O'Connor, "Tradition and Redaction in 1Cor 15,3-5", *CBQ* 43 (1981) 582-589.- E. Pagels, "The Mystery of the Resurrection: A Gnostic Reading of 1 Corintians 15", *JBL* 93 (1974) 276-288.- J. Schniewind, "Die Leugner der Auferstehung in Korinth", in: Idem, *Nachgelassene Rede und Aufsätze,* Berlin 1952, 110-139.- E. Schweizer, "1 Korinther 15,20-28 als Zeugnis paulinischer Eschatologie", in: *Jesus und Paulus*, FS W.G. Kümmel, ed. E.E. Ellis - E. Grässer, Göttingen 1975, 301-314.- G. Sellin, *Der Streit um die Auferstehung der Toten.* Eine religionsgeschichtliche und exegetische

Untersuchung von 1.Korinther 15 (FRLANT 138), Göttingen 1986.- J. Sider, "The Pauline Conception of the Resurrection of the Body of 1 Corinthians", *NTS* 21 (1973/74) 428-439.- B. Spörlein, *Die Leugnug der Auferstehung.* Eine historischkritische Untersuchung zu 1 Kor 15 (BU 7), Regensburg 1971.- W. Stenger, "Beobachtungen zur Argumentation von 1 Kor 15", *LingBibl* 45 (1979) 71-128.- J.N. Vorster, "Resurrection Faith in 1 Corinthians", *Neot* 23 (1989) 287-307.- J.S. Vos, "Die Logik des Paulus in 1 Kor 15, 12-20", *ZNW* 90 (1999) 78-97.

AI CORINZI 2

Bibliografia (Studi). C.K. Barrett, "Paul's Opponents in II Corinthians", *NTS* 17 (1970/71) 233-254.- W.H. Bates, "The Integrity of II Corinthians", *NTS* 12 (1965/66), 59-69.- D. Betz, *Der Apostel Paulus und die sokratische Tradition.* Eine exegetische Untersuchung zu seiner 'Apologie' 2 Korinther 10-13 (BHT 45), Tübingen 1972.- R. Bieringer - J. Lambrecht, *Studies in 2 Corinthians* (BETL 112), Leuven 1994.- B. Bosenius, *Die Abwesenheit des Apostels als theologisches Programm.* Der zweite Korintherbrief als Beispiel der Brieflichkeit der paulinischer Theologie (TANZ 11), Tübingen 1994.- C. Breytenbach, *Versöhnung.* Eine Studie zur paulinischer Soteriologie (WMANT 60), Neukirchen-Vluyn 1989.-R. Bultmann, "Exegetische Probleme des zweiten Korintherbrifes", in: Idem, *Exegetica*, Tübingen 1967, 298-322.- F. Collange, *Enigmes de la deuxième épitre de Paul aux Corinthiens* - Etudes exégétiques de 2 Cor 2,4-7,4 (SNTS.MS 18), Cambridge 1972.- J.A. Crafton, *The Agency of the Apostle.* A Dramatistic Analysis of Paul's Responses to Conflict in 2 Corinthians (JSNT.SS 51), Sheffield 1991.- F.W. Danker, "Paul's Debt to the *De Corona* of Demosthenes. A Study of Rhetorical Techniques in Second Corinthians", in: *Persuasive Artistry*, FS G.A. Kennedy, ed. D.F. Watson (JSNT.SS 50), Sheffield 1991, 262-280.- G. Dautzenberg, "Der Verzicht auf das apostolische Unterhaltsrecht", *Bib* 50 (1969) 212-232.- T. Dean, "The Great Digression. 2 Cor 2,14-7,4", *ExpT* 50 (1938) 86-98.- M.M. Dilicco, *Paul's Use of Ethos, Pathos and Logos in 2 Corinthians 10-13* (Mellen Biblical Press Series 31), Lewinston 1995.- A. Feuillet, "Paul. Corinthiens (Les épîtres aux)", *DBS* 7 (1966) 183-195 (2 Cor).- J.T. Fitzgerald, "Paul, the Ancient Epistolary Theorists and 2 Corinthians 10-13: The Purpose and Literary Genre of a Pauline Letter", in: *Greeks, Romans and Christians*, FS A.J. Malherbe, Philadelphia 1990, 190-200.- G. Friedrich, "Die Genger des Paulus in 2 Korintherbrief", in: *Abraham unser Vater*, FS O. Michel, ed. O Betz - M. Hengel - P. Schmidt, Leiden 1963, 181-215.- D. Georgi, *Die Gegner des Paulus im 2. Korintherbrief.* Studien zur religiösen Propaganda in der Spätantike (WMANT 11), Neukirchen-Vluyn 1964.- N. Hyldahl, "Die Frage nach der Einheit des zweiten Korintherfriefes", *ZNW* 64 (1973) 289-306.- P. Käsemann, "Zur Legitimität des Apostels. Eine Untersuchung zu II Korinther 10-13", *ZNW* 41 (1942) 33-71.- K. Kertelge, "Das Apostelamt des Paulus, sein Ursprung und seine Bedeutung", *BZ* 14 (1970), 161-181.- U. Heckel, *Kraft in der Schwachheit* (WUNT 2/56), Tübingen 1993.- J. Lambrecht, "The Fragment 2 Cor 6,14-7,1. A Plea for its Authenticity", in: *Miscellanea neotestamentica* 2, ed. T.Baarda (NT.S 47/1), Leiden 1978, 143-161.- G. Lüdemann, *Paulus, der Heidenapostel.* Bd. II. Antipaulinismus im frühen Christentum (FRLANT 130), Göttingen 1983, 125-143.- T.W. Manson, "St Paul in Ephesus. 3: The Corinthian Correspondence", *BJRL* 26 (1941/42), 101-120; 327-341.- J. Murphy-O'Connor, *Theology of the Second Letter to the Corinthians* (New Testament Theology), Cambridge 1991.- A. de Oliveira, *Die Diakonie der Gerechtigkeit und der Versöhnung im zweiten Korintherbrief* (NTAbh 21), Münster 1990. J.L. Price, "Paul's Theology and their Bearing on Literary Problems of Second Corinthians", in: *Studies in the History and Text of the New Testament*, FS K.W. Clark, ed. B.D. Daniels - J. Suggs, Salt Lake City 1967, 95-106.- M. Rissi, *Studien zum zweiten Korintherbrief.* Der alte Bund - der Prediger - Der Tod (ATANT 56), Zürich 1969 (2Cor 3,1-5,10).- J. Schröter, *Der versöhnte Versöhner* (TANZ 10), Tübingen 1993.- D. Schulz, "Die Decke des Moses", *ZNW* 49 (1958) 1-30.- G. Strecker, "Die Legitimität des paulinischen Apostolats nach 2 Korinther 10-13", *NTS* 38 (1992) 566-586.- J.L. Sumney, *Identifying Paul's Opponents.* The Question of Method in 2 Corinthians (JSNT.SS 40), Sheffield 1990.- M.E. Thrall, "A Second Thanksgiving-Period in II Corinthians", *JSNT* 16 (1982) 101-124; 133-149.- G.Theissen, "Legitimation und Lebensunterhalt", *NTS* 21 (1974/75) 192-221.- M. Theobald, *Die überströmende Gnade.* Studien zu einem paulinischen Motivfeld (FzB 22), Würzburg 1982, 167-304 (su 2Cor 3 sg; 8 sg; 10-13).- S.H. Travis, "Paul's Boasting in 2 Corinthians 10-12", *SE* 6 (TU 112), Berlin 1973, 527-532.- H.M. Wünsch, *Der*

paulinische Brief 2 Kor 1-9 als kommunikative Handlung. Eine rhetorisch-literar-wissenschaftliche Untersuchung (Theologia 4), Münster 1996.- J. Zmijevski, *Der Stil der paulinischen 'Narrenrede'*. Analyse der Sprachgestaltung in 2 Kor 11,1-12,10 als Beitrag zur Methodik von Stiluntersuchungen neutestamentlicher Texte (BBB 52), Köln - Bonn 1978.
(Commenti) E.B. Allo, *Saint Paul. Seconde épître aux Corinthiens* (EB), Paris [2]1956.- C.K. Barrett, *A Commentary on the Second Epistle to the Corinthians* (BNTC), New York - London [2]1976.- H.D. Betz, *2 Corinthians 8 and 9*. A Commentary on Two Administrative Letters of the Apostle Paul (Hermeneia), Philadelphia 1985.- F.F. Bruce, *1 and 2 Corinthians* (NCeB), Grand Rapids - London 1971; [2]1976.- R. Bultmann, *Der zweite Brief an die Korinther*, ed. E. Dinkler (KEK Sonderband), Göttingen 1976.- M. Carrez, *La deuxième épître de saint Paul aux Corinthiens* (CNT 8), Genève 1986.- F.W. Danker, *II Corinthians,* Minneapolis 1989.- V.P. Furnish, *II Corinthians* (AB 32A), Garden City, NY, 1984.- J. Héring, *La seconde épître de saint Paul aux Corinthiens* (CNT 8), Neuchâtel - Paris 1958.- P.E. Hughes, *Paul's Second Letter to the Corinthians* (NICNT 7), Grand Rapids - London 1962; [5]1975.- H.-J. Klauck, *2. Korintherbrief* (NEB/NT 8), Würzburg 1986.- C.G. Kruse, *The Second Epistle of Paul to the Corinthians* (TynNT 8), Leicester.- F. Lang, *Die Briefe an die Korinther* (NTD 7), Göttingen 1986, 251-362.- J. Lambrecht, *Second Corinthians* (Sacra Pagina 8), Collegeville 1999.- H. Litzmann - W.G. Kümmel, *An die Korinther I/II* (HNT 9), Tübingen [5]1969, 97-164.- R.P. Martin, *2 Corinthians* (WBC 40),Waco, TX, 1986.- A. Plummer, *Commentary on the Second Epistle of St Paul to the Corinthians* (ICC), Edinburgh 1915.- R.H. Stracham, *The Second Epistle of Paul to the Corinthians* (MNTC 7/2), London 1935.- K. Prümm, *Diakonia pneumatos*. I: Theologische Auslegung des zweiten Korintherbriefes, Freiburg i.Br. 1967; II 1-2: Theologie des zweiten Korintherbriefes, Freiburg i.Br. 1960.1962.- C.H. Talbert, *Reading Corinthians*, New York 1987.- M.E. Trail, *The Second Epistle to the Corinthians* (ICC), Edinburgh I 1994; II 1999.- H.D. Wendland, *Die Briefe and die Korinther* (NTD 7), Göttingen 1964; [15]1980.- H. Windisch, *Der zweite Korintherbrief* (KEK 6), Göttingen 1924; rist. 1970, ed. G. Strecker.- Chr. Wolff, *Der Zweite Brief des Paulus an die Korinther* (ThHK 8), Berlin 1986.- F. Weilinger, *Krieg und Friede in Korinth*. Kommentar zum 2. Korintherbrief des Apostels Paulus, Wien I 1992, II 1997.

I   *Piano letterario di 2 Cor*

Seguendo il contenuto, il testo della lettera seconda ai Corinzi si può dividere in tre parti: 2Cor 1,1-11 Introduzione e preghiera di benedizione; 2Cor 1,12-7,16 Parte I Giustificazione del ministero apostolico; 2Cor 8,1-9,15 Parte II Esortazione alla raccolta di denaro per la chiesa di Gerusalemme; 2Cor 10,1-13,10 Parte III Difesa dalle accuse e rivendicazione della propria dignità apostolica; 2Cor 13,11-13 Conclusione.

La diversità di argomento delle parti ha spinto alcuni studiosi a considerare il testo come un composto dalla unificazione di più lettere. L'ipotesi viene sostenuta facendo notare che Paolo in 2Cor 2,3-4 parla di una lettera scritta 'tra molte lacrime'. Perciò alcuni pensano che questa lettera ci sia stata conservata nei capp. 10-13 i quali, per questa ragione, vengono definiti 'Lettera delle lacrime', scritta prima della 2Cor.

G. Dautzenberg (1987) ha tentato di dimostrare l'ipotesi facendo notare che alcune affermazioni dei capp. 1-7 presuppongono informazioni date nei capp. 10-13.

L'ipotesi più semplice quindi consiste nel dividere 2Cor in *due lettere*: A cap. 10-13; B capp. 1-9. La lettera A sarebbe stata scritta prima della lettera B, la quale viene chiamata 'lettera di riconciliazione'. Questa ipotesi è proposta da H.-J. Klauck nel suo commento (1986).

Alcuni fanno una ipotesi più complessa. Si fa notare che i capp. 2,1-7,4 si presentano come una unità letteraria che interrompe il discorso del testo, in cui sarebbe stata inserita. In 2Cor 2,12-13 inizia a fare un 'rapporto' di viaggio, che viene bruscamente interrotto da 2Cor 2,14-7,4 e poi ripreso in 2Cor 7,5 e seguenti. Ma è stato fatto notare che 2Cor 7,5 inizia con un γάρ che non è la diretta continuazione di 2Cor 2,12-13 bensì una ripresa dopo una interruzione. Quindi colui che avrebbe inserito 2Cor 2,14-7,4 tra 2Cor 2,12-13 e 2Cor 7,5 lo ha fatto intenzionalmente, curando anche la redazione. Tenendo conto di questo, si fa l'ipotesi che 2Cor 2,14-7,4 formino una 'lettera di difesa', scritta prima della 'lettera delle lacrime', contenuta nei capp. 10-13.

Secondo questa ipotesi quindi il testo sarebbe formato di *tre lettere* composte in questo ordine cronologico: A 2Cor 2,14-7,4 'lettera di difesa (o apologia)'; B 2Cor 10,1-13,10 'lettera delle lacrime'; C 2Cor 1,1-2,13 + 7,5-16 (+8 + 9) 'Lettera di riconciliazione'. Questa ipotesi si trova in G. Bornkamm (1961).

Se si considerano i capp. 8 e 9 come 'due biglietti' separati, scritti in occasioni diverse, ma uniti insieme al momento della redazione di 2Cor, il testo risulterebbe composto di *quattro lettere*. Il cap. 8 potrebbe essere considerato la fine della 'lettera di riconciliazione' perché parla della generosità dei Macedoni per stimolare i Corinzi a essere generosi. Il cap. 9 potrebbe essere considerato un biglietto di accompagnamento dato da Paolo ai fratelli che ha inviato alle altre chiese di Acaia per metterle al corrente della colletta e invitarle a prepararla in tempo per non farlo vergognare di fronte ai Macedoni, ai quali parla sempre della loro buona volontà. Le ragioni per separare cap. 8 da cap. 9 sono evidenti. In 2Cor 9,1 si trova un Περὶ μὲν γὰρ τῆς διακονίας "per quanto riguarda il servizio", che indica che egli inizia a trattare un argomento nuovo, di cui non aveva ancora parlato.

Le quattro lettere sarebbero state composte in questa successione temporale: A 2Cor 9,1-15 'lettera di accompagnamento'; B 2Cor 2,14-7,4 'lettera di difesa (o apologia) '; C 2Cor 10,1-13,10 'lettera delle lacrime'; D 2Cor 1,1-2,13 + 7,5-16 + 8,1-24 'lettera di riconciliazione'. A questa ipotesi accenna H.-J. Klauck (1986).

Queste sono le ipotesi più diffuse. La loro valutazione critica si può trovare nella introduzione di W.G. Kümmel. Io non ho ancora elementi sufficienti per un giudizio oggettivo. Riconosco che le tre parti 2Cor 1-7 8-9 10-13 hanno un argomento diverso. Non sono invece convinto che i capp. 10-13 sia una 'lettera di lacrime', perché il tono difensivo e aggressivo, e persino sarcastico, non è quello di chi piange, ma di uno che lotta con ogni mezzo per difendere la propria dignità apostolica di fronte a coloro che sembrano negarla. Ma la diversità di argomento non è sufficiente a far ritenere un testo composto di testi diversi, anche se l'ipotesi non è inverosimile.

Bibliografia. L. Aejmelaeus, *Streit und Versöhnung.* Das Problem des Zusammenhangs des 2. Korintherbriefes (SES 46), Helsinki 1987.- H.D. Betz, *2 Corinther 8 and 9*, 25-77.- R. Bieringer, "Der 2 Korintherbrief in den neuesten Kommentaren", *EvTh* 67 (1991) 107-130.- Idem, "Teilunghypothesen zum 2 Korintherbrief. Ein Forschungsüberblick", in: R. Bieringer - J. Lambrecht, *Studies on 2 Corinthians*, 67-105.- G. Bornkamm, *Die Vorgeschichte des sogenannten zweiten Korintherbriefes* (SHAW 45), München 1961; rist. in: Idem, *Glaube und Geschichte* II (BEvTh 54), München 1971, 162-194.- H. Conzelmann - A. Lindemann, *Arbeitsbuch zum Neuen Testament,* Tübingen [12]1998, 268-274.- G. Dautzenberg, "Der zweite Korintherbrief als Briefsammlung. Zur Frage der literarischen Einheitlichkeit und des theologischen Gefüges von 2 Kor 1-8", *ANRW* II 25.4 (1987) 3045-3066.- H.-J. Klauck, *2. Korintherbrief*, 7-10.- W.G. Kümmel, *Einleitung in das Neue Testament*, 249-255.- W. Marxen, *Einleitung in das Neue Testament*, 72-85.- W. Schmithals, "Die Korintherbriefe als Briefsammlung", *ZNW* 64 (1973) 263-288.- Ph. Rolland, "La structure littéraire de la deuxième épître aux Corinthiens", *Bib* 71 (1990) 73-84.- U. Schnelle, *Einleitung in das Neue Testament*, Göttingen [3]1999, 92-100.- M.E. Trall, *The second Epistle to the Corinthians* I, 1-76.- N.H. Taylor, "The Composition and Chronology of 2 Corinthians", *JSNT* 44 (1991) 67-87.

II *Teologia di 2 Cor*

Da 2Cor 1,12-2,13 risulta che Paolo ha scritto la seconda lettera ai Corinzi per giustificare la propria decisione di annullare un progettato viaggio a Corinto.

Per questo alcuni lo hanno accusato di leggerezza nelle decisioni (2Cor 1,17). Scrive quindi per giustificare il suo modo di agire. Da questo pretesto contingente, lo scritto si sviluppa in una vera e propria giustificazione teologica del suo ministero apostolico, che si estende da 2Cor 2,14 a 2Cor 7,4. Pertanto i principi teologici sono ricordati in funzione della giustificazione e definizione del ministero apostolico.

La stessa cosa accade nei capitoli seguenti. Nei capp. 8 e 9 esorta alla raccolta di denaro e per convincerli ad essere generosi ricorda i principi della fede. Nei capp. 10-13 difende se stesso e la propria dignità di apostolo dalle accuse dei suoi avversari, a cui i destinatari prestano volentieri ascolto. Anche in questa parte richiama qualche principio della fede per giustificare il proprio modo di agire.

Tenendo conto dello scopo del testo e del tono prevalentemente apologetico o difensivo e giustificativo, è bene seguire il discorso raccogliendo i principi della fede che ricorda ai lettori per giustificare la propria funzione e il proprio agire. Si tratta quindi di ripetere ciò che egli dice e di chiarire solo ciò che ha bisogno di spiegazione.

1. *Il 'sì' di Dio e il 'sì' del Figlio di Dio.* In 2Cor 1,17-22 giustifica la propria decisione di annullare il progettato viaggio a Corinto, richiamandosi al comportamento senza equivoco del Figlio di Dio. Di fronte all'accusa di agire con leggerezza, di mutare continuamente le proprie decisioni, di avere una volontà indecisa, di usare un linguaggio duplice e non chiaro, che è 'sì' e 'no' nello stesso tempo, si difende indicando il modello del suo agire, il Figlio di Dio che ha predicato a loro. Di lui afferma che in lui ci fu solo il 'sì' (τὸ ναί) (2Cor 1,19). E aggiunge che in lui tutte le promesse di Dio sono diventate 'sì' (τὸ ναί) (2Cor 1,20).

Si può pensare che il 'sì' nei due casi abbia lo stesso significato dato in 2Cor 1,20: le promesse di Dio in lui sono diventate 'sì', cioè si sono realizzate, o hanno trovato compimento. Quindi 2Cor 1,19 si dovrebbe interpretare allo stesso modo: il Figlio di Dio è il 'sì' di Dio, colui nel quale Dio ha compiuto le sue promesse. Così interpreta R. Bultmann (KEK Sonderband 1976, 44), V.P Furnish (AB 32A 1984, 135-136), R.P. Martin (WBC 40 1986, 26-27).

A me sembra che, interpretando in questo modo, il riferimento al 'sì' del Figlio di Dio perda ogni valore di controprova nel discorso di Paolo. Per difendersi dall'accusa di doppiezza, cita l'esempio del Figlio di Dio, che egli stesso predica, perché spera di allontanare l'accusa mostrando quale è il modello che ispira la sua vita. Quindi, per conservare la logica del discorso, è necessario che il primo 'sì' (2Cor 1,19), quello del Figlio di Dio, si riferisca al comportamento coerente con cui il Figlio ha compiuto la volontà di Dio. E in questo modo le promesse di Dio sono andate a compimento, cioè sono diventate 'si' (2Cor 1,20). Nel 'sì' del Figlio di Dio, Dio ha potuto pronunciare il suo 'sì', realizzando ciò che aveva promesso. In questo modo Paolo ha risposto a colui che lo accusa di leggerezza, mostrando che è ingiusta. Il modello che ispira la sua condotta, il Figlio di Dio che predica, ha conosciuto solo il 'sì', cioè la sottomissione alla volontà divina. Quindi egli fa la stessa cosa, in qualunque decisione prenda per la sua vita.

Bibliografia. R. Bultmann, *Der zweite Brief an die Korinther*, 44.- F. Hahn, "Das Ja des Paulus und das Ja Gottes. Bemerkungen zu 2Kor 1,12-2,1", in " *Neues Testament und christliche Existenz*, FS. H. Braun, ed. H.D. Betz - L. Schottroff, 229-239.- W.C. van Unnik, "Reisepläne und Amen-Sagen. Zusammenhang und Gedankenfolge in 2 Korinther 1:15-24", in: Idem, *Sparsa Collecta. The Collected Essays of W.C. van Unnik,* Part One (NT.S 29), Leiden 1973, 144-159.

2. *Il ministero della lettera che uccide e il ministero dello Spirito che dà vita* (l'Antica e la Nuova Alleanza). In 2Cor 3,4-18 presenta il proprio ministero come ministero della nuova alleanza e lo oppone a quello di Mosè. La

presentazione si può dividere in tre paragrafi. Nel primo (2Cor 3,4-6) dà la definizione del suo ministero. Esso viene da Dio e appartiene alla nuova alleanza. Poi anticipando il confronto con l'antica, cioè con quello di Mosè, dice che non si tratta di un ministero della lettera ma dello spirito. Cito il greco: ὃς καὶ ἱκάνωσεν ἡμᾶς διακόνους καινῆς διαθήκης, οὐ γράμματος ἀλλὰ πνεύματος. Traduco: "Egli (sc. Dio) ci ha anche abilitato [a essere] servi della nuova alleanza, non della lettera ma dello Spirito". Poi aggiunge spiegando (γάρ) che la lettera uccide (τὸ γὰρ γράμμα ἀποκτέννει), lo Spirito vivifica (τὸ δὲ πνεῦμα ζῳοποιεῖ) (2Cor 3,6).

Non dà nessuna spiegazione di questa affermazione. Presuppone che il lettore possa capire ciò che egli intende. Definisce il ministero della nuova alleanza come ministero dello Spirito che vivifica, e lo oppone al ministero della lettera che uccide, lasciando supporre che questa definizione riguarda il ministero dell'antica alleanza.

Nel secondo paragrafo (2Cor 3,7-11) diventa chiaro ciò che era presupposto nel paragrafo precedente. Il ministero della lettera che uccide è quello dell'antica alleanza, alla cui gloria transitoria oppone la gloria duratura di quello della nuova.

Definisce il ministero dell'antica come "ministero (lett. servizio) della morte" (ἡ διακονία τοῦ θανάτου) (2Cor 3,7) e specifica che era inciso in lettere su pietra (ἐν γράμμασιν ἐντετυπωμένη λίθοις). Poiché su pietra erano incise le parole della legge dell'antica alleanza, l'espressione che egli usa è una immagine per far capire che la legge era al servizio della morte.

In che modo? Denunciando il peccato, procurava l'ira di Dio e la condanna a morte del peccatore. Quindi tale servizio può essere definito 'di morte', perché al servizio di una legge che genera morte.

Nel terzo paragrafo (2Cor 3,12-18) presenta la condizione di coloro che sono sotto l'antica alleanza, in opposizione alla condizione di coloro che appartengono alla nuova.

Afferma che quando leggono l'Antico Testamento c'è un velo posto sul testo (2Cor 3,14), cioè il suo significato resta incompreso e incomprensibile. In 2Cor 3,15 indica la causa di questo: durante la lettura c'è un velo steso sul loro cuore. Quindi il significato dell'Antico Testamento resta velato, perché non lo comprendono. Nella immagine, al velo che c'è sul testo corrisponde il velo che c'è sul cuore. Senza immagine, alla incomprensibilità del testo corrisponde la loro mancanza di comprensione. Questo è indicato in 2Cor 3,14 con una seconda immagine: le loro menti sono state accecate.

Ciò significa che Dio ha tolto loro la comprensione dell'Antico Testamento perché non hanno creduto in Cristo.

Quando si convertiranno al Cristo, quel velo sarà tolto (2Cor 3,16), cioè diventerà chiaro il significato del testo. Per Paolo quindi il Cristo è il significato dell'Antico Testamento e solo chi crede in Cristo può comprenderne il significato.

Che cosa accade a coloro che credono e che credendo leggono l'Antico Testamento e ne comprendono il significato? E' detto in 2Cor 3,17-18 per mezzo di immagini simboliche. Egli afferma che il Signore è lo Spirito e dove c'è lo Spirito del Signore, c'è libertà.

La libertà di cui parla, è la libertà dalla legge. Di conseguenza, coloro che sono guidati dallo Spirito del Signore, vengono trasformati ad immagine della gloria del Signore, cioè diventano come il Signore, perché sperimentano in se stessi l'azione dello Spirito del Signore.

Poiché si tratta dello Spirito del Signore che trasforma chi crede ad immagine del Signore, egli può dire che il Signore è lo Spirito. Lo Spirito è il suo e rende simile a lui colui al quale è donato.

Bibliografia. L.L. Belleville, *Reflections of the Glory.* Paul's Polemical Use of the Moses-Doxa-Tradition in 2 Corinthians 3,1-18 (JSNT.SS 52), Sheffield 1991.- L. De Lorenzi, (ed.) *Paolo. Ministro del Nuovo Testamento* (2Cor 2,14-4,6) (Serie Monografica di 'Benedictina' Serie Biblico-Ecumenica 9), Roma 1987.- J.D.G. Dunn, "2 Corinthians 3,17 - 'The Lord is the Spirit' ", *JTS* 21 (1970) 309-320.- J. Dupont, "Le chrétien miroir de la gloire divine d'après 2 Cor 3,18", *RB* 56 (1949) 392-411.- G. Ebeling, "Geist und Buchstabe", RGG[3] II (1959) 1290-1296.- E.E. Ellis, "How the New Testament Uses the Old", in: *New Testament Interpretation*, ed. I.H. Marshall, Exeter 1977, 199-210.- J.A. Fitzmyer, "Glory Reflected on the Face of Christ (2 Cor 3,7-4,6) and a Palestinian Jewish Motif", *TS* 42 (1981) 630-644.- D. Greenwood, "The Lord is the Spirit: Some Considerations on 2 Cor 3,17", *CBQ* 34 (1972) 467-472.- A.T. Hanson, "The Midrash in 2 Corinthians 3: A Reconsideration", *JSNT* 9 (1980) 2-28.- C.J.A. Hickling, "The Sequence of Thought in 2 Corinthians Chapter Three", *NTS* 21 (1974) 380-395.- O. Hofius, "Gesetz und Evangelium nach 2 Korinther 3", in: Idem, *Paulusstudien* (WUNT 51), Tübingen 1989, 75-120.- E. Käsemann, *Paulinische Perspektive*, Tübingen 1969, 237-285 ('Geist und Buchstabe'). C.F.D. Moule, "2 Cor 3,18b: καθάπερ ἀπὸ κυρίου πνεύματος", in: *Neues Testament und Geschichte*, FS O. Cullmann, ed. H. Baltensweiler - B. Reicke, Zürich 1972, 231-237.- T.E. Provence, "Who is Sufficient for These Things? An Exegesis of 2 Corinthians 2:15-3,18", *NT* 24 (1982) 54-81.- E. Stegemann, "Der Neue Bund im Alten. Zum Schriftverständnis des Paulus in II Kor 3", *ThZ* 42 (1986) 97-114.- C.K. Stockausen, *Moses Veil and the Glory of the New Testament.* The Exegetical Substructure of 2 Cor 3,1-4,6 (AnBib 116), Rom 1989.- W.C. van Unnik, " 'With Unveiled Face'. An Exegesis of 2 Corinthians 3,12-18", *NT* 6 (1966) 153-169.- N.T. Wright, "Reflected Glory: 2 Corinthians 3,18", in: *The Glory of Christ in the New Testament*, ed. L.D. Hurst - N.T. Wright, Oxford 1987, 139-150.

3. *L' uomo esteriore, l' uomo interiore e il loro destino.* In 2Cor 4,7-18 Paolo confessa la propria fragilità umana. Egli afferma di portare il tesoro della conoscenza di Dio in Cristo in un vaso di creta, cioè in un corpo fragile, che si disfa ogni giorno, che egli chiama 'uomo esteriore' (ὁ ἔξω... ἄνθρωπος) (2Cor 4,16b) e che è destinato alla corruzione. Tuttavia dice che ' l'uomo interiore' (ὁ ἔσω... ἄνθρωπος) si rinnova ogni giorno (2Cor 4,16c). Dove

tenda questo rinnovamento lo dice in 2Cor 4,14 in cui esprime la sua speranza nella resurrezione e in 2Cor 5,1-10 in cui descrive la vita oltre la morte e il
passaggio da questa condizione mortale alla vita che non muore.

In 2Cor 5,1 il corpo è considerato come la nostra dimora di tenda
sulla terra. Esso verrà disfatto, cioè destinato alla corruzione e noi riceve-
mo una abitazione da Dio, una dimora eterna nei cieli. Queste sono immagini
per dire che vestiremo un corpo celeste, "quello dal cielo" (τὸ ἐξ οὐρανοῦ).
Ma anche questa è una immagine per significare che il nostre corpo sarà celeste (2Cor 5,2).

In 2Cor 5,4 specifica che nostro desiderio non è di essere spogliati di
questo corpo, ma di esserne rivestiti. L'immagine è spiegata subito dicendo
che noi desideriamo che ciò che è mortale sia assorbito dalla vita, (ἵνα
καταποθῇ τὸ θνητὸν ὑπὸ τῆς ζωῆς). Ciò significa che noi portiamo nel
cuore la speranza di potere entrare nella vita dopo la morte con lo stesso
corpo che abbiamo.

In 2Cor 5,5 afferma che Dio ci ha fatto per questo; e lo Spirito che ci ha
dato è una caparra (ἀρραβών), un anticipo, della vita che speriamo. In tal
modo dimostra che non si tratta di un puro desiderio umano, ma che noi desideriamo la vita perché Dio ci ha fatto per la vita e con il dono dello Spirito ne
suscita il desiderio, facendoci pregustare già ora la vita a cui ci ha destinato.

In 2Cor 5,6 descrive la nostra condizione attuale, cioè il nostro abitare nel
corpo, come un abitare lontano dal Signore. La traduzione italiana ufficiale
dice: "essere in esilio, lontano dal Signore", interpretando bene il senso del-
l'espressione originale, ἐκδημοῦμεν ἀπὸ τοῦ κυρίου. Questa affermazione
suppone la convinzione che presso il Signore è la nostra vera dimora e che la
vita sulla terra sia solo una fase transitoria. Di conseguenza in 2Cor 5,8 indica
bene la nostra condizione terrena, dicendo che preferiamo "andare in esilio
dal corpo" (ἐκδημῆσαι ἐκ τοῦ σώματος) e "abitare presso il Signore"
(ἐνδημῆσαι πρὸς τὸν κύριον).

Anche queste espressioni sono immagini, cioè un modo di dire che preferiamo morire per poter essere presso il Signore perché là è la vita che ci attende, la nostra patria - se così si può dire - la nostra destinazione.

In 2Cor 5,7 usa altre espressioni per descrivere il modo in cui viviamo
nella condizione attuale, in rapporto alla mèta o al fine che ci attende, che è la
conoscenza diretta di Dio e la partecipazione alla vita divina: comminiamo
nella fede e non nella visione (διὰ πίστεως... περιπατοῦμεν, οὐ διὰ εἴδους).

Afferma che camminiamo per fede (διὰ πίστεως) per dire che ora viviamo credendo che dopo la morte ci accadrà ciò che speriamo. Ma non lo vediamo, perchè la nostra condizione mortale non ci permette di sapere come
saremo nella vita immortale. Per questo dice che non viviamo per visione (οὐ
διὰ εἴδους). A ogni condizione corrisponde un tipo di conoscenza: alla con-

dizione mortale, quella per fede; alla condizione immortale, quella per visione, cioè la conoscenza diretta di ciò che ora crediamo, Dio e la sua vita. Tuttavia lo Spirito che abbiamo ricevuto conferma con la sua presenza la verità di ciò che crediamo, perché ce ne dà fin da ora una certa esperienza. Per questo lo definisce 'caparra', anticipo (τὸν ἀρραβῶνα) in 2Cor 5,5b.

In 2Cor 5,10 conclude ricordando il giudizio finale, per far comprendere che il nostro modo di vivere dipende dal destino che ci attende. Si tratta di una constatazione, che diventa una esortazione a vivere bene, in rapporto alla verità della fede da cui dipende. Quindi afferma che tutti dobbiamo comparire davanti al tribunale di Cristo, ciascuno per ricevere la ricompensa di ciò che ha compiuto per mezzo del corpo, sia in bene che in male.

Bibliografia. N. Baumert, *Täglich Sterben und Auferstehen. Der Literalsinn von 2 Kor 4,12-5,10* (SANT 34), München 1973.- F.F. Bruce, "Paul on Immortality", *SJT* 24 (1971) 457-474.- R. Cassidy, "Paul's Attitude to Death in 2 Corinthians 5:1-10", *EvQ* 43 (1971) 210-217.- E.E. Ellis, "2 Corinthians 5,1-10, in Pauline Eschatology", *NTS* 6 (1959/60), 211-224.- K. Erlemann, "Der Geist als ἀρραβών (2Cor 5,5) im Kontext der paulinischen Eschatologie", *ZNW* 83 (1992) 202-223.- A. Feuillet, "La demeure céleste et la destinée des chrétiens: Exégèse de 2 Cor 5,1-10 et contribution à l'étude des fondements de l'eschatologie paulinienne", *RSR* 44 (1956) 161-192; 360-402.- K. Hahnhart, "Paul's Hope in the Face of Death", *JBL* 88 (1969) 445-457.- M.J. Harris, "Paul's View of Death in 2 Corintians 5:1-10", in: *New Dimensions in New Testament Study*, ed. R.N. Longenecker - M.C. Tenney, Grand Rapids 1974, 317-328.- F.G. Lang, *2 Korinther 5,1-10 in der neueren Forschung* (BGBE 16), Tübingen 1973.- C.L. Mitton, "Paul's Certainties. The Gift of the Spirit and the Life bejond Death: 2 Corinthians 5,1-10", *ExpT* 69 (1958) 260-263.- J. Murphy-O'Connor, " 'Being at home in the body, we are in exile from the Lord' (2Cor 5,6b)", *RB* 93 (1986) 114-121.- C.M. Pate, *Adam Christology as the Exegetical and Theological Substructure of 2 Corinthians 4,7-5,21*, Lanham, MD, 1991.- N.M. Watson, "2Cor 5:1-10 in Recent Research", *ABR* 23 (1975) 33-36.

4. *Il ministero della riconciliazione.* In 2Cor 5,18-21 definisce il ministero apostolico come ministero della riconciliazione (τὴν διακονίαν τῆς καταλλαγῆς) (2Cor 5,18b). Dio ha riconciliato a sé il mondo per Cristo e ha affidato agli apostoli il servizio della riconciliazione, cioè il mandato o ministero di invitare il mondo a riconciliarsi con Dio. Per giustificare il suo mandato, rievoca il modo in cui Dio ha riconciliato a sé il mondo in Cristo.

In 2Cor 5,19 afferma che lo ha fatto non imputando a loro le loro colpe (μὴ λογιζόμενος αὐτοῖς τὰ παραπτώματα αὐτῶν). In 2Cor 5,21 spiega perché l'imputazione non è avvenuta per mezzo di immagini suggerite dall'analogia. "Dio fece per noi peccato colui che non conosceva peccato, affinché noi diventassimo giustizia di Dio in lui".

L'espressione 'colui che non conosceva peccato' indica il Cristo e la frase significa che egli non aveva commesso peccato, che era innocente. Tuttavia Dio 'lo fece peccato', cioè lo considerò come uno che ha peccato, come un peccatore. Anzi, come lo stesso peccato.

Si tratta quindi dell'uso di un concetto astratto per il concreto. L'espressione 'per noi' significa a nostro vantaggio. Quindi tutta la frase 'lo fece peccato per noi' può significare che lo rese solidale con noi nel peccato, considerandolo peccatore. Ma ciò non è sufficiente, se non si aggiunge che per mezzo di questa solidarietà il nostro peccato è stato tolto. E ciò è accaduto con la sua morte. Pertanto la frase 'lo fece peccato per noi', equivale all'affermazione di fede che si trova in tutto il Nuovo Testamento e nel 'Credo': lo fece morire per noi e lascia intendere che quella morte è accaduta per espiare i nostri peccati.

Quindi lo fece peccato perché lo consegnò alla morte, facendo ricadere su di lui la condanna di morte meritata dal nostro peccato.

Lo stesso significato si ottiene interpretando la frase come simbolo sacrificale, cioè fece della sua morte 'un sacrificio per il peccato' ed egli stesso 'una vittima di espiazione del peccato'. Ma questa interpretazione è meno adatta della precedente, perché il secondo termine della frase è δικαιοσύνη θεοῦ, "giustizia di Dio", cioè il contrario di ciò che indica la parola ἁμαρτία, 'peccato'. Quindi ἁμαρτίαν in 2Cor 5,21ab non può significare 'sacrificio per il peccato', o 'vittima del sacrificio per il peccato', perché né il primo né il secondo significato sono il contrario di 'giustizia', ma indicano solo un rito o la vittima con cui veniva eseguito.

Qualora si preferisca la seconda interpretazione, il significato teologico resta uguale a quello raggiunto con la precedente. Sia in un caso che nell'altro, egli ricorda la morte espiatoria del Cristo, per mezzo della quale Dio ha perdonato il peccato e ha riconciliato a sé il mondo. Perdonando ha offerto la pace. Per questo l'apostolo, annunciando il vangelo di Cristo, ha il compito di invitare gli uomini ad accettare il perdono di Dio e a riconciliarsi con lui, come con un amico.

L'effetto dell'opera di Dio in Cristo è indicato dall'espressione "affinché noi diventassimo giustizia di Dio in lui" (ἵνα ἡμεῖς γενώμεθα δικαιοσύνη θεοῦ ἐν αὐτῷ). Ciò deve essere interpretato allo stesso modo di ἁμαρτία, come concetto astratto usato al posto del nome che indica il concreto. Quindi, poiché Dio ha tolto i nostri peccati facendo morire il Cristo come un peccatore (2Cor 5,21a), i peccati non ci vengono imputati (2Cor 5,19b) e noi non siamo più peccatori, ma siamo diventati giusti in lui (δίκαιοι ἐν αὐτῷ) (2Cor 5,21b).

Bibliografia. R. Bieringer, "2 Kor 5,19a und die Versöhnung der Welt", *ETL* 63 (1987) 295-326.- J. Dupont, *La réconciliation dans la théologie di saint Paul*, Paris - Bruges 1953.- M. Hengel, "Der Kreuzestod Jesu Christi als Gottes souveräne Erlösungstat. Exegese über 2.Kor 5,11-21", in: Idem, *Theologie und Kirche*, 60-89.- O. Hofius, "Erwägungen zur Gestalt und Herkunft des paulinischen Versöhnungsgedankens", *ZNW* 77 (1980) 18-99.- E. Lohse, "Das

Amt, das die Versöhnung predigt", in *Rechtfertigung*, FS E. Käsemann, Tübingen 1976, 339-349.- S. Lyonnet - L. Sabourin, *Sin, Redemption and Sacrifice*. A Biblical and Patristic Study (AnBib 48), Rome 1970, 185-296 (su 2Cor 5,21: L. Sabourin).- M.E. Thrall, "Salvation Proclaimed: V. 2Corinthians 5:18-21", *ExpT* 93 (1982) 227-232.- R. Bultmann, *Der zweite Brief an die Korinther*, 159-168.- H.J. Findeis, *Versöhnung - Apostolat - Kirche*. Eine exegetisch - theologische und religionsgeschichtliche Studie zu den Versöhnungsaussagen des Neuen Testaments (2 Kor, Röm, Kol, Eph) (FzB 40), Würzburg 1983, 62- 252 (su 2Cor 5,14-6,2).

5 *Cristo si è fatto povero per noi*. In 2Cor 8,9 per esortare i Corinzi a essere generosi nella raccolta di denaro in favore dei cristiani di Gerusalemme, porta il Cristo come esempio e modello di generosità. Dice che "pur essendo ricco (πλούσιος ὤν), si fece povero affinché foste ricchi con la sua povertà (ἵνα ὑμεῖς τῇ ἐκείνου πτωχείᾳ πλουτήσητε)". In 2 Cor 8,9a inizia la rievocazione dicendo che essi conoscono la grazia del Signore (τὴν χάριν τοῦ κυρίου).

Quindi le espressioni che seguono devono essere considerate delle immagini che indicano il modo in cui il Cristo ha comunicato a coloro che credono la grazia che li ha resi ricchi. Paolo non spiega il significato delle immagini, cioè che cosa indichi la ricchezza del Cristo e che cosa indichi la sua povertà, con cui ha arricchito i credenti. Ma non c'è dubbio che le espressioni vogliono indicare quello che con altra immagine si chiama 'abbassamento del Cristo' nella condizione mortale e la sua obbedienza fino alla morte di croce.

Mi sembra che questa interpretazione sia conforme alla teologia della croce, di cui ha parlato in 1Cor 1,18-2,5 e in Fil 2,6-11. Quindi 'la povertà' con cui egli rende ricco chi crede si può interpretare come una ricchezza di grazia che scaturisce dall'esempio di una vita condotta nell'umiltà della condizione umana e in totale obbedienza al destino della croce.

E tuttavia, ciò non mi sembra sufficiente. Affinché l'esempio da lui dato conquisti il credente e lo spinga a donare generosamente, è necessario che il credente abbia fatto esperienza della generosità del Cristo verso di lui. Quindi la grazia che essi conoscono e a cui si richiama Paolo per convincerli a donare in modo generoso, è quella del perdono che scaturisce dalla sua morte.

E' questo il dono di grazia che essi conoscono, perché arricchisce chi crede dell'amore di Dio che lo Spirito riversa nel loro cuore. Quindi la povertà di Cristo è la sua morte di croce e la sua ricchezza è la condizione divina da lui lasciata per condividere la condizione umana.

Bibliografia. F. Craddock, "The Poverty of Christ. An Investigation of 2 Corinthians 8:9", *Int* 22 (1968) 158-170.- J. Dupont, "Pour vous le Christ s'est fait pauvre (2 Cor 8,7.9.13-15)", *ASeign* 44 (1969) 32-37.

AI GALATI

Bibliografia (Studi). J.M. Barclay, *Obeying the Truth*. A Study of Paul's Ethics in Galatians, Edinburgh 1988.- C.K. Barrett, *Freedom and Obbligation*. A Study of the Epistle to the Galatians, Philadelphia 1985.- U. Borse, *Standort des Galaterbriefes* (BBB 17), Köln 1972.- J. Blank, "Warum sagt Paulus: 'Aus Werke des Gesetzes wird niemand gerecht'?", EKK. V.1 (1969) 79-95.- C. Breytenbach, *Paulus und Barnabas in der Provinz Galatien* (AGJU 38), Leiden 1996.- B.H. Brinsmead, *Galatians - Dialogical Response to Opponents* (SBL.DS 65), Chico 1982.- B. Byrne, *'Sons of God' - 'Seed of Abraham'* (An Bib 83), Rom 1979.- J.D.G. Dunn, "The Theology of Galatians", *SBLSP* 27 (1988) 1-16.- J. Eckert, *Die urchristliche Verkündigung im Streit zwischen Paulus und seinen Gegnern nach dem Galaterbrief* (BU 6), Regensburg 1971.- F. Hahn, "Das Gesetzverständnis im Römer und Galaterbrief", *ZNW* 67 (1976) 29-63.- Z.I. Hermann, *Liberi in Cristo*. Saggi esegetici sulla libertà dalla legge nella lettera ai Galati (Specilegium Pontificii Athenei Antoniani 27), Roma 1986.- J. Holmustrand, *Markers and Meaning*. An Analysis of 1 Thessalonians, Philippians and Galatians (CB.NT 28), Stockholm 1997.- I.G. Hong, *The Law in Galatians* (JSNT.SS 81), Sheffield 1993.- G. Howard, *Paul: Crisis in Galatia*. A Study in Early Christian Theology (SNTS.MS 35), Cambridge [2]1990.- V. Jegher-Bucher, *Der Galaterbrief auf dem Hintergrund antiker Epistolographie und Rhetorik. Ein anderes Paulusbild* (ATANT 78), Zürich 1991.- H. Hübner, "Galaterbrief", *TRE* 12 (1984) 5-14.- K. Kertelge, "Zur Deutung der Rechtfertigung im Galaterbrief", *BZ* 12 (1968) 211-222.- G. Klein, "Individualgeschichte und Weltgeschichte bei Paulus", in: Idem, *Rekonstruktion und Interpretation* (BEvTh 50), München 1969, 180-224.- K. Löning, "Der Galaterbrief und die Anfänge des Christentums in Galatien", in: *Asia Minor Studien* 12, Bonn 1994, 133-165.- D.J. Lull, *The Spirit in Galatian*: Paul's Interpretation of Pneuma as Divine Power (SBL.DS 49), Chico 1980.- F. Mussner, *Theologie der Freiheit nach Paulus*, Freiburg i.Br. 1976.- J.C.O'Neill, *The Recovery of Paul's Letter to the Galatians*, London 1972.- A. Pitta, *Disposizione e messaggio della lettera ai Galati*. Analisi retorico-letteraria (AnBib 131), Roma 1992.- W. Schmithals, "Die Häretiker in Galatien", *ZNW* 47 (1956) 25-67.- Idem, "Iudaisten in Galatien?", *ZNW* 74 (1983) 27-58.- F. Schürmann, " 'Das Gesezt des Christus' (Gal 6,2)", in: Idem, *Jesu ureigener Tod*, Freiburg i.Br. 1975, 97-120.- Th. Söding, "Die Gegner des Apostel Paulus in Galatien", in: Idem, *Das Wort des Kreuzes* (WUNT 93), Tübingen 1997, 132-152.- P. Stuhlmacher, *Das Paulinische Evangelium*. I: Vorgeschichte (FRLANT 95), Göttingen 1968.- A. Suhl, "Der Galaterbrief - Situation und Argumentation", *ANRW* II 25.4 1987) 3067-3134.- J.B. Tyson, " 'Works of Law' in Galatians", *JBL* 92 (1973) 423-431.- A. Viard, "Galates (Epître aux)", *DBS* 7 (1961) 211-226.- P. Vielhauer, "Gesetzesdienst und Stoicheiadienst im Galaterbrief", in: *Rechtfertigung,* FS. E. Käsemann, ed. J. Friedrich, Tübingen 1976, 543-556.- H. Weder, *Das Kreuz Jesu bei Paulus*. Ein Versuch über den Geschichtsbedeutung des christlichen Glaubens nachzudenken (FRLANT 125), Göttingen 1981.-
(Commenti) A. De Witt, *Commentary on the Epistle to the Galatians* (ICC), Edinburgh 1921; rist. 1964.- M.-J. Lagrange, *Saint Paul. Epître aux Galates* (EB), Paris [3]1926; rist. 1950.- G.S. Dancan, *The Epistle of Saint Paul to the Galatians* (MNTC), London [6]1948.- H. Schlier, *Der Brief and die Galater* (KEK 7), Göttingen 1949; [5]1971.- P. Bonnard, *L'épître de saint Paul aux Galates* (CNT 9), Neuchâtel-Paris 1953; [2]1972.- H.N. Ridderbos, *The Epistle of Paul to the Churches of Galatians* (NICNT), Grand Rapids [4]1954.- A. Cepke - J. Rohde, *Der Brief des Paulus an die Galater* (ThHK 9), Berlin [3]1973.- A. Viard, *Saint Paul. Epître aux Galates* (SB), Paris 1964.- H.W. Beyer, *Der Brief an die Galater*. Neu bearbeitet von P. Althaus (NTD 8), Göttingen [12]1970.- H. Litzmann, *An die Galater* (HNT 10), Tübingen [4]1971.- H.L. Betz, *Galatians* (Hermeneia), Philadelphia 1979.- F. Mussner, *Der Galaterbrief* (HThK IX), Freiburg i.Br. 1974; [4]1981.- G. Ebeling, *Die Wahrheit des Evangeliums*. Eine Lesehilfe zum Galaterbrief, Tübingen 1981.- U. Borse, *Der Brief an die Galater* (RNT), Regensburg 1984.- W. Egger,

Galaterbrief. Philipperbrief (NEB 9/11/15), Würzburg 1985, 7-43.- D. Lührmann, *Der Brief an die Galater* (ZBK.NT 7), Zürich 1988.- R.Y.K. Rung, *The Epistle to the Galatians* (NICNT), Grand Rapids, MI, 1988.- J. Rohde, *Der Brief an die Galater* (ThHK 9), Leipzig 1989.- B. Corsani, *Lettera ai Galati* (SBANT.NT 9), Genova 1990.- R.N. Longenecker, *Galatians* (WBC 41), Dallas, TX, 1990.- Th. Zahn, *Der Brief des Paulus an die Galater*, rist. di [3]1922, ed. M. Hengel, Wuppertal 1990.- F.J. Matera, *Galatians* (Sacra Pagina 9), Collegeville 1992.- J.D.G. Dunn, *The Epistle to the Galatians* (BNTC), London 1993.- A. Pitta, *La lettera ai Galati*, Bologna 1996.- F. Vouga, *An die Galater* (HNT 10), Tübingen 1998.- P.F. Esler, *Galatians* (New Testament Reading), London 1998.- B. Witherington III, *Grace in Galatians.* A Commentary on Paul's Letter to the Galatians, Grand Rapids, MI, 1998.

I *Piano letterario di Gal*

L'opinione degli esegeti è unanime nel ritenere che il testo indirizzato da Paolo alle chiese della Galazia sia una 'lettera', con una introduzione di genere epistolare (Gal 1,1-5), un 'corpo' centrale con la trattazione (Gal 1,6-6,10), una conclusione di genere epistolare (Gal 6,11-18). Ci si domanda se la parte centrale (Gal 1,6-6,10) abbia un ordine espositivo e se possa essere divisa secondo un 'piano'. Su questo non c'è consenso. Quindi espongo le ipotesi di divisione del testo, procedendo dalla più semplice alla più complessa.

R.G. Hall (1987) considera il testo una lettera organizzata secondo il genere del 'discorso deliberativo', composto dai seguenti elementi: I Gal 1,1-5 Esordio: II Gal 1,6-9 Tema; III Gal 1,10-6,10 Dimostrazione del tema; IV Gal 6,11-18 Epilogo.

Il corpo della lettera quindi forma *una sola parte* (Gal 1,10-6,10), preceduta dal tema (Gal 1,6-9). Ma la dimostrazione del tema è divisa in due sezioni: A Gal 1,10-2,21; B Gal 3,1-6,10 in base alla differenza di genere letterario. La prima sezione è una esposizione in forma narrativa del caso personale, addotta come prova. La seconda contiene elementi e motivi del genere argomentativo.

Simile è la divisione proposta da F. Mussner nel suo commento (1974): Gal 1,1-5 Prescritto; Gal 1,6-6,10 Corpo della lettera; Gal 6,11-18 Conclusione. Il corpo della lettera costituisce una sola parte: A Gal 1,6-12 La situazione; B Gal 1,13-6,10 La spiegazione. Ma questa è divisa in tre sezioni e non in due: I Gal 1,13-2,21 Il vangelo di Paolo non è dall'uomo; II Gal 3,1-5,12 Il vangelo di Paolo è secondo la scrittura; III Gal 5,13-6,10 Etica della libertà. Egli prende l'idea da un saggio di J. Jeremias (1958).

La 'Traduction Oecuménique de la Bible' offre un piano in *due parti* principali, chiamate 'tappe', cioè due fasi progressive in cui Paolo dimostra la tesi che Dio è intervenuto in Gesù Cristo per liberare gli uomini dal peccato. A Gal 1,1-2,21 Prima tappa; B Gal 3,1-6,18 Seconda tappa. La prima tappa

(A) è divisa in tre sezioni: a) Gal 1,1-10 Introduzione, in cui Gal 1,1-5 contengono i due temi di questa parte: la missione apostolica di Paolo (Gal 1,1-2) e il suo vangelo (Gal 1,3-5); e Gal 1,6-9 descrivono la situazione che lo costringe ad intervenire; b) Gal 1,11-2,10 la missione di Paolo; c) Gal 2,11-21 il vangelo di Paolo. La seconda tappa (B) è divisa in cinque sezioni: a) Gal 3,1-5 Introduzione; b) Gal 3,6-4,7 il regime della fede e della legge nella storia della salvezza; c) Gal 4,8-5,12 esortazione a non ritornare alla schiavitù; d) Gal 5,13-6,10 la vera libertà è frutto dello Spirito; e) Gal 6,11-18 conclusione.

Una divisione in due parti si trova anche presso coloro che vogliono dividere il testo in una parte dottrinale e una parte perenetica, secondo un presupposto modello presente in altre lettere di Paolo. Questa divisione è evidente in D. Lührmann (1978): Gal 1,1-15 Introduzione; Gal 1,6-10 occasione; I Gal 1,11-5,12 Il vangelo: legge e fede; II Gal 5,13-6,10 Parenesi; 6,11-18 Conclusione.

La divisione in *tre parti* è quella più diffusa: Gal 1,1-5 Introduzione; I Gal 1,6-2,21; II Gal 3,1-4,31; III Gal 5,1-6,10; Gal 6,11-18 Conclusione. Variano i titoli con cui è indicato il contenuto delle singole parti.

Questo modello presenta due varianti nella delimitazione della Parte II. O Merk (1969) pone la fine della trattazione teologica in Gal 5,12 e l'inizio della parte parenetica in Gal 5,13. Per cui la Parte II comprende Gal 3,1-5,12 e la Parte III Gal 5,13-6,10.

Questa proposta è accettata da W. Marxen, W.G. Kümmel, A. Wickenhauser e J. Schmid nelle loro introduzioni. E' seguita anche da F. Mussner e D. Lührmann nei loro commenti.

A. Suhl (1987) contesta questa divisione perché ritiene che Gal 5,13-24 sia la fine dell'argomentazione iniziata in Gal 3,1. Paolo discute un equivoco etico che potrebbe nascere dalla sua affermazione che coloro che credono in Cristo sono liberi dalla legge, e cioè che chi non ha più legge è libero di peccare come vuole. Tuttavia non è ancora parte parenetica, che è concentrata in Gal 6,1-10. Quindi la Parte II comprende Gal 3,1-5,24 e la Parte III Gal 6,1-10.

Una proposta più complessa, ma sostanzialmente identica a una divisione in tre parti, è fatta da H.D. Betz nel suo commento (1979). Ritiene che la lettera sia strutturata secondo il modello classico di un 'discorso giudiziario', cioè difensivo e apologetico: I Gal 1,1-5 Prescritto o inizio epistolare; II Gal 1,6-11 Esordio; III Gal 1,12-2,14 *Narratio* o esposizione del caso; IV Gal 2,15-21 *Propositio* o tema del dibattito; V Gal 3,1-4,31 *Probatio* o dimostrazione del tema; VI Gal 5,1-6,10 *Exhortatio* o parenesi; VII Gal 6,11-18 *Conclusio* o fine epistolare.

B.H. Brinsmead (1982) riprende questa proposta, ma corregge il titolo della Parte VI Gal 5,1-6,10 chiamandola *Refutatio* o contestazione dell'accusa dell'avversario. Fa notare che nel discorso giudiziario non è prevista nessuna esortazione di tipo morale.

Queste sono le ipotesi più diffuse e non è possibile dare di tutte una valutazione critica. Alcune sono proposte senza motivo o giustificazione; altre propongono criteri di divisione molto diversi. Tuttavia dalla esposizione risulta che c'è consenso sulla divisione generale del testo in tre elementi del genere epistolare: Gal 1,1-5 Introduzione (o Prescritto); Gal 1,6-6,10 'Corpo' della lettera; Gal 6,11-18 Conclusione.

C'è anche consenso nella delimitazione di alcune sequenze discorsive. Tutti indicano Gal 1,11-2,21 come una parte di tipo narrativo, preceduta da Gal 1,6-10 in cui è indicato il motivo che spinge Paolo a fare il racconto di come ha ricevuto il vangelo da Dio stesso e come è stato confermato dagli altri apostoli e responsabili della chiesa, che erano già prima di lui nell'apostolato. Di questo vangelo dà una breve sintesi in Gal 2,15-16.

La maggior parte dei critici ritiene di potere individuare l'inizio della Parte II in Gal 3,1. Ma non tutti sono d'accordo sulla fine: Gal 4,31? Gal 5,12? Gal 5,24?

Coloro che propongono Gal 4,31 adottano come criterio il cambio di genere. Secondo loro in Gal 5,1 inizia una parte parenetica, come nelle altre lettere di Paolo.

Ma coloro che pongono la fine della Parte II in Gal 5,12 fanno notare che in Gal 5,1-12 continua lo stile dialogico della parte precedente e l'argomento è ancora l'aspetto negativo della legge e l'obbligo che essa comporta per chi la vuole seguire, di cui ha iniziato a discutere in ciò che precede (Gal 4,1 e Gal 4,21). Mentre in Gal 5,13 inizia una parte positiva sulla legge, di natura più esortativa che contestativa.

Credo che abbiano ragione coloro che fanno notare questa differenza. Ma mi domando se sia sufficiente per separare Gal 5,13-24 da Gal 5,1-12. Francamente non so che dire. Comprendo quindi le ragioni di A. Suhl che rivendica l'unità di Gal 5,1-24. Ma non vedo il motivo di separare Gal 6,1-10 da ciò che precede. Egli ha ragione di far notare che l'argomento muta. Ma il genere esortativo e il tono positivo iniziato in Gal 5,13 continua. Quindi mi sembra che Gal 6,1-10 si possa considerare una sequenza di Gal 5,1-6,10 piuttosto che una parte a sé stante e dividere in questo modo: Gal 5,1-12 5,13-24 6,1-10.

Ci si può domandare se sia possibile individuare sequenze discorsive in Gal 3,1-4,31. Ma anche in questo non c'è consenso. La maggior parte dei critici individua due sequenze: I Gal 3,1-29; II Gal 4,1-31. Ma per alcuni la prima sequenza termina in Gal 3,29; per altri in Gal 4,7; per altri in Gal 4,11.

Come decidere? Con che criterio? Difficile da dire. Alcuni paragrafi tuttavia sono indicati quasi da tutti: Gal 3,1-5 3,6-14 3,15-18 3,19-22 3,23-29 4,1-7 (o 11) 4,8 (o 12) - 20 4,21-31. Di più non si può dire.

Bibliografia. H.D. Betz, "The Literary Composition and Function of Paul's Letter to the Galatians", *NTS* 21 (1975) 353-379.- Idem, *Galatians*, 54-72.- M. Buscemi, "Struttura della lettera ai Galati", *ED* 34 (1981) 409-426.- H. Hübner, "Galaterbrief" *TRE* 12, 5-6.- R.G. Hall, "The Rhetorical Outline for Galatians. A Reconsideration", *JBL* 106 (1987) 277-287.- J. Jeremias, "Chiasmus in den Paulusbriefen", *ZNW* 49 (1958) 145-156.- G.A. Kennedy, *New Testament Interpretation through Rhetorical Criticism*, Durham 1984, 144-152.- W.G. Kümmel, *Einleitung in das Neue Testament*, 256-257.- W. Marxen, *Einleitung in das Neue Testament*, 46-49.- O. Merk, "Der Beginn der Paränese im Galaterbrief", *ZNW* 60 (1969) 83-104.- J. Smit, "The Letter of Paul to the Galatians: A Deliberative Speech", *NTS* 35 (1989) 1-26.- A. Suhl, "Galaterbrief", *ANRW* II 25.4, 3127-3132.

I *Teologia di Gal*

1. *Il tema: il vangelo di Cristo.* Il messaggio teologico della lettera ai Galati riguarda il contenuto del vangelo che Paolo ha annunciato alle chiese della Galazia e che ora deve ricordare perché costoro credono che ce ne sia uno diverso.

Questo è il motivo che lo spinge a scrivere e questo è evidentemente il tema che intende trattare. Lo dice esplicitamente in Gal 1,6-7: "Mi meraviglio che così in fretta da colui che vi ha chiamati con la grazia di Cristo, passiate a un altro vangelo. In realtà non ce n'è un altro. Solo che vi sono alcuni che vi turbano e vogliono sovvertire il vangelo di Cristo".

Dal motivo che lo spinge a scrivere si può desumere l'argomento che intende trattare e il modo in cui lo intende trattare. L'argomento è che c'è un solo vangelo di Cristo e il modo consiste nel mostrare che l'altro che viene proposto non è il vangelo. Si tratta quindi di dimostrare che il suo vangelo è veramente unico, per confutare la pretesa dell'altro vangelo che vuole sovvertire il vangelo di Cristo.

Bibliografia. E. Grässer, "Das eine Evangelium. Hermeneutische Erwägungen zu Gal 1,6-10", *ZTK* 66 (1969) 306-344.

2. *Sviluppo del tema.* Per mostrare che il suo vangelo è unico, narra che lo ha ricevuto da Dio. Ciò lo fa ricordando la sua storia personale in Gal 1,11-2,21. Per confutare la pretesa dell'altro a sostituire il vangelo di Cristo, dimostra che l'effetto prodotto dal suo vangelo e dal suo annuncio è conforme al piano salvifico di Dio previsto dalla scrittura. Questa dimostrazione è fatta in Gal 3,1-4,31. Conclude indicando le conseguenze pratiche dei due vangeli: la libertà e la schiavitù in Gal 5,1-6,10.

a) Il vangelo di Cristo è unico ed è da Dio

Per dimostrare che il suo vangelo è unico, in Gal 1,11-2,21 ricorda la sua storia personale. La tesi da dimostrare è indicata in Gal 1,12c: "Il vangelo da me annunciato (…) non l'ho imparato da uomini, ma per rivelazione di Gesù Cristo (δι' ἀποκαλύψεως Ἰησοῦ Χριστοῦ)".

Per convincere i suoi interlocutori di questo, rievoca tre episodi essenziali della sua vita. Nel primo (Gal 1,13-24) ricorda che un tempo perseguitava ferocemente la chiesa. Ma poi accadde un mutamento prodotto dall'intervento di Dio: "Colui che mi scelse fin dal seno di mia madre (…) si compiacque di rivelare in me suo Figlio (ἀποκαλύψαι τὸν υἱὸν αὐτοῦ ἐν ἐμοί), affinché lo annunciassi ai pagani" (Gal 1,15a.16). In questo modo ha dimostrato che egli ha ricevuto il vangelo sul Figlio di Dio da Dio stesso e per rivelazione. Nel secondo episodio (Gal 2,1-10) narra che quattordici anni dopo la prima visita a Gerusalemme, o dopo la conversione, ne fece una seconda, insieme a Barnaba e Tito.

Fa notare che non vi andò per caso, ma per una rivelazione (κατὰ ἀποκάλυψιν) (Gal 2,2a). Un altro elemento per convincere che Dio ha ispirato ciò che ha fatto. Lo scopo della visita è indicato in Gal 2,2: "Esposi loro il vangelo che io predico tra i pagani. Ma lo esposi privatamente, tra le persone più ragguardevoli, per non trovarmi nel rischio di correre o di avere corso invano". Non dice qual è questo vangelo che annuncia tra i pagani. Ma lo lascia intendere ai suoi lettori raccontando che non fece circoncidere Tito, che era greco, convertito alla fede in Cristo e che si oppose decisamente ai falsi fratelli, gelosi della libertà dei credenti. Probabilmente essi pretendevano la circoncisione di Tito. Da ciò il lettore comprende quale è la forma del vangelo di Paolo. Egli ritiene che chi è in Cristo, cioè chi crede in Cristo, è libero dalle pratiche della legge mosaica, la cui osservanza è da lui paragonata a una condizione di schiavitù (Gal 2,4-5).

Conclude la rievocazione di questo secondo episodio, ricordando che Giacomo, Cefa e Giovanni, da lui definiti 'colonne' della chiesa, approvarono il suo vangelo e diedero a lui e a Barnaba la mano in segno di comunione. Con questo gesto, essi riconobbero che Dio aveva conferito a Paolo la grazia di annunciare il vangelo tra i pagani, i non circoncisi (Gal 2,6-9).

Con questo secondo episodio ha mostrato e dimostrato che, per ispirazione di Dio, il vangelo da lui annunciato tra i pagani è stato esaminato dai responsabili della chiesa e ha ricevuto la loro approvazione.

Bibliografia. H. Fürst, "Paulus und die 'Säulen' der jerusalemer Urgemeinde (Gal 2,6-9)", in: *Studiorum Paulinorum Congressus Internationalis Catholicus* II (AnBib 18), Romae 1963, 3-10.- G. Klein, "Galater 2,6-9 und die Geschichte der Jerusalemer Urgemeinde", in: Idem,

Rekonstruktion und Interpretation (BEvTh 50), München 1969, 99-128.- I. Löning, "Paulus und Petrus: Gal 2,11 ff. als kontroverstheologisches Fundamentalproblem", *StTh* 24 (1970) 1-69.- D. Roger, "Three Pillars and Three Patriarchs. A Proposal Concerning Gal 2,9", *ZNW* 70 (1979) 252-261.- J.T. Sanders, "Paul's Autobiographical Statement in Galatians 1-2", *JBL* 85 (1966) 335-343.

Nel terzo episodio (Gal 2,11-21) narra che per difendere la verità del suo vangelo si oppose apertamente a Cefa, quando costui, ad Antiochia, per paura dei seguaci di Giacomo, evitava di mangiare con i pagani per non contaminarsi. Paolo gli dice che non ha il diritto di costringere i pagani a vivere come i giudei. Poi ricorda la verità del vangelo in modo esplicito. Dice: " Noi che per nascita siamo giudei e non pagani peccatori, *sapendo che l'uomo non è giustificato da opere di legge, ma soltanto per mezzo della fede in Gesù Cristo*, abbiamo creduto anche noi in Gesù Cristo per essere giustificati dalla fede di Cristo e non da opere di legge, *perché dalle opere della legge non verrà giustificato nessuno*" (Gal 2,15-16).

Paolo non spiega in che cosa consiste la giustificazione né che cosa significa essere giustificati per la fede in Gesù Cristo. Ma in Gal 2,19-20 descrive l'effetto che la fede ha avuto nella sua vita personale. Per la legge è morto alla legge e vive per Dio. Quindi la legge toglie la vita e lo destina alla morte. Ma Dio lo fa vivere per la vita che gli comunica in Cristo che in lui vive per la fede. Il Figlio di Dio che vive in lui lo fa vivere perché lo ha amato e ha dato se stesso per lui.

Dicendo che per la legge non sarà mai giustificato nessuno, vuole probabilmente dire che la legge destina alla morte perché denuncia i peccati, ma non li giustifica. Dicendo che l'uomo è giustificato per la fede in Cristo, vuole probabilmente affermare che l'uomo è perdonato in Cristo. Il Figlio di Dio, per amore, è morto sulla croce. Morendo, ha tolto il peccato e quindi ha restituito l'uomo alla vita di Dio, liberandolo dalla morte, a cui lo destina la legge che non perdona il peccato. Poiché tutto questo è accaduto per volere di Dio, egli può affermare che vive per Dio. E' Dio infatti che lo libera dalla morte per mezzo della vita che gli comunica nella fede, con cui crede che il Figlio di Dio è morto sulla croce per giustificarlo.

Con questo terzo episodio ha dimostrato ai suoi interlocutori che egli è il vero difensore della verità del vangelo e quindi della libertà che Dio concede ai pagani che credono in Cristo per essere giustificati. Conclude facendo notare che Cristo è morto invano, se la giustificazione viene dalla legge (Gal 2,21).

Bibliografia. M. Bachmann, *Sünder oder Übertreter*. Studien zur Argumentation in Gal 2,15ff. (WUNT 59), Tübingen 1992.- Idem, "Rechtfertigung und Gesetzeswerke bei Paulus", *ThLZ*

49 (1993) 1-33.- R. Bultmann, "Zur Auslegung von Galater 2,15-18", in: Idem, *Exegetica*, Tübingen 1967, 394-399.- A.M. Buscemi, "La struttura letteraria di Gal 2,14b-21", *SBFLA* 31 (1981) 59-74.- Idem, "Il fondamento della speranza in Gal 2,20", in: *La speranza*, vol 2: Studi biblici-telogici e apporti del pensiero francescano, Roma 1983, 29-64.- E. Farahian, *Le 'je' paulinien*. Etude pour mieux comprendre Gal 2,19-21 (AnGreg 253), Rome 1988.- H. Feld, " 'Christ Diener der Sünde'. Zu Ausgang des Streits zwischen Petrus und Paulus", *ThQ* 153 (1973) 119-131.- H. Hübner, "Was heisst bei Paulus 'Werke des Gesetzes'?", in: *Glaube und Eschatologie*, FS W.G. Kümmel, ed. E. Grässer - O.Merk, Tübingen 1985, 123-133.- J. Lambrecht, "The Line of Thought in Gal 2,14b-21", *NTS* 24 (1977/78) 484-495.- T.R. Schreiner, "Works of Law in Paul", *NT* 33 (1991) 217-244.- U. Wilckens, "Was heisst bei Paulus 'Aus Werken des Gesetzes wird kein Mensch gerettet'?", in: Idem, *Rechtfertigung als Freiheit*, Neukirchen-Vluyn 1974, 77-109.

b) *Il vangelo annunciato è conforme alla promessa fatta da Dio*

Dopo avere mostrato che il suo vangelo viene da Dio per rivelazione, in Gal 3,1-4,31 si richiama alla esperienza dello Spirito che hanno ricevuto i suoi lettori per mostrare che questo fatto è conforme al disegno salvifico di Dio, contenuto nella scrittura. Quindi il richiamo a questa esperienza ha una duplice funzione: confermare l'origine divina del vangelo da lui predicato, far comprendere che un vangelo diverso non ci può essere.

Inizia la dimostrazione in Gal 3,1-5 con una serie di domande, in cui ricorda ai suoi destinatari che essi hanno ricevuto lo Spirito per avere creduto alla predicazione e che Dio, compiendo miracoli in mezzo a loro, ha confermato la verità dell'annuncio da lui dato e della fede con cui essi hanno creduto.

In Gal 3,6-14 cita il caso di Abramo di cui la scrittura in Gen 15,6 afferma che *ebbe fede e gli fu accreditato a giustizia*. Con questo riferimento vuole far capire che il loro caso è simile a quello di Abramo. Quindi essi sono sulla strada giusta. In Gal 3,8 precisa che la scrittura aveva previsto questo evento, cioè che Dio avrebbe giustificato per fede i pagani. La previsione sarebbe contenuta nelle parole di Gen 12,3: "In te saranno benedette tutte le genti". In Gal 3,9 conclude affermando che quelli che hanno fede vengono benedetti insieme ad Abramo. Non dice in che cosa consiste la benedizione. Ma da ciò che precede, si deve supporre che lo Spirito, che hanno ricevuto, è segno della benedizione di Dio. Per questo può concludere affermando che quelli che hanno fede sono benedetti insieme ad Abramo, cioè ricevono la benedizione della fede, come quello fu benedetto per avere creduto.

Quindi l'affermazione che 'sono benedetti insieme ad Abramo' deve essere considerata una immagine, che significa che essi sono benedetti perché credono, come quello fu benedetto per avere creduto. Per questa ragione può affermare che la scrittura lo aveva previsto. Avendo ricevuto la benedizione dello Spirito perché hanno creduto, la loro condizione è simile a quella di Abramo. Pertanto era prevista nel testo sacro.

In Gal 3,10-12 mostra indirettamente che l'altro vangelo è falso. Poiché si richiama alle opere della legge, porta con sé la maledizione perché la scrittura stessa dice in Deut 27,26 che è maledetto chi non resta fedele alle norme della legge. Non solo. Ma la stessa scrittura afferma in Abacuc 2,4 che il giusto vivrà per fede. Questa citazione, accostata alla precedente, serve a dimostrare che anche la scrittura annuncia la giustificazione per fede. E se l'annuncia per fede, lascia intendere che non è possibile ottenerla per mezzo della osservanza della legge. Tuttavia cita anche Lev 18,5; "Chi praticherà queste cose, vivrà per esse", per mostrare che la giustificazione per legge non si basa sulla fede ma sulla osservanza delle sue norme.

Quindi le tre citazioni hanno uno scopo dimostrativo, nell'argomento che sta trattando. Deut 27,26 contiene la maledizione per chi non osserva la legge; Abacuc 2,4 fa comprendere che la giustificazione del giusto accade mediante la fede; Lev 18,5 dimostra che la vita e la giustificazione che la legge promette, dipende dalla osservanza delle sue norme. Pertanto la citazione di Abacuc 2,4 è essenziale alla dimostrazione. Essa serve a dimostrare indirettamente che la giustificazione per legge è impossibile. Altrimenti, non direbbe che il giusto vivrà per la fede. Di conseguenza coloro che si ostinano a cercare la giustificazione per legge, sono sotto la maledizione, perché la stessa scrittura prevede che non la possono osservare.

Da questa argomentazione, scaturisce come una conclusione logica l'affermazione di Gal 3,13: Cristo ci ha riscattato dalla maledizione della legge, diventando egli stesso maledizione. Poi spiega che questa espressione astratta si riferisce al fatto concreto della sua morte di croce. Quindi la frase 'diventando egli stesso maledizione', significa che egli è stato maledetto, perché Deut 21,23 chiama maledetto chiunque è appeso al legno. Pertanto si tratta di una immagine per dire che è stato crocifisso e che attraverso la sua morte sulla croce noi siamo stati liberati dalla maledizione della legge, perché i nostri peccati, che meritano la maledizione della legge, sono stati cancellati.

In Gal 3,14 afferma che la morte del Cristo sulla croce è avvenuta affinché in Cristo Gesù la benedizione di Abramo passasse alle genti e noi ricevessimo la promessa dello Spirito mediante la fede. La prima parte della frase, riferendosi alla benedizione di tutti i popoli in Abramo, serve per dire che ciò che è accaduto è conforme al piano salvifico di Dio. La seconda parte della frase si riferisce a ciò che di fatto è accaduto: per mezzo della fede in Cristo, coloro che credono ricevono la promessa dello Spirito (τὴν ἐπαγγελίαν τοῦ πνεύματος). Ma proprio in questo modo ci ha liberato dalla maledizione della legge, perché chi è guidato dallo Spirito, non segue la carne e quindi non è più sotto la legge che denuncia la trasgressione. Ma di ciò parlerà in Gal 5,16-23.

Bibliografia. X. Léon-Dufour, "Une lecture chrétienne de l'AT. Gal 3,6-4,20", in *L'évangile, hier et aujourd'hui*, FS F.J. Leenhardt, Genève 1968, 109-115.- R.G. Hamerton-Kelly, "Sacred Violence and the Curse of the Law (Galatians 3,13): The Death of Christ as a Sacrificial Travesty", *NTS* 36 (1990) 98-118.- Chr. D. Standly, " 'Under the Curse': A Fresh Reading of Galatians 3,10-14", *NTS* 36 (1990) 481-511.- J.M. Scott, " 'For as Many as are of Works of the Law are under the Curse' ", in: *Paul and the Scripture of Israel*, ed. C.A. Evans - J.A. Sanders (JSNT.SS 83), Sheffield 1993, 197-221.

Stabilito che lo Spirito ricevuto dai cristiani della Galazia è segno che sono destinati alla giustificazione per fede, in Gal 3,15-29 affronta il problema della funzione della legge nella storia della salvezza. Ma questa storia è fatta alla luce della fede e della giustificazione per la fede in Gesù Cristo, confermata dal dono dello Spirito. Partendo quindi da questo incontestabile dato di fatto, in Gal 3,15-18 può affermare senza esitazione che la promessa di Dio, data in precedenza, non può essere annullata da una legge venuta dopo; e in Gal 3,19-29 può spiegare che essa è stata data per correggere le trasgressioni, portando alla luce i peccati, in attesa della venuta di Gesù Cristo, cioè del discendente che ha ereditato la promessa fatta ad Abramo.

Quindi la legge non è contraria alla promessa, ma prepara ad accoglierla. Denunciando le trasgressioni, racchiude tutti sotto il peccato. Ma non potendo giustificare il peccato né dare la vita, prepara ad accogliere l'offerta della giustificazione per fede in Cristo (Gal 3,21-22). Da ciò risulta che la legge ha una funzione 'educativa' e Paolo lo dice con chiarezza: "Così la legge fu per noi come un pedagogo che ci ha condotto a Cristo (ὥστε ὁ νόμος παιδαγωγὸς ἡμῶν γέγονεν εἰς Χριστόν) perché fossimo giustificati per la fede" (Gal 3,24). Ma giunta la fede, la sua funzione è terminata, perché coloro che credono in Cristo sono diventati figli di Dio. Nel battesimo sono stati trasformati in Cristo stesso. Di conseguenza non c'è distinzione tra giudei e greci. Coloro che credono in lui diventano discendenti e quindi eredi della promessa fatta da Dio ad Abramo (Gal 3,29). Anche questo è un modo di parlare per similitudine e immagine. Poiché credono come Abramo e come lui sono giustificati per fede, possono essere considerati discendenti in Cristo, in quanto in Gal 3,16 ha già detto che il discendente di Abramo è uno solo, il Cristo. I credenti sono considerati discendenti e quindi eredi, perché in Cristo ricevono lo Spirito, che egli considera la realizzazione della promessa fatta da Dio ad Abramo.

Bibliografia. A.M. Buscemi, "Il rapporto Legge-Promessa in Gal 3,15-18", in: *Studia Hierosolymitana* III, ed. G.C. Bottini, Jerusalem 1982, 137-147.- Idem, "La funzione della legge nel piano salvifico di Dio in Gal 3,19-25", *SBFLA* 32 (1982) 109-132.- T.D. Gordon, "A

Note on ΠΑΙΔΑΓΟΓΟΣ in Galatians 3,24-25", *NTS* 35 (1989) 150-154.- R.B. Hays, *The Faith of Jesus*. An Investigation of the Narrative Substructure of Galatians 3,1-4,11 (SBL.DS 56), Chico 1983.- D.J. Lull, " 'The Law was our Pedagogue': A Study in Galatians 3,19-25", *JBL* 105 (1986) 481-498.- H. Paulsen, "Einheit und Freiheit der Söhne Gottes - Gal 3,26-29", *ZNW* 71 (1980) 74-95.- A. Sisti, "Le promesse messianiche (Gal 3,16-22)", *BeO* 11 (1969) 125-134.- N.H. Young, "παιδαγωγός: A Social Setting of a Pauline Metaphor", *NT* 29 (1989) 150-176.- S.K. Williams, "*Promise* in Galatians: A Reading of Paul's Reading of Scripture", *JBL* 107 (1988) 709-720.

In Gal 4,1-7 ripete con altre parole ciò che ha già detto in Gal 3,23-25, sulla funzione della legge nella storia della salvezza. Descrive l'evento salvifico che ha prodotto la giustificazione e quali sono le conseguenze per chi crede. In Gal 4,1-2 inizia con un esempio. L'erede, quando è fanciullo, non si distingue dallo schiavo perché dipende in tutto dai suoi tutori e amministratori. In Gal 4,3-6 parla dei credenti. Prima erano schiavi degli elementi del mondo. Ma quando il Figlio di Dio si è incarnato sono stati liberati dalla schiavitù della legge perché hanno ricevuto l'adozione a figli. La prova di questo è lo Spirito del Figlio che Dio ha mandato nei loro cuori e che li spinge a chiamarlo 'Padre'. In Gal 4,7 trae la conclusione: se sono figli, sono anche eredi per volontà di Dio.

In Gal 4,8-20 li ammonisce a non ritornare sotto la schiavitù della legge. Per convincerli del valore di ciò che dice e cioè che non è necessario farsi di nuovo schiavi delle pratiche della legge, in Gal 4,21-31 cita la legge stessa, ricordando un episodio della vita di Abramo. Ebbe due figli, uno da Agar, la schiava; l'altro da Sara, sua moglie, ma sterile. Del figlio nato dalla schiava dice che è nato secondo la carne (κατὰ σάρκα), per fare comprendere che è frutto della volontà umana di Abramo. Del figlio nato dalla donna libera, cioè Isacco, dice che è nato per mezzo della promessa (δι'ἐπαγγελίας), per far comprendere che è il figlio nato per la promessa di Dio (Gal 4,23).

Stabilito questo, in Gal 4,30 cita Gen 21,10 in cui dice che il figlio della schiava non avrà l'eredità col figlio della libera. In questo modo fa comprendere che gli eredi della promessa divina non sono coloro che cercano di ottenere la promessa con le pratiche della legge o con la presunzione di appartenere naturalmente al popolo disceso da Abramo, ma coloro che la ricevono per grazia, mediante la fede. In questo caso, i credenti, che l'hanno ricevuta con lo Spirito per avere creduto in Cristo, come ha detto in Gal 3,14.

Rievocando questo episodio, Paolo vuole mostrare che c'è una somiglianza tra la condizione di Isacco, nato dalla promessa di Dio e la condizione dei credenti, che sono diventati figli di Dio non per la pratica della legge ma per avere creduto in Gesù Cristo. Per questo in Gal 4,31 può trarre una conclusione analogica e per immagine: "Noi non siamo figli di una schiava, ma di una donna libera", cioè non siamo diventati figli perché schiavi della legge, ma per il libero dono di Dio quando abbiamo creduto in Cristo.

Bibliografia. L.L. Belleville, " 'Under Law ': Structural Analysis and the Pauline Concept of Law in Galatians 3,21-4,11", *JSNT* 26 (1986) 53-78.- A.M. Buscemi, *Libertà e schiavitù nella lettera ai Galati*, Jerusalem 1980.- C.K. Barrett, "The Allegory of Abraham, Sarah and Agar in the Argument of Galatians", in: *Rechtfertigung*, FS E. Käsemann, Göttingen-Tübingen 1976, 1-16.- G. Bouwmann, "Die Hagar und Sara-Perikope (Gal 4,21-31). Exemplarische Interpretation und Schriftbeweis bei Paulus", *ANRW* II 25.4 (1987) 3135-3155.- A. Duprez, "Note sur le rôle de l'Esprit Saint dans la filiation du chrétien. A propos de Gal 4,6", *RSR* 52 (1964) 421-431.- G.W. Hanson, *Abraham in Galatians*: Epistolary and Rhetorical Context (JSNT.SS 29), Sheffield 1989.- J.D. Hester, "The 'Heir' and Heilsgeschichte. A Study of Galatians 4,1ss", in: *Oikonomia*, FS O. Cullmann, Hamburg 1967, 118-125.

3. *Alcuni principi della fede evocati nell'argomentazione di Gal.* In ciò che precede ho cercato di mostrare il modo in cui Paolo, argomentando, dimostra che il suo vangelo è da Dio e conforme alla scrittura. Ora desidero riassumere in pochi paragrafi i principi della fede che guidano tutta l'argomentazione.

In Gal 1,3 augura alle chiese della Galazia "pace dal Signore Gesù Cristo (ἀπὸ... κυρίου Ἰησοῦ Χριστοῦ)", del quale afferma che 'ha dato se stesso per i nostri peccati' (τοῦ δόντος ἑαυτὸν ὑπὲρ τῶν ἁμαρτιῶν ἡμῶν). L'espressione 'ha dato se stesso' è una immagine esistenziale, che ricorda la sua morte, come offerta spontanea e volontaria. L'espressione 'per i nostri peccati' (ὑπὲρ τῶν ἁμαρτιῶν ἡμῶν), indica il valore espiatorio della sua morte. Pertanto tutta la frase significa che egli è morto per espiare i nostri peccati con la sua morte, affinché noi fossimo salvati.

In Gal 2,15-16 afferma che l'uomo è giustificato per la fede di Gesù Cristo (δικαιοῦται...διὰ πίστεως Ἰησοῦ Χριστου). L'espressione significa che l'uomo ottiene il perdono dei peccati credendo che Gesù è morto per espiare i nostri peccati. ciò lo ha già affermato in Gal 1,4. Pertanto la grazia produce in colui che crede Ciò che egli crede. Diventa giusto perché crede che il suo peccato è stato perdonato, cioè giustificato da Dio e non condannato.

In Gal 2,19-20 descrive come avviene la giustificazione in colui che crede che Cristo è morto per lui. In Gal 2,19ab afferma che "per la legge sono morto alla legge, affinché viva per Dio" (διὰ νόμου νόμῳ ἀπέθανον, ἵνα θεῷ ζήσω). Queste espressioni devono essere considerate simboliche, cioè immagini di realtà spirituali, perché colui che scrive è vivo e non è morto realmente. Quindi la prima parte dell'espressione significa che per mezzo della legge lui è considerato un peccatore. Quindi, un morto, perché destinato alla morte che punisce il peccato denunciato dalla legge. Ma in questo modo è un morto per la stessa legge: una immagine per dire che egli non esiste più per la legge e quindi questa non può esercitare un potere sopra di lui. La seconda affermazione indica che egli ha ricevuto la vita da Dio per la fede in Cristo, cioè è stato giustificato e perdonato e quindi sottratto alla morte e riportato alla vita. La morte indica la condizione del peccatore; la vita indica la condizione di giustificato davanti a Dio.

In Gal 2,19c indica il modo in cui avviene il passaggio dalla morte alla vita, usando le espressioni stesse della fede. Assimilandosi al Cristo crocifisso in cui crede, dice: "Sono stato crocifisso con Cristo" (Χριστῷ συνεσταύρωμαι). Questa espressione significa che con la fede egli partecipa alla crocifissione del Cristo, come se volesse dire che egli è stato crocifisso con lui perché peccatore.

In Gal 2,20a dice: "vivo non più io, ma vive in me Cristo" (ζῶ δὲ οὐκέτι ἐγώ, ζῇ δὲ ἐν ἐμοὶ Χριστός). Anche questa frase indica che egli si identifica con la fede in colui in cui crede, nel Cristo che vive, perché vivo e risorto da morte. Come il Cristo è vivo, così anche lui vive. Ma c'è una differenza. Egli vive solo perché il Cristo vive in lui. Quindi la vita non è sua, ma del Cristo.

Il verbo 'vivo' (ζῶ) significa due cose: 1) nel Cristo crocifisso egli è giustificato perché il suo peccato è perdonato; 2) con la morte di Cristo è stato sottratto alla morte a cui lo destina il peccato. Con più precisione dovrei dire che egli vive nonostante che sia morto come peccatore. In questo secondo senso l'espressione 'vivo' non riguarda solo la vita, ma anche la vita per Dio, cioè la vita immortale.

In Gal 2,20b ripete lo stesso concetto ma con altre parole, parlando come uno che si sente tornare a vivere dopo la morte. Dice: "Ciò che ora vivo nella carne" (ὃ δὲ νῦν ζῶ ἐν σαρκί). L'espressione significa la vita che vive nella carne. Poi aggiunge: "la vivo nella fede del Figlio di Dio" (ἐν πίστει ζῶ τῇ τοῦ υἱοῦ τοῦ θεοῦ). Continuando la logica della frase precedente, questa significa che è vivo perché per la fede ha ottenuto la vita dal Figlio di Dio. Il modo in cui l'ha ottenuta è indicato dall'espressione che segue: "il quale mi ha amato e ha dato se stesso per me" (τοῦ ἀγαπήσαντός με καὶ παραδόντος ἑαυτὸν ὑπὲρ ἐμοῦ). La frase 'che ha dato se stesso per me' è un'immagine esistenziale che indica che il Figlio di Dio è morto a suo vantaggio. In che modo quella morte è stata di vantaggio, lo ha già detto in Gal 1,4: ha dato se stesso per i peccati. Quindi, morendo, lo ha giustificato, perdonato, sottratto alla morte, liberato dalla legge, ricondotto alla vita, cioè alla vita per Dio, una vita vissuta in modo giusto, perché Dio lo ha riportato alla vita per la fede nella morte espiatoria del Figlio.

In Gal 4,4-6 ricorda l'evento della incarnazione del Figlio, il tempo in cui è avvenuta, lo scopo per cui è avvenuta. Scrive: "Quando venne la pienezza del tempo (τὸ πλήρωμα τοῦ χρόνου), Dio mandò suo Figlio (ἐξαπέστειλεν ὁ θεὸς τὸν υἱὸν αὐτοῦ), nato da donna (γενόμενον ἐκ γυναικός), nato sotto la legge, per riscattare coloro che erano sotto la legge (ἵνα τοὺς ὑπὸ νόμον ἐξαγοράσῃ), affinché ottenessimo l'adozione a figli (ἵνα τὴν υἰοθεσίαν ἀπολάβωμεν)".

Questa sintesi indica due motivi per la venuta del Figlio nel mondo: il riscatto dalla legge, l'adozione a figli dei riscattati. Quanto al primo motivo, non dice come è avvenuto il riscatto dalla legge, cioè di coloro che erano sotto la legge. Per comprenderlo è necessario rileggere di nuovo Gal 1,4 in cui ha affermato che il Cristo è morto per i nostri peccati. La sua morte quindi libera dal peccato e in questo modo sottrae il peccatore al dominio della legge che lo domina e lo rende schiavo denunciando il peccato che merita il castigo e la morte.

Quanto al secondo motivo, cioè la nostra adozione a figli, in Gal 4,6 specifica il modo in cui è avvenuta. Dio ha mandato lo Spirito del Figlio nei nostri cuori, che ci spinge a chiamarlo 'Padre'. Quando avviene questo evento, è detto in Gal 3,1-2 in cui fa comprendere che il dono dello Spirito si riceve con la fede nella predicazione che annuncia il Cristo crocifisso. Credendo nel Figlio crocifisso, si riceve lo Spirito del Figlio, che trasforma in figli di Dio.

AGLI EFESINI

Bibliografia. (Studi) J. Andai, *Der Heilige Geist als die Gegenwart Gottes in den einzelnen Christen, in der Kirche und in der Welt.* Studien zur Pneumatologie des Epheserbriefes (Regensburger Studien zur Theologie 3), Frankfurt am Main 1985.- C.E. Arnold, *Ephesians: Power and Magic* (SNTS.MS 63), Cambridge 1989.- M. Barth, "Traditions in Ephesians", *NTS* 30 (1984) 3-25.- P. Benoit, "L'unité de l'église selon l'épître aux Ephésiens", in: *Studiorum Paulinorum Congressus Internationalis Catholicus* I (AnBib 17), Romae 1963, 57-77.- Idem, "Rapports littéraires entre les épîtres aux Colossiens et aux Ephésiens", in: *Neutestamentliche Aufsätze*, FS J. Schmid, ed. J. Blinzler - O. Kuss - F. Mussner, Regensburg 1963, 11-22.- Idem, "Ephésiens (Epître aux)", *DBS* 7 (1966) 195-211.- E. Best, "Recipients and Title of the Letter to the Ephesians: Why and When the Designation 'Ephesians'?", *ANRW* II 25.4 (1987) 3247-3279.- W. Bieder, "Das Geheimnis des Christus nach dem Epheserbrief", *TZ* 11 (1955) 239-243.- F.F. Bruce, "St. Paul in Rome. IV. The Epistle to the Ephesians", *BJRL* 49 (1966) 303-322.- C. Burger, *Schöpfung und Versöhnung.* Studien zum linguistischen Gut im Kolosserbrief und Epheserbrief (WMANT 46), Neukirchen-Vluyn 1975.- C.C. Caragounis, *The Ephesian Mysterion*: Meaning and Content (CB.NT 8), Lund 1977.- H. Chadwick, "Die Absicht des Epheserbriefes", *ZNW* 51 (1960) 145-163.- C. Colpe, "Zur Leib-Cristi-Vorstellung im Epheserbrief", in: *Judentum - Urchristentum - Kirche*, FS J. Jeremias, ed. W. Eltester, (BZNW 26), Berlin ²1964.- F.L. Cross (ed.), *Studies in Ephesians*, London 1956.- N.A. Dahl, "Bibelstudie über den Epheserbrief", in: *Kurze Auslegung des Epheserbriefes*, Göttingen 1965, 7-83.- Idem, "Cosmic Dimension and Religious Knowledge (Eph 3:18)", in: *Jesus und Paulus*, FS W.G. Kümmel, ed. E.E. Ellis - E. Grässer, Göttingen 1975, 57-75.- J. Ernst, *Pleroma und Pleroma Christi* (BU 5), Regensburg 1970.- E. Faust, *Pax Christi et Pax Caesaris* (NTOA 24), Freiburg (H)- Göttingen 1993.- A. Feuillet, "L'Eglise plerôme du Christ d'après Ephésiens 1,23", *NRT* 78 (1956) 449-472; 593-610.- K.M. Fischer, *Tendenz und Absicht des Epheserbriefes* (FRLANT 111), Göttingen 1973.- M. Gese , *Das Vermächtnis des Apostels* (WUNT 2/99), Tübingen 1997.- J. Gnilka, "Paränetische Traditionen im Epheserbrief", in: *Mélanges bibliques B. Rigaux*, ed. A. Descamp - A. de Halleaux, Gembloux 1970, 397-410.- Idem, "Das Kirchenmodell des Epheserbriefes",: *Kontinuität und Einheit*, FS F. Mussner, ed. P.- G. Müller - W. Stinger, Freiburg i.Br. 1981, 179-193.- E.J. Goodspeed, *The Key to Ephesians*, Chicago - Cambridge 1956.- W.H. Harris III, *Descent of Christ*. Ephesians 4:7-11 and Traditional Hebrews Imagery (Biblical Study Library), Grand Rapids, MI, 1998.- P. Jovine, " ' La conoscenza del mistero'. Una inclusione decisiva nella lettera agli Efesini (1,9 e 6.19)", *RivB* 34 (1986) 327-367.- E. Käsemann, *Leib und Leib Christi* (BHT 9), Tübingen 1933.- Idem, "Das Interpretationsproblem des Epheserbriefes", in: *Exegetische Versuche und Besinnungen* II, Göttingen 1964, 243-261.- E. Kertelge, "Paulinische Theologie in der Rezeption des Epheserbriefes", in: *Paulus in den neutestamentlichen Schriften*, ed. K. Kertelge (QD 89), Freiburg i.Br. 1981, 25-69.- J.C. Kirby, *Ephesians, Baptism and Pentecost.* An Inquiry into the Structure and Purpose of the Epistle to the Ephesians, London - Montreal 1968.- A. Lindemann, *Die Aufhebung der Zeit.* Geschichtsverständnis und Echatologie im Epheserbrief (StNT 12), Gütersloh 1975.- Idem, "Bemerkungen zu den Adressaten und zum Anlass des Epheserbriefes", *ZNW* 67 (1976) 235-251.- H.E. Lona, *Die Eschatologie im Kolosser und Epheserbrief* (FzB 48), Würzburg 1984.- U. Luz, "Überlegungen zum Epheserbrief und seine Paränese", in: *Vom Urchristentum zu Jesus*, FS J. Gnilka, ed. H. Frankemölle - K. Kertelge, Freiburg i.Br. 1989, 376-396.- H. Merkel, "Der Epheserbrief in der neueren exegetischen Diskussion", *ANRW* II 25.4 (1987) 3247-3279.- H. Merklein, *Das kirchliche Amt nach dem Epheserbrief* (SANT 33), München 1973.- T. Moritz, *A Profoud Mystery.* The Use of the Old Testament in Ephesians (NT.S 85), Leiden 1996.- F. Mussner, *Christus, das All und die Kirche* (TThS 5), Trier ²1968.- Idem, "Epheserbrief", *TRE* 9 (1982) 743-753.- W. Ochel, *Die Annahme einer Bearbeitung des Kolosser-Briefes im*

Epheserbrief, Würzburg 1934.- E. Percy, *Die Probleme der Kolosser und Epheserbriefe*, Lund 1946; rist. 1964.- Idem, "Zu den Probleme des Kolosser- und Epheserbriefes", *ZNW* 43 (1950/ 51) 178-194.- P. Pokorný, *Der Epheserbrief und die Gnosis,* Berlin 1965.- Idem, "Epheserbrief und gnostische Mysterien", *ZNW* 53 (1963) 160-194.- I. de la Potterie, "Le Christ, Plerôme de l'église. Eph 1,22-23", *Bib* 58 (1977) 500-524.- B. Prete, "L'ecclesiologia della Lettera agli Efesini", *SacDoc* 37 (1992) 133-195.- A.E.J. Rawlison, "Corpus Christi", in: *Mysterium Christi*, ed. G.K.A. Bell - A. Deismann, London - New York 1930, 225-244.- C. Reynier, *Evangile et mystère*. Les enjeux théologiques de l'épître aux Ephésiens (LD 149), Paris 1992.- H. van Roon, *Is Ephesians Authentic* ? An Inquiry into the Authenticity of the Epistle to the Ephesians (NT.S 39), Leiden 1974.- W. Schenk, "Zur Entstehung und zum Verständnis der Adresse des Epheserbriefes", *Theologische Versuche* 6 (1975) 73-78.- G. Schille, *Frühchristliche Hymnen*. Literarisches Gut im Epheserbrief (BHT 6), Tübingen 1930.- R. Schnackenburg, "Gestalt und Wesen der Kirche nach dem Epheserbrief", in: Idem, *Schriften zum Neuen Testament*, München 1971, 268-287.- G. Sellin, "Adresse und Intention des Epheserbriefes", in: *Paulus, Apostel Jesu Christi*, FS G. Klein, ed. M. Trowitzsch, Tübingen 1998, 178-186.- F.-J. Steinmetz, "Parusie-Erwartung im Epheserbrief?", *Bib* 50 (1969) 220-236.- K. Usami, *Somatic Comprehension Unity*. The Church in Ephesians (AnBib 101), Rome 1983.- A. Vanhoye, "L'épître aux Ephésiens et l'épître aux Hébreux", *Bib* 59 (1978) 198-230.
(Commenti) T.K. Abbott, *Commentary on the Epistle to the Ephesians* (ICC 8), Edinburgh 1897; rist. 1974.- M. Barth, *Ephesians*, 2 voll. (AB 34.34A), Garden City 1974.- E. Best, *The Epistle to the Ephesians* (ICC), Edinburgh 1998.- M. Bouttier, *L'épître de saint Paul aux Ephésiens* (CNT 9b), Genève 1991.- F.F. Bruce, *The Epistle to the Ephesians,* London 1971; rist. 1974.- H. Conzelmann, *Der Brief an die Epheser* (NTD 8), Göttingen 1962; [15]1981.- M. Dibelius, *An die Kolosser, die Epheser, an Philemon* (HNT 12), Tübingen 1913; [3]1953 neu bearbeitet von H. Greeven.- J. Ernst, *Die Briefe an die Philipper, an Philemon, an die Kolosser, and die Epheser* (RNT), Regensburg 1974.- F. Foulkes, *The Letter of Paul to the Ephesians* (TynNTC 10), Leicester, UK, 2a ed., 1989.- J. Gnilka, *Der Epheserbrief* (HThK X/2), Freiburg i.Br. [3]1982.- N. Hugedé, *L'épître aux Ephésiens*, Genève 1973.- A. Lindemann, *Der Epheserbrief* (ZBK/NT 8), Zürich 1985.- A.T. Lincoln, *Ephesians* (WBC 42), Waco, TX, 1990.- U. Luz, "Der Brief and die Epheser", in: J. Becker - U. Luz, *Die Briefe an die Galater, Epheser und Kolosser*, (NTD 8/1) Göttingen 1998, 107-180.- C. Masson, *L'épître de saint Paul aux Ephésiens* (CNT 9), Neuchâtel 1953, 133-230.- F. Mussner, *Der Brief an die Epheser* (ÖTK 10), Gütersloh 1982.- J. Pfammatter, *Epheserbrief. Kolosserbrief* (NEB.NT 10.12), Würzburg 1987, 5-49.- H. Schlier, *Der Brief an die Epheser*. Ein Kommentar, Düsseldorf 1957; [7]1971.- R. Schnackenburg, *Der Brief an die Epheser* (EKK X), Zürich/Neukirchen-Vluyn 1982.- E.F. Schott, *The Epistle of Paul to the Colossians, to Philemon and to the Ephesians* (MNTC 10), London 1930.- B.F. Westcott, *St Paul's Epistle to the Ephesians*, London 1906.- R. Penna, *Lettera agli Efesini* (Scritti delle origini cristiane 10), Bologna 1988.- P. Pokorný, *Der Brief an die Epheser* (ThHK X/2), Leipzig 1992.-

I   *Piano letterario di Ef*

Per la divisione letteraria del testo c'è un accordo fondamentale su un punto: Ef 3,20-21 costituisce la dossologia finale della Parte I, di genere espositivo e dottrinale; Ef 4,1 costituisce l'inizio della Parte II, di genere esortativo e morale. Quindi il testo è abitualmente diviso in due parti: Ef 1,1-2 Introduzione (o Prescritto epistolare); Ef 1,1-3,21 Parte I Esposizione del mistero di Cristo; Ef 4,1-6,20 Parte II La nuova vita in Cristo; Ef 6,21-24 Conclusione.

Anche per la divisione delle due parti in sezioni minori c'è un certo consenso. La Parte I è divisa in sei sezioni o sequenze discorsive: I Ef 1,3-14; II Ef 1,15-23; III Ef 2,1-10; IV Ef 2,11-22; V Ef 3,1-13; VI Ef 3,14-21. La Parte II è divisa in cinque sezioni o sequenze discorsive: I Ef 4,1-16; II Ef 4,17-24; III Ef 4,25-5,21; IV Ef 5,22-6,9; V Ef 6,10-20.

Questa divisione è proposta da W.G. Kümmel, A. Wickenhauser e J. Schmid nelle loro introduzioni.

Alcuni propongono di unificare le sezioni o sequenze delle parti in sezioni più vaste o maggiori. Ph. Rolland nel suo piano proposto da M. Carrez (1983) divide la Parte I in tre sezioni maggiori, ciascuna con due sottosezioni: I Ef 1,3-23 Inno di grazie e preghiera; A Ef 1,1-14 Inno di grazie, B. Ef 1,15-23 Preghiera; II Ef 2,1-22 La creazione nuova operata da Cristo; A Ef 2,1-10 Noi siamo tutti salvi per grazia dall'ira di Dio, B Ef 2,11-22 Voi siete diventati partecipi delle promesse; III Ef 3,1-21 L'accesso alla conoscenza del mistero di Cristo e i ruolo di Paolo; A Ef 3,1-13 Paolo strumento per la rivelazione del mistero; B Ef 3,14-21 Preghiera per l'illuminazione dei credenti.

Anche la Parte II è da lui divisa in tre sezioni maggiori, ciascuna con due sottosezioni: I Ef 4,1-24 Principi autentici di vita cristiana; A Ef 4,1-16 L'unità del corpo di Cristo, B Ef 4,17-24 Il rinnovamento del giudizio; II Ef 4,25-5,21 Applicazioni particolari, primo gruppo; A Ef 4,25-5,2 Rapporti reciproci tra i membri di un solo corpo, B Ef 5,3-21 Rottura con le pratiche pagane; III Ef 5,22-6,20 Applicazioni particolari, secondo gruppo; A Ef 5,22-6,9 Principi di vita familiare, B Ef 6,10-20 Ultime consegne.

Questa divisione rispetta le divisioni minori accettate da tutti. Ma crea delle divisioni maggiori superficiali, ponendo dei titoli che non corrispondono al contenuto delle sezioni minori. Nella Parte I pone alla seconda sezione (Ef 2,1-22) il titolo 'La creazione nuova operata nel Cristo'. Questa idea è isolata e appare solo in Ef 2,10; mentre ciò che precede in Ef 2,1-9 dimostra che i pagani e gli altri sono morti per il peccato e hanno ottenuto la salvezza per grazia; e in Ef 2,11-23 mostra come il Cristo ha riconciliato con la sua croce i pagani e gli altri, tra loro e Dio. Quindi questo titolo non corrisponde al testo.

Le stesse osservazioni si possono fare per i titoli delle atre sezioni. Mi sembra bene quindi rispettare le singole sequenze del discorso e delle idee, senza imporre ad esse uno schema che non corrisponde al modo di scrivere dell'autore.

Bibliografia. W. Marxen, *Einleitung in das Neue Testament*, 161-171.- A. Wickenhauser - J. Schmid, *Introduzione al Nuovo Testamento*, 528-545.- H. Conzelmann - A. Lindemann, *Arbeitsbuch zum Neuen Testament*, Tübingen [12]1998, 297-298.- W. G. Kümmel, *Einleitung in das Neue Testament*, 308-323.- M. Carrez, "L'épître aux Ephésiens", in: *Les Lettres Apostoliques*, 167-182.- Idem, "L'épître aux Ephésiens", in: *Les Lettres de Paul, Jacques, Pierre et Jude*, 208-220.- U. Schnelle, *Einleitung in das Neue Testament*, Göttingen [3]1999, 321-322.

I   *Teologia di Ef*

Lo scopo della lettera è di comunicare ai lettori il mistero di Cristo, di cui l'autore, che si presenta come 'Paolo', dice di conoscere il contenuto per grazia di Dio. Questo è il discorso che io seguo nella esposizione del testo.

1. *Il mistero della grazia affidato a Paolo e l'amministrazione del miste-ro.* In Ef 3,2-3 scrive: "Penso che abbiate sentito parlare del ministero della grazia di Dio a me affidato a vostro beneficio; come per rivelazione (κατὰ ἀποκάλυψιν) mi è stato fatto conoscere il mistero (τὸ μυστήριον), di cui sopra vi ho scritto brevemente". Quindi il mistero di cui ha scritto è esposto nei capp. 1-2 ed è in essi che si deve cercare il messaggio teologico del testo.

Tuttavia in Ef 3,4-13 aggiunge delle precisazioni che possono essere utili alla comprensione di ciò che ha scritto. In Ef 3,4 specifica che si tratta del mistero di Cristo, cioè ciò su cui ha scritto riguarda il Cristo. In Ef 3,5 afferma che questo mistero era sconosciuto alle passate generazioni e che è stato rivelato ora (νῦν ἀπεκαλύφθη), ai suoi santi e ai profeti, nello Spirito (ἐν πνεύματι). In Ef 3,6 spiega che cosa è questo mistero e in che cosa consiste: i pagani sono coeredi (συγκληρονόμα), incorporati (σύσσωμα), e comparte-cipi della promessa (συμμέτοχα τῆς ἐπαγγελίας), in Cristo Gesù per mezzo del vangelo (ἐν Χριστῷ Ἰησοῦ διὰ τοῦ εὐαγγελίου) che Paolo serve per grazia di Dio.

In Ef 3,8-12 chiarisce l'ultima affermazione ricordando un fatto già noto, per far comprendere che i pagani sono venuti alla fede perché lui ha annun-ciato tra loro il vangelo di Gesù Cristo. Dice che a lui è stata data la grazia di annunciare tra i pagani le insondabili ricchezze del Cristo e in questo modo ha reso evidente a tutti il progetto contenuto nel mistero (ἡ οἰκονομία τοῦ μυστηρίου), che era nascosto in Dio creatore, cioè che Dio creatore aveva progettato dall'eternità.

Poiché con l'annuncio del vangelo ai pagani si è formata la chiesa, in Ef 3,10-11 afferma che ora per mezzo della chiesa (διὰ τῆς ἐκκλησίας) è stata fatta conoscere ai Principati e alle Potestà la molteplice sapienza di Dio, per-ché ciò è accaduto in modo conforme al disegno eterno che egli ha attuato in Gesù Cristo, Signore nostro (κατὰ πρόθεσιν τῶν αἰώνων ἣν ἐποίησεν ἐν τῷ Χριστῷ Ἰησοῦ τῷ κυρίῳ ἡμῶν). In Ef 3,13 conclude facendo notare che in lui, cioè in Cristo, abbiamo la possibilità di accedere a Dio per la fiducia che ci deriva dalla fede in lui.

Da queste accurate precisazioni e dalle affermazioni che precedono il lettore capisce che l'argomento trattato riguarda il modo in cui Dio ha attuato un suo progetto eterno: concedere ai pagani la libertà di accedere a lui per mezzo della fede in Cristo. Egli lo ha attuato per mezzo dell'annuncio e in tal modo sono diventati coeredi, sono stati incorporati nel corpo di Cristo, che costituisce la chiesa, sono diventati partecipi della promessa.

Tenendo conto di questo, esaminerò i punti più importanti dei capp. 1-2 per mostrare in che modo l'autore 'Paolo' ha descritto la realizzazione del progetto contenuto nel mistero di Dio (ἡ οἰκονομία τοῦ μυστηρίου).

Bibliografia. C.C. Caragounis, *The Ephesian Mysterion*, 55-56.72-74.96-112.- N.A. Dahl, "Das Geheimnis der Kirche nach Eph 3,8-10", in: *Zur Auferbauung des Leibes Christi*, FS P. Brunner, ed. E. Schlink - A. Peters, Kassel 1965, 63-75.- D. Lührmann, *Das Offenbarungsverständnis bei Paulus und in den paulinischen Gemeinden* (WMANT 16), Neukirchen-Vluyn 1965, 177-122.- H. Merklein, *Das kirchliche Amt nach dem Epheserbrief*, 159-224.

2. La realizzazione del piano salvifico di Dio. Due sono i passi dei capp. 1-2 in cui l'autore espone la realizzazione del piano di Dio: Ef 1,3-14 e Ef 2,11-22. In Ef 1,3-14 la realizzazione del piano di Dio in Cristo è presentata come motivo della benedizione che rivolge a Dio; in Ef 2,11-22 il piano è presentato nel modo in cui Cristo lo ha attuato, secondo il disegno di Dio. Quindi lo stesso evento salvifico è presentato in Ef 1,3-14 come opera di Dio, Padre di Gesù Cristo; e in Ef 2,11-22 come opera del Cristo per avvicinare gli uomini a Dio.

a) L'opera salvifica di Dio: ricapitolare tutto in Cristo

Ef 1,3-14 costituisce una preghiera di benedizione. E' chiamata in modo tecnico 'eulogia', perché il testo greco inizia con la parola εὐλογητός, 'benedetto'. Lo stile è elevato e il linguaggio è solenne.

I versi formano un unico periodo! Molti esegeti, a causa di queste caratteristiche, hanno formulato l'ipotesi che si tratti di un 'inno', usato dall'autore per il suo scopo e hanno anche proposto il modo di dividerlo in 'strofe'. Ma su questo non c'è accordo. Anzi, gli studi più recenti propongono di non considerarlo un inno, ma semplicemente un testo in prosa artistica o poetica, dovuto allo stesso autore della lettera.

Non è possibile proporre una divisione precisa. Ma è possibile seguire lo sviluppo delle idee, cioè la descrizione delle fasi in cui Dio ha realizzato il suo piano; o meglio: la descrizione delle fasi del piano salvifico di Dio, così come è visto dalla fede dell'apostolo che scrive il testo. Tuttavia in Ef 1,13 c'è una mutazione di persona: si passa dal 'noi' al 'voi' e ciò suggerisce che il testo potrebbe essere diviso in due parti: Ef 1,3-12 e Ef 1,13-14.

Ed ecco le fasi in cui si compone il piano salvifico di Dio descritto dal testo. In Ef 1,4a parla della 'elezione' fatta da Dio prima della fondazione del mondo in Cristo: "Ci ha scelto prima della fondazione del mondo" (ἐξελέξατο ἡμᾶς... πρὸ καταβολῆς κόσμου); e in Ef 1,4b dice che lo scopo della scelta, o elezione, è che fossimo santi ed immacolati al suo cospetto". Alcuni autori vorrebbero unire ἐν ἀγάπῃ a ciò che precede e quindi continuare il pensiero aggiungendo "nella carità". In questo caso il fine dell' opera di Dio è la santità che si manifesta nella carità. Altri invece vorrebbero unire ἐν ἀγάπῃ a ciò che segue in Ef 1,5a ponendo un punto dopo Ef 1,4b. In questo caso si tratta della carità di Dio, con cui ci ha preordinato (προορίσας), a essere suoi figli (εἰς υἱοθεσίαν: lett. alla figliolanza), per mezzo di Gesù Cristo. La prima ipotesi mi sembra più conforme al disegno di Dio, come risulta da Ef 4,16 in cui l'essere in Cristo ha come scopo la crescita nella carità.

Ricapitolando, in Ef 1,4a parla della elezione di Dio e in Ef 1,4b parla dello scopo dell'elezione di Dio, cioè della nostra santificazione nella carità. In Ef 1,5a indica che questo scopo è raggiunto attraverso la nostra adozione a figli, che egli ci ha concesso per mezzo di Gesù Cristo.

In Ef 1,5b afferma che questa adozione è conforme alla sua volontà e in Ef 1,6 che essa è opera della sua grazia, che ci concede nel Figlio suo amato. Quindi, per mezzo della grazia che ci concede nel suo Figlio amato, noi veniamo trasformati o adottati come figli. Per questo in Ef 1,7 indica il modo in cui la grazia ci viene comunicata nel Figlio: in lui (ἐν ᾧ) abbiamo la remissione nel suo sangue e precisa che si tratta del perdono dei peccati (τὴν ἄφεσιν τῶν παραπτωμάτων).

In Ef 1,8-10 specifica che lo scopo di questa effusione di grazia è quello di mandare in atto il mistero della sua volontà (τὸ μυστήριον τοῦ θελήματος αὐτοῦ). che aveva progettato di realizzare in lui nella pienezza dei tempi. Poi indica questo progetto: unificare in Cristo tutte le cose (ἀνακεφαλαιώσασθαι τὰ πάντα ἐν τῷ Χριστῷ), quelle nei cieli e quelle sulla terra.

In Ef 1,11-12 spiega che cosa ciò significa per coloro che hanno sperato in lui: (ἐν ᾧ), cioè in Cristo, sono stati costituiti eredi, perché sono stati predestinati a questo secondo il piano di Dio, il quale fa tutto secondo la sua volontà.

Riassumendo, si deve dire che l'autore in Ef 1,4-12 descrive la storia della salvezza, come storia delle fasi in cui Dio ha attuato il suo progetto salvifico in Gesù Cristo. Le fasi descritte sono quattro: elezione (Ef 1,4a), adozione filiale per mezzo del perdono concesso nel sangue del Figlio (Ef 1,5-7), unificazione di tutto in Cristo (Ef 1,8-10), predestinazione alla eredità (Ef 1,11).

In Ef 1,13-14 il discorso continua chiamando in causa gli interlocutori, per mezzo di un 'voi'. Anche loro, poiché hanno creduto al vangelo, hanno ricevuto la Spirito Santo, che era stato promesso. Poi, tornando al 'noi', parla di tutti i credenti perché lo Spirito è comune. Dice che esso è un 'anticipo' (ὅ ἐστιν ἀρραβών) dell'eredità e specifica che esso è dato per la 'redenzione' o 'riscatto' dell'acquisizione (εἰς ἀπολύτρωσιν τῆς περιποιήσεως).

In questo modo ha aggiunto una precisazione alla realizzazione del piano descritta nei versi precedenti. Poiché la costituzione a eredi avviene per mezzo dello Spirito, significa che esso è concesso quando i credenti vengono trasformati in figli, per mezzo della grazia che ricevono attraverso l'espiazione dei peccati attuata dal Figlio, nel suo sangue. Questo sangue che redime è quindi il mezzo della realizzazione del piano salvifico di Dio. In esso si riceve il perdono dei peccati e si diventa figli per mezzo dello Spirito.

Bibliografia. A.M. Buscemi, *Gli inni di Paolo* (SBFAn 48), Jerusalem 2000, 75-120.- J. Cambier, "La bénediction d'Ephésiens 1,3-14", *ZNW* 54 (1963) 58-104.- J. Coutts, "Ephesians 1:3-14 and 1Peter 1:3-12", *NTS* 4 (1956/57) 115-127.- O. Hofius, " 'Erwählt vor der Grundlegung der Welt' (Eph 1,4)", *ZNW* 62 (1971) 123-128.- D. Jayne, " 'We' and 'You' in Ephesians 1,3-14", *ExpT* 85 (1973) 151-152.- H. Krämer, "Zur sprachliche Form der Eulogie Eph 1,3-14", *WuD* NF 9 (1967) 34-46.- F. Lang, "Die Eulogie in Epheser 1,3-14", in: *Studien zur Geschichte der Theologie und der Reformation*, FS E. Biser, Neukirchen-Vluyn 1969, 7-20.- S. Lyonnet, "La bénédiction de Eph 1,3-14 et son arrièreplan judaïque", in: *A la rencontre de Dieu*, FS A. Gélin, Le Puy 1961, 341-352.- C. Maurer, "Der Hymnus von Epheser als Schlüssel zum ganzen Brief", *EvTh* 11 (1951/52) 151-172.- F. Mussner, "Das Volk Gottes nach Eph 1,3-14", *Conc* 1 (1965) 842-847.- E. Norden, *Agnostos Theos.* Untersuchungen zur Formgeschichte religiöser Rede, Leipzig - Berlin 1913; Darmstadt ⁴1956, 253 n. 1.- P.T. O'Brien, "Ephesians 1: An Unusual Introduction to a New Testament Letter", *NTS* 25 (1979) 504-516.- J.T. Sanders, "Hymnic Elements in Ephesians 1-3", *ZNW* 56 (1965) 214-233 (Eph 1,3-14: 223-227).- G. Santopietro, *Il rapporto eulogico tra Dio e il suo popolo*, Noci 1973.- R. Schnackenburg, "Die grosse Eulogie Eph 1,3-14. Analyse unter textlinguistischen Aspekten", *BZ* NF 21 (1977) 67-87.- A. Suski, *Il salmo di lode nella preghiera agli Efesini.* Tentativo di ricostruzione e aspetti teologici, Diss. P.U.G. Roma 1973.

b) *L'opera salvifica del Cristo: la riconciliazione degli uomini con Dio*

In Ef 2,11-22 l'autore presenta la realizzazione del piano salvifico di Dio come opera del Figlio. La descrizione è molto più precisa, perché intende mostrare il modo in cui i pagani sono stati associati al popolo di Dio, in modo da formare un solo corpo di Cristo, che è la sua chiesa.

Il testo si può dividere in tre paragrafi: 1) Ef 2,11-13 in cui descrive la condizione passata e quella attuale dei pagani; 2) Ef 2,14-18 in cui descrive che cosa ha fatto Cristo per operare questa trasformazione, con la quale li ha uniti al popolo di Dio e ha loro concesso l'accesso al Padre; 3) Ef 2,19-22 in cui descrive la nuova condizione dei pagani, come familiari di Dio, e membri della chiesa.

In Ef 2,11-12 li invita a ricordare la loro condizione precedente. Essi erano pagani per nascita, considerati senza circoncisione dai circoncisi nel corpo; senza Cristo, esclusi dal popolo di Israele; senza la promessa fatta da Dio e da lui garantita con i patti delle alleanze. Quindi senza speranza, perché senza Dio in questo mondo. Questa è la condizione in cui essi si trovavano prima di venire alla fede. Ad essa oppone la loro condizione attuale in Ef 2,13: in Cristo e per mezzo del suo sangue sono diventati vicini. Questo è un modo di parlare sintetico e simbolico. In ciò che segue diventa più chiaro.

In Ef 2,14-18 dice che cosa ha fatto il Cristo per trasformare la condizione dei pagani. Si è pensato che anche questi versi fossero parte di un inno, adottato dall'autore. Ma anche per questi si preferisce pensare che sia prosa artistica dell'autore stesso. In essi descrive l'opera di pacificazione e riconciliazione operata dal Cristo, in tre fasi: a) la riconciliazione tra gli uomini (Ef 2,14-15); b) la riconciliazione degli uomini con Dio (Ef 2,16); c) il frutto della riconciliazione, cioè l'annuncio della pace a tutti e l'accesso di tutti al Padre (Ef 2,17-18).

In Ef 2,14-15 descrive il modo in cui Cristo ha riconciliato gli uomini tra loro. In Ef 2,14b dice che ha fatto dei due uno (ὁ ποιήσας τὰ ἀμφότερα ἓν); poi in Ef 2,14c usando una immagine, afferma che ha abbattuto il muro di separazione (τὸ μεσότοιχον τοῦ φραγμοῦ); in Ef 2,14d spiega che tale muro significa l'inimicizia; in Ef 2,15a indica il modo in cui ha tolto l'inimicizia: nella sua carne (ἐν τῇ σαρκὶ αὐτοῦ), ha abolito la legge, cioè quella legge per mezzo della quale Israele si separava dagli altri popoli; in Ef 2,15b specifica lo scopo per cui ha abolito la legge: per creare di due in lui un unico uomo nuovo (εἰς ἕνα καινὸν ἄνθρωπον), facendo tra loro la pace. Si tratta di una immagine che indica la loro trasformazione in Cristo, che toglie le differenze rendendoli simili a se stesso.

In Ef 2,16 descrive il modo in cui ha riconciliato gli uomini con Dio. In Ef 2,16a afferma che li ha riconciliati tutti e due con Dio, specificando anche il modo della riconciliazione: in un solo corpo (ἐν ἑνὶ σώματι); e il mezzo della riconciliazione: 'per mezzo della croce' (διὰ τοῦ σταυροῦ); in Ef 2,16b precisa che ciò è avvenuto distruggendo in se stesso l'inimicizia che separava da Dio.

In Ef 2,17-18 descrive il frutto della riconciliazione. Ha annunciato la pace di Dio a loro che erano lontani e ai vicini. E in tal modo, gli uni e gli altri, in un solo Spirito, possono accedere al Padre per mezzo di lui. In questa descrizione, la carne del Cristo e la sua croce occupano il posto centrale. Per essa i pagani sono stati uniti al popolo di Dio perché con essa ha annullato la legge che creava separazione e indicava inimicizia. Per essa gli uni e gli altri sono stati riconciliati con Dio. Un unico evento ha portato la pace tra gli uomini sulla terra e la pace tra gli uomini e Dio.

In Ef 2,19-22 descrive la nuova condizione dei pagani venuti alla fede. Dice che non sono più stranieri e ospiti, ma sono diventati concittadini dei santi, perché con la fede in Cristo sono stati riconciliati agli altri credenti; e familiari di Dio (οἰκεῖοι τοῦ θεοῦ), cioè parte e membri della famiglia di Dio.

Poi usando l'immagine della costruzione, fa capire che fanno parte di un edificio che si edifica nella fede, cioè dell'edificio della fede, che è la chiesa. La parola non è usata. Ma la descrizione la indica senza incertezza. Tale edificio ha come fondamenta gli apostoli e i profeti e il Cristo è la pietra di fondazione (ἀκρογωνιαίος), perché la fede in lui è il principio della edificazione e la fede degli apostoli le fondamenta su cui la chiesa si è edificata con l'annuncio portato dalla loro parola.

In Ef 2,21 continuando ad usare l'immagine, afferma che la costruzione deve crescere ordinatamente per diventare tempio santo nel Signore (εἰς ναὸν ἅγιον ἐν κυρίῳ); e in Ef 2,22 aggiunge che nel Signore tutti, pagani e altri, diventano dimora di Dio nello Spirito (εἰς κατοικητήριον τοῦ θεοῦ ἐν πνεύματι). Quindi la crescita di tutto l'edificio, in cui ciascuno è edificato, avviene nello Spirito, la cui presenza trasforma ciascuno e tutti insieme in dimora di Dio.

Bibliografia. C. Burger, *Schöpfung und Versöhnung*, 117-157.- A.M. Buscemi, *Gli inni di Paolo* (SBFAn 48), Jerusalem 2000, 121-158.- G. Giavini, "La structure littéraire d'Eph 2,11-22", *NTS* 16 (1969/70) 209-211.- J. Gnilka, "Christus unser Friede - ein Friedens- Erlösungslied in Eph 2,14-17", in: *Die Zeit Jesu*, FS H. Schlier, Freiburg i.Br. 1970, 190-207.- E. Käsemann, "Meditation zu Eph 2,17-22", in: Idem, *Exegetische Versuche und Besinnungen* I, Göttingen 1960, 280-283.- A. Gonzales Lamadrid, "Ipse est pax nostra. Estudio exegético-teologico de Ef 2,14-18", *EstB* 28 (1969) 209-261; 29 (1970) 101-136; 227-266.- H. Merklein, *Christus und die Kirche*. Die theologische Grundstruktur des Epheserbriefes nach 2,11-18 (SBS 66), Stuttgart 1973.- Idem, "Zur Tradition und Komposition von Eph 2,14-18", *BZ* 17 (1973) 79-102.- W. Noack, "Eph 2,19-22 ein Tauflied?", *EvTh* 13 (1953/54) 362-371.- J. Pfammatter, *Die Kirche als Bau*. Eine exegetisch-theologische Studie zur Ekklesiologie der Paulusbriefe (AnGreg 110), Rom 1960, 73-107.- W. Rader, *The Church and Racial Hostility*: A History of Interpretation of Ephesians 2,11-22 (BGBE 20), Tübingen 1978- K.T. Schäfer, "Zur Deutung von ἀκρογωνιαίος Eph 2,20", in: *Neutestamentliche Aufsäzte*, FS J. Schmid, Regensburg 1963, 218-224.- R. Schnackenburg, "Die Kirche als Bau: Eph 2,19-22 unter ökumenischem Aspekt", in: *Paul und Paulinism*, FS C.K. Barrett, ed. M.D. Hooker - S.G. Wilson, London 1982, 258-272.- P. Stuhlmacher, " 'Er ist unser Friede' (Eph 2,14). Zur Exegese und Bedeutung von Eph 2,14-18", in: *Neues Testament und Kirche*, FS R. Schnackenburg, Freiburg i.Br. 1974, 337-358.- E. Testa, "Gesù pacificatore universale. Inno liturgico della chiesa madre (Col 1,15-20 + Ef 2,14-16)", *SBFLA* 19 (1969) 5-64.

3. *Salvati per grazia.* Tra Ef 1,3-14 che descrive la realizzazione del piano salvifico come opera del Padre e Ef 2,11-22 che lo descrive come opera del Figlio, si inserisce Ef 2,1-10 in cui dimostra che tutti sono salvati per grazia. Per fare comprendere questo, in Ef 2,1 ricorda che un tempo i pagani erano morti per i loro peccati e in Ef 2,3 ricorda che un tempo anche lui, che

scrive e gli altri, erano ribelli, vivevano seguendo i cattivi desideri della carne e perciò meritevoli dell'ira di Dio.

In Ef 2,4-6 ricorda come Dio, per misericordia e amore, da morti che erano li ha fatti rivivere in Cristo. Con lui li ha risuscitati e fatti sedere con lui accanto a sé nel cielo. Quindi, poiché l'opera della salvezza è gratuita e Dio ha agito solo per amore e misericordia, può affermare senza esitazione che per grazia sono stati salvati (Ef 2,5b.8a). Il testo dice: "Per grazia siete stati salvati" (χάριτί ἐστε σεσῳσμένοι), e lo ripete due volte. Desta stupore in queste due affermazioni il brusco passaggio dal 'noi' del contesto immediato al 'voi', in cui sembra che l'affermazione si rivolga solo a coloro a cui sta scrivendo. Ma ciò è dovuto puramente allo scopo didattico del testo.

Per chiarire l'affermazione e per farsi comprendere bene, la ripete con altre parole in Ef 2,8b-9: la salvezza non viene da voi, ma è dono di Dio. Voi non avete fatto nulla per ottenerla. In Ef 2,10 specifica quale è l'esito della salvezza: Dio li ha creati in Cristo, per compiere le buone opere. Si tratta quindi di una nuova creazione. L'uomo, i cui peccati sono perdonati nel sangue di Cristo, e che ha ricevuto lo Spirito è paragonato a un uomo creato di nuovo, affinché compia il bene stabilito da Dio.

Bibliografia. D.M. Lloyd-Jones, *God's Way of Reconciliation*: Studies in Eph 2, London 1972.- U. Luz, "Rechtfertigung bei den Paulusschülern", in: *Rechtfertigung*, FS E. Käsemann, Tübingen 1976, 365-383 (Ef 2,1-10: 369-375).- L. Ramaroson, "Une Lecture de Eph 1,15-2,10 (en lisant ἠλέησεν en Eph 2,4c)", *Bib* 58 (1977) 388-410.

4. *Vivere secondo la vocazione ricevuta.* I capp. 4,1-6,20 contengono una esortazione etica. L'autore consiglia di vivere in modo conforme alla vocazione ricevuta (Ef 4,1). In base alle relazioni che considera, si possono dividere in tre sezioni: Ef 4,1-16 in cui considera i rapporti nella chiesa; Ef 4,17-5,20 (21) in cui considera i rapporti con il prossimo; Ef 5,21 (22) - 6,9 in cui considera i rapporti in famiglia. Tutti i consigli che dà sono presentati come conseguenza della fede. Bisogna agire in modo conforme a ciò che si crede. Ma lo scopo della fede è *la carità*. Per essa infatti sono stati scelti da Dio prima della creazione del mondo, come ha detto in Ef 1,4b ed è per essa che possono conoscere l'amore di Cristo che sorpassa ogni conoscenza ed essere ricolmi della pienezza di Dio, come ha detto in Ef 3,18-19. Quindi la carità è il principio di cui l'autore si serve per motivare l'agire del cristiano.

a) Conservare l'unità dello Spirito

Quanto ai rapporti religiosi con gli altri membri della comunità (Ef 4,1-16) consiglia di *conservare l'unità dello Spirito*, per mezzo della pace (Ef

4,3). E chiede di usare a questo scopo l'umiltà, la mansuetudine, la pazienza. La ragione di questo è che essi formano insieme un solo corpo e hanno tutto in comune: un solo Spirito, una sola speranza, un solo Signore, una sola fede, un solo battesimo, un solo Dio, Padre di tutti, che agisce in tutti ed è presente in tutti (Ef 4,4-6).

Questa unità che già si possiede perché esiste, deve essere custodita con un modo di vivere ispirato alla pace. E ciò esclude rivalità e contese. Ricorda tuttavia che ci sono delle differenze dovute alla grazia che ciascuno ha ricevuto da Cristo. E' lui che, risorto, ha ricolmato tutto di se stesso (Ef 4,7-10). E' lui quindi che ha stabilito alcuni apostoli, profeti, evangelisti, pastori e maestri. La loro funzione è quella di edificare il corpo di Cristo, affinché tutti arrivino alla unità della fede e della conoscenza del Figlio di Dio, affinché *tutto il corpo cresca e si edifichi nella carità* (Ef 4,11-16).

Pertanto l'esortazione a conservare l'unità dello Spirito con la pace, per mezzo della carità, rivolta all'inizio (Ef 4,2-3), viene giustificata facendo semplicemente notare e in forma indiretta, che ciò che egli chiede loro di fare non è altro che assecondare l'opera che il Cristo stesso compie. Suscitando funzioni differenti con grazie diverse, egli desidera che tutti siano uniti nella fede, conoscano il Figlio di Dio e crescano insieme nella carità per mezzo della quale si edifica il suo corpo.

Quindi il principio che tiene unito il corpo è la fede e la conoscenza del Figlio di Dio. Il principio che lo edifica è la carità. Le due cose sono strettamente unite, come ha mostrato in Ef 3,17-19. E' la presenza del Cristo in chi crede a generare in lui la carità, che ricolma della pienezza di Dio. Per questo in Ef 4,6 ha affermato che l'unico Dio, il Padre di tutti, agisce in tutti ed è presente in tutti. Quindi è Dio stesso che opera in chi crede in Cristo, affinché viva nella carità per edificare il suo corpo.

Poiché in Ef 1,22-23 ha affermato che il corpo di Cristo è la chiesa, di cui è il capo, si deve concludere senza esitazione che lo scopo di Dio è la sua formazione. Per questo l'autore lo propone come fine dell'agire religioso del credente.

b) *Fatevi imitatori di Dio*

Quanto al modo di vivere personale e ai rapporti con il prossimo (Ef 4,17-5,20 o 21), inizia dicendo ciò che si deve evitare. Li esorta a non comportarsi come coloro che sono estranei alla vita di Dio. Questa estraneità si manifesta in un modo di vivere dissoluto e impuro (Ef 4,17-19). Ciò significa che chi crede si deve comportare in modo diverso, perché è diventato familiare di Dio, come ha detto in Ef 2,19. In che modo? Lo dice con una immagine in Ef

4,20-24. Devono deporre l'uomo vecchio (τὸν παλαιὸν ἄνθρωπον) e rivestire l'uomo nuovo (τὸν καινὸν ἄνθρωπον). E spiega l'immagine dicendo che l'uomo vecchio si corrompe con le passioni; l'uomo nuovo è creato secondo Dio nella giustizia e nella santità. In tal modo i credenti sono invitati a vivere in modo nuovo, cioè nella giustizia e nella vera santità (ἐν δικαιοσύνη καὶ ὁσιότητι τῆς ἀληθείας), perché Dio li ha creati nuovi, cioè per la giustizia e la santità. La creazione di cui parla è quella di cui ha parlato in Ef 2,10: i salvati per grazia, sono stati creati da Dio in Cristo, affinché compiano le opere buone che Dio ha disposto che siano da loro compiute. Si tratta quindi di una immagine, che indica il rinnovamento operato in loro per mezzo dello Spirito dal Cristo, in cui credono.

Pertanto egli esorta coloro che credono a vivere in modo nuovo, perché sono nuovi, cioè creati di nuovo da Dio in Cristo, in vista del bene che devono compiere. Poiché sono uomini nuovi, devono vivere in modo nuovo. Ciò che credono, deve diventare manifesto nel modo in cui vivono. Essi possono farlo perché Dio ha già operato in loro il rinnovamento in Cristo.

Qual è questo modo nuovo? E' sintetizzato in poche parole in Ef 5,1: "Fatevi imitatori di Dio", cioè 'imitate Dio'. Che cosa significa imitare Dio? Lo ha indicato con un esempio in Ef 4,32: "siate benevoli gli uni verso gli altri, misericordiosi, *perdonandovi a vicenda, come Dio ha perdonato a voi in Cristo*". Quindi imitare Dio significa comportarsi come Dio ha agito verso di loro.

Nel loro modo di vivere deve apparire e diventare manifesto il perdono con cui li ha perdonati e quindi salvati in Cristo, come ha affermato in Ef 2,4-5: "Ma Dio, ricco di misericordia, per il grande amore con il quale ci ha amati, da morti che eravamo per i peccati, ci ha fatto rivivere in Cristo. Per grazia siete stati salvati". Dio è il modello di comportamento che deve essere imitato da coloro che egli ha salvato per amore, in Cristo. Essi devono vivere in modo nuovo, manifestando nel modo di vivere ciò che professano con la fede. Come può accadere questo?

Lo dice in Ef 5,2: "camminate nella carità (περιπατεῖτε ἐν ἀγάπη), nel modo che anche Cristo vi ha amato e ha dato se stesso per voi". Quindi dalla carità di Cristo colui che crede riceve la carità per amare e perdonare, in modo da imitare con la sua vita l'amore stesso di Dio che lo ha condotto alla salvezza. Da questo amore dipendono tutti i consigli pratici che dà in Ef 4,25-31. Il loro scopo è quello di non rattristare la Spirito Santo di Dio, che suscita nel credente la carità di Cristo, che lo riempie della pienezza di Dio e quindi lo spinge a vivere imitando Dio. Di ciò ha parlato in Ef 3,16.17.18.19. Pertanto i consigli sono norme pratiche per evitare tutto ciò che va contro l'amore perché lo può ferire, come l'ira e lo sdegno, la maldicenza, la malignità. Cose da evitare assolutamente, perché sono il contrario dell'amore e quindi lo possono mortificare.

c) *Siate sottomessi gli uni agli altri nel timore di Cristo*

Quanto al modo di vivere in famiglia (Ef 5,21 o 22 - 6,9) pone come principio fondamentale la sottomissione, come dice in Ef 5,21: "*siate sottomessi gli uni agli altri nel timore di Cristo*". Ma ciò che ispira il timore e la sottomissione è la carità di Cristo, che è esplicitamente proposta come modello nei rapporti tra moglie e marito (Ef 5,20-24.25-33). Ugualmente, nei rapporti tra figli e genitori, il richiamo al Signore è la norma che deve ispirare il modo di vivere: ai figli, l'obbedienza e il rispetto; ai genitori, una disciplina senza esasperazione (Ef 6,1-4). Nel rapporto tra schiavi e padroni (Ef 6,6-9), il comportamento giusto deve essere ispirato dal fatto che la loro posizione è identica davanti al Signore: al primo deve ispirare un servizio sincero, ai secondi un comportamento non tirannico. Gli uni e gli altri sono servi in rapporto all'unico Signore (Ef 6,6-7 e 6,8-9).

Tutte queste norme sono ispirate dalla verità della fede e hanno uno scopo unico: guidare il credente a vivere secondo la carità e l'amore con cui Dio lo ha voluto salvare, affinché nel suo modo di vivere si rispecchi la salvezza in cui crede.

Bibliografia. R. Cavedo, "Non vivere come i pagani (Ef 4-6)", *ScCat* 106 (1978) 343-357.- R. Hasenstab, *Modelle paulinischer Ethik* (TThS 11), Trier 1976.- H. Merklein, "Eph 4,1-5,20 als Rezeption von Kol 3,1-17, in: *Kontinuität und Einheit*, FS F. Mussner, Freiburg i.Br. 1981, 194-210.- (su Ef 4,1-6) J. Cambier, "La signification christologique d'Eph 4,7-10", *NTS* 9 (1962/63) 262-275.- H.-J. Klauck, "Das Amt in der Kirche nach Eph 4,1-16", *WiWei* 36 (1973) 81-110.- H. Merklein, *Das kirchliche Amt nach dem Epheserbrief*, 57-117.- (su Ef 4,17-24) J. Gnilka, "Paränetische Traditionen im Epheserbrief", in: *Mélanges bibliques B. Rigaux*, ed. A. Descamp - A. de Halleux, Gembloux 1970, 397-410.- (su Ef 4,25-5,2) B. Lindars, "Imitation of God and Imitation of Christ", *Theol* 76 (1973) 394-402.- E. Schweizer, "Gottesgerechtigkeit und Lasterkataloge bei Paulus", in: *Rechtfertigung*, FS E. Käsemann, Tübingen 1976, 461-477.- (su Ef 5,20 - 6,10) F. Hahn, "Die christologische Begründung frühchristlicher Paränese", *ZNW* 72 (1981) 88-99 (Ef 5,21-6,9: 96-99).- E. Kamlah, "ΥΠΟΤΑΣΣΕΤΑΙ in der neutestamentlichen 'Haustafeln'", in: *Verborum Veritas*, FS G. Stählin, Wuppertal 1970, 237-243.- D.M. Lloyd-Jones, *Life in the Spirit - in Marriage, Home and Work*. An Exposition of Eph 5:18 to 6,10, Edinburgh 1974.- E. Bosetti, "Codici familiari: storia della ricerca e prospettive", *RivB* 35 (1987) 129-179.- Idem, "Quale etica nei codici domestici ('Haustafeln') del Nuovo Testamento?", *RTM* 72 (1986) 9-26.

AI FILIPPESI

Bibliografia. (Studi) L. Balz, "Philipperbrief", *TRE* 26 (1996) 504-513.- G. Braumbach, "Die von Paulus im Philipperbrief bekämpften Irrlehrer", in: *Gnosis und Neues Testament*, ed. K.W. Tröger (Studien zur Religionswissenschaft und Theologie), Gütersloh - Berlin 1973, 293-310.- L.G. Bleomquist, *The Function of Suffering in Filippians* (JSNT.SS 78), Sheffield 1993.- L. Bormann, *Philippi.* Stadt und Christengemeinde zur Zeit des Paulus (NT.S 78), Leiden 1995.- J.A. Brooks, "Introduction to Philippians", *SWJT 23* (1980) 7-22.- Idem, "Exposition of Philippians", *SWJT 23* (1980) 23-36.- R. Brucker, *'Christushymnen' oder 'epideiktische Passage'?* (FRLANT 176), Göttingen 1997, 280-346.- C.W. Davis, *Oral Biblical Criticism.* The Influence of the Principle of Orality on the Literary Structure of Paul's Letter to the Philippians (JSNT.SS 172), Sheffield 1999.- R. Dupont-Roc, "De l'hymne christologique à la vie de κοινωνία. Etude sur la lettre aux Philippiens", *EstB* 49 (1991) 451-474.- G. Eichholz, "Bewahren und Bewähren des Evangeliums. Die Leitfaden von Phil 1-2", in: *Hören und Handeln*, FS E. Wolf, ed. H. Gollwitzer - H. Traub, München 1962, 85-105.- T.C. Geoffrion, *The Rhetorical Purpose and the Political and Military Character of Philippians*: A Call to Stand Firm, Lewiston 1993.- J. Gnilka, "Die antipaulinische Mission in Philippi", *BZ* NF 9 (1965) 258-276.- J. Holmustrand, *Markers and Meaning in Paul.* An Analysis of 1Thessalonians, Philippians and Galatians (CB.NT 28), Stockholm 1997.- G. Klein, "Antipaulinismus in Philippi", in: *Jesu Rede von Gott und ihre Nachgeschichte im frühen Christentum*, FS W. Marxen, ed. D.A. Koch - G. Sellin - A. Lindemann, Gütersloh 1989, 297-313.- A.F.H. Klijn, "Paul's Opponents in Philippians III", *NT* 7 (1964/65), 278-284.- H. Koester, "The Purpose and Polemic of a Pauline Frangment (Phil III)", *NTS* 8 (1961/62) 317-332.- R.S. Llevelyn, "Sending Letters in the Ancient World: Paul and the Philippians", *TynB* 46 (1995) 337-356.- S.B. Mackay, "Further Thoughts on Philippians", *NTS* 7 (1960/61) 161-170.- C.L. Mearns, "The Identity of Paul's Opponents at Philippi", *NTS* 33 (1987) 194-204.- B. Mengel, *Studien zum Philipperbrief* (WUNT 2/8), Tübingen 1982.- M. Müller, *Vom Schluss zum Ganzen.* Zur Bedeutung des paulinischen Briefcorpusabschlusses (FRLANT 172), Göttingen 1979, 131-205.- J. Murphy-O'Connor, "Philippiens (Epître aux)", *DBS 7* (1965) 1211-1223.- P. Pilhofer, *Philippi* I. Die erste christliche Gemeinde Europas (WUNT 87), Tübingen 1995.- B.A.C. Pretorius, "New Trends in Reading Philippians. A Literature Review", *Neot* 29 (1995) 273-298.- J. Reumann, "Christology in Philippians. Especially Chapter 3", in: *Anfänge der Christologie*, FS F. Hahn, ed. C. Breytenbach - H. Paulsen, Göttingen 1991, 131-140.- W. Schenk, "Der Philipperbrief in der neueren Forschung", *ANRW* II 25.4 (1987) 3280-3313.- J. Schmid, *Zeit und Ort des paulinischen Gefangenschaftsbriefe*, Freiburg i.Br. 1931.- J.B. Tyson, "Paul's Opponents in Philippi", *PersRelSt* 3 (1976) 82-95.- W. Schmithals, "Die Irrlehrer des Philipperbriefes", *ZTK* 54 (1957) 297-341.- N. Walter, "Die Philipper und das Leiden", in: *Die Kirche des Anfangs* , FS H. Schürmann, Leipzig 1977, 417-433.- P. Wink, *Der Philipperbrief.* Der Formale Aufbau des Briefes als Schlüssel zum Verständnis seines Inhaltes (BWANT 135), Stuttgart 1994.

(Commenti) G. Barth, *Der Brief an die Philipper* (ZBK.NT 9), Zürich 1979.- K. Barth, *Erklärung des Philipperbriefes* , Zollikon 1927; [6]1959.- F.W. Beare, *The Epistle to the Philippians* (BNTC 9), London 1959; [3]1973.- P. Bonnard, *L'épître de saint Paul aux Philippiens* (CNT 10), Neuchâtel-Paris 1950.- F.F. Bruce, *Philippians* (NIBC), Peabody 1989.- J.F. Collange, *L'épître de saint Paul aux Philippiens* (CNT 10), Neuchâtel 1973.- M. Dibelius, *An die Thessalonicher I/II. An die Philipper* (HNT 11), Tübingen [1]1913; [3]1937.- W. Egger, *Philipperbrief* (NEB.NT 9/11/15), Würzburg 1985, 45-73.- E.J. Ernst, *Die Briefe an die Philipper, an Philemon, an die Kolosser, an die Epheser* (RNT), Regensburg 1974, 21-122.- R. Fabris, *Lettera ai Filippesi*

(Lettura Pastorale della Bibbia), Bologna 1983.- G.D. Fee, *The Epistle to the Philippians* (NICNT), Peabody 1995.- G. Friedrich, *Der Brief an die Philipper* (NTD 8), Göttingen 1962; [15]1981, 92-129.- J. Gnilka, *Der Philipperbrief* (HThK 10/3), Freiburg i.Br. [3]1980.- G.F. Hawthorne, *Philippians* (WBC 43), Waco, TX, 1983.- E. Lohmeyer, *Der Brief an die Philipper, Kolosser und Philemon* (KEK 9), Göttingen 1930: [7]1974 (Beiheft W. Schmauch), 1-193.- R.P. Martin, *Philippians* (TyNTC 11), Grand Rapids 1959; rist. 1987.- W. Michaelis, *Der Brief des Paulus an die Philipper* (ThHK 11); Leipzig 1935.- J.H. Moffatt, *The Epistle to the Philippians* (MNTC), London 1928.- U.B. Müller, *Der Brief des Paulus an die Philipper* (ThHK 11/1), Leipzig 1993.- P.T.O'Brien, *The Epistle to the Philippians* (NIGTC) Grand Rapids 1991.- W. Schenk, *Die Philipperbriefe des Paulus*. Kommentar, Stuttgart - Berlin - Köln - Mainz 1984.- H. Schlier, *Der Philipperbrief*, Einsiedeln 1980.- R.M. Vincent, *Commentary on the Epistle to the Philippians and to Philemon* (ICC), Edinburgh 1897; [3]1922.- N. Walter, "Der Brief an die Philipper", in: N. Walter - E. Reinmuth - P. Lampe, *Die Briefe an die Philipper, Thessalonicher und an Philemon* (NTD 8/2), Göttingen 1988, 11-101.

I   *Piano letterario di Fil*

Nella lettera ai Filippesi non si può trovare un piano letterario definitivo, ma si possono individuare una serie di sequenze discorsive, di cui non è facile stabilire l'unità tematica. Ecco le sequenze che la maggioranza degli studiosi ritiene di potere individuare nel testo.

I Fil 1,1-2 Introduzione (o prescritto epistolare). II Fil 1,3-11 Preghiera di ringraziamento per le notizie ricevute sulla condizione attuale dei destinatari e preghiera di intercessione per il futuro della loro fede. III Fil 1,12-26 Dà notizie sulla sua situazione in prigione e sugli effetti positivi per l'annuncio del vangelo. IV Fil 1,27-2,18 Dà direttive sulla condotta da assumere verso coloro che li perseguitano per la fede. Li esorta all'unità tra di loro, portando come modello l'umiltà del Cristo, del quale rievoca il destino in forma innica (Fil 2,6-11). V Fil 2,19-30 Comunica il progetto di recarsi presto da loro e dà notizia dell'invio di Epafrodito. VI Fil 3,1-4,1 Li ammonisce e li esorta a prendere le distanze da coloro che vogliono convincerli a farsi circoncidere. Rievoca la propria esperienza per proporsi alla loro imitazione. VII Fil 4,2-9 Fa raccomandazioni conclusive. VIII Fil 4,10-20 Ringrazia per i doni che gli hanno mandato per mezzo di Epafrodito. IX Fil 4,21-23 Conclusione della lettera, con i saluti.

In questa serie di sequenze è difficile individuare una unità letteraria. Anzi, alcune contengono cambiamenti improvvisi e bruschi di tono e di tema, da far dubitare dell'unità stessa del testo.

Il primo cambiamento brusco si ha tra Fil 3,1 e Fil 3,2. Il primo verso è un invito conclusivo alla gioia: "Per il resto (τὸ λοιπόν), miei fratelli, siate lieti nel Signore". Il secondo è una ripresa, con una severa messa in guardia contro i cattivi operai, che vogliono spingerli alla circoncisione: "Guardatevi dai cani, guardatevi dai cattivi operai".

Il secondo cambiamento brusco di tono si ha tra Fil 4,1 e Fil 4,2. Il primo verso è la conclusione naturale della lunga messa in guardia che precede: "Così (ὥστε), fratelli miei carissimi (…) rimanete saldi nel Signore". Il secondo affronta casi particolari e fa raccomandazioni, con il tono di uno che conclude il suo scritto: "Esorto Evodia ed esorto Sintiche".

Il terzo cambiamento brusco si ha tra Fil 4,9 e Fil 4,10. Il primo verso è un augurio di pace conclusivo: "E il Dio della pace sarà con voi". Il secondo inizia una nuova serie discorsiva con ringraziamenti per i doni ricevuti: "Ho provato grande gioia, ecc.".

Il quarto cambiamento imprevisto si ha tra Fil 4,20 e Fil 4,21. Il primo verso è di nuovo una conclusione: "Al Dio e Padre nostro sia gloria nei secoli dei secoli. Amen!". Il secondo comunica i saluti, secondo lo stile di una normale conclusione epistolare.

Per spiegare ragionevolmente queste 'mutazioni di tono', è stata fatta l'ipotesi che la lettera ai Filippesi sia composta di tre lettere messe insieme da un redattore. Ecco le tre lettere, secondo un ipotetico ordine cronologico:

Filippesi (A o I) Fil 4,10-20. 21-23 Biglietto di ringraziamento per i doni mandati con Epafrodito e chiusura epistolare.

Filippesi (B o II) Fil 1,1-3,1 (+ 4,4-7) Lettera dalla prigione.

Filippesi (C o III) Fil 3,2-4,3.8-9 Senza menzione della prigione.

Questo è il modello proposto da W. Schenk (1984) ed è anche quello più diffuso.

J. Gnilka, nel suo commento (1968), propone un altro modello, individuando due lettere nel testo: Filippesi A (Fil 1,1-3,1+4,2-7.10-13), Filippesi B (Fil 3,1b-4,1.8-9).

Queste due ipotesi non sono le uniche. Ma, come le altre, non possono essere né confermate né smentite. Quindi, secondo il metodo storico, appartengono alla categoria delle congetture: sono ipotesi, a cui manca anche il più piccolo elemento di probabilità. Tuttavia il fatto testuale, che con essi si vuole spiegare, è evidente e sussiste realmente. Paolo cambia spesso di tono e di argomento, in modo improvviso e brusco.

Per questo non è possibile trovare in questa lettera un pensiero unificante e direttivo. Ma ciò non è sufficiente per mettere in dubbio l'unità del testo, perché il fatto notato non è affatto in disaccordo con il genere letterario del testo stesso, che è una 'lettera di informazione'. Quindi la mutazione e la varietà delle cose trattate fa parte del genere.

Bibliografia. (Introduzioni) M. Carrez, "Paul et l'église de Philippes", in *Les Lettres Apostoliques*, 95-105.- H. Conzelmann - A. Lindemann, *Arbeitsbuch zum Neuen Testament*, Tübingen 12 1998, 247-253.- W.G. Kümmel, *Einleitung in das Neue Testament*, 280-294.- W. Marxen, *Einleitung in das Neue Testament*, 57-65.- U. Schnelle, *Einleitung in das Neue*

Testament, Göttingen [3]1999, 145-158.- (Saggi) G. Bornkamm, "Der Philipperbrief als paulinische Briefsammlung" in: *Neotestamentica et Patristica*, FS O. Cullmann, Leiden 1962, 192-202.- F.F. Bruce, "St Paul in Macedonia: 3 The Philippian Correspondence", *BJRL* 63 (1981) 260-284.- J.W. Dalton, "The Integrity of Philippians", *Bib* 60 (1979) 97-102.- D.E. Garland, "The Composition and Unity of Philippians: Some Neglected Literary Factors", *NT* 27 (1985) 141-173.- A. Loveday, "Hellenistic Letter-Form and the Structure of Philippians", *JSNT* 37 (1989) 87-101.- V. Koperski, "Textlinguistics and the Integrity of Philippians. A Critique of Wolfgang Schenk's Argument for a Compilation Hypothesis", *ETL* 68 (1992) 331-367.- R. Jewett, "The Epistolary Thaksgiving and the Integrity of Philippians", *NT* 12 (1970) 40-53.- W. Michaelis, "Teilungshypothese bei Paulusbriefen", *TZ* 14 (1958) 321-326.- J. Müller-Bardoff, "Zur Frage der literarischen Einheit des Philipperbriefes", Wissenschaftliche Zeitschrift der Friedrich-Schiller-Universität. Gesellschaft- und Sprach- wissenschaftliche Reihe 7 (1957/58) 591-604.- T.E. Pollard, "The Integrity of Philippians", *NTS* 13 (1966/67) 57-66.- B.O. Rathien, "The Three Letters of Paul to the Philippians", *NTS* 6 (1959/60) 167-173.- J.T. Reed, *A Discourse Analysis of Philippians*: Method and Rhetoric in the Debate over Literary Integrity (JSNT.SS 136), Sheffield 1996.- J. Reumann, "Philippians. Especially Chapter 4 as a 'Letter of Friendship': Observations on a Checkered History of Scholarship", in: *New Testament World*, ed. J.T. Fitzgerald (NT.S 82), Leiden 1996, 83-106.- P. Rolland, "La structure littéraire et l'unité de l'épître aux Philippiens", *RSR* 64 (1990) 213-226.- R. Russel, "Pauline Letters Structure in Philippians", *JETS* 25 (1982) 295-306.- W. Schenk, "Der Philipperbrief in der neueren Forschung", 3280-3303.- A.H. Anyman, "Persuasions in Philippians 4,1-20" in: *Rhetoric and the New Testament*, ed. S.E. Porter - T.H. Olbricht (JSNT.SS 90), Sheffield 1993, 325-337.- R.C. Swift, "The Theme and Structure of Philippians", *BS* 141 (1984) 234-254.- D.F. Watson, "A Rhetorical Analysis of Philippians and Its Implications for the Unity Question", *NT* 30 (1988) 57-88.

II *Teologia di Fil*

Dall'esposizione dei problemi riguardanti il piano letterario il lettore comprende subito che la lettera ai Filippesi non ha un tema specifico. L'autore tratta di molte cose pratiche. Discute di fatti che sono accaduti e accadono. Riflette costantemente sulla propria esperienza di fede e su quella dei destinatari. Ma poiché i fatti accaduti e che accadono sono provocati o motivati da ciò che lui e i suoi destinatari credono, si richiama spesso ai principi della fede per giustificare i suoi consigli e per suggerire i comportamenti adeguati di fronte alle situazioni. In accordo con questo procedimento, non farò il riassunto della teologia del testo, ma rileggerò semplicemente il testo, mettendo in evidenza quei passi in cui Paolo richiama i principi della fede e la loro relazione con le esperienze, proprie e dei suoi destinatari.

1. *Crescere nella carità per discernere il meglio.* In Fil 1,1 presenta se stesso e Timoteo come 'servi di Gesù Cristo' (δοῦλοι Χριστοῦ Ἰησοῦ), per far comprendere che il loro lavoro apostolico non è un capriccio personale, ma un mandato che hanno ricevuto da Gesù Cristo, 'il Signore, che essi servono.

In Fil 1,9-11 prega Dio in favore dei suoi destinatari affinché la loro carità cresca sempre di più in conoscenza e in ogni discernimento (ἐν ἐπιγνώσει καὶ πάσῃ αἰσθήσει), affinché possano distinguere sempre il meglio (εἰς τὸ δοκιμάζειν ὑμᾶς τὰ διαφέροντα), affinché siano integri e senza rimprovero (ἵνα ἦτε εἰλικρινεῖς), per il giorno di Cristo (εἰς ἡμέραν Χριστοῦ).

Con queste espressioni fa capire che la carità (ἡ ἀγάπη) ha un duplice scopo: 1) condurli a vivere in modo onesto; 2) prepararli per il giorno di Cristo, affinché siano trovati senza motivo di rimprovero, cioè senza peccato. In questo contesto, l'espressione 'giorno di Cristo' è da intendere come giorno del ritorno di Cristo, in cui ci sarà il giudizio della condotta di ciascuno.

Di conseguenza, anche la frase che segue deve essere interpretata alla luce del giudizio. Egli si augura che essi giungano a quel giorno "ripieni del frutto di giustizia che si ottiene per mezzo di Cristo". L'espressione 'frutto di giustizia' (καρπὸν δικαιοσύνης) è una espressione mista, in cui καρπόν, 'frutto', è una immagine che indica il modo di vivere onesto e giusto, di chi è stato giustificato da Dio per mezzo della fede in Gesù Cristo. Questo modo di vivere giusto si può considerare come il risultato spontaneo o come l'effetto della grazia di Dio, che opera per mezzo di Gesù Cristo in coloro che si lasciano guidare dalla carità nelle scelte della vita.

Per questo ha iniziato la sua preghiera augurandosi che la loro carità cresca. La carità li aiuta a discernere ciò che è meglio (τὰ διαφέροντα), cioè ciò che è conforme alla volontà di Dio, in modo da non peccare e quindi da restare integri e senza rimprovero nel giorno di Gesù.

Si deve quindi dire che la grazia di Dio produce la giustizia dell'uomo che crede in Gesù Cristo, in modo che sia salvato al momento del giudizio.

Bibliografia. G. Gaide, "L'amour di Dieu en nous (Phil 1,4-6,8-11), *ASeign* 6 (1969) 62-69.- D.E. Garland, "Philippians 1:1-26. The Defence and the Confirmation of the Gospel", *RevExp* 77 (1980) 327-336.

2. *Il mio vivere è Cristo*. In Fil 1,21-23 esprime il suo imbarazzo. Non sa se per lui sia meglio morire o vivere. Poiché desidera essere con Cristo (σὺν Χριστῷ εἶναι), preferisce morire e essere sciolto dal corpo. Ma poiché sa che la sua vita potrebbe essere ancora utile per i fratelli, preferisce continuare a vivere.

In questo contesto, la morte è presentata come un essere sciolto dal corpo e un essere con Cristo. Quindi per chi crede la morte è un congiungersi al Cristo, a cui già tende con il desiderio mentre vive nel corpo.

Per questo in Fil 1,21 dice: "Per me vivere è Cristo" (ἐμοὶ γὰρ τὸ ζῆν Χριστός). Ciò significa che lo scopo della sua vita è Cristo e questo può essere raggiunto solo dopo la morte quando, disciolto dal corpo, potrà essere con lui, il Cristo, cioè essere unito anche con la vita con il Signore che gli ha dato la salvezza.

Bibliografia. J. Dupont, *ΣΥΝ ΧΡΙΣΤΟΙ. L'union avec le Christ suivant saint Paul*, Bruges 1952.- J. Gnilka, *Der Philippperbrief*, 76-93 (Ex. 2: Σὺν Χριστῷ εἶναι).- P. Hoffmann, *Die Toten in Christus*, Münster 1966.- G.M. Lee, "Philippians 1,22-23", *NT* 12 (1970) 361.- E. Lohmeyer, "σὺν Χριστῷ", in: *Festgabe A. Deissmann*, Tübingen 1927, 218-257.- C.J. de Vogel, "Reflexions on Philippians 1,22-24", *NT* 19 (1977) 262-274.-

3. *Abbiate gli stessi sentimenti che furono in Cristo*. In Fil 2,6-11 dopo avere invitato i suoi destinatari a non fare nulla per rivalità o vanagloria e a considerare gli altri superiori a se stessi, porta come esempio il Cristo, esortandoli a imitarlo: "Abbiate in voi gli stessi sentimenti che furono in Cristo Gesù" (τοῦτο φρονεῖτε ἐν ὑμῖν ὃ καὶ ἐν Χριστῷ Ἰησοῦ) (lett. sentite in voi ciò che [fu] anche in Cristo Gesù) (Fil 2,5).

La vicenda del Cristo è descritta in modo tale da far risaltare la sua umiltà e la sua obbedienza alla volontà divina. Il testo in cui questa vicenda è presentata, Fil 2,6-11, è considerato un 'inno' in più strofe. Ma le opinioni sono troppo diverse e gli indizi letterari troppo pochi per valutare quale delle ipotesi sia migliore. Anzi, su questo punto non c'è nessun accordo. Per questo W. Schenk (1987) ha avanzato con coraggio l'ipotesi che non si tratti affatto di un inno, ma semplicemente di prosa artistica e letteraria, composta dall'autore del testo. Forse è nel giusto. Se fosse un 'inno' come per abitudine e compiacenza si continua a credere, dovrebbe avere una forma evidente. Ma ciò non appare. E le forme proposte sono oggettivamente troppe per poterle unificare e farle convergere in una forma comune.

A me basta far notare che, seguendo il contenuto, il testo si divide in due parti: I Fil 2,6-8 che parla della umiliazione spontanea del Cristo; II Fil 2,9-11 che parla della sua esaltazione voluta da Dio.

Nella prima parte (Fil 2,6-8), si possono distinguere due sequenze discorsive parallele: 1) Fil 2,6-7a; 2) Fil 2,7b-8. Nella prima sequenza (Fil 2,6-7a) descrive la vicenda del Cristo come quella di colui che, essendo nella forma di Dio (ὃς ἐν μορφῇ θεοῦ ὑπάρχων), non ritenne una cosa da rapina (οὐχ ἁρπαγμὸν ἡγήσατο) l'essere simile a Dio (τὸ εἶναι ἴσα θεῷ). Ma svuotò se stesso (ἀλλὰ ἑαυτὸν ἐκένωσεν), prendendo la forma di servo (μορφὴν δούλου λαβών).

Si ritiene che queste parole siano ispirate da tre testi della scrittura: Gen 1,27 Gen 3,5 Is 52,13-53,12.

In Gen 1,27 si narra che Dio fece l'uomo κατ'εἰκόνα θεοῦ. Quindi dicendo che il Cristo è ἐν μορφῇ θεοῦ, 'nella forma di Dio', vuole dire che il Cristo è simile a Dio, come lo era Adamo. Ma μορφὴ θεοῦ di Fil 2,6a si oppone a μορφὴ δούλου, 'forma di servo', di Fil 2,7a che il Cristo 'ha preso' (λαβών).

Poiché prendendo forma di servo è diventato simile agli uomini (ἐν ὁμοιώματι ἀνθρώπων γενόμενος), come specifica in Fil 2,7b, il suo essere nella forma di Dio (ἐν μορφῇ θεοῦ) significa 'essere nella somiglianza di Dio', cioè 'essere Dio', come l'altra significa 'essere uomo'.

Quindi l'espressione ἐν μορφῇ θεοῦ di Fil 2,6a non ripete semplicemente Gen 1,27. Ma serve per dire che il Cristo è un essere divino e trascendente, che è Dio.

In Gen 3,5 il serpente suggerisce ad Adamo di disobbedire al comando di Dio, di mangiare il frutto per essere come dei (ὡς θεοί). In questo caso si deve dire che Adamo ritenne che l'essere simile a Dio fosse una cosa che doveva rapire. Quindi l'espressione οὐχ ἁρπαγμὸν ἡγήσατο τὸ εἶναι ἴσα θεῷ, si dovrebbe interpretare in contrapposizione o in antitesi alla vicenda di Adamo e tradurre: "(il Cristo) non ritenne che fosse un oggetto da rapire (ἁρπαγμόν) l'essere simile a Dio (τὸ εἶναι ἴσα θεῷ)".

Ma questa interpretazione non concorda con l'affermazione precedente, dalla quale risulta che il Cristo è già nella forma di Dio. Quindi possiede già la somiglianza. Quindi ἁρπαγμόν non può significare 'una cosa che egli doveva rapire', ma 'una cosa che egli non doveva trattenere, così come un ladro è geloso di ciò che ha rapito'.

Questa interpretazione è confermata dall'espressione che segue, che è opposta alla precedente: "ma svuotò se stesso, prendendo la forma di servo" (ἀλλὰ ἑαυτὸν ἐκένωσεν μορφὴν δούλου λαβών). Egli possiede già l'essere come Dio. Ma si svuota per assumere la condizione di servo.

In Is 52,13-53,12 si parla del servo di Dio (ὁ παῖς), chiamato in Is 49,3 δοῦλος, 'servo', di Dio, il quale si sottopone alla morte per i peccati degli altri. E Dio lo ha esaltato e glorificato. Poiché in Fil 2,9 si dice che Dio lo ha esaltato (ὑπερύψωσεν) e si usa lo stesso verbo con cui in Is 52,13 si dice che il servo 'sarà esaltato' (ὑψωθήσεται), si pensa che l'espressione ἑαυτὸν ἐκένωσεν, 'svuotò se stesso', di Fil 2,7a sia un modo metaforico per indicare con una immagine la sua sottomissione alla morte per i peccati degli uomini.

Ma ciò è molto problematico, sia perché nel contesto non si parla mai di espiazione dei peccati, sia perché della sua obbedienza fino alla morte di croce si parla in Fil 2,8. Quindi l'espressione ἑαυτὸν ἐκένωσεν potrebbe essere una semplice immagine per indicare l'umiliazione del Cristo, cioè l'atto di umiltà con cui il Cristo, che nel suo essere era nella forma di Dio (ἐν μορφῇ θεοῦ ὑπάρχων), si umilia prendendo la forma di servo (μορφὴν δούλου λαβών).

Quindi la prima sequenza (Fil 2,6-7a) descrive l'umiltà con cui il Cristo, che ha forma di Dio, ha preso forma di servo, per diventare simile all'uomo, cioè uomo, in obbedienza al volere di Dio.

Nella seconda sequenza (Fil 2,7b-8) descrive il modo in cui il Cristo ha vissuto da uomo. Diventato simile agli uomini (ἐν ὁμοιώματι ἀνθρώπων γενόμενος) e trovato nella forma di uomo (καὶ σχήματι εὑρεθεὶς ὡς ἄνθρωπος), umiliò se stesso (ἐταπείνωσεν ἑαυτὸν), divenendo obbediente fino alla morte (γενόμενος ὑπήκοος μέχρι θανάτου), la morte di croce (θανάτου δὲ σταυροῦ).

La vicenda umana del Cristo è rievocata per mostrare la sua obbedienza alla volontà divina. Tale obbedienza è tanto più grande, quanto più grave e dolorosa era la sorte che Dio gli aveva assegnato, cioè la morte di croce.

Nella seconda parte (Fil 2,9-11) descrive il modo in cui Dio ha risposto alla obbedienza spontanea del Cristo. Lo ha esaltato (ὑπερύψωσεν αὐτόν) e gli ha donato un nome al di sopra di ogni nome (ἐχαρίσατο αὐτῷ τὸ ὄνομα τὸ ὑπὲρ πᾶν ὄνομα). Un tempo alcuni pensavano che il nome (τὸ ὄνομα) che Dio ha conferito al Cristo fosse il titolo di κύριος 'Signore'.

Oggi si pensa che τὸ ὄνομα indichi semplicemente la suprema dignità che Dio ha conferito al Cristo. Da parte mia sono propenso a ritenere che τὸ ὄνομα indichi il titolo di 'Figlio', che il Cristo ha ricevuto nel momento della sua esaltazione, come dice il Sal 2,7 riferito sempre alla sua resurrezione. In realtà solo nella condizione di Figlio egli può essere insediato come erede alla destra del Padre e quindi essere proclamato 'Signore' di tutto, secondo la parole di Sal 110,2.

Narrata la vicenda del Cristo che si è fatto umile per sottomettersi obbediente al volere di Dio, in Fil 2,12-16 esorta i suoi destinatari a obbedire e a operare per la loro salvezza, perché Dio suscita in loro il volere e l'operare, affinché sia realizzato il suo disegno. In questa esortazione mostra che la verità della fede ricordata in Fil 2,6-11 ha lo scopo di trasformare la vita dei credenti, affinché diventati obbedienti come il Cristo operino per la propria salvezza cooperando con il volere di Dio.

La salvezza a cui si riferisce è quella dal giudizio finale, cioè del giorno di Cristo, quando apparirà che essi, seguendo il volere di Dio, si sono conservati senza macchia (ἄμεμπτοι) in questo mondo. L'espressione 'senza macchia' è una immagine che significa 'senza peccato'. Quindi la verità della fede ha come scopo di trasformare la vita dell'uomo, affinché obbedendo al volere di Dio viva in modo giusto in questo mondo e possa conseguire la salvezza nel giorno di Cristo.

Bibliografia. A.M. Buscemi, *Gli inni di Paolo* (SBFAn 48), Jerusalem 2000, 17-36.- L Cerfaux, "L'hymne du Christ-serviteur de Dieu (Phil 2,6-11 = Is 52,13-53,12)", in: Idem, *Recueil L. Cerfaux* II. Etudes d'exégèse et d'histoire religieuse (BETL 6-7), Gembloux 1954, 425-437.- A. Feuillet, "L'hymne christologique de l'épître aux Philippiens 2,6-11", *RB* 72 (1965) 352-380.481-507.- D. Georgi, "Der vorpaulinische Hymnus Phil 2,6-11", in *Zeit und Geschichte*,

FS R. Bultmann, ed. E. Dinkler, Tübingen 1964, 263-293.- P. Grelot, "La traduction et l'interprétation de Phil 2,6-7", *NRT* 93 (1971) 897-922.1009-1026.- Idem, "Deux notes critiques sul Phil 2,6-11", *Bib* 54 (1973) 169-186.- Idem, "Deux expressions difficiles de Phil 2,6-7", *Bib* 53 (1972) 495-512.- Idem, "La valeur de οὐχ... ἀλλά en Phil 2,6-7", *Bib* 54 (1973) 35-42.- G.F. Hawthorne, *Philippians*, 71-96.- O. Hofius, *Der Christushymnus Phil 2,6-11* (WUNT 16), Tübingen 1976; [2]1991.- M.D. Hooker, "Philippians 2: 6-11", in: *Jesus und Paulus*, FS W.G.Kümmel, ed. E.E. Ellis - E. Grässer, Göttingen 1975, 151-164.- G. Howard, "Phil 2: 6-11 and the Human Christ", *CBQ* 40 (1978) 368-390.- J. Jeremias, "Zur Gedankenführung in den paulinischen Briefen. 4. Christushymnus Phil 2,6-11", in: *Studia Paulina*, FS J. de Zwaan, ed. J.N. Sevenster - W.C. van Unnik, Haarlem 1953, 146-154.- E. Käsemann, "Kritische Analyse von Phil 2,6-11", in: Idem, *Exegetische Versuche und Besinnungen I*, Göttingen [5]1967, 51-95.- E. Lohmeyer, *Kyrios Jesus*. Eine Untersuchung zu Phil 2,6-11 (Sitzungsberichte der Heidelberger Akademie der Wissenschaften. Phil.-Hist. Klasse), Heidelberg 1928; rist. Darmstadt [2]1961.- F. Manns, "Un hymne judéo-chrétien: Philippiens 2,6-11", *ED* 29 (1976) 259-290.- C.C. Marcheselli, "La celebrazione di Gesù Cristo Signore in Fil 2,6-11. Riflessioni letterarie-storiche-esegetiche sull'inno cristologico", *EphCarm* 29 (1978) 3-42.- C.F.D. Moule, "Further Reflections on Philippians 2:6-11", in: *Apostolic History and the Gospel*, ed. W.W. Gasque - R.P. Martin, Grand Rapids 1970.- R.P. Martin, *Carmen Christi*. Philippians 2,5-11 in Recent Interpretation and in the Setting of Early Christian Worship (SNTS.MS 4), Cambridge 1967.- O. Michel, "Zur Exegese von Phil 2,5-11", in: *Theologie als Glaubenswagnis*, FS K. Heim, Hamburg 1954, 179-195.- J. Marphy-O'Connor, "Christological Anthropology in Phil 2,6-11", *ANRW* II 25.4 (1987) 3314-3326.- W. Schenk, *Die Philipperbriefe*, 185-213 (Fil 2,6-11); 213-226 (Fil 2,12-18).- F. Stagg, "The Mind of Jesus. Phil 1,27-2,18", *RevExp* 77 (1980) 337-347.- G. Strecker, "Redaktion und Tradition im Christushymnus Phil 2,6-11", in: Idem, *Eschaton und Historie*, Göttingen 1979, 142-157.- J.B. Wellster, "Imitatio Christi", *TynB* (1986) 95-120.

4. *Simile a lui nella morte per raggiungere la resurrezione dei morti.* In Fil 3,10-11 parla della resurrezione dei morti, a cui spera ardentemente di partecipare. Ma spiega che c'è una condizione, di cui dice in Fil 3,9: essere trovato in Cristo non con una propria giustizia derivata dalla legge (ἐκ νόμου), "ma con quella che deriva dalla fede in Cristo (διὰ πίστεως Χριστοῦ), cioè con la giustizia che deriva da Dio (ἐκ θεοῦ), (basata) sulla fede (ἐπὶ τῇ πίστει)". In questo modo spiega che c'è una giustizia (δικαιοσύνη) che l'uomo deve possedere per potere sperimentare in se stesso la potenza della resurrezione di Cristo.

Si discute se questa 'giustizia' significhi l'opera con cui Dio salva l'uomo; oppure se essa significhi la condizione di uomo giusto, in cui viene a trovarsi colui che è salvato da Dio per la fede in Cristo. Mi sembra che i due significati non si oppongono, ma si completino l'uno con l'altro, come ho mostrato spiegando ciò che Paolo afferma in Fil 1,11. La giustizia che Dio trova nell'uomo nel giorno di Cristo, cioè al momento del giudizio, è quella che egli stesso ha prodotto per mezzo della grazia di Cristo in coloro che credono. Essa è opera di Dio in colui che crede in Cristo. Per questo dice che viene da Dio (ἐκ θεοῦ). Ed essa è in qualche modo opera dell'uomo che asseconda l'opera che Dio compie in lui per la fede in Cristo (διὰ πίστεως

Χριστοῦ). Quindi colui che durante la vita consegue la giustizia che viene da Dio per la sua fede in Cristo, è come colui che si lascia morire per ottenere la vita in Cristo. Per questo in Fil 3,10a afferma che spera di potere sperimentare la potenza della sua resurrezione, diventandogli simile nella sua morte (συμμορφιζόμενος τῷ θανάτῳ αὐτοῦ), letteralmente, "conformato alla sua morte". E' questo un modo di parlare per dire che chi crede diventa simile al Cristo nella morte, cioè muore a sé stesso per lasciare che si compia la volontà di Dio, con la speranza di andare incontro alla resurrezione dei morti (εἴ πως καταντήσω εἰς τὴν ἐξανάστασιν τὴν ἐκ νεκρῶν), come dice in Fil 3,11.

Bibliografia. J. Gnilka, *Der Philipperbrief,* 191-197.- G.F. Hawthorne, *Philippians,* 168-174.- H.B. Kuhn, "Phil 3,10-12: Issues in Discussion", *Ashbery Seminarian* 29 (1974) 32-38.- K. Kertelge, *'Rechtfertigung' bei Paulus,* Münster 1966, 120-128. 150-158. 170-178.- P. Stuhlmacher, *Gerechtigkeit Gottes bei Paulus* (FRLANT 87), Göttingen 1965, 63-68.

5. *La nostra patria è nei cieli.* In Fil 3,20-21 descrive quale è la sorte di coloro che credono e che in questa vita si sforzano di tendere alla salvezza. Dice che la nostra patria è nei cieli (ἡμῶν γὰρ τὸ πολίτευμα ἐν οὐρανοῖς ὑπάρχει). Da essa attendiamo come salvatore il Signore Gesù Cristo. Il quale trasformerà il corpo della nostra umiliazione (τὸ σῶμα τῆς ταπεινώσεως ἡμῶν) conforme al corpo della sua gloria (σύμμορφον τῷ σώματι τῆς δόξης αὐτοῦ), secondo l'energia che egli ha di sottomettere a sé tutte le cose.

In tal modo afferma che la salvezza finale dei credenti sarà operata da Cristo. Essa consisterà nella trasformazione del loro corpo mortale, cioè del corpo in cui vivono umiliati nella loro condizione mortale. E questo corpo trasformato diventerà conforme, cioè della stessa forma, simile, al suo corpo di gloria.

Questo lo può fare perché egli ha il potere di sottomettere tutto a sé, quindi anche la morte, che destina il nostro corpo alla corruzione.

Bibliografia. J. Becker, "Erwägungen zu Phil 3,20-21", *TZ* 27 (1971) 16-29.- P.C. Böttger, "Die eschatologische Existenz der Christen. Erwägungen zu Philipper 3,30", *ZNW* 60 (1969) 244-263.- N. Flanagan, "A Note on Philippians 3,20-21", *CBQ* 18 (1956) 8-9.- E. Güttgemanns, *Der leidende Apostel und sein Herr* (FRLANT 90), Göttingen 1966.- J. Lenie, "Le chrétien citoyen du ciel (Phil 3,20)", in: *Studiorum Paulinorun Congressus Internationalis Catholicus II* (AnBib 18), Romae 1963, 81-88.

AI COLOSSESI

Bibliografia. (Studi) C.E. Arnold, *The Colossian Syncretism*: The Interface Between Christianity and Folk Belief at Colossae (WUNT 2/77), Tübingen 1995.- B. Baggott, *A New Approach to Colossians*, London 1961.- A.J. Bandstra, "Did the Colossian Errorist need a Mediator?", in: *New Dimensions in New Testament Study*, ed. R.N. Longenecker - M.C. Tanney, Grand Rapids 1974, 239-243.- P. Benoit, "Colossiens (Epître aux)" *DBS* 7 (1966) 157-170.- Idem, "The '*plerôma* ' in the Epistle of the Colossians and the Ephesians", *SEÅ* 49 (1984) 136-158.- G. Bornkamm, "Die Häresie des Kolosserbriefes", *TLZ* 73 (1948) 11-20; rist. in: Idem, *Das Ende des Gesetzes* (BEvTh 16), München 1952; ⁵1966, 139-156.- Idem, "Die Hoffnung im Kolosserbrief", in: *Studien zum Neuen Testament und Patristik*, FS, E. Klostermann, (TU 77), Berlin 1961, 56-64; rist. in: Idem, *Geschichte und Glaube*. Gesammelte Aufsätze Band II (BEvTh 53), München 1971, 206-213.- F.F. Bruce, "St Paul at Rome. III. Epistle to the Colossians", *BJRL* 48 (1965/66) 268-285.- W. Bujard, *Stilanalytische Untersuchungen zum Kolosserbrief als Beitrag zur Methodik des Sprachvergleichen* (StUNT 11), Göttingen 1973.- C. Burger, *Schöpfung und Versöhnung*. Studien zum liturgischen Gut im Kolosser-und Epheserbrief (WMANT 46), Neukirchen-Vluyn 1975.- G.E. Cannon, *The Use of Traditional Material in Colossians,* Macon, GA, 1983.- J.E. Crouch, *The Origin and Intention of the Colossian Haustafel* (FRLANT 109), Göttingen 1972.- R.E. De Maris, *The Colossian Controversy*: Wisdom Dispute at Colossae (JSNT.SS 96), Sheffield 1994.- J. Ernst, "Kolosserbrief", *TRE* 19 (1989) 370-376.- C.A. Evans, "The Colossian Mystics", *Bib* 63 (1982) 188-205.- F.O. Francis, "The Christological Argument of Colossians", in: *God's Christ and His People*, FS N.A. Dahl, ed. W.A. Meeks - J. Jervell, Oslo 1977, 192-208.- F.O. Francis - W.A. Meeks (ed.), *Conflict at Colossae*, Missoula 1975.- W.L. Hendriks, "All in All. Theological Themes in Colossians", *SWJT* 16 (1975) 23-35.- R. Hoppe, "Das Mysterium und die Ekklesia. Aspekte zum Mysterium-Verständnis im Kolosser - und Epheserbrief", in: *Gottes Weisheit im Mysterium*, ed. A. Schilson, Mainz 1989, 81-101.- Idem, *Triumph des Kreuzes* (SBB 28), Stuttgart 1994.- E. Käsemann, *Leib und Leib Christi* (BHT 9), Tübingen 1933.-J. Lähnemann, *Der Kolosserbrief*. Komposition, Situation und Argumentation (StNT 3), Gütersloh 1971.- A. Lindemann, "Die Gemeinde von Kolossä, *WuD* 16 (1981) 111-134.- E. Lohse, "Pauline Theology in the Letter to the Colossians", *NTS* 15 (1968/69) 211-220.- Idem, *Die Einheit des Neuen Testaments*, Göttingen 1973, 249-261.- Idem, "Christusherrschaft und Kirche", in: Idem, *Die Einheit des Neuen Testaments,* 262-275.- H.E. Lona, *Die Eschatologie im Kolosser- und Epheserbrief* (FzB 48), Würzburg 1984.- H. Löwe, "Bekenntnis, Apostelamt und Kirche im Kolosserbrief", in: *Kirche*, FS G. Bornkamm, ed. D. Lührmann - G. Strecker, Tübingen 1980, 299-314.- S. Lyonnet, "L'étude du milieu littéraire et exégétique du Nouveau Testament: 4. Les adversaires de Paul à Colosse", *Bib* 37 (1956) 27-38.- G.L. Mann, "Introduction to Colossians", *SWJT* 16 (1973) 9-21.- R.P. Martin, "Reconciliation and Forgiveness in the Letter to the Colossians", in *Reconciliation and Hope*, FS L.L. Morris, Exeter 1974, 104-124.- T.W. Martin, *By Philosophy and Empty Deceit*: Colossians as a Response to a Cynic Critic (JSNT.SS 118), Sheffield 1996.- H. Merklein, "Paulinische Theologie in der Rezeption des Kolosser- und Epheserbriefes", in: *Paulus in den neutestamentlichen Spätschriften*, ed. K. Kertelge (QD 89), Freiburg i.Br. 1981, 25-69.- F. Montagnini, "La figura di Paolo nelle lettere ai Colossesi e agli Efesini", *RivB* 34 (1986) 429-449.- P. Müller, *Anfänge der Paulusschule*. Dargestellt am zweiten Thessalonicherbrief und am Kolosserbrief (ATANT 74), Zürich 1988.- T.H. Olbricht, "The Stoicheia and the Rhetoric of Colossians", in: *Rhetoric, Scripture and Theology*, ed. S.E. Porter - T.H. Olbricht (JSNT.SS 90), Sheffield 1993, 308-328.- J. O'Neill, "The Source of Christology in Colossians", *NTS* 26 (1979/80) 87-100.- E. Percy, *Die Probleme der Koloser- und Epheserbriefe*, Lund 1946.- J.B. Polhill, "The Relationship between Ephesians and Colossians", *RevExp* 70 (1975) 439-450.- B. Reicke, "The Historical Setting of Colossians", *RevExp* 70 (1973) 429-438.- E.P. Sanders,

"Literary Dependence in Colossians", *JBL* 84 (1966) 28-45.- W. Schenk, "Christus, das Geheimnis der Welt, als dogmatisches und ethisches Grundprinzip des Kolosserbriefes", *EvTh* 43 (1983) 138-155.- Idem, "Der Kolosserbrief in der neueren Forschung (1945-1985)", *ANRW* II 25.4 (1987) 3327-3364.- H.M. Schenke, "Der Widerstreit zwischen gnostischer und kirchlichen Christologie im Spiegel des Kolosserbriefes", *ZTK* 61 (1964) 391-403.- E. Schweizer, "Christus und Geist im Kolosserbrief", in: *Christ and Spirit in the New Testament*, FS C.F.D. Moule, ed. B. Lindars - S.S. Smalley, Cambridge 1973, 297-313.- Idem, "Zur neuren Forschung am Kolosserbrief(seit 1970)", *Theologische Berichte* 5 (1970) 163-191.- Idem, "Der Kolosserbrief - weder paulinisch noch nach-paulinisch", in: Idem, *Neues Testament und Christologie im Werden*, Göttingen 1982, 150-163.- T.J. Sappington, *Revelation and Redemption at Colossae* (JSNT.SS 53), Sheffield 1991.- F. Seilinger, *Der Erstgeborene der Schöpfung. Eine Untersuchung zur Formalstruktur und Theologie des Kolosserbriefes*, Wien 1974. E. Stegemann, "Alt und neu bei Paulus und die Deuteropaulinen (Kol-Eph)", *EvTh* 37 (1977) 508-536.- R. Yates, "Colossians and Gnosis", *JSNT* 27 (1986) 49-68.- Idem, "A Reappraisal of Colossians", *IrThQ* 58 (1992) 95-117.- H.F. Weiss, "Gnostische Motive und Antignostische Polemik im Kolosser- und Epheserbrief", in: *Gnosis und Das Neue Testament*, ed. K.W. Tröger, Berlin 1973, 311-324.- K. Wengst, "Versöhnung und Befreiung. Ein Aspekt des Themas 'Schuld und Vergebung' im Lichte des Kolosserbriefes", *EvTh* 36 (1976) 14-26.-
(Commenti) T.K. Abbott, *Commentary to the Ephesians and Colossians* (ICC), Edinburgh 1987.- J.N. Aletti, *Saint Paul. Epître aux Colossiens* (EB 20), Paris 1993.- F.F. Bruce, *Commentary on the Epistle to the Colossians* (NICNT), London - Edinburgh 1957.- H. Conzelmann, "Der Brief an die Kolosser" (NTD 8), Göttingen 1962; [15]1985, 176-202.- M. Dibelius, *An die Kolosser, Epheser, an Philemon* (HNT 12), Tübingen 1913; [3]1953 bearbeitet von H. Greeven, 1-53.- J.D.G. Dunn, *The Epistle to the Colossians and to Philemon* (NIGTC), Grand Rapids 1996.- J. Ernst, *Die Briefe an die Philipper, an die Kolosser, an die Epheser* (RNT 7), Regensburg 1974, 141-244.- E. Ghini, *Lettera ai Colossesi*, Bologna 1990.- J. Gnilka, *Der Kolosserbrief* (HThK 10/2), Freiburg i.Br. 1980.- L. Hartman, *Der Kolosserbrief*, Uppsala 1985.- A. Lindemann, *Der Kolosserbrief*, (ZBK.NT 10), Zürich 1983.- E. Lohmeyer, *Die Briefe an die Philipper, Kolosser und and Philemon* (KEK 9), Göttingen 1930; rist. 1964, Ergänzungsheft W. Schmauch, 1-170.- E. Lohse, *Der Brief an die Kolosser und an Philemon* (KEK 9/2), Göttingen 1968; rist. 1977.- U. Luz, "Der Brief an die Kolosser", in: J. Becker - U. Luz, *Die Briefe an die Galater, Epheser und Kolosser* (NTD 8/1), Göttingen 1988, 181-244.- C. Masson, *L'épître de saint Paul aux Colossiens* (CNT 10), Neuchâtel 1950.- C.F.D. Moule, *The Epistles of Paul the Apostle to the Colossians and to Philemon* (CGTC), Cambridge 1957.- P.T. O'Brien, *Colossians* (WBC 44), Waco, TX, 1982.- P. Pokorný, *Der Brief des Paulus an die Kolosser* (ThHK 10/1), Berlin 1987.- E. Schweizer, *Der Brief an die Kolosser* (EKK 12), Zürich / Neukirchen-Vluyn 1976; [3]1989.- E.F. Schott, *The Epistle of Paul to the Colossians, to Philemon and to the Ephesians* (MNTC), London 1930.- F.B. Westcott, *A Letter to Asia*: Being a Paraphrase and Brief Exposition of the Epistle of Paul the Apostle to the Believers at Colossae, London 1914.- M. Wolter, *Der Brief an die Kolosser. Der Brief an Philemon* (ÖTK 12), Gütersloh 1993.

I   Piano letterario di Col

Il testo indirizzato ai Colossesi (ΠΡΟΣ ΚΟΛΟΣΣΑΕΙΣ) ha una introduzione Col 1,1-2 e una conclusione Col 4,18 di tipo epistolare. Su questo minimo il consenso è generale. Si è anche d'accordo che Col 4,7-17 facciano parte di una 'conclusione' perché contengono notizie personali (Col 4,7-9) e saluti (Col 4,10-17). Non c'è accordo sulla divisione del 'corpo' della lettera, da Col 1,3 al Col 4,6. Prevale la tendenza a dividerlo in *tre parti*. Ma non c'è consenso sulla loro estensione. E vi sono anche proposte diverse. Riassumo quelle più note.

Ph. Rolland, citato da P. Dornier e M. Carrez (1983), propone una divisione del testo in *due parti*, secondo uno schema rilevato in altre lettere di Paolo: I Col 1,3-2,5 Parte dogmatica; II Col 2,6-4,6 Parte parenetica.

La Parte I è divisa in due sezioni: 1) Col 1,3-20 Azione di grazie, preghiera, inno cristologico; 2) Col 1,21-2,5 La missione di Paolo verso la comunità. Parte II è divisa in due sezioni: 1) Col 2,6-3,4 Principi autentici della vita cristiana; 2) Col 3,5-4,6 Applicazioni pratiche. Col 4,7-17 Aggiunte

W.G. Kümmel, nella sua introduzione, propone una divisione in *tre parti*: Col 1,1-2 Prescritto; Col 1,3-2,5 Parte I; Col 2,6-23 Parte II; Col 3,1-4,6 Parte III; Col 4,7-18 Conclusione.

Questo schema è il più diffuso. Ma ci sono delle varianti.

E. Lohse (KEK 9/2: [2]1977, [1]1968), fa iniziare la Parte I in Col 1,12 perché considera Col 1,1-11 come Introduzione alla lettera. E. Schweizer (EKK 12 [3]1989; [1]1976), fa iniziare la Parte I in Col 1,9. Anche J. Gnilka segue questo inizio. Ma propone una divisione in tre parti molto diversa dalla precedente. Perciò è necessario considerarla come un modello autonomo.

Ecco la schema di divisione che J. Gnilka (HThK: 1980) propone: Col 1,1-8 Introduzione; Col 1,9-29 Parte I; Col 2,1-19 Parte II; Col 2,20-4,6 Parte III; Col 4,7-18 Conclusione.

Ecco le ragioni stilistiche della divisione. Fa notare che in Col 2,4.8.16 c'è una serie di ammonizioni contro chi propone dottrine diverse, con la ripetizione di μηδείς o μή τις . Quindi Col 2,1-3.4-19 formano una unità tematica. Paolo ammonisce i suoi interlocutori a essere vigilanti verso dottrine false.

Da Col 2,20 inizia la Parte III, di genere parenetico, che si estende fino a Col 4,6. Per giustificare l'inizio in Col 2,20 - in opposizione a coloro che lo pongono in Col 3,1 - fa notare che Col 2,20 e Col 3,1 hanno una costruzione sintattica identica e formano una unità logica: Col 2,20 εἰ ἀπεθάνετε σὺν Χριστῷ, Col 3,1 εἰ οὖν συνηγέρθητε τῷ Χριστῷ "se siete morti con Cristo", "se dunque siete risorti a Cristo".

Che dire di fronte a queste ipotesi? Quale scegliere? Quale modello riflette e rappresenta meglio il contenuto del testo? Faccio solo delle osservazioni critiche per mostrare che nessuna è soddisfacente.

L'ipotesi di Ph. Rolland si basa su un elemento formale del testo. In Col 2,6 compare il primo imperativo: περιπατεῖτε, 'camminate', modo in genere usato da Paolo nelle parenesi. Ma ciò non è sufficiente per affermare che Col 2,6 sia l'inizio della parte perenetica che si estende fino a Col 4,6. Infatti ciò che segue in Col 2,9-15 è una sequenza di natura espositiva e dottrinale e ciò che segue in Col 2,16-19 e Col 2,20-23 contiene delle ammonizioni affinché non si lascino deviare dalla fede, seguendo coloro che fanno altre proposte religiose con il pretesto di avere ricevuto rivelazioni personali. Perciò la divisione generale proposta non corrisponde al contenuto.

La divisione in tre parti proposta da W.G. Kümmel e da altri suscita ugualmente dei problemi. La Parte I dove inizia? In Col 1,3 (W.G. Kümmel)? In Col 1,9 (E. Schweizer)? O in Col 1,12 (E. Lohse)?

Perché iniziare in Col 1,12 se il participio εὐχαριστοῦντες dipende sintatticamente da αἰτούμενοι di Col 1,9b insieme agli altri participi che precedono e all'infinito περιπατῆσαι? Quindi un inizio in Col 1,12 non è giustificato.

Perché iniziare in Col 1,9 e separarlo da Col 1,3-8? Sia in Col 1,3-8 che in Col 1,9-12 Paolo usa il 'noi' dicendo ciò che prova di fronte alle notizie che riceve sui suoi destinatari. Prima prega ringraziando (Col 1,3-8), poi prega invocando (Col 1,9-12). Perciò un inizio non può essere posto in Col 1,9. Resta solo un inizio valido in Col 1,3.

Dove finisce la Parte I? In Col 1,29 (J. Gnilka)? O in Col 2,5 (W.G. Kümmel, E. Lohse, E. Schweizer)?

Perché interrompere in Col 1,29 se in ciò che segue in Col 2,1-5 Paolo parla in prima persona usando 'io' per rivolgersi ai suoi interlocutori come in Col 1,24-29, collegati con Col 1,23 dove l'io appare per la prima volta, alla fine della sequenza Col 1,15-20.21-23? Quindi non è possibile separare Col 2,1-5 da ciò che precede; né Col 1,24-29 da ciò che precede in Col 1,21-23; né questi versi da Col 1,12-15 con cui sono strettamente collegati.

In Col 2,6 ὡς οὖν costituisce un inizio o la continuazione del discorso? Οὖν può essere conclusione o ripresa di ciò che precede (cf. Blass-Debrunner-Rehkopf n. 451,1). Ma ὡς 'come', suppone un confronto con ciò che è affermato in precedenza sul Cristo. Quindi ciò che segue da Col 2,6 deve essere collegato con ciò che è detto in Col 1,15-20 sul Cristo. Non è possibile creare una divisione artificiale se la logica discorsiva, espressa nella sintassi, non lo consente. Tuttavia coloro che segnano un inizio in Col 2,6 hanno una parte di ragione. L'argomento è diverso. Non si tratta più della pienezza del Cristo, ma del modo in cui i credenti diventano partecipi della sua pienezza, cioè diventano ricolmi della pienezza della divinità che è in Cristo (Col 2,9-10).

Dove termina questo nuovo argomento? In Col 2,19 (J. Gnilka)? O in Col 2,23 (W.G. Kümmel, E. Lohse, E. Schweizer)?

Una fine in Col 2,19 non è possibile perché Col 2,20-23 continua la trattazione iniziata in Col 2,16-19. Coloro che credono in Cristo sono liberi da un culto fatto di pratiche alimentari e dall'osservanza dei giorni. Queste cose sono σκιά, 'ombra', di fronte al Cristo che è la realtà, perché ha la pienezza di

Dio. Quindi non c'è più ragione di osservare queste pratiche. In Col 2,20-23 ripete la stessa cosa, usando la simbologia battesimale già usata in Col 2,12. Se sono morti con Cristo, non sono più vivi al mondo. E quindi sono liberi da tali regole alimentari. Pertanto non è possibile porre in Col 2,19 la fine dell'argomento iniziato in Col 2,6 perché continua fino a Col 2,20-23.

Col 3,1 costituisce chiaramente un inizio. Come l'immagine della morte di Cristo costituiva la fine dell'argomento precedente in Col 2,20-23, così l'immagine della resurrezione a Cristo costituisce il fondamento del modo nuovo di vivere di chi crede in Cristo e che è esposto in ciò che segue da Col 3,4 a Col 4,6.

Tenendo conto di questo, devo dire che la divisione in tre parti proposta da W.G. Kümmel è il modello più vicino al testo. Ma poiché non rende conto della continua mutazione del contenuto, nella mia esposizione preferisco rinunciare a questa divisione generale per seguire le sequenze discorsive di cui il testo si compone, come ha già fatto P.T.O'Brien (WBC 44, 1982).

Ecco le sequenze di cui il testo è composto. I Col 1,1-2 Introduzione (o prescritto epistolare). II Col 1,3-8 "Noi rendiamo continuamente grazie a Dio per voi". III Col 1,9-14 "Perciò anche noi... non cessiamo di pregare per voi". IV Col 1,15-20 "Egli è l'immagine del Dio invisibile". V Col 1,21-23 "E anche voi, che un tempo eravate stranieri e nemici ... ora vi ha riconciliati". VI Col 1,24-29 "Perciò sono lieto della sofferenza che sopporto per voi". VII Col 2,1-5 "Voglio che sappiate quale dura lotta devo sostenere per voi". VIII Col 2,6-15 "Camminate dunque nel Signore Gesù Cristo, come lo avete ricevuto. IX Col 2,16-23 "Nessuno vi condanni più in fatto di cibo e di bevanda". X Col 3,1-4 "Se dunque siete risorti a Cristo, cercate le cose di lassù". XI Col 3,5-11 "Vi siete spogliati dell'uomo vecchio e avete rivestito il nuovo". XII Col 3,12-17 "Rivestitevi dunque di sentimenti di misericordia". XIII Col 3,18-4,1 "Voi mogli siate sottomesse ai mariti ...". XIV Col 4,2-6 "Perseverate nella preghiera ..." . XV Col 4,7-9 "Vi salutano ...", "Salutate...". XVI Col 4,18 "Il saluto è di mia mano, di me, Paolo".

Bibliografia. (Introduzioni) M. Carrez, "Les lettres aux Colossiens, aux Ephésiens, Le billet à Philèmon", in: *Lettres de Paul, de Jacques, Pierre et Jude*, 195-207.- Idem, "Paul à l'église de Colosses", in: *Les lettres apostoliques*, 153-163.- H. Conzelmann - A. Lindemann, *Arbeitsbuch zum Neuen Testament*, Tübingen [12]1998, 290-296.- W.G. Kümmel, *Einleitung in das Neue Testament*, 294-306.- W. Marxen, *Einleitung in das Neue Testament*, 153-161.- U. Schnelle, *Einleitung in das Neue Testament*, Göttingen [3]1999, 297-315.- (Studi) G.E. Cannon, *The Use of Traditional Material in Colossians*, 136-166.- P. Lamarche, "Structure de l'épître aux Colosiens", *Bib* 56 (1975) 453-463.- P. Pokorný, *Der Brief des Paulus an die Kolosser*, 19-22.- L. Ramaroson, "Structure de Colossiens 1,3-3,4", *ScEc* 29 (1979) 113-119.- E.R. Wendland, "Cohesion in Colossians: A Structural-Thematic Outline", *Notes on Translation* 6 (1992) 28-62.

II *Teologia di Col*

La lettera ai Colossesi ha una grande coerenza logica. Ogni sequenza discorsiva sembra derivare ordinatamente dalle idee esposte nella precedente. Si tratta quindi di seguire l'ordine della esposizione per comprendere il messaggio che vuole annunciare.

Il tema fondamentale è indicato in Col 1,5. In Col 1,3-4 ringrazia Dio per la loro fede e per la carità che hanno verso tutti i santi e in Col 1,5 giustifica la loro carità dicendo che agiscono in questo modo per la speranza che li attende nei cieli (διὰ τὴν ἐλπίδα τὴν ἀποκειμένην... ἐν τοῖς οὐρανοῖς) e che essi hanno ascoltato nella parola di verità del vangelo (ἐν τῷ λόγῳ τῆς ἀληθείας τοῦ εὐαγγελίου).

E' questa speranza il tema fondamentale della lettera, come risulta dal contenuto. In Col 1,9-20 espone ciò che Dio ha compiuto nel Figlio per fare abitare in lui ogni pienezza. In Col 2,6-15 li esorta a restare saldi nella fede che hanno ricevuto e cioè a non abbandonare la verità ricordata in Col 1,9-20 e porta come motivo dell'esortazione la partecipazione alla pienezza divina che abita nel Cristo, per mezzo del battesimo. In ciò che segue in Col 2,16-26 e in Col 3,1-17 mostra le conseguenze pratiche della fede, indicando come deve vivere chi partecipa della pienezza di Dio in Cristo.

Ed ecco una rilettura dei passi, dove le verità della fede sono ricordate per mostrare la speranza che li attende.

1. *La parola di verità del vangelo*. In Col 1,9-20 espone 'la parola di verità del vangelo', in modo sintetico e in forma di riassunto. Ciò è dovuto al fatto che questa verità non è esposta per se stessa, ma è solo 'ricordata' come motivo per ringraziare Dio, il Padre, nella preghiera. Infatti in Col 1,9-11 li informa che non cessa di pregare per loro. Nella preghiera che egli fa per loro, invoca che abbiano una piena conoscenza della volontà di Dio per potere agire in modo degno di Dio.

Si augura, sempre nella preghiera, che agendo in questo modo compiano opere buone e crescano nella conoscenza di Dio (αὐξανόμενοι τῇ ἐπιγνώσει τοῦ θεοῦ), affinché possano diventare forti con la forza che viene dalla gloria di Dio e che questa forza si manifesti in ogni pazienza e magnanimità. Continuando a pregare, in Col 1,12 augura che questo diventi un motivo per ringraziare con gioia il Padre che ci ha reso partecipi della sorte dei santi nella luce, cioè di averci reso credenti e di averci dato la fede con la conoscenza della verità, paragonata alla luce, di cui partecipano in modo vitale e non solo per cognizione.

In Col 1,13-14 e in Col 1,15-20 segue il motivo reale per cui dobbiamo ringraziare il Padre. In queste due sequenze descrive, in modo sintetico, l'opera compiuta da Dio in Cristo, perché è da questa che scaturiscono tutti i benefici, di cui ha invocato per loro la realizzazione nella preghiera di intercessione che precede in Col 1,11-12.

Riassumendo. In Col 1,9-11 fa sapere ai suoi interlocutori quali sono i benefici che invoca da Dio per loro nella sua preghiera. In Col 1,12 specifica che tra questi benefici c'è anche la possibilità di ringraziare il Padre, perché essi derivano dall'opera di salvezza che ha compiuto in Cristo. In Col 1,12-14 e in Col 1,15-20 segue la descrizione di questa opera salvifica, in cui essi credono. Ed è questo il vero motivo per cui dobbiamo ringraziarlo. Da essa deriva tutto ciò che egli invoca da Dio per loro nella preghiera.

In Col 1,13-14 parla della redenzione operata da Dio nel Figlio. Usando un linguaggio simbolico, afferma che ci ha sottratto al potere delle tenebre e ci ha trasferiti nel regno del suo Figlio amato, nel quale abbiamo la redenzione (ἐν ᾧ ἔχομεν τὴν ἀπολύτρωσιν), il perdono dei peccati (τὴν ἄφεσιν τῶν ἁμαρτιῶν).

Tra i due eventi c'è una stretta relazione. La liberazione dal potere delle tenebre e il trasferimento nel regno del Figlio amato avviene per mezzo del perdono dei peccati. Da questo elemento simbolico, è facile comprendere che il potere delle tenebre è un simbolo della schiavitù sotto il peccato e il trasferimento nel regno del Figlio amato indica la liberazione da questa schiavitù per mezzo del perdono.

In Col 1,15-20 parla del Figlio. Gli autori ritengono che questi versi siano un 'inno'. Ma non sono per nulla d'accordo su come deve essere diviso. Alcuni propongono una divisione in due strofe: Col 1,15-18a e Col 1,18b-20 per il parallelismo che c'è tra ὅς ἐστιν di Col 1,15a e ὅς ἐστιν di Col 1,18b. Altri propongono una divisione in tre strofe: I Col 1,15-16 II Col 1,17-18a III Col 1,18b-20 perché in Col 1,15a vi è ὅς ἐστιν, in Col 1,17a c'è καὶ αὐτός ἐστιν, simile all'inizio precedente e all'inizio seguente in Col 1,18a ὅς ἐστιν.

Non avendo ragioni sufficienti per scegliere una delle due ipotesi, mi sembra che la cosa migliore sia di dividere in tre seguendo la logica del contenuto: I Col 1,15-16 II Col 1,17-18 III Col 1,19-20.

In Col 1,15-16 parla dell'essere del Figlio e della sua funzione nella creazione. Quanto all'essere, in Col 1,15a dice che è immagine del Dio invisibile (ὅς ἐστιν εἰκὼν τοῦ θεοῦ τοῦ ἀοράτου). La frase è da considerare una immagine per mezzo della quale vuole significare che nel Figlio si rende manifesto e visibile il Dio invisibile. La parola εἰκών è quindi una suprema categoria teologica, con cui cerca di spiegare la presenza di Dio in Cristo, in cui crediamo. Come l'immagine rende presente colui che rappresenta, così il Figlio rende presente e visibile il Padre, cioè il Dio invisibile, che non si vede.

Quanto al suo rapporto con la creazione, in Col 1,15b afferma per prima cosa che è "il primogenito di ogni creatura" (πρωτότοκος πάσης κτίσεως). La parola πρωτότοκος, 'primogenito', non può significare 'il primo creato', cioè la prima creatura, perché in Col 1,17a afferma che egli è 'prima di tutto' (πρὸ πάντων). Quindi dicendo che è 'primogenito' vuole significare che è superiore a tutta la creazione.

In Col 1,16a afferma che tutto è stato fatto in lui (ἐν αὐτῷ) e in Col 1,16b dice che tutto è stato fatto per mezzo di lui (δι᾽ αὐτοῦ) e per lui (εἰς αὐτόν). Con l'espressione ἐν αὐτῷ vuole dire che tutte le cose sono state concepite in lui, nel Figlio. Quindi egli è il modello sul quale tutto è stato fatto. L'espressione δι᾽ αὐτοῦ indica che egli è anche colui per mezzo del quale Dio ha creato tutte le cose, le visibili e le invisibili, delle quali è il modello. L'espressione εἰς αὐτόν indica che tutto ciò che Dio ha creato per mezzo di lui tende verso di lui, verso il Figlio, cioè desidera diventargli simile perché egli è il modello che ogni vivente deve realizzare per vivere.

In Col 1,17a riassumendo dice che è prima di tutte le cose (αὐτός ἐστιν πρὸ πάντων), che si può intendere sia in senso temporale perché egli esiste prima di tutte le cose, sia in senso gerarchico perché egli è superiore a tutte le cose in quanto tutte sono state concepite in lui, create per mezzo di lui e tendono verso di lui.

In Col 1,17b dice che tutto sussiste il lui, καὶ τὰ πάντα ἐν αὐτῷ συνέστηκεν. Questa espressione sintetizza tutte le precedenti, in quanto la sussistenza deriva dalla forma, dalla vita e dall'ordine di esistenza seguito da ogni creatura. Quindi, poiché ogni cosa ha nel Figlio il modello del proprio essere, la vita che la fa vivere e lo scopo a cui tende per vivere pienamente, egli può affermare che in lui tutto sussiste.

In Col 1,18a afferma che egli è il capo del corpo (ἡ κεφαλὴ τοῦ σώματος) e che questo corpo è la chiesa. In questo caso la parola ἐκκλησία potrebbe indicare tutto l'universo creato, oppure solo i credenti in Cristo. Ciò che segue in Col 1,18b-20 sembra favorire la prima ipotesi, perché il Cristo è presentato come il primo in tutto, dei vivi e dei morti, cioè di tutti gli esseri creati viventi.

In Col 1,18b spiega che cosa significhi essere capo del corpo, affermando che egli è il principio (ὅς ἐστιν ἀρχή), cioè l'inizio e chiarisce che è inizio in quanto è il primogenito (di coloro che risuscitano) dai morti (πρωτότοκος ἐκ τῶν νεκρῶν). Questa espressione significa che egli è 'il primo' dei risorti.

In tal modo in Col 1,17-18b ha affermato tre primati del Figlio: in Col 1,17 ha detto che è prima di tutto (πρὸ πάντων), cioè di tutte le creature viventi; in Col 1,18a ha detto che egli è il capo del corpo (ἡ κεφαλὴ τοῦ σώματος), cioè dei redenti che formano la chiesa; in Col 1,18b ha detto che egli è il primo dei morti (πρωτότοκος ἐκ τῶν νεκρῶν), in quanto è il primo dei risorti. La ragione di questi primati è detta in Col 1,18c: "affinché in tutto egli sia il primo" (ἵνα γένηται ἐν πᾶσιν αὐτὸς πρωτεύων). Perché questo primato del Figlio su tutto? In che modo lo ha conseguito? E' detto in ciò che segue.

In Col 1,19-20 dice per prima cosa che (Dio) si compiacque di (fare) abitare il lui ogni pienezza, oppure che in lui tutta la pienezza si compiacque di abitare (ὅτι ἐν αὐτῷ εὐδόκησεν πᾶν τὸ πλήρωμα κατοικῆσαι) (Col 1,19a). In questo contesto non spiega che cosa sia "tutta la pienezza". Ma da Col 2,9 si viene a sapere che si tratta di tutta la pienezza della divinità (πᾶν τὸ πλήρωμα τῆς θεότητος).

Quindi l'espressione significa che Dio ha voluto fare dimorare in lui tutta la propria pienezza divina.

In Col 1,20a aggiunge che "per mezzo di lui (si è compiaciuto) di riconciliare tutto a sé" (δι᾽ αὐτοῦ ἀποκαταλλάξαι τὰ πάντα εἰς αὐτόν). In Col 1,20b indica il modo in cui ha operato questa riconciliazione, dicendo che "ha pacificato per mezzo del sangue della sua croce" (εἰρηνοποιήσας διὰ τοῦ αἵματος τοῦ σταυροῦ αὐτοῦ) le cose che stanno sulla terra e quelle dei cieli. Quindi il Figlio è il primo in tutto perché Dio ha fatto abitare il lui tutta la sua divinità e per mezzo della sua morte sulla croce ha riconciliato a sé tutte le cose, pacificando gli esseri della terra e quelli del cielo.

In Col 1,21-22 conclude ricordando ai suoi destinatari che anche loro sono tra i riconciliati con Dio per mezzo del sangue del Figlio, perché li ha purificati con la morte del suo corpo, considerata come un sacrificio di espiazione per il peccato.

Tenendo conto del contenuto esaminato, Col 1,15-20 si può dividere in tre sequenze: I Col 1,15-16 Il Figlio, il suo essere e la sua funzione nella creazione; II Col 1,17-18 Il primato del Figlio su tutto, sui viventi, sui redenti, sui morti; III Col 1,19-20 Le ragioni del primato del Figlio: in lui abita tutta la pienezza della divinità; per mezzo del suo sangue Dio ha riconciliato tutto a sé.

Bibliografia (su Col 1,15-20) J.-N. Aletti, *Colossiens 1,15-20. Genre et exégèse du Texte. Fonction de la thématique sapientielle* (AnBib 91), Rome 1981.- P. Beasley-Murray, "Col 1,15-20: An Early Christian Hymn Celebrating the Lordship of Christ", in: *Pauline Studies*, FS F.F. Bruce, Exeter - Grand Rapids, 1980, 169-183.- P. Benoit, "L'hymne christologique de Colossiens 1,15-20. Jugement critique sur l'état des rechèrches", in: *Christianity, Judaism and Other Greco-Roman Cults*, FS M.Shmith, ed. J. Neusner (SJLA 12), Leiden 1975, 226-263.- G. Bernini, "La pienezza del Cristo alla luce di alcuni testi veterotestamentari (Col 1,19)", in: *La Cristologia di San Paolo*, Brescia 1976, 207-219.- F.F. Bruce, "Colossian Problem II: The 'Christushymn' of Col 1,15-20", *SEÅ* 49 (1984) 99-111.- C. Burger, *Schöpfung und Versöhnung*, 54-114.- A.M. Buscemi, *Gli inni di Paolo* (SBFAn 48), Jerusalem 2000, 37-74.- C. Casale Marcheselli, "La struttura letteraria di Col 1,14b-15-20", in: *Parola e Spirito*, FS S. Cipriani,

Brescia 1982, 497-519.- P. D'Aquino, "Cristo Figlio di Dio e Figlio dell'Uomo (Col 1,15-20), in: *Studia Hierosolymitana* II, FS B. Bagatti, Jerusalem 1976, 134-145.- Idem, "Cristo capo del corpo che è la Chiesa (Col 1,18)", in: *La Cristologia di San Paolo*, Brescia 1976, 131-175.- K.-G. Eckart, "Exegetische Beobachtungen zu Kol 1,9-20", *ThViat* 7 (1959/60) 87-106.- J. Ernst, *Pleroma und Pleroma Christi* (BU 5), Regensburg 1970.- A. Feuillet, "La Création de l'univers dans le Christ d'après l'épître aux Colossiens", *NTS* 12 (1965/66), 1-9.- Idem, *Le Christ sagesse de Dieu d'après les épîtres pauliniennes* (EB), Paris 1966, 163-273.- H.J. Gabathuler, *Jesus Christus*. Haupt der Kirche - Haupt der Welt. Der Christushymnus Kolosser 1,15-20 in der theologischen Forschung der letzten 130 Jahren (ATANT 45), Zürich 1965.- J.G. Gibbs, *Creation and Redemption*. A Study in Pauline Theology (NT.S 26), Leiden 1971.- J. Gnilka, *Der Kolosserbrief*, 51-77 (Ex 1: Die Theologische Bedeutung des Christusliedes).- F.B. Granddock, " 'All Things in Him': A Critical Note on Col 1,15-20", *NTS* 12 (1965/66) 78-80.- L. Hartman, *Universal Reconciliation* (Col 1,20) (StNTU 10), 1985, 109-121.- A. Hockel, *Christus der Erstgeborene*. Zur Geschichte der Exegese von Kol 1,15, Düsseldorf 1965.- N. Kehl, *Der Christushymnus im Kolosserbrief*. Eine Motivgeschichtliche Untersuchung zu Kol 1,12-20 (SBM 1), Stuttgart 1967.- H. Langkammer, "Die Einwohnung der 'absolute Seinsfülle' in Christus. Bemerkungen zu Kol 1,19", *BZ* 12 (1968) 258-263.- S. Lyonnet, "Ruolo cosmico del Cristo in Col 1,15ss alla luce del ruolo cosmico della Tora nel Giudaismo", in: *La Cristologia di San Paolo*, Brescia 1976, 57-79.- F. Manns, "Col 1,15-20: un midrash chrétien de Gen I,1", *RSR* 53 (1979) 100-110.- F. Montagnini, "Le linee di convergenza tra la sapienza veterotestamentaria e l'inno cristologico in Col 1", in: *La Cristologia di San Paolo*, Brescia 1976, 37-56.- R.P. Martin, "An Early Christian Hymn (Col 1:15-20)", *EvQ* 36 (1964) 195-205.- W. McCown, "The Hymnic Structure of Colossians 1,15-20", *EvQ* 51 (1979) 156-162.- E. Norden, *Agnostos Theos*. Untersuchungen zur Formgeschichte religiöser Rede, Darmstadt [4]1956, 250-254 - P.T. O'Brien, "Col 1:20 and the Reconciliation of All Things", *RTR* 33 (1974) 45-53.- T. Otero Lázaro, *Col 1,15-20 en el contesto de la Carta* (Tesi Gregoriana - Serie Teologica 38), Roma 1999.- P.D. Overfield, "Pleroma: A Study in Content and Context", *NTS* 25 (1978/79) 384-396.- S.A. Panimolle, "L'inabitazione del *Pleroma* nel Cristo (Col 1,19)", in: *La Cristologia di San Paolo*, Brescia 1976, 177-205.- W. Pöhlmann, "Die hymnische All-Prädikation in Kol 1,15-20", *ZNW* 64 (1973) 53-74.- T.E. Pollard, "Col 1,15-20: A Reconsideration", *NTS* 27 (1981) 572-575.- W.G. Rollins, "The Christological *Tendenz* in Colossians 1:15-20", in: *Christological Perspectives*, FS H.K. McArthur, ed. R.F. Berkey - S.A. Edwards, New York 1982, 123-138.- R. Schnackenburg, "Die Aufnahme des Christushymnus durch den Verfasser des Kolosserbriefes", *EKK-Vorarbeiten* 1, Neukirchen-Vluyn 1969, 33-50.- E. Schweizer, "Kolosser 1,15-20", *EKK-Vorarbeiten* 1, Neukirchen-Vluyn 1969, 7-31.- Idem, "Versöhnung des Alls. Kol 1,20", in: *Jesus Christus in Historie und Theologie*, FS H. Conzelmann, ed. G. Strecker, Tübingen 1975, 487-501.- Idem, *Der Brief an die Kolosser*, 44-80.- E. Testa, "Gesù pacificatore universale. Inno liturgico della chiesa madre (Col 1,15-20 + Ef 2,14-16)", *SBFLA* 19 (1969) 5-64.- U. Vanni, "Immagine di Dio invisibile, primogenito di ogni creazione (Col 1,15)", in: *La Cristologia di San Paolo*, Brescia 1976, 97-113.- B. Vawter, "The Colossian Hymn and the Principle of Redaction" , *CBQ* 33 (1971) 62-81.

2. *In Cristo abita la pienezza della divinità corporalmente* (o realmente). In Col 2,6-15 esorta a camminare nel Signore Gesù come lo hanno ricevuto. Per convincerli di questa esortazione, indica che cosa possiedono nella fede. In Col 2,9 dice che in Cristo abita corporalmente (σωματικῶς) tutta al pienezza della divinità (πᾶν τὸ πλήρωμα τῆς θεότητος); e in Col 2,10 aggiunge che in lui (ἐν αὐτῷ), essi stessi ne sono ripieni (πεπληρωμένοι). Quindi coloro che credono in Cristo possiedono già la pienezza di Dio. In che modo?

Ciò è indicato con il linguaggio sacramentale e simbolico del battesimo, per mezzo del quale sono stati uniti a Cristo. Con lui sono morti e con lui sono risorti, perché hanno creduto nella potenza di Dio che lo ha risuscitato dai morti (Col 2,12).

In Col 2,13 spiega il significato del segno battesimale facendo comprendere che 'la vita' che Dio ha dato loro in Cristo consiste nella liberazione dal peccato, per mezzo del perdono. A causa dei peccati infatti erano morti. La morte di cui parla è l'inimicizia con Dio, a cui allude in Col 2,21. Il peccato è paragonato a una morte perché separa da Dio, che è la fonte della vita.

Bibliografia (su Col 2,6-15) G.R. Beasley-Murray, "The Second Chapter of Colossians", *RevEpx* 70 (1973) 469-479.- D.P. Gardner, "Circumsided in Baptism - Raised through Faith: A Note on Col 2,11-12", *WTJ* 45 (1983) 138-155.- R.A. Goughenour, "Fulness of Life in Christ: Exegetical Study on Col 2,11.12", *RefR* (H) 31 (1977) 52-56.- E. Lohse, "Ein hymnisches Bekenntnis in Kol 2,13c-15", in: *Mélanges bibliques B. Rigaux*, ed. A. Descamp - A. de Halleaux, Gambloux 1970, 427-435.- C.S. Rodd, "Salvation Proclaimed XI: Col 2,8-15", *ExpT* 94 (1982) 36-41.

3. *Cercate le cose di lassù.* In Col 3,1-17 indica ai suoi interlocutori come deve vivere chi con la fede è stato associato alla vita di Cristo per mezzo del battesimo.

In Col 3,1-3 li esorta a cercare le cose di lassù (τὰ ἄνω), cioè le cose del cielo, dove Cristo si trova seduto alla destra di Dio. Questa esortazione è giustificata in Col 3,1a attraverso ciò che credono: se credono che Cristo è risorto, essi sono risorti con Cristo. Quindi, se sono risorti con Cristo, la loro vita è Cristo. E poiché Cristo è nel cielo alla destra di Dio, in Col 3,3b afferma che la loro vita è nascosta con Cristo in Dio.

Ma ciò suppone che la loro condizione attuale sia quella di chi è senza vita. Per questo in Col 3,3a dice che sono morti. Questo è un modo di parlare simbolicamente. Descrive la condizione del credente in modo conforme alla fede che crede e da ciò ne trae delle conseguenze per il suo modo di vivere. In questo caso, l'affermazione che sono morti, serve a giustificare l'esortazione di Col 3,2 in cui li ha invitati a pensare le cose del cielo e non quelle della terra.

In apparenza la frase di Col 3,3a sembra contraddire la frase di Col 3,1a. Ma la contraddizione è solo apparente e la logica del discorso è conseguente. Inizia dicendo che sono risorti con Cristo e quindi devono cercare le cose di lassù, dove si trova Cristo. Poi li esorta di nuovo in Col 3,2 a pensare alle cose del cielo e non a quelle della terra. E in Col 3,3 porta una nuova giustificazione della sua esortazione, dicendo che sono morti, cioè sono nella condizione di chi è morto, perché la loro vita è nascosta con Cristo in Dio, perché il Cristo risorto, con cui sono risorti, si trova seduto alla destra di Dio. Quindi essi sono come chi è senza vita sulla terra. Per questo li esorta a non pensare alle cose della terra.

Pertanto l'esortazione di Col 3,1b a cercare le cose di lassù è giustificata in Col 3,1a con il motivo che essi sono risorti con Cristo, che si trova seduto alla destra di Dio nel cielo. L'esortazione a non pensare alle cose della terra in Col 3,2 è giustificata in Col 3,3 con il motivo che la loro condizione attuale sulla terra è come quella di chi è morto, perché la loro vita, che è Cristo, si trova nascosta con Cristo in Dio, cioè nel cielo.

Il significato morale di questo linguaggio simbolico, in cui il credente è paragonato a un morto vivente, è dato in Col 3,5-8 in cui indica ciò che non devono fare: non seguire le passioni né i desideri cattivi che attirano l'ira di Dio e quindi escludono dalla vita con lui in Cristo.

Per convincerli della sua esortazione, usa di nuovo un linguaggio fatto di immagini. In Col 3,9a.10a dice che si sono spogliati dell'uomo vecchio e hanno rivestito il nuovo (ἀπεκδυσάμενοι τὸν παλαιὸν ἄνθρωπον (...) ἐνδυσάμενοι τὸν νέον). Poi aggiunge che l'uomo nuovo per la conoscenza si rinnova a immagine del suo creatore (κατ' εἰκόνα τοῦ κτίσαντος αὐτόν).

L'uomo vecchio di cui si sono spogliati è una immagine che indica il modo di vivere che seguivano prima di credere, che consisteva nel seguire le passioni, i desideri cattivi e i vizi, come ha detto in Col 3,5-7. Quindi dicendo che si sono spogliati dell'uomo vecchio, vuole far comprendere che con la fede in Cristo ciascuno non è più peccatore, perché Dio ha perdonato i peccati di un tempo. L'uomo nuovo di cui si sono rivestiti è ugualmente una immagine per dire che ora sono diversi dal passato, e cioè non sono più peccatori, meritevoli dell'ira di Dio. Quindi dicendo che hanno rivestito l'uomo nuovo, vuole significare che ciascuno di loro, per la fede in Cristo, è stato trasformato in uomo giusto e pertanto è capace di vivere in modo giusto, secondo la volontà di Dio.

Aggiungendo che l'uomo nuovo si rinnova a immagine del suo creatore, vuole far comprendere che chi è stato rinnovato per la fede in Cristo, attraverso l'esperienza della fede e nel sacramento del battesimo, viene trasformato e reso immagine del suo creatore. Questo è un modo di dire per immagine che, seguendo il Cristo, diventa simile a Dio che lo ha creato. Quindi colui che crede in Cristo diventa una immagine di Dio, come lo è il Cristo in cui crede.

Bibliografia (su 3,1-4.5-15) A. Friedrichsen, "Charité et Perfection. Observation sur Col 3,14", *SO* 19 (1939) 41-45.- E. Grässer, "Kol 3,1-4 als Beispiel einer Interpretation secumdum homines recipientes" *ZThK* 64 (1967) 139-168.- O. Joüon, "Note sur Col 3,5-11", *RSR* 26 (1936) 185-189.- E. Lohse, "Christologie und Ethik im Kolosserbrief", in: *Apophoreta*, FS E. Haenchen (BZNW 30), Berlin 1964, 156-168.- O. Merk, *Handel aus Glauben* (MThSt 5), Marburg 1968, 201-224.- C.F.D. Moule, " 'The New Life' in Col 3,1-17", *RevExp* 70 (1973) 481-493.- B. Rey, "L'homme nouveau d'après Paul", *RSPhTh* 48 (1964) 603-629.- F.-J. Schierse, " 'Suchet, was droben ist' ", *GuL* 31 (1958) 86-90.- R. Schnackenburg, "Der Neue Mensch - Mitte christlichen Weltverständnisses (Kol 3,9-11)", in: Idem, *Christliche Existenz nach dem Neuen Testament* I, München 1967, 392-413.- F. Wulf, " 'Suchet, was droben ist, wo Christus ist, sitzend zur Rechten Gottes' ", *GuL* 41 (1968) 161-164.

AI TESSALONICESI 1 - 2

Bibliografia. (Studi) H. Binder, "Paul und die Thessalonicherbriefe", in: *The Thessalonian Correspondence*, ed. R.F. Collins, 87-93.- R.F. Collins (ed.), *The Thessalonian Correspondence* (BETL 87), Leuven 1990.- K.P. Donfried, "The Cults of Thessalonica and the Thessalonian Correspondence", *NTS* 31 (1985) 336-356.- W. Elliger, *Paul in Griechenland*, Stuttgart ²1990, 78-116.- R. Gregson, "A Solution to the Problem of the Thessalonian Epistles", *EvQ* 38 (1966) 76-80.- R. Gundry, "The Hellenization of Dominical Tradition and Christianization of Jewish Tradition in the Eschatology of 1-2 Thessalonians", *NTS* 33 (1987) 161-178.- W. Harnisch, *Eschatologische Existenz* (FRLANT 97), Göttingen 1973.- R. Jewett, *The Thessalonian Correspondence*. Pauline Rhetoric and Millenarian Pity (Foundations and Facets), Philadelphia 1986.- B.N. Kaye, "Eschatology and Ethics in 1 and 2 Thessalonians", *NT* 17 (1975) 47-57.- H. Koester, "Apostel und Gemeinde in den Briefen an die Thessalonicher", in: *Kirche*, FS G. Bornkamm, ed. D. Lührmann - G. Strecker, Tübingen 1981, 287-298.- F. Laub, *Eschatologische Verkündigung und Lebensgestaltung bei Paulus*. Eine Untersuchung zum Wirken des Apostels beim Aufbau der Gemeinde Thessalonike (BU 10), Würzburg 1973.- D. Lührmann, "The Beginning of the Church at Thessalonica", in: *Greeks, Romans and Christians*, ed. D.L. Balch et al., Minneapolis 1990, 237-249.- A.J. Malherbe, *Paul and the Thessalonians*. The Philosophic Tradition of Pastoral Care, Philadelphia 1987.- T.W. Manson, "St Paul in Grece. The Letters to the Thessalonians", *BJRL* 35 (1952/53) 428-447.- I.H. Marshall, "Election and Calling to Salvation in 1 and 2 Thessalonians", in: *The Thessalonian Correspondence*, ed. R.F. Collins, 259-276.- C.L. Mearns, "Early Eschatological Development in Paul: The Evidence of 1 and 2 Thessalonians", *NTS* 27 (1980) 137-147.- R. Riesner, *Frühzeit des Apostels Paulus* (WUNT 71), Tübingen 1994, 297-365.- H.H. Schade, *Apokalyptische Christologie bei Paulus* (GTA 18), Göttingen ²1984.- W. Schmithals, "Die historische Situation der Thessalonicherbriefe", in: Idem, *Paul und die Gnostiker* (ThF 35), Hamburg 1965, 89-157.- C.V. Stichele, "The Concept of Tradition in 1 and 2 Thessalonians", in: *The Thessalonian Correspondence*, ed. R.F. Collins, 499-504.- W. Trilling, "Die beiden Briefe des Apostels Paulus an die Thessalonicher. Eine Forschungsbericht", *ANRW* II 25.4 (1987) 3365-3403.- G.C. Waterman, "The Sources of Paul's Teaching of the Second Coming of Christ in 1 and 2 Thessalonians", *JETS* 18 (1975) 105-113. (Commenti) E. Best, *A Commentary on the First and Second Epistle to the Thessalonians* (BNTC), London 1972; ²1977.- F.F. Bruce, *1 and 2 Thessalonians* (WBC 45), Waco, TX, 1982.- L.M. Dewailly, *La jeune église de Thessalonique.* Les deux premières lettres de Paul (LD 37), Paris 1963.- E. von Dobschütz, *Die Thessalonicherbriefe* (KEK 10), Göttingen 1909; rist. 1974.- M. Dibelius, *An die Thessalonicher I-II. An die Philipper* (HNT 11), Tübingen 1911; ³1937.- J.E. Frame, *Commentary on the Epistles of St Paul to the Thessalonians* (ICC), Edinburgh 1912; ⁵1960.- G. Friedrich, *Der erste Brief an die Thessalonicher. Der zweite Brief an die Thessalonicher* (NTD 8), Göttingen 1976, 203-276.- F. Laub, *1. und 2. Thessalonicherbriefe* (NEB.NT 13), Würzburg 1985.- S. Legasse, *Les épîtres de Paul aux Théssaloniciens* (LD Comm 7), Paris 1999.- C. Masson, *Les deux épîtres de saint Paul aux Théssaloniciens* (CNT 11a), Neuchâtel - Paris 1957.- L. Morris, *The First and the Second Epistle to the Thessalonians* (NICNT), Grand Rapids, MI, 1959; rev. ed. 1991.- Idem, *The Epistles of Paul to The Thessalonians*, Leicester - Grand Rapids 1984.- W. Neil, *The Epistles of Paul to the Thessalonians* (MNTC), London 1950.- E. Reinmuth, "Der erste Brief an die Thessalonicher. Der zweite Brief an die Thessalonicher", in: N. Walter - E. Reinmuth - P. Lampe, *Die Briefe an die Philipper, Thessalonicher und an Philemon* (NTD 8/2), Göttingen 1988, 105-202.- E.J. Richard, *1 and 2 Thessalonians* (Sacra Pagina 11), Collegeville 1995.- B. Rigaux, *Saint Paul. Les épîtres aux Théssaloniciens* (EB), Paris 1956.- P. Rossano, *Lettera ai Tessalonicesi*, Torino 1965.- K. Staab, *Die Thessalonicherbriefe* (RNT 7/2), Regensburg 1950; ³1959.- C.A. Wanamaker, *The epistles to the Thessalonians* (NIGTC), Grand Rapids 1990.- R.A. Ward,

Commentary on 1 and 2 Thessalonians, Waco, TX, 1973.- D.J. Williams, *1 and 2 Thessalonians* (NIBC 12), Peabody MA, 1992.
(Introduzioni) J.M. Cambier, "Paul à l'église de Théssalonique", in: *Les lettres apostoliques*, 39-50.- H. Conzelmann - A. Lindemann, *Arbeitsbuch zum Neuen Testament*, Tübingen [12]1998, 228-233.233-238.- W.G. Kümmel, *Einleitung in das Neue Testament*, 219-226.226-232.- W. Marxen, *Einleitung in das Neue Testament*, 32-38.38-44.- U. Schnelle, *Einleitung in das Neue Testament*, Göttingen [3]1999, 58-69.330-340.

AI TESSALONICESI 1

Bibliografia. (Studi) M. Adinolfi, *La prima lettera ai Tessalonicesi nel mondo greco-romano* (Bibl. Pont. Athenei Antoniani 31), Roma 1990.- G. Barbaglio, "Analisi formale e letteraria di 1Tess 1-3", in: *Testimonium Christi*, FS J. Dupont, Brescia 1985, 35-56.- J. Becker, "Die Erwählung der Völker durch das Evangelium. Theologiegeschichtliche Erwägungen zum 1. Thessalonicherbrief", in: *Studien zum Text und zur Ethik des Neuen Testaments*, FS H. Greeven, Berlin - New York 1986, 82-102.- J. Bickmann, *Kommunikation gegen den Tod*. Studien zur paulinischen Briefpragmatik am Beispiel des Ersten Thessalonicherbrief (FzB 86), Würzburg 1998.- H. Boers, "The Form Critical Study of Paul's Letter. 1 Thessalonians as a Case Study", *NTS* 22 (1975/76) 140-158.- R.F. Collins, *A Propos the Integrity of 1 Thessalonians*, Louvain 1979.- Idem, *Studies on the First Letter to the Thessalonians* (BETL 66), Leuven 1984.- R.F. Collins, "God in the First Letter to the Thessalonians: Paul's Earliest Written Appreciation of ὁ θεός", *LouvStud* 16 (1991) 137-154.- C. Demke, "Theologie und Literarkritik im 1. Thessalonicherbrief", in FS E. Fuchs, ed. G. Ebeling - E. Jüngel - G. Schunach, Tübingen 1973, 103-124.- K.P. Donfried, "The Theology of First Thessalonians", in: *The Theology of the Shorter Pauline Letters*, ed. K.P. Donfried - I.H. Marshall, Cambridge 1993, 1-79.- Idem, "1 Thessalonians, Acts and the Early Paul", in: *The Thessalonian Correspondence*, ed. R.F. Collins, 3-26.- C.E. Faw, "On the Writing of First Thessalonians", *JBL* 71 (1952) 217-225.- B. Henneken, *Verkündigung und Prophetie im Ersten Thessalonicherbrief* (SBS 29), Stuttgart 1969.- J. Holmustrand, *Markers and Meaning in Paul*. An Analysis of 1 Thessalonians, Philippians and Galatians (CB.NT 28), Stockholm 1997.- R. Hoppe, "Der erste Thessalonicherbrief und die antike Rhetoric", *BZ* 41 (1997) 221-237.- B.C. Johanson, *To All the Brethren*. A Text-Linguistic and Rhetorical Approach to 1 Thessalonians (CB.NT 16), Stockholm 1987.- H.-J. Klauck, *Die antike Briefliteratur und das Neue Testament*, Paderborn et al. 1998, 267-292.- T. Holtz, "Traditionen im 1. Thessalonicherbrief", in: *Die Mitte des Neuen Testaments*, FS E. Schweizer, ed. U. Luz - H. Weder, Göttingen 1983, 55-78.- H. Koester, "1 Thessalonians - Experiment in Christian Writing", in: *Continuity and Discontinuity in Church History*, FS G.H. Williams, ed. F.F. Chruch - T. George, Leiden 1979, 33-44.- W.G. Kümmel, "Das literarische und geschichtliche Problem des 1. Thessalonicherbriefes", in: *Neotestamentica et Patristica*, FS O. Cullmann, ed. W.C. van Unnik, (NT .S 6), Leiden 1962, 213-227.- J. Lambrecht, "Thanksgiving in 1 Thessalonians 1-3", in: *The Thessalonian Correspondence*, ed. R.F. Collins, 183-205.- A.J. Malherbe, "Exortation in First Thessalonians", *NT* 25 (1983) 238-256.- Idem, " 'Gentle as a Nurce': The Cynic Background of 1 Thessalonians", in: Idem, *Paul and the Popular Philosophers,* Minneapolis 1989, 35-48.- O. Merk, "Zur Christologie im ersten Thessalonicherbrief", in: *Anfänge der Christologie*, FS F. Hahn, ed. C. Breytenbach - H. Paulsen, Göttingen 1991, 97-110.- D. Patte, "Method for a Structural Exegesis of Didactic Discourse. Analysis of 1 Thessalonians", *Semeia* 26 (1983) 85 129. E. Pax, "Konvertitenprobleme im ersten Thessalonicherbrief", *BiLe* 21 (1971) 220-262.- B. Rigaux, "Vocabulaire chrétien antérieur à la première lettre aux Théssaloniciens", in: *Sacra Pagina* II, Gembloux-Paris 1959, 380-389.- D. Schmidt, "1 Thess. 2:13-16: Linguistic Evidence for an Interpolation", *JBL* 102 (1983) 269-279.- U. Schnelle, "Der erste Thessalonicherbrief und die Entstehung der paulinischen Anthropologie", *NTS* 32 (1986) 207-224.- G.F. Snyder, "Apocalyptic and Didactic Elements in 1 Thessalonians", *JBL* 108 (1972) 233-244.- Idem, "A Summary of Faith in an Epistolary Context: 1 Thess 1,9-10", *JBL* 108 (1972) 355-365.- Th. Söding, "Der erste Thessalonicherbrief und die frühe paulinische Evangeliumsverkündigung.", *BZ* 35 (1991) 180-203.- E. Struther Malbon, " 'No Need to Have Anyone Write'? A Structural Exegesis of 1 Thessalonians", *Semeia* 26 (1983) 57-83.

(Commenti) T. Holz, *Der erste Brief an die Thessalonicher* (EKK 13), Zürich / Neukirchen-Vluyn 1986; [2]1990.- W. Marxen, *Der erste Brief an die Thessalonicher* (ZBK.NT 1.1), Zürich

1979.- H. Schlier, *Der Apostel und seine Gemeinde*. Auslegung des ersten Briefes an die Thessalonicher, Freiburg 1972; rist. Leipzig 1974.- H. Schürmann, *Der erste Brief an die Thessalonicher* (GeiS 13), Düsseldorf 1962.

I   *Piano letterario di 1Tess*

Il testo della prima lettera ai Tessalonicesi è di solito diviso in due parti: 1Tess 1,1 Introduzione; 1Tess 1,2-3,13 Parte I; 1Tess 4,1-5,24 Parte II; 1Tess 5,25-28 Conclusione.

Questa divisione generale viene eseguita tenendo conto di quattro elementi stilistici evidenti: 1Tess1,1 Introduzione epistolare; 1Tess 1,2 εὐχαριστοῦμεν, 'ringraziamo', inizio di una preghiera di ringraziamento che viene ripresa in 1Tess 2,13 con εὐχαριστοῦμεν e continua con la frase in 1Tess 3,9 τίνα γὰρ εὐχαριστίαν δυνάμεθα τῷ θεῷ e conclusa con la preghiera di 1Tess 3,11-13. Quindi questa parte si presenta come un ringraziamento prolungato a Dio per ciò che ha compiuto nei credenti della chiesa di Tessalonica. In 1Tess 4,1 inizia una parte con παρακαλοῦμεν, 'esortiamo', che si sviluppa attraverso la discussione di problemi specifici introdotti da περὶ δέ, 'su ciò', 'riguardo a', 'a proposito di': in 1Tess 4,9 sull'amore fraterno, 1Tess 4,13 sulla sorte dei defunti, 1Tess 5,1 sulla venuta del Signore. Questa parte è di solito considerata parenetica o esortativa. In 1Tess 5,26-28 si ha una normale conclusione epistolare.

Questa divisione è la più diffusa ed è bene tenerla presente perché si trova nelle introduzioni e nei commenti. Tuttavia la sua funzione è puramente didattica e deve essere considerata come un semplice aiuto per la memoria perché il discorso del testo è più complesso dello schema con cui viene rappresentato. Mi basta far notare che nella Parte II (1Tess 4,1-5,25) non c'è solo parenesi o esortazione morale, ma ci sono anche due sequenze discorsive di genere espositivo e dottrinale: 1Tess 4,13-18 sul ritorno del Signore, la resurrezione dei morti, l'incontro con i viventi e la vita eterna con lui'; 1Tess 5,1-10 sul tempo in cui tornerà il Signore e sul modo di attenderlo vigilando nella fede. Queste due sequenze sono precedute e seguite da due sequenze di genere parenetico: 1Tess 4,1-8.9-12 ἐρωτῶμεν ὑμᾶς καὶ παρακαλοῦμεν, 'chiediamo e esortiamo', 1Tess 5,12-25 ἐρωτῶμεν, 'chiediamo'.

Da queste osservazioni risulta che non è possibile applicare a questa lettera lo schema che si trova in altre lettere di Paolo, cioè ritenere la Parte I come dottrinale e la Parte II come parenetica. Nella Parte II infatti vi sono sequenze dottrinali, come ho mostrato.

Nella Parte I non è possibile trovare esposizioni di dottrina. Si tratta infatti di una rievocazione del modo in cui Paolo ha annunciato la prima volte il vangelo alla comunità di Tessalonica e del modo in cui la hanno accolto.

W. Schmithals (1964) ha riproposto l'ipotesi che il testo attuale della prima lettera ai Tessalonicesi sia composto di due lettere diverse, ma autentiche: A 1Tess 1,1-2,12 + 4,3-5,28 corretta in 1Tess 4,2-5,28 nel 1965; B 1Tess 2,13-4,2 corretta in 1Tess 2,13-4,1 nel 1965. La ragione fondamentale che egli porta per dividere il testo in questo modo è di natura linguistica: si trova difficoltà a unire 1Tess 2,13 con 1Tess 2,12 e 1Tess 4,2 con 1Tess 4,1. Ma non tutti riconoscono l'esistenza di questa difficoltà linguistica. Perciò l'ipotesi è presa in seria considerazione, ma non è accettata come definitiva. Resta una proposta.

Si riconosce tuttavia che la lettera è veramente unica nel suo genere. E' possibile trovare due preghiere di ringraziamento: 1Tess 1,2-10 e 1Tess 2,13-16. La prima si trova all'inizio, che è il suo posto normale nelle lettere di tipo paolino; la seconda è un nuovo ringraziamento nel corpo del testo, cioè in un punto insolito, dove un ringraziamento non è atteso. Inizia con un διὰ τοῦτο in 1Tess 2,13 che sintatticamente si collega a ciò che precede, ma che logicamente dipende da ciò che segue, ed è ripreso da ὅτι in 1Tess 2,13b che indica il motivo del ringraziamento. Ma questo motivo è diverso da ciò di cui ha parlato in 1Tess 2,1-12. Quindi il διὰ τοῦτο di 1Tess 2,13a è senza legame logico con ciò che precede.

E' possibile trovare anche due sequenze parenetiche: 1Tess 4,1-8.9-12 e 1Tess 5,12-22.

Queste cose vengono prese in considerazione da coloro che vogliono sostenere che la lettera è composta di più lettere messe insieme. Quindi l'ipotesi di dividere il testo in lettere distinte viene fatta per spiegare 'i doppioni', che alcuni ritengono anormali. Supponendo che il testo sia formato da due lettere unite al momento della redazione, è facile spiegare perché ci sono 'due' preghiere di ringraziamento e 'due' parenesi.

A me sembra che ciò non sia sufficiente per sostenere l'ipotesi. Se si legge con attenzione 1Tess 4,1-12 e 1Tess 5,12-22 si nota che non si tratta di una semplice ripetizione della stessa esortazione, ma vengono trattate cose diverse. In 1Tess 4,1-12 tratta due argomenti: in 1Tess 4,1-8 della santificazione, della necessità di lasciare da parte l'impudicizia e cioè del corretto uso del corpo; in 1Tess 4,9-12 parla dell'amore fraterno, ma non ne discute perché dice che già lo praticano. Essi hanno imparato direttamente da Dio ad amarsi a vicenda. In 1Tess 5,12-22 parla soprattutto dei rapporti nella comunità e della vita religiosa nella comunità.

Quanto alla ripresa del ringraziamento in 1Tess 2,13 è in tono con tutta la prima parte del testo, da 1Tess 1,2 a 1Tess 3,13 che deve essere considerato un continuo rendimento di grazie a Dio per l'opera che ha compiuto nella chiesa di Tessalonica, spingendoli a credere e a perseverare nella fede, nonostante le difficoltà.

Bibliografia. P. Beier, *Geteilte Briefe? Eine kritische Untersuchung der neueren Teilungshypothese zu den paulinischen Briefen*, Diss. theol. Halle 1984, 159-181.326-339.- T. Holz, *Der erste Brief an die Thessalonicher*, 23-32.- R. Jewett, *The Thessalonian Correspondence*, 33-46.68-71.71-78.- F. Laub, *1. und 2. Thessalonicher*, 11-12.- W. Marxen, *Der erste Brief an die Thessalonicher*, 26-29.- B.B.A. Pearson, "1Thessalonians 2,13-16: A Deutero-Pauline Interpolation", *HThR* 64 (1971) 79-94.- W. Schmithals, "Die Thessalonicherbriefe als Briefkomposition", in: *Zeit und Geschichte*, FS R. Bultmann, Tübingen 1964, 295-313.- Idem, *Paul und die Gnostiker*, Hamburg 1965, 89-157.- Idem, *Die Briefe des Paulus in ihrer ursprünglichen Form*, Zürich 1984, 111-124.- K. Theme, "Die Struktur des ersten Thessalonicherbriefs", in: *Abraham Unser Vater*, FS O. Michel, ed. O Betz, Leiden - Köln 1963, 450-468.- W. Trilling, "Die beiden Briefe des Apostels Paulus an die Thessalonicher", 3380-3389.- A. Vanhoye, "La composition de 1Théssaloniciens", in: *The Thessalonian Correspondence*, ed. R.F. Collins, 73-86.- W. Wuellner, "The Argumentative Structure of 1Thessalonians as Paradoxical Encomium", in: *The Thessalonian Correspondence*, ed. R.F. Collins, 117-136.

II *Teologia di 1Tess*

Alcune idee teologiche fondamentali per la fede sono scritte in 1Tess 4,13-18 e 1Tess 5,1-11. Riguardano la venuta del Signore, la resurrezione dei morti, il tempo della venuta e il giudizio.

1 Il destino dei morti e il ritorno di Cristo. In 1Tess 4,13-18 discute il problema del destino dei morti. Ne discute per fare uscire i suoi interlocutori dal dolore per i defunti, liberandoli dalla ignoranza. Lo fa istruendoli su ciò che può dire la fede sulla sorte dei defunti, affinché da questa conoscenza ricevano una speranza e non siano più nella tristezza.

In 1Tess 4,14 ricorda il principio della fede, da cui trae le conseguenze per risolvere il problema. Gesù è morto e risuscitato. Così (οὕτως), cioè allo stesso modo, Dio radunerà con lui (ἄξει σὺν αὐτῷ) coloro che sono morti per Gesù (διὰ τοῦ Ἰησοῦ). Ciò può significare che Dio radunerà con Gesù coloro che sono morti per Gesù, cioè con la fede in Gesù; oppure può significare che Dio, per mezzo di Gesù (διὰ τοῦ Ἰησοῦ), radunerà con sé i morti. La prima spiegazione è migliore perché corrisponde a ciò che è descritto di seguito: in Cristo i morti risorgeranno e i vivi andranno incontro al Signore per essere sempre insieme al Signore. A σὺν αὐτῷ di 1Tess 4,14c corrisponde il σὺν κυρίῳ di 1Tess 4,17b; a τοὺς κοιμηθέντας διὰ τοῦ Ἰησοῦ, "i morti per Gesù", di 1Tess 4,14b corrisponde οἱ νεκροὶ ἐν Χριστῷ, "i morti in Cristo", di 1Tess 4,16b.

In 1Tess 4,15-17 descrive l'evento del ritorno e della resurrezione finale. In 1Tess 4,16a afferma che "il Signore ... scenderà dal cielo". In 1Tess 4,16b afferma che per primi risorgeranno i morti in Cristo. In 1Tess 4,17a afferma che i vivi saranno rapiti tra le nubi del cielo per andare incontro al Signore nell'aria. In 1Tess 4,17b afferma che saremo sempre con il Signore (οὕτως πάντοτε σὺν κυρίῳ ἐσόμεθα).

In questo passo sono descritti quattro eventi: 1) il ritorno del Signore dal cielo; 2) la resurrezione dei morti nel Signore; 3) il rapimento dei vivi nell'aria per andare incontro al Signore; 4) la vita per sempre con il Signore.

Tenendo conto di questa descrizione, si deve riassumere dicendo che la resurrezione dei morti accadrà con il ritorno del Signore (1Tess 4,14-17). In quella occasione, Dio farà risorgere coloro che sono morti nel Signore perché siano sempre con lui (1Tess 4,14). Il fatto è presentato in 1Tess 4,14b come opera di Dio. E' lui che farà risorgere i morti; e in 1Tess 4,15-17 è descritto secondo le fasi del suo svolgimento.

In 1Tess 4,17, parlando di coloro che sono ancora vivi al momento della venuta del Signore, usa il 'noi'. Ciò lascia supporre che egli vivesse nell'attesa di vedere tornare il Signore. Sperava di poterlo incontrare, di vederlo tornare e di potergli andare incontro sulle nubi del cielo. Questa immagine, con cui cerca di descrivere l'evento dell'incontro con il Signore che torna dal cielo, è stupenda. Con essa tenta di dire a parole e con figure ciò che appartiene al mistero della fede. Ma l'immagine, con la sua tensione verticale, esprime molto bene la speranza della fede e il desiderio di essere unito per sempre col Signore risorto, anche se di fatto non corrisponde al vero. Il Signore non è tornato come sperava Paolo e noi ancora lo attendiamo. Ciò significa che il linguaggio del testo non può essere interpretato in senso letterale, perché è simbolico. Esprime il mistero con immagini, il cui senso è dato solo nello spirito.

Bibliografia. P. Ellingworth, "Which way are we going? A verb of mouvement especially in 1Tess 4,14b", *BT* 25 (1974) 426-431.- A. Feuillet, "Le 'ravissement' final des justes e la double perspective eschatologique dans la le épître aux Théssaloniciens", *RThom* 72 (1972) 533-559.- W. Harnisch, *Eschatologische Existenz*. Ein exegetischer Beitrag zum Sachanliegen von 1 Thessalonicher 4,15-5,11 (FRLANT 110), Göttingen 1973.- B.N. Kaye, "Eschatology and Ethics in 1 and 2 Thessalonians", *NT* 17 (1975) 47-57.- P.-E. Langevin, "Nous seron puor toujour avec le Seigneur", *ASeign* 63 (1971) 13-19.- U. Luz, *Das Geschichtsverständnis des Paulus* (BEvTh 49), München 1968, 318-331.- G. Lüdemann, *Paulus, der Heidenapostel* I: Studien zur Chronologie (FRLANT 123), Göttingen 1980, 220-263.- W. Marxen, "Auslegung von 1Thess 4,13-18", *ZTK* 66 (1969) 22-37.- H. Merklein, "Der Theologe als Prophet", *NTS* 38 (1992) 402-429.- P. Rossano, "A che punto siamo con 1Tess 4,13-17?", *RivB* 4 (1956) 72-80.- H.H. Schade, *Apokalyptische Christologie bei Paulus* (GTA 18)", Göttingen [2]1984, 157-172.- P. Sieber, *Mit Christus leben* (ATANT 61), Zürich 1971, 13-69.- A. Wimmer, "Trostworte des Apostels Paulus an Hintergebliebenen in Thessalonich (1Thes 4,13-17)", *Bib* 36 (1955) 273-286.

2. *Il tempo del ritorno di Cristo.* In 1Tess 5,1-3 discute sul tempo di questo evento, cioè del ritorno di Cristo. Afferma che essi non hanno bisogno che egli ne scriva. Già sanno che il Giorno del Signore verrà come un ladro, cioè improvviso, quando nessuno lo aspetta.

Le espressioni che usa per descrivere la sua venuta sono immagini, simili a quelle usate dagli autori dei vangeli sinottici (cf. Matt 24,36-43 Lc 21, 34-35).

E' probabile che tutti attingano ad una tradizione evangelica comune, che tramanda le parole stesse del Signore. In questo caso, Paolo non fa altro che trasmettere ciò che egli stesso ha ricevuto, anche se non lo dice in modo esplicito.

Ciò è confermato da 1Tess 1,9-10 dove il vangelo da lui annunciato è costituito essenzialmente dall'attesa della venuta del Figlio di Dio dal cielo per il giudizio e dalla sua resurrezione dai morti, che ne è il presupposto.

Poiché alla sua apparizione (ἐν τῇ παρουσίᾳ) noi dovremo stare davanti a Dio (1Tess 3,13) e al Signore giudice (1Tess 2,19) per essere giudicati secondo le opere (1Tess 4,6), siamo invitati a perseguire la santificazione (ὁ ἁγιασμός: 1Tess 4,3), per essere trovati 'irreprensibili nella santità' (ἀμέμπτους ἐν ἁγιωσύνῃ: 1Tess 3,13), al momento della sua venuta.

Dio infatti ci ha chiamati nella santità (ἐκάλεσεν ἡμᾶς ...ἐν ἁγιασμῷ: 1Tess 4,7), per conseguire la salvezza (εἰς περιποίησιν σωτηρίας: 1Tess 5,9), per mezzo di Gesù Cristo, che è morto per noi (τοῦ ἀποθανόντος ὑπὲρ ἡμῶν), affinché viviamo per lui (1Tess 5,10).

Queste affermazioni, sparse nel discorso, attestano con chiarezza che il vangelo annunciato da Paolo comprendeva dall'inizio l'annuncio della morte per noi del Cristo, della sua resurrezione, del suo ritorno dal cielo e del giudizio finale (cf. Th. Söding). Quindi egli annunciava i principi fondamentali della fede che professiamo e non solo la venuta imminente del Signore, come paiono sostenere coloro che sembrano ridurre tale annuncio solo a 1Tess 1,9.10. Il resto non era ignorato, anche se è fuori dubbio che nella lettera l'attesa del suo ritorno domina il discorso a scopo consolatorio.

Bibliografia. L. Aejmelaeus, *Wachen vor dem Ende.* Die traditionsgeschichtlichen Wurzel von 1Thess 5,1-11 und Lk 21.34-36 (SFEG 44), Helsinki 1985.- G. Friedrich, "1. Thessalonicher 5,1-11, der apostolische Einschub eines Späteren", *ZTK* 70 (1973) 288-315.- E. Fuchs, *Glaube und Erfahrung.* Zum christologischen Problem im Neuen Testament, Tübingen 1966, 334-363 ("Die Zukunft des Glaubens nach 1. Thess 5,1-11").- P.E. Langevin, *Jésus Seigneur et l'eschatologie.* Exégèse des textes pauliniens, Bruges - Paris 1967, 124-163 ('Jour de Yahvé' et seigneurie de Jésus en 1Th 5,2).- J. Plevnik, "1Thess 5,1-11: Its Authenticity, Intention and Method", *Bib* 60 (1979) 71-90.- B. Rigaux, "Tradition et rédaction dans 1 Th. 5,1-10", *NTS* 21 (1974/75) 318-340.- H.H. Schade, *Apokalyptische Christologie bei Paulus,* 117-134.- U. Schnelle, "Die Ethik des ersten Thessalonicherbriefes" in: *The Thessalonian Correspondence,* ed. R.F. Collins, 295-305.- S. Schultz, *Neutestamentliche Ethik,* Zürich 1987,301-333.

AI TESSALONICESI 2

Bibliografia. J.A. Bailey, "Who wrote II Thessalonians?", *NTS* 25 (1978/79) 131-145.- H. Braun, "Zur nachpaulinischer Erkunft des zweiten Thessa-lonicherbriefes", *ZNW* 44 (1952/53), 152-156.- P. Day, "The Practical Purpose of Second Thessalonians", *AThR* 45 (1963) 203-206.- K.P. Donfried, "The Theology of 2 Thessalonians", in: *The Theology of the shorter Pauline Letters*, ed. K.P. Donfried - I.H. Marshall, Cambridge 1993, 81-113.- 'Idem, "The Theology of 2 Thessalonians", in: *The Thessalonian Correspondence*, ed. R.F. Collins, 486-498.- F. Danker - R. Jewett, "Jesus as the Apocalyptic Benefactor in the Second Thessalonians", *AThR* 45 (1963) 203-206.- K. Eckart, "Der zweite echte Brief des Paulus an die Thessalonicher", *ZThK* 58 (1961) 30-44.- C.H. Giblin, "2 Thessalonians Re-read as Pseudepigraphal. A Revised Reaffirmation of the Threat to Faith", in: *The Thessalonian Correspondence*, ed. R.R. Collins, 459-469.- G.S. Holland, *The Tradition that you received from us*: 2 Thessalonians in the Pauline Tradition (HUTh 24), Tübingen 1988.- F.W. Hughes, *Early Christian Rhetoric and 2 Thessalonians* (JSNT.SS 30), Sheffield 1989.- E. Krentz, "Tradition Held Fast: Theology and Fidelity in 2 Thessalonians", in: *The Thessalonian Correspondence*, ed. R.F. Collins, 505-515.- F. Laub, "Paulinische Authorität in nachpaulinischer Zeit (2 Thess)", in: *The Thessalonian Correspondence*, ed. R.F. Collins, 403-417.- A. Lindemann, "Zum Abfassungszweck des zweiten Thessalonicherbriefes", *ZNW* 68 (1977) 35-47.- M.J.J. Menken, "Paradise Regained or Still Lost? Eschatology and Disorderly Behaviour in 2 Thessalonians", in: *The Thessalonian Correspondence*, ed. R.F. Collins, 271-289.- W. Michaelis, "Der 2. Thessalonicherbrief kein Philipperbrief", *TZ* 1 (1945) 282-285.- P. Müller, *Anfänge der Paulusschule*. Dargestellt am zweiten Thessalonicherbrief und am Kolosserbrief (ATANT 74), Zürich 1988.- E. Schweizer, "Zum Problem des zweiten Thessalonicherbriefes", *TZ* 2 (1946) 74-75.- Idem, "Der zweite Thessalonicherbrief ein Philipperbrief?", *TZ* 1 (1945) 90-105.- J.A. Lint, "Parousie-Erwartung und Parousie-Verzögerung im paulinischen Briefcorpus", *ZTK* 86 (1964) 47-79.- W. Schmithals, *Die Briefe des Paulus in ihrer ursprünglichen Form* (ZWKB), Zürich 1984, 111-122.- A. Strobel, *Untersuchungen zum eschatologischen Verzögerungsproblem aufgrund der spätjüdisch-urchristlichen Geschichte von Habakuk 2,2ff* (NT.S 2), Leiden 1961.- W. Trilling, *Untersuchungen zum zweiten Thessalonicherbrief* (EThS 27), Leipzig 1972.- Idem, "Literarische Paulusimitation im 2 Thessalonicherbrief", in: *Paulus in den neutestamentlichen Spätschriften*, ed. K. Kertelge (QD 89), Freiburg i.Br. 1981, 146-156.- W. Wrede, *Die Echtheit des zweiten Thessalonicherbriefes untersucht* (TU 24.2), Leipzig 1903.
(Commenti) W. Marxen, *Der zweite Thessalonicherbrief* (ZBK.NT 11.2), Zürich 1962.- A. Schulz, "Auslegung des 2. Thessalonicherbriefes", *BiLe* 8 (1967) 33-42.110-120.179-185.256-264.- W. Trilling, *Der zweite Brief an die Thessalonicher* (EKK 14), Zürich / Neukirchen-Vluyn 1980.

I *Piano letterario di 2Tess*

La seconda lettera ai Tessalonicesi è breve. Tuttavia non c'è accordo sulla sua composizione. Riassumo alcune delle ipotesi di divisione.

W. Trilling (EKK 14; 1980) divide in questo modo: I 2Tess 1,1-2 Saluto di introduzione; II 2Tess 1,3-12 Parte introduttiva (Proemio); III 2Tess 2,1-12.13-14 'Il giorno del Signore'; IV 2Tess 2,15-3,16 Parte ammonitiva: ammonizioni, richiesta di preghiere, ordini; V 2Tess 3,17-18 Conclusione.

Se si toglie Introduzione (2Tess 1,1-2) e Conclusione (2Tess 3,17-18), il corpo della lettera risulta diviso in *tre parti*: I 2Tess 1,3-12 II 2Tess 2,1-12.13-14; III 2Tess 2,15-3,16.

F. Laub (NEB; 1986) propone una divisione in *tre parti*, ma diversa: 2Tess 1,1-12 I Introduzione; 2Tess 2,1-17 II La speranza cristiana e il giorno del Signore; 2Tess 3,1-15 III Istruzioni alla comunità; 2Tess 3,16-18 Conclusione.

W. Marxen (ZBK; 1982) propone una divisione in sequenze discorsive, rinunciando a una divisione in parti: 2Tess 1,1-2 Introduzione epistolare; 2Tess 1,3-12 Ringraziamento, istruzione sul giusto giudizio alla parusia, preghiera di intercessione; 2Tess 2,1-12 Il presente nel piano apocalittico; 2Tess2,13-3,5 Diverse ammonizioni; 2Tess 3,6-12 I 'disordinati'; 2Tess 3,13-16 Sommario delle ammonizioni; 2Tess 3,17-18 Conclusione.

F.F. Bruce (WBC; 1982) propone una divisione in sequenze discorsive e non in parti: 1. Prescritto (2Tess 1,1-2); 2. Ringraziamento, incoraggiamento e preghiera (2Tess 1,3-12); 3. L'apparizione e la caduta dell'uomo senza legge (2Tess 2,1 -12); 4. Altro ringraziamento, incoraggiamento e preghiera (2Tess 2,13-17); 5. Altra preghiera (2Tess 3,1-5); 6. Esortazione (2Tess 3,6-16); 7. Conclusione (2Tess 3,17-18).

Quale preferire di queste proposte? Mi sembra che tutte siano d'accordo su alcune unità fondamentali: 2Tess 1,1-2 Introduzione; 2Tess 1,3-13 Ringraziamento; 2Tess 2,1-12 Il giorno del Signore e l'uomo senza legge; 2Tess 3,6-16 Istruzione; 2Tess 3,17-18 Conclusione.

Le differenze si manifestano nella divisione e nella collocazione di 2Tess 2,13-17 e 2Tess 3,1-5. Per W. Trilling 2Tess 2,13-14 chiude la sezione che precede e 2Tess 2,15-17 insieme a 2Tess 3,1-5 appartengono alla sezione seguente. Per F.F. Bruce 2Tess 2,13-17 e 2Tess 3,1-5 formano due unità indipendenti. Per W. Marxen invece formano una sola unità (2Tess 2,13-3,5). Infine F. Laub considera 2Tess 2,13-17 chiusura di 2Tess 2,1-12 e 2Tess 3,1-5 apertura di 2Tess 3,1-16.

Mi sembra che la proposta di F. Laub meriti attenzione. In 2Tess 2,13 ἡμεῖς δέ, 'ma noi', è una chiara antitesi a ciò che precede in 2Tess 2,1-12. In 2Tess 2,13-14 ringrazia Dio perché la sorte toccata ai fratelli è la salvezza. Essi hanno accolto la verità, mentre coloro che non l'hanno accolta vanno in rovina, come è detto in 2Tess 2,10-11. In 2Tess 2,15 inizia con ἄρα οὖν, 'dunque', che conclude con una esortazione l'esposizione precedente. 2Tess 3,1 inizia con τὸ λοιπόν, 'per il resto', che nelle altre lettere indica l'inizio di una parte conclusiva. Quindi sembra ragionevole collegare 2Tess 3,1-6 con ciò che segue.

Tenendo conto di queste osservazioni stilistiche, credo che il contenuto possa essere diviso in tre sequenze discorsive: 2Tess 1,1-2 Introduzione; I

2Tess 1,3-13 II 2Tess 2,1-17 III 2Tess 3,1-15 2Tess 3,16-18 Conclusione (cf. M.J.J. Menken).

Bibliografia. H.-J. Klauck, *Die antike Briefliteratur und das Neue Testament*, Paderborn 1998, 292-298.-M.J.J. Menken, "The Structure of 2Thessalonians", in: *The Thessalonian Correspondence*, 373-382.- P. T. O'Brien, *Introductory Thanksgiving in the Letters of Paul* (NT.S 49), Leiden 1977, 167-196.- J.L. Sumney, "The Bearing of a Pauline Rhetorical Pattern on the Integrity of 2 Thessalonians", *ZNW* 81 (1990) 192-204.

II   *Teologia di 2Tess*

Il testo ha un unico tema teologico, discusso in 2Tess 2,1-12: il giorno del Signore, il tempo della sua venuta, le vicende che lo precedono.

Ma già in 2Tess 1,6-10 parla di questo giorno per spiegare che in esso si manifesterà la giustizia di Dio. In 2Tess 1,6 afferma che questa giustizia è ispirata dal principio della 'retribuzione'. Dio consolerà loro, che ora soffrono per la loro fede, ma affliggerà coloro che ora lo affliggono.

Da 2Tess 1,8 il discorso diventa più generale. Il Signore farà vendetta di quanti non conoscono Dio e non ubbidiscono al vangelo del Signore Gesù Cristo. Costoro saranno castigati con una rovina eterna (ὄλεθρον αἰώνιον: 2Tess 1,9). Invece, in coloro che avranno creduto, il Signore sarà glorificato e riconosciuto mirabile (2Tess 1,10)

Da ciò risulta che la gloria sarà data solo ai credenti. Ai non credenti, la condanna. Tuttavia questa espressione così radicale è da interpretare nel suo contesto.

In 2Tess 1,8 la frase "a coloro che non conoscono Dio" (τοῖς μὴ εἰδόσιν θεόν) è parallela alla frase "a coloro che non ubbidiscono al vangelo" (τοῖς μὴ ὑπακούουσιν τῷ εὐαγγελίῳ), che serve da specificazione. Coloro che non conoscono Dio sono coloro che rifiutano il vangelo. E da 2Tess 1,6 risulta che costoro sono gli stessi che affliggono i credenti in Gesù Cristo, a causa della loro fede.

Pertanto la condanna eterna e la lontananza dalla faccia del Signore di cui parla in 2Tess 1,9 sono destinate a coloro che non solo rifiutano di credere ma fanno anche del male a chi crede. Essi sono esclusi dalla faccia del Signore perché hanno escluso il Signore.

1. *Il giorno del Signore e il mistero della iniquità.* In 2Tess 2,1-12 discute sul tempo in cui verrà il giorno del Signore. In 2Tess 2,1-2 li esorta a non lasciarsi ingannare da nessuno, neppure con qualche lettera fatta passare per sua. In 2Tess 2,3-4 indica ciò che deve accadere prima (πρῶτον) (2Tess 2,3a) della venuta del giorno del Signore. Indica due segni: 1) deve accadere

l'apostasia (ἡ ἀποστασία); 2) deve essere rivelato l'uomo dell'iniquità (ὁ ἄνθρωπος τῆς ἀνομίας).

Questo uomo è chiamato in 2Tess 2,3b "figlio della perdizione" (ὁ υἱὸς τῆς ἀπωλείας), cioè colui che è destinato alla perdizione o alla rovina. Di lui indica una caratteristica fondamentale: si contrappone e si esalta sopra tutto ciò che viene detto dio (ἐπὶ πάντα λεγόμενον θεόν) o che è oggetto di venerazione (ἢ σέβασμα) mostrando se stesso di essere dio (ἀποδεικνύντα ἑαυτὸν ὅτι ἔστιν θεός) (2Tess 2,4).

Quindi l'uomo della iniquità si manifesta come colui che si oppone a Dio, si innalza sopra Dio e si fa come Dio. Questa caratteristica è chiamata dagli uomini 'superbia'.

In 2Tess 2,5-7 spiega che questo "uomo della iniquità" non si è ancora manifestato perché c'è "qualche cosa che lo trattiene" (τὸ κατέχον), cioè qualche cosa che impedisce la sua manifestazione. Tuttavia in 2Tess 2,7a dice che "il mistero della iniquità" (τὸ μυστήριον... τῆς ἀνομίας) è già all'opera. Ciò significa che l'iniquità che si dovrà rivelare quando apparirà 'l'uomo della iniquità', è già presente e operante nel mondo. Poi in 2Tess 2,7b aggiunge che ciò durerà fino a quando "colui che lo trattiene" (ὁ κατέχων) sarà tolto di mezzo.

In 2Jess 2,8 dice che, quando ciò accadrà, allora (τότε) sarà rivelato l'empio (ὁ ἄνομος) e il Signore lo distruggerà con lo Spirito della sua bocca e lo abolirà con la manifestazione della sua venuta (τῇ ἐπιφανείᾳ τῆς παρουσίας αὐτοῦ).

In 2Tess 2,9a paragona la rivelazione dell'iniquo, di cui ha parlato in 2Tess 2,8, ad una apparizione nella potenza di satana (ἡ παρουσία κατ' ἐνέργειαν τοῦ σατανᾶ) e in 2Tess 2,9b-10 specifica che questa apparizione avverrà con ogni tipo di portento, con segni e falsi prodigi e con ogni forma di ingiustizia. E ciò servirà per l'inganno di coloro che sono destinati ad andare in rovina perché non hanno accolto l'amore della verità (τὴν ἀγάπην τῆς ἀληθείας) per salvarsi.

In 2Tess 2,11-12 indica il motivo teologico della sua apparizione, cioè la funzione che Dio stesso gli assegna nel suo piano salvifico. In 2Tess 2,11 ricollegandosi a ciò che ha detto in 2Tess 2,10 afferma che per questo (διὰ τοῦτο), cioè poiché non hanno accolto l'amore della verità per salvarsi, Dio manda loro una potenza di menzogna (ἐνέργειαν πλάνης), affinché essi credano alla menzogna, cioè alla falsità che l'uomo iniquo propone con i suoi segni e le sue ingiustizie e in 2Tess 2,12 specifica che ciò avviene affinché siano giudicati (ἵνα κριθῶσιν) tutti coloro che non credono alla verità (μὴ πιστεύσαντες τῇ ἀληθείᾳ), ma si compiacciono nella ingiustizia (εὐδοκήσαντες τῇ ἀδικίᾳ).

In questo modo l'uomo della iniquità (ὁ ἄνθρωπος τῆς ἀνομίας) (2Tess 2,3), chiamato anche l'iniquo (ὁ ἄνομος) in 2Tess 2,8 è al servizio del giudizio di Dio.

E' Dio stesso che lo farà rivelare, come indica il passivo di 2Tess 2,8a (ἀποκαλυφθήσεται). Lo scopo di questa rivelazione è evidente: per mezzo di ogni tipo di inganno dell'ingiustizia, cioè di ogni ingiustizia che trae in inganno (ἐν πάσῃ ἀπάτῃ ἀδικίας) (2Tess 2,10a) deve trarre in inganno coloro che non accolgono la verità (2Tess 2,10b) e in tal modo siano giudicati, perché in questa loro propensione verso di lui si manifesta la loro compiacenza per l'ingiustizia (2Tess 2,12).

Facendo apparire l'iniquo, che propone ogni tipo di iniquità con il potere di satana, Dio opera il giudizio finale, perché lo seguiranno coloro che non credono nella verità, ma si compiacciono della ingiustizia. Saranno tratti in inganno dall'uomo iniquo e falso perché non credono nella verità, ma trovano piacere nella ingiustizia.

Non avendo accolto la salvezza, si sono destinati da soli a non essere salvati, cioè al giudizio di condanna, che avverrà alla fine del mondo. Infatti la sua apparizione coincide con l'apparizione del Signore, che lo distruggerà con lo Spirito della sua bocca (2Tess 2,8).

Ci si potrebbe domandare: chi è l'uomo della iniquità (ὁ ἄνθρωπος τῆς ἀνομίας) (2Tess 2,3), chiamato anche l'iniquo (2Tess 2,8), di cui parla il testo? Che cosa è il mistero della iniquità (τὸ μυστήριον... τῆς ἀνομίας) (2Tess 2,7)? Che cosa è ciò che impedisce (τὸ κατέχον) (2Tess 2,6a) o colui che impedisce (ὁ κατέχων) (2Tess 2,7b) la sua manifestazione?

Tutte queste domande non possono ricevere risposte perché ciò di cui parla il testo fa parte del mistero di Dio, cioè di ciò che accadrà nel giorno del Signore, alla fine del mondo. Di conseguenza il linguaggio adoperato dall'autore è simbolico. Ma il suo significato teologico non è oscuro. Nel giorno del Signore ci sarà un giudizio. L'iniquo apparirà con la potenza di satana per attirare a sé coloro che non hanno creduto alla verità, ma hanno trovato piacere nella ingiustizia. E ciò sarà per un giudizio di condanna, perché nel loro comportamento apparirà che non hanno accolto l'amore della verità che poteva condurli alla salvezza (2Tess 2,10b). In quello stesso giorno apparirà il Signore che distruggerà e annienterà l'iniquo con il soffio della sua bocca. In questo modo egli trionferà su colui che opera iniquità nella vita degli uomini per ingannarli e separarli da Dio.

Se si volesse supporre che le espressioni misteriose del testo abbiano un significato 'storico', e cioè che l'autore che lo ha scritto voglia indicare non realtà teologiche, ma realtà concrete e storiche, diventa difficile l'identificazione e si va contro la sua esplicita intenzione, manifesta in 2Tess 2,1. Dice che egli scrive queste cose proprio per mostrare che non è vicina la venuta del Signore, come alcuni vorrebbero far credere. Sarebbe perciò strano supporre che le figure misteriose da lui nominate siano da identificare con realtà storiche del suo presente.

Il testo non offre nessun elemento storico che permetta di dire con sicurezza che tale espressione si riferisca a quel personaggio e ad altra realtà storica. E poiché l'autore non guida il lettore verso una precisa identificazione, mi sembra più prudente restare a ciò che scrive e cercare di comprendere il significato teologico delle espressioni simboliche e misteriose che ha voluto usare. Questo ho cercato di fare con la mia descrizione.

2. *Chi lo trattiene* ? E' bene che il lettore sappia che gli esegeti hanno sempre cercato di individuare la realtà storica a cui l'autore potrebbe alludere con le parole τὸ κατέχον, ὁ κατέχων, τὸ μυστήριον τῆς ἀνομίας. Indico le tre più note, due antiche e una recente.

1) "Ciò che trattiene" (τὸ κατέχον) sarebbe l'impero romano che con le sue leggi e la sua autorità impedisce il diffondersi del male e quindi impedisce all'uomo della iniquità di rivelarsi e di venire alla luce. Questa ipotesi è sostenuta citando Rm 13,1-7 in cui Paolo afferma che l'autorità politica ha ricevuto da Dio il compito di punire chi compie il male.

Si trova per la prima volta presso Tertulliano, *de resurrectione carnis* 24. E' preferita da Giovanni Crisostomo (Omelia 4 su 2Tess). E' riproposta da F.F. Bruce nel suo commento, con una precisazione: il neutro τὸ κατέχον si riferisce all'impero; il maschile ὁ κατέχων all'imperatore che ne impersona il potere.

2) "Ciò che lo trattiene" potrebbe essere lo Spirito Santo o meglio la grazia dello Spirito Santo, che con la sua opera trattiene e impedisce il diffondersi del male e quindi trattiene l'empio e non lo lascia apparire.

Questa ipotesi era già diffusa al tempo di Giovanni Crisostomo, il quale la rifiuta dicendo che, se questo fosse stato il pensiero dell'autore, lo avrebbe detto apertamente, perché non c'è nessun motivo per dirlo in modo così misterioso.

3) "Ciò che trattiene" è Paolo e la sua missione apostolica, cioè l'annuncio del vangelo. Così propone O. Cullmann. Questa ipotesi è sostenuta citando Mc 13,10 in cui si dice che il vangelo deve essere annunciato a tutte le genti. Poi verrà la fine.

Il lettore scelga quella che a lui piace. A me basta avergli mostrato il senso teologico delle immagini simboliche che parlano del mistero della fine e del giudizio finale.

Bibliografia. R.D. Aus, "God's Plan and God's Power: Isaiah 66 and the Restraining Factor of 2 Thess 2:6-7", *JBL* 96 (1977) 537-553.- M. Barnouin, "Les problèmes de traduction concernant II Thess 2,6-7", *NTS* 23 (1976/77) 487-498.- O. Betz, "Der Katechon", *NTS* 9 (1962/1963) 276-291.- F.F. Bruce, *1 and 2 Thessalonians* , 179-188 (Excursus on Antichrist).- M. Brunes, "De 'Homine peccati' in 2 Th 2,1-11", *VD* 35 (1957) 72-73.- J. Coppens, "Les deux obstacles au retour glorieux du Seigneur (2 Thess 2,6-7), *ETL* 46 (1970) 383-389.- E. Cothenet, "La deuxième épître aux Théssaloniciens et l'apocalypse synoptique", *RSR* 42 (1954) 3-59.- M. Cowles, "On 'The Man of Sin' 2Tess 2,3-9", *BS* 29 (1972) 623-640.- O. Cullmann, "Le caractère eschatologique du devoir missionaire et de la conscience apostolique de S. Paul. Etude sur le 'Katechon' de 2 Thess 2,6-7", *RHPR* 16 (1936) 210-245.- C.H. Giblin, *The Threat of Faith*. An Exegetical and Theological Re-examination of 2 Thessalonians 2 (AnBib 31), Rom 1967.- H. Koester, "From Paul's Eschatology to the Apocalyptic Schemata of 2 Thessalonians", in: *The Thessalonian Correspondence*, ed. R.F. Collins, 441-458.- F. Marín, "Pequeña apocalipsis de 2 Tes 2, 3-12", *EE* 51 (1976) 29-56.- M. Míguens, "L'Apocalisse 'secondo Paolo' ", *BeO* 2 (1960) 42-48.- D.W.B. Rolison, "II Thess 2:6: 'That which restrains' or 'That which holds away '?", *SE* 4 (TU 87), Berlin 1964, 635-638.- R. Schippers, *Mythologie en Eschatologie in 2 Thessalonicenzen 2,1-12*, Assen 1961.- L. Sirard, "La parousie de l'Antéchrist, 2 Thess 2,3-9",: *Studiorum Paulinorum Congressus Internationalis Catholicus*, II (AnBib 18), Romae 1963, 89-100.- W. Stählin, "Die Gastalt des Antichrists und das *katechon* (2 Thess 2,6)" in: *Glauben und Geschichte*, FS J. Lortz, ed. J. Iserloh - P. Manns, Baden Baden 1959, II 1-12.- G.H. Waterman, "The Sources of Paul's Teaching of the Second Coming of Christ in 1 and 2 Thessalonians", *JETS* 18 (1975) 105-113.

LE LETTERE PASTORALI
1-2 Timoteo, Tito

Bibliografia. (Studi) C.K. Barrett, "Pauline Controversy in the Post-Pauline Period", *NTS* 20 (1973/74) 229-245.- H.-W. Bartsch, *Die Anfänge urchristlicher Rechtsbildung*. Studien zu den Pastoralbriefen (ThF 34), Hamburg-Bergstadt 1965.- H. Binder, "Die historische Situation der Pastoralbriefe", in: *Geschichtswircklichkeit und Glaubensbewährung* , FS F. Müller, ed. F.C. Fry, Stuttgart 1967, 70-83.- N. Brox, "Historische und theologische Probleme der Pastoralbriefe des Neuen Testaments", *Kairos* 11 (1969) 81-94.- H. Von Campenhausen, *Kirchliches Amt und geistliche Vollmacht in den drei ersten Jahrhundert* (BHTh 14), Tübingen ²1963.- L.R. Danelson, *Pseudepigraphy and Ethical Argument in the Pastoral Epistles* (HUNT 22), Tübingen 1986.- E.E. Ellis, "Tradition in the Pastoral Epistles", in: *Early Jewish and Christian Exegesis*, Studies in Memory of W.H. Bownlee, ed. C.A. Evans - W.F. Stinespring, Atlanta 1987, 237-253.- Idem, "The Authorship of the Pastorals: A resumé and Assessment of Current Trends", *EvQ* 32 (1960) 151-161.- R. Fabris, "Il paolinismo nelle lettere pastorali", *RivB* 34 (1986) 451-470.- G.D. Fee, "Reflection on Church Order in the Pastoral Epistles", *JETS* 28 (1985) 141-151.- B. Fiore, *The Function of Pastoral Exemples in the Socratic and Pastoral Epistles* (AnBib 105), Rom 1986.- J.M. Ford, "Proto-Montanism in the Pastoral Epistles", *NTS* 17 (1970/71) 338-346.- K. Grayston - G. Herdan, "The Authorship of the Pastorals in the Light of Statistical Linguistics", *NTS* 6 (1959/60) 1-15.- A. T. Hanson, *Studies in the Pastoral Epistles* , London 1964.- H. Hegermann, "Der geschichtliche Ort der Pastoralbriefe", in: *Theologische Versuche* 2, ed. J. Rogge - G. Schille, Berlin 1970, 47-64.- G. Haufe, "Gnostische Irrlehrer und ihrer Abwehr in den Pastoralbriefen", in: *Gnosis und Neue Testament*, ed. K.W. Tröger, Gütersloh - Berlin 1973, 325-339.- R.J. Karris, "The Background and Significance of the Polemic of the Pastoral Letters", *JBL* 92 (1973) 549-564.- O. Knoch, *Die 'Testamente' des Petrus und des Paulus in spättestamentlicher Zeit* (SBS 62), Stuttgart 1973.- I. de Lestapis, *L'énigme des Pastorales de St Paul* , Paris 1975.- H. von Lips, *Glaube - Gemeinde - Amt* . Zum Verständnis der Ordination in den Pastoralbriefen (FRLANT 122), Göttingen 1979.- G. Kretschmar, "Der paulinische Glaube in den Pastoralbriefen", in: *Der Glaube im Neuen Testament* , FS H. Binder, ed. F. Hahn - H. Klein (BThSt 7), Neukirchen-Vluyn 1982, 113-140.- K. Läger, *Die Christologie der Pastoralbriefe*, Münster 1996.- G. Lohfink, "Die Normativität der Amtsvorstellungen in den Pastoralbriefen", *ThQ* 157 (1977) 93-106.- Idem, "Paulinische Theologie in der Rezeption der Pastoralbriefe", in: *Paulus in den neutestamentlichen Spätschriften*, ed. K. Kertelge (QD 89), Freiburg i.Br. 1981, 70-121.- Idem, "Die Vermittlung des Paulinismus in den Pastoralbriefen", *BZ* 32 (1988) 169-188.- E. Lohse, "Das apostolische Vermächtnis - Zum paulinischen Charakter der Pastoralbriefe", in: *Studien zum Text und zur Ethik des Neuen Testaments*, FS H. Greeven, ed. W. Schrage, Berlin - New York 1986, 266-281.- I.H. Marshall, "Faith and Works in the Pastoral Epistles", *SNTU* A9 (1984) 203-218.- Idem, "The Christology of the Pastoral Epistles", *SNTU* 13 (1988) 157-177.- N.J. McEleney, "Vice Lists in the Pastorals", *CBQ* 36 (1974) 203-219.- O. Merk, "Glaube und Tat in den Pastoralbriefen", *ZNW* 66 (1975) 91-102.- W. Metzger, *Die letzte Reise des Apostels Paulus*. Beobachtungen zu seinem Itinerar nach den Pastoralbriefen (AzTh 59), Stuttgart 1976.- O. Michel, "Grundfragen der Pastoralbriefe", in: *Auf dem Grund der Apostel und Propheten*, FS T. Wurm, ed. M. Loeser, Stuttgart 1948, 83-89.- J. Murphy-O'Connor, "2 Timothy Contrasted with 1 Timothy and Titus", *RB* 98 (1991) 403-418.- W. Nauck, *Die Herkunft des Verfassers der Pastoralbriefe*, Diss. Göttingen 1950.- W.E. Oates, "The Conception of Ministry in the Pastoral Epistles", *RevExp* 56 (1959) 388-410.- L. Oberlinner, " 'Epiphaneia' des Heilswillens Gottes in Christus Jesus. Zur Grundstruktur der Christologie der Pastoralbriefe", *ZNW* 71 (1980) 192-213.- R.I. Pervo, "Romancing an oft-neglected Stone: The Pastoral Epistles and the Epistolary Novel", *Journal of Higher Criticism* 1 (1994) 25-47.- M. Prior, *Paul the Letter-Writer and the Second Letter to Timothy* (JSNT.SS 23), Sheffield 1989.- Y. Redalier, *Paul après Paul*. Le temps, le salut, la morale selon les épîtres à Timothée et à Tite (MoB 31), Genève 1994.- B. Reicke, "Chronologie der Pastoralbriefe", *TLZ* 101 (1976) 81-94.- M. Reiser, "Burgerliches Christentum in den Pastoralbriefen", *Bib* 74 (1993) 27-44.- J. Rohde, "Pastoralbriefe und Acta Pauli", *SE* 5 (TU 103), Berlin 1968, 303-310.- J. Roloff, *Apostolat - Verkündigung - Kirche*. Ursprung, Inhalt und Funktion des kirchlichen Apostolates nach Paulus, Lukas und den Pastoralbriefen, Gütersloh 1965.- Idem, "Amt/Ämter/Amtsverständnis", *TRE* 2 (1978) 509-533.- Idem, "Pfeiler und Fundament der Wahrheit. Erwägungen zum Kirchenverständnis der Pastoralbriefe", in: *Glaube und Eschatologie*, FS W.G. Kümmel, ed. E. Grässer - O. Merk, Tübingen 1985, 229-247.- Idem, *Kirche im Neuen Testament* (GNT 10), Göttingen 1993, 250-267.- A. Sand, "Anfänge und Koordinierung verschiedener Gemeindeordnungen nach den Pastoralbriefen", in: *Kirche im Werden*, ed. J. Haiz, Münster - Paderborn 1976, 215-237.- W. Schenk, "Die Briefe an Timotheus I und II und an Titus (Pastoralbriefe) in der neuren Forschung (1945-1985)", *ANRW* II 25.4 (1987) 3404-3438.- R. Schlarb, *Die gesunde Lehre*. Häresie und Wahrheit im Spiegel der Pastoralbriefe (MThSt 28), Marburg 1990.- A. Strobel, "Schreiben des Lukas? Zum sprachlichen Problem der Pastoralbriefe", *NTS* 15 (1968) 191-210.- H. Schlier, "Die Ordnung der Kirche nach den Pastoralbriefen", in: Idem, *Zeit der Kirche*, Freiburg i.Br. [2]1958, 129-147.- W. Stenger, "Timotheus und Titus als literarische Gestalten", *Kairos* 16 (1974) 252-267.- H. Stettler, *Die Christologie der Pastoralbriefe* (WUNT 2/105), Tübingen 1998.- P.H. Tower, *The Goal of Our Instruction*. The Structure of Theology and Ethics in the Pastoral Epistles (SBL.DS 122), Atlanta 1989.- P. Trümmer, *Die Paulustradition der Pastoralbriefe* (BET 8), Frankfurt a.M. - Bern 1978.- Idem, "Corpus Paulinum - Corpus Pastorale", in: *Paulus in den neutestamentlichen Spätschriften*, ed. K. Kertelge (QD 89), Freiburg i.Br. 1981, 122-145.- D.C. Verner, *The Household of God*. The Social World of the Pastoral Epistles (SBL.DS 71), Chicago 1983.- H. Warnecke, *Die tatsächliche Romfahrt des apostels Paulus* (SBS 127), Stuttgart 1987.- R. Wegenast, *Das Verständnis der Tradition bei Paulus und in den Deuteropaulinen* (WMANT 8), Neukirchen-Vluyn 1962.- S.G. Wilson, *Luke and the Pastoral Epistles*, London 1979.- H. Windisch, "Zur Christologie der Pastoralbriefe", *ZNW* 34 (1935) 213-238.- M. Wolter, *Die Pastoralbriefe und die Paulustradition* (FRLANT 146), Göttingen 1988.- J. Zmijewski, "Die Pastoralbriefe als Pseudepigraphische Schriften", in: Idem, *Das Neue Testament, Quelle christlicher Theologie und Glaubenspraxis* , Stuttgart 1986, 197-219. (Commenti) P. De Ambroggi, *Le epistole pastorali di S. Paolo a Timoteo e Tito*, Roma - Torino 1953.- C.K. Barrett, *The Pastoral Epistles*, Oxford 1963.- W. Brox, *Die Pastoralbriefe* (RNT 7/2), Regensburg [5]1989.- M. Dibelius, - H. Conzelmann, *Die Pastoralbriefe* (HNT 13), Tübingen [4]1966.- P. Dornier, *Les épîtres pastorales* (SB), Paris 1969.- G.D. Fee, *1 and 2 Timothy, Titus* (NIBC), Peabody, MA, 1989.- D. Guthrie, *The Pastoral Epistles*, Leicester, UK, [2]1990.- A.T. Hanson, *The Pastoral Letters* (CBC), Cambridge 1966.- V. Hasler, *Die Briefe an Timotheus und Titus* (ZBK.NT 12), Zürich 1978.- G. Holtz, *Die Pastoralbriefe* (ThHK 13), Berlin [5]1992.- J. Jeremias, *Die Briefe an Timotheus und Titus* (NTD 9), Göttingen [12]1981, 1-77.- J.N.D. Kelly, *A Commentary on the Pastoral Epistles* (BNTC), London 1963; rist. 1978.- P. Knoch, *1. und 2. Timotheusbriefe. Titusbrief* (NEB.NT 14), Würzburg 1988.- W. Loch, *The Pastoral Epistles* (ICC), Edinburgh 1924; rist. 1966.- H. Merkel, *1 and 2 Timotheus. Titus* (NIBC); Peabody, MA, 1989.- L. Oberlinner, *Die Pastoralbriefe* 1-3 (HThK XI/1-3), Freiburg i.Br. I 1994, II 1995, III 1996.- J.D. Quinn, *The Letter to Titus* (AB 35), Garden City, NY, 1990.- J. Roloff, *Der erste Brief an Timotheus* (EKK 15), Zürich / Neukirchen-Vluyn 1990.- F.-J. Schierse, *Die Pastoralbriefe* (WB 10), Düsseldorf 1968.- A. Schlatter, *Die Kirche der Griechen im Urteil des Paulus*. Eine Auslegung seiner Briefe an Timotheus und Titus, Stuttgart 1936; [2]1958.- C. Spicq, *Saint Paul. Les épîtres pastorales* (EB), Paris [4]1969. (Introduzioni) N. Brox, "Amt, Kirche und Theologie in der nachapostolischen Epoche - Die Pastoralbriefe", in: *Gestalt und Anspruch des Neuen Testaments,* ed. J. Schreiner - G. Dautzenberg, Würzburg 1969, 120-133.- M. Carrez, "Les épîtres pastorales", in: *Les lettres apostoliques*, 183-199.- H. Conzelmann - A. Lindemann, *Arbeitsbuch zum Neuen Testament*, Tübingen [12]1998, 304-313.- W.G. Kümmel, *Einleitung in das Neue Testament*, 323-342.- W. Marxen, *Einleitung in das Neue Testament*, 171-186.- U. Schnelle, *Einleitung in das Neue Testament*, Göttingen [3]1999, 341-361.- C. Spicq, "Pastorales (Epîtres)", *DBS* 7 (1961) 1-73.

I   Il piano letterario di 1Tim

Riassumo alcune proposte sulla divisione del testo.

O. Knoch (NEB; 1988) propone una divisione in *due parti*: 1Tim 1,1-2 Indirizzo e saluto; I 1Tim 1,3-20 Affermazioni di principio; II 1Tim 2,1-6,19 Il giusto ordine della comunità; 1Tim 6,20-21 Conclusione.

C. Spicq (EB; 1947, [4]1969) divide il testo in *tre parti*: 1Tim 1,1-2 Introduzione; 1Tim 1,3-3,13 Parte I: La dottrina cristiana (I), il culto cristiano (II), il ministero cristiano (III); 1Tim 3,14-16 Parte II: La chiesa di Dio e il mistero della pietà; 1Tim 4,1-6,19 Parte III: La condotta personale di Timoteo.

La decisione di considerare 1Tim 4,1-6,19 come una unità letteraria mi sembra giusta. In essa, colui che scrive indica a Timoteo come si deve comportare. Ma gli argomenti di cui tratta sono troppo diversi per essere accumulati sotto un solo titolo. Quanto alla decisione di considerare 1Tim 3,14-16, cioè tre versetti (!), una parte a se stante, mi sembra che crei molti problemi. Poiché in 1Tim 3,15 si parla già del modo in cui Timoteo si deve comportare, sarebbe giusto unire 1Tim 3,14-16 a ciò che segue.

W. Schenk (*ANRW* II 25.4; 1987) sembra proporre una divisione in *quattro parti*: A(1) 1Tim 1,2-20 Istruzioni sul modo di evitare i salsi dottori; B(1) 1Tim 2,1-3,13 Stabilizzazione dell'ordine comunitario di fronte ai falsi dottori; C 1Tim 3,14-16 Giustificazione nello schema di rivelazione. (Quindi C appartiene alla sequenza 1Tim 2,1-3,13). A(2) 1Tim 4,1-5 Preannuncio di futuri falsi dottori; B(2) 1Tim 4,6-6,2 Il compito del destinatario di fronte ai falsi dottori. (Quindi A (2) appartiene alla sequenza 1Tim 4,6-6,2 di cui è l'inizio). A-recapitulatio 1Tim 6,3-10.11-16.17-21.

J. Jeremias (NTD 9; [12]1981) divide il testo in *cinque parti*: 1Tim 1,1-2 Saluto; 1Tim 1,3-20 I Separazione dai maestri della legge; 1Tim 2,1-3,16 II Ordinamento della comunità; 1Tim 4,1-11 III Contro le pratiche ascetiche dei falsi dottori; 1Tim 4,12-6,2 IV Istruzioni per la guida della chiesa; 1Tim 6,3-19 V Falso e giusto atteggiamento verso il denaro; 1Tim 6,20-21 Conclusione della lettera.

Alcuni titoli da lui proposti non corrispondono al contenuto. 1Tim 4,1-11 non riguarda solo le pratiche ascetiche (1Tim 4,1-5), ma anche esortazioni personali a Timoteo (1Tim 4,6-7 e 1Tim 4,8-11). Considera 1Tim 4,12-6,2 come 'Istruzioni per la guida della chiesa' e tuttavia le istruzioni iniziano già in 1Tim 4,6-7 e, retrocedendo, in 1Tim 3,14-16. Perciò se si vuole formare una unità più vasta, occorre unire 1Tim 3,14-6,19 perché si tratta di istruzioni personali date a Timoteo su differenti argomenti.

V. Hasler (ZBK.NT; 1978) propone una divisione in *sei parti*: 1Tim 1,1-2 Introduzione; I 1Tim 1,3-20 Compito di preservare la retta fede; II 1Tim 2,1-3,16 L'ordinamento della chiesa; III 1Tim 4,1-10 La lotta contro gli eretici; IV 1Tim 4,11-5,2 Comportamento pastorale nella comunità; V 1Tim 5,3-6,2 La vita della comunità; VI 1Tim 6,3-19 e 1Tim 6,20-21 Ultima ammonizione contro la falsa dottrina e saluto.

Questa divisione segue molto da vicino lo sviluppo tematico del testo. Resta da risolvere il problema già riscontrato nelle altre divisioni: 1Tim 3,14-16 chiude la sequenza che precede o inizia la seguente?

Le differenti proposte di divisione che ho esposto mostrano che non c'è accordo sulla composizione del testo, mentre è possibile trovare convergenze su alcune divisione minori. Quasi tutti indicano le seguenti sequenze: 1Tim 1,3-20 2,1-3,13 + 14-16. Da 1Tim 4,1 iniziano le difficoltà. Dove termina la sequenza che ha inizio in 1Tim 4,1? In 1Tim 4,11? In 1Tim 5,2? In 1Tim 6,2? In 1Tim 6,19? Gli argomenti trattati sono molti e diversi. Perciò non è possibile considerare 1Tim 4,1-6,19 come una unità letteraria in base al tema.

Conviene separare le singole sequenze secondo gli argomenti trattati: 1Tim 5,3-16 le vedove; 1Tim 5,17-22 i presbiteri; 1Tim 6,1-2 gli schiavi; 1Tim 6,3-10 i falsi dottori. Tuttavia non c'è dubbio che le singole sequenze potrebbero formare una unità in base al 'genere esortativo'. Infatti tutta questa parte, da 1Tim 4,6 a 1Tim 6,19 è rivolta come una esortazione 'personale' a Timoteo per mezzo di imperativi: παραιτοῦ 1Tim 4,7a, γύμναζε 1Tim 4,7b, παράγγελλε ταῦτα καὶ δίδασκε 1Tim 4,11, μὴ ἐπιπλήξῃς 1Tim 5,1, τίμα 1Tim 5,3, δίδασκε καὶ παρακάλει 1Tim 6,2b. Ma ciò non è sufficiente per dire che si tratta di una parte. La differenza tra le ipotesi proposte e la mancanza di indizi letterari invitano a concludere che non è possibile una divisione generale. Ma è possibile distinguere alcune sequenze discorsive.

1Tim 3,14-4,16 riguarda il comportamento di Timoteo di fronte alle false dottrine e riguardo a se stesso. 1Tim 3,14-16 deve essere considerato un inizio perché l'autore afferma di scrivere a Timoteo per dirgli come si deve comportare nella chiesa, se egli tarda (πῶς δεῖ ἐν οἴκῳ θεοῦ ἀναστρέφεσθαι). Questa frase non si può riferire a ciò che precede perché in 1Tim 2,1-15 non ha detto come lui si deve comportare, ma ha indicato delle norme generali per tutti sulla preghiera e poi sulla scelta dei diaconi e dei vescovi. Solo in ciò che segue gli dice come si deve comportare: verso le false dottrine e con se stesso in 1Tim 4,1-16; verso i membri della chiesa (anziani, giovani, anziane, le giovani, le vedove, i presbiteri e gli schiavi) in 1Tim 5,1-6,2; verso coloro che pensano in modo diverso da ciò che ha insegnato in 1Tim 6,2e-18. Quindi da 1Tim 3,14 a 1Tim 6,18 si possono delimitare tre sequenze discorsive: I 1Tim 3,14-4,16 II 1Tim 5,1-6,2 III 1Tim 6,2e-18. Tenendo conto di questa analisi il testo si può dire che sia composto di sei sequenze discorsive: 1Tim 1,1-2 Introduzione; I 1Tim 1,3-20; II 1Tim 2,1-15; III 1Tim 3,1-13; IV 1Tim 3,14-4,16; V 1Tim 5,1-6,2; VI 1Tim 6,2e-19; 1Tim 6,20-21 Conclusione.

Bibliografia. P.G. Bush, "A Note on the Structure of 1 Timothy", *NTS* 36 (1990) 152-156.- J.T. Reid, "Cohesive ties in 1 Timothy: In Defence of the Epistle's Unity", 26 (1992) 131-148.

II Teologia di 1Tim

L'autore ha scritto questa lettera per dare al suo destinatario, che egli chiama 'Timoteo', delle norme da seguire per la guida della chiesa. Quindi i principi della fede sono ricordati per giustificare le norme, oppure come verità da conservare, da professare e da difendere contro le false dottrine. Riassumo in breve questi richiami alle verità della fede.

1. *Cristo venne nel mondo per salvare i peccatori.* In 1Tim 1,12 rende grazie a Dio per averlo giudicato degno del ministero. In 1Tim 1,13-14 ricorda la misericordia che gli è stata usata e poi in 1Tim 1,15 professa la fede che proclama tale opera di misericordia: "La parola merita fede (πιστὸς ὁ λόγος) ed è degna di ogni accoglienza: Cristo Gesù venne nel mondo per salvare i peccatori (Χριστὸς Ἰησοῦς ἦλθεν εἰς τὸν κόσμον ἁμαρτωλοὺς σῶσαι). Di questi il primo sono io".

2. *Un solo mediatore tra Dio e gli uomini: l'uomo Gesù Cristo.* In 1Tim 2,1-2 esorta a pregare per tutti gli uomini. In 1Tim 2,3-4 indica il motivo della sua esortazione dicendo: "Ciò è bene e gradito a Dio, nostro salvatore, il quale vuole che tutti gli uomini siano salvi (ὃς πάντας ἀνθρώπους θέλει σωθῆναι) e giungano alla conoscenza della verità".

In 1Tim 2,5-6 ricorda un principio della fede che permette di comprendere perché è necessario pregare per tutti. Dice: "Uno solo infatti [è] Dio (εἷς γὰρ θεός), uno anche il mediatore di Dio e degli uomini (εἷς καὶ μεσίτης θεοῦ καὶ ἀνθρώπων), l'uomo Cristo Gesù (ἄνθρωπος Χριστὸς Ἰησοῦς), che ha dato se stesso in riscatto per tutti (ὁ δοὺς ἑαυτὸν ἀντίλυτρον ὑπὲρ πάντων)".

Da queste affermazioni risultano le seguenti verità professate dalla fede: 1) che c'è un solo Dio; 2) che questo Dio è salvatore, cioè desidera che tutti gli uomini siano salvi e giungano alla conoscenza della verità; 3) che c'è un unico mediatore tra Dio e gli uomini, l'uomo Gesù Cristo; 4) che attraverso questo mediatore giunge agli uomini la salvezza desiderata da Dio; 5) che questa salvezza è operata dalla sua morte.

L'espressione "ha dato se stesso in riscatto per molti" è una immagine in cui il 'dare se stesso' indica la morte e 'in riscatto per molti' indica che tale morte è stata il prezzo pagato per la liberazione degli uomini dai peccati, che li tengono come schiavi.

Poiché questa opera di salvezza è voluta da Dio, egli è chiamato con il titolo stupendo di 'nostro salvatore' (τοῦ σωτῆρος ἡμῶν) in 1Tim 2,3 e in 1Tim 4,10 è chiamato 'salvatore di tutti gli uomini' (σωτὴρ πάντων ἀνθρώπων), soprattutto dei credenti (μάλιστα πιστῶν). Questa aggiunta lascia supporre che la salvezza di Dio raggiunga tutti gli uomini solo per grazia. Pertanto i credenti professano con la fede e proclamano la salvezza che tutti ricevono, secondo il disegno e la grazia di Dio.

3. *Il mistero della pietà*. In 1Tim 3,16 riassume in frasi brevi alcune verità della fede, che egli chiama 'il mistero della pietà' (τὸ τῆς εὐσεβείας μυστήριον), cioè il mistero che conduce alla pietà, alla giusta venerazione di Dio; oppure mistero che noi veneriamo nella nostra religione. Secondo gli autori si tratta di un 'inno', diviso in tre strofe, ciascuna di due versi: I 1Tim 3,16a-b II 1Tim 3,16c-d III 1Tim 3,16e-f

Nella prima strofa (1Tim 3,16a-b) si parla della incarnazione e della resurrezione di colui che si è incarnato. L'incarnazione è indicata dalla espressione "si manifestò nella carne" (ἐφανερώθη ἐν σαρκί); la resurrezione è indicata dalla espressione "fu giustificato nello Spirito" (ἐδικαιώθη ἐν πνεύματι).

Nella seconda strofa (1Tim 3,16c-d) si parla dell'annuncio della resurrezione agli angeli e ai popoli, cioè agli esseri celesti e ai terrestri. Il primo è indicato dall'espressione "apparve agli angeli" (ὤφθη ἀγγέλοις); il secondo è indicato dall'espressione "fu annunciato ai popoli" (ἐκηρύχθη ἐν ἔθνεσιν).

Nella terza strofa (1Tim 3,16e-f) si parla della fede che l'annuncio ha suscitato nel mondo e della gloria in cui è stato innalzato. L'evento della fede in lui è indicato dall'espressione "fu creduto nel mondo" (ἐπιστεύθη ἐν κόσμῳ); la sua esaltazione è indicata dall'espressione "fu elevato nella gloria" (ἀνελήμφθη ἐν δόξῃ).

Nella prima strofa c'è opposizione tra ἐν σαρκί e ἐν πνεύματι; nella seconda tra ἀγγέλοις e ἔθνεσιν; nella terza tra ἐν κόσμῳ e ἐν δόξῃ.

I verbi delle tre strofe sono tutti in aoristo passivo: ἐφανερώθη, ἐδικαιώθη, ὤφθη, ἐκηρύχθη, ἐπιστεύθη, ἀνελήμφθη.

Si pensa che in questo modo l'autore voglia far comprendere che ciò che è accaduto al Cristo è opera di Dio solo. Ma forse è giusto solo in parte, perché alcune delle azioni ricordate riguardano non Dio ma gli uomini:

ἐκηρύχθη, "fu annunciato" e ἐπιστεύθη, "fu creduto", si riferiscono all'annuncio dato degli apostoli e alla fede che ha suscitato tra gli uomini.

Quindi occorre supplire come complementi d'agente, 'dagli apostoli' nel primo caso e 'da uomini' nel secondo. Ma l'agente è certamente Dio nel caso di ἐδικαιώθη, "fu giustificato", che indica la resurrezione e nel caso di ἀνελήμφθη, "fu innalzato", perché è Dio che lo ha esaltato nella gloria. Una conferma al primo caso si ha in Rm 1,4 in cui afferma che il Cristo è stato costituito Figlio di Dio con potenza, secondo lo Spirito di santificazione (κατὰ πνεῦμα ἁγιοσύνης), per mezzo della resurrezione dai morti (ἐξ ἀναστάσεως νεκρῶν). Una conferma al secondo caso si ha in Fil 2,9 in cui si dice che Dio lo ha esaltato, ὑπερύψωσεν. Per quanto riguarda ἐφανερώθη e ὤφθη, "si manifestò" e "apparve", il soggetto può essere il Cristo stesso.

4. *Dio, unico, incorruttibile, invisibile*. In due passi parla di Dio in se stesso: 1Tim 1,17 e 1Tim 6,15-16.

Gli autori chiamano questi due testi 'dossologia' per indicare che chi scrive rende gloria (δόξα) a Dio celebrando il suo essere e il suo agire.

In 1Tim 1,17 afferma: "Al re dei secoli, incorruttibile, invisibile, unico Dio, onore e gloria nei secoli dei secoli. Amen!". Dio è descritto con quattro attributi. L'attributo 're dei secoli' (βασιλεῖ τῶν αἰώνων), indica che egli domina sulla creazione. La parola αἰών si deve intendere come mondo creato, che muta e diviene con la successione del tempo. Pertanto l'attributo significa che dio dirige tutta la creazione, secondo il suo volere, in ogni tempo.

L'attributo 'incorruttibile' (ἀφθάρτῳ) significa 'non soggetto a corruzione', cioè che non muore come ciò che è mortale e corruttibile. Pertanto equivale a dire che è 'immortale'.

L'attributo 'invisibile' (ἀοράτῳ) significa per prima cosa che non può essere visto da occhio umano come ciò che è materiale. Pertanto indica che Dio non è di natura materiale. Noi diciamo che è 'spirituale'.

Non può essere visto con gli occhi del corpo; ma può essere visto con gli occhi dello spirito, cioè dall'intuizione spirituale guidata dall'amore e sostenuta dalla fede.

L'attributo 'unico' (μόνῳ) indica che prima di lui, insieme a lui, dopo di lui non ci sono altri dei. Pertanto significa che egli è il solo che merita di essere chiamato Dio. Quindi egli è l'unico Dio.

In 1Tim 6,15-16 dopo avere parlato della manifestazione di Gesù Cristo, continua dicendo: "che (cioè: manifestazione che) al tempo opportuno rivelerà il beato e unico sovrano, il re dei regnanti e signore dei signori, il solo che possiede l'immortalità, che abita una luce inaccessibile, che nessuno degli uomini ha mai visto né può vedere. A lui onore e potenza eterna. Amen!".

224 *Iniziazione al Nuovo Testamento*

In questo testo l'autore dà sei titoli a Dio. Ma alcuni ripetono quelli già detti in 1Tim 1,17 spiegando e chiarendo. Il primo titolo 'beato e unico Signore' (ὁ μακάριος καὶ μόνος δυνάστης), contiene tre attributi di Dio: 'beato' (μακάριος), che riguarda la felicità di cui Dio gode nel suo essere e agire; 'unico' (μόνος), indica che egli è il solo ad esercitare il potere sul mondo; 'sovrano' (δυνάστης), indica la funzione di governo che esercita sul mondo e sulla vita degli uomini.

Gli altri due titoli 're dei regnanti' (ὁ βασιλεὺς τῶν βασιλευόντων) e 'signore dei signori' (κύριος τῶν κυριευόντων), specificano che Dio esercita il potere e domina anche su tutti coloro che sulla terra dominano e esercitano un potere sulle creature, cioè 'i re' e 'i signori'. Pertanto i titoli di ὁ βασιλεὺς τῶν βασιλευόντων e κύριος τῶν κυριευόντων formano un solo attributo di Dio, perché indicano il dominio che egli esercita su tutto il creato, compresi coloro che esercitano il potere di governo.

Il quarto titolo 'il solo che possiede l'immortalità' (ὁ μόνος ἔχων ἀθανασίαν), significa che Dio non soggiace al potere della morte. Pertanto significa che egli solo è 'immortale'.

Il quinto titolo 'che abita una luce inaccessibile', deve essere unito al sesto ' che nessuno degli uomini ha mai visto né può vedere'. L'uno e l'altro servono a dire che è 'invisibile', ma in modo diverso. La prima immagine significa che la sua natura non è conoscibile. Per questo dice che abita una luce, in cui non si può accedere. La seconda espressione indica che la sua natura non è materiale. Per questo l'uomo non lo può vedere. Pertanto le due frasi significano che Dio 'non è conoscibile' e 'che non si può conoscere'. La sua natura resta un mistero per l'uomo.

Bibliografia. (su 1Tim 1,15) J.M. Bover, "Fidelis sermo", *Bib* 19 (1938) 74-79.- (su 1Tim 2,5-6) A. Lemaire, "Conseils pour une liturgie authéntique. 1Tim 2,1-8", *ASeign* 56 (1974) 6-66.- J.D. Quinn, "Jesus as Savior and only Mediator (1Tim 2:3-6). Linguistic Paradigms of Acculturation", in: *Fede e cultura alla luce della Bibbia*, Torino 1981, 249-260.- (su 1Tim 3,16) R.H. Gundry, "The Form, Meaning and Background of the Hymn Quoted in 1Timothy 3:16", in: *Apostolic History and the Gospel*, FS F.F. Bruce, ed. W.W. Gasque - R.P. Martin, Exeter 1970, 203-222.- F. Manns, "L'hymne judéo-chrétien de 1Tim 3,16", *ED* 32 (1979) 323-340.- D.W. Metzger, *Der Christushymnus 1 Tim 3,16*. Fragment einer Homologie der paulinischen Gemeinde (ATh 62), Stuttgart 1979.- E. Schweizer, "Two New Testament Creeds. 1 Corinthians 15,3-5 and 1 Timothy 3,16" in: *Current Issues in New Testament Interpretation*, FS O.A. Piper, ed. W. Klassen - G.F. Snyder, London 1962, 166-177.- W. Stenger, "Der Christushymnus in 1 Tim 3,16", *TThZ* 78 (1969) 33-48.- Idem, "Textkritik als Schiksal", *BZ* NF 19 (1975) 240-247.- Idem, *Der Christushymnus 1 Tim 3,16*. Eine strukturanalytische Untersuchung (RStTh 6), Frankfurt a.M. 1977.

III *Piano letterario di 2Tim*

Sintetizzo le ipotesi di divisione del testo. C. Spicq (EB 1947; ⁴1969) divide in *due parti*: 2Tim 1,1-2 Nome, indirizzo, saluto; I 2Tim 1,3-2,13 esortazione a lottare coraggiosamente per il vangelo; II 2Tim 2,14-4,8 Timoteo deve lottare contro i falsi dottori; 2Tim 4,9-22 Conclusione.

Molto simile a questa è la divisione in due parti proposta da P. Dornier e M. Carrez (1983), solo che la Parte I inizia in 2Tim 1,6 e la Parte II termina in 2Tim 4,5.

O. Knoch (NEB.NT; 1988) divide in *tre parti*: 2Tim 1,1-2 Indirizzo e saluto; I 2Tim 1,3-18 Parola di incoraggiamento a Timoteo; II 2Tim 2,1-4,8 Indicazioni pastorali per Timoteo; III 2Tim 4,9-18 comunicazioni personali e commissioni; 2Tim 4,19-22 Conclusione della lettera. Saluti e auguri di benedizione.

V. Hasler (ZBK.NT; 1978) divide in *quattro parti*: 2Tim 1,1-2 Indirizzo apostolico; 2Tim 1,3-5 Ringraziamento; I 2Tim 1,6-2,2 Preoccupazione per il deposito della fede; II 2Tim 2,3-21 Esortazione alla lotta contro la persecuzione e la falsa dottrina; III 2Tim 2,22-3,17 Ordini per la lotta contro i falsi dottori; IV 2Tim 4,1-18 Le ultime parole del martire; 2Tim 4,19-22 Saluti e benedizione.

W. Schenk (*ANRW* II 25.4; 1987) divide in questo modo: A(1) Giustificazione nello schema di rivelazione: 2Tim 1,3-14; B (1) Ricordo di falsi dottori caduti: 2Tim 1,15-18; C (1) Mandato testamentario contro i falsi dottori: 2Tim 2,1-13; B (2) Separazione dai falsi dottori del presente: 2Tim 2,14-16; B (3) Preannuncio di futuri falsi dottori: 2Tim 3,1-9; C (2) Mandato testamentario di fronte ai falsi dottori: 2Tim 3,10-4,2; B (4) Riconferma della previsione sui falsi dottori: 2Tim 4,3-5; C (3) Testamentaria parola di addio: 2Tim 4,6-8; D Informazioni, compiti, saluti: 2Tim 4,9-22.

Nessuno degli autori citati giustifica la sua proposta di divisione. Probabilmente ognuno di loro presume di seguire la logica del contenuto. Ma la diversità delle proposte attesta che non è facile da trovare.

Io seguo la divisione in sequenze minori proposta da W. Schenk, ma con alcune modifiche. Mi sembra che non si possa separare 2Tim 3,10-13.14-16 da 2Tim 3,1-9. Per la logica del discorso costituiscono due brevi sequenze introdotte con δέ avversativo: 2Tim 3,10 σὺ δέ, 2Tim 3,14 σὺ δέ, "tu invece". In questo modo 'Paolo' oppone la condotta fedele di Timoteo a quella infedele di coloro che ha rimproverato in 2Tim 3,1-9 e lo esorta a perseverare allo stesso modo.

Mi sembra che 2Tim 4,1-2 non si possa separare da 2Tim 4,3-5 che indica il motivo dell'esortazione che precede, come segnala il γάρ, "infatti", in 2Tim

4,3. Inoltre 2Tim 4,1-5 non si può separare da 2Tim 4,6-8 perché spiega il motivo per cui esorta Timoteo a vigilare e a compiere la sua opera di annunciatore del vangelo. Quindi il σὺ δέ di 2Tim 4,5 è in relazione diretta con ἐγὼ γάρ di 2Tim 4,6.

Tenendo conto di queste precisazioni sintattiche, il contenuto del testo potrebbe essere diviso in cinque sequenze discorsive: 2Tim 1,1-2 Saluto di inizio; I 2Tim 1,3-18; II 2Tim 2,1-13; III 2Tim 2,14-26; IV 2Tim 3,1-16; V 2Tim 4,1-18; 2Tim 4,19-22 Saluti.

IV *Teologia di 2Tim*

L'autore, che si presenta come 'Paolo', esorta il suo destinatario che chiama 'Timoteo', a mantenere vivo il dono dello Spirito che gli ha conferito con l'imposizione delle mani, affinché non si vergogni di rendere testimonianza a Gesù Cristo, annunciando il vangelo che riguarda la salvezza (2Tim 1,6-8). Ecco alcune affermazioni del testo, in cui richiama i principi della fede.

In 2Tim 1,9-11 riassume il disegno salvifico di Dio. In 2Tim 1,9 fa comprendere che la salvezza è una grazia, non meritata dall'uomo. Afferma che Dio ci ha salvati e ci ha chiamati per una vocazione santa, "non per le nostre opere" (οὐ κατὰ τὰ ἔργα ἡμῶν), "ma per sua decisione e grazia" (ἀλλὰ κατὰ ἰδίαν πρόθεσιν καὶ χάριν).

In 2Tim 1,8c-10a dice che Dio ci ha dato questa grazia della salvezza prima dei tempi eterni (πρὸ χρόνων αἰωνίων), ma che è stata manifestata ora con la manifestazione del Signore nostro Cristo Gesù (διὰ τῆς ἐπιφανείας τοῦ σωτῆρος ἡμῶν Χριστοῦ Ἰησοῦ).

In 2Tim 1,10b-11 indica il modo in cui questa grazia è stata rivelata in Gesù Cristo. Dice: egli ha vinto la morte (lett. ha distrutto o abrogato la morte) (καταργήσαντος μὲν τὸν θάνατον) e ha fatto risplendere la vita e l'immortalità (φωτίσαντος δὲ ζωὴν καὶ ἀφθαρσίαν). Come? Per mezzo del vangelo (διὰ τοῦ εὐαγγελίου).

Queste due frasi sono in correlazione (μὲν... δέ).

Si potrebbe quindi interpretare la prima affermazione come motivo della seconda: Gesù Cristo ha fatto risplendere la vita e l'immortalità con l'annuncio del vangelo, *perché* ha vinto la morte. Oppure si possono interpretare in successione cronologica: Gesù Cristo ha vinto la morte e fatto risplendere la vita e l'immortalità per mezzo del vangelo. Dal punto di vista teologico sarebbe preferibile la prima interpretazione; ma la seconda è da preferire per l'ordine sintattico.

In questo modo in 2Tim 1,9-11 l'autore afferma che Dio ha destinato gli uomini alla salvezza dall'eternità; che questa salvezza è stata operata da Gesù Cristo, che ha vinto la morte e ha dato agli uomini l'accesso alla vita e alla immortalità. Quindi l'espressione "ha fatto risplendere la vita e l'immortalità per mezzo del vangelo" è una immagine simbolica che indica 'la speranza' nella vita e nella immortalità data agli uomini con il vangelo che annuncia la resurrezione di Gesù Cristo dai morti.

Ciò trova conferma in 2Tim 2,8 in cui lo invita a ricordare la verità del vangelo: "Ricordati che Gesù Cristo, della stirpe di Davide, è risuscitato dai morti (ἐγηγερμένον ἐκ νεκρῶν), secondo il mio vangelo (κατὰ τὸ εὐαγγέλιόν μου)".

Tuttavia, mentre la resurrezione di Cristo è già avvenuta ed è il motivo della nostra speranza; la nostra deve ancora avvenire. Per questo in 2Tim 2,16-18 lo invita ad evitare le chiacchiere di coloro che affermano che la resurrezione sia già avvenuta, perché in questo modo sconvolgono la fede di alcuni.

Quindi, dicendo che Cristo ha fatto risplendere la vita e la immortalità per mezzo del vangelo, vuole dire che coloro che credono nella sua vittoria sulla morte annunciata dal vangelo ricevono la speranza di partecipare alla vita e alla immortalità nel giorno della resurrezione finale.

Questa speranza è espressa in 2Tim 2,10-13. In 2Tim 2,10 afferma che egli sopporta ogni cosa affinché gli eletti raggiungano la salvezza che è in Cristo Gesù, con la gloria eterna. In 2Tim 2,11-13 aggiunge una professione di fede per esprimere la speranza di chi crede. Questo testo è considerato un 'inno', diviso in quattro versi, ciascuno composto da due semiversi. I primi due versi riguardano il comportamento dei credenti e il risultato di questo comportamento: se moriamo con lui, vivremo con lui; se perseveriamo con lui, regneremo con lui. I verbi della prima metà dei due versi sono all'aoristo indicativo (συναπεθάνομεν) e al presente indicativo (ὑπομένομεν); i verbi della seconda metà sono al futuro: συζήσομεν, συμβασιλεύσομεν. Ciò significa che 'la vita' e 'il regno' appartengono al futuro, ma dipendono dalla condotta del credente e dalla sua perseveranza in Cristo al momento attuale, cioè mentre vive.

I due ultimi versi (2Tim 2,12b-13) riguardano il comportamento dei credenti nella prima metà del verso e il comportamento di Cristo nella seconda metà del verso.

Dice: se lo rinneghiamo, ci rinneghèrà; se manchiamo di fede, resterà fedele perché non può rinnegare se stesso.

Collegando queste affermazioni con le precedenti, si deve concludere che chi rinnega il Cristo, sarà escluso dalla vita e dal suo regno. E tuttavia resta sempre una possibilità di salvezza, lasciata alla sua grazia. Così è da interpretare l'ultimo verso, in cui afferma che se noi manchiamo di fede, lui resterà fedele perché non può rinnegare se stesso. Quindi la sua grazia è superiore alla fragilità umana e può sempre riscattarla.

Bibliografia. J. Roloff, "Der Weg Jesu als Lebensform (2Tim 2,8-13). Ein Beitrag zur Christologie der Pastoralbriefe", in: *Anfänge der Christologie*, FS F. Hahn, ed. C. Breytenbach - H. Paulsen, Göttingen 1991, 155-167.

V *Piano letterario di Tt*

Riassumo alcune ipotesi per la divisione del testo.

O. Knoch (NEB.NT; 1988) propone una divisione composta di *una parte*: Tt 1,1-4 Confessione, indirizzo e saluto; Tt 1,5-3,11 Compiti di Tito; Tt 3,12-15 Chiusura della lettera.

J. Jeremias (NTD 9; [11]1981) propone una divisione in *due parti*: Tt 1,1-4 Saluto; I Tt 1,5-16 Funzione della comunità e settarismo; II Tt 2,1-3,11 Ordinamento per una conduzione cristiana della vita; Tt 3,12-15 Conclusione della lettera.

W. Schenk (*ANRW* II 25.4; 1987) propone la seguente divisione, simile a una divisione in *tre parti*: A(1) Tt 1,1-3 Giustificazione nello schema di rivelazione; B(1) Tt 1,4-9 Introduzione per l'istituzione dei presbiteri, in vista di C(1) Tt 1,10-16 la confutazione dei falsi maestri; B(2) Tt 2,1-10 Doveri di stato dei non presbiteri in vista dei falsi maestri; A(2) Tt 2,11-14 Giustificazione (γάρ) con la ripresa dello schema di rivelazione; B(3) Tt 2,15-3,1-2 Doveri generali di tutti i membri della comunità; A(3) Giustificazione (γάρ) con la ripresa dello schema di rivelazione. B-recapitulatio (di B 1-3) Tt 3,8b. C-recapitulatio (di Tt 1,10-16) Tt 3,9-11. D Tt 3,12-15.

Io seguirò questa divisione con qualche mutazione. Tt 1,4 non può essere separato da Tt 1,1-3 perché è l'oggetto indiretto del soggetto di Tt 1,1a. Tt 2,15 non può essere separato da Tt 2,1-14 perché ne costituisce la conclusione logica: il ταῦτα con cui inizia si riferisce a ciò che precede. Tt 3,1-2 costituisce l'inizio di una nuova sequenza, che non può essere separata da Tt 3,3-7 che porta la giustificazione (γάρ) di ciò che vi ha affermato. Tt 3,8-11 non può essere separato da Tt 3,3-7 perché πιστὸς ὁ λόγος di Tt 3,8 si riferisce a ciò che vi è ricordato.

Tenendo conto di queste precisazioni, il testo può essere diviso in tre sequenze discorsive: Tt 1,1-4 Saluto d'inizio; I Tt 1,5-16 II Tt 2,1-15 III Tt 3,1-11; Tt 3,12-15 Conclusione.

VI *Teologia di Tt*

L'autore scrive la lettera a Tito per ricordargli le istruzioni che gli ha dato (Tt 1,5). Queste istruzioni riguardano argomenti diversi: la nomina dei presbiteri fedeli alla sana dottrina e capaci di confutare coloro che la contraddicono (Tt 1,5-16) e le istruzioni etiche da dare ai fedeli affinché la loro condotta sia conforme alla fede professata (Tt 2,1-15 e Tt 3,1-11). Pertanto i principi della fede sono ricordati per guidare la vita morale di chi crede. Riassumo le verità della fede ricordate nel testo.

1. *Chiamare alla conoscenza della verità*. In Tt 1,1-3 nel saluto iniziale, afferma di essere apostolo di Gesù Cristo per chiamare gli eletti di Dio alla fede e alla conoscenza della verità, che conduce alla pietà, per la speranza della vita eterna. Specifica che questa speranza il Dio fedele l'ha promessa dall'eternità (πρὸ χρόνων αἰωνίων); ma che l'ha manifestata al momento opportuno (καιροῖς ἰδίοις), con la sua parola per mezzo della predicazione a lui affidata.

In queste righe c'è un sommario o sintesi della storia della salvezza. Ne espongo il contenuto, secondo un ordine teologico, diverso da quello espositivo. 1) Dall'antichità Dio ha promesso la vita eterna per dare speranza. 2) Tale speranza della vita eterna l'ha manifestata al tempo opportuno. 3) La manifestazione è avvenuta facendo conoscere la sua parola. 4) Questa parola è stata fatta conoscere per mezzo della predicazione. 5) La predicazione ha lo scopo di condurre gli eletti alla pietà, cioè a una giusta venerazione di Dio con una vita onesta. 7) Questa pietà è sostenuta dalla speranza di ottenere la vita eterna promessa da Dio e fatta conoscere per mezzo della predicazione che essi hanno accolto con fede.

Quindi all'inizio della sua lettera l'autore fa comprendere che la conoscenza della verità deve condurre a una vita pia e onesta, per poter conseguire la vita eterna promessa da Dio.

2. *E' apparsa la grazia di Dio*. In Tt 2,1-10 l'autore ricorda a Tito che deve insegnare ciò che è conforme alla sana dottrina (τῇ ὑγιαινούσῃ διδασκαλίᾳ). Questo insegnamento riguarda il modo in cui si devono comportare coloro che credono: i vecchi (Tt 2,2), le donne anziane (Tt 2,3-5), i giovani (Tt 2,6-80, gli schiavi (Tt 2,9-10).

In Tt 2,11-14 porta il motivo (γάρ) per cui chi crede deve vivere in modo conforme alla fede. In Tt 2,11a afferma che "è apparsa la grazia di Dio" (ἐπεφάνη γὰρ ἡ χάρις τοῦ θεοῦ). In Tt 2,11b specifica che questa grazia "salva tutti gli uomini" (σωτήριος πᾶσιν ἀνθρώποις). In Tt 2,12a indica l'effetto di questa grazia, che è duplice: 1) "insegna a rinnegare l'empietà" (ἀσέβειαν) e i desideri mondani (κοσμικὰς ἐπιθυμίας); 2) e "a vivere con moderazione (σωφρόνως), con giustizia (δικαίως), e con pietà (εὐσεβῶς) in questo mondo". In Tt 2,13 indica lo scopo di questo modo di vivere onesto e giusto: "l'attesa della beata speranza (προσδεχόμενοι τὴν μακαρίαν ἐλπίδα) e la manifestazione della gloria del grande Dio e salvatore nostro Gesù Cristo". In Tt 2,14 dice: Gesù Cristo, che noi attendiamo, "ha dato se stesso per noi" (ὃς ἔδωκεν ἑαυτὸν ὑπὲρ ἡμῶν); e in Tt 2,14b indica lo scopo di questa offerta di se stesso: "per riscattarci da ogni iniquità (ἀπὸ πάσης ἀνομίας) e purificare per se un popolo zelante nelle opere buone (ζηλωτὴν καλῶν ἔργων)".

Pertanto coloro che credono sono invitati ad agire in modo giusto perché la grazia di Dio, che porta a tutti la salvezza, insegna a rinnegare l'empietà. Dov'è apparsa questa grazia? In Gesù Cristo. Come insegna a rinnegare i desideri mondani e ciò che è empio? Per mezzo della salvezza che Gesù Cristo ha compiuto. Dice che ha dato se stesso per noi, per ricordare che è morto per liberarci da ogni iniquità (ἵνα λυτρώσηται ἡμᾶς ἀπὸ πάσης ἀνομίας). Questa è una immagine per dire che ci ha liberato dal peccato e la liberazione è avvenuta perché ci ha purificato dal peccato, come dice il verbo che segue: "e per purificare" (καὶ καθαρίσῃ) per sé un popolo dedito alle opere buone.

L'insegnamento dell'apostolo è chiaro. Colui che Dio ha salvato, purificandolo dai peccati con la morte di Cristo, deve rinnegare l'empietà e i desideri del mondo e deve lasciarsi educare dalla grazia di Dio a vivere in modo moderato, pio, giusto. Vivendo così possiamo sperare di partecipare alla vita eterna, quando si manifesterà la gloria del nostro grande Dio e salvatore Gesù Cristo, che stiamo aspettando.

3. *Ci ha salvati per la sua misericordia*. In Tt 3,4-7 descrive il modo in cui Dio ha operato la salvezza. In Tt 3,5 insegna che la salvezza è gratuita, affermando che Dio ci ha salvato "non per le opere giuste da noi compiute (lett. non da opere nella giustizia) (οὐκ ἐξ ἔργων τῶν ἐν δικαιοσύνῃ); "ma [ci ha salvato] per la sua misericordia (ἀλλὰ κατὰ τὸ αὐτοῦ ἔλεος)".

In Tt 3,5b specifica che questa salvezza è avvenuta "per mezzo di un bagno di rigenerazione e rinnovamento dello Spirito Santo" (διὰ λουτροῦ παλιγγενεσίας καὶ ἀνακαινώσεως πνεύματος ἁγίου).

In Tt 3,6 indica il modo in cui egli ha effuso su di noi lo Spirito Santo, dicendo: "per mezzo di Gesù Cristo nostro salvatore" (διὰ Ἰησοῦ Χριστοῦ τοῦ σωτῆρος ἡμῶν).

In Tt 3,7 indica lo scopo del dono dello Spirito, dicendo: "affinché (noi), giustificati per la sua grazia (ἵνα δικαιωθέντες τῇ ἐκείνου χάριτι), diventiamo eredi secondo la speranza della vita eterna (κληρονόμοι... κατ᾽ ἐλπίδα ζωῆς αἰωνίου)", cioè diventiamo eredi della vita eterna che speriamo.

In Tt 3,4 all'inizio, afferma che questa opera di salvezza è un effetto della grazia di Dio. Ma lo dice con un linguaggio figurato affermando che "è apparsa la bontà e la filantropia (ἡ χρηστότης καὶ ἡ φιλανθρωπία) di Dio, nostro salvatore". E in Tt 3,3 indica i mali da cui Dio libera gli uomini con la manifestazione del suo amore: la disobbedienza, la schiavitù alle passioni, la malvagità, l'odiosità e l'odio reciproco. Da tutto questo siamo liberati dalla bontà di Dio che si manifesta nella misericordia con cui ci ha rinnovato per mezzo dello Spirito Santo, che ha effuso su di noi per mezzo di Gesù Cristo, nostro salvatore.

In Tt 3,8 conclude indicando le conseguenze pratiche della fede: "coloro che credono in Dio, si sforzino di essere i primi nelle opere buone". Avendo ricevuto il bene da Dio, facciano il bene, perché solo in questo modo si diventa eredi della vita eterna.

Bibliografia. (su Tt 2,1) G. Burini, "τῇ ὑγιαινούσῃ διδασκαλίᾳ. Una norma di vita cristiana in Tt 2,1", *VetChr* 18 (1981) 275-285.- (su Tt 2,10-14) L. Deiss, "La grace de Dieu s'est manifestée. Tt 2,11-14", *ASeign* 10 (1970) 26-31.- M.J. Harris, "Titus 2:13 and the Deity of Christ", in *Pauline Studies*, FS F.F. Bruce, ed. D.A. Hagner - M.J. Harris, 1980, 262-277.- T.C. Noff, "Greek Ethics and Christian Conversion: The Philosophic Background of Titus 2,10-14 and 3,3-7", *NT* 20 (1980) 22-48.- (su Tt 3,3-7) L. Deiss, "La bonté et la 'philanthropie' de Dieu notre sauveur", *ASeign* 10 (1970) 32-37.- J. Dey, *Palingenesia*. Ein Beitrag zur Klärung der religionsgeschichtlichen Bedeutung von Tt 3,5 (NTAbh 17/5), Münster 1937.- R. Le Déaut, "Philanthropia dans la littérature grecque, jusqu'au Nouveau Testament (Tite 3,4)", in: *Mélanges Tisserant* (Studi e Testi 231), Roma 1964, 255-294.- E. Käsemann, "Titus 3,4-7", in Idem, *Exegetische Versuche und Besinnungen I,* Göttingen 1964, 298-302.- C. Spicq, "La philanthropie hellénistique, vertu divine et royale", in: Idem, *Les épîtres pastorale* II, 657-676.- A. Suski, "L'inno battesimale nella lettera a Tito", *Studia Theologica* (Warsaw) 14 (1976) 99-128 (polacco).

A FILEMONE

Bibliografia. (Studi) D.L. Allen, "The Discourse Structure of Philemon, A Study in Textlinguistics", in: *Scribes and Scripture*, FS J.H. Greenlee, Winona Lake 1992, 77-96.- J.M.G. Barclay, "Paul, Philemon and the Dilemma of Christian Slave-Ownership", *NTS* 37 (1991) 161-186.- S.S. Bartchy, *Mallon chresai*. First Century Slavery and the Interpretation of 1Cor 7,21 (SBL.DS 11), Missoula 1973.- P. Benoit, "Philémon (Epître à)", *DBS* 7 (1996) 1204-1211.- F.F. Bruce, "St Paul in Rome. II. The Epistle to Philemon", *BJRL* 48 (1965/66) 81-97.- H. Bojorge, "La Intercession por un Esclavo. Pablo a Philemón y Plinio a Salviniano", *RevB* 42 (1980) 119-169.- R.G. Bratcher - E.A. Nida, *A Translator's Handbook of Paul's Letter to the Colossians and to Philemon* (Help for Translators 20), Stuttgart 1977, 111-132.- A.D. Callahan, "Paul's Epistle to Philemon: Toward an alternative *Argumentum*", *HTR* 86 (1993) 357-376.- F.F. Church "Rhetorical Structure and Design in Paul's Letter to Philemon", *HTR* 71 (1978) 17-33.- J.D.M. Derret, "The Function of the Epistle to Philemon", *ZNW* 79 (1988) 63-91.- H. Diem, "Onesimus - Bruder nach dem Fleisch und im Herrn", in: *Evangelische Freiheit und kirchliche Ordnung*, FS T. Dipper, Stuttgart 1968, 139-150.- D. Dormeyer, "Flucht, Bekehrung und Rückkehr des Sklaven Onesimos. Internationales Auslegung des Philemonbriefes", *EvErz* 35 (1983) 214-228.- R. Gayer, *Die Stellung des Sklaven in den paulinischen Gemeinden und bei Paulus* (EHS.T 78), Frankfurt 1976.- M.A. Getty, "The Theology of Philemon", *SBLSP* 26 (1987) 503-508.- E.R. Goodenough, "Paul and Onesimus", *HTR* 22 (1929) 181-183.- H. Greeven, "Prüfung der These von J. Knox zum Philemonbrief", *TLZ* 79 (1954) 373-378.- P.N. Harrison, "Onesimus und Philemon"*AThR* 32 (1950) 268-294.- L.K. Jang, Der Philemonbrief im Zusammenhang mit dem theologischen Denken des Paulus, Diss. theol., Bonn 1964.- H.J. Klauck, *Hausgemeinde und Hauskirche im frühen Christentum* (SBS 103), Stuttgart 1981, 41-44.- J. Knox, "Philemon and die Authenticity of Colossians", *JR* 18 (1938) 144-160.- Idem, *Philemon among the Letters of Paul*. A New View of its Place and Importance, Chicago 1935; 2a ed. New York 1959 = London 1960.- E.W. Koch, "A Cameo of Koinonia. The Letter to Philemon", *Int* 17 (1963) 183-187.- P. Lampe, "Keine 'Sklavenflucht' des Onesimus", *ZNW* 76 (1985) 135-137.- R. Lehmann, *Epître à Philémon*. Le christianisme primitive et l'esclavage, Genève 1978.- D.A. Losada, "Para una introducción a la carta a Filemón", *RevB* 43 (1981) 193-216.- D. Lührmann, "Wo man nicht mehr Sklave oder Freier ist", *WuD* 13 (1975) 53-83.- F. Lyall, "Roman Law in the Writings of Paul: The Slave and Freedman", *NTS* 17 (1970/71), 73-79.- C.J. Martin, "The Rhetorical Function of Commercial Language in Paul's Letter to Philemon (Verse 18)", in: *Persuasive Artistry*, ed. D.F. Watson (JSNT.SS 50), Sheffield 1991, 321-337.- T.Y. Mullins, "The Thaksgiving of Philemon and Colossians", *NTS* 30 (1984) 288-293.- W.H. Ollrog, *Paulus und seine Mitarbeiter* (WMANT 50), Neukirchen-Vluyn 1979, 101-106.- J.D. Pentecost, "Studies in Philemon: I.Paul the Prisoner", *BS* 129 (1972) 134-141 - Idem, "Studies in Philemon: II. Grace for Sinner", *BS* 129 (1972) 218-225.- Idem, "Studies in Philemon: V. The Obedience of a son", *BS* 130 (1973) 164-170.- Idem, "Studies in Philemon: VI Able to keep you", *BS* 130 (1973) 250-257.- N.R. Petersen, *Redescovering Paul*: Philemon and the Sociology of Paul's Narrative World Philadelphia 1985.- T. Preiss, "Vie en Christ et éthique sociale dans l'épître à Philémon", in: *Aux Sources de la tradition chrétienne*, FS M. Goguel, Neuchâtel - Paris 1950, 171-179.- B.M. Rapske, "The Prisoner Paul in the Eyes of Onesimus", *NTS* 37 (1991) 187-203.- M. Roberti, *La lettera di san Paolo a Filemone e la condizione giuridica dello schiavo fuggitivo*, Milano 1933.- W. Schenk, "Der Brief des Paulus an Philemon in der neuren Forschung (1945-1987)", *ANRW* II 25.4 (1987) 3439-3495.- S. Schulz, "Hat Christus die Sklaven befreit?", *EK* 5 (1972) 13-17.- E. Schweizer, "Zum Sklavenproblem im Neuen Testament", *EvTh* 32 (1972) 502-506.- M.L. Soards, "Some Neglected Theological Dimensions of Paul's Letter to Philemon", *PersRelSt* 17 (1990) 209-219.- C. Spicq, "Le vocabulaire de l'esclavage dans le Nouveau Testament",

RB 85 (1978) 201-226.- A. Suhl, "Der Philemonbrief als Beispiel paulinischer Paränese", *Kairos* 15 (1973) 267-279.- J.I. Vincentini, "Pablo Revolucionario? Pero como? La esclavitud según la carta a Filemón", *RevB* 139 (1971) 79-94.- J.L. White, "The Structural Analysis of Philemon: A Point of Departure in the Formal Analysis of the Pauline Letters", *SBLSP* 1 (1971) 1-45.- U. Wickert, "Der Philemon - Privatbrief oder apostolisches Schreiben?", *ZNW* 52 (1961) 230-238.- S.C. Winter, "Paul's Letter to Philemon", *NTS* 33 (1987) 1-15.- A. Wilson, "The Pragmatics of Politeness and Pauline Epistolography: A Case Study of the Letter to Philemon", *JSNT* 48 (1992) 107-119.- J. Zmijewski, "Beobachtungen zur Struktur des Philemonbriefes", *BiLe* 15 (1974) 273-296.-

(Commenti) H. Binder, *Der Brief des Paulus an Philemon* (ThHK 11/2), Berlin 1990.- G.B. Caird, *Paul's Letters from Prison* (NCBNT), Oxford 1976.- H.M. Carson, *The Epistles of Paul to the Colossians and to Philemon* (TNTC 9), London 1960; rist. 1983.- M. Dibelius - H. Greeven, *An die Kolosser, Epheser, an Philemon* (HNT 12), Tübingen [3]1953, 101-108.- J.D.G. Dunn, *The Epistle to the Colossians and to Philemon* (NIGTC), Grand Rapids, 1996.- W. Egger, *Philemonbrief* (NEB.NT 15), Würzburg 1985.- J. Ernst, *Der Brief an die Philipper, an Philemon, an die Kolosser, an die Epheser* (RNT 7), Regensburg 1974, 123-139.- P. Ewald, *Die Briefe des Paulus an die Epheser, Kolosser, und an Philemon* (KNT 10), Leipzig [2]1910, 262-285.- G. Friedrich, "Der Brief an Philemon" (NTD 8), Göttingen 1962; rist. 1976, 186-194.- J. Gnilka, *Der Philemonbrief* (HThK 10/4), Freiburg i.Br. 1982.- H. Hübner, *An Philemon. An die Kolosser. An die Epheser* (HNT 12), Tübingen 1997.- P. Lampe, "Der Brief an Philemon", in: N. Wolter - E. Reinmuth - P. Lampe, *Die Briefe an die Philipper, Thessalonicher und an Philemon* (NTD 8/2), Göttingen 1998, 205-232.- E. Lohmeyer, *Die Briefe an die Philipper, an die Kolosser und an Philemon* (KEK 9), Göttingen 1930, [6]1964, 171-192 (con aggiunte di W. Schmauch, *Beiheft*, 86-98).- E. Lohse, *Die Briefe an die Kolosser und an Philemon* (KEK 9/2), Göttingen 1968; [2]1977, 13-14.18-19.259-288.- R. Martin, *Colossians and Philemon* (NCB), London 1973; rist. Grand Rapids 1981.- C.F.D. Moule, *The Epistles of Paul to the Colossians and to Philemon* (CGTC), Cambridge 1957.- J.J. Müller, *Philippians and Philemon* (NICNT), Grand Rapids 1955, 159-193.- P.T. O'Brien, *Colossians. Philemon* (WBC 44), Waco, TX, 1983, 263-328.- E.F. Scott, *The Epistles of Paul to the Colossians, to Philemon and to the Ephesians* (MNTC), London 1930; rist. [9]1958.- K. Staab, *Die Gefangenschaftsbriefe* (RNT 7), Regensburg [3]1959, 106-113.- A. Ströger, *Der Brief an Philemon* (GeiS 12.2), Düsseldorf 1965.- P, Stuhlmacher, *Der Brief an Philemon* 4 (EKK 18), Zürich / Neukirchen-Vluyn 1975; [3]1989.- A. Suhl, *Der Philemonbrief* (ZBK.NT 13), Zürich 1981.- M.R. Vincent, *The Epistles to the Philippians and to Philemon* (ICC), Edinburgh 1897; rist. [5]1955, 155-194.- M. Wolter, *Der Brief an die Kolosser. Der Brief an Philemon* (ÖTK 12), Gütersloh 1993.

I   *Piano letterario di Filem*

La lettera a Filemone si divide in quattro sequenze discorsive: I 1-3 Saluto iniziale, II 4-7 Ringraziamento e preghiera, III 8-20 Richiesta, IV 21-25 Saluti. Augurio di Benedizione.

II   *Contenuto di Filem*

Filem 1-3 *Saluto iniziale.* Paolo e Timoteo augurano grazia e pace da Dio Padre e dal Signore Gesù Cristo al loro collaboratore Filemone, alla sua sorella Appia, ad Aristippo suo compagno di lotta, alla comunità che si riunisce in casa sua. Paolo si presenta come prigioniero in Cristo.

Filem 4-7 *Ringraziamento e preghiera*. In Filem 4-5 scrive che ringrazia Dio perché ha sentito parlare della sua carità verso gli altri e della sua fede in Gesù Cristo. In Filem 6 si augura che la sua partecipazione alla fede diventi efficace per mezzo della conoscenza di tutto il bene che si fa tra loro, in Cristo. In Filem 7 lo informa che la sua carità gli ha procurato gioia perché i credenti sono stati confortati dalla sua opera.

Filem 8-20 *Richiesta in favore di Onesimo*. Si può dividere in tre paragrafi.

Nel primo (Filem 8-12) afferma che in Cristo ha la libertà di ordinargli ciò che deve fare. Ma in Filem 9 aggiunge che preferisce pregarlo in nome della carità. In Filem 10 specifica che la sua preghiera è in favore di colui che chiama suo figlio, generato in catene. Questa è una immagine per significare che lo ha condotto alla fede mentre prestava a lui servizio in prigione. In Filem 11 chiarisce che si tratta di Onesimo, dicendo che un tempo fu utile a lui, ora è utile a tutti e due, a Paolo e al suo destinatario. In Filem 12 afferma che lo ha rimandato e lo chiama proprio cuore, con una immagine che indica l'affetto con cui è legato a colui che rimanda (al suo legittimo padrone).

Nel secondo paragrafo (Filem 13-16), afferma in Filem 13 che lo avrebbe voluto trattenere perché continuasse a prestargli servizio in prigione. Ma in Filem 14 dice che ha preferito non farlo senza il suo parere, affinché ciò non lo mettesse in condizione di fare del bene per costrizione. In Filem 15 afferma che ora lo può riavere per sempre e in Filem 16 specifica che ora lo ha di nuovo, non più come schiavo, ma come fratello. Ciò significa che ritorna al suo padrone con la fede che prima non aveva.

Nel terzo paragrafo (Filem 17-20), si richiama in Filem 17 alla amicizia reciproca e lo prega di accoglierlo come se stesso. In Filem 18 lo prega di mettere sul suo conto gli eventuali debiti dello schiavo. In Filem 19 scrive di suo pugno 'Paolo', per garantire che pagherà tutto. Con una immagine aggiunge che lo stesso Filemone è debitore di se stesso a Paolo, per indicare che Paolo lo ha condotto alla fede e alla salvezza. Quindi dicendo che gli è debitore di se stesso, vuole significare che gli è debitore della vita, cioè della salvezza eterna. In Filem 20 si augura di potere ottenere da lui questo favore nel Signore.

Filem 21-25 *Conclusione*. In Filem 21 si dice fiducioso che il suo destinatario farà con docilità ciò che gli ha chiesto. In Filem 22 lo prega di prepararglì un alloggio perché spera di andare da loro. Prevede quindi una scarcerazione imminente per l'intercessione delle loro preghiere. In Filem 23-24 gli manda i saluti di Epafra, anche lui in prigione con Paolo per Gesù Cristo, insieme ai saluti dei suoi collaboratori Marco, Dema, Luca. In Filem 25 augura al loro spirito la grazia del Signore Gesù Cristo.

III *Teologia di Filem*

Voglio richiamare l'attenzione del lettore su alcuni passi di questo breve scritto, che manifestano il pensiero teologico di Paolo.

1. In Filem 6 si augura che la sua (cioè di Filemone) partecipazione alla fede diventi efficace (ἡ κοινωνία τῆς πίστεώς σου ἐνεργὴς γένηται). Poi indica ciò che può rendere efficace la sua fede: nella conoscenza di ogni bene (ἐν ἐπιγνώσει παντὸς ἀγαθοῦ), che si compie tra loro in Gesù Cristo. Ciò significa che, conoscendo il bene che si compie nella fede, la stessa fede diventa efficace, cioè inizia ad operare il bene.

2. In Filem 8 afferma di avere l'autorità in Cristo per comandargli che cosa deve fare. Ma in Filem 9 dice che preferisce pregarlo in nome della carità. Poi in Filem 14 porta il motivo di questa decisione: non ha voluto costringerlo a fare il bene. Quindi l'apostolo ha l'autorità in Cristo di comandare al credente ciò che deve fare. Ma quando si tratta di opera di bene, egli sa che non può costringere perché, se così fosse, la stessa opera di bene cesserebbe di essere un bene. Sarebbe fatta per costrizione e non per amore. Per questo motivo preferisce pregarlo in nome della carità, che è il sentimento che ispira il bene.

Il modo in cui Paolo si esprime indica con chiarezza che egli ritiene di avere in Cristo l'autorità apostolica di comandare ciò che deve essere fatto. Ma il modo in cui agisce indica con uguale chiarezza che anche la sua autorità ha un limite invalicabile, la libertà di coscienza del credente. Di fronte a questa libertà interiore, che Dio concede a ogni uomo per grazia naturale, anche l'autorità apostolica non può usare la forza, ma si deve rivestire della carità divina affinché la sua parola sia accolta.

3. In Filem 16 dice che gli manda l'uomo, non più come schiavo, ma come fratello. E tuttavia Onesimo è ancora schiavo di Filemone. Quindi le parole di Paolo devono essere interpretate. Con la fede in Cristo, sia Onesimo lo schiavo, che Filemone il padrone, hanno la stessa dignità di figli di Dio. Perciò tra loro non c'è più differenza, perché in Cristo sono diventati fratelli. Ma la loro condizione sociale rimane diversa. Onesimo è dipendente e Filemone il padrone.

Ciò significa che la fede non ha lo scopo di mutare la condizione sociale di chi crede, ma offre a ciascuno la figliolanza divina affinché tutti, senza distinzione, possano accedere alla salvezza. Per questa ragione, Paolo rimanda Onesimo come schiavo al suo padrone e lo può fare senza turbamento perché sa che Onesimo, lo schiavo, per la fede è ormai libero. E prega Filemone di accoglierlo di nuovo alle sue dipendenze perché sa che nella fede lo considera uguale a se stesso, in quanto fratelli in Cristo.

4. In Filem 18-19 Paolo offre un raro e stupendo esempio di veracità morale. Non ordina a Filemone di cancellare i debiti di Onesimo, ma dice che è disposto a pagare per aiutare Onesimo. Agendo in questo modo, si dimostra veritiero. Non agisce come se fosse il padrone dei beni di Filemone, ma riconosce ciò che gli è dovuto secondo la giustizia del diritto umano comune. Secondo questo diritto, chi ha contratto un debito lo deve pagare, cioè deve restituire ciò che ha preso in prestito, perché non è suo. Il debito non gli appartiene, ma è proprietà del suo creditore.

In tal modo Paolo mostra di sapere che la sua autorità apostolica non ha potere sui beni degli altri e per questo dice di essere disposto ad aiutare Onesimo con il proprio denaro, pagando il suo debito. Con la carità divina cerca di compiere ciò che è giusto secondo la giustizia e la legge umana.

Bibliografia. N. Casalini, "Democrazia e partecipazione nella chiesa. Modelli di comportamento della generazione apostolica", *SBFLA* 40 (1990) 159-181: 176-178.- H. Conzelmann - A. Lindemann, *Arbeitsbuch zum Neuen Testament*, Tübingen [12]1998, 254-256.- J. Gnilka, *Der Philemonbrief*, 54-81 (Ex: 'Die Sklave in der Antike und im frühen Christentum').- J. Hainz, *Ekklesia*. Strukturen paulinischer Gemeinden - Theologia und Gemeinde-Ordnung (BU 9), Regensburg 1972, 199-209.- Idem, *Koinonia*. 'Kirche' als Gemeinschaft bei Paulus (BU 16), Regensburg 1982, 106-110.- H.-J. Klauck, *Hausgemeinde und Hauskirche*, 41-44.- F. Laub, *Die Begegnung des frühen Christentums mit der antiken Sklaverei* (SBS 107), Stuttgart 1982.- W. Schenk, "Paulus an Philemon", 3446-3480.- U. Schnelle, *Einleitung in das Neue Testament*, Göttingen [3]1990, 158-166.

AGLI EBREI

Bibliografia. (Studi) C.P. Anderson, "Hebrews among the Letters of Paul", *SR* 5 (1975) 258-266.- R. Anderson, *Types in Hebrews*, Grand Rapids 1978.- M.R. D'Angelo, *Moses in the Letter to the Hebrews* (SBL.DS 42), Missoula 1979.- K. Backhaus, *Das Neue Bund und das Werden der Kirche*. Die Diatheke-Deutung des Hebräerbriefes im Rahmen der Frühchristlichen Theologiegeschichte (NTAbh 29), Münster 1996.- Idem, "Der Hebräerbrief und die Paulus-Schule", *BZ* 37 (1993) 183-208.- C.K. Barrett, "The Eschatology of the Epistle to the Hebrews", in: *Background of the New Testament and its Eschatology*", FS C.H. Dodd, ed. D. Daube - W.D. Davis, Cambridge 1956, 363-393.- H. Braun, "Qumran und das Neue Testament. Ein Bericht über 10 Jahre Forschung (1950-1959). Hebräer", *ThR 30* (1964) 1-38.- Idem, "Die Gewinnung der Gewissheit in dem Hebräerbrief", *TLZ* 96 (1971) 321-330.- F.F. Bruce, " 'To the Hebrews': A Document of Roman Christianity?", *ANRW* II 25.4 (1987) 3496-3521.- G.W. Buchanan, "The Present State of Scholarship in Hebrews", in: *Christianity, Judaism and Other Greco-Roman Cults* (FS M. Smith), ed. J. Neusner, Leiden 1975, I 299-330.- C.Carlston, "The Vocabulary of Perfection in Philo and Hebrews", in: *Unity and Diversity in New Testament Theology*, FS G.E. Ladd, Grand Rapids 1978, 133-160.- A. Cody, *Heavenly Sanctuary and Liturgy in the Epistle to the Hebrews*, St. Meinrad, IN, 1960.- D.A. De Silva, *Despising Shame*. Honor Discourse and Community Maintenance in the Epistle to the Hebrews (SBL.DS 152), Atlanta 1995.- L.K.K. Dey, *The Intermediary World and Patterns of Perfection in Philo and Hebrews* (SBL.DS 25), Missoula 1975.- M. Dibelius, "Der himmlische Kult nach dem Hebräerbrief", in: Idem, *Botschaft und Geschichte*, Bd. II, Tübingen 1956, 160-176.- J. Dunhill, *Covenant and Sacrifice in the Letter to the Hebrews* (SNTS.MS 75), Cambridge 1992.- P.M. Eisenbaum, *The Jewish Heroes*: Hebrews 11 in Literary Context (SBL.DS 156), Atlanta 1997.- H. Held, *Der Hebräerbrief* (EdF 228), Darmstadt 1985.- Idem, "Der Hebräerbrief: literarische Form, religionsgeschichtlicher Hintergrund, theologische Fragen", *ANRW* II 25.4 (1987) 3522-3601.- R.T. France, "The Writer of Hebrews as a Biblical Expositor", *TynB* 47 (1996) 245-276.- J. Frey, "Die alte und neue *Diatheke* nach dem Hebräerbrief", in: *Bund und Tora*. Zur theologischen Begriffgeschichte in altestamentlicher, frühjüdischer und urchristlicher Tradition (WUNT 92), Tübingen 1996, 263-310.- P. Garuti, *Alle origini dell'omiletica cristiana*. La lettera agli Ebrei. Note di analisi retorica (SBFAn 38), Jerusalem 1995.- E.Grässer, "Hebräerbrief 1938-1963", *ThR* 30 (1964) 138-236.- Idem, *Der Glaube im Hebräerbrief* (MThSt 2), Marburg 1965.- Idem, "Rechtfertigung im Hebräerbrief", in: *Rechtfertigung*, FS E. Käsemann, Tübingen - Göttingen 1976, 79-93.- Idem, "Das wandernde Gottesvolk. Zum Basismotiv des Hebräerbrief", *ZNW* 77 (1986) 160-179.- Idem, *Aufbruch und Verheissung*. Gesammelte Aufsätze zum Hebräerbriefes (BZNW 65), Berlin 1992.- R. Gyllenberg, "Die Christologie des Hebräerbriefes", *ZSTh* 11 (1933/34) 662-690.- K. Hagen, *Hebrews Commenting from Erasmus to Bèze* 1516 1598 (BGBE 23), Tübingen 1981.- A. von Harnack, "Zwei alten dogmatischen Korrekturen im Hebräerbrief", in: Idem, *Studien zur Geschichte des Neuen Testaments und der alten Kirche* (1931), 235-252.- H. Hegermann, "Christologie im Hebräerbrief", in: *Anfänge der Christologie*, FS F. Hahn, ed. C. Breytenbach - H. Paulsen, Göttingen 1991, 337-351.- R. Hession, *From Shadow to Substance*. A Redescovery of the Inner Message of the Epistle to the Hebrews, Grand Rapids 1977.- L.D. Hurst, *The Epistle to the Hebrews*. Its Background of Thought (SNTS.MS 65), Cambridge 1990.- O. Hofius, *Katapausis*. Die Vorstellung vom endzeitlichen Ruheort im Hebräerbrief (WUNT 11), Tübingen 1970.- Idem, *Der Vorhang vor dem Thron Gottes* (WUNT 14), Tübingen 1974.- F.L. Horton, *The Melchisedek-Tradition* (SNTS.MS 30), Cambridge 1976.- G. Hughes, *Hebrews and Hermeneutics* (SNTS.MS 36), Cambridge 1979.- W.G. Johnson, "The Cultus of Hebrews in Twentieth-Century Scholarship", *ExpT* 89 (1978) 104-108.- Idem, "The Pilgrimage Motif in the Book of Hebrews", *JBL* 97

(1978) 239-251.- E. Käsemann, *Das wandernde Gottesvolk*. Eine Untersuchung zum Hebräerbrief (FRLANT 55), Göttingen 1939; [4]1961.- S. Kistemaker, *The Psalm Citations in the Epistle to the Hebrews*, Amsterdam 1961.- B. Klappert, *Die Eschatologie des Hebräerbriefes* (TEH 156), München 1959.- O. Kuss, "Der theologische Grundgedanke des Hebräerbriefes", *MTZ* 7 (1956) 233-271; rist. in: Idem, *Auslegung und Verkündigung*, Bd. I, Regensburg 1963, 281-328.- F. Laub, *Bekenntnis und Auslegung*. Die paränetische Funktion der Christologie im Hebräerbrief (BU 15), Regensburg 1980.- W.R.G. Loader, *Sohn und Hoherpriester*. Eine traditionsgeschichtliche Untersuchung zur Christologie des Hebräerbriefes (WMANT 53), Neukirchen-Vluyn 1981.- H. Löhr, *Umkehr und Sünde im Hebräerbrief* (BZNW 73), Berlin 1994.- U. Luck, "Himmlisches und irdisches Geschehen im Hebräerbrief", *NT* 6 (1963) 192-215.- W.G. McRae, "Heavenly Temple and Eschatology in the Letter to the Hebrews", *Semeia* 12 (1978) 179-199.- J.C. McCullough, "The Old Testament Quotations in Hebrews", *NTS* 26 (1979/80) 363-379.- Idem, "Some Development in Research in the Epistle to the Hebrews", *IrBibSt* 2 (1980) 141-165.- A. Manson, *The Epistle to the Hebrews*, London 1951.- G. Mora, *La Carta a los Hebreos como excrito pastoral*, Barcelona 1974.- R.H. Nash, "The Notion of Mediator in Alexandrian Judaism and the Epistle to the Hebrews", *WThJ* 40 (1977) 89-115.- K. Nissilä, *Das Hohepriestermotiv im Hebräerbrief* (SFEG 33), Helsinki 1979.- D. Peterson, *Hebrews and Perfection*. An Examination of the Concept of Perfection in the Epistle to the Bebrews. (SNTS.MS 47), Cambridge 1982.- J. Phillips, *Exploring Hebrews*, Chicago 1977.- J. van der Ploeg, "L'exégèse de l'Ancien Testament dans l'épître aux Hébreux", *RB* 54 (1947) 187-228.- M. Rissi, *Die Theologie des Hebräerbriefes* (WUNT 41), Tübingen 1988.- Chr. Rose, *Die Wolke der Zeugen*. Eine exegetisch-traditionsgeschichtliche Untersuchung zu Hebräer 10,32-12,3 (WUNT 2/60), Tübingen 1994.- H.M. Schenke, "Erwägungen zum Rätsel des Hebräerbriefes", in: *Neues Testament und christliche Existenz,* FS H. Braun, Tübingen 1973, 421-437.- E. Schick, *Im Glauben Kraft empfangen*. Betrachtungen zum Hebräerbrief, Stuttgart 1978.- F.-J. Schierse, *Verheissung und Heilsvollendung*. Zur theologischen Grundfrage des Hebräerbriefes (MThS I.9), München 1955.- M Scholer, *Proleptic Priests*. Priesthood in the Epistle to the Hebrews (JSNT.SS 49), Sheffield 1991.- F. Schröger, *Der Verfasser des Hebräerbriefes als Schrifausleger* (BU 4), Regensburg 1968.- Th. Söding, "Zuversicht und Geduld im Schauen auf Jesus. Zum Glaubensbegriff des Hebräerbriefes", *ZNW* 82 (1991) 214-241.- S.G. Sowers, *The Hermeneutics of Philo and Hebrews*, Zürich 1965.- G. Spicq, "Hébreux (Epître aux)", *DBS* 7 (1961), 272-279.- A. Stadelmann, "Zur Christologie des Hebräerbriefes in der neuren Diskussion", *ThBer* 2 (1973) 135-221.- J. Swetnam, "Form and Content in Hebrews 1-6", *Bib* 53 (1972) 368-385.- Idem, "Form and Content in Hebrews 7-13", *Bib* 55 (1974) 333-348.- Idem, *Jesus and Isaak*. A Study on the Epistle to the Hebrews in the Light of the Aqedah (AnBib 94), Rome 1981.- F.C. Synge, *Hebrews and Scripture*, London 1959.- M. Theobald, "Vom Text zum ' lebendigen Wort ' (Hebr 4,12). Beobachtungen zur Schrifthermeneutik des Hebräerbriefes", in: *Jesus als die Mitte der Schrift*, ed. Chr. Landmesser (BZNW 86), Berlin 1997, 751-790.- J.W. Thompson, *The Beginnings of Christian Philosophy*. The Epistle to the Hebrews (CBQ.MS 13), Washington, D.C., 1982.- W.G. Überlacker, *Der Hebräerbrief als Appell*. I. Untersuchungen zu *exordium, narratio* und *postscriptum* (Hebr 1-2 und 13,22-25) (CB.NT 21), Stockholm 1989.- A. Vanhoye, *La structure littéraire de l'épître aux Hébreux* (SN 1) Bruges 1963; [2]1976.- Idem, "Discussion sul la structure littéraire de l'épître aux Hébreux", *Bib* 55 (1974) 349-380.- Idem, *Prêtres anciens et prêtre nouveaux dans le Nouveau Testament* (Parole de Dieu 20), Paris 1980.- Idem, *Structure and Message of the Epistle to the Hebrews* (SubBi 12), Rom 1989.- Idem, "La TELEIOSIS du Christ: point capital de la Christologie sacerdotale d'Hebreux", *NTS* 47 (1996) 321-338.- Idem, "La loi dans l'épître aux Hébreux", in: *La loi dans l'un et l'autre Testament* (LD 168), Paris 1997, 271-198.- Idem, "Hebräerbrief", *TRE* 14 (1985) 494-505.- D. Wider, *Theozentrik und Bekenntnis*. Untersuchungen zur Theologie des Redens Gottes im Hebräerbrief (BZNW 87), Berlin 1997.-

R. Williamson, "The Background of the Epistle to the Hebrews", *ExpT* 87 (1976) 232-237.-
Idem, *Philo and the Epistle to the Hebrews* (ALGHL 4), Leiden 1970.- G.B. Wilson, *A Digest
of Reformed Comment*, Edinburgh 1979.- Y. Yadin, "The Red Sea Scroll and the Epistle to the
Hebrews", in *Scripta Hierosolymitana* 4 (1957) 36-55.- J.H. Wray, *Rest as a Theological
Metaphor in the Epistle to the Hebrews and the Gospel of Truth*. Early Christian Homiletics of
Rest (SBL.DS 166), Atlanta 1998.- H. Zimmermann, *Das Bekenntnis der Hoffnung*. Tradition
und Redaktion im Hebräerbrief (BBB 47), Köln 1977.- Idem, *Die Hohepriester-Christologie
des Hebräerbriefes*, Paderborn 1964.-
(Commenti) H.W. Attridge, *The Epistle to the Hebrews* (Hermeneia), Philadelphia 1989.- J.
Bonsirven, *Saint Paul. L'épître aux Hébreux* (VS 12), Paris 1943.- H. Braun, *An die Hebräer*
(HNT 14), Tübingen 1984.- F.F. Bruce, *The Epistle to the Hebrews* (NICNT), Grand Rapids,
MI, 1964; rist. 1981.- G.W Buchanan *To the Hebrews* (AB 36), Garden City, NY, 1972.- N.
Casalini, *Agli Ebrei*. Discorso di esortazione (SBFAn 34); Jerusalem 1992.- P. Ellingworth,
The Epistle to the Hebrews (NIGTC), Grand Rapids, MI, 1993.- E. Grässer, *An die Hebräer*
(EKK XVII/1-3), Zürich / Neukirchen-Vluyn I 1990, II 1993, III 1997.- D.Guthrie, *The Letter
to the Hebrews* (TNTC), Leicester - Grand Rapids, 1983.- H. Hegermann, *Der Brief an die
Hebräer* (ThHK 16), Berlin 1988.- J. Héring, *L'épître aux Hébreux* (CNT 12), Neuchâtel -
Paris 1954.- P.E. Hughes, *A Commentary to the Epistle of Hebrews*, Grand Rapids 1977.- S.J.
Kistemaker, *Exposition of the Epistle to the Hebrews*, Grand Rapids, MI, 1984.- O. Kuss, *Der
Brief an die Hebräer* (RNT 8), Regensburg 1953; [2]1966.- W.L. Lane, *Hebrews 1-8* (WBC
47A); *Hebrews 9-13* (WBC 47B), Dallas, TX, 1991.- N.R. Lightfoot, *Jesus Today*. A
Commentary on the Book of Hebrews, Grand Rapids 1976.- O. Michel, *Der Brief and die
Hebräer* (KEK 13), Göttingen [7]1975.- J. Moffatt, *Commentary on the Epistle to the Hebrews*
(ICC), Edinburgh 1924; rist. 1952.- H.W. Montefiore, *A Commentary on the Epistle to the
Hebrews* (BNTC), London 1964.- E. Riggenbach, *Der Brief an die Hebräer* (KNT 14), Leipzig/
Erlangen 1913; [2-3]1922; rist. 1987.- C. Spicq, *Saint Paul. Épître aux Hébreux*, 2 voll. (EB),
Paris 1952.1953.- Idem, *L'épître aux Hébreux* (SB), Paris 1977.- H. Strathmann, *Der Brief an
die Hebräer* (NTD 9), Göttingen 1937; [8]1963.- A. Strobel, *Der Brief an die Hebräer* (NTD 9),
Göttingen 1975.- Teodorico da Castel san Pietro, *L'epistola agli Ebrei*, Roma - Torino 1952.-
H.-F. Weiss, *Der Brief an die Hebräer* (EKK 13), Göttingen 1991.- B.F. Westcott, *The Epistle
to the Hebrews*, London 1889; [3]1903; rist. 1967.- H. Windisch, *Der Hebräerbrief* (HNT 14),
Tübingen 1913; [2]1931.

I   *Piano letterario di Eb*

Ci sono tre modelli fondamentali per la divisione letteraria del testo.

1) Il modello tradizionale divide il suo contenuto in *due parti:* Eb 1,1-
10,18 (o 39) Parte dottrinale; Eb 10,19 (o 11,1) - 13,25 Parte parenetica. Questa ipotesi tradizionale prende come criterio di divisione uno schema che si
troverebbe anche in altre lettere di Paolo, nelle quali a una parte espositiva, di
natura dottrinale o dogmatica, seguirebbe una parte esortativa, di natura etica. Ciò si può constatare bene nella lettera ai Romani: capp. 1-11 parte
dottrinale, capp. 12-15 parte parenetica, di natura morale.

Ma questo modello di divisione non può essere applicato alla lettera agli
Ebrei perché non corrisponde al suo contenuto e pertanto non lo rappresenta
in modo adeguato. Infatti nella parte detta 'dottrinale' ci sono sezioni

parenetiche: Eb 2,1-4 3,7-4,13 5,11-6,20. E nella parte detta 'parenetica' si trovano delle parti sulla dottrina. Eb 11,1-40 è una trattazione sulla fede e la sua funzione nella storia della salvezza. Quindi è una sezione di teologia della storia della salvezza. In Eb 13,7-16 mette in guardia da false dottrine e definisce la natura spirituale del culto cristiano.

Per questa ragione questa divisione non può essere accolta. E tuttavia è ancora seguita, come si può constatare nel commento di D. Guthrie (1983), il cui modello di divisione è riportato per esteso da H. Feld (1987), che lo considera con simpatia, nonostante il difetto di cui ho parlato.

2) La scuola esegetica tedesca segue in genere una divisione del testo in *tre parti*, che si presenta in due varianti: quella di O. Michel (KEK 13; [8]1984) e quella di W. Nauck (1964).

O. Michel divide il testo in questo modo: I Eb 1,1-4,13 La parola di Dio nel Figlio; II Eb 4,14-10,39 Gesù, il vero sommo sacerdote; III Eb 11,1-13,25 Il cammino di fede del popolo di Dio nel passato e nel presente.

W. Nauck divide in questo modo: I Eb 1,1-4,13 Ascoltate con fede la parola di Dio, che ci è giunta nel Figlio Gesù Cristo, il quale è superiore ai rappresentanti del cosmo e a quelli dell'antica alleanza; II Eb 4,14-10,31 Accostatevi a Dio e mantenete ferma la professione di fede, perché Gesù Cristo ha aperto questa via; III Eb 10,32-13,17 State saldi e seguite Gesù, il quale è la guida e il perfezionatore della fede.

Il criterio o principio adottato da O. Michel per la divisione è quello tematico. Ma i titoli da lui proposti non corrispondono allo sviluppo del tema nel testo.

La prima parte ricorda che Dio ha parlato a noi nel Figlio in Eb 1,3 e in Eb 2,1-4 e Eb 3,7-4,13 c'è un invito pressante all'ascolto per non cadere nella punizione che meritano coloro che disprezzano un tale salvezza o trasgrediscono la sua parola per mancanza di fede. Il motivo di questa esortazione si trova non tanto nel fatto che Dio ha parlato, quanto nella grandezza del mediatore in cui Dio ci ha parlato, cioè il Figlio. Quindi l'esortazione di Eb 2,1-4 e Eb 3,7-4,13 sono precedute da esposizioni che le giustificano, perché mostrano la superiorità del Figlio rispetto ai mediatori dell'antica alleanza. In Eb 1,5-14 (e Eb 2,5-9) dimostra che egli ha ottenuto un 'nome', cioè una dignità, superiore a quella degli angeli. In Eb 2,10-18 mostra che per mezzo dei dolori della passione Dio lo ha consacrato, in modo che fosse un sacerdote misericordioso e degno di fede, per espiare i peccati del popolo e prestare aiuto a chi è provato. In Eb 3,1-6 mostra che è stato ritenuto degno di una gloria più grande di quella di Mosè. Tutto questo non compare nel titolo posto da O. Michel alla Parte I. Perciò non è adeguato al contenuto.

La Parte II nella divisione di O. Michel porta come titolo 'Gesù vero sommo sacerdote'. Ma il contenuto di Eb 4,14-10,39 è molto più vario. Il tema di Cristo sacerdote è trattato solo in Eb 7,1-28. In Eb 8,1-9,28 parla dell'opera sacerdotale del Cristo, cioè della sua morte come sacrificio espiatorio e in Eb 10,1-18 mostra la superiore efficacia di questo sacrificio in rapporto a tutti i sacrifici compiuti dai sacerdoti secondo la legge dell'antica alleanza. Tutto ciò non risulta evidente dal titolo che ho indicato.

W. Nauck usa come criterio o principio di divisione la funzione chiaramente parenetica del testo. Ogni esposizione dottrinale termina con una esortazione. Quindi i titoli da lui posti indicano il motivo esortativo a cui tende la trattazione dottrinale di ogni singola parte.

Questa divisione ha incontrato il favore di E. Grässer (1963), E. Fiorenza (1969), W.G. Kümmel e U. Schnelle. Ma ad essa si devono fare le stesse critiche fatte a quella di O. Michel. Prendendo come elementi per indicare il contenuto delle singole parti solo alcuni motivi che compaiono nelle esortazioni che le concludono, il contenuto dottrinale del testo resta totalmente ignorato, o indicato in modo vago nel titolo. Pertanto anche questo modello di divisione non rappresenta bene il testo e il suo contenuto.

3) Seguendo L. Vaganay (1940), A. Vanhoye (1963; [2]1976) propone una divisione in *cinque parti*, con lo scopo di descrivere in modo fedele lo sviluppo del discorso contenuto nel testo. Ecco la sua proposta di divisione.

I Eb 1,1-4 Introduzione; Eb 1,4-2,18 Un nome superiore a quello degli angeli. II Eb 3,1-5,10 Un sommo sacerdote misericordioso e degno di fede, in due sezioni: A Eb 3,1-4,13 Un sommo sacerdote degno di fede, B Eb 4,14-5,10 Un sommo sacerdote misericordioso. III Eb 5,11-10,39 "reso perfetto, è diventato causa di salvezza eterna per coloro che gli obbediscono, essendo stato proclamato da Dio sommo sacerdote al modo di Melchisedek" (Eb 5,9-10), in cinque sezioni: A Eb 5,11-6,20 Esortazione preliminare, B Eb 7,1-28 Gesù sommo sacerdote al modo di Melchisedek, C Eb 8,1-9,28 giunto al compimento, D Eb 10,1-18 causa di salvezza eterna, E Eb 10,19-39 Esortazione finale. IV Eb 11,1-12,13 "Avete bisogno di pazienza" (Eb 10,36), "noi siamo … uomini di fede" (Eb 10,39), in due sezioni: A Eb 11,1-40 La fede degli antichi, B Eb 12,1-13 La pazienza necessaria. V Eb 12,14-13,19 "fate sentieri dritti per i vostri piedi" (Eb 12,13). Eb 13,20-25 Conclusione.

Il criterio fondamentale adottato per la divisione è quello retorico dell'annuncio tematico, che precede l'inizio di ogni trattazione. In Eb 1,4 il "nome … più eccellente" di quello degli angeli enuncia il tema della Parte I. In Eb 2,17 "per diventare un sommo sacerdote misericordioso e degno di fede" costituisce l'enunciato del tema della parte II, in cui i due elementi tematici 'misericordioso' e 'degno di fede' sono sviluppati in modo inverso rispetto all'enunciato. In Eb 5,9-10 "reso perfetto, è diventato causa di salvezza eterna, essendo stato proclamato da Dio sommo sacerdote al modo di Melchisedek" contiene i tre elementi tematici sviluppati nelle tre sezioni centrali della Parte III: "reso perfetto" in Eb 8,1-9,28, "causa di salvezza eterna" in Eb 10,1-18, "sommo sacerdote al modo di Melchisedek" in Eb 7,1-28. In Eb 10,36 "avete solo bisogno di pazienza (o di costanza)" e in Eb 10.39 "uomini di fede" costituiscono i due elementi del tema sviluppato nelle due sezioni della Parte IV: Eb 11,1-40 la fede, Eb 12,1-13 la pazienza. In Eb 12,13 l'esortazione "fate sentieri dritti per i vostri piedi" costituisce l'enunciato tematico della Parte V.

Questa divisione merita molta attenzione perché più fedele delle altre al contenuto del testo. Tuttavia non ha ancora ottenuto il consenso generale degli studiosi. É interessante notare che F.F. Bruce (1987) la propone alla considerazione degli esegeti come inizio indispensabile per ogni ricerca sulla composizione letteraria del testo. Ma H. Feld (1987), che la espone con cura, fa anche notare che non ha raccolto il consenso di tutti e descrive per esteso la divisione in due parti di D. Guthrie (1983), il quale ripropone la divisione tradizionale: I Eb 1,1-10,18 Superiorità della fede cristiana, II Eb 10,19-13,25 Ammonizioni.

A me sembra che, nello stato attuale della ricerca, non ci sia una divisione più precisa ed accurata di quella proposta da A. Vanhoye. Di conseguenza io mi atterrò alla sua proposta di divisione per correttezza scientifica. Quando sarà formulata un'altra proposta, che oltre alla stessa precisione, ottenga anche il consenso generale, allora rivedrò la mia decisione attuale.

Bibliografia. (Introduzioni) H. Conzelmann - A. Lindemann, *Arbeitsbuch zum Neuen Testament*, Tübingen [12]1998, 399-400.- L. Dussaut, "L'épître aux Hébreux", in: *Les écrits de saint Jean e l'épître aux Hébreux* (Petite Bibliothèque des Sciences Bibliques 5), Paris 1984, 283-332.- E. Fiorenza, "Der Anführer und Vollender unseres Glaubens. Zum theologischen Verständnis des Hebräerbriefes", in: *Gestalt und Anspruch des Neuen Testaments*, ed. J. Schreiner - G. Dautzenberg, Würzburg 1969, 264-270.- W.G. Kümmel, *Einleitung in das Neue Testament*, 343-355.- W. Marxen, *Einleitung in das Neue Testament*, 186-191.- U. Schnelle, *Einleitung in das Neue Testament*, Göttingen [3]1999, 384-386.- A. Vanhoye, "L'épître aux Hébreux", in: *Les lettres apostoliche*, 203-237.- A. Wickenhauser - J. Schmid, *Introduzione al Nuovo Testamento*, 590-611.

(Saggi sulla struttura) H. Feld, "Der Hebräerbrief", *ANRW* II 25.4 (1987) 3524-3535.- L. Dussaut, *Synopse structurelle de l'épître aux Hébreux*, Paris 1981.- W. Nauck, "Zum Aufbau des Hebräerbriefes", in: *Judentum, Urchristentum, Kirche*, FS J. Jeremias, (BZNW 26), Berlin [2]1964, 199-206.- L. Vaganay, "Le plan de l'épître aux Hébreux", in: *Mémorial Lagrange*, Paris 1940, 269-277.- G.H. Guthrie, *The Structure of Hebrews*. A text-linguistic Analysis (NT.S 73), Leiden 1994.- S. Stanley, "The Structure of Hebrews from Three Perspectives", *TynB* 45 (1994) 245-271.- F. Siegert, "Die Makrostruktur des Hebräerbriefes", in: *Text and Context*, EF L. Hartman, ed. T. Fornberg, - D. Hellholm, Oslo 1985, 305-316.- W.G. Überlacker, *Der Hebräerbrief als Appell*, 40-48 (sintesi delle proposte).

II *Teologia di Eb*

Per comprendere la teologia della lettera agli Ebrei, è bene tenere sempre presente la *regula fidei*, cioè il 'Credo' che la chiesa fin dalle origini insegna a tutti i credenti, perché contiene i principi della fede. Alla luce di questi principi professati è possibile interpretare anche la lettera agli Ebrei, imparando dalla stessa chiesa a distinguere verità della fede e forma teologica della sua esposizione, tra verità credute e il modo in cui queste verità sono espresse e proposte per la edificazione o istruzione del credente.

Ciò è assolutamente necessario per questo testo. Se il lettore non è vigilante nelle verità della fede, si smarrisce perché sono proposte con un linguaggio simbolico così elaborato e con un modo di argomentazione così arduo, da sembrare oscuro anche al più attento.

Mi limiterò quindi a ripercorrere il testo facendo notare quei passi in cui l'autore riafferma con un linguaggio esplicito ciò che crediamo, per fare comprendere quali sono le verità della fede che egli ripresenta nei simboli del suo discorso.

Questi simboli e il linguaggio simbolico sono presi dal culto dell'antica alleanza, descritto nell'Antico Testamento. Di essi si serve per rappresentare la morte di Cristo sul Calvario come un sacrificio espiatorio, per mezzo del quale ha espiato i peccati del popolo (cf. Eb 13,12) ed è stato proclamato da Dio sommo sacerdote al modo di Melchisedek, secondo le parole di Sal 110,4 (cf. Eb 5,10).

La natura simbolica di questa presentazione è evidente. Ma per convincersene, è opportuno richiamare alla memoria un fatto molto semplice della tradizione evangelica.

Secondo questa tradizione, Gesù non era sacerdote. Apparteneva alla tribù di Giuda e non di Levi. Di conseguenza non ha mai fatto sacrifici nel tempio, come i sacerdoti addetti al servizio del culto. La sua morte, secondo questa stessa tradizione, non fu un sacrificio offerto nel tempio, ma una pena capitale, deliberata con una condanna penale, in seguito ad un processo civile, per accuse religiose e politiche.

Tenendo presente questa tradizione, si comprende la natura simbolica del testo. Quando l'autore presenta Cristo come sommo sacerdote e la sua morte per i peccati come un sacrificio di espiazione o per i peccati, egli rappresenta la morte del Cristo con il linguaggio del culto. Quindi ciò che è accaduto sul Calvario e che noi crediamo accaduto a nostro vantaggio, è riproposto con il linguaggio del culto del tempio, a cui né il Cristo né la sua morte appartengono. Lo scopo di questa presentazione è teologico. Mostrare che con la sua morte sulla croce, il Cristo ha portato a compimento la liberazione dai peccati, a cui tendevano tutti i sacrifici dell'antica alleanza. Con la sua morte per i peccati ha attuato la salvezza per mezzo del perdono dei peccati, che quei sacrifici lasciavano sperare e che già indicavano simbolicamente, ma senza poterla effettivamente concedere.

Bibliografia. G. Bornkamm, "Das Bekenntnis im Hebräerbrief", in: Idem, *Studien zu Antike und Christentum. Gesammelte Aufsätze*, Bd. II (BEvTh 28), München 1959, 188-203.- M. Dibelius, "Der himmlische Kultus nach dem Hebräerbrief", 160-176.- W.G. Johnsson, "The Cultus of Hebrews in Twentieth-Century Scholarship", *ExpT* 89 (1977/78) 104-108.- F. Laub, *Bekenntnis und Auslegung*, 27-41.104-143.167-221.- N. Casalini, "I sacrifici dell'Antica Alleanza nel piano salvifico di Dio secondo la lettera agli Ebrei", *RivB* 35 (1987) 443-464.- J.-P. Mischaud, "Que rest-t-il des rites après Jésus? Une lecture de l'épître aux Hébreux", *Théologiques* 4 (1996) 33-55.

L'autore realizza il suo scopo teologico nella I, II, e III Parte del testo. Nella Parte I (Eb 1,1-2,18) presenta l'esaltazione del Figlio come conseguenza della sua morte e questa esperienza della condizione mortale come percorso necessario per diventare un sommo sacerdote misericordioso e degno di fede nelle cose che riguardano Dio, per espiare i peccati del popolo. Nella Parte II (Eb 3,1-5,10) mostra che la funzione che il Cristo sommo sacerdote esercita presso coloro che ha redento dal potere del diavolo, è simile a quella che ebbero Mosè ed Aronne presso il popolo dei liberati dall'Egitto, anche se la sua gloria è maggiore di quella di Mosè, perché egli è il Figlio. Nella Parte III (Eb 5,11-10,39) dimostra che, proclamando il Cristo sommo sacerdote al modo di Melchisedek, Dio ha posto fine al sacerdozio levitico discendente da Aronne (Eb 7,1-28). Dimostra che la sua morte per i peccati equivale a un sacrificio di espiazione superiore ai sacrifici espiatori compiuti dal sommo sacerdote dell'antica alleanza, perché con essa ha avuto accesso reale a Dio e ha ottenuto una redenzione eterna, che quei sacrifici lasciavano sperare, ma non potevano concedere (Eb 8,1-9,28).

Dimostra infine che la sua morte per i peccati equivale a un sacrificio per il peccato unico e definitivo perché con l'offerta del suo corpo ci ha santificato e ha reso perfetti per sempre i santificati. In tal modo ha comunicato il perdono e posto fine a ogni sacrificio per il peccato (Eb 10,1-18). Espongo il suo ragionamento, esaminando il contenuto delle singole parti in cui è esposto.

1. *Il 'Nome' conseguito dal Figlio.* La Parte I (Eb 1,1-2,18) inizia con una breve introduzione (Eb 1,1-4) in cui afferma che Dio un tempo ha parlato ai padri per mezzo dei profeti, ora ha parlato a noi nel Figlio, del quale afferma subito che lo ha costituito erede di tutto (ὃν ἔθηκεν κληρονόμον πάντων) e per mezzo del quale ha fatto il mondo (δι' οὗ καὶ ἐποίησεν τοὺς αἰῶνας) (Eb 1,1-2).

In Eb 1,3-4 presenta brevemente questo Figlio, il suo essere e il suo operato. Del suo essere dice che è irradiazione della gloria (ἀπαύγασμα τῆς δόξης) e impronta della sostanza di lui (καὶ χαρακτὴρ τῆς ὑποστάσεως αὐτοῦ); αὐτοῦ, 'di lui', si riferisce a Dio.

Quindi tutta la frase significa che il Figlio è irradiazione della gloria e impronta della sostanza di Dio, cioè del Padre di cui è il Figlio.

Del suo operato afferma che "sostiene tutto con la potenza della sua parola (lett. con la parola della sua potenza)"; e aggiunge che, avendo compiuto la purificazione dei peccati (καθαρισμὸν τῶν ἁμαρτιῶν ποιησάμενος), si è seduto alla destra della maestà nei cieli (ἐκάθισεν ἐν δεξιᾷ τῆς μεγαλωσυνης ἐν ὑψηλοῖς). Di conseguenza è diventato tanto superiore agli angeli, quanto più eccellente del loro è il nome che ha ereditato.

Da questa sintesi emergono alcuni principi noti della fede. Dicendo che il Figlio è irradiazione della gloria e impronta della sostanza di Dio, usa due immagini per indicare con la prima la presenza visibile di Dio in lui, con la seconda l'origine divina del suo essere.

Dicendo che sostiene tutte le cose con la potenza della sua parola, vuole ricordare la sua funzione di principio di coesione di tutto il creato, che per mezzo di lui è stato fatto, come ha detto in Eb 1,2c.

Affermando che ha compiuto la purificazione di peccati, ricorda con un linguaggio culturale la sua morte sulla terra, in cui ha tolto i peccati. L'uso della parola καθαρισμόν, 'purificazione', fa già capire al lettore che l'autore considera quella morte per i peccati come una azione sacerdotale. Dicendo che si è seduto alla destra del trono di Dio nei cieli, ricorda la sua esaltazione alla destra di Dio, dopo la sua morte, con riferimento alle parole di Sal 110,1. Conclude facendo notare che proprio con questa esaltazione ha ottenuto un nome (ὄνομα), cioè una dignità, superiore a quella degli angeli.

In Eb 1,5-15 descrive l'esaltazione del Figlio, cioè il modo in cui Dio lo ha investito come erede, dandogli i tre titoli, che indicano la sua dignità, quella che l'autore chiama 'nome'. In Eb 1,5 riceve il titolo di 'Figlio', in Eb 1,8a il titolo di 'Dio', in Eb 1,10a il titolo di 'Signore' (υἱός, θεός, κύριος). In Eb 1,8ab mostra il potere che gli è stato conferito per mezzo dei simboli del trono e dello scettro che Dio consegna al Figlio, specificando che tale potere si estende su tutto il creato ed è eterno.

In Eb 2,5-9 cita Sal 8,5-7 (LXX) e usa le parole di questo testo per dire che al Figlio è stato assoggettato il mondo futuro. Fa notare tuttavia che ora non vediamo ancora che tutto gli sia stato sottomesso. Ma ricorda che quel Gesù, che per poco tempo fu fatto inferiore agli angeli, ora lo vediamo coronato di gloria e di onore in seguito alla morte che ha sofferto (διὰ τὸ πάθημα τοῦ θανάτου). Spiega che egli ha gustato la morte per tutto (ὑπὲρ παντός) e che ciò è accaduto per grazia di Dio (χάριτι θεοῦ).

Con queste affermazioni riconosce che ci fu un tempo in cui Gesù fu inferiore agli angeli. Ciò accadde quando fece esperienza della passione e della morte. Ma aggiunge che questa morte ha procurato a lui onore e gloria ed è tornata a vantaggio di tutto, per grazia di Dio.

L'espressione χάριτι θεοῦ, "per grazia di Dio", serve a fare comprendere che la morte, che il Figlio ha gustato, corrisponde al volere di Dio e che con essa la grazia divina viene comunicata a tutto per la salvezza.

In questo modo ha ripreso e riproposto con un altro linguaggio un principio della fede già affermato in Eb 1,3cd. Ma con una nuova specificazione. La gloria che il Figlio ha ottenuto, in Eb 1,3cd è presentata come conseguenza della "purificazione dei peccati" che egli ha effettuato; in Eb 2,9bc come conseguenza della passione e della morte che egli ha gustato a vantaggio di tutto. Quindi, interpretando il primo testo alla luce del secondo, si deve dire che il Figlio ha compiuto la purificazione dei peccati con la sua morte, per mezzo della quale è stato esaltato per comunicare a tutti la grazia di Dio che redime e salva dal peccato.

In Eb 2,10-18 cerca di spiegare perché il Figlio, a cui Dio ha conferito una dignità così eccelsa, per un certo tempo è diventato inferiore agli angeli e ha subito la passione mortale. Porta due motivi 'di convenienza', cioè 'conveniva' a Dio (ἔπρεπεν... αὐτῷ) (Eb 2,10-11) e 'conveniva' al Figlio (ὤφειλεν) (Eb 2,17) per assolvere la funzione a cui Dio lo ha destinato (Eb 2,16-18). Dire che 'conveniva', significa che il modo usato da Dio per salvare corrisponde perfettamente allo scopo che voleva raggiungere, cioè agli uomini da salvare dalla morte.

Quanto alla prima convenienza, afferma che conveniva a Dio, per condurre molti figli alla gloria (πολλοὺς υἱοὺς εἰς δόξαν ἀγαγόντα), la guida della loro salvezza (τὸν ἀρχηγὸν τῆς σωτηρίας αὐτῶν) rendere perfetto per mezzo dei dolori (διὰ παθημάτων τελειῶσαι). Il verbo τελειῶσαι, che io ho tradotto "rendere perfetto", è la parola chiave di tutto il discorso e non deve passare inosservata, se si vuole capire l'intenzione teologica del testo. Nel linguaggio del culto della traduzione dei Settanta (LXX), indica l'azione per mezzo della quale veniva investito il sommo sacerdote per assolvere la funzione sacerdotale (cf. LXX Es 29,22-29 Lev 16-32). Oggi diremmo 'consacrare'. Quindi usando questo verbo unito a διὰ παθημάτων, "per mezzo dei dolori", l'autore fa capire fin da ora che intende presentare i dolori della passione e della morte del Figlio come una 'consacrazione' alla sua funzione sacerdotale, per spiegare con questo simbolo l'opera di intercessione che egli esercita in nostro favore presso Dio in cielo (Cf. Eb 9,24), come effetto della morte in cui ha espiato il peccato sul Calvario.

Ciò è confermato da ciò che segue in Eb 2,14-15.16-18, in cui presenta la partecipazione del Figlio alla condizione mortale come l'esperienza necessaria per vincere con la sua morte il diavolo, per liberare coloro che erano suoi schiavi per timore della morte e, con il linguaggio del culto, per diventare un sommo sacerdote misericordioso e degno di fede, per espiare i peccati del popolo ed essere di aiuto a coloro che sono nel bisogno, a causa delle prove che subiscono.

Quanto alla convenienza per il Figlio, in Eb 2,14-15 dice che egli è diventato partecipe di sangue e carne, (αἵματος καὶ σαρκὸς μετέσχεν), cioè ha assunto la condizione mortale, perché i figli da condurre alla gloria vivono in questa condizione. Poi indica il duplice scopo per cui ne è diventato partecipe. Dice: 1) per annientare per mezzo della morte (ἵνα διὰ τοῦ θανάτου καταργήσῃ), cioè per mezzo della sua morte, colui che ha il potere della morte (τὸν τὸ κράτος ἔχοντα τοῦ θανάτου), cioè il diavolo; 2) per liberare coloro che, per timore della morte (φόβῳ θανάτου), per tutta la vita erano tenuti schiavi, naturalmente del diavolo che esercita il suo potere per mezzo della paura della morte. Pertanto il testo afferma che il Figlio, per mezzo della sua morte, ha vinto il diavolo e ha liberato dal suo potere i figli, per condurli alla gloria.

Questa opera di salvezza, che noi professiamo con la fede, è riproposta in Eb 2,17-18 con il linguaggio cultuale, per spiegare che l'efficacia salvifica della morte del Figlio non è cessata, perché la sua opera salvifica non è conclusa, ma continua. Egli deve condurre fino alla gloria i figli che ha liberato dal potere di satana. Perciò in Eb 2,17 afferma che doveva (ὤφειλεν) rassomigliare in tutto ai fratelli (κατὰ πάντα τοῖς ἀδελφοῖς ὁμοιωθῆναι), per diventare un sommo sacerdote misericordioso e degno di fede nelle cose che riguardano Dio (ἵνα ἐλεήμων γένηται καὶ πιστὸς ἀρχιερεὺς τὰ πρὸς τὸν θεόν), per espiare i peccati del popolo (εἰς τὸ ἱλάσκεσθαι τὰς ἁμαρτίας τοῦ λαοῦ).

Per mezzo di questo linguaggio cultuale, l'autore paragona ciò che in Eb 2,14 ha chiamato partecipazione al sangue e alla carne a una investitura al sommo sacerdozio e la sua morte, con cui ha liberato i figli dal potere del diavolo, a un sacrificio di espiazione, con cui ha espiato i peccati del popolo.

Il presente ἱλάσκεσθαι, non significa che egli continua ad espiare i peccati. Ma indica con chiarezza che l'effetto espiatorio e salvifico di quella morte unica perdura ancora adesso per coloro che credono. Ciò è confermato da Eb 2,18 in cui usa un linguaggio esistenziale per indicare la funzione attuale del Cristo. Dice che poiché ha sofferto anche lui, quando è stato messo alla prova (πειρασθείς), può portare aiuto (δύναται... βοηθῆναι) a coloro che sono provati (τοῖς πειραζομένοις).

Concludendo devo dire che la presentazione di Cristo come sommo sacerdote e della sua morte come sacrificio di espiazione hanno lo scopo di infondere fiducia nel credente, affinché sappia di non essere solo nel suo cammino verso Dio. Lo assiste con il suo aiuto il Figlio di Dio, che lo ha redento dal potere del diavolo, affinché sostenuto dalla sua grazia possa raggiungere la gloria.

Bibliografia. (su Eb 1,1-14) J.P. Meier, "Structure and Theology in Hebrews 1,1-14", *Bib* 66 (1985) 168-189.- (su Eb 1,1-4) E. Grässer, "Hebräer 1,1-4. Ein Exegetischer Versuch", EKK-Vorarbeiten 3 (1971), 55-91.- A. Vanhoye, "Christologia a qua initium sumit epistula ad Hebraeos (Hebr 1,2b.3.4)", *VD* 43 (1965) 3-14.49-61.113-123.- (su Eb 1,5-14) J.P. Meier, "Symmetry and Theology in the Old Testament Citations of Hebr 1,4-14", *Bib* 66 (1985) 504-533.- (su Eb 2,5-9) E. Grässer, "Beobachtungen zum Menschensohn in Hebr 2,6", in: *Jesus und der Menschensohn*, FS A. Vögtle, Freiburg - Basel - Wien 1975, 404-414.- (su Eb 2,10-11) G. Müller, CHRISTOS ARCHEGOS (EHS.T 28), Frankfurt a.M. 1973, 279-301.- B. Heiringer, "Sündenreinigung (Hebr 1,3)", *BZ* 41 (1977) 54-68.- (su Eb 2,10-18) E. Grässer, "Die Heilsbedeutung des Todes Jesu in Hebr 2,14-18", in: *Theologia Crucis - Signum Crucis*, FS E. Dinkler, Tübingen 1979, 165-184.- J. Swetnam, *Jesus and Isaak*, 130-177.- A. Vanhoye, "Le Christ Grand-prêtre selon Hébr 2,17-18", *NRT* 91 (1969) 449-474.- (sui capp. 1-2 di Ebrei) A. Vanhoye, *Situation du Christ* (LD 58), Paris 1969.

2. *Il Cristo, sommo sacerdote misericordioso e degno di fede.* Nella Parte II (Eb 3,1-5,10) presenta il Cristo come sommo sacerdote πιστός, "degno di fede", cioè che merita la fiducia di Dio (Eb 3,1-6; cf. Eb 2,17b); e ἐλεήμων, "misericordioso", cioè capace di provare compassione per noi (Eb 4,14-5,10). In tal modo vuole convincere i suoi lettori che egli assolve verso di noi, che ha redento dal diavolo, le stesse funzioni che assolvevano Mosè e Aronne nei confronti del popolo dei liberati dalla schiavitù d'Egitto.

In Eb 3,2b fa notare che egli è "uomo di fiducia", πιστὸν ὄντα, di Dio, come lo fu anche Mosè (ὡς καὶ Μωϋσῆς). In Eb 5,4 fa notare che nessuno può prendere per se l'onore del sommo sacerdozio, ma solo chi è chiamato da Dio, come Aronne (καθώσπερ καὶ Ἀαρών); e in Eb 5,5 dice che così si è comportato anche il Cristo (οὕτως καὶ ὁ Χριστός). In Eb 5,5-6 dice che Dio gli ha conferito l'onore, proclamandolo sommo sacerdote, secondo le parole di Sal 110,4: "Tu (sei) sacerdote per sempre al modo di Melchisedek". In Eb 5,7-10 descrive il modo in cui è avvenuta l'investitura sacerdotale, in seguito alla quale è stato proclamato da Dio sommo sacerdote per sempre al modo di Melchisedek.

Questi versi meritano attenzione, perché l'agonia e la morte di Cristo sono presentate come una offerta sacerdotale, per mezzo della quale ha conseguito la τελείωσις, 'perfezione', richiesta per l'esercizio del sommo sacerdozio. In Eb 5,7 dice che nei giorni della sua carne (ἐν ταῖς ἡμέραις τῆς σαρκὸς αὐτοῦ), cioè nei giorni della sua vita mortale, ha offerto preghiere e suppliche (δεήσεις τε καὶ ἱκετηρίας... προσενέγκας) a colui che poteva liberarlo dalla morte; e fu esaudito per la sua pietà. In Eb 5,8 dice che, benché fosse figlio (καίπερ ὢν υἱός), imparò l'obbedienza dalle cose che soffrì (ἔμαθεν ἀφ᾽ ὧν ἔπαθεν τὴν ὑπακοήν). In Eb 5,9 dice che, reso perfetto (τελειωθείς), divenne causa di salvezza eterna per coloro che gli obbediscono (ἐγένετο πᾶσιν τοῖς ὑπακούουσιν αὐτῷ αἴτιος σωτηρίας αἰωνίου). In Eb 5,10 spiega che ciò è dovuto al fatto che è stato proclamato da Dio sommo sacerdote al modo di Melchisedek (προσαγορευθεὶς ὑπὸ τοῦ θεοῦ ἀρχιερεὺς κατὰ τὴν τάξιν Μελχισέδεκ).

Se il lettore non è vigilante nella lettura di questo testo, non si rende conto che l'autore compie una profonda mutazione di significati. Il linguaggio e i simboli del culto assumono un significato diverso e nuovo. Il verbo προσενέγκας, 'offrendo', di Eb 5,7 che nel linguaggio del culto indica l'attività materiale del sommo sacerdote che offre sacrifici per i peccati, come ha detto in Eb 5,1.3; ora è applicato alle preghiere e suppliche che il Cristo ha offerto durante la sua agonia e la sua morte. In tal modo, la sottomissione esistenziale del Cristo alla passione e alla morte, viene presentata come una offerta sacerdotale. La parola τελειωθείς, 'perfetto' o 'reso perfetto' di Eb 5,9a che nel linguaggio del culto indica semplicemente lo stato di consacrazione del sacerdote che riceve la τελείωσις, 'perfezione', cioè l'investitura sacerdotale (cf. Eb 7,11), ora indica la perfetta obbedienza raggiunta dal Figlio attraverso i dolori che ha sofferto. Pertanto l'essere sacerdote del Cristo significa il suo essere Figlio obbediente fino alla morte, per la salvezza di coloro che gli obbediscono.

In questo modo ha mostrato che il Cristo assolve presso coloro che ha liberato dal potere del diavolo, le stesse funzioni che assolvevano Mosè ed Aronne verso i liberati dalla schiavitù d'Egitto. Ma ha anche indicato con chiarezza che tale funzione di mediazione tra Dio e gli uomini è nuova, perché egli la esercita in modo diverso, cioè per mezzo della sua morte, la cui efficacia salvifica viene da lui comunicata a coloro che gli obbediscono, attraverso la sua intercessione attuale presso Dio. Di ciò tratta nella Parte III.

Bibliografia. (su Eb 3,1-6) P. Auffret, "Essai sur la structure littéraire et l'interprétation d'hé 3,1-6", *NTS* 26 (1980) 380-396.- E. Grässer. "Moses und Jesus. Zur Auslegung von Hebr 3,1-6", *ZNW* 75 (1984) 2-23.- A. Vanhoye, "Jesus 'fidelis ei qui fecit eum' (Hebr 3,2)", *VD* 45 (1967) 291-305.- (su Eb 4,14-5,10) H. Bachmann, "Hohepriesterliches Leiden. Beobachtungen zu Heb 5, 1-10", *ZNW* 78 (1987) 244-266.- J. Coste, "Notion grecque et notion biblique de la souffrance éducatrice (A propos d'Hébreux 5,8)", *RSR* 43 (1955) 481-523.- G. Delling, "τελείωσις", *TWNT* VIII, 85-87.- G. Friedrich, "Das Lied vom Hoherpriester - Hb 4,14-5,10", *ThZ* 18 (1962) 95-115.- J. Thurèn, "Gebet und Gehorsam des Erniedrigten (Heb 5,7-10 noch einmal)", *NT* 13 (1971) 136-146.- A. Vanhoye, "Situation et signification d'Hébreux 5,1-10", *NTS* 23 (1976/77) 445-456.- Idem, "Insegnaci a pregare", in: *PSV* 3 (1981) 183-196.

3. *Cristo, sommo sacerdote, mediatore di una alleanza nuova nel suo sangue*. La parte centrale (Eb 7,1 - 10,18) della Parte III (Eb 5,1-10,39), presenta Cristo sommo sacerdote al modo di Melchisedek (Eb 7,1-28); mostra il sacrificio per mezzo del quale è stato reso perfetto (Eb 8,1-9,28); dimostra che con una sola offerta ha reso perfetti per sempre coloro che ha santificato (Eb 10,1-18).

a) *Cristo sommo sacerdote al modo di Melchisedek*

In Eb 7,1-28 presenta il Cristo come sommo sacerdote al modo di Melchisedek, secondo le parole di Sal 110,4 per mostrare che il suo sacerdozio ha sostituito il sacerdozio levitico, perché è migliore. La dimostrazione è complessa e si può dividere in due parti. Nella prima (Eb 7,1-10) presenta il sacerdote Melchisedek per mostrare che nella sua forma prefigura il Cristo sacerdote. Nella seconda (Eb 7,11-28) dimostra che il sacerdozio levitico è terminato, perché il Cristo è stato nominato sacerdote al modo di Melchisedek e non di Aronne.

Quanto a Melchisedek, in Eb 7,1-4 rievoca ciò che ne dice Gen 14,17-20. Interpreta il suo nome come "re di giustizia" e il suo titolo re di Salem come "re di pace". Interpreta il silenzio della scrittura sulla sua origine e la sua morte per potere affermare che "essendo stato fatto simile al Figlio di Dio (ἀφωμοιωμένος δὲ τῷ υἱῷ τοῦ θεοῦ) resta sacerdote per sempre". Quindi la scrittura presenta Melchisedek come un sacerdote eterno, che prefigura misteriosamente il Cristo sacerdote alla destra di Dio. Per questo motivo, in Eb 7,5-10 può mostrare che è superiore ai leviti perché questi sono uomini mortali, di lui invece è attestato che vive.

Stabilito che Melchisedek sacerdote è più grande dei sacerdoti dai figli di Levi, in Eb 7,11-19 fa notare che il Cristo, secondo le parole di Sal 110,4, è sacerdote secondo l'ordine di Melchisedek (κατὰ τὴν τάξιν Μελχισέδεκ) e non secondo l'ordine di Aronne (οὐ κατὰ τὴν τάξιν Ἀαρών). Da ciò trae una conclusione radicale per la storia della salvezza. Dice che la legge che istituiva il sacerdozio è abolita (Eb 7,18a) perché è sorto un sacerdote diverso, a somiglianza di Melchisedek (κατὰ τὴν ὁμοιότητα Μελχισέδεκ) (Eb 7,16b) e che lo è diventato non per legge di una disposizione carnale (cioè non per discendenza carnale), ma per potenza di vita indistruttibile (κατὰ δύναμιν ζωῆς ἀκαταλύτου), cioè in seguito alla sua resurrezione (Eb 7,16). Pertanto il sacerdozio di Cristo è superiore a quello levitico, perché è eterno ed è stato istituito con giuramento di Dio, secondo le parole di Sal 110,1.4. Di conseguenza può salvare in modo perfetto coloro che per mezzo di lui si accostano a Dio (Eb 7,20-25).

b) Il sacrificio di Cristo sommo sacerdote

In Eb 8,1-9,28 presenta la morte di Cristo come un sacrificio espiatorio per mostrare che è superiore ai sacrifici espiatori compiuti ogni anno dal sommo sacerdote, secondo la legge stabilita in Lev 16 per il giorno della espiazione. Questa dimostrazione è condotta in modo figurato, cioè con il linguaggio del culto. Si compone di due sequenze discorsive: Eb 8,1-9,10 e Eb 9,11-28.

Nella prima sequenza presenta il culto dell'antica alleanza, la sua natura terrestre e la sua funzione prefigurativa (Eb 8,1-6). Mostra che apparteneva a una alleanza difettosa e vicina alla scomparsa (Eb 8,7-13). Fa notare che era inefficace perché non rendeva perfetto nella coscienza l'offerente (Eb 9,1-10). Nella seconda sequenza, presenta il Cristo sommo sacerdote, il quale per la tenda più grande e più perfetta e per il proprio sangue è entrato una volta per sempre nel santuario (Eb 9,11-14). Mostra che con la sua morte è diventato mediatore di una alleanza nuova (Eb 9,15-23) e che il suo culto è celeste, perché egli è ora alla presenza di Dio in nostro favore. Ritornerà per la salvezza di coloro che lo accolgono (Eb 9,24-28).

In Eb 8,1-3 introduce il tema che ritiene il punto capitale del suo discorso. In Eb 8,1-2 presenta il Cristo come sommo sacerdote, seduto alla destra del trono di Dio, come liturgo del santuario e della tenda vera, piantata da Dio. E dice che la cosa più importante è che questo sommo sacerdote è nostro. In Eb 8,3 ricorda una regola generale. Dice che ogni sommo sacerdote è costituito per offrire doni e sacrifici (εἰς τὸ προσφέρειν δῶρά τε καὶ θυσίας). Da questa norma scaturisce una conseguenza necessaria. Dice che (era) necessario che anche costui, il Cristo, avesse qualche cosa da offrire.

Questo modo di parlare e il contesto simbolico potrebbero far pensare che voglia presentare un sacrificio di Cristo nel cielo. E in effetti in Eb 9,11-14 ne descrive uno. Ma dicendo che questo avvenne "per il proprio sangue" (διὰ δὲ τοῦ ἰδίου αἵματος), il lettore comprende che si tratta della sua morte per i peccati, per mezzo della quale è stato innalzato alla destra di Dio. Pertanto chi legge deve stare attento a non trasformare le immagini simboliche della sua morte in una realtà concreta e materiale o in un sacrificio eseguito nel santuario celeste.

In Eb 8,4-6 descrive il culto dei sacerdoti dell'antica alleanza, facendo notare che essi 'adorano' o "rendono il culto" a un esemplare e a un'ombra delle cose celesti (ὑποδείγματι καὶ σκιᾷ... τῶν ἐπουρανίων).

Questo è un modo per dire che il culto che essi rendevano indicava e prefigurava il perdono che Dio ha concesso per mezzo della morte di Cristo e che il Cristo ha ottenuto offrendo se stesso a Dio. Dicendo che essi rendevano il culto 'a figura e ombra delle cose celesti' (ὑποδείγματι καὶ σκιᾷ... τῶν ἐπουρανίων) lascia intendere che il culto dell'antica alleanza preannunciava la salvezza, in quanto rivelava nella sua forma l'intenzione salvifica di Dio che lo aveva ispirato, come segno del perdono.

In Eb 8,7-13 mostra che tale culto apparteneva ad una alleanza difettosa, quella antica. Questa dimostrazione è semplice. Cita per esteso Ger 31,31-34 in cui Dio annuncia che farà una alleanza nuova, specificando che non sarà come quella che fece con i padri, quando li fece uscire dall'Egitto. Ciò è sufficiente per fare capire al lettore che Dio non era contento dell'altra e annunciandone una nuova, lascia intendere che quella era vicino alla scomparsa (ἐγγὺς ἀφανισμοῦ) (Eb 8,13).

In Eb 9,1-10 descrive il culto dell'antica alleanza per mostrare che era inefficace perché non poteva purificare la coscienza dell'offerente. In Eb 9,1-5 descrive il santuario dell'antica alleanza, cioè la tenda del culto, divisa in due tende, che egli chiama prima e seconda tenda. In Eb 9,6-7 descrive il culto che vi veniva praticato. Dice che nella prima entrano continuamente (διὰ παντός) i sacerdoti per compiere i riti.

Nella seconda, entra il sommo sacerdote da solo (μόνος), una volta all'anno (ἅπαξ τοῦ ἐνιαυτοῦ), non senza sangue (οὐ χωρὶς αἵματος), che offre per sé e per i peccati del popolo. Si tratta del sacrificio annuale compiuto nel giorno solenne della espiazione (cf. Lev 16). In Eb 9,8-10 dà una valutazione teologica del culto descritto. Dice che nel modo in cui avviene, lo Spirito Santo mostra che non è stata ancora manifestata la strada per accedere al santuario mentre è in vigore la prima tenda.

E' questo un modo di parlare per immagini, in cui la strada del santuario (τὴν τῶν ἁγίων ὁδόν) è una immagine simbolica che significa il modo per entrare in comunione con Dio, che naturalmente non può essere una strada materiale, data la natura spirituale di Dio.

La prima tenda (πρώτη σκηνή) è una immagine simbolica che indica tutto il santuario dell'antica alleanza, che era una tenda (cf. Eb 8,5). Tutta la frase quindi significa che nel modo in cui si svolge il culto dell'antica alleanza, lo Spirito Santo fa capire che non si conosceva ancora il modo per entrare il comunione con Dio. Dal simbolo culturale infatti risulta evidente che nel 'santo dei santi' che lo rappresenta vi entrava solo il sommo sacerdote, una volta all'anno. Ciò è sufficiente per mostrare che in quel culto non c'era rapporto con Dio, se non in modo raro e per di più simbolico, perché il sommo sacerdote non accedeva alla presenza reale di Dio, ma solo in una seconda tenda che ne era il segno simbolico. Per questa ragione conclude che i doni e i sacrifici che venivano offerti, non potevano rendere perfetto in coscienza colui che rendeva il culto (μὴ δυνάμεναι κατὰ συνείδησιν τελειῶσαι τὸν λατρεύοντα) (Eb 9,9).

In tal modo ha mostrato che il culto dell'antica alleanza era inefficace, cioè non poteva togliere il peccato della coscienza, perché non conseguiva il perdono di Dio.

In Eb 9,11-14 presenta l'offerta del Cristo sommo sacerdote dei beni futuri. Dice in Eb 9,11-12 che per una tenda più grande e più perfetta e per il proprio sangue (διὰ τῆς μείζονος καὶ τελειοτέρας σκηνῆς (...) διὰ δὲ τοῦ ἰδίου αἵματος) è entrato una volta per sempre nel santuario (εἰσῆλθεν ἐφάπαξ εἰς τὰ ἅγια), trovando una redenzione eterna (αἰωνίαν λύτρωσιν εὑράμενος).

Facendo il confronto con il sacrificio espiatorio del sommo sacerdote descritto in Eb 9,7 risulta che il Cristo ha compiuto realmente ciò che l'altro eseguiva nei riti, simbolicamente. Infatti il Cristo, con la sua morte, ha realmente ottenuto il perdono e ha avuto accesso per sempre alla presenza di Dio. Mentre l'altro entrava solo in una tenda, simbolo della presenza divina e di conseguenza il rito dell'aspersione del sangue in vista del perdono, era puramente indicativo di un perdono sperato ma non ottenuto, perché non accedeva a Dio.

In Eb 9,13-14 fa un paragone tra il sangue di Cristo e il sangue delle vittime immolate nel sacrificio espiatorio per fare comprendere che il sangue di Cristo purificherà la nostra coscienza dalle opere morte, cioè dai peccati, perché per uno spirito eterno (διὰ πνεύματος αἰωνίου) ha offerto se stesso innocente a Dio (ἑαυτὸν προσήνεγκεν ἄμωμον τῷ θεῷ). Da queste affermazioni il lettore comprende che il sacrificio espiatorio descritto in Eb 9,11-12 è semplicemente un simbolo della sua morte, presentata in immagini cultuali.

In Eb 9,15-23 afferma che per quella morte è diventato mediatore di una alleanza nuova, perché ha realizzato la liberazione dai peccati commessi sotto la precedente alleanza. E in Eb 9,24 dice che il Cristo è entrato nel cielo, dove ora si trova davanti al volto di Dio, in nostro favore. In questo modo lascia comprendere con una immagine che il suo culto è di natura celeste e non terrestre come quello dell'alleanza precedente. In Eb 9,25 usando di nuovo il linguaggio del culto, dice che egli vi è entrato non per offrire più volte se stesso, per fare capire che con la sua morte ha tolto per sempre il peccato.

Ciò è detto in modo chiaro in Eb 9,26-28 in cui riassume in poche righe alcune verità essenziali della fede.

In Eb 9,26 parla della sua incarnazione e della sua morte per il peccato. Dice che è apparso una sola volta (ἅπαξ) alla conclusione dei secoli (ἐπὶ συντελείᾳ τῶν αἰώνων) per l'abolizione del peccato (εἰς ἀθέτησιν [τῆς] ἁμαρτίας), con il sacrificio di se stesso (διὰ τῆς θυσίας αὐτοῦ).

In Eb 9,27-28 cerca di fare comprendere che il valore espiatorio della sua morte è definitivo, facendo un paragone con il destino dell'uomo. Dice che come l'uomo muore una sola volta e poi c'è il giudizio; allo stesso modo anche il Cristo, "essendo stato offerto una sola volta" (ἅπαξ προσενεχθείς), per togliere i peccati di molti, apparirà una seconda volta senza (rapporto al) peccato a coloro che lo attendono per la salvezza (εἰς σωτηρίαν).

c) *Effetto del sacrificio di Cristo sommo sacerdote: la nostra santificazione e perfezione.*

In Eb 10,1-18 continua la sua dimostrazione per concludere che i sacrifici antichi sono stati abrogati, cioè sono finiti, perché il Cristo con la sua morte ha concesso il perdono dei peccati. Il linguaggio della dimostrazione è ancora simbolico, perché la morte salvifica di Cristo in cui crediamo viene rappresentata con immagini del culto come un sacrificio per il peccato per mostrare che con essa ha conseguito il perdono che speravano di ottenere i sacerdoti che praticavano il culto antico.

In Eb 10,1-4 dice che, con i sacrifici stabiliti, la legge non può condurre alla perfezione gli offerenti (οὐδέποτε δύναται τοὺς προσερχομένους τελειῶσαι), perché "ha l'ombra dei beni futuri e non l'immagine stessa delle cose" (σκιὰν... ἔχων... τῶν μελλόντων ἀγαθῶν, οὐκ αὐτὴν τὴν εἰκόνα τῶν πραγμάτων) (Eb 10,1a).

Questo è un modo di parlare per immagini e significa che la legge non poteva concedere il perdono che conduce alla salvezza. L'autore dice che aveva l'ombra (σκιάν) dei beni futuri e non la realtà stessa delle cose (οὐκ αὐτὴν τὴν εἰκόνα). "I beni futuri" sono i beni della salvezza, cioè il perdono dei peccati e la comunione di vita con Dio. Pertanto la legge non li possedeva, ma li lasciava sperare, così come l'ombra indica la realtà che la segue, senza essere la stessa realtà. Per questa ragione si può dire che li prefigurava, cioè la indicava nello scopo dei riti.

In Eb 10,5-10 afferma riguardo al Cristo che egli è venuto nel mondo per compiere la volontà di Dio, offrendo se stesso per togliere il peccato. Per questo in Eb 10,10 dice: "(noi) siamo stati santificati per l'offerta del corpo di Gesù Cristo, una volta per sempre" (ἡγιασμένοι ἐσμὲν διὰ τῆς προσφορᾶς τοῦ σώματος Ἰησοῦ Χριστοῦ ἐφάπαξ). Il linguaggio cultuale descrive la morte del Cristo come un sacrificio per il peccato e il suo effetto. Ma significa semplicemente che con quella morte noi siamo stati realmente purificati dai peccati, perché con essa sono stati tolti.

Pertanto nella sua morte si compie il perdono che i sacrifici stabiliti dalla legge indicavano in modo figurato, cioè attraverso i simboli e i riti del culto.

In Eb 10,12-14 fa comprendere che il suo sacrificio è terminato, perché si è seduto per sempre alla destra di Dio. Il motivo è indicato in Eb 10,14: "Con una sola offerta ha reso perfetti per sempre coloro che ha santificato" (μιᾷ γὰρ προσφορᾷ τετελείωκεν εἰς τὸ διηνεκὲς τοὺς ἁγιαζομένους). Anche questo è linguaggio del culto, che indica con immagini cultuali ciò che crediamo. Noi crediamo che il Cristo morendo sulla croce ha tolto i nostri peccati e ci ha riconciliati con Dio. Usando il linguaggio del culto dice che noi siamo stati santificati (ἁγιαζομένους), per significare che siamo stati purificati dai peccati e dice che ci ha reso perfetti per sempre (τετελείωκεν εἰς τὸ διηνεκές) per dire che ci ha conferito la τελείωσις, 'perfezione', che nel linguaggio del culto indica l'investitura sacerdotale necessaria per potere accedere alla presenza di Dio nel santuario e offrire il culto. Pertanto l'espressione significa che noi siamo stati rivestiti della dignità sacerdotale e questa è una immagine cultuale per dire semplicemente che, purificati dai peccati, noi possiamo accostarci a Dio, così come l'investitura sacerdotale, la τελείωσις, era necessaria al sommo sacerdote per accedere nel santuario e rendere il culto.

Avendo dimostrato questo, il discorso è concluso. In Eb 10,18 può trarre la conclusione a cui tendeva tutta la dimostrazione precedente. Dice: "Dove c'è perdono di questi (cioè dei peccati) non c'è più sacrificio per il peccato". Nella morte di Cristo si ottiene il perdono. Perciò non c'è più bisogno di offrire a Dio sacrifici per il peccato.

Concludendo devo dire che in Eb 7,1-28 ha dimostrato che per noi non ci sono più i sacerdoti di Levi, perché il Cristo è il nostro sacerdote, cioè colui per mezzo del quale possiamo accostarci a Dio. In Eb 8,1-9,28 ha dimostrato che la sua morte è un sacrificio espiatorio perfetto e superiore all'antico, cioè che con la sua morte ha avuto accesso reale a Dio e ha tolto realmente il peccato. Pertanto la sua morte è il nostro sacrificio per il peccato. In Eb 10,1-18 ha dimostrato che il Cristo con l'offerta del suo corpo ha reso perfetti per sempre coloro che ha santificato. Pertanto ha posto fine a tutti i sacrifici del culto antico perché noi non abbiamo più bisogno di offrire sacrifici per il peccato. Egli ci ha comunicato il perdono e ci ha aperto una volta per sempre l'accesso a Dio.

Bibliografia. (su Eb 5,11-10,39) N. Casalini, *Dal simbolo alla realtà* (SBFAn 26), Jerusalem 1989.- H. Hillmann, "Der Hohepriester der künftigen Güter (Hebr 4,14-10,31)", *BiLe* 1 (1960) 157-178.- (su Eb 7,1-28) N. Casalini, "Una *Vorlage* extra-biblica in Ebr 7,1-3?", *SBFLA* 34 (1984) 109-148.- Idem, "Ebr 7,1-10: Melchisedek prototipo di Cristo", *SBFLA* 34 (1984) 149-190.- A. Vanhoye, *Struttura e Teologia*, II, 149-157.- (su Eb 8,1-9,28) H.W. Attridge, "The Use of Antithesis in Hebrews 8-10", *HTR* 79 (1986) 1-9.- M. Gourgues, "Remarques sur la 'structure centrale' de l'épître aux Hébreux. A l'occasion d'une réédition", *RB* 84 (1977) 26-36.- F. Laub, " 'Ein für allemal hineingegangen in das Allerheiligste' (Hebr 9,12). Zum Verständnis des Kreuzestodes im Hebräerbrief", *BZ* 35 (1991) 65-85.- H. Löhr, " 'Umris' und 'Schatten'. Bemerkungen zur Zitierung von Ex 25,40 in Hebr 8", *ZNW* 84 (1993) 218-232.- R.L. Omason, "A Superior Covenant: Hebrews 8,1-10,18", *RevExp* 92 (1985) 361-373.- A. Vanhoye, *Struttura e Teologia*, II, 117-125.125-130.- (su Eb 10,1-18) F.F. Bruce, *The Time is Fulfilled*, Exeter 1978, 75-94.- P. Andriessen, "Le seul sacrifice qui plaît à Dieu. He 10,5-10", *ASeign* 8 (1972)

58-63.- A. Vanhoye, "L'efficacité de l'offrande du Christ. He 10,11-14.18", *ASeign* 64 (1969) 41-46.- Idem, "L'ombre et l'image. Discussion sur He 10,1", in: *'Ouvrir les Ecritures'*, Mélanges P. Beauchamp (LD 162), Paris 1995, 267-282.

4. *Le conseguenze parenetiche della istruzione su Cristo sommo sacerdote*. Lo scopo parenetico, o meglio, esortativo, di questo discorso, risulta evidente dalle conseguenze pratiche che scaturiscono dalle affermazioni teologiche.

a) *Prestare attenzione alle cose udite*

Dall'affermazione che Dio ha parlato nel Figlio, che ha ottenuto una dignità superiore a quella degli angeli (Eb 1,5-15) deriva una esortazione in Eb 2,1-4 rivolta a tutti i credenti. Usando il 'noi', in Eb 2,1 dice che dobbiamo prestare maggiore attenzione alle cose udite (τοῖς ἀκουσθεῖσιν) per non deviare (μήποτε παραρυῶμεν).

Le cose udite significano ciò che Dio ha detto nel Figlio, in cui ci ha parlato, come ha affermato in Eb 1,2. L'espressione "per non deviare" o "per non andare alla deriva", è una immagine probabilmente navale che indica la perdita della rotta e quindi della salvezza, come fa comprendere con la domanda in Eb 2,2-3 che equivale a una affermazione. Dice: come la parola trasmessa attraverso gli angeli, cioè la legge di Mosè, fu in vigore e ogni trasgressione e disobbedienza ricevette la giusta punizione; così noi non sfuggiremo (alla punizione) se trascureremo una salvezza così grande.

Per mostrare la grandezza di questa salvezza, in Eb 2,3b-4 specifica che incominciò ad essere annunciata dal Signore, che fu resa stabile presso di noi da coloro che l'ascoltarono, che Dio gli rese testimonianza con segni, prodigi e miracoli e con la distribuzione dello Spirito Santo, secondo la sua volontà. Pertanto dalla superiore grandezza del Figlio in cui Dio ci ha parlato deriva il dovere di una attenzione maggiore alle parole che ci ha detto, perché la trascuratezza della sua salvezza può avere come conseguenza la punizione, cioè la condanna.

b) *Ascoltare la sua voce*

Dall'affermazione che il Cristo, apostolo e sommo sacerdote della nostra fede, è uomo di fiducia di Dio, a cui Dio stesso ha conferito una gloria superiore a quella di Mosè perché è suo Figlio (Eb 3,1-6), deriva l'esortazione ad ascoltare ciò che oggi Dio dice per mezzo di lui, rivolta ai credenti in Eb 3,7-4,11. A chi non ascolta per mancanza di fede potrebbe accadere ciò che accadde a coloro che non ascoltarono Dio che parlava loro per mezzo di Mosè. Come costoro morirono tutti nel deserto, così coloro che non credono possono essere esclusi dal riposo di Dio.

Dall'affermazione che il Cristo è un sommo sacerdote misericordioso (cf. Eb 2,17) scaturisce l'invito rivolto a tutti i credenti ad accostarsi con fiducia al trono della grazia, per trovare misericordia e grazia ed essere aiutati al momento opportuno (Eb 4,14-16; 5,1-10).

c) *Accostiamoci (a Dio)*

Dalla dimostrazione che il Cristo ha reso perfetti per sempre coloro che ha santificato, effettuata in Eb 7,1-10,18 scaturisce l'esortazione rivolta a tutti e credenti in Eb 10,19-31. In Eb 10,19-25 usando il 'noi' esorta ad accostarsi a Dio con cuore sincero, nella pienezza della fede; a mantenere salda la professione della speranza e a stimolarci a vicenda nella carità e nelle buone opere.

In Eb 10,26-31 ammonisce severamente. Dice che se pecchiamo di nuovo dopo avere ricevuto la conoscenza della verità, non c'è più sacrificio per il peccato (Eb 10,26), ma solo la terribile attesa del giudizio e il fuoco che divora i ribelli (Eb 10,27). Il peccato di cui parla è l'abbandono della fede, che egli indica con tre immagini: calpestare il Figlio di Dio, ritenere profano o comune (cioè inefficace) il sangue che ci ha santificato, disprezzare lo Spirito della grazia. Contro costoro il Signore minaccia vendetta. Per questo conclude dicendo in Eb10,31 che è terribile cadere nelle mani del Dio vivente.

Bibliografia. F.J. Matera, "Moral Exhortation: The Relation between Moral Exhortation and Doctrinal Exposition in Hebrews", *TJT* 10 (1994) 169-182.- S. McKnight, "The Warning Passages of Hebrews: A Formal Analysis and Theological Conclusions", *Trinity Journal* 12 (1992) 21-59.- (su Eb 2,1-4) E. Grässer, "Das Heil als Wort. Exegetische Erwägungen zu Hebr 2,1-4", in: *Neues Testament und Geschichte*, FS O. Cullmann, Zürich 1977, 261-274.- (su Eb 3,7-4,11) A. Vanhoye, "Longue marche ou accès tout proche? Le contexte biblique d'Hé 3,7-4,11", *Bib* 49 (1968) 9-26.- P. Enns, "The Interpretation of Psalm 95 in Hebrews 3,1-4,13", in: *Early Interpretation of the Scriptures of Israel*, ed. C.A. Evans et al. (JSNT.SS 148), Sheffield 1997, 352-363.- (su Eb 4,14-16) W. Schenk, "Hebr 4,14-16. Textlinguistik als Kommentierungsprinzip", *NTS* 26 (1980) 242-252.

d) *Abbiamo grazia, per rendere a Dio un culto gradito*

Dalle esortazioni rivolte ai credenti in Eb 2,1-4, in Eb 3,7-4,11 e in Eb 10,26-31 risulta che chi abbandona la fede va incontro alla punizione, alla condanna, al fuoco del giudizio che distrugge gli oppositori di Dio. Di questa punizione e di questo giudizio parla di nuovo in Eb 12,25-29 in cui descrive la fine del mondo.

In Eb 12,25a ricorda la punizione che subirono coloro che rifiutarono di ascoltare Dio che parlava loro sulla terra, cioè al monte Sinai e in Eb 12,25b fa capire che per noi non ci sarà scampo se volteremo le spalle a lui, che ora ci parla dal cielo.

In Eb 12,26 dice che la sua voce allora scosse la terra al Sinai, ora annuncia che "ancora una volta" (ἔτι ἅπαξ) scuoterà non solo la terra ma anche il cielo. Le parole della voce di Dio sono prese da Aggeo LXX 2,6.

In Eb 12,27 commenta la locuzione avverbiale "ancora una volta" e spiega che essa significa che c'è mutazione o rimozione (μετάθεσιν) delle cose che sono scosse (τῶν σαλευομένων), in quanto sono state fatte (ὡς πεποιημένων).

Pertanto il cielo e la terra, cose create da Dio, quando saranno scosse, muteranno. La parola 'mutazione' si può interpretare come trasformazione, oppure come fine. La seconda interpretazione mi sembra più probabile perché in Eb 12,27d aggiunge che, dopo lo scuotimento, restano le cose che non sono scuotibili (τὰ μὴ σαλευόμενα), cioè le cose non create e che noi diciamo eterne, perché non sono destinate alla mutazione come quelle create.

E' evidente che il verbo 'scuotere' (σαλεύω) in Eb 12,26c è una immagine che indica la distruzione, perché ciò che è scosso in genere crolla e cade al suolo. Ma poiché l'autore di questo scuotimento è Dio, il verbo è un simbolo che serve all'autore per significare che Dio porrà fine alle cose create, perché per loro natura sono destinate a finire.

In Eb 12,28 concludendo la descrizione della fine del mondo; dice che noi riceveremo "un regno incrollabile (o che non è scuotibile)" (βασιλείαν ἀσάλευτον).

Anche questa è una immagine, che corrisponde a ciò che in Eb 12,27d ha chiamato "le cose che non si scuotono" (τὰ μὴ σαλευόμενα). Poiché queste cose sono opposte alle cose create, che per loro natura sono "cose che si scuotono" (τὰ σαλευόμενα), si deve dire che l'espressione è una immagine simbolica che significa le realtà divine.

Pertanto è Dio stesso colui che riceviamo alla fine. Ma solo se conserviamo la grazia e rendiamo a lui un culto gradito, con pietà e timore, come aggiunge in Eb 12,28c. Altrimenti non resta che il fuoco del giudizio. Per questo minacciando la condanna, conclude in Eb 12,29 affermando che il nostro Dio è un fuoco che arde senza interruzione (ὁ θεὸς ἡμῶν πῦρ καταναλίσκον).

Bibliografia. G. Bertram, "σαλεύω", *TWNT* VII, 67.- F. Hauck, "μένω", *TWNT* IV, , 579-581.-J.W. Thompson, " 'That which cannot be shaken': Some Metaphysical Assumptions in Heb 12,27", *JBL* 94 (1975) 580-587.- A. Vögtle, "Das Neue Testament und die Zukunft des Kosmos. Hebr 12,26f. und das Endschicksal des Kosmos", *BiLe* 10 (1969) 239-254.

PARTE TERZA

DI GIACOMO

Bibliografia. (Studi) J.B. Adamson, *James. The Man and the Message,* Grand Rapids 1989.-
M. Ahrens, *Der Realitäten Widerschein* oder Arm und Reich im Jakobusbrief. Eine
sozialgeschichtliche Untersuchung, Berlin 1994.- K. Aland, "Der Jakobusbrief", in: Idem,
Neutestamentliche Entwürfe (ThB 63), München 1979, 233-245.- C.-B. Amphoux, "Language
de l'épître de Jacques. Etudes structurales", *RHPhR* 53 (1973) 7-45.- Idem, "Vers une description
linguistique de l'épître de Jacques", *NTS* 25 (1978/79) 58-82.- C.-B. Amphoux - M. Bouttier,
"La prédication de Jacques le Juste", *EThR* 54 (1979) 5-16.- W.J. Baker, *Personal Speech
Ethics in the Epistle of James* (WUNT 2/68), Tübingen 1995.- E. Baasland, "Der Jakobusbrief
als neutestamentliche Weisheitsschrift", *StTh* 36 (1982) 119-139.- Idem, "Literarische Form,
Thematik und geschichtliche Einordnung des Jakobusbriefes", *ANRW* II 25.5 (1988) 3646-
3684.- D.L. Bartlett, "The Epistle of James as a Jewish-Christian Document", *SBLSP* 2 (1979)
173-186.- R.A. Bauckham, *James*, New York 1999.- W. Bieder, "Christliche Existenz nach
dem Zeugnis des Jakobusbriefes", *ThZ* 5 (1949) 93-113.- G.C. Bottini, *La preghiera di Elia
per la siccità e la pioggia in Giacomo 5, 17-18* (SBFAn 16), Jerusalem 1981.- Idem, "Confessione e intercessione in Giacomo 5,16", *SBFLA* 33 (1983) 193-226.-Idem, "Correzione frater-
na e salvezza in Giacomo", *SBFLA* 35 (1985) 131-162.- Idem, "Sentenze di Pseudo-Focilide
alla luce della lettera di Giacomo", *SBFLA* 36 (1986) 171-181.- Idem, *Giacomo e la sua lettera.* Una introduzione (SBFAn 50), Jerusalem 2000.- G. Braumann, "Der theologische
Hintergrund des Jakobusbriefes", *ThZ* 18 (1962) 401-410.- C. Burchard, "Gemeinde in der
strohene Epistel. Mutmassungen über Jakobus", in: *Kirche*, FS G. Borkamm, ed. D. Lührmann-
G. Strecker, Tübingen 1980, 315-328.- Idem, "Zu einigen christologischen Stellen des Jakobusbriefes", in: *Anfänge der Christologie*, FS F. Hahn, ed. C. Breytenbach - H. Paulsen, Göttingen
1991, 353-368.- T.B. Cargall, *Restoring the Diaspora. Discursive Structure and Purpose in
the Epistle of James* (SBL.DS 144), Atlanta 1993.- A. Chester, "The Theology of James", in:
A. Chester - R.P. Martin, *The Theology of the Letter of James, Peter and Jude*, Cambridge
1994, 2-62.- B. Chilton - C.A. Evans (ed.), *James the Just and Christian Origins* (NT.S 98),
Leiden etc. 1999.- C.E.B. Cranfield, "The Message of James", *SJTh* 18 (1965) 182-193; 338-
345.- P.H. Davids, "Tradition and Citation in the Epistle of James", in: *Scripture, Tradition
and Interpretation*, FS E.F. Harrison, ed.W.W. Gasque - W.S. Lasor, Grand Rapids 1978, 113-
126.- Idem, "The Epistle of James in Modern Discussion", *ANRW* II 25.5 (1988) 3621-3645.-
D.B. Deppe, *The Sayings of Jesus in the Epistle of James*, Chelsea 1989.- R. Fabris, *La legge
della libertà in Giacomo* (RivB.S 8), Brescia 1977.- S.C.A. Fay, "Weisheit - Glaube - Praxis:
Zur Diskussion um den Jakobusbrief", in: *Theologie im Werden.* Studien zu den theologischen
Konzeptionen im Neuen Testament, ed. J. Haiz, Paderborn 1992, 397-415.- H. Frankemölle,
"Gespalten oder ganz. Zur Pragmatik der theologischen Anthropologie des Jakobusbriefes",
in: *Kommunikation und Solidarität*, ed. H.-U. von Brackell - N. Mette, Freiburg - Münster
1985, 160-178.- Idem, "Gesetz im Jakobusbrief", in: *Das Gesetz im Neuen Testament*, ed. K.
Kertelge (QD 108), Freiburg i. Br. 1986, 175-221.- Idem, "Zum Thema des Jakobusbriefes im
Kontext der Rezeption von Sir 2,1-18 und 15,11-20", *BZ* 48 (1989) 21-49.- E. Fry, "The Testing
of Faith", *Bible Translator* 29 (1978) 427-435.- A.S. Geyser, "The Letter of James and the
Social Condition of the Adressees", *Neot* 9 (1975) 25-33.- F. Hahn - P. Müller, "Der
Jakobusbrief", *ThR* 63 (1998), 1-73.- M. Hengel, "Jakobus, der Herrenbruder - der erste Papst?",
in: *Glaube und Eschatologie*, FS W.G. Kümmel, ed. E. Grässer - O. Merk, Tübingen 1985, 71-
104.- Idem, "Der Jakobusbrief als antipaulinische Polemik", in: *Tradition and Interpretation
in the New Testament*, FS E.E. Ellis, ed. G.F. Hawthorne - O. Betz, Grand Rapids - Tübingen
1987, 248-278.- P.J. Hartin, *James and the Sayings of Jesus* (JSNT.SS 47), Sheffield 1991.-
D.E. Hiebert, "The Unifying Theme of the Epistle of James", *BS* 135 (1978) 221-231.- R.
Hoppe, *Der theologische Hintergrund des Jakobusbriefes* (FzB 28), Würzburg 1977.- M. Karrer,

"Christus der Herr und die Welt als Stätte der Prüfung. Zur Theologie des Jakobusbriefes", *KuD* 35 (1989-166-188.- J.A. Kirk, "The Meaning of Wisdom in James: Examination of the Hypothesis", *NTS* 16 (1969/70) 24-38.- G. Kittel, "Der geschichtliche Ort des Jakobusbriefes", *ZNW* 41 (1942) 71-105.- Idem, "Der Jakobusbrief und die apostolischen Väter", *ZNW* 43 (1950) 54-112.- M. Klein, *'Ein vollkommenes Werk'*. Vollkommenheit, Gesetz und Gericht als theologische Themen des Jakobusbriefes (BWANT 139), Stuttgart - Bonn - Köln 1995.- E. Klostermann, "Zum Text des Jakobusbriefes", in: *Verbum Dei manet in aeternum*, FS O. Schmits, ed. W Foester, Mitten 1953, 71-72.- M. Konradt, *Christliche Existenz nach dem Jakobusbrief.* Eine Studie zu seiner soteriologischen und ethischen Konzeption (SUNT 22) Göttingen 1998.- K. Kürzdörfer, Der Charakter des Jakobusbriefes, Diss. Tübingen 1966.- M. Lachmann, *Sola fide.* Eine exegetische Studie uber Jak 2 (BFChrTh 2/50), Gütersloh 1949.- M. Lautenschlager, "Der Gegenstand des Glaubens im Jakobusbrief", *ZThK* 87 (1990) 163-184.- U. Luck, "Weisheit und Leiden. Zum Problem Paulus und Jakobus", *TLZ* 92 (1967) 253-258.- Idem, "Der Jakobusbrief und die Theologie des Paulus", *ThGl* 61 (1971) 161-179.- Idem, "Die Theologie des Jakobusbriefes", *ZThK* 81 (1984) 1-30.- M. Ludwig, *Wort als Gesetz*. Eine Untersuchung zum Verständnis von 'Wort' und 'Gesetz' in israelitisch-frühjudischen und neutestamentlichen Schriften (EHS.T 502) Frankfurt a.M. 1994.- F. Manns, " 'Confessez vos péchés les uns les autres'. Essai d'interprétation de Jacques 5,16", *RevSR* 58 (1984) 233-241.- R.U. Maynard-Reid, *Poverty and Wealth in James*, Maryknoll, NY, 1987.- A. Meyer, *Das Rätsel des Jakobusbriefes* (BZNW 10), Berlin 1930.- B. Noack, "Jakobus wider die Reichen", *StTh* 18 (1964) 10-25.- R. Obermüller, "Hermeneutische Themen im Jakobusbrief", *Bib* 53 (1972) 234-244.- J. Painter, *Just James*: The Brother of Jesus in History and Tradition, Columbia, SC, 1997.- H. Paulsen, "Der Jakobusbrief", *TRE* 16 (1987) 488-495.- T.C. Penner, *The Epistle of James and Eschatology*. Re-reading an Ancient Christian Letter (JSNT.SS 121), Sheffield 1996.- Idem, "The Epistle of James in Current Research", *CR:BS* 7 (1999) 257-308.- L.G. Perdue, "Paraenesis and the Epistle of James", *ZNW* 72 (1981) 241-256.- W. Popkes, *Adressaten, Situation und Form des Jakobusbriefes* (SBS 125/126), Stuttgart 1986.- Idem, "James and Scripture: An Exercise in Intertestuality", *NTS* 45 (1999) 213-229.- W. Pratscher, *Der Herrenbruder Jakobus und die Jakobustradition* (FRLANT 139), Göttingen 1987.- H. Preisker, "Der Eigenwert des Jakobusbriefes in der Geschichte des Urchristentums", *ThBl* 13 (1934) 229-236.- J.M. Reese, "The Exegete as Sage: Hearing the Message of James", *BTB* 12 (1982) 82-85.- M. Sato, "Wozu wurde der Jakobusbrief geschrieben? Eine Mutmasslische Rekonstruktion", *AJBI* 17 (1991) 55-76.- S. Schille, "Wider die Gespaltheit des Glaubens. Beobachtungen am Jakobusbrief", in: *Theologische Versuche* 9, ed. J. Rogge - G. Schille, Berlin 1977, 71-89.- F. Schmidt-Clausing, "Die unterschiedlische Stellung Luthers und Zwinglis zum Jakobusbrief", *Ref* 18 (1969) 568-585.- O.J.F. Seitz, "Afterthoughts on the Term 'Dipsykos' ", *NTS* 4 (1957/58) 327-334.- Idem, "James and the Law", *StEv* 2 (TU 87), Berlin 1964, 472-486.- M.H. Shepherd, "The Epistle of James and the Gospel of Matthew", *JBL* 75 (1956) 40-51.- P. Sigal, "The Halakhah of James", in: *Intergerini parietis septum*, FS M. Barth, ed. D.Y. Hadidian (PThM 33), Pittsburgh 1981, 337-353.- J.B. Souc̆ek, "Zu den Problemen des Jakobusbriefes", *EvTh* 18 (1958) 460-468.- R.B. Terry, "Some Aspects of the Discourse Structure of the Book of James", *JTT* 5 (1992) 106-125.- M. Tsuji, *Glaube zwischen Vollkommenheit und Verwetlichung.* Eine Untersuchung zur literarischen Gestalt und inhaltlichen Kohärenz des Jakobusbriefes (WUNT 2/63), Tübingen 1997.- J. Wanke, "Die urchristlichen Lehrer nach dem Zeugnis des Jakobusbriefes", in: *Die Kirche des Anfangs*, FS H. Schürmann, ed. R. Schnackenburg - J. Ernst - J. Wanke, (EThSt 38), Leipzig - Freiburg 1977, 489-511.- K. Weiss, "Motiv und Ziel der Frommigkeit des Jakobusbriefes", in: *Theologische Versuche* 7, ed. J. Rogge - G. Schille, Berlin 1976, 107-114.- A. Wifstrand, "Stylistic Problems of the Epistle of James and Peter", *StTh* 1 (1948) 170-182.- W.H. Wuellner, "Der Jakobusbrief im Licht der Rhetoric und Textpragmatik", *LingBibl* 43 (1978) 5-66.- J. Zmijewski, "Christliche 'Vollkommenheit' - Erwägungen zur Theologie des Jakobusbriefes", *SNTU* A 5 (1980) 50-78.

(Commenti) J.B. Adamson, *The Epistle of James* (NICNT), Grand Rapids 1976; [3]1993.- J.

Cantinat, *Les épîtres de Jacques et de Jude* (SB), Paris 1973.- J. Chaine, *L'épître de Jacques* (EB), Paris 1927.- P.H. Davids, *Commentary on James* (NIGTC), Grand Rapids 1982.- M. Dibelius, *Der Brief des Jakobus* (KEK 15), Göttingen 1921; [6]1984.- R. Fabris, *La Lettera di Giacomo e Prima Lettera di Pietro* (Lettura pastorale della Bibbia), Bologna 1980.- H. Frankemölle, *Der Brief des Jakobus* (ÖTK 17/1-2), Gütersloh 1994.- L.T. Johnson, *The Letter of James* (AB 37A), New York 1995.- S. Laws, *The Epistle of James* (BNTC), London 1980.- R.P. Martin, *James* (WBC 48), Waco, TX, 1988.- J.B. Mayor, *The Epistle of St. James*, London [3]1913 ristampa, Grand Rapids 1954.- J. Moffatt, *The General Epistles of James, Peter, Jude* (MNTC), London 1928.- D. Moo, *James* (TNTC), Grand Rapids 1987.- F. Mussner, *Der Jakobusbrief* (HThK 13/1), Freiburg i. Br. 1964; [4]1981.- B. Reicke, *The Epistles of James, Peter and Jude* (AB 37), Garden City, NY, 1964.- J.H. Ropes, *Commentary on the Epistle of St James* (ICC), Edinburgh 1916.- E. Ruckstuhl, *Jakobusbrief. 1-3 Johannesbrief* (NEB.NT 17/19), Würzburg 1985, 5-32.- A. Schlatter, *Der Brief des Jakobus*, Stuttgart [3]1985.- F. Schnider, *Der Jakobusbrief* (RNT), Regensburg 1987.- W. Schrage, "Der Brief des Jakobus", (NTD 10), Göttingen [12]1980, 5-59.- F. Vouga, *L'épître de saint Jacques* (CNT 13a), Genève 1984.- H. Windisch, *Die Katholischen Briefe* (HNT 15), Tübingen [3]1951 (con aggiunte di H. Preisker).

I   *Piano letterario di Gc*

Il testo chiamato "lettera di Giacomo" (ΙΑΚΟΒΟΥ ΕΠΙΣΤΟΛΗ) o semplicemente "di Giacomo" (ΙΑΚΟΒΟΥ), ha un inizio epistolare in Gc 1,1, ma manca di una conclusione. E' quindi difficile determinare sia il genere che la divisione. Indico alcune ipotesi.

K. Kürzdörfer (1966) ha mostrato con una analisi attenta che il testo si compone delle seguenti unità letterarie, che io riporto aggiungendo gli incipit di ogni paragrafo in italiano: I Gc 1,1-11 "Giacomo servo di Dio", "Considerate perfetta gioia" (Gc 1,2-4), "Se qualcuno di voi manca di sapienza" (Gc 1,5-8), "Il fratello di umili condizioni" (Gc 1,9-11); II Gc 1,12-18 "Beato l'uomo che sopporta la tentazione" (Gc 1,12), "Nessuno, quando è tentato, dica" (Gc 1,13-15), "Fratelli miei, non andate fuori strada" (Gc 1,16-18); III Gc 1,19-27 "Lo sapete, fratelli miei carissimi" (Gc 1,19-25), "Se qualcuno pensa di essere religioso" (Gc 1,26-27); IV Gc 2,1-13 "Fratelli miei, non mescolate a favoritismi personali"; V Gc 2,14-26 "Che giova, fratelli miei, se uno dice di avere fede, ma non ha opere?"; VI Gc 3,1-12 "Fratelli miei, non vi fate maestri in molti"; VII Gc 3,13-18 "Chi è saggio e accorto tra voi?"; VIII Gc 4,1-10 "Da che cosa derivano le guerre e le liti che sono tra voi?" (Gc 4,1-4b), "Chi dunque vuole essere amico del mondo, si costituisce nemico di Dio" (Gc 4,4c-6), "Sottomettetevi dunque a Dio" (Gc 4,7-10). IX Gc 4,11-12 "Non sparlate gli uni degli altri". X Gc 4,13-17 "E ora, a voi che dite". XI Gc 5,1-6 "E ora, a voi ricchi. Piangete e gridate per le sciagure che vi sovrastano". XII Gc 5,7-8 "Siate dunque pazienti, fratelli". XIII Gc 5,9-11 "Non lamentatevi, fratelli, gli uni degli altri". XIV Gc 5,12 "Soprattutto, fratelli miei, non giurate". XV Gc 5,13-15 "Chi tra voi è nel dolore, preghi". XVI Gc 5,16-

18 "Confessate perciò i vostri peccati, gli uni gli altri". XVII Gc 5,19-20 "Fratelli miei, se uno di voi si allontana dalla verità".

Secondo questa analisi, accettata da molti, il testo sarebbe composto di 17 unità letterarie, quelle che io chiamo sequenze del discorso. Ma su alcune divisioni non posso essere d'accordo. Mi domando se sia legittimo separare Gc 1,2-18 in sei unità letterarie, se il tema della prova o tentazione, enunciato in Gc 1,2-4 è ripreso in Gc 1,12.13-15.16-18. Ugualmente sono perplesso per la divisione di Gc 4,1-10 in tre unità letterarie, se è evidente che esse costituiscono un unico sviluppo discorsivo e logico.

Più difficile è la valutazione a proposito di Gc 5,7-8 e Gc 5,9-11, che egli separa come se fossero due unità tematiche indipendenti. Ma forse non tiene conto che l'esortazione a non lamentarsi gli uni degli altri in Gc 5,9 è semplicemente un invito ad essere pazienti come in Gc 5,7-8 ma rivolto con una esortazione ad evitare lo stato d'animo che manifesta il contrario. Questa interpretazione è confermata da Gc 5,10-11 in cui esorta a prendere come esempio di pazienza (ὑπόδειγμα... μακροθυμίας) i profeti e Giobbe. Pertanto Gc 5,7-11 potrebbero formare una sola unità perché trattano dello stesso argomento, cioè l'invito alla pazienza.

Egli tiene separati Gc 5,13-15 5,16-18 5,19-20, che forse potrebbero essere mantenuti uniti. Gc 5,16 è unito con un οὖν conclusivo a Gc 5,15. In questo dice che la preghiera fatta con fede salverà il malato. Il Signore lo rialzerà e se ha commesso peccati, gli saranno perdonati. E in Gc 5,16 conclude con un "Dunque" (οὖν) e un invito a confessare gli uni gli altri i peccati e a pregare gli uni per gli altri per essere guariti. In Gc 5,17-18 ricorda l'esempio della preghiera di Elia per mostrare l'efficacia della preghiera di intercessione del giusto.

Gc 5,19-20 andrebbero uniti ai precedenti sia per il genere che per il contenuto. Quanto al genere, appartengono alla "casistica morale", come i precedenti. Lo indica la ripetizione di τις, 'qualcuno' in Gc 5,13a 5,13b 5,14a; ripreso da ἐάν τις in Gc 5,19a. Quanto al contenuto, il ricondurre chi si allontana dalla verità sulla giusta via, è considerata una azione benefica, equivalente al perdono, di cui parla in Gc 5,16-18. Infatti dice che chi fa questo salva la sua anima dalla morte e copre una moltitudine di peccati, non certo i propri, ma del penitente ricondotto alla fede.

Per queste ragioni occorre forse ritenere Gc 5,13-20 come composto di una sola e non di tre unità letterarie, anche se non posso negare che la differenza specifica del contenuto potrebbe invitare a mantenerle distinte.

Il problema che si pone di fronte a questa divisione è di sapere se queste unità siano organizzate e unite tra loro secondo un 'piano', oppure se la loro successione sia puramente casuale. Secondo M. Dibelius (KEK 15; [6]1984),

F. Mussner (HThK XII/1; [4]1981), E. Ruckstuhl (NEB.NT; 1985) non c'è ordine né logico né letterario. Secondo altri il testo è composto con un ordine letterario che unifica i diversi temi trattati in un discorso. Espongo le ipotesi più note.

F.O. Francis (1970) considera il testo una 'lettera artistica', cioè una forma letteraria simile a una lettera, che in realtà non è stata mai scritta per essere spedita, ma solo composta in quello schema. Questa forma letteraria si distingue per due elementi strutturali tipici. Primo. Vi è una duplice introduzione, in cui vengono esposti i temi che poi saranno ripresi e sviluppati nel corpo della lettera. Secondo. C'è un paragrafo conclusivo, in cui i temi trattati vengono ricapitolati e riassunti. La lettera di Giacomo sarebbe di questo tipo. Ed ecco il piano da lui proposto.

Gc 1,1 Autore, destinatari, saluti. Gc 1,2-27 Affermazioni tematiche, in due paragrafi: A Gc 1,2-11 Gioia, B Gc 1,12-27 Benedizione. Gc 2,1-26 Sezione I: Fede e azioni preferenziali che trascurano il prossimo. Gc 3,1-5,6 Sezione II: Passione per le parole, la sapienza e la posizione sociale, che provoca discordia. Gc 5,7-20 Ammonizioni conclusive.

Secondo la sua ipotesi, il secondo paragrafo (Gc 1,12-27) ripropone in forma diversa i temi indicati nel primo (Gc 1,2-11). Gc 1,2-4 che riguarda la tentazione, è ripreso in Gc 1,12-18 con il tema della resistenza alla tentazione. Gc 1,5-8 che riguarda la sapienza, è ripreso in Gc 1,19-21 nell'ammonizione ad essere pronti ad ascoltare e lenti nel parlare. Gc 1,9-11 che riguarda il tema del rapporto ricchi e poveri, è ripreso in Gc 1,22-25 nella esortazione a praticare la parola e non solo ad ascoltarla.

Il tema della 'prova' (o tentazione), che appare nel periodo iniziale (Gc 1,2-4) e serve da introduzione, sarebbe l'idea fondamentale che guida lo sviluppo tematico delle due sezioni centrali. In Gc 2,1-26 tratta del rapporto fra fede e opere, che riguarda sia i poveri che i ricchi. In questo contesto è ricordata la 'prova' di Abramo (Gc 2,21). E ciò attesta che il tema della 'prova' della fede è l'intento maggiore di questa sezione. Gc 3,1-5,6 riprende i temi già trattati in Gc 2,1-26: il giudizio, la legge, il ricco, le opere.

Nel cap. 3 l'agire è la verifica della sapienza che uno possiede. Quindi l'agire del ricco in Gc 4,13-5,6 diventa una verifica della sua conoscenza e della sua responsabilità, perché non fa il bene che sa (Gc 4,17).

Il ricordo della figura di Giobbe in Gc 5,11 conferma che la 'prova' o 'verifica' della sapienza è l'idea dominante che guida lo sviluppo tematico in Gc 3,1-5,6.

Il paragrafo conclusivo (Gc 5,7-20) si richiama a quello iniziale per alcune riprese tematiche. Gc 5,11 ricorda la sorte felice che il Signore ha riservato a Giobbe e richiama la beatitudine di chi è paziente, fatta in Gc 1,12. L'andare fuori strada (πλανάω), di cui dice in Gc 1,16 e in Gc 5,19-20 sembra richiamare di nuovo Giobbe, come colui che "si smarrisce" nella prova (cf. Gb 19,9: ἐπλανήθην). Anche la corona della vita, di cui parla in Gc 1,12 potrebbe essere una allusione alla corona che Dio ha tolto a Giobbe (cf. Gb 19,9: ἀφεῖλεν δὲ στέφανον ἀπὸ κεφαλῆς μου).

Gli argomenti delle due sezioni maggiori sono anticipati in Gc 1,26-27 che ricapitola ciò che precede nella introduzione (Gc 1,2-25) e introduce il lettore all'argomento della Sezione I (Gc 2,1-26). La ricapitolazione è in forma chiastica: prima il tema della parola, poi il tema dei ricchi e dei poveri in rapporto alla parola. In questo modo il secondo è ripreso e trattato per primo in Gc 2,1-26; l'altro in seguito, nella Sezione II Gc 3,1-5,6.

Questo piano così elaborata manca di evidenza. Non è facile per chi legge convincersi che ciò che viene detto in Gc 1,2-11 sia ripreso sotto diversa forma in Gc 1,12-25. La connessione tematica è possibile solo attraverso una lunga riflessione personale, che il testo non propone. Inoltre non è facile vedere che la religione senza macchia, descritta in Gc 1,27 come aiuto agli orfani e alle vedove, sia l'enunciato tematico di ciò che è detto in Gc 2,1-26 in cui tratta dei poveri che fanno preferenze (Gc 2,1-3) e della fede che non si manifesta nelle opere (Gc 2,14-26).

Inoltre l'enunciato tematico della Sezione II (Gc 3,1-5,6), fatto in Gc 1,26, annuncia che chi non frena la lingua e si crede religioso inganna il suo cuore. Ciò è ripreso solo in Gc 3,1-12. Mentre in Gc 3,13-18 si parla della saggezza che si manifesta nella condotta; in Gc 4,1-10 si parla dei cattivi sentimenti e delle cattive azioni che suscita la gelosia che ha nell'animo colui che si ispira ad una sapienza terrestre, psichica e diabolica (cf. Gc 3,14.15.16 e 4,1-4). In Gc 4,13-17 tratta della condotta arrogante di chi commercia e si crede padrone della propria vita. In Gc 5,1-6 denuncia i ricchi che commettono ingiustizia contro i poveri e i loro dipendenti e fanno uccidere ingiustamente i giusti. Insomma, mi sembra che ci voglia molta buona volontà per fare derivare tutte queste cose dal cattivo uso della lingua di cui parla in Gc 1,26 che sarebbe l'enunciato tematico di Gc 3,1-5,6. Per queste ragioni non credo che si possa seguire questa divisione.

E. Baasland (1987) riprende e sviluppa una ipotesi già proposta da W. Wuellner (1978), applicando il metodo della analisi retorica. Il testo sarebbe composto con gli elementi essenziali del genere letterario 'discorso', non del tipo difensivo, come propone W. Wuellner, ma di tipo didattico, esortativo, e sapienziale. Lo divide nel modo seguente.

Gc 1,2-15 *Exordium* (o premio). Gc 1,16-18 *transitus* (o passaggio) a Gc 1,19-27 *Propositio* (o indicazione del tema). Gc 2,1-5,6 *Argumentatio* (o discussione del tema), divisa in due parti: A Gc 2,1-3,10a *Confirmatio* (prova della tesi esposta nell'enunciato tematico); Gc 3,10b-12 *transitus* (o passaggio) a B Gc 3,13-5,6 *Confutatio* (o confutazione della tesi contraria alla tesi proposta dal tema). Gc 5,7-20 *Peroratio* (o *Epilogos*), esortazione che conclude ricapitolando i temi trattati.

L'enunciato del tema è contenuto in Gc 1,19-27, in particolare in Gc 1,21-22 con due antitesi. La prima è in Gc 1,21: a) "deposta ogni impurità e malizia con docilità"; b) "accogliete la parola che è stata seminata in voi". L'antitesi si compone quindi di un aut/aut, cioè di due elementi che si escludono a vicenda. La prima parte della antitesi corrisponde alla "via del peccatore", chiamata in Gc 1,26 "religione vana" (μάταιος... θρησκεία), che sarebbe sviluppata nella *confutatio* (Gc 3,13-5,6). La seconda parte della antitesi corrisponde alla "via del giusto", chiamata in Gc 1,27 "religione pura" (θρησκεία καθαρά), che sarebbe trattata nella *confirmatio* (Gc 2,1-3,12).

La seconda antitesi è in Gc 1,22 ma è più tenue della precedente: a) "siate di quelli che mettono in pratica la parola", b) "e non soltanto ascoltatori, illudendo voi stessi", che sarebbe sviluppata in Gc 2,1-3,12.

Questa proposta merita attenzione, almeno per un elemento essenziale. Prende in seria considerazione la mutazione di 'tono' del discorso, cioè il suo sviluppo retorico che si manifesta anche nello stile adoperato. Nella trattazione del tema, la *confirmatio* (Gc 2,1-3,12), l'autore si rivolge ai suoi destinatari prevalentemente col titolo ἀδελφοί, "fratelli", con cui introduce il tema da trattare (cf. Gc 2,1 2,14 3,1). Le questioni trattate sono comunitarie e il tono è mite. Invece nella *confutatio* (Gc 3,13-5,6) il tono è accusatorio e contestativo e gli argomenti trattati sono gravi trasgressioni, come la gelosia, l'omicidio, la calunnia, l'arroganza, l'ingiustizia sociale. Nella conclusione (Gc 5,7-20) ritorna il tono fraterno con l'esortazione alla pazienza, alla preghiera, al perdono.

Le ipotesi di F.O. Francis e di E. Baasland si possono considerare simili, in quanto dividono il testo in due parti, con una Introduzione (Gc 1,2-27) e una Conclusione (Gc 5,7-20). Ma sono diverse perché il primo pone il termine della Parte I in Gc 2,26; il secondo invece in Gc 3,12.

Nei commenti più recenti si trovano altre divisioni.

P.H. Davids (NIGTC; 1982) ritiene convincente la proposta di F.O. Francis. Ma poi propone una divisione in *tre parti*: Gc 1,1-27 Affermazione iniziale con duplice inizio: A Gc 1,2-11, B Gc 1,12-25; Gc 1,26-27 ricapitolazione e passaggio alla prima trattazione. Gc 2,1-26 Parte I: Eccellenza della povertà e della generosità; Gc 3,1-4,12 Parte II: Richiesta di purezza nell'uso della parola; Gc 4,13-5,6 Parte III: La prova attraverso la ricchezza. Gc 5,7-20 Affermazione conclusiva, con ripresa dei temi trattati.

Mi basta far notare che i titoli non corrispondono al contenuto delle parti indicate. Gc 2,1-26 tratta dei poveri che fanno preferenze di persona (Gc 2,1-13) e della fede che non può vivere senza le opere (Gc 2,14-26). Gc 3,1-4,12 tratta degli effetti disastrosi dell'uso non moderato della lingua (Gc 3,1-12), della saggezza che si deve mostrare nella giusta condotta (Gc 3,13-18), delle passioni scatenate nei desideri e nelle gelosie, che spingono all'omicidio chi non riesce ad avere chiedendo (Gc 4,1-10), della calunnia contro i fratelli (Gc 4,11-12), della arroganza e della ingiustizia dei ricchi (Gc 4,13-17; 5,1-6). Ciò è sufficiente per mostrare la non opportunità di questa divisione.

F. Vouga (CNT 13a; 1984) divide il testo in *tre parti*. Gc 1,2-18 Parte I: L'esistenza del credente edificata nella parola e nella resistenza durante la prova; Gc 1,19-3,18 Parte II: L'esistenza cristiana come attuazione della parola e come luogo della resistenza; Gc 4,1-5,20 Parte III: La vocazione dei cristiani testimoni della parola di Dio, di fronte al fascino delle potenze.

Questa divisione è accolta e seguita da R.P. Martin nel suo commento (WBC 48; 1988). Ma non può essere seguita per lo stesso motivo della precedente. I titoli non corrispondono per nulla al contenuto del discorso, a causa della loro genericità che tradisce l'intenzione dell'autore, anche se manifesta quella del commentatore. C.-B. Amphoux (1981) propone una divisione in *quattro parti*, da lui elaborata analizzando la divisione del testo negli antichi lezionari, in particolare il Grande Lezionario della Chiesa Georgiana di Gerusalemme, del IV sec.; le divisioni antiche e recenti del Codice Vaticano (B 03); le divisioni di Eutalio. Ecco la sua proposta: Gc 1,1 Indirizzo; I Gc 1,2-27 La prova e la speranza, in due sezioni: A Gc 1,2-12 La prova fonte di gioia, B Gc 1,13-27 Risposta alla tentazione. II Gc 2,1-26 Alla Sinagoga, in due sezioni: A Gc 2,1-13 Attenzione alle apparenze, B Gc 2,14-26 L'atto rivela la fede. III Gc 3,1-4,10 La vita quotidiana, in due sezioni: A Gc 3,1-18 La lingua e la saggezza, B Gc 4,1-10 I piaceri e l'umiltà. IV Gc 4,11-5,20 Giudizio e salvezza, in due sezioni: A Gc 4,11-5,12 Pericolo del giudizio, B Gc 5,13-20 Speranza di salvezza.

L'autore dice di proporre questa tra le divisioni esaminate perché gli sembra quella più fedele. Corrisponde alla divisione che egli stesso farebbe con una lettura filologica del testo.

Una semplice osservazione sui titoli può aiutare il lettore a comprendere come la buona intenzione è spesso lontana dalla realtà. Il titolo posto a Gc 1,2-12 corrisponde solo al contenuto di Gc 1,2. Tutto il resto è ignorato. Il titolo dato a Gc 1,13-27 'La prova e la speranza' non corrisponde a nulla nel contenuto, che tratta della origine della tentazione (Gc 1,13-18), della prontezza ad ascoltare e a praticare la parola e della lentezza a parlare e ad adirarsi (Gc 1,19-27). Il titolo proposto per G 2,1-26 'Alla sinagoga', non dice il contenuto di Gc 2,1-13 in cui tratta di coloro che fanno preferenze di persona durante le sedute di culto e del contenuto di Gc 2,14-26 che parla della vita della fede che si manifesta nelle opere. Il titolo per Gc 3,1-4,10 'La vita quotidiana' non corrisponde al contenuto perché Gc 3,1-12 tratta degli effetti dannosi del parlare senza controllo, della saggezza che si deve mostrare in una buona condotta (Gc 3,13-18) e delle passioni che rendono nemici di Dio (Gc 4,1-10). Il titolo dato a Gc 4,11-5,20 'Giudizio e salvezza' non corrisponde al contenuto: Gc 4,11-12 parla della calunnia contro i fratelli, Gc 4,13-17 della arroganza dei ricchi commercianti, Gc 5,1-6 tratta della ingiustizia e del giudizio dei ricchi, Gc 5,7-11 della pazienza, Gc 5,12 del giuramento, Gc 5,13-15 della preghiera per i malati, Gc 5,16-18 della preghiera per il perdono dei peccati, Gc 5,19-20 della riconduzione sulla retta via di uno che se ne è allontanato.

Tralascio le proposte più recenti sulla struttura (cf. F.O'Fearghail, R.B. Crotty) e sull'analisi retorica (L. Thurén) e semantica del discorso (H. Frankemölle) perché richiederebbero un esame molto più accurato che non posso fare in questo contesto. Ma il risultato non sarebbe diverso dalla critica che ho fatto a quelli che ho esaminato.

Mi sembra infatti metodologicamente errato credere che dove appare la stessa parola sia necessario supporre anche una unità tematica e discorsiva, perché come è noto ogni parola acquista il suo valore nel contesto in cui è inserita e non per il senso generico che ha in se stessa. Quindi anche i tentativi più attuali di dimostrare con convinzione che la lettera di Giacomo ha un ordine discorsivo logico e coerente (cf. M. Tsuji, M. Klein, M. Konradt), fanno certo onore allo sforzo di comprensione compiuto da chi li propone, ma non sembrano corrispondere a ciò che di fatto si legge nel testo (cf. M. Tsuji 1997: 59-96; M. Klein 1995: 33-41; M. Konradt 1998: 15-21.311-315).

Queste osservazioni critiche sono sufficienti a mostrare l'insufficienza di tutti questi piani e la loro non corrispondenza al testo, che pure presumono di descrivere in modo adeguato. Mi sembra che sia più corretta la posizione di coloro che non impongono ad esso nessuna divisione e ne seguono attentamente lo sviluppo discorsivo, dividendolo secondo la variazione del contenuto.

Bibliografia. (Introduzioni) J. Cantinat, "L'épître de Jacques", in: *Les lettres apostoliques*, 239-257.- W.G. Kümmel, *Einleitung in das Neue Testament*, 356-367.- H. Conzelmann - A. Lindemann, *Arbeitsbuch zum Neuen Testament*, Tübingen [12]1998, 407-414.- W. Marxen, *Einleitung in das Neue Testament*, 193-198.- A. Wickenhauser - J. Schmid, *Introduzione al Nuovo Testamento*, 612-628.- U. Schnelle, *Einleitung in das Neue Testament*, Göttingen [3]1999, 397-412. (Studi) C.-B. Amphoux, "Systhèmes anciens de division de l'épître de Jacques et composition littéraire", *Bib* 62 (1981) 390-400.- E. Baasland, "Literarische Form", 3654-3659.- R.B. Crotty, "The Literary Structure of the Letter of James", *ABR* 40 (1992) 45-57.- P.H.

Davids, "The Epistle of James in Modern Discussion", 3627-3631.- J. Duplacy, "Les divisions du texte de l'épître de Jacques dans B (03) du Nouveau Testament (Vatic. Gr. 1209)", in: *Studies in New Testament Language and Text*, FS G.D. Kilpatrik, ed. J.K. Elliott, Leiden 1976, 122-136.- F.O. Francis, "The Form and Function of the Opening and Closing Paragraphs of James and 1John", *ZNW* 61 (1970) 110-126: 118-121 (su Gc).- H. Frankemölle, "Das semantische Netz des Jakobusbriefes: Zur Einheit eines umschrittenen Briefes", *BZ* 34 (1990) 161-197.- K. Kürzdörfer, *Der Charakter des Jakobusbriefes*, 87-95 (Zur Analyse des paränetischen Einheiten im Jakobusbrief).- L. Thurén, "Risky Rhetoric in James?", *NT* 37 (1995) 262-284.

II *Teologia di Gc*

Il testo di Giacomo si presenta come una serie di consigli etici dati ai credenti, per indicare quale è la condotta più conforme alla fede e quale è la condotta da evitare. Per usare le stesse parole dell'autore, posso dire che egli scrive per indicare quale è la religione pura e quale è la religione vana. Di conseguenza i principi della fede e le riflessioni teologiche sono ricordate raramente e solo quando è necessario per correggere una falsa opinione e giustificare un consiglio morale. Riassumo quindi i pochi punti dove questi principi sono affermati; tralascio quelli in cui sono presupposti e non prendo neppure in considerazione quei testi dove alcuni studiosi cercano con ogni mezzo di far credere come teologico un testo che è puramente etico.

1. *La tentazione ha origine dalla nostra concupiscenza e non da Dio.* In Gc 1,12-18 prende in considerazione la tentazione (πειρασμόν). In Gc 1,12a dichiara beato colui che la sopporta. In Gc 1,12b indica il motivo di questa beatitudine. Dice che, una volta superata la prova, riceverà la corona della vita (τὸν στέφανον τῆς ζωῆς). Questa espressione è una immagine letteraria, che significa semplicemente 'vita'. Ma è di natura simbolica perché indica la vita con Dio dopo la morte, cioè la vita immortale. Ciò è confermato dal fatto che si tratta di qualche cosa che il Signore ha promesso (ὃν ἐπηγγείλατο) a coloro che lo amano. E ciò che è promesso, riguarda il futuro, cioè la ricompensa che egli darà al momento del giudizio.

In Gc 1,13 affronta il problema della origine della tentazione. In Gc 1,13ab smentisce come non vera l'opinione di coloro che credono che Dio li tenti, come se Dio stesso fosse l'origine della loro tentazione. Per mostrare che questa opinione è falsa, in Gc 1,13cd ricorda che Dio non può essere tentato dal male e non tenta nessuno al male. Questo è un modo indiretto per affermare l'assoluta bontà di Dio e della sua natura, negando l'opinione contraria.

In Gc 1,14 mostra che la concupiscenza (ἐπιθυμία), che noi indichiamo con la parola più comune 'desiderio', è l'origine del peccato. Non è necessario supporre che l'autore voglia parlare di 'desiderio cattivo' come origine del male che compie l'uomo, opposto al 'desiderio buono' come origine del bene che decide di fare. Egli afferma solo che ciascuno è tentato dal proprio desiderio (πειράζεται ὑπὸ τῆς ἰδίας ἐπιθυμίας), che lo trascina e lo seduce. Quindi se attrae e seduce, significa che in sé contiene ciò che è buono. Ma può generare il peccato se, trascinati da lui, si va contro la legge di Dio, recando danno al prossimo. Questo è affermato in Gc 1,15. Dice che il desiderio, quando ha sedotto, concepisce e genera il peccato (συλλαβοῦσα τίκτει ἁμαρτίαν) e il peccato, consumato, partorisce morte (ἀποκύει θάνατον). Queste sono delle immagini che richiedono spiegazione.

Dicendo che il desiderio 'concepisce e partorisce il peccato', vuole dire che l'uomo, che si lascia sedurre e trascinare dal proprio desiderio, progetta il peccato con la sua intenzione e poi lo esegue. Ma poiché, quando ciò accade, l'uomo è per così dire trascinato dalla sua passione e ne è come schiavo, cioè agisce come se non fosse responsabile delle sue azioni, dice che è il desiderio che concepisce e genera il peccato. Ma è il desiderio dell'uomo. Quindi è l'uomo che desidera ciò che lo spinge a violare la legge di Dio e a peccare.

Dicendo in Gc 1,15b che "il peccato, realizzato, partorisce morte" (ἡ δὲ ἁμαρτία ἀποτελεσθεῖσα ἀποκύει θάνατον), vuole dire che colui che pecca è come un morto ed è destinato alla morte. In questo caso la parola 'morte' ha un doppio valore simbolico. Indica la separazione dalla vita di Dio nella condizione attuale del peccatore; e indica la separazione eterna dalla vita di Dio, se il peccatore non si pente prima di morire. Quindi, parlando in modo simbolico, si può dire che il peccatore è come un morto vivente.

In Gc 1,16-18 completa la sua spiegazione sulla origine della tentazione, dicendo in modo esplicito ciò che in Gc 1,13cd ha affermato in modo indiretto, e cioè che Dio è origine di ciò che è buono.

Inizia la sua spiegazione in Gc 1,16a esortandoli a "non andare fuori strada". Dice: μὴ πλανᾶσθε, che si può tradurre "non errate", oppure "non vi ingannate", cadendo in un modo sbagliato di pensare, che è errore.

Quindi l'esortazione significa semplicemente 'non cadete in errore' e ciò è da riferire alla opinione che ha appena finito di confutare, mostrando che non Dio, ma il proprio desiderio è origine della tentazione per ognuno. Dio infatti non può essere tentato dal male né tenta alcuno al male.

Ciò viene provato in Gc 1,17 con un linguaggio simbolico perché si tratta della realtà stessa di Dio, che ora vuole mostrare a sostegno della sua confutazione dell'opinione che ha corretto in ciò che precede. Dice che "ogni buona donazione" (πᾶσα δόσις ἀγαθή) e "ogni dono perfetto" (πᾶν δώρημα τέλειον) viene dall'alto e discende dal padre delle luci (ἀπὸ τοῦ πατρὸς τῶν φώτων), presso il quale non c'è variazione o ombra di cambiamento.

La frase di Gc 1,16a sembra essere incompleta. Dicendo "non vi ingannate", lascia non detto ciò che richiede la logica del discorso. Occorrerebbe completare, tenendo presente ciò che non è espresso, e cioè che "nessuno può essere tentato da Dio". Quindi in 1,17a spiega il motivo del suo ammonimento, usando immagini simboliche, che significano che Dio è origine solo del bene, perché la sua natura è buona.

L'espressione 'donazione buona' e l'altra 'dono perfetto' indicano che ogni forma di bene è dono di Dio. Ciò è detto con due immagini. Dice che "è dall'alto" (ἄνωθέν ἐστιν) e che "discende dal padre delle luci" (καταβαῖνον ἀπὸ τοῦ πατρὸς τῶν φώτων). Secondo l'opinione comune, questa frase indica Dio come creatore di ciò che fa luce, cioè del sole, della luna e delle stelle. Questo attributo è suggerito dal discorso e serve a far capire al lettore che in colui che crediamo autore della luce non ci può essere ombra, cioè inganno o errore.

Questa interpretazione è confermata dall'affermazione di Gc 1,17b in cui dice che presso di lui (παρ᾽ ᾧ) non c'è "variazione" (παραλλαγή) o "ombra di mutazione" (τροπῆς ἀποσκίασμα). Queste due espressioni, che indicano fenomeni naturali e fisici, sono coerenti con l'attributo dato a Dio nel rigo precedente, in cui è chiamato "Padre delle luci". Pertanto anche loro sono di natura simbolica; e come la precedente, servono ad indicare una qualità morale della sua natura, dicendo in senso negativo ciò che l'altra afferma in modo positivo, e cioè che in Dio non ci può essere né male né errore, ma solo bene e verità.

Quindi tutta la frase di Gc 1,17 è una affermazione teologica sulla natura di Dio, per mezzo di immagini simboliche. La prima parte della frase vuole presentare Dio come origine del bene e della verità. La seconda parte vuole escludere da lui il contrario, cioè il male e l'errore.

In Gc 1,18 dice che ci ha creato e perché ci ha creato, per fare comprendere al lettore che chi ha avuto origine da Dio, che è fonte del bene e della verità, è stato fatto per fare il bene e per vivere nella verità.

In Gc 1,18a dice che Dio "volendo" (βουληθείς), "ci ha generato con una parola di verità" (ἀπεκύησεν ἡμᾶς λόγῳ ἀληθείας), "per essere primizia delle sue creature". Anche questo linguaggio è simbolico e richiede spiegazione.

L'espressione "ci ha generato" (ἀπεκύησεν ἡμᾶς) è una immagine che si può riferire alla creazione e l'espressione "con una parola di verità" (λόγῳ ἀληθείας) può indicare il modo in cui ci ha creato, cioè con la sua parola, secondo il racconto della creazione narrato nel libro della Genesi. L'espressione "per essere primizia delle sue creature" indica con una immagine lo scopo per cui ci ha creato. Le 'primizie' sono i primi frutti che produce la terra all'inizio della stagione dei raccolti. Ma usato come attributo dei credenti, si può riferire loro solo in rapporto ai loro frutti, cioè alle loro opere e al loro modo di vivere, che deve essere il migliore, così come lo sono le primizie tra i frutti della stagione. Pertanto l'espressione significa che egli ci ha creato con la sua parola di verità affinché noi fossimo i migliori tra le creature nel compimento del bene.

Io ho riferito l'espressione 'parola di verità' alla parola con cui Dio ci ha creato. Ma altri autori preferiscono riferirla all'annuncio del vangelo. In questo caso l'espressione 'ci ha generato' dovrebbe essere interpretata come 'ci ha rigenerato' con la sua parola di verità che noi abbiamo accolto con fede.

Anche questa interpretazione è possibile, ed è quella tradizionale e più comune. Tuttavia l'altra che io ho proposto mi sembra suggerita dalla logica del testo stesso, che prima di questa affermazione presenta Dio come 'Padre delle luci', cioè come creatore.

Concludendo, riassumo il discorso teologico dell'autore in Gc 1,12-18. Egli ha dimostrato che la tentazione ha origine dal nostro desiderio e non da Dio. Ha dimostrato che da Dio ha origine solo il bene e la verità e che in lui non c'è né male né errore; e ha dimostrato che egli ci ha creato in vista del bene.

Bibliografia. C.-B. Amphoux, "Une relecture du châpître I de l'épître de Jacques", *Bib* 59 (1978) 554-561.- Idem, "A propos de Jacques 1,17", *RHPhR* 50 (1970) 127-136.- P.H. Davids, "The Meaning of ἀπείραστος in James 1,13", *NTS* 24 (1978) 386-393.- C.M. Edsman, "Schöpferwille und Geburt. Jak 1,18: Eine Studie zur altkirchlichen Kosmologie", *ZNW* 38 (1939) 11-44.- L.E. Elliott - Binns, "James 1:18: Creation or Redemption?", *NTS* 3 (1956) 148-161.- H. Greeven, "Jede Gabe ist gut (Jak 1,17)", *TZ* 14 (1958) 1-13.- J. Marcus, "The Evil Inclination in the Epistle of James", *CBQ* 44 (1982) 606-621.- D.J. Verseput, "James 1:17 and the Jewish Morning Prayers" *NT* 39 (1997) 177-191.

2. *La fede senza opere è morta e non giova alla salvezza*. In Gc 2,14-26 discute il problema della via alla salvezza. Si ottiene per mezzo della fede o per mezzo delle opere? Oppure per la fede e per le opere? L'autore propone una terza via, dando alla parola 'opere' (ἔργα) il significato inequivocabile di 'opere di bene' o di misericordia, compiute per dare soccorso a chi è nel bisogno.

In Gc 2,14-17 mostra che la fede che non ha opere è morta. Per farsi comprendere e non lasciare dubbi su ciò che intende dire, porta l'esempio di colui che manda via senza aiuto un fratello che è nudo e senza nutrimento. Quindi chi dice di credere, ma non dà aiuto al fratello che chiede soccorso, non può sperare di essere salvato, come dice crudamente in Gc 2,14c.

In Gc 2,18-19 mostra che vantarsi di avere la fede non serve a niente. Per far comprendere la sua affermazione, porta l'esempio dei diavoli. Costoro credono che Dio è uno solo e tuttavia tremano. Ciò significa che la loro fede non li salva dall'ira del suo giudizio sulla malvagità del loro essere e del loro comportamento.

In Gc 2,19-21 prende un primo esempio dalla scrittura per convincere il suo interlocutore che la fede senza le opere non ha valore. Porta l'esempio di Abramo, domandandogli se non fu giustificato per le opere, quando offrì il figlio Isacco sull'altare. La domanda resta senza risposta perché il gesto di Abramo rivela da solo e in modo chiaro la sua fede in Dio. Quindi in Gc 2,22 trae subito una conclusione rivolgendosi con il 'tu' al suo ipotetico dialogante. Dice: "Vedi che la fede cooperava (συνήργει) con le opere di lui e che dalle opere (ἐκ τῶν ἔργων) la fede divenne perfetta (ἐτελειώθη)". Poi in Gc 2,23 cita Gn 15,6: "E Abramo ebbe fede in Dio (lett. credette a Dio) e gli fu accreditato a giustizia" e dice che tale parola della scrittura è andata a compimento (ἐπληρώθη) perché Abramo ha manifestato la sua fede, mostrandosi pronto a sacrificare il figlio sull'altare per obbedire a Dio. Per questo fu chiamato "amico di Dio" (φίλος θεοῦ).

La citazione di Gn 15,6 in Gc 2,23 serve semplicemente a dire con le parole del testo sacro ciò che risulta evidente dal racconto del sacrificio in Gn 22,9.12 rievocato in Gc 2,21-22. Da quel testo e dal gesto compiuto per obbedire a Dio appare chiaro che Abramo è giusto, cioè sottomesso al volere di Dio. Pertanto la sua azione rivela la giustizia che possiede e che Gn 15,6 affermava. Con ciò lascia comprendere che la fede ha prodotto la sua giustizia ed egli ha manifestato con la sua opera la giustizia ricevuta per fede dalla grazia.

In Gc 2,24 trae la conclusione generale rivolgendosi a tutti i suoi interlocutori con un 'voi'. Dice: "Vedete che l'uomo è giustificato da opere e non soltanto da fede (ὁρᾶτε ὅτι ἐξ ἔργων δικαιοῦται ἄνθρωπος καὶ οὐκ ἐκ πίστεως μόνον).

In questo modo ha completato la sua dimostrazione per indicare la strada che l'uomo deve seguire per ottenere la salvezza finale. L'esempio della prostituta Raab, ricordato in Gc 2,25 serve da conferma della conclusione già tratta. Dice che è stata giustificata e salvata perché ha fatto del bene, nonostante la sua condotta morale, ritenuta in genere riprovevole e in Gc 2,26 aggiunge: "Infatti come il corpo senza spirito è morto, così anche la fede senza opere è morta". Ciò dovrebbe far capire al lettore che ciò che conta davanti a Dio non è né ciò che si crede né la propria condotta morale, ma il bene che si compie in favore di chi si trova nelle miserie.

Ha provato la prima cosa mostrando che anche i diavoli credono, ma non si salvano. Ha provato la seconda cosa dicendo che Raab fu giustificata e salvata per il bene fatto, ed era la prostituta del luogo che andò completamente distrutto. Infine con l'esempio di Abramo ha mostrato che chi crede, è esortato a mostrare con le opere di bene la giustizia ottenuta dalla fede. Se il credente rifiuta di soccorrere chi ha bisogno di aiuto, quando è capace di farlo, la fede non può salvarlo dal futuro giudizio di Dio. E con ciò lascia intendere che il giudizio finale sarà per ciascuno conforme alle sue opere; o meglio, sarà conforme al bene che ha compiuto e a quello che non ha fatto, quando era in grado di farlo (cf. Gc 4,17).

Bibliografia. C. Burchard, "Zu Jakobus 2,14-16", *ZNW* 71 (1980) 27-45.- C.E. Donker, "Der Verfasser des Jakobusbriefes und seine Gegner: Zum Problem des Einwandes in Jak 2,18-19", *ZNW* 72 (1981) 227-240.- G. Eichholz, *Glaube und Werke bei Paulus und Jakobus* (TEH 88), München 1961.- L. Goppelt, *Theologie des Neuen Testaments,* Göttingen [3]1991, 529-542.- H.P. Hermann, "Faith and Works: Paul and James", *LThJ* 9 (1975) 33-41.- A.T. Hanson, "Raab the Harlot in Early Christian Theology", *JSNT* 1 (1978) 53-60.- I. Jacobs, "The Midrashic Background for James 2,21-23", *NTS* 22 (1976) 457-464.- J. Jeremias, "Paul and James", *ExpT* 66 (1954/55) 368-371.- T. Laato, "Justification According to James: A Comparison with Paul", *TrinJ* 18 (1997) 43-84.- V. Limberis, "The Provenance of the Caliphate Church: James 2,17-26 and Galatians 3 Reconsidered", in: *Early Christian Interpretation of the Scriptures of Israel,* ed. C.A. Evans et al. (JSNT.SS 148), Sheffield, 397-420.- J.G. Lodge, "James and Paul at Cross-Purposes? James 2,22", *Bib* 62 (1981) 195-213.- F. Manns, "Jacques 2,24-26 à la lumière du judaïsme", *BeO* 26 (1984) 142-149.- E. Lohse, "Glaube und Werke - Zur Theologie des Jakobusbriefes", in: Idem, *Die Einheit des Neuen Testaments,* Göttingen 1973, 285-306.- T. Lorentzen, "Faith without Works Does Not Count Before God? James 2:14-26", *ExpT* 89 (1978) 231-235.- H. Neitzel, "Eine alte crux interpretum im Jak 2,18", *ZNW* 73 (1982) 286-293.- W. Nicol, "Faith and Works in the Letter of James", *Neot* 9 (1975) 7-24.- M. Proctor, "Faith, Works, and the Christian Religion in James 2: 14-26", *EvQ* 69 (1997) 307-331.- D.J. Verseput, "Reworking the Puzzle of Faith and Deeds in James 2:14-16", *NTS* 43 (1997) 97-115.- R. Walker, "Allein aus Werke: Zur Auslegung von Jak 2,14-26", *ZTK* 61 (1964) 155-192.- R.B. Ward, "The Works of Abraham, James 2,14-16", *HTR* 61 (1968) 283-290.

3. *Il giudizio secondo la legge di libertà.* In Gc 2,12-13 ricorda il giudizio per esortarli ad agire bene. Dice: "Così dite e così agite, come coloro che devono essere giudicati per mezzo di una legge di libertà (διὰ νόμου ἐλευθερίας). Infatti il giudizio [sarà] senza pietà (ἀνέλεος) per chi non ha fatto misericordia (o opera di pietà). Prevale la pietà al giudizio".

In questa frase ricorda quattro principi essenziali della fede: 1) che ci sarà un giudizio (κρίσις), 2) che ciascuno sarà giudicato per mezzo della legge, cioè secondo le sue azioni, se sono o no conformi alla legge divina, 3) che chi non ha fatto misericordia (ἔλεος), nel giudizio non troverà misericordia, 4) che la misericordia prevale sul giudizio, cioè cancella il giudizio sul male compiuto.

Quanto al giudizio (κρίσις), si deve intendere come 'giudizio finale'. Ciò è confermato dalle stesse parole della esortazione. In Gc 2,12c i destinatari sono esortati ad agire come coloro che devono essere giudicati (ὡς... μέλλοντες κρίνεσθαι). Il giudizio quindi riguarda il futuro.

Quanto al modo in cui avverrà il giudizio, dice "per mezzo di una legge di libertà" (διὰ νόμου ἐλευθερίας). Questa espressione generica è una immagine che indica la legge morale data da Dio e contenuta nella scrittura. Ciò risulta senza equivoco da Gc 2,8-11. In Gc 2,8 dice: "Se la legge regale com-

pite secondo la scrittura 'Amerai il prossimo tuo come te stesso', fate bene".
Da ciò risulta che distingue tra 'legge', che chiama regale e il modo in cui
deve essere compiuta, cioè 'secondo' (κατά) il comandamento dell'amore
del prossimo stabilito dalla scrittura in Lev 19,18.

In Gc 2,9 precisa che chi fa distinzione tra persone, preferendo i ricchi e
disprezzando i poveri, commette peccato, cioè viola la legge. Per questo dice
che costoro sono accusati come trasgressori dalla legge (ὑπὸ τοῦ νόμου). E'
evidente quindi che la parola 'legge' si riferisce alle norme morali date da Dio
e contenute nella scrittura. Ricorda che tra queste ci sono i comandamenti
'non commettere adulterio' e 'non uccidere', di cui parla in Gc 2,10-11, per
fare comprendere che chi li trasgredisce viola la legge.

Da ciò risulta che se violano le norme della legge morale data da Dio, commettono peccato e sono accusati dalla legge come trasgressori. E chi è nel peccato, è sotto accusa. Pertanto non è più libero, ma la sua condizione è come
quella di un accusato, e destinato a scontare la pena, perdendo la sua libertà.

Quindi l'espressione "per mezzo di una legge di libertà" significa che il
giudizio sarà fatto esaminando le azioni compiute dall'uomo per vedere se
sono conformi alla legge morale data da Dio e contenuta nella scrittura. Questa legge è detta 'di libertà' perché rende libero colui che la osserva, cioè
libero dal peccato, libero dall'accusa della stessa legge e infine libero dal
giudizio finale di condanna da parte di Dio. Si potrebbe perciò intendere come
'legge che conduce alla libertà', o come 'legge di chi vive nella libertà', cioè
libertà dal peccato. Quanto al risultato o esito del giudizio, fa notare che sarà
'senza pietà' (o 'senza misericordia') (ἀνέλεος) per colui che non ha fatto
opera di pietà o misericordia. La misericordia non fatta riguarda ciò di cui ha
parlato in precedenza, indicando come peccato la preferenza del ricco e il
disprezzo del povero. Pertanto si deve dire che per l'autore chi disprezza i
poveri, agisce senza misericordia e di conseguenza Dio non avrà misericordia verso i suoi peccati al momento del giudizio.

Questa interpretazione è confermata da Gc 1,27 in cui ricorda che 'religione pura' davanti a Dio e padre nostro, è soccorrere gli orfani e le vedove
nella loro afflizione e conservarsi puri da questo mondo. E' confermata da ciò
che dice in Gc 2,14-16 in cui mostra che la fede, senza le opere di bene, non
salva. Ed è confermata da Gc 2,25 in cui mostra che Raab è stata salvata
perché ha prestato aiuto agli esploratori. Pertanto la parola 'misericordia'
(ἔλεος) indica 'la pietà mostrata verso il povero che chiedeva aiuto. Chi rifiuta questa pietà al povero, non troverà pietà per la propria miseria davanti a
Dio, nel giorno del giudizio. Chi invece avrà mostrato misericordia al povero, troverà presso Dio misericordia per i suoi peccati, nel giorno del giudizio.
Per questo conclude in Gc 2,13 riaffermando il principio generale della fede,
e cioè che la misericordia prevale contro il giudizio.

Bibliografia. C. Burchard, "Nächstenliebegebot, Dekalog und Gesetz in Jak 2,8-11", in: *Die hebräische Bibel und ihre zweifache Nachgeschichte*, ed. E. Blum - C. Machholz - F.W. Stegemann, Neukirchen-Vluyn 1990, 517-533.- W. Dyrness, "Marcy Triumphs over Justice: James 2:13 and the Theology of Faith and Works", *Themelios* 6 (1981) 11-16.- R. Fabris, *La legge della libertà in Giacomo*, 53-81.133-181.- M. Hogan, "Law in the Epistle of James", *SNTU* 22 (1997) 79-91.- L.T. Johnson, "The Use of Leviticus 19 in the Letter of James", *JBL* 101 (1982) 391-401.- Idem, "Taciturnity and True Religion: James 1:26-27", in: *Greeks, Romans and Christians*, ed. D.L. Balch - E. Ferguson - W.A. Meeks, Minneapolis 1990, 329-339.- C. Marucci, "Das Gesetz der Freiheit im Jakobusbrief", *ZTK* 117 (1995) 317-331.- F. Mussner, *Der Jakobusbrief*, 207-211 (Excursus: 'Die Eschatologie des Briefes').- W. Popkes, "The Law of Liberty (James 1:25; 2,12)", in: FS G. Wagner, ed. Faculty of Baptist Theological Seminary, Frankfurt a.M. 1994, 131-142.-

4. *Dio legislatore e giudice.* In Gc 4,12 afferma: "Uno solo è legislatore e giudice (εἷς νομοθέτης καὶ κριτής), colui che può salvare e rovinare". Queste due perifrasi significano Dio, indicato per mezzo di due sue attività fondamentali.

L'attributo νομοθέτης, 'legislatore', si riferisce a lui come datore della legge morale, di cui parla in Gc 4,11 e di cui ha parlato in Gc 2,8-11 ricordando i comandamenti e altre norme contenute nella scrittura. L' attributo κριτής, 'giudice', si riferisce a lui come a colui che farà il giudizio finale sulla condotta dell'uomo, esaminando le sue azioni, se sono conformi alla legge morale. Quindi chiamando Dio 'legislatore' ammonisce, ricordando che chi viola la legge non può sfuggire al giudizio, perché colui che giudica è anche il legislatore della legge che è stata violata.

La seconda perifrasi si compone di due infiniti dipendenti da un participio, in cui Dio è definito come colui che può salvare e rovinare (ὁ δυνάμενος σῶσαι καὶ ἀπολέσαι).

Poiché queste due attività le esercita nel giudizio, i due verbi sono da considerare come specificazione della sua attività di 'giudice' (κριτής). Dio è chiamato giudice perché ha il potere di salvare e di distruggere per mezzo del giudizio finale. E il giudizio si baserà sulla legge che egli stesso ha dato, come ha già detto in Gc 2,12.

Per questa ragione esorta a non sparlare dei fratelli e a non giudicare il prossimo. Dice che chi fa questo, viola la legge in cui Dio, il legislatore, chiede amore per il prossimo. Di conseguenza, chi fa questo, si espone al giudizio di Dio. In Gc 4,11ba dice: "chi sparla contro il fratello o giudica il fratello, sparla contro la legge e giudica la legge (καταλαλεῖ νόμου καὶ κρίνει νόμον).

Ciò lascia supporre che chi giudica il fratello, giudica la sua condotta ispirata dalla legge di Dio. Quindi chi lo giudica, giudica la sua fedeltà alla legge di Dio e pertanto giudica la legge stessa che ispira la sua condotta. In questo caso, il rimprovero dell'autore è rivolto a quei fratelli che non solo non praticano la legge, ma sparlano di coloro che vi restano fedeli. Per invitarli ad abbandonare il loro orgoglio, ricorda che Dio è il datore della legge e il giudice, per fare comprendere che costoro indirettamente si fanno giudici di Dio stesso. Pertanto non potranno sfuggire al suo giudizio, da cui dipende il loro destino eterno, cioè la salvezza e la rovina.

Bibliografia. G.C. Bottini, "Uno solo è il legislatore e giudice (Gc 4,11-12)", *SBFLA* 37 (1987) 99-112.-

5. *Lo Spirito abita in noi.* In Gc 4,5 si legge questa domanda: "O pensate che a vuoto (o invano) la scrittura dice: Per gelosia (πρὸς φθόνον) ama lo Spirito che abita in noi?". Questa frase è ancora oggetto di discussione. Ma i problemi principali sono solo due: 1) Chi è il soggetto del verbo 'ama' (ἐπιποθεῖ)? Dio o lo Spirito? 2) Chi è il soggetto del verbo κατῴκισεν o κατῴκησεν? Dio o lo Spirito? Nel primo caso, significherebbe 'fece abitare', nel secondo 'abita'.

A me sembra che il testo suggerisca un unico soggetto, lo Spirito, (τὸ πνεῦμα), cioè lo Spirito di Dio, che 'ama per gelosia' (πρὸς φθόνον ἐπιποθεῖ) e che 'abita in noi'. Le ragioni di questa scelta sono due. La parola τὸ πνεῦμα, 'lo Spirito', è l'unico sostantivo che può fare da soggetto nella frase. Il verbo κατῴκησεν significa 'abita' e non trovo nessun motivo per preferire κατῴκισεν, e tradurre 'ha fatto abitare', supponendo Dio come soggetto, con riferimento a Gn 2,7 e Gn 6,3.

Interpretando in questo modo, il richiamo alla scrittura, a cui la frase è ispirata, serve da monito. Nessun testo è citato in modo particolare e una allusione a Ex 20,5 il primo comandamento, non è da escludere. Ma la scrittura attesta dovunque che Dio ama in modo geloso (cf. Dt 4,14). Ora la stessa cosa è detta dello Spirito di Dio che abita in noi. Questa affermazione deve confermare la frase di Gc 4,4 in cui dice che colui che vuole essere amico del mondo, si costituisce nemico di Dio.

Perché? Il motivo è detto in Gc 4,5a affermando che lo Spirito (di Dio), che abita in noi, ama in modo geloso, cioè desidera che l'uomo in cui abita ami Dio e compia il suo volere in modo assoluto, senza violare la legge di Dio per cercare i piaceri del mondo. Chi fa questo, ama il mondo. Di conseguenza si costituisce nemico di Dio, perché con la sua condotta perversa viola la legge di quel Dio, il cui Spirito lo ama in modo geloso.

Tuttavia l'amore geloso dello Spirito di Dio non è senza scopo. Dice che dona una grazia più grande (μείζονα δὲ δίδωσιν χάριν) (Gc 4,5b). Questo è un invito a non disprezzare il suo amore. Ama in modo geloso, perché richiede per sé tutto l'amore. Ma dà anche una grazia più grande. Quindi il suo amore torna a beneficio di colui che lo accoglie.

Lo Spirito di Dio (τὸ πνεῦμα), di cui parla, è probabilmente lo Spirito che Dio ha dato all'uomo con il dono della vita, come ricordato in Gn 2,7. Quindi è questo Spirito vivente, con il quale Dio fa vivere, che ama in modo geloso l'uomo in cui abita per volere di Dio, affinché con la sua condotta non violi la legge divina, che Dio ha dato per proteggere la vita stessa. In questo caso, le offese contro la legge, descritte in Gc 4,1-3 sono da considerare come un tradimento dell'amore dello Spirito di Dio, che ci fa vivere e spinge al bene.

Bibliografia. L.T. Johnson, "Friendship with the World/Friendship with God: A Study of Discipleship in James", in: *Discipleship in the New Testament*, ed. F.F. Segovia, Philadelphia 1985, 166-183.- Idem, "James 3:13-4,10 and the Topos περὶ φθόνος", *NT* 25 (1983) 327-347.- S. Laws, " 'Does Scripture Speak in Vain'? A Reconsideration of James 4,5", *NTS* 20 (1973/74) 210—215.- J. Michl, "Der Spruch Jakobusbrief 4,5", in: *Neutestamentliche Aufsätze*, FS J. Schmid, ed. J. Blinzler - O. Kuss - F. Mussner, Regensburg 1963, 113-118.- W. Popkes, "The Composition of James and Intertextuality: An Exercise on Methodology", *StTh* 51 (1997) 91-112.- C. Spicq, "ΕΠΙΠΟΘΕΙ. Desirer ou Chérir?", *RB* 64 (1957) 184-195.

.

DI PIETRO 1

Bibliografia. (Studi) M. Adinolfi, "L'autorità civile nelle Diatribe di Epitteto alla luce della 1Pt", in: *Gesù Apostolo e Sommo Sacerdote,* FS T. Ballarini, Torino 1984, 173-180.- Idem, "Testimoniare la speranza secondo 1Pt 3,15-16", in: *La speranza*, Brescia-Roma 1984, II 113-131.- Idem, "La deontologia stoica di Ierocle e il codice domestico di 1Pt", in: *Noscere Sancta,* FS A. Amore, Roma 1985, 187-205.- Idem, "La metanoia nella Tavola di Cebete alla luce di 1Pt", *Anton* 60 (1985) 579-601.- Idem, *La prima lettera di Pietro nel mondo greco-romano* (BPAA 24), Roma 1986.- M. Ashcraft, "Theological Themes in 1 Peter", *TheolEd* 13 (1982) 55-62.- D.L. Balch, *Let Wives Be Submissives*: The Domestic Code in 1Peter (SBL.DS 26), Chico, CA, 1981.- A. Barr, "Submission Ethics in the First Epistle of Peter", *Hartford Quarterly* 20 (1961) 27-33.- J.B. Bauer, "Der erste Petrusbrief und die Verfolgung unter Domitian", in: *Die Kirche des Anfangs*, FS H. Schürmann (EThS 38), Leipzig 1977, 513-527.- F.W. Beare, "The Text of 1 Peter in the Bodmer Papyrus (P 72)", *JBL* 80 (1961) 253-260.- S.R. Bechtler, *Following in His Steps:* Suffering Community and Christianity in 1Peter (SBL.DS 162), Atlanta 1998.- E. Best, "1Peter and the Gospel Tradition", *NTS* 16 (1969/70) 95-113.- M.E. Boismard, "Une liturgie baptismale dans la Prima Petri", *RB* 63 (1956) 182-208; 64 (1957) 161-183.- Idem, *Quatre Hymnes Baptismales dans la première épître de Pierre* (LD 30), Paris 1961.- Idem, "Pierre (Première épître de)", *DBS* 7 (1966) 1415-1455.- E. Bosetti, *Il Pastore. Cristo e la Chiesa nella prima lettera di Pietro* (RivB.S 21), Bologna 1990.- F. Bovon, "Foi chrétienne et religion populaire dans la 1ʳᵉ épître de Pierre", *ETL* 53 (1978) 25-41.- J.L. Blevins, "Introduction to 1Peter", *RevExp* 79 (1982) 401-413.- R.E. Brown - D.P. Donfried - J. Reumann, *Peter in the New Testament,* Minneapolis 1973.- N. Brox, "Zur pseudoepigraphischen Rahmung des ersten Petrusbriefes", *BZ* 19 (1976) 78-96.- Idem, "Situation und Sprache der Minderheit im ersten Petrusbrief", *Kairos* 19 (1977) 1-13.- Idem, "Tendenz und Pseudoepigraphie im ersten Petrusbief", in: *Kontinuität und Einheit,* FS F. Mussner, Freiburg i.Br. 1981, 484-493.- R. Bultmann, "Bekenntnis und Liedfragmente im ersten Petrusbrief", in: Idem, *Exegetica*, Tübingen 1967, 285-297.- J. Calloud-F. Genuyt, *La première épître de Pierre*: Analyse sémiotique (LD 109), Paris 1982.- B. Campbell, *Honor, Shame and the Rhetoric of 1 Peter* (SBL.DS 160), Atlanta 1998.- L. Cerfaux, "Sacerdotium Regale", in: Idem, *Recueil L. Cerfaux.* Etudes d'exégèse et d'histoire religieuse, vol. II (BETL 18), Gembloux 1954, 283-315.- M.-A. Chevallier, "1Pierre 1,1 à 2,10: structure littéraire et consequences théologiques", *RHPR* 51 / (1971) 129-142.- Idem, "Condition et vocation des chrétiens en diaspora. Remarques exégètiques sur la 1ʳᵉ épître de Pierre", *RSR* 48 (1974) 129-142.- Idem, "Israël et l'église selon la première épître de Pierre", in: *Paganisme, Judaïsme Christianisme*, FS M. Simon, Paris 1978, 117-130.- S. Cipriani, "L'unità del disegno della storia della salvezza nella 1 lettera di Pietro", *RivB* 14 (1966) 385-406.- E. Cothenet, "Le realisme de l'espérance chrétienne selon 1 Pierre", *NTS* 27 (1980/81) 564-572.- Idem, "La porté salvifique de la résurrection du Christ d'après la 1 Pierre", in: *La Pâque du Christ, Mystère du Salut,* FS F.-X. Durrwell, (LD 112), Paris 1982, 249-262.- Idem, "La Première de Pierre: bilan de 35 ans de recherche", *ANRW* II 25.5 (1988) 3685-3712.- F.L. Cross, *1 Peter, A Pascal Liturgy*, London 1954.- O. Cullmann, *Saint Pierre - disciple et martyr*, Neuchâtel - Paris 1952.- P. D'Aquino, "Il sacerdozio del nuovo popolo di Dio e la prima lettera di Pietro", in: *San Pietro*, Brescia 1967, 291-316.- W.J. Dalton, "The Church in 1 Peter", *Tantur Yearbook* (1980/81) 79-91.- P.E. Davis, "Primitive Christology in 1 Peter", FS F.W. Gingrich, Leiden 1972, 115-122.- G.Delling, "Der Bezug der christlichen Existenz auf das Heilshandel Gottes nach dem ersten Petrusbrief", in: *Neues Testament und christliche Existenz*, FS H. Braun, Tübingen 1973, 95-113.- J.H. Elliott, *The Elect and the Holy:* An Exegetical Examination of 1Peter 2,4-10 and the Phrase basi÷leion i°era¿teuma(NT.S

12), Leiden 1966.- Idem, "Ministry and Church Order: A Tradition-Historical Analysis (1Pt 5,1-5 and parallels)", *CBQ* 32 (1970) 367-391.- Idem, "The Reabilitation of an Exegetical Step-Child: 1 Peter in Recent Research", *JBL* 95 (1976) 243-254.- Idem, "Peter, Silvanus, and Mark in 1Peter and Acts", in: *Wort in der Zeit*, FS K.H. Rengstorff, Leiden 1980, 250-267.- Idem, *1 Peter: Estrangement and Community*, Chicago 1979.- Idem, *A Home for the Homeless. A Sociological Exegesis of 1 Peter. Its Situation and Strategy*, London 1982.- A.C.F.E.B., *Etudes sur la première lettre de Pierre* (LD 102), Paris 1980.- R. Feldmeier, *Die Christen als Fremde. Die Metapher der Fremde in der antiken Welt, im Urchristentum und im 1 Petrusbrief* (WUNT 64), Tübingen 1992.- F.W. Filson, "Parteikers with Christ: Suffering in First Peter", *Int* 9 (1955) 400-412.- V.P. Furnish, "Elect Sejourners in Christ: An Approach to the Theology of 1 Peter", *PSTJ* 28 (1975) 1-11.- E. Galbiati, "L'escatologia delle lettere di S. Pietro", in: *San Pietro*, Brescia 1967, 413-423.- R.E. Glane, "Introduction to 1 Peter", *TheolEd* 13 (1982) 23-34.- H. Goldstein, *Paulinische Gemeinde im ersten Petrusbrief* (SBS 80), Stuttgart 1975.- L. Goppelt, "Prinzipien neutestamentlicher Sozialethik nach dem ersten Petrusbrief", in: *Neues Testament und Geschichte*, FS O. Cullmann, Zürich 1972, 285-296.- Idem, *Theologie des Neuen Testaments*, Göttingen [3]1991, 490-508.528.- R.H. Gundry, "Verba Christi in 1 Peter: Their Implication Concerning the Gospel Tradition", *NTS* 13 (1966/67) 336-350.- Idem, "Further Verba Christi in First Peter", *Bib* 55 (1974) 211-232.- J. Herzer, *Petrus oder Paulus?* (WUNT 103), Tübingen 1998.- D. Hill, "On Suffering and Baptism in 1 Peter", *NT* 18 (1976) 181-189.- N. Hillyer, "First Peter and the Feast of Tabernacles", *TynB* 22 (1971) 58-81.- R.P. Jones, "Teaching First Peter", *RevExp* 79 (1982) 463-472.- A.R. Jonsen, "The Moral Teaching of the First Epistle of Peter", *ScEccl* 16 (1964) 93-105.- M. Karrer, "Petrus im paulinischen Gemeindekreis", *ZNW* 80 (1989) 210-231.- G.E. Kirk, "Endurance in Suffering in 1 Peter", *BS* 138 (1981) 46-56.- H. Kraft, "Christologie und Eschatologie im ersten Petrusbrief", *EvT* 10 (1950/51) 120-126.- T.D. Lea, "1 Peter - Outline and Exposition", *SWJT* 25 (1982) 17-45.- A.R.C. Leaney, "1 Peter and the Passover: An Interpretation", *NTS* 10 (1963/64) 238-251.- E. Lohse, "Paränese und Kerygma im 1.Petrusbrief", *ZNW* 45 (1945) 68-89; rist. in: Idem, *Die Einheit des Neuen Testaments*, Göttingen 1973, 307-328.- J.P. Love, "The First Epistle of Peter", *Int* 8 (1954) 63-87.- F. Manns, " 'La maison où réside l'Esprit '. 1Pt 2,5 et son arrière-plan juif", *SBFLA* 34 (1984) 207-224.- T.W. Martin, *Metapher and Composition in 1 Peter* (SBL.DS 131), Atlanta 1992.- E. Massaux, "Le text de la Petri du Papyrus Bodmer VIII (P 72)", *ETL* 39 (1963) 616-671.- W. Marxen, "Der Mitälteste und Zeuge des Leidens Christi", in: *Theologia Crucis - Signum Crucis*, FS E. Dinkler, Tübingen 1979, 377-393.- G. Maier, "Jesustradition im 1.Petrusbrief", in: *Gospel Perspectives* 5, Sheffield 1985, 85-128.- J.D. McCaughey, "On Re-Reading 1 Peter", *ABR* 31 (1983) 33-44.- R. Metzner, *Die Rezeption des Matthäusevangeliums im 1. Petrusbrief* (WUNT 2/74), Tübingen 1995.- S. Migliasso, "Il paolinismo della prima Pietro", *RivB* 34 (1986) 519-541.- H. Millauer, *Leiden als Gnade*. Eine traditionsgeschichtliche Untersuchung zur Leidenstheologie des ersten Petrusbriefes (EHS), Bern 1976.- D.G. Miller, "Deliverance and Destiny: Salvation in First Peter", *Int* 9 (1955) 413-425.- C.F.D. Moule, "The Nature and Purpose of the 1 Peter", *NTS 3* (1956/57) 1-11.- W. Munro, *Authority in Paul and Peter:* The Identification of a Pastoral Status in the Pauline Corpus and 1 Peter (SNTS.MS 45) Cambridge 1983.- W. Nauck, "Freude im Leiden. Zum Problem einer urchristlichen Verfolgungstradition", *ZNW* 46 (1954) 68-80.- F. Neugebauer, "Zur Deutung und Bedeutung des 1. Petrusbriefes", *NTS* 26 (1979/80) 61-86.- T.P. Osborne, "L'utilisation de l'Ancien Testament dans la 1re épître de Pierre", *RTL* 12 (1981) 64-77.- R. Perdelwitz, *Die Mysterienreligion und das Problem des ersten Petrusbriefes*. Ein literarischer und traditionsgeschichtlicher Versuch (RVV 11;3), Giessen 1911.- K. Philipps, *Kirche in der Gesellschaft nach dem 1.Petrusbrief*, Gütersloh 1971.- F.R. Prostmeier, *Handlugsmodelle im 1 Petrusbrief* (FzB 63), Würzburg 1990.- J.W. Pryor, "First Peter and the New Covenant", *RTR 45* (1986) 1-4.44-51.- R. Refoulé, "Bible et éthique sociale. Lire aujourd'hui 1 Pierre", *Le*

Supplément 131 (1979) 457-482.- A. Reichert, *Eine ursprüngliche praeparatio ad martyrium. Studien zur Komposition, Traditionsgeschichte und Theologie des 1 Petrusbriefes* (BET 22), Frankfurt a.M. 1989.- B. Reicke, *The Disobedient Spirits and Christian Baptism:* A Study of 1 Peter and Its Context, Copenhagen 1946.- P.E. Robertson, "Is 1 Peter a Sermon?", *TheolEd* 13 (1982) 35-41.- R. Fussell, "Eschatology and Ethics in 1 Peter", *EvQ* 47 (1975) 78-84.- *San Pietro.* Atti della XIX Settimana Biblica Italiana, Brescia 1967.- F.-J. Schierse, "Ein Hirtenbrief und viele Bücher. Neue Literatur zum ersten Petrusbrief", *BK* 31 (1976) 86-88.- H. Schlier, "Eine adhortatio aus Rom. Die Botschaft des ersten Petrusbriefes", in: *Strukturen christlicher Existenz*, FS F. Wulf, Würzburg 1968, 59-80. 369-371.- Idem, "Die Kirche nach dem ersten Petrusbrief", in: *Das Heilsgeschehen in der Gemeinde (Mysterium Salutis* 4/1), Einsiedeln 1972, 195-200.- W. Schrage, "Zur Ethik der neutestamentlichen Haustafeln", *NTS* 21 (1974/ 75) 1-22.- F. Schröger, *Gemeinde im ersten Petrusbrief.* Untersuchungen zum selbstverständnis einer christlichen Gemeinde an der Wende vom 1. zum 2. Jahrhundert, Passau 1981.- W.L. Schutter, *Hermeneutik und Komposition im ersten Petrusbrief* (WUNT 2/30), Tübingen 1989.- E. Schweizer, "Zur Christologie des ersten Petrusbriefes", in: *Anfänge der Christologie*, FS F. Hahn, ed. C. Breytenbach - H. Paulsen, Göttingen 1991, 369-381.- E.G. Selwyn, "Eschatology in 1 Peter", in: *The Background of the New Testament and Its Eschatology*, FS C.H. Dodd, Cambridge 1956, 394-401.- K. Shimada, "Is 1 Peter Dependent on Ephesians? A Critique of C.L. Mitton", *AJBI* 17 (1991) 77-106.- F. Sleeper, "Political Responsability According to 1 Peter", *NT* 10 (1968) 270-286.- M.L. Soards, "1 Peter, 2 Peter, and Jude as Evidence for a Petrine School", *ANRW II* 25.5 (1988) 3827-3849.- C. Spicq, "La la Petri et le témoignage évangélique de saint Pierre", *ST* 20 (1966) 37-61.- T. Spörri, '*Der Gemeindegedanke im ersten Petrusbrief*', Gütersloh 1925.- D. Sylva, "A 1 Peter Bibliography", *JETS* 25 (1982) 75-89.- T.C.G. Thornton, "1 Peter. A Pascal Liturgy?", *JTS* 12 (1961) 14-26.- L. Thurén, *The Rhetorical Strategy of 1 Peter.* With Special Reference to Ambiguous Expressions, Åbo 1990.- Idem, *Argument and Theology in 1 Peter:* The Origins of Christian Paraenesis (JSNT.SS 114), Sheffield 1995.- R.W. Thurston, "Interpreting First Peter", *JETS* 17 (1974) 171-182.- W.C. van Unnik, "The Teaching on the Good Works in 1 Peter", *ExpT* 68 (1956/57) 79-83.- Idem, "Die Rücksicht auf die Nicht-Christen als Motiv in der altchristlichen Paränese", in: *Judentum, Urchristentum, Kirche*, FS J. Jeremias (BZNW 26), Berlin 1964, 221-234.- U. Vanni, "La promozione del regno di Dio come responsabilità dei cristiani secondo l'Apocalisse e la Prima Lettera di Pietro", *Greg* 88 (1987) 9-56.- J.L. Villiers, "Joy in Suffering in 1 Peter", *Neot* 9 (1975) 64-86.- O. Wolff, "Der Christ und die Welt im 1. Petrusbrief", *TLZ* 100 (1975) 333-342.- (Commenti) P.J. Achtemeier, *1 Peter* (Hermeneia), Minneapolis 1996.- P. De Ambroggi, *Le epistole di Giacomo, Pietro, Giovanni, Giuda*, Torino - Roma 1957, 87-157.- F.W. Beare, *The First Epistle of Peter*, Oxford ³1970.- E. Best, *1 Peter*, (NCeB), London 1971.- C. Bigg, *Commentary on the Epistles of St Peter and St Jude* (ICC), Edinburgh 1910.- N. Brox, *Der erste Petrusbrief* (EKK 21) Zürich / Neukirchen-Vluyn ⁴1993.- C.E.B. Cranfield, *The First Epistle of Peter*, London 1950. P.H. Davids, *The First Epistle of Peter* (NIC), Grand Rapids 1990.- H. Frankemölle, *1. und 2. Petrusbrief* (NEB.NT 18/20), Würzburg 1987, 7-70.- L. Goppelt, *Der erste Petrusbrief*, ed. F. Hahn (KEK 12/1), Göttingen 1978.- D.E. Hiebert, *First Peter*, Chicago 1984.- O. Knoch, *Der erste Petrusbrief* (RNT), Regensburg 1990.- J.C. Margot, *Les épîtres de Pierre*, Genève 1960.- R.J. Michaelis, *1 Peter* (WBC 49), Waco, TX, 1988.- J. Michl, *Die Katholischen Briefe* (RNT 8/2), Regensburg ²1968, 94-152.- J. Moffatt, *The General Epistles.* James, Peter and Jude (MNTC), London ⁸1963.- B. Reicke, *The Epistles of James, Peter and Jude* (AB 37), Garden City, NY, 1964.- K.H. Schelkle, *Die Petrusbriefe. Der Judasbrief* (HThK 13.2), Freiburg i.Br. ⁵1980, 1-136.- W. Schrage, "Der erste Petrusbrief" (NTD 10), Göttingen ³1985, 60-121.- E. Schweizer, *Der erste Petrusbrief* (ZBK.NT 15), Zürich ³1973.- C. Spicq, *Les épîtres de Pierre* (SB), Paris 1966.- A.Vaccari, *Le lettere cattoliche*, Roma 1958.- H. Windisch, *Die Katholischen Briefe*, rev. H. Preisker (HNT 15), Tübingen ³1951.

I   *Piano letterario di 1 Pt*

Il testo tramandato con il titolo ΠΕΤΡΟΥ ΕΠΙΣΤΟΛΗ Α, 'Lettera di Pietro 1' o semplicemente ΠΕΤΡΟΥ Α, 'di Pietro 1', ha un inizio e una fine di tipo epistolare: 1Pt 1,1-2 e 1Pt 5,12-14.

Secondo N. Brox (EKK 21; [4]1993) e J.R. Michaelis (WBC 49; 1988) il corpo della lettera si compone di venti unità letterarie, che io indico con gli incipit di ciascuna in italiano. I 1Pt 1,3-5 "Sia benedetto Dio e Padre del Signore nostro Gesù Cristo". II 1Pt 1,6-9 "Perciò siate ricolmi di gioia, anche se ora dovete essere afflitti per varie prove". III 1Pt 1,10-12 "Su questa salvezza indagarono e scrutarono i profeti". IV 1Pt 1,13-16 "Perciò dopo avere preparato la vostra mente all'azione, siate vigilanti". V 1Pt 1,17-21 "E se pregando chiamate Padre colui che senza riguardi giudica ciascuno secondo le sue opere". VI 1Pt 1,22-25 "Dopo avere santificato le vostre anime con l'obbedienza alla verità". VII 1Pt 2,1-3 "Deposta dunque ogni malizia, ogni frode e ipocrisia". VIII 1Pt 2,4-10 "Stringetevi a lui, pietra viva, rigettata dagli uomini". IX 1Pt 2,11-12 "Carissimi, io vi esorto, come stranieri e pellegrini, ad astenervi dai desideri della carne". X 1Pt 2,13-17 "Siate sottomessi ad ogni istituzione umana per amore del Signore". XI 1Pt 2,18-25 "Servi, siate sottomessi con profondo rispetto ai vostri padroni". XII 1Pt 3,1-7 "Ugualmente, voi mogli, siate sottomesse ai vostri mariti". XIII 1Pt 3,8-12 "E finalmente siate tutti concordi". XIV 1Pt 3,13-17 "E chi vi potrà fare del male, se siete ferventi nel bene?". XV 1Pt 3,18-22 "Anche Cristo è morto una volta per sempre per i peccati". XVI 1Pt 4,1-6 "Poiché anche Cristo soffrì nella carne, armatevi anche voi degli stessi sentimenti". XVII 1Pt 4,7-11 "La fine di tutte le cose è vicina". XVIII 1Pt 4,12-19 "Fratelli, non siate sorpresi per l'incendio di persecuzione che si è acceso in mezzo a voi per provarvi". XIX 1Pt 5,1-5 "Esorto gli anziani che sono tra voi". XX 1Pt 5,6-11 "Umiliatevi dunque sotto la pesante mano di Dio".

Su questa divisione in piccole unità c'è un consenso quasi generale. Il dissenso è ugualmente generale quando ci si domanda se le singole unità siano collegate tra loro secondo un piano o un ordine discorsivo. Secondo N. Brox, no. Per questo egli commenta ordinatamente unità dopo unità. Secondo J.R. Michaelis, sí e propone una divisione in tre parti. Ma poi non ne tiene conto e nel suo commento procede allo stesso modo di N. Brox.

W.G. Kümmel, nella sua introduzione, propende per questa posizione, cioè per l'assenza di un piano. Per altri invece le unità sono organizzate secondo un piano, strutturato in due, in tre, in quattro parti. Ecco i modelli proposti.

La divisione in *due parti* si presenta in due forme.

La prima forma divide il testo in questo modo: 1P 1,1-2 Introduzione; 1Pt 1,3-4,11 Parte I; 1Pt 4,12-5,11 Parte II; 1Pt 5,12-14 Conclusione.

Questo modello, il più antico, è proposto da R. Perdelwitz (1911), H. Windisch (1911) e da H. Preisker (1951) nella sua riedizione del commento di H. Windisch.

La seconda forma divide il testo in questo modo: 1Pt 1,1-2 Introduzione; 1Pt 1,3-2,10 Parte I; 1Pt 2,11-5,11 Parte II; 1Pt 5,12-14 Conclusione. Questo modello è proposto da L.-M. Antoniotti (1985).

La divisione in *tre parti* si presenta in due forme: una più diffusa, con tre varianti essenziali; una più rara. La forma più diffusa è la seguente: 1Pt 1,1-2 Introduzione; 1Pt 1,3-2,10 Parte I; 1Pt 2,11-4,11 Parte II; 1Pt 4,12-5,11 Parte III; 1Pt 5,12-14 una conclusione epistolare. In 1Pt 2,11 ἀγαπητοί, 'carissimi', è un appellativo che indica un inizio. In 1Pt 4,10 'Amen!' è la fine di una dossologia che conclude. In 1Pt 4,11 ἀγαπητοί, 'carissimi', è un secondo appellativo di un inizio. In 1Pt 5,11 'Amen!' è una seconda fine di dossologia che conclude.

Questo modello è seguito da K.H. Schelkle (HThK 13/2; 1961), da L. Goppelt (KEK 12/1; 1977), da D. Knoch (RNT; 1990) e da P.H. Davids (NIC; 1990), ed è proposta come valida da J.R. Michaelis (WBC 49; 1988), che tuttavia non lo segue, come ho già fatto rilevare.

La prima variante a questo modello consiste nel porre una fine della Parte II in 1Pt 3,12 e l'inizio della Parte III in 1Pt 3,13. La seconda variante consiste nel porre la fine della Parte II in 1Pt 4,6 e l'inizio della Parte III in 1Pt 4,7. Questa è proposta da Wickenhauser e Schmid nella loro introduzione. La terza variante consiste nel porre la fine della Parte II in 1Pt 4,19 e l'inizio della Parte III in 1Pt 5,1. Questa variante è proposta da H. Frankemölle (NEB.NT 18/20; 1987). La seconda forma di divisione in tre parti è proposta da P. Boismard: 1Pt 1,3-12 Parte I Benedizione iniziale; 1Pt 1,13-2,10 Parte II; 1Pt 2,11-5,10 Parte III.

La divisione in *quattro parti* è proposta da H.J.B. Combrink (1975): 1Pt 1,1-2 Introduzione; 1Pt 1,3-2,10 Parte I; 1Pt 2,11-3,12 Parte II; 1Pt 3,13-4,19 Parte III; 1Pt 5,1-11 Parte IV; 1Pt 5,12-14 Conclusione.

E' sufficiente questa semplice esposizione di modelli o piani per comprendere che il testo resiste a ogni proposta di divisione. Quindi su questo punto il disaccordo è grande e forse insuperabile al momento attuale. Tuttavia devo riconoscere che la divisione in tre parti ha a suo vantaggio alcuni elementi stilistici che potrebbero essere considerati come indizio di un piano compositivo dell'autore. Ma la loro evidenza non è assoluta, come lo dimostrano le divergenze sulla fine della Parte II e l'inizio della Parte III. Ciò significa che la dossologia di 1Pt 4,11 e ἀγαπητοί, 'carissimi' di 1Pt 4,12 non sono ritenuti da tutti indizi sufficienti a segnare una divisione testuale.

Coloro che spostano l'inizio della Parte III in 1Pt 4,7 fanno notare che qui inizia a trattare il tema della 'fine', a cui si ricollega necessariamente il tema del 'giudizio' in 1Pt 4,17. Ma anche questo indizio è contestabile perché il tema del giudizio si trova già posto in 1Pt 4,5. Quindi, se si procede per indizi tematici, è difficile stabilire divisioni nette e precise.

Tuttavia se si applica alla lettera il modello epistolare paolino, come fa U. Schnelle, si consegue una diversa divisione o un diverso ordine compositivo: con un 'Introduzione' 1Pt 1,1-12 che comprende il 'prescritto' (1Pt 1,1-2) e 'il rendimento di grazie' (1Pt 1,3-9) e una autoraccomandazione (1Pt 1,9-12); con un corpo epistolare che si estende da 1Pt 1,13 a 1Pt 4,19; e con una parenesi conclusiva che inizia con il caratteristico οὖν... παρακαλῶ in 1Pt 5,1 e termina con una vera e propria conclusione epistolare in 1Pt 5,13-14.

E' evidente che per questo tipo di divisione gli elementi formali che giustificano l'ipotesi di una divisione in tre parti non hanno più valore strutturante e servono solo come indizi secondari per la suddivisione del 'corpo' della lettera in quattro sezioni minori: 1Pt 1,13-2,10; 1Pt 2,11-3,12; 1Pt 3,13-4,11; 1Pt 4,12-19.

Io ho qualche dubbio sulla correttezza logica e formale di questa proposta. Mi sembra infatti difficile considerare 1Pt 1,10-12 la chiusura della introduzione, perché inizia con un περὶ ἧς, che formalmente equivale a una 'posizione tematica' e non ritengo opportuno separarli da ciò che segue in 1Pt 1,13 che inizia con un διό, che evidentemente trae la conseguenza etica della esposizione che precede. Ugualmente difficile è considerare 1Pt 5,1 inizio della parte parenetica della lettera sia perché tale parenesi di istruzione etica inizia già con 1Pt 2,11 (ἀγαπητοὶ παρακαλῶ) sia perché in 1Pt 5,1 si rivolge specificamente solo ai 'presbiteri' o 'anziani', quindi direttamente ai responsabili della comunità, dopo avere ammonito gli altri membri e l'intero gruppo in ciò che precede, da 1Pt 2,11 a 1Pt 4,11 e da 1Pt 4,12 a 1Pt 4,19.

Non potendo stabilire artificialmente un consenso che non sussiste, penso che si possa dividere il testo secondo le sequenze discorsive su cui c'è un certo accordo anche tra coloro che sono in disaccordo per la divisione in un piano. Ecco le otto sequenze individuate nel discorso: I 1Pt 1,3-12; II 1Pt 1,13-25; III 1Pt 2,1-10; IV 1Pt 2,11-3,12; V 1Pt 3,13-22; VI 1Pt 4,1-11; VII 1Pt 4,12-19; VIII 1Pt 5,1-11; 1Pt 5,12-14 Conclusione.

Permane qualche incertezza a proposito di 1Pt 4,1-6.

Per J. Calloud e P. Genuyt (1982) dovrebbero formare una sequenza con 1Pt 3,13 e seguenti; 1Pt 4,7 inizierebbe una nuova sequenza. Forse è bene considerarli un inizio di sequenza perché il ricordo che la fine è vicina e l'esortazione alla moderazione che si leggono in 1Pt 4,7-11 si ricollegano immediatamente a ciò che precede in 1Pt 4,5; 1Pt 4,12 d'altra parte inizia con ἀγαπητοί, 'carissimi', che segna chiaramente un inizio di sequenza, che non si può ignorare.

E' evidente che tutte le proposte di divisione che ho esaminato perderebbero di valore se si accetta l'ipotesi che il testo della lettera sia da ritenere 'composto' da una omelia battesimale (1Pt 1,3-4,11), chiusa da regolare dossologia (ἀμέν: 1Pt 4,11) e da una aggiunta successiva (1Pt 4,12-5,11) di natura epistolare, ugualmente chiusa da regolare dossologia (ἀμέν: 1Pt 5,11) (cf. R. Perdelwitz, F.W. Beare, H. Windisch, H. Preisker).

Bibliografia. (Introduzioni) P. Boismard, "Pierre (1ʳᵉ épître de)", *DBS* 7, 1442-1446.- J. Cantinat, "La première épître de Pierre", in: *Les lettres apostoliques*, 259-273.- H. Conzelmann - A. Lindemann, *Arbeitsbuch zum Neuen Testament*, 415-420.- W.G. Kümmel, *Einleitung in das Neue Testament*, 367-375.- W. Marxen, *Einleitung in das Neue Testament*, 199-203.- U. Schnelle, *Einleitung in das Neue Testament*, Göttingen ³1999, 412-428.- A. Wickenhauser - J. Schmid, *Introduzione al Nuovo Testamento*, 639-651.- (Saggi sulla struttura) L.-M. Antoniotti, "Structure littéraire et sens de la première épître de Pierre", *RThom* 85 (1985) 533-560.- W. Bornemann, "Der erste Petrusbrief, ein Taufrede des Silvanus?", *ZNW* 19 (1919/20) 143-165.- H.J.B. Combrink, "The Structure of 1 Peter", *Neot* 9 (1975) 34-63.- J. Calloud - P. Genuyt, *La première épître de Pierre*, 8.- K. Shimada, "Is 1Peter a composite Writing", *AJBI* 11 (1985) 95-114.- C.H. Talbert, "Once Again: The Plan of 1 Peter", in: Idem, *Perspectives on First Peter*, Macon, GA, 1986, 141-151.

II *Teologia di 1Pt*

La prima lettera di Pietro è di genere esortativo. Quindi i principi della fede non sono trattati per se stessi, ma solo ricordati in funzione dei consigli morali che vengono dati. Riassumo in breve i testi in cui sono formulati.

1. *La redenzione operata da Cristo*. In 1Pt 1,17-19 ricorda la liberazione operata da Cristo, dopo averli esortati a comportarsi con timore nel tempo del loro pellegrinaggio terreno. Nella breve sequenza sono riaffermati alcuni principi fondamentali della fede.

In 1Pt 1,17-19 dice: "E se invocate 'Padre' colui che senza riguardi di persona giudica secondo l'opera di ciascuno, in timore comportatevi nel tempo del vostro soggiorno terreno, sapendo che non a prezzo di cose corruttibili, come l'argento e l'oro, foste liberati dalla vostra vana condotta ereditata dai padri, ma con il sangue prezioso di Cristo, come di agnello senza macchia e senza difetto".

In questa frase sono indicate per mezzo di immagini due verità della fede: la salvezza e il modo in cui è avvenuta. Quanto alla salvezza dice in 1Pt 1,18 che sono stati riscattati dalla vuota condotta che essi avevano ereditato dai padri. La salvezza è paragonata a una liberazione da riscatto (ἐλυτρώθητε: da λύτρον, 'riscatto'), perché la loro situazione passata è paragonata a una condizione di schiavitù. L'espressione "dalla vostra vana (o vuota) condotta ereditata dai padri" significa un modo di agire "conforme ai desideri di prima", quando erano nella ignoranza (ἐν τῇ ἀγνοίᾳ), come dice in 1Pt 1,14a. Questi desideri sono chiamati in 1Pt 2,11 "desideri carnali" (σαρκικαὶ ἐπιθυμίαι). Quindi tutta l'espressione significa che con la salvezza operata da Cristo sono stati liberati dalla schiavitù ai desideri della carne e quindi da 'un comportamento vano', cioè non conforme al volere di Dio. Si tratta quindi di una liberazione dal peccato.

In questo caso l'espressione 'ereditata dai padri' (πατροπαραδότου) potrebbe alludere alla colpa o al peccato originario, secondo una interpretazione della tradizione, che ritiene tale peccato come una malattia ereditaria, che passa da padre in figlio e rende 'vana' o 'peccaminosa' la condotta dell'uomo in quanto tale e di fronte a Dio.

Quanto al modo della liberazione, in 1Pt 1,19 dice che è avvenuta "per il sangue prezioso (...) di Cristo" (τιμίῳ αἵματι... Χριστοῦ). Questa espressione indica con una immagine cultuale la morte del Cristo, con la quale ha tolto il peccato. Per questo il Cristo è paragonato a "un agnello senza difetto e senza macchia", quale era l'agnello immolato per il sacrificio della Pasqua.

L'espressione ὡς ἀμνοῦ, "come agnello", potrebbe essere stata ispirata da LXX Is 53,7 dove si legge ὡς ἀμνός, ed è una immagine con cui il profeta descrive il 'servo di Dio', che in silenzio viene condotto al macello per i peccati del popolo. Tuttavia l'aggiunta "senza difetto" (ἀμώμου) è certamente presa da LXX Lev 22,17-25 e si riferisce indubbiamente alla qualità che doveva possedere la vittima destinata al sacrificio. Quindi tutta l'espressione è una immagine simbolica che bisogna interpretare.

Dicendo che sono stati 'riscattati' 'col sangue prezioso ... di Cristo', afferma che sono stati riscattati con la sua morte. Ma paragonando il Cristo a 'un agnello senza difetto e senza macchia' fa comprendere che egli era innocente e che la sua morte fu un sacrificio di espiazione, con cui ha tolto i peccati, così come l'agnello senza difetto era immolato per espiare i peccati del popolo. Pertanto la frase significa che essi sono stati liberati dai peccati con la sua morte espiatoria.

In 1Pt 1,20-21 dice: "egli fu predestinato prima della fondazione del mondo (πρὸ καταβολῆς κόσμου). Ma è stato manifestato alla fine dei tempi per voi (φανερωθέντος δὲ ἐπ' ἐσχάτου τῶν χρόνων), che per lui credete in Dio che lo ha risuscitato dai morti (τὸν ἐγείραντα αὐτὸν ἐκ νεκρῶν) e gli ha dato gloria (δόξαν αὐτῷ δόντα), cosicché la vostra fede e speranza sono in Dio".

L'espressione di 1Pt 1,20a "fu predestinato prima della fondazione del mondo" (προεγνωσμένου μὲν πρὸ καταβολῆς κόσμου) significa che la morte espiatoria del Cristo faceva già parte del progetto salvifico di Dio. Quindi la sua morte non è stata decisa quando l'uomo ha peccato. Ma è stata programmata da Dio prima della fondazione del mondo per la salvezza dell'uomo che avrebbe creato, cioè per renderlo partecipe della vita divina, per cui lo ha creato. Ciò significa che la morte del Cristo è una vicenda non accidentale, ma essenziale alla realizzazione del disegno divino per la vita dell'uomo.

L'espressione di 1Pt 1,20b "è stato manifestato (φανερωθέντος) alla fine dei tempi per voi", si riferisce alla rivelazione storica del Cristo, che noi chiamiamo 'incarnazione'. L'espressione 'per voi' (δι'ὑμᾶς), indica lo scopo di questa rivelazione, cioè la salvezza dei credenti, di coloro che per mezzo di lui credono in Dio.

Di Dio in 1Pt 1,21a dice che "lo ha risuscitato dai morti e gli ha dato gloria" e con ciò ricorda altre due verità della fede, la resurrezione di Cristo dai morti e la sua esaltazione alla destra di Dio. In questo modo vuole dire che la rivelazione di Cristo torna a loro vantaggio perché credono che Dio lo ha risuscitato dai morti e gli ha dato gloria. Quindi la salvezza che essi hanno ottenuto dipende dalla fede con cui hanno creduto in Dio, che ha risuscitato il Cristo dai morti e lo ha glorificato, secondo il vangelo che essi hanno accolto.

Per questo motivo in 1Pt 1,21b conclude dicendo: "Così la vostra fede e la vostra speranza sono in Dio". Dalla fede con cui credono dipende la speranza che hanno.

Pertanto, poiché credono che Dio ha risuscitato il Cristo dai morti, sperano vivamente di potere ottenere la eredità che non si corrompe, conservata presso Dio nei cieli, cioè la vita immortale, come ha detto in 1Pt 1,3-5. Scrive: "(Dio)... ci ha generati per mezzo della resurrezione di Gesù Cristo dai morti (ἀναγεννήσας ἡμᾶς... δι' ἀναστάσεως Ἰησοῦ Χριστοῦ ἐκ νεκρῶν) per una speranza viva (εἰς ἐλπίδα ζῶσαν) (...) conservata per voi nei cieli".

Bibliografia. N. Brox, *Der erste Petrusbrief,* 78-85.- R. Bultmann, "Bekenntnis- und Liedfragmente im ersten Petrusbrief", 285-297.- J.W. Dalton, "So That Your Faith May Also Be Your Hope in God", in: *Riconciliation and Hope,* FS L.L. Morris, Grand Rapids 1974, 262-274.- R. Le Déaut, "Le Targum de Gen 22,8 et 1Pt 1,20", *RSR* 49 (1961) 103-106.- L. Goppelt, *Der erste Petrusbrief,* 121-127.- J.R. Michaelis, *1Peter,* 63-71.- W.C. van Unnik, "The Critique of Paganism in 1Pt 1:18", in: *Neotestamentica et Semitica,* FS M. Black, ed. E.E. Ellis - M. Wilcox, Edinburgh 1969, 129-142.- Idem, "De Verlossing 1 Petrus 1:18-19 en het probleem von den eersten Petrusbrief", in: *Mededeelingen der Nederlandsche Akademie van Wetenschappen, Nieuwe Reeks, Deel 5,1,* Amsterdam 1942, 1-106.

2. *Cristo modello del cristiano.* Per esortare i servi a sopportare con pazienza la sofferenza, ricorda l'esempio di Cristo in 1Pt 2,21-25. Molti riten-

gono che l'autore citi in questa pericope un antico inno, composto da tre strofe, indicate da tre ὅς in 1Pt 2,22a 2,23a 2,24a. Ma non tutti sono d'accordo né sulla origine né sulla forma originaria. Alcuni infatti, in tempi più recenti, pensano che si tratti di una riflessione teologica dell'autore su Is 53,4-12 guidata dalla fede in Cristo, che trova nel personaggio del 'servo' di cui parla il profeta una figura storica che lo preannuncia. Secondo la logica del contenuto il testo risulta composto di due brevi paragrafi: 1) 1Pt 2,21-23; 2) 1Pt 2,24-25.

Nel primo paragrafo (1Pt 2,21-23) descrive l'atteggiamento del Cristo nella sua passione e lo indica come modello da imitare. In 1Pt 1,21 dice: "Anche Cristo soffrì per voi lasciandovi un esempio, affinché ne seguiate le orme".

L'espressione "patì per voi" (ἔπαθεν ὑπὲρ ὑμῶν) indica in breve che la sua passione è stata a loro vantaggio, cioè per la loro salvezza. Poi ne indica lo scopo, dicendo che ha sofferto per lasciare un esempio (ὑπολιμπάνων ὑπογραμμόν), cioè per mostrare con la sua condotta un modello di vita a coloro che sono stati salvati da lui con la sua morte, affinché vivano come lui imitando il suo comportamento. Questo scopo è indicato dalla immagine 'seguire le orme' in 1Pt 2,21c. Quindi l'imitazione del Cristo si basa sulla grazia della salvezza che egli ha operato in coloro che lo seguono.

In 1Pt 2,22-23 indica quale è il comportamento di Cristo, che deve essere imitato. In 1Pt 2,22 dice: "Egli non commise peccato e non si trovò inganno sulla sua bocca". La prima parte della frase si riferisce al modo giusto in cui ha vissuto, cioè alla sua innocenza. La seconda indica che nessuno trovò nelle sue parole un motivo valido per accusarlo di peccato. Le due espressioni sono prese da Is 53,9 (LXX) e servono a fare capire che il Cristo ha sofferto senza avere colpa.

In 1Pt 2,23 ricorda il modo in cui ha reagito a ciò che ha ingiustamente sofferto. Dice: "Oltraggiato, non rispondeva agli oltraggi (lett. non oltraggiava) e soffrendo non minacciava [vendetta]. Ma rimetteva la sua causa (il giudizio) a colui che giudica con giustizia (lett. giustamente)".

Queste frasi significano che egli non ha restituito il male a coloro che lo hanno fatto soffrire ingiustamente. Ma ha sopportato tutto con pazienza affidando la sua difesa alla giustizia di Dio. Quindi il primo atteggiamento indica la pazienza, il secondo la fiducia in Dio. E in questo si manifesta l'assenza di peccato e la sua giustizia. Pertanto in 1Pt 2,23 mostra nell'agire del Cristo l'innocenza di cui ha parlato in 1Pt 2,22.

Nel secondo paragrafo (1Pt 2,24-25) ricorda la sua opera salvifica e l'effetto da essa prodotto su quelli che credono. Per questo motivo passa dal 'voi' al 'noi'. Ciò che dice riguarda tutti. In 1Pt 2,24 indica il modo in cui ha operato la salvezza. Dice: "Egli portò i nostri peccati sul suo corpo, sul legno [della croce] (ὃς τὰς ἁμαρτίας ἡμῶν αὐτὸς ἀνήνεγκεν ἐν τῷ σώματι αὐτοῦ ἐπὶ τὸ ξύλον)".

E' probabile che l'espressione "egli portò i nostri peccati sul suo corpo sul legno" sia stata ispirata dal cantico del 'servo' in Is 53 (LXX) in cui si dice che egli "porta" (φέρει: v. 4), che "porterà" (ἀνοίσει: v. 11), che "ha portato" (ἀνήνεγκεν: v. 12) i peccati "nostri" (v. 4), "di loro" (v. 11), "di molti" (v. 12). Ma secondo alcuni esegeti potrebbe essere stata suggerita dal 'capro espiatorio' su cui venivano riversati i peccati del popolo per portarli nel deserto, secondo la norma stabilita da Lev 16,20.22 (LXX) per il giorno della espiazione.

Quindi la frase sarebbe una immagine che significa che egli ha tolto i nostri peccati morendo sulla croce. Dicendo "portò i nostri peccati nel suo corpo sul legno" lascia intendere che egli ha tolto i nostri peccati da noi e li ha presi su di sé, perché li ha espiati con la morte di croce subita per noi. Si può perciò dire che egli si serve di una immagine sacrificale per presentare la morte di Cristo sulla croce come un sacrificio di espiazione.

In 1Pt 2,24b indica il motivo per cui ha tolto i peccati. Dice: "affinché allontanandoci dai peccati, vivessimo per la giustizia". La prima parte della frase 'allontanandoci dai peccati' (ταῖς ἁμαρτίαις ἀπογενόμενοι) è una immagine che usa un atteggiamento concreto per indicare l'astratto e significa semplicemente 'non peccare'. La seconda 'vivessimo per la giustizia' (τῇ δικαιοσύνῃ ζήσωμεν) è una seconda immagine che usa una idea astratta per indicare una realtà concreta e che significa semplicemente 'vivere in modo giusto'. Pertanto l'autore vuole dire che il Cristo ha tolto i nostri peccati con la sua morte sulla croce, affinché ciascuno di noi sia giusto, cioè abbia la possibilità di vivere una vita secondo giustizia, perché è stato liberato dai peccati che impediscono l'obbedienza alla volontà divina.

In 1Pt 2,24c-25, usando di nuovo il 'voi', indica l'effetto della morte di Cristo in croce. In 1Pt 2,24c dice: "Dalle sue piaghe siete stati guariti". Le parole di questa frase sono prese da Is 53,5b (LXX) e sono composte da due immagini: la 'piaga' (τῷ μώλοτι) che indica la morte del Cristo, rievocandone un elemento, cioè 'la ferita' lasciata dai colpi che ha subito e il dolore che ha sofferto; 'la guarigione' (ἰάθητε) che hanno ottenuto, che indica la liberazione dal peccato. In questo caso il peccato è paragonato a 'una malattia', da cui l'uomo viene guarito. Quindi la guarigione è una immagine che significa l'effetto del perdono, che con un'altra immagine si dovrebbe chiamare 'salute' o 'salvezza' spirituale, cioè la riacquistata capacità di fare il bene, secondo il volere di Dio.

In 1Pt 2,25a continua a parlare per immagini, specificando l'effetto salvifico della morte di Cristo, di cui ha parlato in 1Pt 2,24c. Dice: "Eravate erranti come pecore, ma ora siete tornati al pastore e guardiano delle vostre anime". La prima parte delle immagine "erranti come pecore" (ἦτε... ὡς πρόβατα πλανώμενοι) è presa da Is 53,6 (LXX) e indica la condizione di coloro che sono nel peccato, paragonata a quella di pecore che 'errano' o 'si smarriscono' senza pastore, perché la loro vita è lontana da Dio e quindi manca di una direzione e di uno scopo. Non hanno più guida senza Dio. Per questo dice 'erranti' (πλανώμενοι). L'errare è una immagine che dice il movimento di chi non sa dove andare perché ha smarrito la strada verso la meta da raggiungere e serve ad indicare la condizione di chi sbaglia o pecca, perché non si lascia condurre dalla volontà divina. La seconda parte della immagine, "siete ritornati al guardiano e pastore delle vostre anime", significa il contrario della precedente, ma è composta con un linguaggio misto, perché comprende immagine e realtà significata dalla stessa immagine. 'Tornare al pastore e guardiano' significa vivere seguendo la volontà di Dio, sotto la guida di Cristo. L'espressione "delle vostre anime" indica chiaramente che l'immagine del pastore si riferisce a una guida spirituale, interiore, che ora li dirige nel compimento della volontà di Dio.

In questo modo la seconda immagine completa il significato della precedente. La prima immagine "siete stati guariti", significa che il perdono del peccato, comunicato a loro dalla morte di Cristo, ha restituito in loro la guarigione, che indica la capacità di fare il bene. La seconda immagine "siete ritornati al pastore", significa che già vivono compiendo il bene che hanno la possibilità di fare, seguendo l'esempio di Cristo.

Si discute se il 'pastore e custode delle vostre anime' (τὸν ποιμένα καὶ ἐπίσκοπον τῶν ψυχῶν ὑμῶν) sia da riferire a Cristo o a Dio. Gli autori non sono unanimi su questo. Tra i commentatori, qualcuno (per es. N. Brox) riferisce le due espressioni a Dio, perché nella scrittura è lui che riceve costantemente questo titolo. Altri invece (per es. H. Windisch, H. Preisker, L. Goppelt, J.R. Michaelis, K.H. Schelkle) li riferiscono a Cristo.

La logica della immagine favorisce l'opinione di coloro che pensano a 'Dio'. Dicendo 'siete ritornati' (ἐπεστράφητε) lascia supporre che 'si erano allontanati', evidentemente da Dio, a cui sono stati ricondotti dal Cristo, per mezzo della sua opera di salvezza. La logica del discorso invece favorisce l'opinione di coloro che pensano che i due attributi siano da riferire a 'Cristo'. In questo caso la logica della immagine deve essere subordinata alla logica del discorso.

Dicendo che sono ritornati al pastore e guardiano delle loro anime, non suppone un precedente allontanamento dal Cristo, ma significa semplicemente che finalmente hanno cessato di errare, perché hanno trovato un pastore delle loro anime, il Cristo, che ora li custodisce e li guida, indicando loro come devono vivere.

Questa seconda interpretazione è da preferire perché in 1Pt 5,4 il Cristo stesso è chiamato 'pastore supremo' (ἀρχιποίμην) e in 1Pt 2,21-23 è presentato ai credenti come il modello che devono imitare, perché egli ha lasciato loro un esempio da seguire. E questo è esattamente il significato che indica l'immagine del 'pastore'. Inoltre in 1Pt 2,24 dice che egli è morto per i nostri peccati, affinché non viviamo più per i peccati ma per la giustizia. Ciò significa che il perdono ci comunica la grazia per vivere una vita giusta. E questo è il significato che indica l'immagine del 'custode' (ἐπίσχοπος), che completa la precedente.

Bibliografia. M.E. Boismard, *Quatre hymnes baptismales dans la première épître de Pierre,* 111-132.- T.P. Osborne, "Guide Lines for Christian Suffering: A Source-Critical and Theological Study of 1 Peter 2:21-25", *Bib* 64 (1983) 381-404.- H. Patsch, "Zum altestamentlichen Hintergrund von Röm 4,25 und 1 Petrus 2,24", *ZNW* 60 (1969) 273-279.- K. Wengst, *Christologische Formeln und Lieder des Urchristentums,* Gütersloh 1974, 83-86.

3. *L'opera salvifica del Cristo.* In 1Pt 3,18-22 ricorda di nuovo alcune verità della fede per convincere i suoi destinatari che è conforme alla volontà di Dio soffrire operando il bene, piuttosto che il male. Il testo si può dividere in tre brevi paragrafi: 1) 1Pt 3,18; 2) 1Pt 3,19-20; 3) 1Pt 3,21-22.

a) Ha sofferto per i peccati, giusto per gli ingiusti

Nel primo paragrafo (1Pt 3,18) si ricollega direttamente a ciò che precede con un 'poiché' (ὅτι) di giustificazione. In 1Pt 3,18a ricorda l'opera salvifica del Cristo a vantaggio dei suoi interlocutori. Dice: "Anche Cristo è morto una volta per sempre per i peccati, giusto per gli ingiusti, per ricondurvi a Dio".

L'espressione "ha sofferto una volta sola per i peccati" (ἅπαξ περὶ ἁμαρτιῶν ἔπαθεν), indica che è morto per i peccati. Per questo la sua morte è paragonata a un sacrificio, come sembra indicare l'espressione culturale περὶ ἁμαρτιῶν. E' probabile che la frase sia stata ispirata da Is 53,5 (LXX) dove si legge "egli fu ferito per le nostre illegalità ed è stato reso debole per i nostri peccati (διὰ τὰς ἁμαρτίας ἡμῶν).

Il valore espiatorio della sua morte è suggerito anche dalla espressione seguente, "giusto per gli ingiusti" (δίκαιος ὑπὲρ ἀδίκων). Ma ciò aggiunge una precisazione alla espressione precedente: egli, che era giusto, cioè innocente e senza peccato, ha sofferto al posto degli ingiusti e quindi a loro beneficio. Ciò significa che ha preso su di sé le loro colpe e, con le colpe, anche la morte con cui esse dovevano essere punite. Dunque, una morte espiatoria, 'in sostituzione'.

L'espressione "per ricondurvi a Dio" (ἵνα ὑμᾶς προσαγάγῃ τῷ θεῷ) indica lo scopo dell'opera salvifica del Cristo, ma con una immagine. Togliendo il peccato, egli ha reso gli ingiusti giusti. E come il peccato è paragonato ad un 'allontanamento' da Dio, così la giustizia è paragonata a un 'ritorno'. Ma questo ritorno è accaduto con la mediazione di Cristo, perché è lui che li ha ricondotti a Dio. Poiché lui li ha ricondotti, essi sono ritornati.

In 1Pt 3,18b specifica l'evento in cui è accaduto questo. Dice: "Messo a morte nella carne (θανατωθεὶς μὲν σαρκί), ma reso vivo nello spirito (ζῳοποιηθεὶς δὲ πνεύματι)". Queste due espressioni servono ad indicare ciò che è accaduto al Cristo stesso durante la realizzazione dell'evento della salvezza. Dice che è stato messo a morte 'per la carne' (σαρκί), cioè per la fragilità della sua condizione umana e dice che è stato riportato in vita 'per lo Spirito' (πνεύματι), cioè per opera dello Spirito di Dio che lo ha risuscitato dai morti.

b) *Ha annunciato la salvezza agli spiriti in prigione (la discesa agli Inferi)*

Nel secondo paragrafo (1Pt 3,19-20) dice ciò che il Cristo ha compiuto dopo essere ritornato in vita. In 1Pt 3,19 dice: "In esso andò ad annunciare [la salvezza] agli spiriti che erano in prigione". E in 1Pt 3,20 specifica o spiega chi sono questi spiriti prigionieri.

Dice: "Essi allora avevano disobbedito (o rifiutato di credere), quando la magnanimità di Dio pazientava nei giorni di Noè, mentre si fabbricava l'arca, nella quale poche persone, otto in tutto, furono salvate per mezzo dell'acqua".

Da ciò che precede risulta chiaro che l'autore vuole affermare che il Cristo 'in esso' (ἐν ᾧ: 1Pt 3,19a), cioè 'in Spirito' e quindi da risorto, andò ad annunciare la buona novella (ἐκήρυξεν) agli uomini morti della generazione del diluvio, che furono distrutti perché rifiutarono di credere in Dio e di convertirsi dai loro peccati. In questo modo vuole fare comprendere che l'opera salvifica del Cristo è universale, perché abbraccia i viventi e i morti. Quindi, dicendo che il Cristo risorto ha portato l'annuncio anche a coloro che morirono peccatori nelle generazioni precedenti, vuole far comprendere che il Cristo è morto e risorto per togliere i peccati di tutti gli uomini.

L'espressione conserva lo stesso valore se si interpreta ἐν ᾧ di 1Pt 3,19a in senso causale, 'per questo', oppure in senso temporale 'quando'.

L'espressione "agli spiriti in prigione" (τοῖς ἐν φυλακῇ πνεύμασιν), deve essere considerata una immagine che si riferisce ai morti a causa del peccato.

La loro condizione è paragonata a quella di coloro che sono 'in prigione', cioè prigionieri della morte a causa del peccato. Ma potrebbe anche essere una metafora simbolica per significare coloro che sono incatenati nella morte in attesa di una condanna definitiva e di una pena per la loro disobbedienza.

Questa interpretazione potrebbe trovare una conferma in ciò che l'autore dice in 1Pt 4,6. Afferma: "Anche ai morti è stata annunciata la buona novella" (καὶ νεκροῖς εὐηγγελίσθη); e poi indica lo scopo di questo annuncio dicendo: "affinché (o cosicché), anche se sono stati condannati nella carne (ἵνα κριθῶσι μὲν... σαρκί), secondo gli uomini (κατὰ ἀνθρώπους), vivano secondo Dio nello Spirito (ζῶσι δὲ κατὰ θεὸν πνεύματι)".

In questa frase dice che la buona novella è stata annunciata anche ai morti (νεκροῖς). La loro condizione è descritta come quella di coloro che sono stati condannati nella carne, in modo conforme a ciò che accade agli uomini. Questo modo di parlare è un discorso fatto per immagini, in cui il morire è considerato come un giudizio di condanna a morte che colpisce tutti gli uomini. Di conseguenza è ragionevole supporre che in 1Pt 3,19 egli usi la stessa immagine e paragoni la condizione dei morti a quella di coloro che, dopo essere stati condannati alla morte, sono in prigione, cioè prigionieri della stessa morte, in quanto scontano la pena a cui sono stati condannati a causa del peccato, che grava su tutti gli uomini.

Coloro che ritengono questa interpretazione insufficiente, preferiscono riferire τοῖς ἐν φυλακῇ πνεύμασιν ai 'figli di Dio', di cui parla Gn 6,1-4, cioè a quegli esseri superiori, forse angeli, che si mescolarono alle donne degli uomini. A causa dei loro peccati, Dio mandò il diluvio che distrusse tutti i viventi, eccetto i pochi salvati. Questi esseri angelici, a causa della loro disobbedienza, sarebbero stati puniti da Dio. Questa punizione è indicata dall'espressione 'in prigione', dove essi attendono la condanna del giorno del giudizio.

A costoro Cristo avrebbe annunciato la buona novella della salvezza, per invitarli alla conversione. Il perdono dei peccati è offerto anche a loro, affinché si pentano e siano risparmiati dalla condanna al momento del giudizio.

Questa interpretazione è proposta seguendo ciò che si legge in 2Pt 2,4 in cui si dice che Dio non risparmiò gli angeli che avevano peccato, ma li precipitò negli abissi tenebrosi dell'inferno, riservandoli per il giudizio.

Tra gli autori che seguono questa interpretazione, ricordo K.H. Schelkle (HThK 13/2, pp. 102-110), N. Brox (EKK 21, pp. 165-182), J.R. Michaelis (WBC 49, pp. 194-222). Ma è contestata vigorosamente da L. Goppelt (KEK 12/1, pp. 239-264) per due motivi. 1) In nessun luogo del Nuovo Testamento è attestato che il Cristo risorto annuncia la salvezza agli angeli disobbedienti e decaduti. Anzi, da 2Pt 2,4 e da Giud 6 risulta che Dio li ha destinati per sempre al giudizio di condanna, che verrà emesso alla fine. 2) I 'figli di Dio', di cui si narra in Gn 6,1-4, non erano ai tempi di Noè, ma molto prima. Egli, a sua volta, ripropone l'interpretazione tradizionale, proposta dagli esegeti dei primi secoli.

Ad essa anche io mi sono attenuto perché mi sembra la più convincente, in assenza di altre più chiare.

c) *Il battesimo dei credenti*

Nel terzo paragrafo (1Pt 3,21-22) parla del battesimo e della fede da cui è motivato. In 1Pt 3,21a dice che l'acqua del diluvio che salvato coloro che erano nell'arca "è figura del battesimo, che ora salva voi".

Questa frase traduce il greco ὃ καὶ ὑμᾶς ἀντίτυπον νῦν σῴζει βάπτισμα. La traduzione ufficiale italiana dice bene il significato, anche se letteralmente si dovrebbe tradurre in modo diverso. Riferendo ἀντίτυπον a βάπτισμα, si dovrebbe tradurre: "Ciò (è) anche il battesimo, l'antitipo, che ora salva voi". Per questo si può dire che l'acqua che salvò Noè è 'figura', in greco τύπον, del battesimo, perché annuncia con una immagine la salvezza che viene dall'acqua e che per noi è quella del battesimo.

Tuttavia la salvezza indicata dall'acqua del battesimo è reale per la fede, mentre quella indicata dall'acqua del diluvio è puramente simbolica, cioè solo materiale e non spirituale e definitiva come l'altra. Per questa ragione chiama il battesimo ἀντίτυπον, che si potrebbe tradurre con 'controfigura' o semplicemente con 'corrispondente', per fare comprendere che in esso si realizza realmente la salvezza che l'altro indicava solo simbolicamente, attraverso la narrazione di una salvezza per mezzo delle acque.

In 1Pt 3,21b per fare comprendere che l'acqua è un segno sacramentale di una purificazione spirituale, dice che il battesimo "non (è) toglimento di sporcizia dal corpo", cioè non è un bagno per lavarsi il corpo e togliersi la sporcizia esteriore. Ma è "invocazione [di salvezza] rivolta a Dio (ἐπερώτημα εἰς θεόν) di una coscienza buona". E aggiunge "per mezzo della resurrezione di Gesù Cristo" (δι᾽ ἀναστάσεως Ἰησοῦ Χριστοῦ). Pertanto la fede nella resurrezione di Gesù Cristo è ciò che spinge colui che crede ad invocare da Dio la salvezza, per mezzo della purificazione dei peccati, indicata nel segno sacramentale dell'acqua del battesimo che purifica la coscienza con lo Spirito.

In 1Pt 3,22 completa la sua esposizione parlando del Cristo, per la cui resurrezione si invoca la salvezza da Dio nel battesimo. Dice: "Egli, andato al cielo, è alla destra di Dio (ὅς ἐστιν ἐν δεξιᾷ [τοῦ] θεοῦ), essendo stati sottomessi a lui angeli, principati e potestà". E con ciò ricorda la sua esaltazione alla destra di Dio, dopo l'ascensione al cielo e la sua signoria attuale su tutto ciò che ha potere sul mondo: angeli, principati e potestà, che possono avere sull'uomo sia un influsso benefico che un influsso malvagio. Sottomessi a Cristo, essi non possono più danneggiare l'uomo che il Cristo ha salvato, come è indicato nel segno sacramentale del battesimo.

Ricapitolando, i principi della fede ricordati dall'autore in 1Pt 3,18-20 sono i seguenti: 1) Cristo è morto per i peccati (1Pt 3,18a); 2) è vivo nello Spirito (1Pt 3,18b), cioè risorto (1Pt 3,21b); 3) ha annunciato la salvezza anche agli spiriti delle generazioni passate, cioè ai morti nel peccato e per questo prigionieri della morte (1Pt 3,19); 4) è salito al cielo e siede alla destra di Dio (1Pt 3,22a); 5) gli angeli, i principati e le potestà sono sottomessi a lui (1Pt 3,22b).

Perché l'autore ha ricordato tutte queste verità della fede? Per esortare i suoi destinatari a soffrire per la giustizia, facendo il bene, se lo vuole la volontà di Dio (1Pt 3,17b) e a rendere testimonianza a chiunque domanda ragione della speranza per cui soffrono, senza fare il male (1Pt 3,15b). Anche il Cristo ha sofferto per i peccati. Ma reso vivo nello Spirito, ha annunciato la buona novella ai morti a causa del peccato, affinché accolgano l'annuncio e si lascino salvare da Dio.

Pertanto ciò che il Cristo ha compiuto viene ricordato a coloro che credono per giustificare il consiglio che ha dato. Anche loro devono testimoniare la loro speranza nella salvezza, mentre soffrono a causa del male che i peccatori fanno contro di loro. Così ha fatto il Cristo e questo è il modello che deve essere imitato, per compiere la volontà di Dio.

Bibliografia. (su 1Pt 3,18-22) M.-E. Boismard, *Quatre hymnes baptismales*, 57-109.- S.O. Brooke, "1Peter 3,21- The Clue to the Literary Structure of the Epistle", *NT* 16 (1974) 290-305.- E.W. Bullinger, "The Spirits in Prison", in: Idem, *Selected Writings*, 1960, 141-163.- D. Cook, "1 Peter 3,20: An unnecessary Problem", *JTS* 31 (1980) 72-78.- C.E.B. Cranfield, "The Interpretation of 1 Peter 3,19 and 4,6", *ExpT* 69 (1957/58) 369-372.- W.J. Dalton, *Christ's Proclamation to the Spirits:* A Study of 1 Peter 3,18-4,6 (AnBib 23), Rome 1965.- Idem, "Interpretation and Tradition: An Exemple from 1 Peter", *Greg* 49 (1968) 11-37.- Idem, "The Interpretation of 1Peter 3,18 and 4,6: Light from 2 Peter", *Bib* 60 (1979) 547-555.- J.S. Feinberg, "1 Peter 3:18-20, Ancient Mythology and the Intermediate State", *WTJ* 48 (1986) 303-336.- J. Frings, "Zu 1 Petr 3,19 und 4,6", *BZ* 17 (1926) 75-88.- A. Grillmeier, *Der Gottessohn im Totenreich*, Freiburg i. Br. 1975.- A.T. Hanson, "Salvation Proclaimed: I. 1 Peter 3,18-22", *ExpT* 93 (1982) 100-105.- C.H. Huntzingen, "Zur Stuktur der Christus-Hymnen in Phil 2 und 1 Peter 3", in: *Der Ruf Jesu und die Antwort der Gemeinde*, FS J. Jeremias, Göttingen 1970, 142-156.- J. Jeremias, "Zwischen Karfreitag und Ostern: Descensus und Ascensus in Carfreitagstheologie des Neuen Testaments", *ZNW* 42 (1949) 194-201.- J.E. Johnson, "The Preaching to the Dead (1 Peter 3,18-22)", *JBL* 79 (1960) 48-51.- W. Maas, *Gott und die Hölle*: Studien zum Descensus Christi, Einsiedeln 1979.- B. Reicke, *The Disobedient Spirits and Christian Baptism:* A Study of 1 Peter 3,19 and Its Context, Copenhagen 1946.- M.H. Charlemann, " 'He Descended into Hell': An Interpretation on 1 Peter 3:18-20", *CTM* 27 (1956) 81-94.- K. Shimada, "The Christological Credal Formula in 1 Peter 3,18-22 - Reconsidered", *AJBI* 5 (1979) 154-176.- F.C. Synge, "1 Peter 3:18-21", *ExpT* 82 (1970/71)

311.- D.H. Tripp, "Επερώτημα (1Peter 3:21): A Liturgical Note", *ExpT* 92 (1981) 267-270.- H.-J. Vogels, *Christi Abstieg ins Totenreich und das Läuterungsgericht an den Toten*, Freiburg i. Br. 1976.

DI PIETRO 2

Bibliografia. (Studi) D.C. Arichea - H.A. Hatton,- *Handbook on the Letter from Jude and the Second Letter from Peter*, New York 1993.- R.J. Bauckham, "2 Peter: An Account of Research", *ANRW* II 25.5 (1988) 3713-3752.- K. Berger, "Streit um Gottesvorsehung. Zur Position der Gegner im 2. Petrusbrief", in: *Tradition and Re-interpretation in Jewish and Early Christian Literature*, FS J.C.H. Lebram (StPB 36), Leiden 1986, 121-135.- G.H. Boobyer, "The Indebtedness of 2 Peter to 1 Peter", in: *New Testament Essays*, FS T.W. Manson, ed. A.J.B. Higgins, Manchester 1959, 34-53.- H.C. Cavallin, "The False Teachers in 2 Peter as Pseudoprophets", *NT* 21 (1979) 263-270.- F.W. Danker, "2 Peter 1. A Solemn Decree", *CBQ* 40 (1978) 64-82.- G. De Ru, "De Authenticiteit von 2 Petrus", *NThTj* 24 (1969/70) 1-12.- S. Docks, "Essai sur la chronologie pétrinienne", *RSR* 62 (1974) 221-241.- P. Dschulnigg, "Der theologische Ort des zweiten Petrusbriefes", *BZ* 33 (1989) 161-177.- M. Dujardin, "The Portrayal of the Dissidents in 2 Peter and Jude: Does it tell us more about 'Godly' and 'Ungodly'?", *JSNT* 30 (1987) 89-102.- T. Fornberg, *An Early Church in a Pluralistic Society.* A Study of 2 Peter (CB.NT 9), Lund 1977.- E.M.B. Green, *2 Peter Reconsidered* (Tyndale New Testament Lecture 1960), London 1961.- P. Grelot, "La deuxième épître de Pierre et la tradition apostolique", *L'année canonique* 23 (1979) 69-103.- A.E. Harvey, "The Testament of Simon Peter" [2 Pt], in: *A Tribute to Geza Vermes*, ed. Ph.R. Davies - R.T. White (JSOT.SS 100), Sheffield 1990, 339-354.- W.G. Hupper, "Additions to 'A 2 Peter Bibliography'", *JETS* 23 (1980) 65-66.- E. Käsemann, "Eine Apologie der urchristlichen Eschatologie", in: Idem, *Exegetische Versuche und Besinnungen*, Bd. I, Göttingen 1964, 135-157.- J. Klinger, "The Second Epistle of Peter. An Essay in Understanding", *St. Vladimir's Theological Quarterly* 17 (1973) 152-169.- O. Knoch, "Das Vermächtnis des Petrus. Der zweite Petrusbrief", in: *Wort Gottes in der Zeit*, FS K.H. Schelkle, ed. H. Feld - J. Nolte, Düsseldorf 1973.- Idem, *Die 'Testamente' des Petrus und Paulus.* Die Sicherung der apostolischen Überlieferung in der Spätapostolischen Zeit (SBS 62), Stuttgart 1973, 65-81 (2Pt).- M. McNamara, "The Unity of Second Peter. A Reconsideration", *Script* 12 (1960) 13-19.- E. Molland, "La thèse 'prophétie n'est jamais venue de la volonté de l'homme' (2 Pierre 2,21) et les Pseudo - Clémentines", *StTh* 9 (1955) 67-85.- J.H. Neyrey, "The Form and Background of the Polemic in 2 Peter", *JBL* 99 (1980) 407-431.- Idem, "The Apologetic Use of the Transfiguration in 2 Peter 1:16-21", *CBQ* 42 (1980) 504-519.- G. Rinaldi, "La 'sapienza data' a Paolo (2 Piet 3,15)", in: *San Pietro*, Brescia 1967, 395-411.- J. Schmitt, "Pierre (Seconde épître de)", *DBS* 7 (1966) 1455-1463.- T.V. Smith, Petrine Controversies in Early Christianity - Attitudes Towards Peter in Christian Writings of the First Two Centuries, Diss. Univ. of London King's College 1981.- J. Snyder, "A 2 Peter Bibliography", *JETS* 22 (1979) 265-267.- E. Szewc, " 'Chwaty' w listach Judy i 2 Piotra", *Collectanea Theologica* (Warsaw) 46 (1976) 51-60.- C.H. Talbert, "2 Peter and the Delay of Parousia", *VigChr* 29 (1966) 137-145.- L. Thurén, "Style Never goes Out of Fashion: 2 Peter Re-evalueted", in: *Rhetoric, Scripture and Theology*, ed. S.E. Porter - T.H. Olbricht (JSNT.SS 131), Sheffield 1996, 329-347.- A. Vögtle, "Die Schriftwerdung der apostolischen Paradosis nach 2. Petr 1,12-15", in: *Neues Testament und Geschichte*, FS O. Cullmann, ed. H. Baltensweiler - B. Reicke, Zürich - Tübingen 1972, 297-306.- Idem, "Christologie und Theologie im zweiten Petrusbrief", in: *Anfänge der Christologie*, FS F. Hahn, ed. C. Breytenbach - H. Paulsen, Göttingen 1991, 383-398.- Idem, "Petrus und Paulus nach dem zweiten Petrusbrief", in: *Kontinuität und Einheit*, FS F. Mussner, ed. P. Müller - W. Stenger, Freiburg i. Br. 1981, 223-239.- D.F. Watson, *Invention, Argument and the Style.* Rhetorical Criticism of Jude and 2 Peter (SBL.DS 104), Atlanta, GE, 1988.- J. Zmijewski, "Apostolische Paradosis und Pseudoepigraphie im Neuen Testament. 'Zur Erinnerung wachhalten' (2 Petr 1,13; 3,1)", *BZ* 23 (1979) 161-171.

(Commenti) R.J. Bauckham, *Jude, 2 Peter* (WBC 50), Waco, TX, 1983.- C. Bigg, *Commentary on the Epistles of St Peter and Jude* (ICC), Edinburgh 1901.- C.E.B. Cranfield, *1 and 2 Peter and Jude*, London 1960.- J.H. Elliott, *1-2 Peter/Jude*, Minneapolis 1982.- H. Frankemölle, *1. und 2. Petrusbrief* (NEB.NT 18/20), Würzburg 1987, 71-119.- E. Fuchs - P. Raymond, *La deuxième épître de saint Pierre. L'épître de Jude* (CNT 13b), Neuchâtel-Paris 1980, 15-136.- M. Green, *The Second Epistle General of Peter and the General Epistle of Jude* (TNTC), London 1968.- W. Grundmann, *Der Brief des Judas und der zweite Brief des Petrus* (ThHK 15), Berlin 1974; [3]1981, 53-124.- J.N.D. Kelly, *A Commentary on the Epistles of Peter and Jude* (BNTC), London 1969.- O. Knoch, *Der zweite Petrusbrief. Der Judabrief* (WB 8), Düsseldorf 1967.- Idem, *Der erste und der zweite Petrusbrief* (RNT), Regensburg 1990.- R. Knopf, *Die Briefe Petri und Judä* (KEK 12), Göttingen 1912.- A.R.C. Leaney, *The Letters of Peter and Jude* (CBC), Cambridge 1967.- J.B. Mayor, *The Epistle of St Jude and the Second Epistle of St Peter*, London 1907; rist. Grand Rapids 1965.- J. Michl, *Die katholischen Briefe* (RNT 8), Regensburg [2]1968.- J. Moffatt, *The General Epistles of James, Peter and Jude*, (MNTC), London 1928.- R.H. Mounce, *A Living Hope. A Commentary on 1 and 2 Peter*, Grand Rapids 1982.- J.H. Neyrey, *2 Peter and Jude* (AB 37C), New York 1993.- H. Paulsen, *Der zweite Petrusbrief und der Judabrief* (KEK XII/2), Göttingen 1992.- B. Reicke, *The Epistles of James, Peter and Jude* (AB 37), Garden City, NY, 1964.- K.H. Schelkle, *Die Petrusbriefe. Der Judabrief* (HThK 13/2), Freiburg i. Br. 1961; [5]1980, 177-239.- G. Schiwy, *Weg ins Neuen Testament*. Kommentar und Material IV: Nachpaulinen, Würzburg 1970.- A. Schlatter, *Die Briefe des Petrus, Judae, Jakobus, der Brief an die Hebräer*, Stuttgart 1964.- W. Schrage, "Der zweite Petrusbrief" (NTD 10), Göttingen 1973, 118-149.- D. Senior, *1 and 2 Peter* (NTM 20), Dublin 1980.- E.M. Sidebottom, *James, Jude and 2 Peter* (NCB), London 1967.- P.A. Seethaler, *1. und 2. Petrusbrief. Judabrief* (SKK 16), Stuttgart 1985.- C. Spicq, *Les épître de saint Pierre* (SB), Paris 1966.- A. Stöger, *Der Brief des Apostels Juda. Der zweite Brief des Apostels Petrus* (GeiS 21), Düsserdorf 1962.

I Piano letterario di 2Pt

Il testo ha un inizio di tipo epistolare in 2Pt 1,1-2. Ma termina con una dossologia in 2Pt 3,18, senza una conclusione epistolare. Tra gli studiosi non c'è nessun accordo sulla sua divisione. Perciò espongo alcuni dei piani proposti.

1) J. Cantinat (1977) divide il testo in *tre parti*:

2Pt 1,1-2 Introduzione; 2Pt 1,3-21 Parte I Richiamo alla fedeltà; 2Pt 2,1-22 Parte II Messa in guardia contro i falsi dottori; 2Pt 3,1-18 Parte III La preparazione al giorno del Signore.

La parte I si compone delle seguenti unità: 2Pt 1,3-11.12-15.16-18.19-21. La Parte II si compone delle seguenti unità: 2Pt 2,1-3.4-13.14-19.20-22. La Parte III si compone delle seguenti unità: 2Pt 3,1-2.3-10.11-18a.18b. Sommando insieme, il testo risulterebbe costituito di dodici unità letterarie.

Simile a questa è la divisione proposta da A. Wickenhauser e J. Schmid nella loro introduzione e da H. Frankemölle nel suo commento.

2) H. Schelkle (HThK 13/2; 1961) e O. Knoch (RNT; 1991) nei loro commenti, dividono il testo in *quattro parti*: 2Pt 1,1-2 Indirizzo e saluto; 2Pt 1,3-

11 Parte I Doni divini e virtù umane; 2Pt 1,12-21 Parte II Sicurezza della speranza cristiana; 2Pt 2,1-22 Parte III I falsi maestri; 2Pt 3,1-13 Parte IV Parusia e giudizio finale; 2Pt 3,14-18 Ammonizioni conclusive. La parte III è divisa in tre paragrafi: a) 2Pt 2,1-3; b) 2Pt 2,4-13a; c) 2Pt 2,13b-22.

3) M. Trimaille (1983) divide il testo in *cinque parti*, in ordine chiastico: 2Pt 1,1-2 Indirizzo e saluto; 2Pt 1,5-11 Parte I (A); 2Pt 1,12-21 Parte II (B); 2Pt 2,1-22 Parte III (C); 2Pt 3,1-10 Parte IV (B'); 2Pt 3,11-18 Parte V (A'). Non pone titoli, ma sintetizza in breve i contenuti.

4) W. Schrage (NTD 10; 1973) divide il testo in *sei parti* discorsive (o sequenze): 2Pt 1,1-4 Introduzione alla lettera (Indirizzo, destinatari, saluto); 2Pt 1,5-11 Parte I Ammonizione per una vita virtuosa come condizione per entrare nel regno dei cieli; 2Pt 1,12-21 Parte II La grazia della speranza cristiana; 2Pt 2,1-13a Parte III Minaccia del giudizio di condanna sulla condotta irreligiosa dei falsi maestri; 2Pt 2,13b-22 Parte IV Regolamento di conti con i falsi maestri libertini; 2Pt 3,1-13 Parte V Apologia della speranza futura contro i suoi negatori; 2Pt 3,14-18 Ammonizioni conclusive.

5) W. Grundmann (ThHK 15; [3]1986) divide il testo in *nove parti* discorsive (o sequenze): I 2Pt 1,1-2 Prescritto; II 2Pt 1,3-4 Passaggio dal prescritto al corpo della lettera; III 2Pt 1,5-11 L'impegno dei chiamati; IV 2Pt 1,12-21 La certezza della speranza; V 2Pt 2,1-3 Annuncio dei falsi maestri; VI 2Pt 2,4-13a Il giudizio che minaccia i falsi maestri; VII 2Pt 2,13b-22 Accusa e giudizio dei falsi maestri; VIII 2Pt 3,1-13 Il ritardo della parusia e il dubbio sulle promesse; IX 2Pt 3,14-18 Parola di conclusione.

6) E. Fuchs e P. Raymond (CNT 13b; 1980) dividono il testo in *undici parti* discorsive (o sequenze): I 2Pt 1,1-2 Saluto; II 2Pt 1,3-11 Le condizioni della vera fede; III 2Pt 1,12-21 Le norme della verità; IV 2Pt 2,1-3a Annuncio della venuta di falsi maestri; V 2Pt 2,3b-13a Il giudizio dei falsi dottori; VI 2Pt 2,13b-22 L'azione dei falsi dottori contro e dentro la chiesa; VII 2Pt 3,1-2 Richiamo di ciò di cui ci si deve ricordare; VIII 2Pt 3,3-7 Confutazione degli scettici; IX 2Pt 3,8-15a Insegnamento sulla escatologia cristiana e sue conseguenze etiche; X 2Pt 3,15b-16 Riflessioni sulle lettere di Paolo; XI 2Pt 3,17-18 Esortazione finale.

Due di queste divisioni sono artificiali. Tra 2Pt 3,15a e 2Pt 3,15b non c'è nessuna divisione sintattica, ma una correlazione: καθώς.... ὡς. Tra 2Pt 2,3a e 2Pt 2,3b non c'è divisione perché οἷς di 2Pt 2,3b è un relativo che si riferisce a coloro di cui parla in 2Pt 2,3a. In 2Pt 2,4 con un γάρ, 'infatti', introduce la spiegazione dell'affermazione di 2Pt 2,1-3 e cioè che i falsi maestri sono destinati al giudizio.

7) R.J. Bauckham (WBC 50; 1983) divide il testo in *quattordici parti* o sequenze discorsive: I 2Pt 1,1-2 Indirizzo e saluto; II 2Pt 1,3-11 Tema: un

sommario del messagio di Pietro; III 2Pt 1,12-15 Occasione: testamento di Pietro; IV 2Pt 1,16-18 Replica alla obbiezione 1: (a) La testimonianza oculare apostolica; V 2Pt 1,19 Replica alla obbiezione 1: (b) Il valore della profezia dell'Antico Testamento; VI 2Pt 1,20-21 Replica alla obbiezione 2: l'ispirazione della profezia dell'Antico Testamento; VII 2Pt 2,1-3a Pietro predice la venuta di falsi maestri; VIII 2Pt 2,3b-10a Replica alla obbiezione 3: La certezza del giudizio; IX 2Pt 2,10b-22 Denuncia dei falsi maestri; X 2Pt 3,1-4 Pietro predice la venuta dei beffardi (inclusa l'obbiezione 4: v. 4); XI 2Pt 3,5-7 Replica all'obbiezione 4: (a) La sovranità della parola di Dio; XII 2Pt 3,8-10 Replica alla obbiezione 4: (b) La magnanimità del Signore; XIII 2Pt 3,11-16 Esortazione; XIV 2Pt 3,17-18 Conclusione.

Nonostante tutte le differenze tra i piani che ho indicato, mi sembra che ci sia un certo accordo su alcune unità del testo: 2Pt 1,1-2; 1,3-11; 1,12-21; 2,1-3; 2,4-10; 2,11-22; 3,1-3; 3,4-10; 3,11-16; 3,17-18.

Queste unità si possono unificare in quattro sequenze discorsive. 2Pt 1,1-2 costituiscono l'introduzione. 2Pt 1,3-11 usando il 'noi' (2Pt 1,3-4) e il 'voi' (2Pt 1,5-11) ricorda che siamo destinati ad essere partecipi della natura divina e li esorta a rendere più sicura la loro vocazione per entrare nel regno eterno. In 2Pt 1,12 cambia persona. Usa la prima persona singolare 'io' e ricorda che il suo compito è di ricordare ciò che ha ricordato (2Pt 1,12-15) e porta le garanzie della sua autorità, cioè la testimonianza oculare della trasfigurazione del Signore (2Pt 1,16-18) e le profezie (2Pt 1,19-21). Pertanto 2Pt 1,3-11 e 2Pt 1,12-21 formano due unità discorsive distinte, anche se la seconda serve da giustificazione dell'autorità di cui si sente investito per ricordare le cose di cui ha parlato nella prima.

In 2Pt 2,1-3 inizia a parlare della venuta dei falsi dottori e ne annuncia il giudizio. In 2Pt 2,4-10 richiamandosi ad episodi della scrittura, mostra che il giudizio è sicuro. In 2Pt 2,11-22 mostra che i falsi dottori meritano il giudizio per la loro cattiva condotta. Quindi 2Pt 2,1-22 formano una unica sequenza discorsiva.

In 2Pt 3,1-2 usando la prima persona singolare 'io', dice che scrive questa seconda lettera per ridestare la loro intelligenza con la sua ammonizione affinché ricordino le parole già dette. In 2Pt 3,3-10 ricorda le verità della venuta del Signore e sulla fine del mondo. In 2Pt 3,11-16 mostra come deve vivere chi attende la fine. Quindi 2Pt 3,1-16 formano una sola unità discorsiva dedicata al tema della venuta del Signore, della fine del mondo e del giorno del giudizio. 2Pt 3,17-18 conclude con una ammonizione generale a non essere travolti dagli errori e con una dossologia finale.

Bibliografia. (Introduzioni) W.G. Kümmel, *Einleitung in das Neue Testament*, 378-383.- J. Cantinat, "La seconde épître de Pierre", *Les lettres apostoliques*, 287-302.- M. Trimaille, "La deuxième épître de Pierre", in: *Les lettres de Paul, de Jacques, Pierre et Jude*, 284-294.- U. Schnelle, *Einleitung in das Neue Testament*, Göttingen [3]1999, 437-445.

II *Teologia di 2Pt*

La teologia della seconda lettera di Pietro è concentrata in 2Pt 1,3-4 e in 2Pt 3,5-13. Nel primo testo afferma che scopo della salvezza è la nostra partecipazione alla vita divina. Nel secondo parla della fine del mondo, del giorno del giudizio e del rinnovamento del mondo. A ciò si deve aggiungere 2Pt 1,19-21 che è il suo contributo alla dottrina comune sulla ispirazione e interpretazione della scrittura.

1. *La partecipazione alla natura divina.* In 2Pt 1,3-4 dice: "La sua potenza divina ci ha donato tutto ciò che serve per la vita e la pietà" (ὡς πάντα ἡμῖν τῆς θείας δυνάμεως αὐτοῦ τὰ πρὸς ζωὴν καὶ εὐσέβειαν δεδωρημένης). Il pronome che io ho tradotto con 'sua' (αὐτοῦ), letteralmente 'di lui', si può riferire a Dio (cf. H. Hübner, *Theologie des NT 2*, 405) o al Signore Gesù Cristo (cf. G. Strecker, *Theologie des NT*, 688), nominati in 2Pt 1,1-2. Gli autori non sono concordi su questo. Ma penso che si debba riferire a Dio, che è il soggetto nominato sempre per primo nelle parole di saluto.

Il sostantivo ζωήν, 'vita', si riferisce probabilmente al 'modo di vivere' di chi ha ricevuto la purificazione dei peccati, a cui accenna in 2Pt 1,9. Ma per altri il sostantivo ζωήν, si riferisce direttamente alla vita divina, che Dio ci ha donato. Penso che la prima ipotesi sia migliore, perché per dire 'vita divina' l'autore usa l'espressione 'partecipi alla natura divina', che segue in 2Pt 1,4. Perciò è meglio interpretare dicendo che si riferisce alla 'vita' in quanto 'condotta di vita', che consegue a tutto ciò che Dio ci dona, cioè la sua grazia, che è il mezzo per cui ci rende partecipi della sua natura.

Il sostantivo εὐσέβειαν, 'pietà', significa ciò che oggi noi chiamiamo 'religione' e che per noi è la fede in Dio. Il pronome πάντα che si legge nella frase "ci ha donato tutto [ciò che serve] per la vita e la pietà", non è specificato. Ma l'espressione ἡμῖν... δεδωρημένης, 'ci ha donato', indica che si tratta di 'doni' che vengono a noi dalla potenza divina e che riguardano il modo di vivere e il modo di credere.

In 2Pt 1,3b indica il modo in cui ci ha donato tutto ciò che serve alla vita e alla pietà. Dice: "per mezzo della conoscenza di colui che ci ha chiamato con la sua grazia e la sua potenza" (διὰ τῆς ἐπιγνώσεως τοῦ καλέσαντος ἡμᾶς ἰδίᾳ δόξῃ καὶ ἀρετῇ).

L'espressione 'di colui che ci ha chiamato' (τοῦ καλέσαντος ἡμᾶς) e ciò che segue, è una perifrasi che alcuni riferiscono a Dio, altri al Cristo.

Penso che questi abbiano ragione perché in 2Pt 1,8 si parla della 'conoscenza di Gesù Cristo' (Ἰησοῦ Χριστοῦ ἐπίγνωσιν), che essi possono ottenere con la pratica delle virtù. In questo caso la 'gloria' (δόξα) e la 'virtù (o potenza)' (ἀρετή) con cui ci ha chiamato si devono riferire all'opera del Cristo, in particolare al suo valore rivelato nella resurrezione, in cui divenne manifesta la sua gloria nella vittoria sulla morte.

Pertanto tutta la frase in 2Pt 1,3 significa che Dio, con la sua potenza, ci ha donato tutto ciò che riguarda il modo di vivere e di credere, per mezzo della conoscenza di Gesù Cristo, che ci ha chiamato con la sua gloria e virtù (o potenza).

In 2Pt 1,4 indica lo scopo dei doni di Dio, in Cristo. Dice: "per mezzo di questi ci ha donato le promesse preziose e grandissime, affinché per mezzo di queste diventaste partecipi della natura divina, essendo sfuggiti alla corruzione che c'è nel mondo a causa del desiderio".

In 2Pt 1,4a il complemento δι᾽ ὧν, 'per mezzo di questi', si dovrebbe riferire a πάντα che precede, secondo la logica del discorso. In questo modo l'espressione non definita 'tutto' viene specificata dall'espressione "le promesse preziose e grandissime".

In 2Pt 1,4b indica lo scopo di queste promesse dicendo "affinché per mezzo di esse diventaste partecipi della natura divina". L'espressione 'partecipi della natura divina' (θείας κοινωνοὶ φύσεως) significa che i credenti entrano in comunione con la vita stessa di Dio, che è un modo per dire che l'uomo diventa dio. In 2Pt 1,4c indica il modo in cui avviene questa partecipazione, dicendo "essendo sfuggiti alla corruzione" (ἀποφυγόντες τῆς... φθορᾶς) e specifica che si tratta della corruzione che c'è "nel mondo, con la concupiscenza".

L'espressione φθορά, 'corruzione', indica la condizione di chi è soggetto alla morte, cioè la condizione mortale dell'uomo. Dicendo che essa è ἐν τῷ κόσμῳ ἐν ἐπιθυμίᾳ, "nel mondo, con la concupiscenza", indica che questa corruzione mortale è presente nel mondo 'a causa della concupiscenza', che letteralmente si dovrebbe dire 'del desiderio'.

Con ciò si potrebbe riferire al peccato di Adamo, che noi chiamiamo originale, a causa del quale il peccato e la morte sono entrati nel mondo, secondo le parole di Paolo in Rm 5,12. La liberazione dalla corruzione, indicata dal verbo sfuggire (ἀποφυγόντες), è già avvenuta nella speranza, perché è oggetto delle promesse. Ma si compirà realmente solo alla fine, quando saremo sottratti al potere della morte con la resurrezione finale.

Poiché il testo non afferma questo in modo chiaro, rimane un certo disaccordo tra gli autori sulla interpretazione del valore del participio ἀποφυγόντες.

Per alcuni ha valore temporale e traducono 'dopo essere sfuggiti'. Per altri ha valore causale e traducono 'poiché siete sfuggiti'. Sia in un caso che nell'altro il significato teologico resta identico. Per l'autore noi siamo stati liberati dalla corruzione che c'è nel mondo e questo è un fatto già compiuto nelle promesse che Dio ci ha dato. Per mezzo di queste infatti siamo sfuggiti alla corruzione che c'è nel mondo a causa della concupiscenza e siamo diventati partecipi della natura divina. Noi crediamo che ciò sia già accaduto e siamo certi che si manifesterà quando risorgeremo. Per questo speriamo in ciò che ha promesso.

Concludendo, devo far notare che in 2Pt 1,3-4 l'autore ricorda con espressioni simboliche l'opera della salvezza compiuta da Dio per mezzo di Gesù Cristo, che sintetizza in tre fasi: 1) Il dono di tutto ciò che riguarda la vita e la pietà; 2) la liberazione dalla corruzione che c'è nel mondo a causa della concupiscenza; 3) la partecipazione alla natura divina. La prima fase è già realizzata. La seconda è promessa. La terza è sperata. Ma nella fede ogni cosa è già avvenuta.

Bibliografia. R.J. Bauckham, *Jude. 2 Peter*, 173-184.- W. Grundmann, *Der Brief des Judas und der zweite Brief des Petrus*, 68-71.- H. Hübner, *Biblische Theologie des Neuen Testaments* 2, Göttingen 1993, 405-407.- H. Schelkle, *Die Petrusbriefe*, 188-189.- E. Fuchs - P. Raymond, *La deuxième épître de Pierre*, 49-53; 127-131 (Excursus I: La connaissance, γνῶσις, ἐπίγνωσις en 2 Pierre).- G. Strecker, *Theologie des Neuen Testaments*, Göttingen 1996, 687-689.

2. La fine del mondo, il giudizio, il mondo nuovo. In 2Pt 3,7 dice: "I cieli e la terra attuali sono conservati dalla stessa parola, riservati per il giorno del giudizio e della rovina degli empi".

Da queste affermazioni risultano tre cose: 1) i cieli e la terra sono destinati al fuoco; 2) ciò accadrà nel giorno del giudizio; 3) in quel giorno gli empi andranno in rovina.

In 2Pt 3,8-10 aggiunge elementi di chiarificazione. In 2Pt 3,8 citando Sal 89(90),4 dice: "Davanti al Signore un giorno è come mille anni e mille anni come un giorno solo". Ciò significa che per l'uomo non è possibile calcolare il tempo della venuta del Signore, perché il suo tempo non è come quello del mondo. In questo modo fa comprendere che solo il Signore sa quando accadrà la fine. Tuttavia in 2Pt 3,9 li assicura, dicendo che non tarda a compiere la sua promessa.

In 2Pt 3,10a trae le conseguenze di ciò che ha detto in 2Pt 3,8. Dice: "Il giorno del Signore verrà come un ladro". Questa è una immagine per dire che verrà all'improvviso ed ha lo scopo di invitare il lettore ad essere vigilante.

In 2Pt 3,10b descrive ciò che accadrà in quel giorno. Dice: "In esso i cieli passeranno con fragore, gli elementi consumati dal calore si dissolveranno e la terra con quanto c'è in essa andrà distrutta (lett. sarà trovata [dissolta: P^{72}])".

Da queste affermazioni si possono trarre i seguenti elementi sul giorno del Signore e su ciò che accadrà: 1) il giorno del Signore (ἡμέρα κυρίου) verrà all'improvviso, cioè non è possibile sapere quando; 2) tutta la creazione andrà distrutta: i cieli passeranno, gli elementi (στοιχεῖα) si dissolveranno al calore del fuoco, la terra e le opere dell'uomo spariranno. Ciò significa che gli eventi del giorno del Signore non riguardano solo gli uomini, ma anche il creato, in cui essi vivono.

In 2Pt 3,11-13 aggiunge altri elementi per completare la descrizione di ciò che accadrà nel giorno del Signore. In 2Pt 3,12b dice: "I cieli bruciati si dissolveranno"; e in 2Pt 3,12c aggiunge "Gli elementi bruciati si fonderanno". In 2Pt 3,13a afferma: "Aspettiamo cieli nuovi e terra nuova (καινοὺς δὲ οὐρανοὺς καὶ γῆν καινὴν). E in 2Pt 3,13b specifica: "In essi dimorerà la giustizia" (ἐν οἷς δικαιοσύνη κατοικεῖ).

Da queste affermazioni si ricavano i seguenti elementi per la descrizione del giorno del Signore: 1) i cieli si dissolveranno perché bruciati dal fuoco; 2) gli elementi si fonderanno perché bruciati dal fuoco; 3) cieli nuovi e nuova terra ci saranno; 4) ciò accadrà 'secondo la promessa' (κατὰ τὸ ἐπάγγελμα), con cui si riferisce probabilmente alla parola di Dio in Is 65,17: "Ecco infatti io creo nuovi cieli e nuova terra" (cf. Is 66,22, a cui si riferisce anche Apc 21,1.5). In essi abiterà la giustizia. Quindi ci sarà una nuova creazione e nuova sarà anche la condotta di coloro che vi abiteranno. La parola 'giustizia' (δικαιοσύνη) è concetto astratto per indicare un modo di vivere giusto. Di conseguenza deve essere riferita al comportamento e alle relazioni di coloro che vi abiteranno. Pertanto è un modo per indicare 'la vita nuova' che vivranno gli abitanti della nuova terra.

Dalla progressiva descrizione fatta dall'autore, risulta che gli eventi fondamentali da lui previsti per il giorno del giudizio sono quattro: 1) ci sarà un giudizio in cui gli uomini empi andranno distrutti (2Pt 3,7b); 2) tutta la creazione attuale - cieli, elementi, terra e le opere create che sono in essa - si dissolverà consumata dal fuoco (2Pt 3,7a.10b.12b); 3) ci saranno cieli nuovi e terra nuova (2Pt 3,13a), cioè Dio farà tutto nuovo e di nuovo; 4) in essi abiterà la giustizia, cioè i suoi abitanti saranno giusti, sia nei cieli che sulla terra.

Gli eventi da lui descritti saranno operati da Dio.

Di conseguenza il linguaggio usato nel testo deve essere considerato simbolico. Si tratta di eventi che appartengono al mistero che noi crediamo e tutto ciò che appartiene al mistero può essere da noi espresso soltanto nel simbolo. E tuttavia ciò che egli dice è sperato dalla fede. Quanto al giudizio degli empi, indica che ciascuno sarà giudicato secondo le sue azioni. E se sono malvagie, riceveranno la condanna che egli chiama 'distruzione' (ἀπώλεια: 2Pt 3,7b), che esprime bene con una immagine la totale esclusio-ne dalla salvezza, cioè dalla vita divina. Quanto alla dissoluzione del mondo nel fuoco, indica che anche esso sarà purificato, perché il fuoco in genere ha questa funzione (cf. 1Pt 1,7 1Cor 3,13). Ma può anche distruggere totalmen-te. Ciò lascia supporre che anche il mondo sia stato contagiato dalla corruzio-ne introdotta dalla concupiscenza e dal peccato. Perciò anche il mondo creato passerà nel fuoco purificante del giorno del giudizio. Anche lui sarà purifica-to da Dio, come l'uomo che in esso ha vissuto.

Quanto ai cieli nuovi e alla terra nuova, nei quali abiterà la giustizia, sono da considerare effetto della purificazione generale operata da Dio nel giudizio. Ma potrebbe essere una creazione nuova, se si interpreta in senso letterale, in cui afferma che il fuoco distruggerà tutto. In ogni caso, quando sarà tolto tutto ciò che è stato contagiato dalla corruzione e dal peccato, tutto sarà nuovo e giusto, secondo il disegno di Dio. Nei cieli nuovi e nella nuova terra abiteran-no coloro che vivono in modo giusto, cioè i giusti che Dio ha salvato dalla di-struzione del giudizio. Ciò significa che la vita nuova nella nuova terra, è da considerare una immagine simbolica della partecipazione alla vita divina, di coloro che hanno vissuto in modo giusto su questa terra e in questa vita.

Bibliografia. D. von Allmen, "L'apocalyptique juive et le retard de la parousie en 2 Pierre 3:1-13", *RTP* 16 (1966) 255-274.- L.W. Barnard, "The Judgement in 2 Peter 3", *ExpT* 68 (1956/57) 302.- R.J. Bauckham, "The Delay of the Parousia", *TynB* 31 (1980) 3-36: 19-28.- J. Chaine, "Cosmologie acquatique et conflagration finale d'après la seconda Petri", *RB* 46 (1937) 207-216.- E. Fuchs - P. Raymond, *La deuxième épître de saint Pierre*, 134-136 (excursus III: '2 Pierre et la destruction du monde par le feu' [2Pt 3,7ss]).- E. Galbiati, "L'escatologia delle lettere di S. Pietro", in: *San Pietro*, Atti della XIX Settimana Biblica, Brescia 1967, 413-423: 417-423.- H. Lenhard, "Ein Beitrag zur Übersetzung von 2 Ptr 3,10d", *ZNW* 52 (1961) 128-129.- Idem, "Noch einmal 2 Ptr 3,10d", *ZNW* 69 (1978) 136.- J.H. Neyrey, "The Form and Background of the Polemic in 2 Peter", *JBL* 99 (1980) 423-427; 429-430.- F. Olivier, "Une correction au text du Nouveau Testament", in: Idem, *Essai dans le domain du monde greco-romain antique et celui du Nouveau Testament*, Genève 1963, 129-152; rist. di *RTP* 8 (1920) 237-278.- J.W. Roberts, "A Note on the Meaning of 2 Peter 3:10d", *RestQ* 6 (1962) 32-33.- E. Testa, "La distruzione del mondo per il fuoco nella seconda epistola di San Pietro", *RivB* 10 (1962) 252-281.- A. Vögtle, *Das Neue Testament und die Zukunft des Kosmos* (KBANT), Düsseldorf 1970, 124-139 (2Pt 3,3-13).- W. Harnisch, *Eschatologische Existenz* (FRLANT 110), Göttingen 1973, 99-113 (2Pt 3,9-13).

3. *Interpretazione e ispirazione della profezia.* E' opinione comune che in 2Pt 1,20-21 l'autore enunci una dottrina sulla interpretazione e ispirazione della profezia, cioè dei testi profetici, che si può estendere in generale a tutta la scrittura. Le due cose sono strettamente unite: negando che la profezia possa essere interpretata privatamente da chiunque, adduce come motivo il fatto che è ispirata da Dio. Di conseguenza, non può essere interpretata in qualunque modo.

Che la profezia fosse ispirata da Dio, non è nuovo perché era dottrina o credenza comune alla fede del popolo giudaico e alla fede dei greci, fin dal tempo più antico.

Nuovo è il fatto che ciò si trovi affermato in modo esplicito in un testo cristiano, che per noi ha valore canonico.

L'interpretazione privata pare negata in 2Pt 1,20 in cui dice, secondo la versione ufficiale: "Sappiate anzitutto questo: nessuna scrittura profetica va soggetta a privata spiegazione".

La traduzione letterale sarebbe: "Ogni profezia della scrittura di proprio scioglimento (o regolamento) non accade". Ciò rende più evidente la difficoltà del testo. Non è chiaro il senso che bisogna dare alla parola ἐπίλυσις. Potrebbe significare 'scioglimento' e quindi 'interpretazione', se è riferita a sogni da interpretare come in Gn 40,8 secondo la traduzione di Aquila, che dice ἐνυπνιῶν ἐπίλυσις, "dei sogni scioglimento". Oppure alle parabole, secondo il senso del verbo ἐπίλυεν in Mc 4,34. Ma potrebbe significare anche 'regolamento', secondo il senso che ha il verbo ἐπιλυθήσεται in At 19,39.

In genere i commentatori preferiscono il primo significato, perché ritengono che l'autore si opponga alla 'interpretazione propria', cioè privata, della scrittura, in nome della interpretazione comune accettata dalla chiesa. Ma se si legge con cura ciò che dice in 2Pt 1,21 si ha la netta impressione che il suo problema sia un altro: cioè l'origine divina e non umana della parola profetica.

In questo caso, il secondo significato di ἐπίλυσις sarebbe da preferire, e una traduzione potrebbe essere la seguente: "ogni profezia della scrittura di proprio (o privato) regolamento non accade". Il senso in questo caso sarebbe: non è per volere privato che accade, cioè si adempie, ogni profezia della scrittura [ma per volere di Dio] (2Pt 1,20), perché è da parte di Dio che parlarono uomini trasportati dallo Spirito Santo (2Pt 1,21).

E' evidente che ciò non escluderebbe la prima interpretazione, che ne sarebbe una conseguenza implicita: se l'accadimento o il compimento di una profezia della scrittura non accade per iniziativa privata ma divina, nessuno può interpretare a proprio piacere un testo profetico e dire che si riferisce a questo evento piuttosto che a quello. Solo Dio può indicare per rivelazione il compimento, come è avvenuto per il Cristo.

Si potrebbe perciò dire che il testo non tratta solo della interpretazione, ma della origine divina e del compimento delle scritture profetiche.

Della origine divina della profezia tratta esplicitamente in 2Pt 1,21. Dice secondo la versione ufficiale: "poiché non da volontà umana fu recata mai (o: è mai venuta) una profezia, ma mossi da Spirito Santo parlarono [quegli] uomini da [parte di] Dio".

Con ciò afferma l'origine divina della parola profetica, che è la profezia. L'intervento divino è indicato dalla espressione "mossi da Spirito Santo" (ὑπὸ πνεύματος ἁγίου φερόμενοι). In questo modo descrive quella che noi diciamo 'ispirazione' dello Spirito Santo, che permette agli uomini che la ricevono di parlare "da [parte di] Dio" (ἀπὸ θεοῦ). E' evidente che ciò esclude che la profezia avvenga per loro volontà. Per questo nel verso precedente ha affermato che "non da volontà umana (lett. di uomo) (οὐ γὰρ θελήματι ἀνθρώπου) fu condotta mai una profezia".

Bibliografia. J.T. Carran, "The Teaching of 2 Peter1, 20", *ThSt* 4 (1943) 347-368.- A.Vögtle, "Keine Prophetie der Schrift ist Sache eigenwilliger Auslegung (2Pt 1,20b)", in Idem, *Offenbarungsgeschehen und Wirkungsgeschichte*, Freiburg - Basel - Wien 1985, 297-304.

DI GIUDA

Bibliografia. (Studi) C.A. Albin, *Judabrevet*, Stockholm 1962.- T. Barns, "The Epistle of St. Jude. A Study in the Marcosian Heresy", *JTS* 6 (1904/05) 391-411.- R.J. Baskin, *Pharaoh's Counsellors*. Job, Jethro and Balaam in Rabbinic and Patristic Traditions, Chico 1983.- J.M. Bassler, "Cain and Abel in the Palestinian Targum", *JSJ* 17 (1986) 56-64.- R.J. Bauckham, "The Letter of Jude: An Account of Research", *ANRW* II 25.5 (1988) 3791-3826.- Idem, *Jude and the Relatives of Jesus in the Early Church*, Edinburgh 1990.- J.R. Charles, " 'Those' and 'These'. The Use of the Old Testament in the Epistle of Jude", *JSNT* 38 (1990) 109-124.- Idem, "Literary Artifice in the Epistle of Jude", *ZNW* 82 (1991) 106-124.- Idem, "Jude's Use of Pseudepigraphical Sources-Material as Part of a Literary Strategy", *NTS* 37 (1991) 130-145.- C. Daniel, "La mention des Esséniens dans le text grec de l'épître de St Jude", *Muséon* 80 (1967) 503-521.- M. Delcor, "Le mythe de la chûte des anges et de L'origine des géants comme explication du mal dans le monde dans l'apocalyptique juive. Histoire et tradition", *RHR* 190 (1976) 3-54.- A.-M. Dubarle, "Le péché des anges dans l'épître de Jude", in: *Mémorial J. Chaine* (BFCTL 5), Lyon 1950, 145-148.- E.E. Ellis, *Prophecy and Hermeneutics in Early Christianity*. New Testament Essays (WUNT 18), Tübingen 1978, 221-236.- I.H. Eybers, "Aspects of the Background of the Letter of Jude", *Neot* 9 (1975) 113-123.- J. Fossam, "Kyrios as the Angel of the Lord in Jude 5-7", *NTS* 33 (1987) 226-243.- J.J. Gunther, "The Meaning and Origin of the Name 'Judas Thomas' ", *Muséon* 93 (1980) 113-148.- Idem, "The Alexandrian Epistle of Jude", *NTS* 30 (1984) 549-562.- K. Haaker - P. Schäfer, "Nachbiblische Traditionen vom Tod des Moses", in: *Josephus Studien*, FS O. Michel, Göttingen 1974, 147-174.- F. Hahn, "Randbemerkungen zum Judasbrief", *TZ* 37 (1981) 209-218.- R. Heiligenthal, "Der Judasbrief. Aspekte der Forschung in den letzten Jahrzehnten", *TZ* 51 (1986) 117-129.- Idem, "Der Judasbrief", *ThR* 51 (1986) 117-129.- Idem, *Zwischen Enoch und Paulus*. Studien zum theologiegeschichtlichen Ort des Judasbriefes (TANZ 6), Tübingen 1992.- J. Kahmann, "The Second Letter of Peter and the Letter of Jude: Their Mutual Relationship", in: *The New Testament in Early Christianity*, ed. J.M. Sevrin (BRTL 86), Leuven 1989, 105-121.- S.J. Joubert, "Language, Ideology and the Social Context of the Letter of Jude", *Neot* 24 (1990) 335-349.- R. Kasser, *Papyrus Bodmer XII*. Actes des Apôtres. Epître de Jacques, Pierre, Jean et Jude, Genève 1961.- J. Kubo, "Jude 22-23: Two-division Form or Three?", in: *New Testament Textual Criticism*, FS B.M. Metzger, ed. E.J. Epp - G.D. Fee, Oxford 1981, 239-253.- Idem, "Textual Relationship in Jude", in: *Studies in New Testament Language*, FS G.D. Kilpatrick, (NT.S 4), Leiden 1976, 276-282.- R. Laconte, "Jude (Epître de)", *DBS* 4 (1949) 1285-1298.- W. Magass, "Semiotik einer Ketzerpolemik am Beispiel von Judas 12 f.", *LingBibl* 19 (1972) 36-47.- E. Massaux, "Le text de l'épître de Jude du Papyrus Bodmer VII (P 72)", in: *Mélanges E. van Cauwenberg*, Louvain 1961, 108-125.- M. Mees, "Papyrus Bodmer VII (P 72) und die Zitate aus dem Judasbrief bei Clemens von Alexandrien", *CD* 81 (1968) 551-559.- P. Müller, "Der Judasbrief", *ThR* 63 (1988) 267-289.- J.P. Oleson, "An Echo of Hesiod's Theogony vv 190-192 in Jude 13", *NTS* 25 (1979) 492-503.- C.D. Osborne, "The Text of Jude 22-23", *ZNW* 63 (1972) 139-144.- H. Paulsen, "Judasbrief", *TRE* 17 (1988) 307-310.- P.J. du Plessis, "The Authorship of the Epistle of Jude", in: *Biblical Essays*, Potchefstroom 1966, 191-199.- J.M. Ross, "Church Discipline in Jude 22-23", *ExpT* 100 (1989) 297-298.- D.J. Rowston, "The Most neglected Book in the New Testament", *NTS* 21 (1974/75) 554-563.- E. Szewc, " 'chwaty' w listach Judy i 2 Piotra", *Collectanea Theologica* (Warsaw) 46 (1976) 51-60.- H. Schelkle, "Der Judasbrief bei den Kirchenvätern", in: *Abraham unser Vater*, FS O. Michel, Leiden 1963, 405-416.- P.-A. Seethaler, "Kleine Bemerkungen zum Judasbrief", *BZ* 31 (1987) 261-264.- G. Sellin, "Die Häretiker des Judasbriefes", *ZNW* 77 (1986) 206-225.- V. Taylor, "The Message of the Epistles: Second Peter and Jude", *ExpT* 45 (1933/34) 437-441.- M. Testuz, *Papyrus Bodmer VII-IX: L'épître de Jude*, Genève 1959.- D.F. Watson, *Invention, Arrangement and*

Style. Rhetorical Criticism of Jude and 2 Peter (SBL.DS 104), Atlanta 1988.- A. Wikgren, "Some Problems in Jude 5", in: *Studies in the History of the Text of the New Testament*, FS K.W. Clark (StD 29), Salt Lake City 1967, 147-152.- F. Wisse, "The Epistle of Jude in the History of Heresiology", in: *Essays in the Nag Hammadi Texts*, FS A. Böhling, ed. M. Krause (NHS 3), Leiden 1972, 133-143.
(Commenti) R.J. Bauckham, *Jude. 2 Peter* (WBC 50), Waco, TX, 1983, 1-127.- C. Bigg, *Commentary on the Epistles of St Peter and St Jude* (ICC), Edinburgh 1901, rist. 1922.- J. Cantinat, *Les épîtres de saint Jacques et de saint Jude* (SB), Paris 1973.- E. Fuchs - P. Raymond, *La deuxième épître de Pierre. L'épître de Jude* (CNT 13b), Neuchâtel - Paris 1980, 137-190.- H. Frankemölle, *1. und 2. Petrusbrief. Judasbrief* (NEB.NT 18/20), Würzburg 1987, 121-145.- W. Grundmann, *Der Brief des Judas und der zweite Brief des Petrus* (ThHK 15), Berlin 1974, [3]1986, 11-52.- J.N.D. Kelly, *A Commentary on the Epistles of Peter and Jude* (BNTC), London 1969.- O. Knoch, *Der erste und zweite Petrusbrief. Der Judasbrief* (RNT), Regensburg 1990.- G.L. Lawlor, *Translation and Exposition of the Epistle of Jude*, Nutley, NJ, 1976.- J. Michl, *Die katholischen Briefe* (RNT 8), Regensburg 1968, 69-93.- J. Neyrey, *2 Peter. Jude* (AB 37C), New York 1993.- H. Paulsen, *Der zweite Petrusbrief und der Judasbrief* (KEK 12/2), Göttingen 1992.- K.H. Schelkle, *Die Petrusbriefe. Der Judasbrief* (HThK 13/2), Freiburg [6]1988.- W. Schrage, "Der Judasbrief" (NTD 10), Göttingen [14]1993, 224-240.- A. Vögtle, *Der Judasbrief. Der zweite Petrusbrief* (EKK 22), Solothurn / Neukirchen-Vluyn 1994.- H. Windisch - H. Preisker, *Die katholischen Briefe* (HNT 15), Tübingen [3]1951, 36-48.151.

I   *Piano letterario di Gd*

La lettera di Giuda è composta di 25 versetti. Inizia con una introduzione di tipo epistolare in 1-2 e termina con una dossologia in 24-25. Per la divisione del testo ci sono tre proposte.

1) J.R. Busto Sáiz (1981) nota la triplice ripetizione di ἀγαπητοί in 3.7.20 e ritiene che ciò permetta di dividere il contenuto del discorso in tre sezioni: 1-2 Introduzione; I 3-16 Gli oppositori; II 17-19 passo di transizione; III 20-23 Esortazione ai lettori.

Fa notare che in 4 l'autore indica le caratteristiche degli oppositori: A) il loro giudizio è stato profetizzato da tempo; B) usano la grazia per fare quello che vogliono; C) negano il maestro e Signore Gesù Cristo. Questi tre elementi sarebbero ripresi e sviluppati in ordine inverso nelle tre sezioni che egli ha indicato: C) in 5-10, B) in 11-13, A) in 14-16.

Purtroppo questo dato non corrisponde al contenuto del testo. In 5-10 sono rimproverati perché contaminano il loro corpo, disprezzano il Signore e insultano gli angeli (v. 8); e fa notare che ciò serve alla loro rovina (v. 10c). Quindi A) B) C) sono già presenti in Gd 5-10. In Gd 11-13 sono rimproverati per avere seguito la strada di Balaam, di essere puniti nella ribellione di Core, cioè di usare la conoscenza delle cose sacre per combattere la verità (Gd 11); di insozzare i banchetti e pascere se stessi (Gd 12); e che ad essi è riservata la caligine eterna. Quindi A) B) C) sono di nuovo presenti in Gd 11-13. In Gd 14-15 usando il libro di Enoch, dice che il Signore farà il giudizio su tutti, convincendo gli empi della empietà che hanno commesso, e degli insulti lanciati contro di lui. Quindi giudicherà la loro corruzione morale e religiosa. In Gd 16 dice che agiscono secondo le loro passioni e che la loro bocca dice parole orgogliose. Di nuovo è facile constatare che A) B) C) sono presenti in Gd 14-16.

2) R.J. Bauckham (1983 e 1988) propone il piano seguente: Gd 1-2 Introduzione; Gd 3-4 Tema, sviluppato in Gd 5-23. Il tema è dunque duplice: in Gd 3 c'è una 'petizione' a combattere la lotta della fede; in Gd 4 c'è il motivo della esortazione a combattere, cioè l'esistenza di falsi maestri, il loro carattere e la loro destinazione al giudizio.

Questi elementi tematici sono sviluppati nel corpo della lettera (Gd 5-23) che per questa ragione è diviso in due parti: I Gd 5-19 Sui falsi maestri, che riprende l'elemento tematico indicato in Gd 4 e lo sviluppa in forma di *midrash pesher*, cioè commentando alcuni passi della scrittura, il cui contenuto viene riferito a loro.

In Gc 5-7 i liberati dalla schiavitù dell'Egitto e Sodoma e Gomorra sono riferiti a loro in Gd 8. In Gd 9 la disputa tra l'arcangelo Michele e il diavolo sul corpo di Mosè è riferita a loro in Gd 10. In Gd 11 l'esempio di Caino, di Balaam e di Core sono riferiti a loro in Gd 12-13. La profezia di Enoch sul giudizio in Gd 14-15 è riferita a loro in Gd 16. La profezia degli apostoli sulla venuta di beffeggiatori alla fine del tempo in Gd 18 è riferita a loro in Gd 19. Ogni volta l'applicazione della scrittura ai falsi maestri è introdotta dalla stessa formula: οὗτοι (cf. Gd 8.10) o οὗτοι εἰσιν (cf. 12.16.19).

II Gd 20-23 Esortazione ai lettori a costruire l'edificio della fede, che riprende e sviluppa l'elemento tematico di Gd 3.

3) La maggior parte dei commentatori divide il corpo della lettera in due parti, ma in modo diverso da quello proposto da R.J. Bauckham: Gd 1-2 Introduzione; Gd 3-4 Occasione e scopo della lettera; Gd 5-16 I Contro i falsi maestri; Gd 17-23 II Esortazione ai fedeli; Gd 24-25 Conclusione.

Da questa esposizione risulta che non c'è accordo per le divisioni maggiori. C'è invece un certo consenso per le divisioni minori: I Gd 1-2 II Gd 3-4 III Gd 5-7 IV Gd 8-10 V Gd 11-13 VI Gd 14-16 VII Gd 17-19 VIII Gs 20-23 IX Gd 24-25. Rimane una grande incertezza sulla collocazione di Gd 8: è da unire a ciò che precede (E. Fuchs - P. Raymond), o a ciò che segue (R.J. Bauckham)? Non è facile da risolvere.

Bibliografia. (Introduzioni) J. Cantinat, "L'épître de Jude", in: *Les lettres apostoliques*, 274-286.- H. Conzelmann - A. Lindemann, *Arbeitsbuch zum Neuen Testament*, Tübingen [12]1998, 421-424.- W.K. Kümmel, *Einleitung in das Neue Testament*, 375-378.- W. Marxen, *Einleitung in das Neue Testament*, 203-204.- U. Schnelle, *Einleitung in das Neue Testament*, Göttingen [3]1999, 428-437.- (Studi) J.R. Busto Sáiz, "La carta de Judas a la luz de algunos escritos judíos", *EstB* 39 (1981) 83-105.- R. Heiligenthal, *Zwischen Henoch und Paulus*, 14-21.

II   *Teologia di Gd*

1. *Il giudizio universale.* Il messaggio teologico della lettera di Gd riguarda il giudizio e la dottrina sugli angeli. Il messaggio sul giudizio è esposto in Gd 14-15. L'autore cita parole prese dal Libro di Enoch 1, che la chiesa cattolica non ha accolto nel canone del Nuovo Testamento. E' quindi un apocrifo. Ma ciò che quelle parole affermano corrisponde essenzialmente a ciò che crediamo.

Si discute ancora se l'autore usi il testo greco o il testo aramaico di Enoch 1. Poiché ci sono divergenze con il testo greco, si suppone che lo abbia adattato al suo scopo. L'adattamento si noterebbe nel fatto che in Enoch 1,9 il giudizio è compiuto da Dio. In Gd 14-15 sembra che sia il Cristo, indicato dalla parola κύριος, 'Signore', che egli ha aggiunto nel testo citato.

In Gd 14-15 dice: "Ecco, il Signore è venuto con le sue miriadi di angeli per fare in giudizio contro tutti e per convincere tutti gli empi di tutte le opere di empietà che hanno commesso, e di tutti gli insulti che peccatori empi hanno pronunciato contro di lui".

Da ciò risultano alcuni elementi per la definizione del giudizio: 1) esso sarà alla venuta del Signore con i suoi angeli; 2) sarà contro tutti (κατὰ πάντων), cioè tutti saranno giudicati; 3) nel giudizio accuserà ogni anima (ἐλέγξαι πᾶσαν ψυχήν) delle opere empie che ha compiuto e delle parole dure che ha pronunciato contro di lui. Pertanto il giudizio sarà individuale: ciascuno sarà giudicato secondo le sue opere e verrà denunciato il male che ha compiuto in opere e in parole.

Da Gd 4b si può desumere che coloro che il Signore avrà accusato di avere compiuto il male, saranno destinati a un giudizio di condanna (τὸ κρίμα). In Gd 13c la condanna è descritta con una immagine, dicendo che a costoro, cioè gli empi, è riservata "l'oscurità della tenebra in eterno" (ὁ ζόφος τοῦ σκότους εἰς αἰῶνα).

In Gd 23a allude al 'fuoco', a cui sono destinati coloro che non si salvano. L'una e l'altra espressione sono immagini simboliche per indicare un modo di essere privo di luce e di vita, ma anche di dolore. La 'tenebra' indica di per sé assenza di luce, di calore e quindi di vita. Dicendo che è 'eterna' (o per l'eterno) lascia intendere che la privazione di vita è assoluta. Quindi l'immagine indica la condanna come privazione della vita divina, come conferma Mt 8,12 22,13 25,30.

Il 'fuoco' indica di per sé la consunzione e la rovina. Pertanto dicendo che sono destinati al fuoco, indica il modo in cui il condannato sperimenta in se stesso la privazione della vita di Dio, da cui si è allontanato, come indica anche Mt 13,42 25,41. Si tratta di una dolorosa consunzione perenne, come perenne è la privazione della vita e della luce.

Bibliografia. (su Gd 14-15) R.J. Bauckham, "A Note on a Problem of the Greek Version of 1 Enoch 1,9", *JTS* 32 (1981) 136-138.- M. Black, "The Maranatha Invocation and Jude 14.15 (1 Enoch 1:9)", in: *Christ and Spirit in the New Testament*, FS C.F.D. Moule, ed. B. Lindars - S.S. Smalley, Cambridge 1973, 189-197.- B. Dehandschutter, "Pseudo-Cyprian, Jude and Enoch. Some Notes on 1 Enoch 1:9" in: *Tradition and Re-Interpretation in Jewish and Early-Christian Literature*, FS J.C.F. Lebram, (StPB 36), Leiden 1986, 114-120.- R. Heiligenthal, *Zwischen Henoch und Paulus*, 62-94.- E.M. Laperrousaz, "Le Testament de Moïse (généralement appelé 'Assomption de Moïse')", *Sem* 19 (1968) 1-140: 51-58 (Gd 14-16).- C.D. Osborne, "The Christological Use of 1 Enoch 1,9 in Jude 14,15", *NTS* 23 (1976/77) 334-341.- J. van der Kam, "The Theophany of Enoch 1,3b-7,9", *VT* 23 (1973) 129-150 (su Gd 22-23).- W. Bieder, "Judas 22f.", *TZ* 6 (1950) 75-77.

2. *Il giudizio individuale.* Al giudizio si potrebbe riferire anche l'episodio misterioso, rievocato in Gd 9 e probabilmente tratto da un testo apocrifo intitolato 'Ascensione (o Assunzione) di Mosé', secondo le informazioni date da alcuni padri greci. Dice: "Michele, l'arcangelo, quando con il diavolo giudicando (o contendendo) dialogava (o disputava) sul corpo di Mosé, non osò addurre un giudizio di offesa, ma disse: Ti condanni il Signore".

Poiché dice 'giudicando (o contendendo) disputava sul corpo di Mosé' (διακρινόμενος διελέγετο περὶ τοῦ Μωϋσέως σώματος), è ragionevole supporre che la disputa tra Michele e il diavolo sia immaginata come accaduta al momento della morte di Mosé. In questo caso l'episodio simbolico si riferirebbe non al giudizio finale, generale, ma a quello individuale, che ognuno subisce al momento della sua morte e dal quale dipende anche la sua sorte eterna, nel giudizio universale.

E' evidente che tale giudizio individuale al momento della morte non è automatico, ma è soggetto al vaglio divino, come indica la disputa tra i due esseri che lo servono: Michele e il diavolo. Ciò significa che l'agire dell'uomo non è l'ultima parola per la sua sorte eterna e che Dio riserva solo a sé, alla sua giustizia e misericordia, il giudizio che destina alla salvezza o alla condanna.

Ciò è confermato dalla esortazione che rivolge loro in Gd 21 in cui dice: "Conservate voi stessi nella carità di Dio, attendendo la misericordia (προσ-δεχόμενοι τὸ ἔλεος) del Signore nostro Gesù Cristo, per la vita eterna (εἰς ζωὴν αἰώνιον)".

Il fatto che la disputa riguardi il corpo di Mosé, che è morto (περὶ... σώματος) e non la sua anima, potrebbe significare che proprio quello è il mezzo con cui l'uomo subirà il giudizio, in bene o in male, secondo le azioni buone o malvagie che avrà compiuto finché è vissuto nel mondo.

Ciò potrebbe essere confermato da Gd 10 in cui dice secondo una traduzione letterale: "Costoro quanto non sanno bestemmiano, quanto invece fisicamente (o naturalmente, o materialmente) conoscono come gli animali irrazionali, in esso si corrompono (φθείρονται)".

Da questa affermazione si potrebbe desumere che l'autore prevede per loro la corruzione fisica, cioè del corpo, come punizione della loro bestemmia contro gli esseri spirituali che ignorano e per la loro presunzione, perché abrogano e non riconoscono la signoria di Dio, come dice in Gd 8.

Quindi la corruzione, a cui la morte destina ogni creatura, non lascerebbe per loro nessuna speranza di salvezza, ma solo di condanna eterna, che egli indica con l'immagine del 'fuoco eterno' (πῦρ αἰώνιος), in Gd 7. In questo testo ricorda che Sodoma e Gomorra e le altre città che hanno peccato allo stesso modo, "giacciono come esempio, subendo la pena del fuoco eterno (πρόκεινται δεῖγμα πυρὸς αἰωνίου δίκην ὑπέχουσαι).

A questo fuoco eterno è probabilmente da aggiungere l'oscurità eterna, come si desume da Gd 13 in cui dice che agli uomini empi "è riservata l'oscurità della tenebra per l'eternità (ὁ ζόφος τοῦ σκότους εἰς αἰῶνα τετήρηται). E' chiaro che l'uno (il fuoco) e l'altra (la tenebra) sono immagini che indicano la condanna e la pena eterna, cioè immagini di una distruzione eterna, privati della vita e della luce divina.

Ma, secondo l'autore, i credenti potrebbero salvare dal fuoco coloro che vi sono destinati per la loro deviazione dalla fede e dalla retta condotta morale e lo possono fare usando la persuasione e la misericordia. Lo dice in Gd 22-23, un testo molto difficile da capire, ma che secondo le edizioni moderne si potrebbe leggere in questo modo: "Gli incerti, commiserate (ἐλεᾶτε: secondo ℵ B C²) (o persuadete [ἐλέγχετε] secondo A C*); altri salvate strappandoli dal fuoco (οὓς δὲ σῴζετε ἐκ πυρὸς ἁρπάζοντες); altri commiserate con timore (οὓς δὲ ἐλεᾶτε ἐν φόβῳ), odiando anche la veste contaminata dalla carne (μισοῦντες καὶ τὸν ἀπὸ τῆς σαρκὸς ἐσπιλωμένον χιτῶνα).

Queste espressioni enigmatiche potrebbero significare che finché c'è vita, i credenti possono salvare con la misericordia e la persuasione coloro che meriterebbero la condanna del fuoco e della tenebra eterna a causa della loro condotta perversa. Quindi nonostante la severità che usa contro di loro perché deviano dalla fede con una cattiva condotta morale, egli non dispera della loro salvezza, perché è convinto che gli altri che credono possono ricondurli sulla retta via.

Bibliografia. (su Gd 9) R.J. Bauckham, *Jude* 64-76 (Ex.: 'The Background and Source of Jude 9').- K. Berger, "Der Streit des guten und bösen Engels um die Seele. Beobachtungen zu 4QAmr[b] und Judas 9", *JSJ* 4 (1973) 1-18.- K. Haacker - P. Schäfer, "Nachbiblische Tradition vom Tod des Moses", in: *Josephus-Studien*, FS O. Michel, ed. O. Betz - K. Haacker - M. Hengel, Göttingen 1974, 147-174.- H.C. Kee, "The Terminology of Mark's Exorcism Stories", *NTS* 14 (1968 232-246: 235-238 (su Zacc 3,2 [Zacc 3,1-5TM] in Jd 9).- E.M. Laperrousaz, "Le Testament de Moïse (généralement appelé 'Assomption de Moïse')", *Sem* 19 (1970) 1-140: 29-62 (su Gd 9).- S.E. Loewenstamm, "The Death of Moses", in: *Studies on the Testament of Abraham*, ed. G.W.E. Nickelsburg, Jr., (SBL.SCS 6), Missoula, MT, 1976, 185-217.

3. *Gli angeli buoni e gli angeli peccatori.* L'episodio della disputa tra l'arcangelo Michele e il diavolo in Gd 9 che ho appena esaminato, potrebbe essere utile anche per la conoscenza degli angeli che l'autore mostra di possedere per mezzo della fede e che in Gd 8 chiama semplicemente " [le] glorie" (δόξαι).

Dice in questo verso: "Ugualmente pertanto anche costoro sognando la carne contaminano, abrogando la signoria e le glorie bestemmiano (δόξας δὲ βλασφημοῦσιν)".

E in Gd 9 dice: "Ma Michele, l'arcangelo (ὁ ἀρχάγγελος), quando con il diavolo giudicando (o valutando) disputava su corpo di Mosé, non osò condurre un giudizio di offesa (o di insulto) (οὐκ ἐτόλμησεν κρίσιν ἐπενεγκεῖν βλασφημίας), ma disse: Ti rimproveri (o ti condanni) il Signore (ἐπιτιμήσαι σοι κύριος)".

Dal confronto con il verso precedente risulta che l'arcangelo Michele nel suo comportamento con il diavolo è addotto come esempio di rispetto per la sua dignità angelica ed è ricordato per biasimare e condannare il comportamento di quegli uomini, di cui ha detto che "abrogano la signoria (sc. del Signore) e le glorie (sc. gli angeli) bestemmiano". La loro colpa è grave perché "bestemmiano quanto non sanno" (ὅσα μὲν οὐκ οἴδασιν βλασφημοῦσιν), come afferma in Gd 10a. Il motivo di questa ignoranza lo attribuisce al fatto che costoro "sanno le cose in modo materiale" (φυσικῶς... ἐπίστανται), "come gli animali irrazionali" (ὡς τὰ ἄλογα ζῷα), come dice in Gd 10b.

Da questa serie di affermazioni risulta che per l'autore il diavolo (ὁ διάβολος) è un essere spirituale e non materiale e che appartiene alle categorie angeliche, che egli chiama "glorie" (δόξαι). Quindi è anche lui un angelo. Per autorità è certamente inferiore a Michele, che è chiamato "angelo capo" (ὁ ἀρχάγγελος); ma per dignità sembra pari a lui, perché Michele non osa giudicarlo in modo offensivo e rimette a Dio il giudizio sul suo comportamento.

In ogni caso è rivale, perché è con lui che deve sostenere la disputa, evidentemente per il possesso del corpo di Mosé. Poiché in questa disputa si esprime il giudizio di Dio, è probabile che l'autore rispetti il diavolo come un essere angelico, certamente avversario di Dio, ma anche lui al servizio di Dio stesso, come Michele l'arcangelo.

Si potrebbe anche pensare che per questa sua attività di avversario, egli meriti il biasimo o la condanna di Dio, perché l'autore fa dire a Michele queste parole: "Ti punisca (o biasimi, o giudichi) il Signore" (ἐπιτιμήσαι σοι κύριος). Ma è evidente che la sua opera serve alla giustizia divina. Quindi il biasimo pare diretto più alla sua arroganza, con cui contesta a Michele la decisione della misericordia divina, che non alla funzione che egli esercita, cioè di rivendicare fino alla fine la punizione della cattiva condotta umana. Evidentemente anche Mosé aveva qualche colpa che secondo lui doveva essere punita con la condanna, probabilmente l'omicidio dell'egiziano, narrato in Es 2,11-15.

In ogni caso le parole di Michele lasciano prevedere che anche il Diavolo, che ora opera come persecutore di chi ha torto di fronte alla legge di Dio, sarà destinato al giudizio e alla punizione di Dio, perché gli dice: "Ti punisca (o biasimi, o condanni) il Signore". Allo stesso giudizio sono destinati gli angeli che Dio, in parte, ha già punito per il loro peccato. Lo si può desumere da ciò che dice in Gd 6: "E gli angeli (ἀγγέλους), che non avevano conservato la loro dignità ma avevano abbandonato il loro posto, per il giudizio del grande giorno con catene eterne sotto oscurità conserva". Quale sia il loro peccato, si può desumere da come è descritto. Dice: "non conservarono la loro dignità" (μὴ τηρήσαντας τὴν ἑαυτῶν ἀρχήν), "ma abbandonarono il proprio posto" (ἀλλὰ ἀπολιπόντας τὸ ἴδιον οἰκητήριον).

La dignità (τὴν ἀρχήν) che essi non conservarono indica probabilmente la funzione ad essi assegnata da Dio nel governo del mondo, che essi non rispettarono. Di conseguenza il loro peccato può essere classificato in modo più generale come un atto di disobbedienza e di non riconoscimento dell'autorità divina. Quindi sarebbe simile per sua natura a quello che commettono coloro che egli denuncia perché "abrogano la signoria (sc. del Signore)" (κυριότητα ἀθετοῦσιν).

Con ciò potrebbe riferirsi alla vicenda narrata in Gn 6,1-2 in cui si dice che "i figli di Dio" (οἱ υἱοὶ τοῦ θεοῦ), che la tradizione teologica giudaica considerava angeli, abbandonarono il posto che avevano nel cielo, per unirsi alle figlie degli uomini che vivevano sulla terra, perché erano belle. Ma potrebbe anche riferirsi al rimprovero che Dio rivolge a coloro che sono chiamati "dei" (θεοί) nel Sal 82 (LXX 81), 1.6, perché non hanno fatto prevalere la giustizia sulla terra.

La relazione tra il peccato di questi angeli e quello del diavolo (o Satana), noto da altri testi del Nuovo Testamento (cf. 1Gv 3,8 Gv 8,44), non è chiara. Ma è evidente che è della stessa natura, cioè la disobbedienza e la ribellione alla volontà divina, il disconoscimento dell'autorità di Dio stesso. La punizione che li attende per questo peccato è indicata con la frase "per il giudizio del grande giorno (εἰς κρίσιν μεγάλης ἡμέρας) con catene eterne sotto oscurità [li] conserva", come si legge in Gd 6b. Con ciò allude certamente al giudizio finale e la condizione in cui li tiene ora, lascia già presagire una loro condanna eterna.

Bibliografia. (su Gd 6) A. Dubarle, "Le péché des anges dans l'épître de Jude", in: *Mélanges J. Chaine*, Lyon 1950, 145-148.- A.F.J. Klijn, "Jude 5 to 7", in: *The New Testament Age*, FS B.

Reicke, ed. W.C. Weinrich, Macon, GE, 1984, I 237-244: 241-242 (Gd 6).- C.A. Newsom, "The Development of 1 Henoch 6-19: Cosmology and Judgement", *CBQ* 42 (1980) 310-329.- R. Rubinkiewicz, *Die Eschatologie von Henoch 9-11 und das Neue Testament* (ÖBS 6), Klosterneuburg 1984, 128-133 (Gd 6).

DI GIOVANNI 1,2,3

Bibliografia. (Studi) N.K. Bakken, *The Gospel and the Epistles of John*. A Study of their Relationship in the Pre-Canonical Period (Union Theological Seminary), New York microfilms 1963.- H. Balz, "Johanneische Theologie und Ethik im Licht der 'letzten Stunde' ", in: *Studien zum Text und zur Ethik des Neuen Testaments*, FS H. Greeven, ed. W. Schrage, Berlin - New York 1986, 35-56.- J. Beutler, "Die Johannesbriefe in der neuesten Literatur (1978-1985)", *ANRW* II 25.5 (1988) 3773-3790.- Idem, "Krise und Untergang der johanneischen Gemeinde: Das Zeugnis der Johannesbriefe", in: *New Testament in Early Christianity*, ed. J.M. Sevrin (BETL 86), Leuven 1989, 85-103.- C.Cl. Black II, "The Johannine Epistles and the Question of Early Catholicism", *NT* 28 (1986) 131-158.- J. Bonsirven, "La théologie des épîtres johanniques", *NRT* 62 (1935) 920-944.- R.C. Briggs, "Contemporary Study of the Johannine Epistles", *RevExp* 67 (1970) 411-422.- R.E. Brown, "Die Schriftrollen von Qumran und das Johannesevangelium und die Johannesbriefe", in: *Johannes und sein Evangelium*, ed. K.H. Rengstorf (WdF 82), Darmstadt 1973, 486-528.- F. Büchsel, "Zu den Johannesbriefen", *ZNW* 28 (1929) 235-241.- R. Bultmann, "Johannesbriefe", *RGG³* 3 (1959) 836-839.- E. Delebecque, *Epîtres de Jean*. Texte traduit et annoté (ChRB 25), Paris 1988.- J.A. Du Rand, *Studies in the Johannine Letters*. Analysis of the Johannine Letters, Addendum to *Neot* 13 (1979).- Idem, *Beleef julle sekerheid*, 'nverkenning van die briewe von Johannes, Pretoria 1983.- G. Ghiberti, "Ortodossia e eterodossia nelle lettere di Giovanni", *RivB* 30 (1982) 381-400.- F. Haenchen, "Neuere Literatur zu den Johannesbriefen", in: Idem, *Die Bibel und wir*. Gesammelte Aufsätze II, Tübingen 1968, 225-311.- J.J. Gunther, "The Alexandrian Gospel and the Letters of John", *CBQ* 41 (1979) 581-603.- Idem, "Identification of Authorship of the Johannine Writings", *JEH* 31 (1980) 407-427.- J. Heise, *Bleiben*. Menein in den Johanneischen Schriften (HUTh 8), Tübingen 1967.- W.F. Howard, "The Common Authorship of the Johannine Gospel and Epistles", *JTS* 48 (1947) 12-25.- M. de Jonge, "The Use of the Word Χριστός in the Johannine Epistles", in: *Studies in John*, FS J.N. Sevenster, Leiden 1970, 66-74.- P. Katz, "The Johannine Epistles in the Muratorian Canon", *JTS* 8 (1957) 273-274.- H.-J. Klauck, *Die Johannesbriefe* (EdF 276), Darmstadt ²1995.- Idem, "Gemeinde ohne Amt? Erfahrungen mit der Kirche in den johanneischen Schriften", *BZ* 29 (1985) 193-230.- G.D. Kilpatrick, "Two Johannine Idioms in the Jonannine Epistles", *JTS* 12 (1961) 272-273.- G. Klein, " 'Das wahre Licht scheint schon'. Beobachtungen zur Zeit- und Geschichtserfahrung einer urchristlichen Schule", *ZTK* 68 (1971) 261-326.- B. Lammers, Die Menein-Formel der Johannesbriefe. Eine Studie zur johanneischen Anschauung der Gottes Gemeinschaft, Diss. Rom 1954.- W. Langbrandtner, *Weltferner Gott oder Gott der Liebe*. Der Ketzerstreit in der johanneischen Kirche. Eine exegetisch-religionsgeschichtliche Untersuchung, mit Berücksichtigung der koptisch-gnostischen Schriften aus Nag-Hammadi, Frankfurt a.M. 1977.- N. Lazure, *Les valeurs morales dans la théologie johannique* (Evangile et épîtres) (EB), Paris 1965.- P. Le Fort, *Les structures de l'église militante selon saint Jean*. Etudes d'ecclesiologie concrète appliquée au IVe évangile et aux épîtres johanniques, Genève - Paris 1970.- X. Léon-Dufour, "Evangile et les épîtres johanniques", in: *Le Ministère et les ministères dans le Nouveau Testament*, ed. J. Delorme, Paris 1974, 241-263.- J. Lieu, *Theology of the Johannine Epistles*, Cambridge 1991.- Idem, "What was From the Beginning: Scripture and Traditions in the Johannine Epistles", *NTS* 39 (1993) 458-477.- J.R. Michaelis, "Reflections on the Three Epistles of John", in: *A Companion to John Reading in Johannine Theology* (John's Gospel and the Epistles), ed. M.J. Taylor, New York 1977, 257-271.- P.S. Minear, "Diversity and Unity. A Johannine Case-Study", in: *Die Mitte des Neuen Testaments*, FS E. Schweizer, Göttingen 1983, 162-175.- U.B. Müller, *Die Geschichte der Christologie in der Johanneischen Gemeinde* (SBS 77), Stuttgart 1975.- F. Mussner, *ZOH*. Die Anschauung vom 'Leben' im vierten Evangelium unter Berücksichtigung der Johannesbriefe (MThS. H 5), Münster 1952.- B. Olsson, "The History of the Johannine

Movement", in: *Aspects of the Johannine Literature*, ed. L. Hartman - B. Olsson, (CB.NT 18) Stockholm 1987, 27-43.- I. de la Potterie, *La verité dans saint Jean*, 2 voll. (AnBib 73-74), Rome 1977. J. Painter, "The Farewell Discourses and the Johannine Christianity", *NTS* 27 (1980) 525-543.- O. Prunet, *La morale chrétienne d'après les écrits johanniques* (Evangile et épîtres), Paris 1957.- J.A.T. Robinson, "The Destination and Purpose of the Johannine Epistles", in: Idem, *Twelve New Testament Studies*, London 1962, 126-138.- E. Schweizer, "Der Kirchenbegriff im Evangelium und in den Briefen des Johannes", in: Idem, *Neotestamentica*, Deutsche und Englische Aufsätze 1951-1963, Zürich - Stuttgart 1963, 254-271.- H. Schlier, "Die Bruderliebe nach dem Evangelium und den Briefen des Johannes", in: *Mélanges bibliques B. Rigaux*, ed. A. Descamp - A. de Halleaux, Gambloux 1970, 235-245.- F.F. Segovia, "The Love and Hatred of Jesus and Johannine Sectarism", *CBQ* 43 (1981) 248-272.- Idem, "Recent Research in the Johannine Letters", *RelSR* 13 (1987) 132-139.- G Sevenster, "Remarks on the Humanity of Jesus in the Gospel and Letters of John", in: *Studies in John*, FS J.N. Sevenster, Leiden 1970, 185-193.- G. Simpson, "The Message of the Epistles. The Letters of the Presbyter", *ExpT* 45 (1933/34) 486-490.- G. Strecker, "Die Anfänge der johanneischen Schule", *NTS* 32 (1986) 31-47.- W. Thüsing, "Glauben an die Liebe. Die Johannesbriefe", in: *Gestalt und Anspruch des Neuen Testaments*, ed. J. Schreiner - G. Dautzenberg, Würzburg 1969, 282-298.- H. Tyen, "Johannesbriefe", *TRE* 17 (1988) 186-200.- M. Vellanikal, *The Divine Sohnship of Christians in the Johannine Writings* (AnBib 72), Rom 1977.- F. Vouga, "Les écrits johanniques", *LV* 29/149 (1980) 5-14.- Idem, "La réception de la théologie johannique dans les épîtres", in: *La communauté johannique et son histoire*. La trajectoire de l'évangile de Jean aux deux premiers siècles, ed. J.D. Kaestli - J. Zumstein (Le Monde de la Bible), Genève 1990, 283-302.- K. Weiss, "Die 'Gnosis' im Hintergrund und im Spiegel der Johannesbriefe", in: *Gnosis und Neues Testament*, ed. K.-W. Tröger, Gütersloh 1973, 341-356.- H.A. Wendt, *Die Johannesbriefe und das johanneische Christentum*, Halle/S. 1925.- K. Wengst, "Probleme der Johannesbriefe", *ANRW* II 25.5 (1988) 3753-3772.

(Commenti) N. Alexander, *The Epistles of John* (TBC), New York 1962.- H. Asmussen, *Wahrheit und Liebe*. Eine Einführung in die Johannesbriefe (UCB 22), Hamburg 1939, [3]1957.- H.R. Balz, "Die Johannesbriefe" (NTD 10), Göttingen 1973, [2]1980.- G. Barker, *1,2,3, John* (EBC 12), Grand Rapids 1981.- J.E. Belser, *Die Briefe des Hl. Johannes*, Freiburg 1906.- J.M. Boice, *The Epistles of John*, Grand Rapids 1979.- P. Bonnard, *Les épîtres johanniques* (VS 9), Paris [2]1954.- W. de Boor, *Die Briefe des Johannes*, Wuppertal [2]1977.- H.E. Brooke, *The Johannine Epistles* (ICC), Edinburgh 1912, rist. 1957.- R.E. Brown, *The Epistles of John* (AB 30), Garden City, NY, 1982.- F. Büchsel, *Die Johannesbriefe* (ThHK 17), Leipzig 1933.- R. Bultmann, *Die drei Johannesbriefe* (KEK 14), Göttingen 1967.- C.H. Dodd, *The Johannine Epistles* (MNTC), London 1946, [4]1961.- E. Gaugler, *Die Johannesbriefe*, Zürich 1964.- C. Gore, *The Epistles of St John*, London 1920.- K. Grayston, *The Johannine Epistles* (NBC), Grand Rapids - London 1984.- J.L. Houlden, *A Commentary on the Johannine Epistles* (BNTC), London - New York 1973.- R. Kysar, *I,II,III, John* (Augsburg CNT), Minneapolis, 1986.- I.H. Marshall, *The Epistles of John* (NICNT), Grand Rapids 1978.- Ph. Perkins, *The Johannine Epistles* (NTM 21), Washington, D.C., 1979.- E. Ruckstuhl, *1-3 Johannesbriefe* (NEB.NT 17/19), Würzburg 1985.- G. Schunack, *Die Briefe des Johannes* (ZBK.NT 17), Zürich 1982.- S.S. Smalley, *1.2.3 John* (WBC 51), Waco, TX, 1984.- R. Schnackenburg, *Die Johannesbriefe* (HThK 13/3), Freiburg [5]1975.- J.R.W. Stott, *The Epistles of John* (TNTC 19) Grand Rapids 1964, rist. 1966.- G. Strecker, *Die Johannesbriefe* (KEK 14), Göttingen 1989.- S. van Tilborg, *Die Brieven van Johannes*, Rom 1974.- W. Thüsing, *Die Johannesbriefe* (GeiS 22), Düsseldorf 1970.- W. Vogler, *Die Johannesbriefe* (ThHK 17), Leipzig 1993.- F. Vouga, *Die Johannesbriefe* (HNT XV/3), Tübingen 1990.- K. Wengst, *Der erste, zweite und dritte Brief des Johannes* (ÖTK 16), Gütersloh - Würzburg 1978.- B.F. Westcott, *The Epistles of John*, London 1893, rist. Grand Rapids 1966.- R.R. Williams, *The Letters of John* (CNEB), Cambridge 1965.

DI GIOVANNI 1

Bibliografia. (Studi) J. Alfaro, *Cognitio Dei et Christi in 1 Jo"*, *VD* 39 (1961) 82-91.- Chr.-B. Amphoux, "Note sur le classement des manuscripts de 1 Jean", *RHPhR* 61 (1981) 125-135.- J.E. Belser, "Erläuterungen zu 1 Joh", *ThQ* 95 (1913) 514-531.- J. Blank, "Die Irrlehrer des ersten Johannesbriefes", *Kairos* 26 (1984) 166-193.- J. Bogart, *Ortodox and Heretical Perfectionism in the Johannine Community* as Evident in the First Epistle of John (SBL.DS 33), Missoula, 1977.- M.-E. Boismard, "La connaisance de Dieu dans la Nouvelle Alliance d'après la première épître de S. Jean", *RB* 56 (1949) 365-391.- P. Bonnard, "La première épître de Jean est-t-elle johannique?", in: Idem, *Anamnesis*. Recherches sur le Nouveau Testament (ChRThPh 3), Lausanne 1980, 195-200.- F.-M. Braun, "La reduction du pluriel au singulier dans l'Evangile et la première épître de Jean", *NTS* 24 (1977/78), 40-68.- Idem "L'eau et l'Esprit", *RThom* 49 (1949) 5-30.- R.E. Brown, "The Relationship to the Fourth Gospel Shared by the Author of 1John and His Opponents", in: *Text and Interpretation*, FS M. Black, ed. E. Best - R.M. Wilson, Cambridge 1979, 57-68.- A. Carminati, *E' venuto nell'acqua e nel sangue*. Riflessione biblico-patristica, Bologna 1979.- J. Chmiel, "La première épître de s. Jean est-t-elle une homélie baptismale developpée?", *RBL* 26 (1973) 1-3.- J.E. Coltzé, "The Holy Spirit in 1 John", *Neot* 13 (1979) 43-67.- M. Conti, "La riconciliazione in 1Gv 1,9", *Anton* 54 (1979) 163-224.- D. Dideberg, *Saint Augustin et la première épître de saint Jean*. Une Théologie de l'Agape, Paris 1975.- C.H. Dodd, "First Epistle of John and the Fourth Gospel", *BJRL* 21 (1937) 129-156.- A. Edanad, The New Covenant Perspective of First John. An Exegetical and Theological Study of 1 John and Its Vision of Christian Existence as the Realization of the Eschatological Covenant, Diss. PUG 1976. Diss. Ab. Reparto Diss. 38, 1977 s., n. 4701c.- Idem, "The Johannine Vision of the Covenant Community", *Jeevadhara* 11 (1981) 127-140.- G. Nichholz, "Glaube und Liebe im 1. Johannesbrief", *EvTh* 4 (1937) 411-437.- Idem. "Erwählung und Eschatologie im 1. Johannesbrief", *EvTh* 5 (1938) 1-28.- Idem, "Der erste Johannesbrief als Trostbrief und die Einheit der Schrift", *EvTh* 5 (1938) 73-80.- A. Feuillet, "The Structure of 1 John Compared with the Fourth Gospel", *BTB* 3 (1973) 194-216.- F. Filson, "First John: Purpose and Message", *Int* 23 (1969) 259-276.- G. Giurisato, *Struttura e teologia della prima lettera di Giovanni*. Analisi letteraria e retorica, contenuto teologico (AnBib 138), Roma 1998.- T. Griffith, "A non-polemical Reading of 1 John: Sin, Christology, and the limits of johannine Christianity", *TynB* 49 (1998) 253-276.- Th.A. Hoffmann, "1 John and the Qumran Scrolls", *BTB* 8 (1978) 117-125.- R. Law, *The Tests of Life*. A Study of the First Epistle of John, Edinburgh ³1914, rist. Grand Rapids 1979.- G. Klein, " 'Das wahre Licht scheint schon' ", *ZTK* 68 (1971) 261-326.- J. Kögler, "Die Belehrung des Unbelehrbaren. Zur Funktion des Traditionsarguments im 1 Joh", *BZ* 32 (1988) 249-254.- N. Lazure, "La voie de la connaissance de Dieu (1 Jo 2)", *ASeign* 24 (1969) 21-28.- Idem, "La convoitise de la chair en 1 Jean 2,16", *RB* 76 (1969) 161-205.- J.M. Lieu, "Authority to Become Children of God. A Study of First John", *NT* 23 (1981) 210-228.- E. Malatesta, *Interiority and Covenant*. A Study of εἶναι ἐν and μένειν ἐν in the First Letter of Saint John (AnBib 69), Rom 1978.- Idem, "The Love the Father Has Given Us", *The Way* 22 (1982) 155-163.- J. McKenzie, "The Church in 1 John", *RestQ* 19 (1976) 211-216.- J. Michl, "Der Geist als Garant des rechten Glaubens", in: *Vom Wort des Lebens*, FS M. Meinertz (NTAbh. E 1), Münster 1951, 142-151.- P.S. Minear, "The Idea of Incarnation in First John", *Int* 24 (1970) 291-302.- W. Nauck, *Die Tradition und der Charakter des ersten Johannesbriefes* (WUNT 3), Tübingen 1957.- J. Painter, "The 'Opponents' in 1 John", *NTS* 32 (1986) 48-71.- O.A. Piper, "1 John and the Didache of the Primitive Church", *JBL* 66 (1947) 437-451.- M. Rese, "Das Gebot der Brüderliebe in den Johannesbriefen", *ThZ* 60 (1963) 203-215.- F.F. Segovia, *Love Relationship in the Johannine Tradition*. Agape/agapan in 1 John and the Fourth Gospel (SBL.DS 58), Chico, CA, 1982.- E. Schwartz, "Johannes und

Kerinthos", in: Idem, *Gesammelte Schriften*, Bd. V, Berlin 1963, 170-182.- R. Seeberg, "Die Sünde und die Sündenvergebung nach dem ersten Brief des Johannes", in: *Die Erbe Martin Luthers und die gegenwärtige theologische Forschung*, FS L. Ihmels, Leipzig 1928, 19-31.- A. Škrinjar, "Theologia primae epistolae Johannis", *VD* 42 (1964) 3-16; 49-60; 43 (1965) 150-180.- Idem, "De unitate epistolae primae Johannis", *VD* 47 (1969) 83-95.- S.S. Smalley, "What about 1 John?", in: *Studia Biblica*, vol 3, ed. E.A. Livingstone (JSNT.SS 3), Sheffield 1980, 337-343.- Suitbertus a S. Johanne a Cruce, "Die Vollkommenheitslehre des ersten Johannesbriefes", *Bib* 39 (1958) 319-333.449-470.- K. Weiss, "Ortodoxie und Heterodoxie im 1. Johannesbrief", *ZNW* 58 (1967) 247-255.- K. Wengst, *Häresie und Orthodoxie im Spiegel des ersten Johannesbriefes*, Gütersloh 1976.- M.R. Wilson, *A Guide for the Study of the First Letter of John in the Greek New Testament*, Grand Rapids, MI, 1979.- W.G. Wilson, "An Examination of the Linguistic Evidence Adduced against the Unity of Authorship of the First Epistle of John and the Fourth Gospel", *JTS* 49 (1948) 147-156.- A. Wurm, *Die Irrlehrer im ersten Johannesbrief* (BH F 8,1), Freiburg 1. Br. 1903.
(Commenti) P. Bonnard, *La première épître de Jean*, Neuchâtel 1961.- F. Fleinert - Jense, *Commentaire de la première épître de Jean* (Lire la Bible 56), Paris 1982.- H.-J. Klauck, *Der erste Johannesbrief* (EKK XXIII/1), Zürich / Neukirchen-Vluyn 1991.- M. Kohler, *Le coeur et les mains*, Neuchâtel 1962.

I Piano letterario di 1 Gv

Il testo chiamato [lettera] di Giovanni la (ΙΩΑΝΝΟΥ Ἀ) non ha né un inizio né una fine di tipo epistolare. Dico subito che tra gli studiosi non c'è nessun accordo per la divisione secondo un piano. Si ha l'impressione che ogni autore voglia proporre il proprio, garantendo che il suo corrisponde esattamente a ciò che lo scrittore ha pensato. Tuttavia i piani proposti sono molti e non si comprende come uno stesso autore abbia potuto pensarli tutti. Le diverse proposte si possono ridurre a tre ipotesi fondamentali. 1) Il testo si può dividere in *due parti*, secondo questo schema: 1Gv 1,1-4 Prologo; 1Gv 1,5-2,29 Parte I; 1Gv 3,1-5,12 Parte II; 1Gv 5,13-21 Conclusione.

Coloro che lo propongono non usano lo stesso criterio per la divisione. A. Feuillet (1972) divide in due perché ritiene che la lettera segua la struttura del vangelo di Giovanni, di solito diviso in due parti: capp. 1-12 e capp. 13-20 + 21. Egli propone questa divisone: 1Gv 1,1-4 Prologo; 1Gv 1,5-2,28 (o 29) Parte I Le esigenze della comunione con Dio che è luce, composta di quattro sezioni: A 1Gv 1,5-2,2 evitare il peccato, B 1Gv 2,3-11 osservare i comandamenti, A' 1Gv 2,12-17 evitare la mondanità, B' 1Gv 2,18-28 evitare gli errori dei falsi maestri e restare fedeli alla verità. 1Gv 3,1-5,12 Parte II La condotta degli autentici figli di Dio, in sei sezioni: A 1Gv 3,3-10 come distinguere i figli di Dio e del maligno, B 1Gv 3,11-18 amore fraterno, C 1Gv 3,19-24 confidenza come prerogativa dei figli di Dio, A' 1Gv 4,1-6 discernimento dei falsi profeti, B' 1Gv 4,7-21 amore fraterno, C' 1Gv 5,1-12 vittoria come prerogativa dei figli di Dio. 1Gv 5,13-21 Epilogo, composto di 1Gv 5,13 conclusione e 1Gv 5,14-21 poscritto.

Il criterio adottato da F.O. Francis (1970) è il genere letterario. Secondo lui 1Gv è composta sul modello delle lettere artistiche del periodo ellenistico. Il paragrafo iniziale propone due volte il tema che poi viene sviluppato nel corpo della lettera e ripreso nel paragrafo finale. Applicando questo modello, divide il testo in questo modo: 1Gv 1,1-3 Affermazioni tematiche, fatte due volte, 1) 1Gv 1,1-2 in cui parla della manifestazione e della proclamazione della vita con il Padre, 2) 1Gv 1,3 in cui il tema della proclamazione è ripreso in vista della comunione di vita con il Padre e il Figlio. Quindi la vita è lo scopo fondamentale del testo, che si articola come vita di comunione con il Padre e il Figlio. Questo tema è sviluppato nel corpo della lettera, in due parti: 1Gv 1,5-2,29 Parte I Il messaggio udito e proclamato; 1Gv 3,1-5,12 Parte II Riflessioni sul messaggio. 1Gv 5,13-21 Affermazioni conclusive.

Occorre far notare che il testo, chiamato 'lettera', non è una lettera. Quindi lo schema non può essere applicato. Inoltre il tema del testo è molto più complesso e la esposizione del messaggio si estende non fino a 1Gv 2,29 ma fino alla fine. Pertanto non c'è un motivo tematico o stilistico evidente per dividere il testo in due.

R.E. Brown (AB 30, 1982, p. 124) accetta la divisione e il criterio adottato da A. Feuillet, con una variante e una mutazione di titoli. La Parte I termina in 1Gv 3,10 e la Parte II inizia in 1Gv 3,11. Ecco il suo piano. I Prologo (1Gv 1,1-4); II Parte I (1Gv 1,5-3,10) Il vangelo che Dio è luce e noi dobbiamo camminare nella luce come Gesù vi ha camminato; III Parte II (1Gv 3,11-5,12) Il vangelo che noi dobbiamo amarci gli uni gli altri, come Dio ci ha amati in Gesù Cristo. IV 1Gv 5,13-21 Conclusione.

S.S. Smalley (WBC 51, 1984, XXXIII-XXXIV) divide secondo il criterio tematico: Prefazio 1Gv 1,1-4 La parola di vita; Parte I 1Gv 1,5-2,29 Vivere nella luce, con cinque sezioni: (a) 1Gv 1,5-7 Dio è luce, (b) 1Gv 1,8-2,2 Prima condizione per vivere nella luce: rinunciare al peccato, (c) 1Gv 2,3-11 Seconda condizione: essere obbedienti, (d) 1Gv 2,12-17 Terza condizione: respingere la mondanità, (e) 1Gv 2,18-29 Quarta condizione: mantenere la fede. Parte II 1Gv 3,1-5,13 Vivere come figli di Dio, in sei sequenze: (a) 1Gv 3,1-3 Dio è Padre, (b) 1Gv 3,4-9 Prima condizione per vivere come figli di Dio: rinuncia al peccato, (c) 1Gv 3,10-24 Seconda condizione: essere obbedienti, (d) 1Gv 4,1-6 Terza condizione: respingere la mondanità, (e) 1Gv 4,7-5,4 Quarta condizione: essere amabile, (f) 1Gv 5,5-13 Quinta condizione: mantenere la fede. Conclusione 1Gv 5,14-21 Fiducia cristiana.

2) La divisione in *tre parti* è quella più diffusa e si presenta in tre forme.

a) 1Gv 1,1-4 Prologo; 1Gv 1,5-2,7 Parte I; 1Gv 2,8-3,24 Parte II; 1Gv 4,1-5,12 Parte III; 1Gv 5,13-21 Epilogo.

b) 1Gv 1,1-4 Prologo; 1Gv 1,5-2,27 (o 28) Parte I; 1Gv 2,28 (o 29) -4,6 Parte II; 1Gv 4,7-5,11 (o 12) Parte III; 1Gv 5,13 (o 14) -21 Epilogo.

c) 1Gv 1,1-4 Prologo; 1Gv 1,5-2,17 Parte I; 1Gv 2,18-4,6 Parte II; 1Gv 4,7-5,5 Parte III; 1Gv 5,6-21 Conclusione e riassunto.

La prima forma (a) è seguita da F. Prat (1942), con i seguenti titolo: Parte I 'Dio è luce', Parte II 'Dio è Padre', Parte III 'Dio è amore'; da R. Schnackenburg (HThK 13/3, [4]1970) con i seguenti titoli: Parte I 'La comunione con Dio, come camminare nella luce e la sua realizzazione nel mondo'; Parte II 'La situazione attuale della comunità cristiana: la sua lotta contro gli anticristi, la sua attesa della salvezza e il suo compito morale e religioso'; Parte III 'La separazione dal mondo di coloro che appartengono a Dio nella vera fede in Cristo e nell'amore'. Con titoli diversi, questo schema di divisione è seguito anche da Schunack (ZBK.NT 17, 1982), da E. Ruckstuhl (NEB.NT 17/19, 1985) e da A. Wickenhauser e J. Schmid nella loro introduzione.

La seconda forma (b) era già stata proposta da E. Law (1909); è stata ripresa da R.P. Jones (1970) con i seguenti titoli: Parte I 'Dio è luce', Parte II 'Dio è giustizia', Parte III 'Dio è amore'; e da E. Malatesta (1973) con i seguenti titoli: Parte I 'Dio è luce' (1Gv 1,5), Parte II 'Dio è giusto' (1Gv 2,29), Parte III 'Dio è amore' (1Gv 4,8.16).

Questa forma di divisione è stata adottata da W.G. Kümmel nella sua introduzione (pp. 384-385); dalla 'Traduction Oecuménique de la Bible' (Noveau Testamento) (pp. 739-740); e da E. Cothenet nella sua introduzione (1977, pp. 61-63), il quale intitola la Parte I e III come E. Malatesta. Ma cambia il titolo della Parte II: 'Il dono di Dio: noi siamo suoi figli'.

La terza forma (c) è proposta da A. du Rand (1979) con i seguenti titoli: 1Gv 1,1-4 Introduzione; 1Gv 1,5-2,17 Parte I 'Comunione con Dio (che è luce)' - Camminare nella luce; 1Gv 2,18-4,6 Parte II 'Noi siamo figli di Dio (Identità). Identificare se stessi (con la condotta della vita) come figli di Dio; 1Gv 4,7-5,5 Parte III 'Amore di Dio (che è luce) - Camminare nella luce; 1Gv 5,6-21 Conclusione e riassunto. Testimonianza su Gesù Cristo, la vita. Ciò porta alla certezza della vita eterna.

J. Beutler (*ANRW* II 25.5, 1987, 3780) guarda con simpatia a questa divisione, ritenendo che sia la più accurata e più valida di quella di E. Malatesta.

3) R. Bultmann (KEK 14, [2]1969), I.H. Marshall (NICNT 1978), P. Bonnard (CNT 13c, 1987) ritengono che la lettera non abbia alcun piano, ma sia solo composta da singoli paragrafi, accostati gli uni agli altri, secondo lo sviluppo del pensiero dell'autore, che non è logico-deduttivo, ma intuitivo e associativo.

R. Bultmann divide il testo in *tredici sequenze* discorsive: I 1Gv 1,1-4 Proemio, II 1Gv 1,5-2,2 Comunione con Dio e camminare nella luce, III 1Gv

2,3-11 Conoscenza di Dio e osservanza dei comandamenti, IV 1Gv 2,12-17 Omelia e parenesi, V 1Gv 2,18-27 Monito di fronte ai falsi dottori, VI 1Gv 2,28-3,24 Figliolanza divina e amore fraterno, VII 1Gv 4,1-6 Monito di fronte ai falsi dottori, VIII 1Gv 4,7-12 Amore fraterno come risposta all'amore di Dio, IX 1Gv 4,13-16 Confessione e fede nell'opera salvifica di Dio, X 1Gv 4,17-18 La libertà come frutto della carità, XI 1Gv 4,19-5,4 L'amore fraterno come comandamento e essenza dei comandamenti, XII 1Gv 5,5-13 La fede nel Figlio di Dio e la testimonianza di lui, XIII 1Gv 5,14-21 Aggiunta.

I.H. Marshall divide il testo in *quattordici sequenze* discorsive: I 1Gv 1,1-4 Prologo - La parola di vita, II 1Gv 1,5-2,2 Camminare nella luce, III 1Gv 2,3-11 Osservare i comandamenti, IV 1Gv 2,12-17 La nuova condizione dei credenti e i loro rapporti con il mondo, V 1Gv 2,18-27 Monito contro gli anticristi, VI 1Gv 2,28-3,3 La speranza dei figli di Dio, VII 1Gv 3,4-10 L'impeccabilità dei figli di Dio, VIII 1Gv 3,11-18 L'amore fraterno come segno del cristiano, IX 1Gv 3,19-24 Assicurazione e obbedienza, X 1Gv 4,1-6 Gli spiriti di verità e falsità, XI 1Gv 4,7-12 L'amore di Dio e il nostro amore, XII 1Gv 4,13-5,4 Confidenza e amore cristiano, XIII 1Gv 5,6-12 Conferma della vera fede, XIV 1Gv 5,13-21 Certezze cristiane.

P. Bonnard divide il testo in *quindici sequenze* discorsive: I 1Gv 1,1-4 Ciò che era da principio, II 1Gv 1,5-10 Dio è luce camminiamo nella luce, III 1Gv 2,1-6 Conoscenza e obbedienza, IV 1Gv 2,7-11 Il comando antico e tuttavia nuovo, V 1Gv 2,12-17 La vittoria sul male e sul mondo, VI 1Gv 2,18-27 Gli anticristi, VII 1Gv 2,28-3,10 Praticare la giustizia come Gesù, VIII 1Gv 3,11-17 L'amore e l'odio dei fratelli, IX 1Gv 3,18-24 Il cuore in pace, X 1Gv 4,1-6 Il discernimento degli spiriti, XI 1Gv 4,7-13 L'amore primo di Dio, XII 1Gv 4,14-21 Il vero amore scaccia il timore, XIII 1Gv 5,1-5 Generazione divina e vittoria sul mondo, XIV 1Gv 5,6-12 I tre testimoni, XV 1Gv 5,13-21 Epilogo.

Tra queste divisioni ci sono numerose convergenze. R. Bultmann, I.H. Marshall convergono su queste sequenze: 1Gv 1,5-2,2 2,3-11; e con qualche incertezza, su 1Gv 5,5-12 (o 13) 5,13 (o 14)-21.

R. Bultmann, I.H. Marshall e P. Bonnard convergono su queste sequenze. 1Gv 1,1-4 2,12-17 2,18-27 4,1-6 4,7-12 (o 13) 5,13 (o 14)-21.

Da questa esposizione devo trarre due conclusioni: 1) non è assolutamente possibile trovare un piano letterario della prima lettera di Giovanni; 2) è possibile trovare delle convergenze sulle sequenze discorsive di cui il testo si compone. Ecco le sequenze del testo su cui è possibile trovare un certo accordo.

Tutti sono d'accordo nel considerare 1Gv 1,1-4 come 'prologo'. R. Bultmann, R. Schnackenburg, E. Malatesta, J. du Rand, R.E. Brown, G.

Schunack indicano 1Gv 1,5-2,2 come una sequenza; S.S. Smalley, E. Ruckstuhl, la dividono in due unità autonome: 1Gv 1,5-7 e 1Gv 1,8-2,2; e E. Malatesta considera 1Gv 2,1-2 una unità, che corrisponde realmente a una mutazione di discorso. Pertanto io considero 1Gv 1,5-2,2 come una sequenza, composta di tre paragrafi: 1Gv 1,5-7 1Gv 1,8-10 e 1Gv 2,1-2.

R. Bultmann, R. Schnackenburg, E. Malatesta, I.H. Marshall, J.A. du Rand, R.E. Brown, S.S. Smalley considerano 1Gv 2,3-11 una sequenza; R. Schnackenburg, E. Malatesta, e J.A. du Rand la dividono in tre unità: 1Gv 2,3-6 2,7-8 2,9-11; su 1Gv 2,3-6 convergono anche G. Schunack e E. Ruckstuhl. Quindi io considero 1Gv 2,3-11 una sequenza divisa in tre paragrafi: 1Gv 2,3-6 2,7-8 2,9-11.

R. Bultmann, R. Schnackenburg, I.H. Marshall, J.A. du Rand, P. Bonnard, R.E. Brown, G. Schunack, S.S. Smalley, E. Ruckstuhl indicano una sequenza in 1Gv 2,12-17; R. Bultmann, R. Schnackenburg, J.A. du Rand, G. Schunack la dividono in due unità: 1Gv 2,12-14 e 1Gv 2,15-17. Su queste unità converge anche E. Malatesta. Pertanto io considero 1Gv 2,12-17 una sequenza composta di due paragrafi: 1Gv 2,12-14 2,15-17.

R. Bultmann, R. Schnackenburg, E. Malatesta, I.H. Marshall, J.A. du Rand, P. Bonnard, R.E. Brown, G. Schunack, E. Ruckstuhl, indicano una sequenza in 1Gv 2,18-27; J.A. du Rand la divide in tre unità: 1Gv 2,18-21 2,22-23 2,24-27. R. Schnackenburg la divide in quattro unità: 1Gv 2,18-19 2,20-21 2,22-25 2,26-27. R. Schnackenburg e E. Malatesta convergono su 1Gv 2,22-25 e su 1Gv 2,26-27, ma 1Gv 2,24-25 non possono essere uniti a 1Gv 2,22-23 perché c'è una mutazione nella logica del discorso. Le altre due divisioni di E. Malatesta 1Gv 2,18-19 1 1Gv 2,20-21 corrispondono alle mutazioni discorsive del testo. Quindi io considero 1Gv 2,18-27 una unità composta di cinque paragrafi: 1Gv 2,18-19 2,20-21 2,22-23 2,24-25 2,26-27.

E. Malatesta pone una fine in 1Gv 2,28 e un inizio in 1Gv 2,29; F.O. Francis e S.S. Smalley pongono una fine in 1Gv 2,29 e un inizio in 1Gv 3,1; A. Feuillet è incerto tra 1Gv 2,28 o 1Gv 2,29. Mi sembra che abbiano ragione coloro che pongono un inizio in 1Gv 2,28 perché il tema riguarda la fiducia e la venuta del Signore e in 1Gv 2,29 riguarda ciò che è giusto e che è nato da Dio per questo; in 1Gv 3,1 parla dell'essere figli di Dio e in 1Gv 3,2 della sua venuta in cui la figliolanza si manifesterà. Quindi 1Gv 2,28-29 appartengono a ciò che segue.

R. Bultmann e G. Schunack indicano una unità in 1Gv 2,28-3,24; R. Schnackenburg indica due unità nella stessa sequenza: 1Gv 2,28-3,3 e 1Gv 3,4-24; E. Malatesta, P. Bonnard, R.E. Brown, indicano nella stessa unità due sequenze: 1Gv 2,28-3,10a e 1Gv 3,10b-24. Inoltre R. Schnackenburg, I.H. Marshall, J.A. du Rand, G. Schunack indicano una unità: 1Gv 2,28-29 e 1Gv

3,1-3. In 1Gv 3,4-10 J.A. du Rand indica due unità: 1Gv 3,4-8 e 1Gv 3,9-10. Tuttavia in 1Gv 3,7 c'è una mutazione nella logica del discorso e una seconda si trova in 1Gv 3,9. Tenendo conto delle convergenze e delle divisioni minori, io considero 1Gv 2,28-3,10 una sequenza composta da cinque paragrafi: 1Gv 2,28-29 3,1-3 3,4-6 3,7-8 3,9-10.

Inoltre considero 1Gv 3,11-24 come un'altra sequenza. Su questo convergono R. Bultmann, E. Malatesta, R.E. Brown.

E. Malatesta indica nella sequenza le seguenti unità: 1Gv 3,11-12 3,13-15 3,16-18 3,19-22 3,23-24. Su 1Gv 3,16-18 converge anche J.A. du Rand. Per il resto indica unità diverse: 1Gv 3,11-15 3,19-20 3,21-24. Le divisioni di E. Malatesta corrispondono alle mutazioni del discorso. Quindi io divido questa sequenza in cinque paragrafi, corrispondenti alle cinque divisioni già citate di E. Malatesta: 1Gv 3,11-12 3,13-15 3,16-18 3,19-22 3,23-24.

R. Bultmann, R. Schnackenburg, E. Malatesta, I.H. Marshall, J.A. du Rand, P. Bonnard, R.E. Brown, G. Schunack, S.S. Smalley, E. Ruckstuhl indicano una unità in 1Gv 4,1-6. R. Schnackenburg la divide in due unità: 1Gv 4,1-3 e 1Gv 4,4-6. Su ciò converge anche J.A. du Rand, che tuttavia vorrebbe staccare 1Gv 4,6b da 1Gv 4,6a e considerarlo una unità a parte. Ma non mi sembra necessario, perché 1Gv 4,6b si lega come conseguenza logica a 1Gv 4,6a.

R. Schnackenburg, J.A. du Rand, R.E. Brown, S.S. Smalley indicano una unità in 1Gv 4,7-5,4 (o 4a o 5). R. Schnackenburg la divide in cinque unità minori: 1Gv 4,7-10 la prima, su cui convergono E. Malatesta e G. Schunack; 1Gv 4,11-16 la seconda, su cui convergono G. Schunack e J.A. du Rand, ma iniziando in 1Gv 4,12 e R. Bultmann iniziando in 1Gv 4,13. Ma E. Malatesta la divide in due unità minori: 1Gv 4,11-13 e 1Gv 4,14-16 perché in 1Gv 4,14 c'è una chiara mutazione nella logica discorsiva. La terza unità indicata da R. Schnackenburg è 1Gv 4,17-18 su cui convergono R. Bultmann, E. Malatesta, J.A. du Rand, G. Schunack. La quarta unità è 1Gv 4,19-5,2 su cui non converge nessuno.

E. Malatesta, J.A. du Rand, G. Schunack convergono invece su 1Gv 4,19-21. La quinta unità è 1Gv 5,3-4 su cui non converge nessuno. E. Malatesta, J.A. du Rand, P. Bonnard, G. Schunack convergono su una unità in 1Gv 5,1-5. R. Bultmann concorda, ma su 1Gv 5,1-4. Credo che non abbiano ragione. In 1Gv 5,1 inizia a parlare di chi crede in Gesù Cristo, mentre fino a 1Gv 4,21 ha parlato dell'amore fraterno. Perciò occorre separare 1Gv 5,1-4 (o 5) da ciò che precede e considerarlo inizio della sequenza che segue. Quindi io considero 1Gv 4,21 come fine della sequenza 1Gv 4,7-21. Su questa cesura in 1Gv 4,21 convergono R. Bultmann, I.H. Marshall, J.A. du Rand, P. Bonnard, G. Schunack, E. Ruckstuhl. La sequenza si compone di cinque paragrafi: 1Gv 4,7-10 4,11-13 4,14-16 4,17-18 4,19-21.

R. Bultmann, E. Malatesta, J.A. du Rand, P. Bonnard, G. Schunack, E. Ruckstuhl pongono un inizio in 1Gv 5,1; una fine in 1Gv 5,4 R. Bultmann, una in 1Gv 5,5 E. Malatesta, J.A. du Rand, P. Bonnard.

Questi stessi autori eccetto E. Ruckstuhl, fanno iniziare una nuova sequenza in 1Gv 5,5 R. Bultmann, in 1Gv 5,6 E. Malatesta, J.A. du Rand e P. Bonnard. Ma 1Gv 5,6 non si può separare da 1Gv 5,5 perché il dimostrativo οὗτος, con cui inizia, si ricollega a Cristo, che chiude 1Gv 5,5.

S tratta quindi di una sola sequenza, come ha intuito G. Schunack. Ma regna incertezza sulla sua fine. R. Schnackenburg, I.H. Marshall, P. Bonnard e G. Schunack pongono una fine in 1Gv 5,12. R. Bultmann, J.A. du Rand, R.E. Brown, S.S. Smalley pongono una fine in 1Gv 5,13. Mi sembra che costoro abbiano ragione. 1Gv 5,13 non si può separare da ciò che precede. Quindi io considero 1Gv 5,1-13 come una sequenza discorsiva.

R. Bultmann indica una unità in 1Gv 5,1-4 su cui converge solo G. Schunack. E. Malatesta, J.A. du Rand, P. Bonnard indicano una unità in 1Gv 5,1-5. Ma ciò non si può mantenere perché in 1Gv 5,1-5 ci sono due unità tematiche distinte: 1Gv 5,1-3 la fede che si manifesta nell'amore e nell'osservanza dei comandamenti, e 1Gv 5,4-5 la fede che vince il mondo. E. Malatesta indica altre tre unità nella parte restante della sequenza: 1Gv 5,6-9 5,10-12 5,13. Ma non rispetta le mutazioni del discorso. In 1Gv 5,9 parla della accoglienza della testimonianza, di cui ha parlato in 1Gv 5,6-8. Perciò 1Gv 5,9 è un inizio che si conclude in 1Gv 5,10. In 1Gv 5,11 riprende il discorso sul contenuto della testimonianza, che è il dono della vita eterna e si protrae fino a 1Gv 5,13. Pertanto io divido 1Gv 5,1-13 in cinque paragrafi: 1Gv 5,1-3 5,4-5 5,6-8 5,9-10 5,11-13.

R. Bultmann, E. Malatesta, J.A. du Rand, G. Schunack, S.S. Smalley pongono un inizio di sequenza in 1Gv 5,14 e una fine in 1Gv 5,21. R. Bultmann la divide in due unità: 1Gv 5,14-17 e 1Gv 5,18-21. Su ciò concordano E. Malatesta e J.A. du Rand. Ma il primo divide giustamente 1Gv 5,14-17 in due unità: 1Gv 5,14-15 e 1Gv 5,16-17 perché sono diverse per la logica del discorso; e l'uno e l'altro vorrebbero separare 1Gv 5,21 da ciò che precede. Ma ciò non è possibile. L'ammonizione a guardarsi da falsi dei, segue l'affermazione di appartenere al vero Dio contenuta in 1Gv 5,20. Pertanto io considero 1Gv 5,14-21 una sequenza composta di tre paragrafi: 1Gv 5,14-15 5,16-17 5,18-21.

Ricapitolando. Il testo della prima lettera di Giovanni risulta composto di undici sequenze discorsive: I 1Gv 1,1-4 II 1Gv 1,5-2,2 III 1Gv 2,3-11 IV 1Gv 2,12-17 V 1Gv 2,18-27 VI 1Gv 2,28-3,10 VII 1Gv 3,11-24 VIII 1Gv 4,1-6 IX 1Gv 4,7-21 X 1Gv 5,1-13 XI 1Gv 5,14-21.

Non posso indicare titoli generali perché il pensiero dell'autore muta da un verso all'altro e non si lascia fissare in alcun modo.

Bibliografia. (Introduzioni) E. Cothenet, "La première épître de Jean", in: *Les Lettres Apostoliques*, 59-87.- H. Conzelmann - A. Lindemann, *Arbeitsburch zum Neuen Testament*, Tübingen [12]1998, 379-382.- W.G. Kümmel, *Einleitung in das Neue Testament*, 383-393.- P. Le Fort, "Les épîtres", in: Idem, *Les écrits de saint Jean et l'épître aux Hébreux*, 155-212.- W. Marxen, *Einleitung in das Neue Testament*, 219-223.- A. Wickenhauser - J. Schmid, *Introduzione al Nuovo Testamento*, 262-275.- U. Schnelle, *Einleitung in das Neue Testament*, Göttingen [3]1999, 465-480.- (Saggi sulla struttura) M. Bogaert, "Structure et Message de la première épître de S. Jean", *BiViChr* 83 (1968) 33-45.- H. Braun, "Literar-Analyse und theologische Schichtung im 1 Joh", *ZTK* 48 (1941) 262-292.- R. Bultmann, "Analyse des 1. Johannesbriefes", in: *Festgabe für A. Jülicher*, Tübingen 1927, 138-158, rist. in: Idem *Exegetica*, Tübingen 1967, 105-123.- Idem, "Die kirchliche Redaktion des 1 Johannesbriefes", in: *In Memoriam E. Lohmeyer*, Stuttgart 1951, 189-201, rist. in: Idem, *Exegetica*, 381-393.- J. Chmiel, *Lumière et charité d'après la première épître de saint Jean*, Rome 1971, 7-14 (Recherche d'une structure).- A. Feuillet, "Etude structurale de la première épître de saint Jean", in: *Neues Testament und Geschichte*, FS O. Cullmann, ed. H. Baltensweiler - B. Reicke, Tübingen 1972, 307-327.- F.O. Francis, "The Form and Function of the Opening and Closing Paragraphs of James and 1 John", *ZNW* 61 (1970) 110-126.- G. Giurisato, "Struttura della prima lettera di Giovanni" *RivB* 21 (1973) 361-381.- Th. Haering, "Gedankengang und Grundgedanken des ersten Johannesbriefes", in: *Theologische Abhandlungen* für C. von Weizsächer, 1892, 171-200.- P.R. Jones, "A Structural Analysis of 1 John", *RevExp* 67 (1970) 433-444.- H.J. Klauck, *Die antike Briefliteratur und das Neue Testament*, Paderborn 1998, 257-259.- E. Lohmeyer, "Über Aufbau und Gliederung des ersten Johannesbrifes", *ZNW* 27 (1928) 225-263.- E. Malatesta, *The Epistles of St John*: Greek Text and English Translation Schematically Arranged, Rome 1973.- I.H. Marshall, *The Epistles of John*, 22-26.- E. Nagl, "Die Gliederung des ersten Johannesbriefes", *BZ* 16 (1922-24) 77-92.- C.C. Oke, "The Plan of the First Epistle of St John", *ExpT* 51 (1939/40) 347-350.- A. Olivier, *La strofe secrète de saint Jean*, Paris 1939.- J.C. O'Neill, *The Puzzle of 1 John*. A New Examination of its Origins, London 1966.- I. de la Potterie, *Adnotationes in exegesim primae epistolae s. Johannis*, Romae [2]1967, 6-23.- F. Prat, "Le plan de la première épître de saint Jean", in: J. Calès, *Un Maître de l'exégèse contemporaine*: Le P. Ferdinand Prat, Paris 1942, 174-191.- J.A. du Rand, "A Discourse Analysis of 1 John", *Neot* 13 (1979) 1-42.- R. Schnackenburg, *Der erste Johannesbrief in seinem Grundgedanken und Aufbau*, Coburg 1935.- A. Škrinjar, "De divisione epistolae primae Johannis", *VD* 47 (1969) 31-40.- J. Smit Subinga, "A Study of 1 John", in: *Studies in John*, FS J.N. Sevenstern (NT.S 24), Leiden 1970, 194-208.- P.J. Thompson, "Psalm 119: A Possible Clue to the Structure of the First Epistle of John", *SE* 2 (TU 87), Berlin 1964, 487-492.- B.A. du Toit, "The Role and Meaning of Statement of 'Certainty' in the Structural Composition of 1John", *Neot* 13 (1979) 84-100.

II *Teologia di 1Gv*

La prima lettera di Giovanni contiene una teologia sublime. Ma non ha la forma di una organica esposizione. I principi della fede sono ricordati più volte, insieme alle esortazioni a restare saldi nelle verità credute e a manifestare questa fede nell'amore. A causa di questo metodo di scrittura libero e intuitivo, io sono costretto a sintetizzare diversi testi, secondo i principi teologici che vi sono affermati.

1. *La manifestazione della vita*. In 1Gv 1,1-4 parla della rivelazione del verbo della vita e dello scopo di questa rivelazione. la sequenza si compone di quattro unità: I 1Gv 1,1 II 1Gv 1,2 III 1Gv 1,3 IV 1Gv 1,4.

Nel primo paragrafo (1Gv 1,1) ci sono cinque proposizioni relative e manca il verbo principale. La serie è interrotta da 1Gv 1,2 che è una inserzione ed è ripresa in 1Gv 1,3 che contiene il verbo principale "annunciamo anche a voi" (ἀπαγγέλλομεν καὶ ὑμῖν). Quindi 1Gv 1,1-3 formano un solo periodo sintattico, con un solo verbo principale e molte proposizioni dipendenti.

Io esaminerò le singole proposizioni in rapporto al loro contenuto teologico.

Nella prima proposizione (1Gv 1,1a) afferma "ciò che era da principio" (ὃ ἦν ἀπ' ἀρχῆς). Nella seconda (1Gv 1,1b) dice: "ciò (ὃ) che abbiamo udito". Nella terza (1Gv 1,1c) dice "ciò (ὃ) che abbiamo veduto con i nostri occhi". Nella quarta (1Gv 1,1d) afferma "ciò (ὃ) che abbiamo contemplato". nella quinta (1Gv 1,1e) dice "e che le nostre mani hanno toccato". A ciò segue il complemento "riguardo al verbo della vita" (περὶ τοῦ λόγου τῆς ζωῆς), a cui si riferiscono tutti i pronomi neutri delle cinque proposizioni precedenti.

Nella prima proposizione "ciò che era da principio", il pronome 'ciò' (ὃ) è soggetto, nelle altre invece il pronome 'ciò' (ὃ) è oggetto. Pertanto la prima proposizione "ciò che era da principio", significa "(il verbo della vita), che era da principio"; e le altre proposizioni significano "(questo stesso verbo) noi lo abbiamo udito, veduto, contemplato, toccato con le nostre mani".

La prima frase si riferisce alla esistenza prima del tempo del verbo della vita. Le altre si riferiscono alla sua incarnazione nel tempo, in cui si è manifestato a coloro che lo hanno conosciuto, e di cui parla in 1Gv 1,2.

L'espressione "da principio" (ἀπ' ἀρχῆς) è oggetto di discussione. Si può intendere in senso assoluto come "prima del tempo", "prima della creazione", come in Gv 1,1. Oppure in senso relativo, come "dall'inizio" e riferirsi all'inizio della tradizione della fede, cioè alla vita, alle opere e alle parole di Gesù, di cui sono stati testimoni e di cui rendono testimonianza. La prima interpretazione è da preferire in riferimento a ciò che dice in 1Gv 1,2 e in 1Gv 2,13a.14b. Pertanto la frase "ciò che era da principio" si dovrebbe riferire al verbo della vita, che esisteva "da principio", cioè prima della creazione e del tempo, e che si è manifestato nella creazione, nella storia e nel tempo.

L'espressione "il verbo della vita" (λόγος τῆς ζωῆς) va compresa alla luce del verso seguente (1Gv 1,2), in cui dice semplicemente 'vita' (ἡ ζωή). Si tratta quindi di un genitivo soggettivo che va interpretato in senso personale come "il verbo, che è la vita", naturalmente si tratta di 'vita eterna', che era presso il Padre.

Nel secondo paragrafo (1Gv 1,2) parla della sua incarnazione. E' composto di sei proposizioni. Nella prima (1Gv 1,2a) dice che "la vita si è fatta visibile" (ἡ ζωὴ ἐφανερώθη) (lett.: si è manifestata). La seconda (1Gv 1,2b) dice "e abbiamo visto". La terza (1Gv 1,2c) dice "e rendiamo testimonianza". La quarta (1Gv 1,2d) dice "e annunciamo a voi la vita eterna (τὴν ζωὴν τὴν αἰώνιον)". La quinta (1Gv 1,2e) è una relativa che precisa la frase precedente. Dice "che era presso il Padre" (ἥτις ἦν πρὸς τὸν πατέρα). La sesta (1Gv 1,2f) dice "ed è apparsa a noi (lett. si è manifestata a noi) (ἐφανερώθη ἡμῖν).

Pertanto il secondo paragrafo parla della 'vita' (ἡ ζωή), della 'vita eterna' (ἡ ζωὴ ἡ αἰώνιος), cioè della vita divina. Di questa vita afferma due cose: 1) che era presso il Padre in 1Gv 1,2e; 2) che si è manifestata a noi in 1Gv 1,2a.f. La prima affermazione riguarda la preesistenza della vita prima del tempo, presso Dio, chiamato Padre, proprio perché origine di quella vita.

La seconda frase riguarda la rivelazione di questa vita eterna nella sua incarnazione. Le altre frasi riguardano l'esperienza di coloro che l'hanno vista e la testimonianza che rendono per suscitare la fede annunciandola.

Che 'la vita' di cui parla sia un simbolo che indica Gesù Cristo, il Verbo incarnato, trova conferma in 1Gv 5,20 in cui egli è identificato con la vita eterna: "egli è il vero Dio e vita eterna".

Nel terzo paragrafo (1Gv 1,3) parla dell'annuncio e indica i due scopi di tale annuncio. Si compone di quattro proposizioni. La prima (1Gv 1,3a) riguarda l'esperienza della vita che si è manifestata e, attraverso l'esperienza, la conoscenza che ne hanno avuto coloro a cui si è manifestata. Dice: "ciò che abbiamo veduto e udito". La seconda (1Gv 1,3b) riguarda l'annuncio. Dice: "noi lo annunciamo anche a voi". La terza (1Gv 1,3c) riguarda lo scopo dell'annuncio. Dice: "affinché voi siate in comunione con noi". La quarta (1Gv 1,3d) riguarda un dato di fatto, che potrebbe indicare in modo indiretto un secondo scopo dell'annuncio. Dice: "la nostra comunione è con il Padre e con il Figlio suo Gesù Cristo". Pertanto chi accetta l'annuncio, stabilisce una comunione di fede con coloro che annunciano e, attraverso la fede, entrano insieme in comunione con Dio, cioè con il Padre e il Figlio suo Gesù Cristo.

Nel quarto paragrafo (1Gv 1,4) indica un altro scopo dell'annuncio, che potremmo chiamare fine. Dice: "noi vi scriviamo queste cose perché la nostra (o vostra) gioia sia perfetta". Quindi lo scopo ultimo dell'annuncio che conduce alla comunione con Dio, è la gioia e la felicità dell'uomo.

Questo testo è un breve sommario della storia della salvezza o della rivelazione, di cui indica queste fasi: 1) Preesistenza: il Verbo della vita, che è vita e vita eterna, era presso il Padre; 2) manifestazione (o incarnazione): egli è apparso a coloro che lo hanno visto, udito, contemplato, toccato; 3) testimonianza: coloro a cui si è manifestato lo annunciano; 4) fini della testimonianza e quindi della manifestazione del verbo della vita: a) comunione di fede tra gli uomini; b) comunione di vita degli uomini con Dio, il Padre e il Figlio; c) gioia perfetta degli uomini credenti.

Bibliografia. H. Conzelmann, " 'Was von Anfang war' ", in: *Neutestamentliche Studien*, FS R. Bultmann, ed. W. Eltester (BZNW 21), Berlin [2]1957, 194-201.- H.A. Cuy, "1John 1,1-3", *ExpT* 62 (1950/51) 285.- K. Grayston, " 'Logos' in 1 Joh 1:1", *ExpT* 86 (1974/75) 279.- M. de Jonge, "An Analysis of 1 John 1,1-4", *BT* 29 (1978) 322-330.- H. Drumwright, "Problem Passages in the Johannine Epistles: A Hermeneutical Approach", *SWJT* 13 (1970) 53-64.- M.F. Lacan, "L'oeuvre du verbe incarné: le don de la vie (Jo 1,4)", *RSR* 45 (1957) 61-78: 74-75 (su 1Gv 1,1-4)- I. de la Potterie, "La notion de 'commencement' dans les écrits johanniques", in: *Die Kirche des Anfangs*, FS H. Schürmann, ed. R. Schnackenburg, Leipzig 1977, 379-403 (su 1Giov 1,1-4).- E. Tobac, "La notion du Christ-Logos dans la littérature johannique", *RHE* 25 (1929) 213-238 (su 1Gv 1,1-4: 231-238).- A. Feuillet, *Le prologue du quatrième évangile*, Paris 1968, 210-217 (su 1Gv 1,1-4).- J.E. Weir, "The Identity of the Logos in the First Epistle of John", *ExpT* 86 (1974/75) 118-120.- H.H. Wendt, "Der 'Anfang' am Beginn des 1. Johannesbriefes", *ZNW* 21 (1922) 38-42.

2. *La natura di Dio*. In 1Gv 1,5b 2,29a 4,8b.16b l'autore fa tre affermazioni su Dio, di cui definisce la natura del suo essere con tre simboli diversi.

a) *Dio è luce*

In 1Gv 1,5b dice: "Dio è luce (ὁ θεὸς φῶς ἐστιν) e in lui non c'è tenebra". La prima affermazione dice la stessa cosa della seconda. Dice in modo positivo, ciò che l'altra dice in negativo. L'una e l'altra sono immagini simboliche, prese dal mondo fisico e naturale, per indicare una qualità di Dio e del suo essere, dal momento che è evidente per tutti che è un modo di parlare, perché di fatto la luce non è Dio.

Il significato da dare alle immagini è suggerito dal contesto. In 1Gv 1,6 dice: "Se diciamo che comunione abbiamo con lui e nella tenebra camminiamo, mentiamo e non facciamo la verità". Quindi "camminare nella tenebra" (ἐν τῷ σκότει περιπατεῖν) significa 'non fare la verità'. In 1Gv 1,7 aggiunge: "Se invece nella luce camminiamo, come egli è nella luce, comunione abbiamo con gli altri e il sangue di suo Figlio purificherà noi da ogni peccato". Pertanto "camminare nella luce" (ἐν τῷ φωτὶ περιπατεῖν) equivale simbolicamente a 'essere in comunione gli uni con gli altri'. Quindi la metafora 'essere nella luce' indica un modo di vivere amando gli altri.

Ciò è confermato da 1Gv 2,9 da cui risulta che l'odio per i fratelli non è luce, ma tenebra. Si legge in questo passo: "Colui che dice di essere nella luce e il suo fratello odia, è nella tenebra fino ad ora. Colui che ama il suo fratello, nella luce rimane e scandalo in lui non è". Quindi 'camminare nelle tenebre' significa trasgredire il comandamento dell'amore fraterno e 'le tenebre' sono l'immagine di chi vive nel peccato e causa dell'odio. Pertanto nella sua affermazione che "Dio è luce", la parola 'luce' (φῶς) è una immagine simbolica, che indica 'la verità', cioè la giustizia, che è il contrario del peccato, indicato dalla tenebra.

Ciò è confermato dalla seconda parte della definizione di Dio, in cui dice che "in lui non c'è nessuna tenebra".

b) *Dio è giusto*

Una conferma della interpretazione che ho proposto, è data dalla seconda definizione di Dio che si legge in 1Gv 2,29a. Dice: "Sapete che egli (sc. Dio) è giusto e conoscete che ognuno che fa la giustizia da lui è nato". Da ciò che dice, si comprende che cosa vuole significare. L'espressione 'fare la giustizia' indica un modo di agire giusto, cioé 'non commettere peccato' violando la legge di Dio, come risulta da 1Gv 3,4 in cui si legge: "Ognuno che fa peccato, fa anche illegalità (o violazione della legge) e il peccato è illegalità (cioè violazione della legge: ἡ ἀνομία)". Pertanto l'espressione "(Dio) è giusto" significa che l'agire di Dio è senza peccato, e questo è un modo di dire umano per significare che egli è buono.

Altri interpretano in modo diverso. Riferiscono la frase "se sapete che egli è giusto" al Cristo, a cui si riferirebbe anche ciò che precede in 1Gv 2,28 in cui dice: "E ora, figlioli, rimanete in lui, affinché se si manifesta, abbiamo fiducia e non saremo svergognati da lui nella sua apparizione (o parusia)". Costoro fanno anche notare che Gesù Cristo è chiamato espressamente 'giusto' (δίκαιος) in 1Gv 2,1 anche se ad essi non sfugge che lo stesso titolo 'giusto' è dato a Dio in 1Gv 1,9.

Mi domando se sia realmente corretta questa ipotesi. In 1Gv 3,2 la frase "sappiamo che se si manifesterà, saremo simili a lui, perché lo vedremo come è", è concordemente riferita alla futura manifestazione di Dio. Perciò sono propenso a credere che probabilmente anche a lui si debba riferire la frase di 1Gv 2,28 quando dice "alla sua apparizione" (ἐν τῇ παρουσίᾳ αὐτοῦ).

Una conferma a questa interpretazione potrebbe essere tratta da 1Gv 4,17 in cui parla del 'giorno del giudizio', con frasi simili a quelle usate in 1Gv 2,28, ma in un contesto determinato totalmente dalla idea del 'rimanere in Dio' e della permanenza di Dio e del suo amore. Dice in 1Gv 4,16d-17: "Dio è amore e chi rimane nell'amore, rimane in Dio e Dio in lui rimane. In questo è perfetto l'amore di Dio in noi, affinché fiducia abbiamo nel giorno del giudizio (ἐν τῇ ἡμέρᾳ τῆς κρίσεως), poiché come egli è, anche noi siamo in questo mondo".

Mi sembra che il riferimento logico a Dio sia troppo evidente per riferire il giudizio al Cristo, al quale l'autore ha già assegnato la funzione di '(avvocato) difensore' (παράκλητος) per noi presso Dio, come risulta da 1Gv 2,1. E' evidente che, secondo la logica simbolica espressa dalla metafore, la funzione di giudice compete al Padre e non al Figlio, che è il nostro difensore.

Per questo motivo ritengo più ragionevole l'ipotesi di coloro che riferiscono a Dio anche 1Gv 2,28 e quindi a lui si riferisce in 1Gv 2,29 dicendo "sapete che egli è giusto".

c) *Dio è amore*

In 1Gv 4,8b.16b c'è la terza definizione di Dio. Dice nel primo testo: "Dio è amore" (ὁ θεὸς ἀγάπη ἐστίν).

Questa definizione è presupposta dalla altre due, perché riguarda la natura stessa di Dio. Dall'amore infatti nasce il bene. Poiché Dio è amore, cioè ama, egli è giusto e quindi in lui non c'è peccato.

L'autore porta due motivi di questa sua definizione in 1Gv 4,9 e 1Gv 4,10. In 1Gv 4,9 dice: "L'amore di Dio verso di noi si è manifestato nel fatto che ha mandato il Figlio suo unigenito nel mondo, affinché vivessimo per mezzo di lui". La frase "affinché vivessimo per mezzo di lui" traduce l'espressione greca ἵνα ζήσωμεν δι' αὐτοῦ, che potremmo anche tradurre 'affinché fossimo vivi per mezzo di lui'.

Ma è evidente che 'la vita' di cui parla è 'la vita eterna (o divina)' che Dio ci ha dato, come afferma in 1Gv 5,11b e che è nel Figlio, come dice in 1Gv 5,11c e che è il Figlio stesso come afferma in 1Gv 1,2a.d e 1Gv 5,20f.

Ciò significa che Dio ha fatto conoscere il suo amore per noi perché ci ha dato la vita per mezzo di suo Figlio, che è la sua stessa vita. Quindi da questo primo motivo risulta che la definizione "Dio è amore" equivale all'altra 'Dio (ci) ama'.

In 1Gv 4,10 porta il secondo motivo della definizione, per mostrare in che cosa consiste l'amore di Dio per noi. Scrive: "Egli ci ha amato e ha mandato il Figlio suo come vittima di espiazione per i nostri peccati (ἱλασμὸν περὶ τῶν ἁμαρτιῶν ἡμῶν)". Ciò significa che ha mandato il Figlio nel mondo a morire, affinché nella sua morte noi ottenessimo il perdono dei peccati.

Pertanto la definizione 'Dio è amore' è dedotta dall'autore dalla contemplazione di ciò che Dio ha compiuto per la nostra salvezza. Da questa opera risulta che ci ama. Quindi la definizione sull'essere di Dio è conseguita per rivelazione dal suo agire. Da ciò che egli compie, noi conosciamo il suo essere. Poiché egli ama, si può dire che è in se stesso amore. La parola astratta 'amore' serve ad indicare la natura del suo stesso essere.

Bibliografia. (su 1Gv 1,5) O. Schaeffer, " 'Gott ist Licht', 1 Joh 1,5", *TSK* 105 (1933) 467-476.- (su 1Gv 2,29) W. Schrage, "Meditation zu 1. Johannes 2,28-3,3 (3,1-6)", *GPM* 20 (1965/66) 33-41.- (su 1Gv 4,8.16) B. Bourgin, "L'église, fraternité dans l'amour divin (1 Jn 4,7-10)", *ASeign* 24-29.- Idem, "L'amour fraternel chrétien, expérience de Dieu (1 Jn 4,11-16)", *ASeign* 29 (1973) 31-37.- D. Dideberg, "Esprit Saint et charité: l'exégèse augustinienne de 1 Jn 4,8 et 16", *NRT* 97 (1975) 97-109.229-250.- C. Spicq, "Notes d'exégèse johannique: la charité est amour manifesté", *RB* 65 (1958) 358-370 (su 1Gv 4,8.16b: pp. 363-365), (su 1Gv 4,10-11: pp. 365-370).

3. *Il Figlio di Dio come offerta d'espiazione per i peccati.* In 1Gv 2,2 3,5.8 4,10d ricorda l'opera della redenzione, cioè *l'espiazione dei peccati*, compiuta dal verbo della vita quando si è manifestato.

In 1Gv 2,2 dice: "Figlioli miei, queste cose scrivo a voi affinché non pecchiate. E se qualcuno pecca, un difensore abbiamo presso il Padre, Gesù Cristo giusto. Egli è vittima di espiazione dei nostri peccati (αὐτὸς ἱλασμός ἐστιν περὶ τῶν ἁμαρτιῶν ἡμῶν) e non solo dei nostri, ma anche [di quelli] di tutto il mondo".

Questa definizione della funzione di Gesù Cristo è veramente audace per la verità che l'immagine nasconde e che tuttavia vuole rivelare. Lo paragona a una 'vittima di espiazione' (ἱλασμός) per ricordare che la morte che ha subito quando venne nel mondo aveva lo scopo di purificarci dal peccato, a cui allude chiaramente l'immagine con cui è definito, che si riferisce al sacrificio che veniva compiuto nel grande giorno della espiazione per i peccati del popolo secondo le norme stabilite in Lev 16.

La stessa verità è espressa da Paolo in Rm 3,25 in cui usando la stessa immagine simbolica definisce il Cristo 'espiatorio' (ἱλαστήριον), posto da Dio, e dall'autore della lettera agli Ebrei che in Eb 2,17 afferma la stessa cosa con una immagine diversa, ma suggerita dalla stessa cerimonia, dicendo che egli doveva farsi in tutto simile ai fratelli per diventare un sommo sacerdote misericordioso e degno di fede nelle cose di Dio, per espiare (εἰς τὸ ἱλάσκεσθαι) i peccati del popolo.

Ma poiché 1Gv 2,2 dice che egli "è vittima di espiazione" (αὐτὸς ἱλασμός ἐστιν), usando il presente, lascia capire che la grazia del perdono, ottenuta con questa morte, è efficace anche al momento attuale, cioè perdura e continua ad espiare i peccati che qualcuno di noi può fare, anche se egli è morto una volta per tutte.

Alla perdurante efficacia salvifica della sua morte si riferisce anche in 1Gv 1,7 in cui usando di nuovo il presente dice: "Se nella luce camminiamo, come egli è nella luce, comunione abbiamo gli uni con gli altri e il sangue di Gesù, suo Figlio, purifica noi da ogni peccato (καὶ τὸ αἷμα Ἰησοῦ τοῦ υἱοῦ αὐτοῦ καθαρίζει ἡμᾶς ἀπὸ πάσης ἁμαρτίας).

Questo fatto spiega perché in 1Gv 2,1cd ha detto "se qualcuno pecca, [un avvocato] difensore (παράκλητον) abbiamo presso il Padre". Poiché la grazia purificante ottenuta dalla sua morte espiatoria è ancora efficace, egli può intercedere presso il Padre e ottenere il perdono delle colpe commesse.

Da ciò consegue che la grazia del perdono proviene a noi dal Padre per mezzo della intercessione del Figlio. Quindi è il Padre stesso che ci purifica per mezzo del sangue del Figlio suo, come è affermato in 1Gv 1,9 in cui riferendosi a lui dice: "Se confessiamo (o ammettiamo) i nostri peccati, egli è fedele e giusto per rimettere a noi i peccati e purificarci da ogni ingiustizia". Perciò la confessione dei peccati commessi è la condizione perché siano rimessi. Senza la nostra ammissione, non c'è remissione, perché Dio non li può perdonare, mancando il nostro riconoscimento delle colpe.

In 1Gv 4,10d afferma la stessa cosa che in 1Gv 2,2 presentando l'espiazione del Figlio come manifestazione dell'amore di Dio. Dice: "In questo è l'amore, non che noi abbiamo amato Dio, ma che lui ha amato noi e ha mandato suo Figlio come vittima di espiazione dei nostri peccati (ἀπέστειλεν τὸν υἱὸν αὐτοῦ ἱλασμὸν περὶ τῶν ἁμαρτιῶν ἡμῶν)".

Ho già fatto notare che l'espressione 'espiazione per i nostri peccati' (ἱλασμόν περὶ τῶν ἁμαρτιῶν ἡμῶν) è presa dal linguaggio cultuale, in cui indica il sacrificio di espiazione per il peccato. L'autore la usa per presentare la morte di Cristo, Figlio di Dio, come un sacrificio di espiazione per i nostri peccati, perché chi crede in quella morte ottiene da Dio perdono delle sue colpe.

Questa ipotesi di interpretazione è confermata da 1Gv 3,5.8 in cui afferma la stessa cosa, ma con un linguaggio diverso, cioè non preso dal culto. In 1Gv 3,5 dice: "Egli è apparso per togliere i peccati (ἵνα τὰς ἁμαρτίας ἄρῃ)" e in 1Gv 3,8 dice: "Per questo è apparso il Figlio di Dio, per distruggere le opere del diavolo (ἵνα λύσῃ τὰ ἔργα τοῦ διαβόλου)". Secondo l'opinione comune 'le opere del diavolo' sono 'i peccati' che gli uomini commettono. Quindi le due espressioni 'togliere i peccati' e 'distruggere le opere del diavolo' hanno lo stesso significato. Noi diremmo che i peccati sono stati tolti perché nella sua morte sono stati perdonati. Ma poiché i peccati sono opere che noi compiamo per istigazione del diavolo, bisogna anche aggiungere che il Figlio di Dio è apparso per distruggere e rendere inefficace l'opera del demonio. Togliendo i peccati che generano da se stessi altri mali, distrugge le opere del diavolo che si serve dell'effetto dei peccati commessi per istigare a peccare di nuovo e a commetterne altri.

Pertanto dai testi esaminati risulta: 1) che il Figlio 'ha tolto i peccati' e 'ha distrutto le opere del diavolo'; 2) che ciò è accaduto con la sua morte, che per questa ragione è paragonata a un sacrificio di espiazione, in cui egli è la vittima sacrificata per la nostra purificazione; 3) che l'espiazione dei peccati è universale, perché egli ha espiato non solo i peccati di coloro che credono (i nostri), ma quelli di tutto il mondo, come ha detto chiaramente in 1Gv 2,2. In questo modo egli ha operato la salvezza e tale salvezza è realmente universale. Per questo in 1Gv 4,14c chiama il Figlio di Dio 'salvatore del mondo'. Dice: 'E noi abbiamo visto e testimoniamo che il Padre ha mandato il Figlio, [come] salvatore del mondo (σωτῆρα τοῦ κόσμου)".

Bibliografia. (su 1Gv 2,2 e 4,10) H. Clavier, "Notes sur un mot-clef du johannisme e de la sotériologie biblique: ἱλασμός", *NT* 10 (1968) 287-304.- C.H. Dodd, "Ἱλασκεσθαι. Its Cognates, Derivates and Synomymes in the Septuagint", *JTS* 32 (1931) 352-360.- Idem, "Atomenent", in: Idem, *The Bible and the Greeks*, London 1935, 82-95.- D. Hill, "The Interpretation of ἱλασκεσθαι and Related Words in the Septuagint and in the New Testament", in: Idem, *Greek Words and Hebrew Meanings* (SNTS.MS 5), London - New York 1967, 23-48.- S. Lyonnet, "The Noun ἱλασμός in the Greek Old Testament and 1 John", in: S. Lyonnet - L. Sabourin, *Sin, Redemption, and Sacrifice* (AnBib 48), Rome 1970, 148-155.- T.C.G. Thornton, "Propitiation or Expiation? Ἱλαστήριον and ἱλασμός in Romans and 1 John", *ExpT* 80 (1968/69) 53-55.

4. *Il dono dello Spirito, segno della presenza di Dio.* In 1Gv 3,24d e 1Gv 4,14b parla del dono dello Spirito. In 1Gv 3,24d dice: "In questo conosciamo che egli rimane in noi, dallo Spirito che ci ha dato". In 1Gv 4,13b dice: "In questo riconosciamo che noi rimaniamo in lui ed egli in noi. Egli ci ha dato il suo Spirito". Quindi il dono dello Spirito indica la presenza reale di Dio in noi che crediamo.

In 1Gv 4,2 afferma che lo Spirito che viene da Dio si riconosce dal fatto che confessa che Gesù Cristo è venuto nella carne. Dice: "In questo conoscete lo Spirito di Dio. Ogni spirito che confessa Gesù Cristo venuto nella carne da Dio è". In 1Gv 5,6c.7-8 afferma che lo Spirito rende testimonianza che Gesù Cristo è il Figlio di Dio, come si legge in 1Gv 5,5. Dice in 1Gv 5,6c: "E lo Spirito è colui che testimonia (o il testimone) poiché lo Spirito è verità"; e in 1Gv 5,7-8 aggiunge "Poiché sono tre coloro che testimoniano: lo Spirito, l'acqua e il sangue e i tre sono uno". Quindi la prima funzione dello Spirito di Dio in noi è di rendere testimonianza a Gesù. Con questa testimonianza (ci) spinge a credere e ad affermare che egli è il Figlio di Dio, cioè il Cristo, che si è manifestato ed è venuto nella carne.

In 1Gv 5,11 indica l'effetto che produce in noi questa testimonianza. Dice: "E la testimonianza è questa: Dio ci ha dato la vita eterna (ζωὴν αἰώνιον ἔδωκεν ἡμῖν ὁ θεός) e questa vita (αὕτη ἡ ζωὴ) è nel Figlio suo (ἐν τῷ υἱῷ αὐτοῦ ἐστιν). Chi ha il Figlio, ha la vita (ὁ ἔχων τὸν υἱὸν ἔχει τὴν ζωήν)".

Pertanto chi accoglie la testimonianza che Dio rende al Figlio per mezzo dello Spirito e crede che egli è il Cristo, il Figlio di Dio venuto nella carne, ha in se stesso il Figlio e nel Figlio la vita stessa di Dio, che l'autore chiama 'vita eterna' e che noi siamo soliti dire 'vita divina'.

Questa interpretazione è confermata da 1Gv 5,13 in cui dice: "Questo vi ho scritto, affinché sappiate che possedete la vita eterna (ἵνα εἰδῆτε ὅτι ζωὴν ἔχετε αἰώνιον), voi che credete nel nome del Figlio di Dio." E in 1Gv 5,20f aggiunge per chiarire a proposito del Figlio di Dio, Gesù Cristo: "Egli è il vero Dio e la vita eterna" (οὗτός ἐστιν ὁ ἀληθινὸς θεὸς καὶ ζωὴ αἰώνιος). Quindi chi crede in lui, possiede lui e avendo lui in se stesso, ha con sé la vita eterna di Dio.

Bibliografia. (su 1Gv 4,13) C. Charlier, "L'amour en Esprit (1 Jean 4,7-13)", *BVC* 10 (1955) 57-72.- (su 1Gv 4,1-6) I. de la Potterie, *La verité dans saint Jean* II (AnBib 74), Rome 1977, 282-310.- (su 1Gv 5,6-8.11-13) A. Jaubert, "O Espirito, e Agua e o Sangue (1 Jo 5,7-8)", in: *Actualidades Biblicas*, FS J.J. Pedreire de Castro, ed. S. Voigt - F. Vier, Petropolis, Brasil, 1971, 616-620.- M. Miguens, "Tres Testigos; Espiritu, agua, sangre", *SBFLA* 22 (1972) 74-94.

5. *La manifestazione di Dio.* In 1Gv 3,1-3 parla della manifestazione di Dio, probabilmente alla fine del tempo, nel giorno del giudizio, a cui allude in 1Gv 4,17.

In 1Gv 3,1a dice: "Guardate quale grande amore ci ha dato il Padre per essere chiamati suoi figli". In 1Gv 3,2 aggiunge: "Amati, ora siamo figli di Dio. Ma ciò che saremo non è stato ancora manifestato. Sappiamo [però] che quando [egli] si manifesterà, simili a lui saremo (ὅμοιοι αὐτῷ ἐσόμεθα), poiché vedremo lui come è".

Da questa affermazione risulta che noi siamo già figli di Dio. E ciò è coerente con ciò che dice in 1Gv 5,11-13 in cui afferma: "E questa è la testimonianza (sc. di Dio su suo Figlio), che la vita eterna ha dato a noi Dio e questa vita è nel Figlio suo. Chi ha il Figlio, ha la vita. Chi non ha il Figlio di Dio, la vita non ha". Da ciò risulta che chi crede nel Figlio, ha in se stesso la vita eterna, cioè la vita stessa di Dio, che è nel Figlio. Pertanto chi vive di Dio, è già figlio di Dio. E tuttavia ciò è solo l'inizio della trasformazione. Ciò che saremo, non è stato ancora manifestato (οὔπω ἐφανερώθη). Quando egli si manifesterà, diventeremo simili a lui, perché lo vedremo come egli è.

Si discute se l'espressione "quando si manifesterà" (ἐὰν φανερωθῇ) di 1Gv 3,2c sia da riferire al Cristo, a Dio, oppure a ciò che saremo, come in 1Gv 3,2b. A me sembra che debba riferirsi a Dio, il Padre, perché è lui il soggetto logico, come risulta da 1Gv 3,1. Ciò è richiesto anche dalla logica del discorso, perché il testo dice che allora si manifesterà ciò che non è ancora manifesto, e cioè che noi siamo realmente figli di Dio. Quindi, quando egli si manifesterà, diventeremo simili a lui e si rivelerà ciò che già siamo, ma che non è ancora manifesto. La nostra trasformazione perfetta in figli di Dio dipende dalla visione di Dio, come dice in 1Gv 3,2e.

Vedendo come è lui, diventeremo come lui, cioè simili a lui (ὅμοιοι αὐτῷ), a Dio, che ci ha generato, come dice in 1Gv 2,29.

Probabilmente questa manifestazione di Dio avverrà nel giorno del giudizio, ricordato in 1Gv 4,17. Ciò che dice in questo punto può aiutare a capire ciò che è detto in 1Gv 3,2c. Dice: "In questo è perfetto l'amore in noi, affinché abbiamo fiducia nel giorno del giudizio, perché come è lui, così siamo anche noi in questo mondo (ὅτι καθὼς ἐκεῖνός ἐστιν καὶ ἡμεῖς ἐσμεν)".

Pertanto se l'amore di Dio in noi è perfetto, già siamo come lui in questo mondo. Nel giorno del giudizio, quando egli si manifesterà per giudicare, diventeremo simili a lui, perché vedremo come egli è. In questo modo diventerà manifesta la somiglianza che già possediamo. Da questi testi risulta che il destino di chi crede nel Figlio di Dio, è di diventare simile a Dio, amando in questo mondo come egli ci ha amato, affinché questa somiglianza nell'amore possa diventare manifesta nel giorno del giudizio, quando egli farà conoscere come egli è in se stesso.

Bibliografia. (su 1Gv 3,1-3) G. Segalla, "Il Dio inaccesibile di Giovanni", in: *Dio nella Bibbia e nelle culture ad essa contemporanee*, Torino 1980, 84-123 (su 1Gv 3,2: pp. 114-118).- R. Smith - Florentin, " 'Voyer quel grand amour le Père nous a donné' (1 Jn 3,1-2)", *ASeign* 25 (1969) 32-38.- F.C. Synge, "1 John 3,2", *JTS* 3 (1952) 79.- A. Vicent Cernuda, "La filiación divina según καί en 1 Jn 2,29 y 3,1", *EstB* 36 (1977) 85-90.

DI GIOVANNI 2 e 3

Bibliografia. (Studi) B.M. Bacon, "Marcion, Papias and the Elders", *JTS* 23 (1922) 134-160.-
V. Bartlett, "The Historical Setting of the Second and Third Letter of St John", *JTS* 6 (1905)
204-216.- R. Bergmeier, "Zum Verfasserproblem des 2. und 3. Johannesbriefe", *ZNW* 57
(1966) 93-100.- G. Bornkamm, "πρεσβύς", *TWNT* 6 (1959) 651-683.- B. Bresky, *Das Verhältnis
des zweiten Johannesbriefes zum dritten*, Münster 1906.- J. Chapmann, "The Historical Setting
of the Second and Third Epistle of St John", *JTS* 5 (1904) 357-368.517-534.- F.J. Dölger,
"Domina mater Ecclesia und die 'Herrin' im zweiten Johannesbrief", *AuC* 5 (1936) 211-217.-
K.P. Donfried, "Ecclesial Authority in 2-3 John", in: *L'évangile de Jean*. Sources, rédaction,
théologie, ed. M. de Jonge (BETL 44), Gembloux 1977, 325-334.- R.W. Funk, "The Form and
Structure of the II and III John", *JBL* 86 (1967) 424-430.- H.J. Gibbins, "The Problem of the
Second Epistle of St John", *The Expositor* 12 (1905) 412-424.- D.R. Hall, "Fellow-Workers
with the Gospel", *ExpT* 85 (1973/74) 119-120.- J.R. Harris, "The Problem and the Adress in
the Second Epistle of John", *The Expositor* 3 (1901) 194-203.- E. Käsemann, "Ketzer und
Zeuge", in: Idem, *Exegetische Versuche und Besinnungen* I, Göttingen [6]1970, 168-182.- J.M.
Lieu, *The Second and Third Epistle of John*, Edinburgh 1986.- A.J. Malherbe, "The Inhospitality
of Diotrephes", in: *God's Christ and His People*, FS N.A. Dahl, ed. J. Jervell - W.A. Meeks,
Oslo 1977, 222-233, rist. con ampliamenti e con titolo "Hospitality and Inhospitality in the
Church", in: Idem, *Social Aspects of Early, Christianity*, Philadelphia [2]1983, 92-112.- J. Mary,
"Contribution à l'étude des problèmes johanniques: les épîtres 'II et III de Jean' ", *RHR* 91
(1925) 200-211.- J. Munck, "Presbyters and Disciples of the Lord in Papias", *HTR* 52 (1959)
223-243.- J.B. Polhill, "An Analysis of II and III John", *RevExp* 67 (1970) 461-471.- W.M.
Ramsay, "Note on the Date of Second John", *The Expositor* 3 (1901) 354-356.- J.A. du Rand,
"Structure and Message of 2 John", *Neot* 13 (1979) 101-120.- Idem, "Structure and Message
of 3 John", *Neot* 13 (1970) 121-131.- R. Schnackenburg, "Der Streit zwischen dem Verfasser
von 3. Johannesbrief und Diotrephes und seine verfassungsgeschichtliche Bedeutung", *MThZ*
4 (1953) 18-26.- Idem, "Zum Begriff der 'Wahrheit' in den beiden kleinen Johannesbriefen",
BZ 11 (1967) 253-258.- H.H. Wendt, "Zum zweiten und dritten Johannesbrief", *ZNW* 23 (1924)
18-27.
(Commenti) H.J. Klauck, *Der zweite und dritte Johannesbrief* (EKK XXIII/2), Zürich /
Neukirchen-Vluyn 1992.

DI GIOVANNI 2

Bibliografia. H.-J. Klauck, "Κυρία Εκκλησία in Bauers Wörterbuch und die Exegese des
zweiten Johannesbriefes", *ZNW* 81 (1980) 135-138.- F. Mian, "Il contesto storico-religioso
dell'annuncio cristiano nella II lettera di Giovanni", *BeO* 26 (1984) 219-224.- D.F.Watson, "A
Rhetorical Analysis of 2 John According to Greco - Roman Convention", *NTS* 35 (1989) 104-
130.- E.R. Wendland, "What is Truth? Semantic Density and the Language of the Johannine
Epistles (with Special Reference to 2 John)", *Neot* 24 (1990) 301-333.

I *Piano di 2Gv*

Il testo della seconda lettera di Giovanni ha la forma di una lettera. Si può perciò dividere in questo modo: 2Gv 1-3 Augurio iniziale; 2Gv 4-11 Corpo della lettera; 2Gv 12-13 Conclusione e saluto finale.

II *Contenuto di 2Gv*

2Gv 1-3. Colui che scrive, in 2Gv la si presenta come 'il presbitero' (ὁ πρεσβύτερος) o l'anziano e si rivolge in prima persona usando 'io' ai suoi destinatari, indicati come "la signora eletta e i suoi figli" (ἐκλεκτῇ κυρίᾳ καὶ τοῖς τέκνοις αὐτῆς), che dice di amare nella verità. In 2Gv 1b aggiunge che non soltanto lui ama lei e i suoi figli, ma anche tutti quelli che hanno conosciuto la verità. In 2Gv 2 usando il 'noi' precisa che essi amano lei e i suoi figli per la verità che dimora in 'noi' e che dimorerà in 'noi' in eterno.

In 2Gv 3 usando ancora il 'noi' augura grazia, misericordia e pace, che siano con 'noi' da parte di Dio Padre e da parte di Gesù Cristo, Figlio del Padre, nella verità. In questo modo il saluto iniziale si è trasformato in un augurio per tutti coloro che credono, autore e destinatari del testo.

2Gv 4-10. Si compone di tre paragrafi. 1) 2Gv 4 in cui si rallegra perché camminano nella verità. 2) 2Gv 5-6 in cui chiede di osservare il comandamento dell'amore fraterno. 3) 2Gv 7-10 in cui li ammonisce a non ricevere i seduttori, cioè coloro che non riconoscono Gesù venuto nella carne.

Nel primo paragrafo (2Gv 4), rivolgendosi a 'lei' e usando la prima persona singolare 'io', dice di essersi molto rallegrato per avere trovato alcuni dei suoi figli che camminano nella verità (περιπατοῦντας ἐν ἀληθείᾳ,), secondo il comandamento che abbiamo ricevuto dal Padre, cioè credono a ciò che è stato fatto conoscere da Dio.

Nel secondo paragrafo (2Gv 5-6) si rivolge alla 'Signora' (κυρία), cioè alla chiesa a cui scrive e dei cui figli si compiace. In 2Gv 5ab dice che la prega non per darle un comandamento nuovo (ἐντολὴν καινήν), ma quello che abbiamo ricevuto da principio (ἀπ' ἀρχῆς). In 2Gv 5c usando il 'noi', ricorda il comandamento e cioè che ci amiamo gli uni gli altri (ἵνα ἀγαπῶμεν ἀλλήλους). In 2Gv 6a spiega che l'amore si manifesta nel camminare secondo i suoi comandamenti, cioè nell'osservare i comandamenti di Dio. In 2Gv 6b riassume usando il 'voi'. Dice che questo è il comandamento, come lo hanno udito da principio. In 2Gv 6c li esorta a camminare in esso, una immagine per esortarli ad osservarlo.

Nel terzo paragrafo (2Gv 7-11) si distinguono quattro sequenze discorsive. 1) In 2Gv 7a dice che sono apparsi molti seduttori nel mondo (πολλοὶ πλάνοι). In 2Gv 7b specifica che costoro non riconoscono che Gesù è venuto nella carne (οἱ μὴ ὁμολογοῦντες Ἰησοῦν Χριστὸν ἐρχόμενον ἐν σαρκί). In 2Gv 7c spiega che questo, cioè coloro che si comportano in questo modo, è l'anticristo (ὁ ἀντίχριστος). 2) In 2Gv 8a li esorta a non perdere ciò che hanno raggiunto. In 2Gv 8b indica il motivo della esortazione e cioè che possano ricevere una piena ricompensa. 3) In 2Gv 9a dice che chi va oltre e non si attiene alla dottrina di Cristo, non ha Dio e in 2Gv 9b afferma che chi si attiene alla dottrina ha il Padre e il Figlio. 4) In 2Gv 10 li esorta a non accogliere in casa chi va da loro e non porta questa dottrina. In 2Gv 11 porta il motivo dicendo che chi saluta costui diventa partecipe delle sue opere perverse.

2Gv 12-13. Si può dividere in due paragrafi. 1) In 2Gv 12 comunica che ha speranza di andare da loro. 2) In 2Gv 13 li saluta.

Nel primo paragrafo (2Gv 12) inizia dicendo in 2Gv 12a che avrebbe molte cose da scrivere. In 2Gv 12b dice che ha preferito non farlo per mezzo di carta e inchiostro. In 2Gv 12c dice che spera di potere andare la loro. In 2Gv 12d indica un primo scopo della sua andata, e cioè di potere parlare loro a voce. In 2Gv 12e indica un secondo scopo della sua andata, usando il 'noi' e cioè che la 'nostra' gioia sua perfetta.

Nel secondo paragrafo (2Gv 13) si rivolge a 'lei', dicendo che la salutano i figli della sua eletta sorella, cioè i membri della comunità o chiesa a cui appartiene il presbitero, salutano la comunità o chiesa a cui appartengono i destinatari.

III *Teologia di 2Gv*

La teologia della seconda lettera di Giovanni è concentrata in poche frasi, alcune positive, altre negative.

La ragione di questa esposizione si trova nello scopo della lettera. Egli vuole esortare i membri della Chiesa a cui scrive a non accogliere coloro che negano la verità essenziale della fede, Gesù venuto nella carne, da cui dipende anche il comandamento dell'amore fraterno.

1. In 2Gv 4-6 ricorda *il comandamento dell'amore reciproco.* Dice: "Ho gioito molto che trovai dei tuoi figli che camminano nella verità, come comandamento ricevemmo dal Padre. E ora prego te, signora, scrivendo a te, non come un comandamento nuovo, ma che avemmo da principio, affinché (o che) [ci] amiamo gli uni gli altri.

E questo è l'amore, che (o affinché) camminiamo secondo i suoi comandamenti. Questo è il comandamento, come l'udiste da principio, affinché in esso camminiate".

In 2Gv 4c dice che questo comandamento lo abbiamo ricevuto dal Padre (ἐλάβομεν παρὰ τοῦ πατρός). Ma non spiega come. In 2Gv 5a dice che questo comandamento non è nuovo (οὐ... ἐντολὴν καινήν) e ciò lascia supporre che si riferisca al comandamento dell'amore del prossimo, di cui parla la scrittura in Lev 19,18. In questo passo si legge: "Non ti vendicherai e non serberai rancore contro i figli del tuo popolo. Ma amerai il tuo prossimo come te stesso".

Tuttavia, poiché in 2Gv 5b aggiunge che è quello che abbiamo ricevuto da principio (ἣν εἴχομεν ἀπ' ἀρχῆς), dovremmo supporre che si riferisca allo stesso comandamento, così come Gesù lo ha insegnato con il vangelo (cf. Mt 5,43-48).

In 2Gv 6ab spiega che l'amore reciproco, che il comandamento richiede, si manifesta nella osservanza dei comandamenti, cioè nell'evitare tutto ciò che può recare danno agli altri. E in 2Gv 6cd aggiunge: "Questo è il comandamento che udiste da principio (αὕτη ἡ ἐντολή ἐστιν, καθὼς ἠκούσατε ἀπ' ἀρχῆς).

Pertanto la frase di 2Gv 4c in cui dice che abbiamo ricevuto il comandamento dal Padre (παρὰ τοῦ πατρός), si riferisce alla rivelazione di Dio in Cristo, per mezzo del vangelo. Questo è anche 'il principio', a cui si riferisce con il suo discorso.

Bibliografia. (su 2Gv 4-6) U.C. van Wahlde, "The Theological Foundation of the Presbyter's Argument in 2 John (2 Jn 4-6)", *ZNW* 76 (1985) 209-224.

2. In 2Gv 7-9 *difende l'incarnazione di Gesù* da coloro che la negano. In 2Gv 7a dice: "Molti ingannatori sono apparsi nel mondo che non confessano Gesù venuto nella carne (οἱ μὴ ὁμολογοῦντες Ἰησοῦν Χριστὸν ἐρχόμενον ἐν σαρκί)". Li chiama 'ingannatori' (o seduttori) (πλάνοι) perché con la loro dottrina seducono i credenti, cioè li allontanano dalla vera fede e li rendono loro seguaci.

In 2Gv 7c li chiama con un nome collettivo singolare. Dice: "Costui è l'ingannatore, l'anticristo (ὁ ἀντίχριστος). Quindi anche se sono molti, li considera come se fossero un uomo solo, perché tutti negano che Gesù Cristo è venuto nella carne. Pertanto l'espressione 'anticristo' non significa 'colui che si oppone a Cristo', ma 'colui che nega che Gesù si è incarnato'. In questo modo negano l'incarnazione del Figlio di Dio.

Ciò è confermato dalle affermazioni del verso 9. In 2Gv 9a dice: "Chi non si attiene alla dottrina del Cristo, non ha Dio"; e in 2Gv 9cd aggiunge: "Chi rimane nella dottrina, costui ha e il Padre e il Figlio (ὁ μένων ἐν τῇ διδαχῇ, οὗτος καὶ τὸν πατέρα καὶ τὸν υἱὸν ἔχει)".

La prima frase "non ha Dio" (θεὸν οὐκ ἔχει) indica la conseguenza che provoca l'abbandono della "dottrina di Cristo", cioè sul Cristo venuto nella carne. Chi nega che Gesù si è incarnato, non ha Dio che in lui si è rivelato. Negando l'incarnazione del Figlio, in cui Dio, il Padre, si rende manifesto, essi non hanno neppure Dio, che in lui si è manifestato.

La seconda frase "ha il Padre e il Figlio" (καὶ τὸν πατέρα καὶ τὸν υἱὸν ἔχει), è la conseguenza della fede nella dottrina che crede che Gesù è venuto nella carne. Chi crede che Gesù si è incarnato, riconosce che egli è il Figlio di Dio. Quindi chi crede nel Figlio, ha anche il Padre che in lui si è rivelato. Per questo, nella fede, egli ha il Padre e il Figlio.

In questa interpretazione, l'espressione "colui che non resta nella dottrina di Cristo" e l'altra "colui che resta nella dottrina [di lui]" (μὴ μένων ἐν τῇ διδαχῇ τοῦ Χριστοῦ, ὁ μένων ἐν τῇ διδαχῇ [αὐτοῦ]) di 2Gv 9b e 9d sono state interpretate in senso oggettivo, cioè come "colui che non rimane nella dottrina riguardante Cristo" e come "colui che rimane nella dottrina di lui", perché in 2Gv 7 ha spiegato che sono apparsi nel mondo seduttori che negano Gesù Cristo venuto nella carne. Pertanto negano la fede che afferma che il Cristo è venuto nella carne, e non direttamente la dottrina che Gesù ha annunciato, cioè il vangelo.

Bibliografia. R.E. Brown, *The Epistle of John*, 643-697.- R. Bultmann, *Die Johannesbriefe*, 103-110.- S.S. Smalley, *1,2,3 John*, 311-337.- R. Schnackenburg, *Die Johannesbriefe*, 270-283.

DI GIOVANNI 3

Bibliografia. B. Bonsack, "Der Presbyteros des dritten Briefes und der geliebte Jünger des Evangeliums nach Johannes", *ZNW* 79 (1988) 45-62.- A. von Harnack, *Über den dritten Johannesbrief* (TU 15/36), Leipzig 1897.- A.J. Malherbe, "The Inhospitality of Diotrephes", in: *God's Christ and His People*, FS N.A. Dahl, Oslo 1977, 222-232.- B.J. Malina, "The Received View and What It can Do: III John and Hospitality", *Semeia* 35 (1986) 171-194.- B. Olsson, "Structural Analysis in Handbooks for Translator", *BT* 37 (1986) 117-127 (3 John).- J.W. Taeger, "Der konservative Rebelle. Zum Widerstand des Diotrephes gegen den Presbyter", *ZNW* 78 (1987) 267-287.- D.F. Watson, "A Rhetorical Analysis of 3 John: A Study in Epistolary Rhetoric", *CBQ 51* (1989) 479-501.-

I *Piano di 3Gv*

Il testo della terza lettera di Giovanni ha un inizio, un corpo e una chiusura di tipo epistolare. Perciò si compone di tre unità: 3Gv 1-2 Saluto e augurio iniziale; 3Gv 3-12 corpo della lettera; 3Gv 14-15 conclusione e saluti.

II *Contenuto di 3Gv*

3Gv 1-2 Inizio. In 3Gv 1a l'autore si presenta come il presbitero (o l'anziano) (ὁ πρεσβύτερος) e parla in prima persona singolare 'io'. Si rivolge a Gaio, che chiama 'carissimo'. In 3Gv 1b dice che lo ama nella verità. In 3Gv 2 gli rivolge un augurio, chiamandolo di nuovo 'carissimo'. Gli augura due cose: 1) che tutto gli vada bene, 2) che sia in buona salute, così come va bene alla sua anima.

3Gv 3-12 Corpo. Si compone di cinque paragrafi. 1) 3Gv 3-4 in cui dice di rallegrarsi perché ha sentito dire che cammina nella verità. 2) 3Gv 5-8 in cui lo elogia perché si comporta fedelmente in tutto ciò che fa per i fratelli stranieri. 3) 3Gv 9-10 in cui gli comunica che ha scritto alla chiesa, ma Diotrefe, che aspira al primo posto, rifiuta di accoglierli. 4) 3Gv 12 in cui gli parla di Demetrio, a cui tutti rendono testimonianza.

Nel primo paragrafo (3Gv 3-4) gli comunica in 3Gv 3 di essersi molto rallegrato perché alcuni fratelli, giunti da lui, gli hanno reso testimonianza dicendo che è verace e cammina nella verità. In 3Gv 4 conferma ciò che ha detto aggiungendo che non ha gioia più grande di quella che prova di sapere che i suoi figli camminano nella verità.

Nel secondo paragrafo (3Gv 5-8) elogia la sua generosità verso i fratelli. In 3Gv 5 chiamandolo 'carissimo', riconosce che fa fedelmente tutto ciò che fa per i fratelli, anche se sono forestieri. In 3Gv 6a gli comunica che costoro hanno reso testimonianza della sua carità davanti alla chiesa; e in 3Gv 6b lo esorta a provvedere loro ciò di cui hanno bisogno per il viaggio. In 3Gv 6c indica il modo in cui deve provvedere, dicendo in modo degno di Dio, cioè generoso. In 3Gv 7 porta un primo motivo della usa esortazione alla generosità. Dice che costoro sono partiti per amore del nome [di Cristo?] senza accettare nulla dai pagani. In 3Gv 8 porta un secondo motivo della sua esortazione alla generosità. Usando il 'noi', dice che dobbiamo accogliere queste persone per cooperare alla diffusione della verità.

Nel terzo paragrafo (3Gv 9-10) denuncia il comportamento scorretto e ambizioso di Diotrefe. In 3Gv 9a gli comunica che ha scritto alla chiesa. In 3Gv 9b usando il 'noi' aggiunge che Diotrefe, che aspira al primo posto (φιλοπρωτεύων), non li vuole accogliere. In 3Gv 10a usando la prima persona singolare 'io' gli comunica che se andrà, ricorderà a lui (Diotrefe) tutte le cose che fa. In 3Gv 10b usando il 'noi' specifica che costui calunnia loro con cattivi discorsi. In 3Gv 10c denuncia tre azioni scorrette di Diotrefe: 1) non riceve personalmente i fratelli; 2) impedisce gli altri di accoglierli; 3) li scaccia dalla chiesa.

Nel quarto paragrafo (3Gv 11) sembra tirare la conclusione da ciò che precede. In 3Gv 11a lo esorta a non imitare il male, ma il bene. In 3Gv 11b porta il motivo della sua esortazione. Dice che chi fa il bene è da Dio e in 3Gv 11c aggiunge che chi fa il male non ha visto Dio.

Nel quinto paragrafo (3Gv 12) parla della buona condotta di Demetrio. In 3Gv 12a dice che tutti gli rendono testimonianza, anche la stessa verità. In 3Gv 12b usando il 'noi' dice che anche loro ne danno testimonianza e in 3Gv 12c rivolgendosi a lui con il 'tu' aggiunge che lui sa che la loro testimonianza è vera.

3Gv 13-15 Conclusione. In 3Gv 13 dice che avrebbe molte cose da scrivere. Ma non vuole farlo con penna e inchiostro. In 3Gv 14 dice che spera di vederlo presto e di parlargli a viva voce. In 3Gv 15a gli augura che la pace sia con lui. In 3Gv 15b gli manda i saluti degli amici. In 3Gv 15c gli chiede di salutare gli amici uno per uno.

III *Teologia di 3Gv*

La teologia di questo breve scritto è espressa esplicitamente in 3Gv 11. Non riguarda la fede e i suoi principi, ma il modo di vivere che rivela la fede. Dice: "Amato, non imitare il male, ma il bene. Colui che fa bene è da Dio. Colui che fa male non ha visto Dio".

In 3Gv 11a dice: "non imitare il male, ma il bene" (μὴ μιμοῦ τὸ κακὸν ἀλλὰ τὸ ἀγαθόν). Con ciò ricorda un principio di etica generale, seguito naturalmente da tutti gli uomini. Tuttavia il suo significato riguarda l'accoglienza dei fratelli, come indica in 3Gv 9-10, in cui accusa Diotrefe di non accogliere i fratelli e di impedire gli altri di accoglierli. Pertanto i concetti generici di 'male' e 'bene' (τὸ κακόν, τὸ ἀγαθόν), si riferiscono nel caso specifico all'odio e all'amore per i fratelli. La frase è quindi una esortazione a praticare l'amore fraterno, secondo il comandamento di Dio, proclamato nel vangelo.

In 3Gv 11b porta il motivo della sua esortazione. Dice: "Chi fa il bene è da Dio". L'espressione "chi fa il bene" (ὁ ἀγαθοποιῶν) deve essere spiegata non in senso generico, ma in senso specifico e riferita all'amore fraterno, secondo il contesto, cioè a colui che crede in Cristo e in obbedienza a lui, accoglie i fratelli.

Facendo questo rivela con la sua azione che "è da Dio" (ἐκ τοῦ θεοῦ ἐστιν). Ciò si deve intendere in senso specifico, come 'avere origine da Dio', perché chi crede è stato generato da Dio con lo Spirito, per mezzo della fede in Cristo. Nel bene che uno compie per i fratelli, si manifesta la vita di Dio che possiede nello Spirito. Si può dire che egli 'è da Dio' perché la sua vita è guidata e ispirata dallo Spirito di Dio.

In 3Gv 11c aggiunge: "Chi fa il male, non ha visto Dio".

La frase "colui che fa il male" (ὁ κακοποιῶν) va interpretata come la precedente, ma in antitesi al suo significato. Il 'male' (τὸ κακόν) che compie si riferisce alla mancanza di amore verso i fratelli, che si manifesta nel non accoglierli. La frase "non ha visto Dio" (οὐχ ἑώρακεν τὸν θεόν) si deve interpretare come 'non ha la conoscenza di Dio' per mezzo di Gesù Cristo, nella fede. 'Vedere' infatti è una immagine per 'conoscere' e per noi la conoscenza di Dio si ha per la fede nella rivelazione del Figlio. Chi crede in Cristo, in lui ottiene la conoscenza di Dio, per mezzo dello Spirito.

Ciò permette di comprendere anche ciò che il testo non dice. Se la conoscenza di Dio in Cristo per mezzo della fede ha come effetto di spingere chi crede a fare il bene, accogliendo i fratelli, si deve concludere che in Cristo egli conosca la bontà di Dio, che lo spinge ad amare il fratello. Perciò chi non accoglie il fratello, manifesta nel suo agire che non ha visto Dio in Cristo, cioè non ha conosciuto l'accoglienza di Dio in Cristo, che noi chiamiamo perdono.

Io ho interpretato il testo parlando di conoscenza di Dio in Cristo. Ma è noto che in questo breve scritto il Cristo non è mai nominato e solo il riferimento esplicito alla ἐκκλησία in 3Gv 6.9.10, il formulario tipico del linguaggio giovanneo (cf. ἐκ τοῦ θεοῦ ἐστιν di 3Gv 11a e 1Gv 3,10; οὐχ ἑώρακεν τὸν θεόν di 3Gv 11b e 1Gv 3,6 e καὶ οἶδας ὅτι ἡ μαρτυρία ἡμῶν ἀληθής ἐστιν di 3Gv 12b e Gv 19,35) e la somiglianza formale e stilistica con 2Gv ci permettono di supporre che sia un testo cristiano e di interpretarlo in questo modo. Ma se si prescinde da questo presupposto ermeneutico, è possibile dare una interpretazione diversa da quella che io ho dato, lasciando al testo il suo significato generico, senza il principio tipico cristiano con cui io ho cercato di chiarirne il senso alla luce del contesto immediato.

Bibliografia. R.E. Brown, *The Epistles of John*, 699-751.- R. Bultmann, *Die Johannesbriefe*, 95-102.- R. Schnackenburg, *Die Johannesbriefe*, 284-296.- S.S. Smalley, *1,2,3 John*, 339-365.- T. Horwath, "3 John 11b: An Early Ecumenical Creed?, *ExpT* 85 (1973/74) 339-340.

APOCALISSE

Bibliografia. (Studi) J.-N. Aletti, "Essai sur la symbolique de l'Apocalypse de Jean", *Chr* 28 (1981) 40-53.- D.E. Aune, "The Influence of Roman Imperial Court Cerimonial on the Apocalypse of John", *BR* 28 (1983) 5-26.- Idem, "The Social Matrix of the Apocalypse of John", *BR* 26 (1981) 16-32.- Idem, "The Apocalypse of John and the Problem of Genre", *Semeia* 36 (1986) 65-86.- H.U. von Balthasar, "Die göttlichen Gerichte in der Apokalypse", *Communio* 14 (1984) 28-34.- A. Bandera, *La Iglesia de Roma*. Leyendo el Apocalypsis, Salamanca 1999.- L.D. Barr, "The Apocalypse as a Symbolic Transformation of the World: A Literary Analysis", *Int* 38 (1984) 39-50.- Idem, "The Apocalypse as Oral Enactement", *Int* 40 (1986) 243-256.- C.K. Barrett, "Gnosis and the Apocalypse of John", in: *New Testament and the Gnosis*, FS R. McL. Wilson, ed. A.H.B. Logan - A.J.M. Wedderburn, Edinburgh 1983, 125-137.- R.J. Bauckham, "Synoptic Parousia Parables and the Apocalypse", *NTS* 23 (1976/77) 162-177.- Idem, "The Role of the Spirit in the Apocalypse", *EvQ* 52 (1980) 66-83.- Idem, "The Worship of Jesus in Apocalyptic Christianity", *NTS* 27 (1981) 322-341.- Idem, "The Eschatological Earthquake in the Apocalypse of John", *NT* 19 (1977) 224-233.- Idem, "Synoptic Parousia Parables Again", *NTS* 29 (1983) 129-134.- Idem, *The Climax of Prophecy*. Studies on the Book of Revelation, Edinburgh 1993.- G.K. Beale, *The Use of Daniel in Jewish Apocalyptic Literature and in the Revelation of St John*, Lanham 1984.- Idem, *John's Use of the Old Testament in Revelation* (JSNT.SS 163), Sheffield 1999.- W.A. Beardslee, "New Testament Apocalypticism in Recent Interpretation" *Int* 25 (1971) 419-435.- A.A. Bell, Jr., "The Date of John's Apocalypse. The Evidence of Some Roman Historians Reconsidered", *NTS* 25 (1978/79) 93-102.- J.L. Blevins, "The Genre of Revelation", *RevExp* 77 (1980) 393-408.- Idem, *Revelation as Drama*, Nashville 1984.- O. Böcher, *Kirche in Zeit und Endzeit*. Aufsätze zur Offenbarung des Johannes, Neukirchen-Vluyn 1983.- Idem, "Johanneisches in der Apokalypse des Johannes", *NTS* 27 (1980/81) 310-321.- Idem, *Die Johannesapokalypse* (EdF 41), Darmstadt [4]1998.- Idem, "Das Verhältnis der Apokalypse des Johannes zum Evangelium des Johannes", in: *L'Apocalypse johannique*, 289-231.- Idem, "Die Johannesapokalypse in der neueren Forschung", *ANRW* II 25.5 (1988) 3850-3893.- Idem, "Die Johannes-Apokalypse und die Texte von Qumran", *ANRW* II 25.5 (1988) 3894-3898.- Idem, "Johannes-Apokalypse", *RAC* 18 (1997) 595-646.- Idem, "Das begläubigende vaticinium ex eventu als Strukturelement der Johannes-Apokalypse", *RHPR* 79 (1999) 19-30.- M.-E. Boismard, "L'Apocalypse ou 'les Apocalypses' de S. Jean", *RB* 56 (1949) 517-541.- F. Boll, *Aus der Offenbarung Johannis*. Hellenistische Studien zur Weltbild der Apokalypse (Stoicheia 1), Leipzig - Berlin 1914, rist. Amsterdam 1967.- M.E. Boring, "The Voice of Jesus in the Apocalypse of John", *NT* 34 (1992) 334-359.- Idem, "Narrative Christology in the Apocalypse", *CBQ* 54 (1992) 702-723.- G. Bornkamm, "Die Komposition der apokalyptischen Visionen in der Offenbarung des Johannes", *ZNW* 36 (1937) 132-149, rist. in: Idem, *Studien zu Antike und Urchristentum*. Gesammelte Aufsätze Bd. II (BEvTh 28), München 1959, 204-222.- F. Bovon, "Le Christ dans l'Apocalypse", *RThPh* 22 (1972) 564-580.- J.W. Bowman, "The Revelation of St John. Its Dramatic Structure and Message", *Int* 9 (1955) 436-453.- Idem, *The Drama of the Book of Revelation*, Philadelphia 1955.- W.H. Brownlee, "The Priesterly Character of the Church in the Apocalypse", *NTS* 5 (1958/59) 224-225.- F.-M. Braun, "La seigneurie du Christ dans le mond selon s. Jean", *RThom* 67 (1967) 357-386.- C. Brütsch, *La clarté de l'Apocalypse*, Genève [5]1966.- A.M. Buscemi, "L'Escatologia del Nuovo Testamento", *StMiss* 32 (1983) 273-308.- F.F. Bruce, "The Spirit in the Apocalypse", in: *Christ and the Spirit in the New Testament*, FS C.F.D. Moule, ed. B. Lindars - S.S. Smalley, Cambridge 1973, 333-344.- A. Cabanis, "A Note on the Liturgy of the Apocalypse", *Int* 7 (1953) 78-86.- G.B. Caird, "On Deciphering the Book of the Revelation", *ExpT* 74 (1962/63) 13-15.51-53.82-84.103-105.- J. Calloud, J. Delorme, J.-P. Duplantier, "*L'Apocalypse de Jean*.

Proposition pour une analyse structurale", in: *Apocalypse et théologie de l'espérance* (LD 95), Paris 1977, 351-381.- J. Cambier, "Les images de l'Ancien Testament dans l'Apocalypse de saint Jean", *NRT* 77 (1955) 113-122.- D.R. Carneige, "Worthy is the Lamb: The Hymnes in Revelation", in: *Christ the Lord*. Studies on Christology, FS D. Guthrie, ed. H.H. Rowdon, Leicester 1982, 243-253.- M. Carrez, "Le deployement de la Christologie de l'Agneau dans l'Apocalypse", *RHPhR* 79 (1999) 5-17.- L. Cerfaux, "Le conflict entre Dieu et le Souverain divinisé dans l'Apocalypse de Jean", in: *The Sacral Kingship - La regalità sacra*, Leiden 1959, 459-470.- A.Y. Collins, *The Combat Myth in the Book of Revelation*, Missoula, MN, 1976.- Idem, *Crisis and Catharsis:* The Power of the Apocalypse, Philadelphia 1984.- Idem, "Dating the Apocalypse of John", *BR* 26 (1981) 33-45.- Idem, "Coping with Hostility", *BToday* 19 (1981) 367-372.- Idem, "The Revelation of John: An Apocalyptic Response to a Social Crisis", *CurrMiss* 8 (1981) 4-12.- Idem, "Reading the Book of Revelation in the Twentieth Century", *Int 40* (1986) 229-242.- J.J. Collins, "Pseudonymity, Historical Review and the Genre of the Revelation of John", *CBQ* 39 (1977) 329-343.- Idem, "The Apocalypse - Revelation and Imagination", *BToday* 19 (1981) 361-366.- T. Collins, *Apocalypse 22:6-21 as the Focal Point of Moral Teaching and Exhortation in the Apocalypse*, Roma 1986.- J. Comblin, *Le Christ dans l'Apocalypse*, Paris - Tournai 1965.- B. Corsani, L'Apocalisse. Guida alla lettura dell'ultimo libro della Bibbia, Torino 1987.- J.M. Court, *Mythe and History in the Book of Revelation*, London 1979.- E. Cothenet, "Le symbolisme du cult dans l'Apocalypse", in: *Le symbolisme dans le cult des grandes religions*, Louvain - La Neuve 1985, 223-238.- O. Cullmann, "Lo stato nell'apocalisse giovannea", in: *Dio e Cesare*, Milano 1957, 79-92.- G. Delling, "Zum gottesdienstlichen Stil der Johannes-Apokalypse", in: Idem, *Studien zum Neuen Testament und zum hellenistischen Judentum*, Aufsätze 1950-1969, Göttingen 1970, 425-450.- J. Delobel, "Le texte de l'Apocalypse: problèmes de methode", in: *L'Apocalypse johannique*, 151-166.- V. Eller, *The Most Revealing Book of the Bible:* Making Sense Out of Revelation Grand Rapids 1974.- J. Ellul, *Apokalypse*. Die Offenbarung des Johannes. Enthüllung der Wirklichkeit, Neukirchen-Vluyn 1981.- D. Esell, *Revelation of Revelation:* New Stands from Old Symbols, Waco, TX, 1977.- A. Farrer, *The Rebirth of Images*. The Making of St John's Apocalypse, Westminster - London 1949.- A. Feuillet, *L'Apocalypse*. Etat des questions (SNS 3), Paris 1963.- Idem, "Les chrétiens prêtres et rois d'après l'Apocalypse. Contribution à l'étude de la conception chrétienne du sacerdoce", *RThom* 75 (1975) 40-66.- K. M. Fischer, "Die Christlichkeit der Offenbarung des Johannes", *TLZ* 106 (1981) 165-182.- W. Foerster, "Bemerkungen zur Bildsprache der Offenbarung des Johannes", in: *Verborum Veritas*, FS G. Stählin, Wuppertal 1970, 225-236.- J. Frey, "Erwägungen zum Verhältnis der Johannesapokalypse zu den übrigen Schriften des Corpus johanneum", in: M. Hengel, *Die johanneische Frage*, 326-429.- A. Gangemi, "L'utilizzazione di Dt-Is nell'Apocalisse di Giovanni", *ED* 27 (1974) 109-144. 311-339.- A. Geyser, "The Twelve Treibes in Revelation: Judean and Judeo-Christian Apocalypticism", *NTS* 28 (1928) 388-399.- H. Giesen, "Heilszusage angesichts der Bedrängnis. Zu den Makarismen in der Offenbarung des Johannes", *SNTU* 6/7 (1982) 191-223.- Idem, " 'Das Buch der sieben Siegeln'. Bilder und Symbole in der Offenbarung des Johannes", *BiKi* 38 (1984) 59-65.- Idem, "Christusbotschaft in der apokalyptischen Sprache", *BiKi* 39 (1984) 42-53.- Idem, "Das Römische Reich im Spiegel der Johannes-Apokalypse", *ANRW* II 26.3 (1996) 2501-2614.- S. Giet, *L'Apocalypse et l'Histoire*, Paris 1957.- G. Glonner, *Zur Bildsprache des Johannes von Patmos*. Untersuchung der Johannes-Apokalypse anhand einer um Elemente der Bildsprache erweiterten historisch-kritischen Methode (NTAbh 34), Münster 1999.- L. Goppelt, "Heilsoffenbarung und Geschichte nach der Offenbarung des Johannes", *TLZ* 77 (1952) 513-522.- Idem, *Theologie des Neuen Testaments*, Göttingen [3]1991, 509-528.- M.D. Goulder, "The Apocalypse as an Annual Cycle of Prophecies", *NTS* 27 (1981) 342-367.- J.A. Grassi, "The Liturgy of Revelation", *BToday* 24 (1986) 30-37.- J.J. Gunther, "The Apocalypse - Revelation and Images", *BToday* 19 (1981) 361-366.- Idem, "The Elder John, Author of Revelation", *JSNT* 11 (1981) 3-20.- H.W. Günther,

Der Nah- und Enderwartungsorizont in der Apokalypse des Hl. Johannes, (FzB 41), Würzburg 1980.- D. Guthrie, "The Lamb in the Structure of the Book of Revelation", *VoxEv* 12 (1981) 64-71.- F. Hahn, "Die Sendschreiben der Johannesapokalypse. Ein Beitrag zur Bestimmung prophetischer Redeformen", in: *Tradition und Glaube*, FS K.G. Kuhn, ed. G. Jeremias - H.W. Kuhn - E. Stegemann, Göttingen 1971, 357-394.- R. Halver, *Der Mythos im letzten Buch der Bibel*. Eine Untersuchung der Bildersprache des Johannes-Apokalypse (ThF 32), Hamburg 1964.- A.T. Hanson, *The Wrath of the Lamb*, London 1957.- G. Harder, "Eschatologische Schemata in der Johannes-Apokalypse", *ThViat* 9 (1963) 70-87.- P.A. Harlé, "L'Agneau de l'Apocalypse et le Nouveau Testament", *EThR* 31 (1956) 26-35.- D. Hellholm (ed), *Apocalypticism in the Mediterranean World and the Near Est*, Tübingen 1983.- D. Hill, "Prophecy and Prophets in the Revelation of St John", *NTS* 18 (1971/72) 401-418.- N. Hillyer, "The 'Lamb' in the Apocalypse", *EvQ* 39 (1967) 228-236.- H.-U. Hoffmann, *Luther und die Johannes-Apokalypse* (BGBE 24), Tübingen 1982.- N. Honjiec, '*Das Lamm' -τὸ ἀρνίον in der Offenbarung des Johannes*. Eine exegetisch- theologische Untersuchung, Roma 1980.- T. Holz, *Die Christologie der Apokalypse des Johannes* (TU 85), Berlin 1962, [2]1971.- M. Hopkins, "The Historical Perspective of Apocalypse 1-11", *CBQ* 27 (1965) 42-47.- H.C. Hoskier, *Concerning the Text of the Apocalypse*, 2 voll., London 1929.- F. Jenkins, *The Old Testament in the Book of Revelation*, Grand Rapids, MI, 1972.- R.L. Jeske, "Spirit and Community in the johannine Apocalypse", *NTS* 31 (1985) 452-466.- K.-P. Jörns, *Das hymnische Evangelium*. Untersuchungen zu Aufbau, Funktion und Herkunft der hymnischen Stücke in der Johannes-Offenbarung (StNT 5), Gütersloh 1971.- B.W. Jones, "More about the Apocalypse as Apocalyptic", *JBL* 87 (1968) 325-327.- M. de Jonge, "The Use of the Expression Χριστός in the Apocalypse of John": *L'Apocalypse johannique*, 267-281.- J. Kallas, "The Apocalypse - An Apocalyptic Book?", *JBL* 86 (1967) 69-80.- J. Kerner, *Ethik der Johannes-Apokalypse im Vergleich mid dem des 4 Esras*. Ein Beitrag zum Verständnis von Apokalyptik und Ethik (BZNW 94), Berlin 1998.- W. Klassen, "Vengeance in the Apocalypse of John", *CBQ* 28 (1966) 300-311.- H.-J. Klauck, "Gemeinde ohne Amt? Erfahrungen mit der Kirche in den johanneischen Schriften", *BZ* 29 (1985) 193-220.- Idem, "Das Sendschreiben nach Pergamon und der Kaiserkult in der Johannesoffenbarung", *Bib* 72 (1991) 183-207.- K. Karner, "Gegenwart und Endgeschichte in der Offenbarung des Johannes", *TLZ* 93 (1968) 641-652.- M. Karrer, *Die Johannesoffenbarung als Brief*. Studien zu ihrem literarischen und theologischen Ort (FRLANT 140), Göttingen 1986.- M.A. Kavanagh, *Apocalypse 22,6-21 As Concluding Liturgical Dialogue*, Rome 1984.- K. Koch, *Ratlos vor der Apokalyptik*. Eine Streitschrift über ein vernachlässigtes Gebiet der Bibelwissenschaft und die schädischen Auswirkungen auf Theologie und Philosophie, Gütersloh 1970.- Idem, *The Redescovery of Apocalyptic* (ET, SBT II 22), 1972.- W. Koester, "Lamm und Kirche in der Apokalypse", in: *Vom Wort des Lebens*, FS M. Meinertz, Münster 1951, 151-164.- H. Kraft, "Zur Offenbarung des Johannes", *ThR* 38 (1974) 81-98.- S. Kraus, "Die Schonung von Öl und Wein in der Apokalypse", *ZNW* 10 (1909) 81-89.- G. Kretschmar, *Die Offenbarung des Johannes*: Die Geschichte ihrer Auslegung im 1. Jahrtausend (CThM B9), Stuttgart 1985.- W.G. Kümmel, "Der Text der Offenbarung des Johannes", *TLZ* 82 (1957) 249-254.- A. Lacocque, "Apocalyptic Symbolism: A Ricoeurian Approach", *BR* 26 (1981) 6-16.- G.E. Ladd, "The Revelation and the Jewish Apocalyptic", *EvQ* 29 (1957) 94-100.- Idem, "The Lion is the Lamb (Apoc)", *Eternity* 16 (1965) 20-22.- J. Lambrecht (ed.), *L'Apocalypse johannique et l'Apocalypticisme dans le Nouveau Testament* (BETL 53), A. Lancellotti, "L'Apocalisse di san Giovanni (versione e commento)", in: *La Sacra Bibbia*, Milano 1964, 2234-2259.- Idem, "L'Antico Testamento nell'Apocalisse", *RivB* 17 (1967) 369-384.- Idem, "La tradizione profetico-apocalittica nell'Apocalisse di Giovanni", in: *L'Apocalisse*, Brescia 1967, 37-46.- Idem, "Preponderante paratassi nella prosa ebraizzante dell'Apocalisse", *SBFLA* 30 (1980) 303-316.- Idem, "Il καί narrativo di 'esecuzione' alla maniera del Wayyqtol ebraico nell'Apocalisse", *SBFLA* 31 (1981) 75-104.- Idem, "Il καί 'consecutivo' di predizione alla maniera del weqatalti ebraico nell'Apocalisse", *SBFLA* 32 (1982) 133-146.- Idem, *Sintassi ebraica nel greco dell'Apocalisse*. I. Uso delle forme verbali (Collectio Assisiensis 1), Assisi 1964.- A. Läpple, "Das Geheimnis des Lammes. Das Christusbild der Offenbarung des Johannes", *BiKi* 39 (1984) 53-58.- S. Läuchli, "Eine Gottesdienststruktur in der Johannesoffenbarung", *TZ* 16 (1960) 359-378.- X. Léon-Dufour, "Bulletin d'exégèse du Nouveau Testament. Autour de l'Apocalypse de Jean", *RSR* 71 (1983)309-336.- J. Levèque, "Les quatre vivants de l'Apocalypse", *Chr* 26 (1979) 333-339.- E. Lipinski, "L'Apocalypse et le martyre de Jean à Jérusalem", *NT* 11 (1969) 225-232.- E. Lohmeyer, "Die Offenbarung des Johannes 1920-1932", *ThR* 6 (1934) 269-314; *ThR* 7 (1935) 28-62.- E. Lohse, "Die altestamentliche Sprache des Sehers Johannes. Textkritische Bemerkungen zur Apokalypse", *ZNW* 52 (1961) 122-126, rist. in: Idem, *Die Einheit des Neuen Testaments*, Göttingen 1973, 329-333.- Idem, "Der Menschensohn in der Johannesapokalypse", in: *Jesus und der Menschensohn*, FS A. Vögtle, ed. R. Pesch - R. Schnackenburg, Freiburg i.B. 1975, 415-420.- G. Maier, *Die Johannesoffenbarung und die Kirche* (WUNT 25), Tübingen 1981.- A. Mantel, "Die Dienste der Engel nach der Apokalypse des Johannes", *BiLe* 2 (1961) 56-65.- B. Marconcini, "L'utilizzazione del testo masoretico nelle citazioni isaiane dell'Apocalisse", *RivB* 24 (1976) 113-136.- F.D. Mazzaferri, *The Genre of the Book of Revelation from a Source-Critical Perspective* (BZNW 54), Berlin 1989.- O.F.A. Meinardus, "The Christian Remains of the Seven Churches of the Apocalypse", *BA* 37 (1974) 69-82.- J. Michl, *Die Engelvorstellung in der Apokalypse des Hl. Johannes*. I. Teil: Die Engel um Gott, München 1937.- A.B. Mickelsen, *Daniel and Revelation: Riddles or Reality?*, Nashville 1984.- P.S. Minear, "Eschatology and History", *Int* 5 (1951) 2-39.- Idem, "The Cosmology of the Apocalypse", in: *Current Issues in New Testament Interpretation*, FS O. Piper, ed. W. Klassen - G. Snyder, New York - London 1962, 23-37.- Idem, "Ontology and Ecclesiology in the Apocalypse", *NTS* 13 (1966-67) 89-105.- Idem, I *saw a New Earth*, Washington-Cleveland 1968.- Idem, *New Testament Apocalyptic*, Nashville 1981.- J.L. Monge Garcia, "Los salmos en el Apocalypsis", *Cistercium* 28 (1976) 269-278; 29 (1977) 19-48.- H.P. Müller, *Messias und Menschensohn in jüdischen Apokalypsen und in der Offenbarung des Johannes* (StNT 6), Gütersloh 1971.- U.B. Müller, "Literarische und Formgeschichtliche Bestimmung der Apokalypse des Johannes als einem Zeungis frühchristlicher Apokalyptik", in: *Apocalypticism in the Mediterranean World and the Near East*, ed. D. Hellholm, Tübingen 1983, 599-619.- J. Munck, *Petrus und Paulus in der Offenbarung des Johannes*, Köln 1950.- D. Munoz Léon, "La Estructura del Apocalypsis de Juan. Una approximación de 4 Esdras y del 2 de Baruc", *EstB* 43 (1985) 125-172.- C. Münchow, "Das Buch mit sieben Siegeln. Theologische Erwägungen zur Interpretation der Offenbarung des Johannes", *ZdZ* 31 (1977) 376-382.- G. Mussies, "The Greek of the Book of the Revelation", in: *L'Apocalypse johannique*, ed. J. Lambrecht, 166-177.- Idem, *The Morphology of the Koine Greek as Used in the Apocalypse of St John* (NT.S. 27), Leiden 1971.- F. Mussner, " 'Weltherrschaft' als eschatologisches Thema des Johannesapokalypse", in: *Glaube und Eschatologie*, FS W.G. Kümmel, ed. E. Grässer - O. Merk, Tübingen 1985, 209-227.- A.T. Nikolainen, "Der Kirchenbegriff in der Offenbarung des Johannes", *NTS* 9 (1961/63) 351-361.- Idem, "Über die theologische Eigenart der Offenbarung des Johannes", *TLZ* 93 (1968) 161-170.- R. North, "Thronus Satanae Pergameus", *VD* 28 (1950) 65-76.- J. Nützel, "Zum Schicksal des eschatologischen Propheten", *BZ* 20 (1976) 59-94.- J. Oman, *The Book of Revelation*, Cambridge 1920.- J.J. O'Rourke, "The Hymns of the Apocalypse", *CBQ* 30 (1968) 399-409.- C.G. Ozanne, *The Fourth Gentile Kingdom* (in Daniel and Revelation), Worthing 1982.- F. Padila, *'Aqui está la mente que tiene sabiduria' (Ap 17,9a)*. Naturaleza y función de la reflexión sapiencial en el Apocalypsis, Roma 1982.- H.M. Parker, "The Scripture of the Author of the Revelation of John", *IliffRev* 37 (1980) 35-51.- E. Pax, "Jüdische und christliche Funde im Bereich der 'sieben Kirchen' der Apokalypse", *BiLe* 8 (1967) 264-279.- J. Pescheck, "Der Gottesdienst in der Apokalypse", *ThPQ* 73 (1920) 496-514.- D. Pezzoli-Olgiati, *Täuschung und Klarheit. Zur Weckselwirkung zwischen Vision und Geschichte in der Johannesoffenbarung* (FRLANT 175), Göttingen 1997.- O. Piper, "The Apocalypse of John and the Liturgy of the

Ancient Church", *ChSt* 20 (1951) 10-22.- L. Poirier, *Les sept églises ou le Premier Septénaire Prophétique de l'Apocalypse*, Montréal 1943.- W. Popkes, "Die Funktion der Sendschreiben in der Johannes-Apokalypse. Zugleich ein Beitrag zur spätgeschichte der neutestamentlichen Gleichnisse", *ZNW* 74 (1983) 90-107.- P. Prigent, *Apocalypse et Liturgie* (CTh 52), Neuchâtel 1964, ²1972.- Idem, "Apocalypse et Apocalyptique", *RevSR* 47 (1973) 280-299.- Idem, "Au Temps de L'Apocalypse. I Domitien, II Le culte impérial au 1er siècle en Asie Mineur, III Pourquoi les persécutions?", *RHPR* 54 (1974) 455-483 (I); 55 (1975) 215-235 (II); 341-363 (III).- Idem, "L'héresie asiate et l'église confessante de l'Apocalypse à Ignace", *VigChr* 31 (1977) 1-22.- Idem, "Pour une théologie de l'image: les visions de l'Apocalypse", in: *L'Apocalypse johannique*, ed J. Lambrecht, 231-245.- Idem, "L'Apocalypse. Exégèse historique et Analyse structurale, *NTS* 26 (1980) 127-137.- F. Raurell, "Apocaliptica y Apocalipsis", *EstFranc* 1 (1980) 183-207.- B. Reicke, "The Inauguration of the Catholic Martyrdom According to St John the Divine", *Aug* 20 (1980) 275-283.- Idem, "Die jüdische Apokalyptik und die johanneische Tiervision" *RSR* 60 (1972) 173-192.- J.L. Ressegui, *Revelation Unsealed*. A Critical Approach to John's Apocalypse (Bibl. Interpretation Series 32), Leiden 1998.- M. Rissi, *Zeit und Geschichte in der Offenbarung des Johannes* (AThANT 22), Zürich 1952.- Idem, *Was ist und was geschehen soll danach*. Die Zeit-und Geschichtsaufassung der Offenbarung des Johannes, Zürich - Stuttgart 1965.- O. Ruller, "Das Buch mit sieben Siegeln", *ZNW* 36 (1938) 98-113.- J.E. Rosscup, "The Overcomer of the Apocalypse", *GraceTJ* 3 (1982) 261-286.- F. Rousseau, *L'Apocalypse et le milieu prophétique du Nouveau Testament*. Structure et préhistoire du texte, Paris - Tournai - Montréal 1971.- C. Rowland, *Open Heaven*. A Study of Apocalyptic in Judaism and Early Christianity, London 1982.- H.D. Saffrey, "Relire l'Apocalypse à Patmos", *RB* 82 (1975) 385-417.- A. Sand, "Zur Frage nach dem 'Sitz im Leben' der apokalyptischen Texte des Neuen Testaments", *NTS* 18 (1971/72) 167-177.- J.N. Sanders, "St John at Patmos", *NTS* 9 (1962/63) 75-85.- L.J. Sartre, "Interpreting the Book of Revelation", *WWo* 4 (1984) 57-69.- A. Satake, *Die Gemeindeordnung in der Johannesapokalypse* (WMANT 21), Neukirchen-Vluyn 1966.- Idem, "Kirche und feindliche Welt. Zur dualistische Auffassung der Menschenwelt in der Johannesapokalypse", in: *Kirche*, FS G. Bornkamm, ed. D. Lührmann - G. Strecker, Tübingen 1980, 329-349.- A.Schlatter, *Das Alte Testament in der johanneischen Apokalypse* (BFChTh 16/6), Gütersloh 1921.- H. Schlier, "Jesus Christus und die Geschichte nach der Offenbarung des Johannes", in: Idem, *Besinnung auf das Neue Testament*. Gesammelte Aufsätze, Bd. II, Freiburg i.B. 1964, 358-373.- J. Schmid, *Studien zur Geschichte des griechichen Apokalypse-Textes*, 2 voll. (MThS. HE 1), München 1955-1956.- Idem, "Neue griechische Apokalypsehandschriften", *ZNW* 59 (1968) 250-258.- W. Schmithals, *Die Apokalyptik*. Einführung und Deutung, Göttingen 1973.- E. Schmitt, "Die Christologische Interpretation als das Grundlegende der Apokalypse", *ThQ* 140 (1960) 257-290.- E. Schüssler Fiorenza, "The Eschatology and Composition of the Apocalypse", *CBQ* 30 (1968) 537-569.- Idem, "Gericht und Heil. Zum Verständnis der Apokalypse", in: *Gestalt und Anspruch des Neuen Testaments*, ed. J. Schreiner - G. Dautzenberg, Würzburg 1969, 330-348.- Idem, "Apocalyptic and Gnosis in the Book of Revelation" *JBL* 92 (1973) 565-581.- Idem, "Apocalypsis und Propheteia. The Book of Revelation in the Context of Early Christian Prophecy", in: *L'Apocalypse johannique*, ed. J. Lambrecht, 105-128.- Idem, "The Quest for the Johannine School: The Apocalypse and the Fourth Gospel", *NTS* 23 (1976/77) 402-427.- Idem, *Priester für Gott*. Studien zum Herrschafts- und Priestermotiv in der Apokalypse (NTAbh 7), Münster 1972.- Idem, "Redemption as Liberation: Apoc 1.5f. and 5:9f", *CBQ* 36 (1974) 220-232.- Idem, *The Book of Revelation*. Justice and Judgement, Philadelphia 1985, ²1989.- R. Schütz, *Die Offenbarung des Johannes und Kaiser Domitian* (FRLANT 50), Göttingen 1933.- E. Schweizer, "Die Sieben Geister in der Apokalypse", *EvTh* 11 (1952/53) 502-512, rist. in: Idem, *Neotestamentica*, Zürich - Stuttgart 1963, 190-202.- R.B.Y. Scott, " 'Behold, He Cometh with Clouds'. Ap 1,7", *NTS* 5 (1958) 127-132.- W.H. Shea, "The Parallel Literary Structure of Revelation 12 and 20", *AUSS* 23 (1985) 37-54.- Idem, "The Covenat Form of the

Letters to the Seven Churches", *AUSS* 21 (1983) 71-84.- M.H. Shepherd, *The Pascal Liturgy and the Apocalypse*, (ESW 6), 1960, [2]1964.- A. Škrinjar, "Vigintiquattuor seniores (Apoc. 4,4.10; 5,5-14, etc.)", *VD* 16 (1936) 333-338; 361-368.- Idem, "Les sept Esprits (Ap 1,4; 3,1; 4,5; 5,6)", *Bib* 16 (1935) 1-24; 113-140.- Th. Söding, " 'Heilig, heilig, heilig'. Zur politische Theologie der Johannes-Apokalypse", *ZTK* 96 (1999) 49-76.- E. Stauffer, *Christus und die Cäsaren*. Historische Skizzen, Hamburg 1948.- K. Stendhal, "The Apocalypse of John and the Epistles of Paul in the Muratorian Fragment", in: *Current Issues in New Testament Interpretation*, FS O. Piper, ed. W. Klassen - G.F. Snyder, New York 1962, 239-245.- H. Stierlin, *La verité sur l'apocalypse*. Essai de reconstitution des textes originels, Paris 1972.- K. Stock, *Das letzte Wort hat Gott*. Apokalypse als Frohebotschaft, Innsbruck - Wien 1985.- J. Stolt, "Om dateringen af Apokalypsen", *DTT* 40 (1977) 202-207.- M.E. Stone, "Coherence and Inconsistency in the Apocalypses: The Case of the 'End' of 4 Ezra", *JBL* 102 (1983) 229-243.- N.B. Stonehouse, *The Apocalypse in the Ancient Church*. A Study in the History of the New Testament Canon, Goes, NL, 1929.- K.A. Strand, *Interpreting the Book of Revelation*. Hermeneutical Guidelines with Brief Introduction to the Literary Analysis, Washington, Ohio, 1976.- H. Strathmann, *Was soll 'die Offenbarung' des Johannes im Neuen Testament*, Gütersloh [2]1949.- A. Strobel, "Abfassung und Geschichtstheologie der Apokalypse nach Kap. 17,9-12", *NTS* 19 (1963/64) 433-445.- Idem, "Apokalypse des Johannes", *TRE* 3 (1978) 174-189.- Idem, *Kerygma und Apokalyptik*: Ein religionsgeschichtlischer und Theologischer Beitrag zur Christologie, Göttingen 1967.- J.W. Taeger, "Einige neue Veröffentlichungen zur Apokalypse des Johannes", *VF* 29 (1984) 50-75.- Idem, *Johanneische Apokalypse und johanneischer Kreis* (BZNW 51), Berlin 1988.- L.L. Thompson, "Cult and Eschatology in the Apocalypse of John", *JR* 47 (1967) 330-350.- Idem, *The Book of Revelation*. Apocalypse and Impire, Oxford 1990.- C.C. Torrey, *The Apocalypse of John*, New Haven 1958.- P. Touilleux, *L'Apocalypse et les cultes de Domitien et de Cybèle*, Paris 1935.- A.A. Trites, "μαρτύς and Martyrdom in the Apocalypse: A Semantic Study", *NT* 15 (1973) 72-80.- P. Trudiger, "Ὁ ἀμήν (Rev 3,14) and the Case for a Semitic Original of the Apocalypse", *JTS* 17 (1966) 82-88.- H. Uhland, *Die Vision als Radikalisierung der Wircklichkeit in der Apokalypse des Johannes* (TANZ 21), Tübingen 1997.- H. Hulfgard, "L'Apocalypse entre Judaisme et Christianisme. Précisions sur le monde spirituel et intellectuel de Jean de Patmos", *RHPR* (1999) 31-50.- J.H. Ulrichsen, "Die sieben Häupter und die zehn Hörner. Zur Datierung der Offenbarung des Johannes", *StTh* 39 (1985) 1-20.- A. van Gennep, "Le symbolisme ritualiste dans l'Apocalypse", RHR 89 (1924) 163-182.- A. Vanhoye, "L'utilisation du livre d'Ezéchiel dans l'Apocalypse", *Bib* 43 (1962) 436-476.- W.C. van Unnik, " 'Worthy is the Lamb'. The Background of Apoc 5", in: *Mélanges bibliques B. Rigaux*, ed. A. Descamp - A. de Halleaux, Gambloux 1970, 445-461.- Idem, "De la règle μήτε προθεῖναι μήτε ἀφειλεῖν dans l'histoire du Canon", *VigChr* 3 (1949) 1-36, rist. in: idem, *Sparsa Collecta*, vol. II, Leiden 1980, 123-156.- U. Vanni, "Rassegna bibliografica sull'Apocalisse (1970-1975)". *RivB* 24 (1976) 277-301.- Idem, "La passione nell'Apocalisse", in: *La sapienza della croce*, I, Torino 1976, 169-175.- Idem, "La riflessione sapienziale come atteggiamento ermeneutico costante nell'Apocalisse", *RivB* 24 (1976) 185-197.- Idem, "I peccati nell'Apocalisse e nelle lettere di Pietro e di Giacomo", *ScCat* 106 (1978) 372-386.- Idem, "Il simbolismo dell'Apocalisse", *Greg* 61 (1980) 461-506.- Idem, "Gli apporti specifici dell'analisi letteraria e l'attualizzazione ermeneutica dell'Apocalisse", *RivB* 28 (1980) 319-335.- Idem, "L'Apocalypse johannique: état de la question", in: *L'Apocalypse Johannique*, ed. J. Lambrecht, 21-46.- Idem, "Il sangue nell'Apocalisse", in: *Sangue e Antropologia Biblica*, ed. F. Vattioni, Roma 1981, 865-884.- Idem, "L'assemblea ecclesiale 'Soggetto interpretante' dell'Apocalisse", *RasT* 23 (1982) 497-513.- Idem, "Dalla venuta della 'ora', alla venuta di Cristo. La dimensione storico-cristologica dell'escatologia dell'Apocalisse", *StMiss* 32 (1983) 309-343.- Idem, "Regno 'non da questo mondo', ma 'regno del mondo'. Il regno di Cristo dal IV Vangelo all'Apocalisse", *StMiss* 33 (1984) 325-358.- Idem, "La promozione del regno come responsabilità dei cristiani secondo l'Apocalisse e la Prima Lettera di Pietro", *Greg* 68 (1987) 9-56.-

Idem, *L'Apocalisse e l'Antico Testamento. Una sinossi*, Roma [2]1987.- Idem, *L'Apocalisse. Ermeneutica. Esegesi. Teologia* (RivB.S 17), Bologna 1988.- M. Veloso, "Simbolos en el Apocalipsis de san Juan", *RevBibArg* 38 (1976) 321-333.- P. Vielhauer, "Apokalyptik des Urchristentums. Einleitung", in: *Neutestamentliche Apokryphen*, Bd. II, ed. E. Hennecke - Schneemelcher, Tübingen 1964, 428-454.- A. Vögtle, "Der Gott der Apokalypse", in: *La notion biblique de Dieu. Le Dieu de la Bible et le Dieu des Philosophes*, ed. J. Coppens (BETL 41), Gembloux - Leuven 1976, 377-398.- Idem, "Mythos und Botschaft in Apokalypse 12", in: *Tradition und Glaube*, FS K.G. Kuhn, ed. G. Jeremias - H.W. Kuhn - H. Stegemann, Tübingen 1971, 375-415.- H.E. Weber, "Zum Verständnis der Offenbarung Johannis", in: *Aus Schrift und Geschichte*, FS A. Schlatter, Stuttgart 1922, 47-64.- F. Whealon, "New Patches on an Old Garment: The Book of Revelation", *BibTB* 11 (1981) 54-59.- J. Wilk (Il trionfo dell'Agnello come tema principale dell'Apocalisse) (in ceco)", *CoTh* 40 (1970) 45-61.- H. Windisch, "Der Apokalyptiker Johannes als Begründer des neutestamentlichen Canons", *ZNW* 10 (1909) 148-174.- C. Wolff, "Die Gemeinde des Christus in der Apokalypse des Johannes", *NTS* 27 (1980/81) 186-197.- W. Zalewski, *Untersuchungen über die literarische Gattung der Apokalypse 1-3* (estratto ex diss. in Fac. Theol. P: U.G.), Roma 1973.- F. Zielinger, "Einführung in die Offenbarung des Johannes", *TPQ* 132 (1984) 53-63.- H. Zimmermann, "Christus und die Kirche in den Sendschreiben des Apokalypse", in: *Unio Sanctorum*, FS L. Jäger, ed. O. Schilling - H. Zimmermann, Paderborn 1962, 176-197.-

(Commenti) E.-B. Allo, *Saint Jean. L'Apocalypse* (EB), Paris 1921, [4]1933.- D.E. Aune, *Revelation 1-6* (WBC 52A), *Revelation 7-16* (WBC 52B), *Revelation 17-22* (WBC 52C), Waco, TX, 1997.1998.1999.- G.K. Beale, *The Book of Revelation* (NIGTC), Grand Rapids, MI, - Cambridge, UK, Carlisle 1999.- W. Bousset, *Die Offenbarung des Johannes* (KEK 16), Göttingen 1906, rist. 1966.- Ch. Brütsch, *Die Offenbarung Jesu Christi. Johannesapokalypse*, 3 voll., (ZBK.NT) Zürich [2]1970.- C.B. Caird, *The Revelation of St John*, London 1966.- L. Cerfaux - J. Cambier, *L'Apocalypse de sain Jean lue aux Chrétiens* (LD 17), Paris 1955.- R.H. Charles, *Commentary on the Revelation of St John*, 2 voll. (ICC), Edinburgh 1920.- A.Y. Collins, *The Apocalypse* (NTM 22), Wilmington, DE, 1979.- B. Corsani, *L'Apocalisse, prima e dopo*, Torino 1980.- J.M. Ford, *Revelation* (AB 38), Garden City, New York 1975.- H. Giessen, *Die Offenbarung des Johannes* (RNT), Regensburg 1997.- W. Hadorn, *Die Offenbarung des Johannes* (ThHK 18), Leipzig 1928.- J.H. Holtzmann, *Evangelium, Briefe, und Offenbarung des Johannes* (HC 4), Tübingen [3]1908, riv. da W. Bauer.-H. Kraft, *Die Offenbarung des Johannes* (HNT 16a), Tübingen 1974.- G.E. Ladd, *A Commentary on the Revelation of John*, Grand Rapids 1972.- E. Lohmeyer, *Die Offenbarung des Johannes* (HNT 16), Tübingen 1926, [2]1953.- E. Lohse, *Die Offenbarung des Johannes* (NTD 11), Göttingen [7]1988.- A. Loisy, *L'Apocalypse de Jean*, Paris 1923.- O.F.A. Meinardus, *In the Footsteps of the Saints:* St John of Patmos and the Seven Churches of the Apocalypse, New Rochelle, NY, 1979.- P.S. Minear, *I Saw a New Earth. An Introduction to the Vision of the Apocalypse*, Washington - Cleveland 1968.- P. Morant, *Das Kommen des Herrn*, Zürich 1969.- U.B. Müller, *Die Offenbarung des Johannes* (ÖTK 19), Gütersloh [2]1995. P. Prigent, *L'Apocalypse de saint Jean* (CNT 14), Losanne - Paris 1981. G. Quispel, *The Secret Book of Revelation*, London 1976.- M. Rissi, *Alpha und Omega. Eine Deutung der Johannesoffenbarung*, Basel 1966.- J. Roloff, *Die Offenbarung des Johannes* (ZBK.NT 18), Zürich [2]1987.- E. Schick, *Die Apokalypse* (GeiS 23), Düsseldorf 1971.- E. Schüssler Fiorenza, *Initiation to the Book of Revelation*. A Commentary on the Apocalypse with complete Text from the Jerusalem Bible, New York 1981.- J. Sickenberger, *Erklärung des Johannesapokalypse*, Bonn 1940.- J.P.M. Sweet, *Revelation*, Philadelphia 1979.- H.B. Swete, *The Apokalypse of St John*, London [2]1907.- A. Vögtle, *Das Buch mit den sieben Siegeln. Die Offenbarung des Johannes* im Auswahl gedeutet, Freiburg-Basel-Wien 1981.- A. Wickenhauser, *Die Offenbarung des Johannes* (RNT 9), Regensburg [3]1959.- T. Zahn, *Die Offenbarung des Johannes*, 2 voll. (KNT 18), Leipzig 1924-26.

I   *Piano di Ap*

I piani letterari proposti per la divisione del testo dell'Apocalisse sono molti. Non è possibile esporli tutti. Indico solo il modello più diffuso e le ragioni per cui non può essere accolto.

Si ritiene che il testo sia composto di due parti, con un prologo e un epilogo: Ap 1,1-3 Prologo; Ap 1,4-3,22 Parte I che coincide con le 'lettere' alle sette chiese dell'Asia; Ap 4,1-22,5 Parte II che coincide con i sette sigilli, le sette trombe, le sette coppe; Ap 22,6-21 Epilogo.

Questa divisione viene giustificata con le parole del Cristo a Giovanni. In Ap 1,19 dice: "Scrivi dunque le cose che vedi (lett. che hai visto), *quelle che sono e quelle che accadranno dopo queste"*. Le "cose che sono" corrisponderebbero alla condizione attuale delle sette chiese, descritta nei capp. 2-3. Le "cose che dovranno accadere" corrisponderebbero alle visioni dei capp. 4-22.

Questo modello di divisione è proposto nei saggi di U. Vanni (1970, [2]1980), F. Hahn (1979), J. Lambrecht (1980), ed è seguito nei commentari di J. Roloff (1984) e di H. Ritt (1984). Si trova nelle introduzioni di H. Conzelmann - A. Lindemann, W.G. Kümmel, A. Wickenhauser - J. Schmid e di A. Strobel (TRE 3, 1978).

Coloro che lo propongono non sono d'accordo sulla divisione della Parte II Ap 4,1-22,5. U. Vanni e F. Hahn la dividono in cinque sezioni, ma in modo diverso. Ecco la divisione di U. Vanni: Sez. I Ap 4,1-5,14, Sez. II 6,1-7,17; Sez. III 8,1-11,14; Sez. IV Ap 11,15-16,16; Sez. V Ap 16,17-22,5.

Per la divisione, U. Vanni usa diversi criteri. Ma quello fondamentale è narrativo. Egli fa notare che l'autore espone la sua materia narrativa in 'settenari', dei quali l'ultimo della serie, il settimo, serve da inizio del settenario successivo. Quindi nella Sez. I Ap 4,1-5,14 c'è la consegna del 'libro sigillato'. Nella Sez. II ci sono i sette sigilli, dei quali il settimo in Ap 8,1 segna l'inizio della Sez. III che comprende le sette trombe, delle quali l'ultima in Ap 11,15 segna l'inizio della Sez. IV che comprende le sette coppe, delle quali l'ultima in 16,17 segna l'inizio della Sez. V che termina in Ap 22,5.

Faccio notare che dal punto di vista narrativo, questa divisione suscita un problema. In Ap 8,1 all'apertura del settimo sigillo corrisponde l'apparire immediato degli angeli con le sette trombe. Ma in Ap 11,15 al suono della settima tromba non corrisponde l'apparire dei sette angeli con i sette flagelli, le sette coppe. Essi appaiono solo in Ap 15,1.6-7. La sezione narrativa che intercorre tra Ap 11,15 e Ap 14,20 non si lascia inquadrare in questa struttura. Pertanto il 'settenario' non può essere assunto come elemento strutturante della parte centrale, perché non corrisponde al modo di narrare dell'autore, anche se è un elemento essenziale della narrazione.

Una variante al modello di U. Vanni è proposta da J. Lambrecht. Egli divide Ap 4,1-22,5 in tre sezioni, secondo uno schema 'a scatola' cinese. Ecco la sua divisione.

A Ap 4-5 Introduzione e visione del rotolo con i sette sigilli. B Ap 6-7 primi sei sigilli; C Ap 8,1-22,5 Il settimo sigillo e le trombe. Questa parte a sua volta è divisa in tre sezioni: A Ap 8,1-6 Introduzione; B Ap 8,7-11,14 Le prime sei trombe; C Ap 11,15-22,5 La settima tromba e le coppe. Questa parte è a sua volta divisa in tre sezioni: A Ap 11,15-16,1 Introduzione; B Ap 16,2-16 Le prime sei coppe; C Ap 16,17-22,5 La settima coppa e compimento.

Il principio adottato da questa divisione è narrativo. Cerca di rappresentare nel modello stesso la tecnica narrativa adottata dall'autore del testo, in cui ogni settenario scaturisce dal precedente e pertanto è già contenuto in esso. Perciò il primo settenario, dei sigilli, abbraccia tutto il racconto, da Ap 4,1 a Ap 22,5 perché dal settimo sigillo in Ap 8,1 scaturiscono le sette coppe in Ap 11,15. Quindi il secondo settenario, delle trombe, comprende Ap 8,1-22,5 e il terzo settenario, delle coppe, comprende Ap 11,15-22,5.

Questo modello, che appare perfetto, è inadeguato per due motivi. Primo. La separazione dei capp. 2-3 dai capp. 4-22 non si può giustificare né dal punto di vista narrativo né dal punto di vista del contenuto. Quanto al contenuto, le lettere alle sette chiese dell'Asia descrivono lo stato attuale di ogni chiesa e contengono una promessa o minaccia per il futuro. Pertanto il loro messaggio non riguarda solo "le cose che sono", ma anche "le cose che accadranno". Quanto al genere narrativo, le sette lettere sono dettate dal Cristo a Giovanni 'in visione'. Pertanto non possono essere separate dai capp. 4-22 perché, come questi, appartengono alla narrazione o racconto della visione avuta sull'isola di Patmos.

Secondo. U. Vanni e J. Lambrecht attribuiscono valore strutturante ai 'settenari'. Fanno notare che l'ultimo elemento di ciascuno, il settimo, coincide con l'inizio del settenario successivo. Ma devo fare notare che ciò vale solo per il settimo sigillo che dà inizio alle sette trombe in Ap 8,1. La settima tromba suona in Ap 11,15. Ma gli angeli con le sette coppe appaiono solo in Ap 15,1.6-7. Quindi i capp. 11,15-14,20 si sottraggono alla strutturazione dei settenari. Ciò significa, come ho già fatto rilevare, che 'il settenario' è un elemento della narrazione da cui non dipende la struttura narrativa del testo, che è più varia e non corrisponde a quel tipo di strutturazione.

Su un apparente criterio formale si basa la divisione di C.R. Smith (1994). Considerando come strutturante la ripetizione di ἐγενόμην ἐν πνεύματι in Ap 1,10 e Ap 4,2 e la frase simile ἀπήνεγκέν με εἰς ἔρημον ἐν πνεύματι in

Ap 17,3 e Ap 21,10 divide il testo in quattro parti più prologo ed epilogo: Ap 1,1-8 Prologo; Ap 1,9-3,22 I; Ap 4,1-16,22 II; Ap 17,1-21,8 III; Ap 21,9-22,5 IV; Ap 22,6-21 Epilogo. Ma il criterio adottato non è formalmente determinante perché è subordinato alla logica della narrazione, in quanto l'autore se ne serve come elemento narrativo per dare il senso degli eventi enunciati nei versi che precedono.

In Ap 4,1-2 vede una porta che si apre nel cielo e ode una voce che lo chiama dicendo "Ti mostrerò le cose che devono accadere". In Ap 4,3 segue la visione. La stesso procedimento narrativo usa in Ap 17,1-2. Descrive che uno degli angeli dalle sette coppe si avvicinò a lui e gli disse: "Ti mostrerò il giudizio (o la condanna) della grande prostituta". In Ap 17,3 segue la visione corrispondente. La stessa tecnica in Ap 21,9. Uno degli angeli dalle sette coppe si avvicina e dice: "Ti mostrerò la sposa, la donna dell'Agnello". In Ap 21,10 inizia la visione conforme alle parole. Quindi nei tre casi esaminati l'elemento non ha una funzione strutturante, ma è solo un procedimento narrativo in funzione della trama fondamentale, che in se stessa è tutta una visione profetica (cf. Ap 1,1-3 e Ap 22,7.10).

Diversa e ugualmente fondata su un criterio formale, è la proposta più recente di G.K. Beale (1999). Ma in questo caso l'elemento assunto per la divisione è stilistico, desunto dal modo in cui l'autore connette tra loro sezioni narrative maggiori. Per questa ragione le definisce *'interlocking sections'* e ne indica sette: Ap 8,2-4 11,19 15,2-4 17,1-3 19,9-10 21,9-10 e 22,6. In base a queste unità di transizione ritiene possibile due ipotesi di composizione. La prima in sette parti: Ap 1-3 I; Ap 4-7 II; Ap 8,1-11,14 III; Ap 11,15-14,20 IV; Ap 15-16 V; Ap 17,1-21,8 VI; Ap 21,9-22,21 VII. La seconda in otto parti: Ap 1-3 I; Ap 4-7 II; Ap 8,1-11,14 III; Ap 11,15-14,20 IV; Ap 15-16 V; Ap 17,1-19,10 VI; Ap 19,11-21,8 VII; Ap 21,9-22,21 VIII. La differenza tra le due divisioni consiste nel fatto che nella prima ipotesi Ap 17,1-21,8 costituiscono una unità, nella seconda sono divisi in due: Ap 17,1-19,10 e Ap 19,11-21,8.

Questa incertezza dimostra quanto fragile sia l'elemento assunto come principio di divisione, che non sempre può essere considerato 'sezione di transizione' o di 'congiunzione' tra parti maggiori. Per esempio Ap 8,2-4 appartiene alla pericope di apertura del settimo sigillo (Ap 8,1-6); ugualmente Ap 11,19 a quella del suono della 'settima tromba' (Ap 11,15-19), di cui indica la transizione allo sviluppo narrativo, descrivendo il tempio di Dio che si apre. Quindi sia in un caso che nell'altro, è solo un elemento formale di transito all'interno di un nuovo sviluppo narrativo già avviato e determinato con altro criterio: nel caso specifico, l'apertura del settimo sigillo e il suono della settima tromba.

Simile è il caso di Ap 15,2-4 dove indica l'elemento scenico con la liturgia che segna l'inizio di un nuovo evento narrativo: l'apparizione dei sette angeli con i sette flagelli e piaghe del furore di Dio (Ap 15,1). Lo stesso si dovrebbe dire di Ap 17,1-3 che riguarda l'inizio della visione della punizione riservata alla grande meretrice, chiamata anche 'Babilonia la grande', la cui sventura è enunciata in Ap 16,17-21 quando il settimo angelo versa la settima coppa per segnare l'inizio della furia divina contro di essa: "E' compiuto!" (Ap 16,17).

Diverso è il caso di Ap 19,9-10 e Ap 21,9-10 la cui funzione di transito e di connessione non è chiaramente reperibile. Il primo (Ap 19,9-10) indica chiaramente una chiusura del cantico di vittoria per la distruzione della città che si legge in Ap 19,1-8. Ciò che segue ha un tema narrativo diverso: la lotta del cavaliere divino, chiamato Verbo di Dio, contro le due bestie e i re della terra (Ap 19,11-21). Il secondo (Ap 21,9-10) indica l'inizio della visione della sposa, la donna dell'Agnello, che non si può separare dalla visione del nuovo cielo e della nuova terra che precede in Ap 21,1-8 da cui evidentemente dipende.

Questo attesta che il criterio adottato da G.K. Beale non è strutturante ed è subordinato ad altri eventi narrativi che sembrano avere una reale funzione di strutturazione. Anzi, nel caso di Ap 19,9-10 e Ap 21,9-10 non sembra neppure adeguato chiamarle 'sezione di congiunzione', come è risultato dall'analisi precedente.

Altri studiosi rinunciano a proporre un piano e preferiscono seguire da vicino lo sviluppo narrativo del testo, indicando semplicemente le sequenze narrative di cui è composto.

1) R.H. Mounce (NICNT, 1977, rist. 1980) divide in undici sequenze: I Ap 1,1-20 Prologo; II Lettere alle sette chiese Ap 2,1-3,22; III Adorazione nella corte del cielo Ap 4,1-5,14; IV I sette sigilli Ap 6,1-8,1; V Le sette trombe Ap 8,2-11,19; VI Conflitto tra la chiesa e il potere del male Ap 12,1-14,20; VII Le ultime sette piaghe Ap 15,1-16,21; VIII La caduta di Babilonia Ap 17,1-19,5; IX La vittoria finale Ap 19,6-20,15; X Il nuovo cielo e la nuova terra Ap 21,1-22,5; XI Epilogo Ap 22,6-21.

La sequenza VI 12,1-14,20 non è una unità, come il titolo vuole far credere perché è composta di tre sequenze diverse: Ap 12,1-18 La donna vestita di sole e il drago; Ap 13,1-18 Il drago, la prima bestia e la seconda bestia; Ap 14,1-20 L'Agnello sul monte Sion con i 144.000 redenti; la mietitura e la vendemmia del mondo. La sequenza IX non è una unità narrativa come l'autore suppone, perché è costituita di tre sequenze distinte: Ap 19,1-10 Il canto di vittoria; Ap 19,11-21 La vittoria del cavaliere dal cavallo bianco, il Verbo di Dio; Ap 20,1-15 I mille anni del regno, la vittoria su Satana, il giudizio finale, la vittoria sulla morte e sugli inferi.

2) P. Prigent (1984) divide il testo in quattordici sequenze: I Introduzione e visione inaugurale Ap 1; II Le lettere alle sette chiese Ap 2-3; III La visione

del trono, dell'agnello e il libro dai sette sigilli Ap 4-5; IV I sette sigilli Ap 6,1-8,5 (il cap. 7 è considerato un 'parentesi'); V Le sette trombe Ap 8,6-11,19 (Ap 10,1-11,14 è considerato una 'parentesi'); VI La donna, suo figlio e il drago Ap 12; VII Le due bestie Ap 13; VIII I 144.000 e il giudizio Ap 14; IX Gli angeli con le sette coppe Ap 15-16; X Il giudizio di Babilonia Ap 17,1-19,10; XI Il messia-giudice Ap 19,11-21; XII I mille anni e il giudizio Ap 20; XIII L'età nuova Ap 21,1-22,5; XIV Epilogo Ap 22,6-21.

Questa divisione è la più fedele allo sviluppo narrativo del testo. Tuttavia occorre considerare come unità narrative autonome anche quelle parti che egli chiama inadeguatamente 'parentesi' (Ap 7,1-17 e Ap 10,1-11,14) perché fanno parte integrante della narrazione.

Tenendo conto di questo io divido il testo in sedici unità narrative, di cui indico l'incipit delle 'sequenze' che le compongono, per rispettare la natura drammatica del racconto.

Ap 1,1-3 Prologo: "Rivelazione di Gesù Cristo che Dio gli diede per rendere noto ai suoi servi le cose che accadranno presto". I Ap 1,4-20 "Io, Giovanni, alle sette chiese che sono in Asia". II Ap 2,1-3,22 "All'angelo della chiesa di Efeso, scrivi". III Ap 4,1-5,14 "Dopo ciò ebbi una visione: una porta era aperta nel cielo". IV Ap 6,1-16 "Quando l'Agnello sciolse il primo dei sette sigilli": V Ap 7,1-17 "Dopo ciò vidi quattro angeli che stavano ai quattro angoli della terra". VI Ap 8,1-13 "Quando l'angelo aprì il settimo sigillo". VII Ap 9,1-21 "Il quinto angelo suonò la tromba". VIII Ap 10,1-11,14 "Vidi poi un altro angelo, possente, discendere dal cielo". IX Ap 11,15-12,18 "Il settimo angelo suonò la tromba". X Ap 13,1-18 "Vidi salire dal mare una bestia". XII Ap 15,1-16,21 "Poi vidi nel cielo un altro segno grande e meraviglioso". XIII Ap 17,1-19,10 "Allora uno dei sette angeli che hanno le sette coppe". XIV Ap 19,11-20,15 "Poi vidi il cielo aperto ed ecco un cavallo bianco". XV Ap 21,1-22,5 "Vidi poi un nuovo cielo e un nuova terra". XVI Ap 22,6-21 "Poi mi disse: Queste parole sono certe e veraci".

Bibliografia. (Introduzioni) H. Conzelmann - A. Lindemann, *Arbeitsbuch zum Neuen Testament*, Tübingen [12]1998, 389-398.- W.G. Kümmel, *Einleitung in das Neue Testament*, 401-419.- P. Prigent, "L'Apocalypse", in: *Les écrits de Jean et l'épître aux Hébreux*, 213-282.- U. Schnelle, *Einleitung in das Neue Testament*, Göttingen [3]1999, 523-542.- (Saggi sulla struttura) R.J. Bauckham, *The Climax of Prophecy*, 1-37 (sintesi delle ipotesi).- G.K. Beale, *The Book of Revelation*, 108-151.- G. Biguzzi, *I settenari nella struttura di Apocalisse*. Analisi, storia della ricerca, interpretazione (RivB.S 31), Bologna 1996.- J.W. Browman, "The Revelation of John: Its Dramatic Structure and Message", *Int* 9 (1955) 436-451.- A.Y. Collins, *The Combat Myth in the Book of Revelation*, 5-42 (cap. I: The Structure of the Book of Revelation).- A. Feuillet, "Jalons pour un meilleur intelligence de L'Apocalypse", *EsprVie* 85 (1975) 435-438.- C.H. Giblin, "Structural and Thematic Correlations in the Theology of Revelation 16-22", *Bib* 55 (1974) 487-505.- Idem, "Recapitulation and Literary Coherence of John's Apocalypse", *CBQ* 56 (1994) 81-95.- F. Hahn, "Zum Aufbau der Johannesoffenbarung", in: *Kirche und Bibel*, FS

E. Schick, Paderborn 1979, 145-154.- J. Lambrecht, "A Structuration of Revelation 4,1-22,5", in: *L'Apocalypse johannique*, ed. J. Lambrecht, 77-104.- Idem, "The Opening of The Seals (Rev 6,1-8,6)", *Bib* 79 (1998) 198-220.- F. Rousseau, *L'Apocalypse et le mileu prophétique du Nouveau Testament*, 17-50 (Structure de l'Apocalypse de Jean); 177-218 (testo greco strutturato).- C.R. Smith, "The Structure of the Book of Revelation in Sight of Apocalyptic Literary Conventions", *NT* 36 (1994) 373-393.- R.L. Thomas, "The Structure of Revelation of the Apocalypse: Recapitulation or Progression?", *The Seminarian Journal* 4 (1993) 45-66.- U. Vanni, *La struttura dell'Apocalisse*, Brescia 1970, [2]1980.- E. Schüssler Fiorenza, "Composition and Structure of the Revelation of John", *CBQ* 39 (1977) 344-366.- E.R. Wendland, "7x7 (x7). A Structural and Thematic Outline of John's Apocalypse", *OPTAT* 4 (1990) 371-387.

II *Teologia di Ap*

Bibliografia. R.J. Bauckham, *The Theology of the Book of Revelation*, Cambridge 1993.- M.E. Boring, "The Theology of Revelation: 'The Lord Our God The Almighty Reigns' *Int* 40 (1986) 257-269.

La teologia dell'Apocalisse è ardua da comprendere e difficile da esporre per due motivi. Primo. L'autore parla per mezzo di simboli e non di concetti. Secondo. Gli autori non sono d'accordo sul significato da dare alle visioni simboliche. Pertanto io cercherò di descrivere il contenuto del testo e di proporre qualche significato per i simboli del suo discorso con l'aiuto del testo stesso.

1. *Lo scopo del libro*. Da tempo gli studiosi affermano che colui che si presenta con il nome di Giovanni (Ap 1,1.4.9; 22,8) abbia scritto per consolare i cristiani delle chiese della provincia d'Asia (Asia Minore), in un momento di grave persecuzione. E in realtà i passi che riguardano la vita futura, in particolare Ap 21,1-22,5 hanno sul lettore un grande effetto consolatorio. E tuttavia è anche evidente da una lettura superficiale che i tre quarti del libro sono costituiti da visioni che minacciano eventi disastrosi e preannunciano il giudizio finale. E queste visioni, invece di consolare, costringono il lettore a riflettere seriamente e a rivedere il proprio modo di agire.

Perciò, tenendo conto di questo duplice effetto e della evidente preponderanza della parte minacciosa del racconto, mi sembra che il testo non sia stato scritto solo per consolare, ma per ammonire ed esortare a perseverare nella fede fino alla fine, per conseguire le cose sperate ed evitare la distruzione, cioè la condanna finale.

Infatti anche i passi che danno consolazione sono in funzione della esortazione alla fede e alla perseveranza fino alla fine. Si può perciò dire che lo scopo del libro sia di esortare alla conversione e alla perseveranza nella fede, comunicando la conoscenza dell'opera salvifica di Dio.

Una breve indagine sul contenuto all'inizio, al centro e alla fine del libro conferma che questo è il suo scopo specifico.

In Ap 1,3 proclama beato chi ascolta le parole della sua profezia e le mette in pratica. Che cosa sia la beatitudine che lascia sperare e quali siano le cose da praticare per poterla conseguire risulta dal contenuto delle *lettere alle sette chiese*, che Gesù detta in visione e quindi fanno parte delle parole profetiche da praticare. In quelle lettere Gesù esorta alla conversione e al pentimento la chiesa di Efeso (Ap 2,5b), di Pergamo (Ap 2,16a), di Sardi (Ap 3,3b), di Laodicea (Ap 3,19c). Esorta ad essere fedele fino alla morte la chiesa di Smirne (Ap 2,10e); e a tenere saldo quello che possiedono la chiesa di Tiatira (Ap 2,15) e la chiesa di Filadelfia (Ap 3,11b). Chi adempie le sue parole, egli lo considera vincitore (Ap 2,17b.26a 3,5a.12a.21a) e promette l'albero della vita che è nel paradiso di Dio (Ap 2,7b). Promette che non sarà colpito dalla morte (Ap 2,11b). Promette che gli darà la manna nascosta e una pietruzza bianca con un nome nuovo (Ap 2,17b). Promette che non cancellerà il suo nome dal libro della vita, ma lo riconoscerà davanti al Padre (Ap 3,5bc). Promette che lo porrà come una colonna nel Tempio di Dio e che non ne uscirà più (Ap 3,12a) e che inciderà su li lui il nome del suo Dio, il nome della città del suo Dio, della nuova Gerusalemme che scende dal cielo e il suo nome nuovo (Ap 3,12). Promette che lo farà sedere presso di sé sul trono, così come lui ha vinto e si è seduto presso il Padre suo, sul suo trono (Ap 3,21).

Pertanto il testo ha lo scopo di esortare i credenti al pentimento e alla perseveranza nella fede per potere conseguire le cose sperate.

In Ap 13,9-10 esorta alla pazienza (ὑπομονή) e alla fede (πίστις), dicendo che chi deve andare in prigionia, andrà; e chi deve essere ucciso di spada, lo sia perché in questo è la pazienza e la fede dei santi. Queste parole non solo invitano a perseverare, ma anche a morire per la fede. Non sarebbe quindi errato se io chiamassi il suo libro una 'esortazione al martirio'. Ciò sarebbe anche confermato da Ap 14,12-13 in cui rivolge la stessa esortazione. In Ap 14,12 dice che la pazienza (ὑπομονή) dei santi che osservano i comandamenti di Dio, si manifesta nel resistere alla seduzione della bestia; e in Ap 14,13 riporta le parole di una voce dal cielo che ordina di scrivere: "Beati i morti che muoiono nel Signore perché riposeranno dalle loro fatiche e le loro opere li seguiranno". Ciò conferma che lo scopo del libro è di esortare alla perseveranza nella fede fino alla morte, per ottenere la pace del Signore.

L'epilogo del testo (Ap 22,6-21) conferma questo risultato. In Ap 22,7 proclama beato chi custodisce le parole del libro. In Ap 22,11cd esorta chi è giusto a continuare a praticare la giustizia e chi è santo a santificarsi ancora. In Ap 22,14 proclama beati coloro che lavano le loro vesti perché avranno parte dell'albero della vita ed entreranno nella vita.

Concludendo devo dire che il libro dell'Apocalisse è stato scritto per esortare i suoi lettori alla conversione, alla perseveranza nella fede fino alla morte. A questo scopo sono subordinate le visioni del racconto. Quelle di distruzione devono convincere chi è stato infedele a cambiare e a ritornare alla fedeltà della origine. Quelle di speranza devono esortare alla perseveranza e alla pazienza che è stato fedele, perché il Signore viene e con lui la ricompensa del giudizio finale. In questo modo, coloro che si pentono e perseverano, parteciperanno delle cose che ha promesso; altrimenti cadranno sotto il suo giudizio. Anche questo è detto in modo chiaro nel testo.

In Ap 1,7 annuncia la venuta del Signore sulle nubi, subito dopo il saluto iniziale alle sette chiese (Ap 1,3-5); in Ap 22,7a alla fine, Gesù dice che verrà presto e ripete l'annuncio altre due volte in Ap 22,12a e 22,20a. Per questa ragione invita l'autore a non sigillare il libro, perché è vicino il tempo in cui accadrà tutto ciò che ha visto.

Quanto al giudizio contro coloro che non si convertono e non perseverano, ne parla in modo chiaro nelle lettere alle sette chiese, a cui è indirizzato il libro con la visione. Alla chiesa di Efeso dice che se non si converte, toglierà il suo candelabro dal suo posto (Ap 2,5cd). Alla chiesa di Pergamo dice che se non si convertono, verrà presto e combatterà contro coloro che sono nell'errore con la spada della sua bocca (Ap 2,16). Alla chiesa di Sardi dice che se non si ravvedono, verrà come un ladro, senza avvertimento (Ap 3,3cd). Alla chiesa di Laodicea dice che sta per vomitarlo dalla bocca (Ap 3,16b).

Da tutti questi indizi risulta evidente che il testo è stato scritto per esortare i cristiani a perseverare nella fede fino alla morte, per ottenere i beni promessi nel giorno della venuta del Signore, che è imminente.

Bibliografia. (su Ap 2,1-3,22: le lettere alle sette chiese) D.E. Aune, "Form and Function of the Proclamation to the seven Churches (Revelation 2-3)", *NTS* 36 (1990) 182-204.- L.B. Boyer, "Are the Seven Letter of Revelation 2-3 Prophetic?", *GraceTJ* 6 (1985) 267-273.- N. Brox, "Nikolaus und die Nikolaiten", *VigChr* 19 (1965) 23-30.- C.J. Hemer, "Unto the Angels of the Churches", *Buried History* 11 (1975) 4-27; 56-83; 110-135; 164-190.- Idem, *The Letter to the Seven Churches of Asia in Teir Local Setting*, Sheffield 1986.- M. Hubert, "L'architecture des lettres aux sept églises (Apoc. ch. II-III)", *RB* 67 (1960) 349-353.- J.H. Knowels, "Gloryland from Revelation. Letters to the Seven Churches (Rev 2-3)", *BToday* 23 (1985) 173-181.- J. Lühnemann, "Die sieben Sendschreiben des Johannes-Apokalypse", in: *Studien zur Religion und Kultur Kleinasien*, FS F.K. Dörrer, ed. S. Sahin - E. Schwertheim - J. Wagner, (EPRO 66), Leiden 1978, II 516-539.- R.L. Muse, "A Critical Analysis of Seven Prophetic Messages", *JSNT* 29 (1986) 147-161.- W. Popkes, "Die Funktion der Sendschreiben in der Johannes-Apokalypse", *ZNW* 74 (1983) 90-107.- W.M. Ramsay, *The Letters to the Seven Churches of Asia and Their Place in the Plan of the Apocalypse*, London 1904.- U. Vanni, "La parola efficace del Cristo nelle 'lettere' dell'Apocalisse", *RasT* 25 (1984) 18-40.

2. *Il 'titolo' e il 'contenuto' del libro come indicati in Ap 1,1-20.* Il libro è presentato dall'inizio come "rivelazione di Gesù Cristo" (ἀποκάλυψις Ἰησοῦ

Χριστοῦ), che Dio gli diede e che egli ha fatto conoscere al suo servo Giovanni per mezzo del suo angelo (Ap 1,1). Per questo motivo in Ap 1,4-5 inizia con un saluto di grazia e pace alle sette chiese dell'Asia da parte di Dio e di Gesù Cristo, che sono i mandanti della rivelazione. Dio l'ha dato a Gesù Cristo affinché la facesse conoscere. Dio è presentato in Ap 1.4b con una perifrasi "Colui che era, che è e che viene". I primi due versi "che era" e "che è" (ὁ ὢν καὶ ὁ ἦν) indicano l'eternità del suo essere; il terzo "che viene' (ὁ ἐρχόμενος) indica che egli è l'atteso da chi vive nella fede. Già questo titolo dispone il lettore a volgere lo sguardo verso il futuro, in cui verrà Dio.

Gesù Cristo è presentato in Ap 1,5 con tre attributi. Il primo "testimone fedele" (ὁ μάρτυς, ὁ πιστός) si riferisce alla testimonianza da lui resa a Dio con la sua morte. Lo stesso titolo infatti è dato in Ap 2,13c ad Antipa, che è morto per testimoniare la sua fede in Cristo. Il secondo titolo "primogenito dei morti" (ὁ πρωτότοκος τῶν νεκρῶν) si riferisce alla sua resurrezione. Il terzo "principe dei re della terra" (ὁ ἄρχων τῶν βασιλέων τῆς γῆς) si riferisce al suo dominio sul mondo, che sarà dimostrato nel libro. Questo titolo, in forma differente, riapparirà scritto sul mantello del Verbo di Dio, al momento della battaglia finale per il dominio del mondo in Ap 19,16: "Re dei re" e "Signore dei signori".

In Ap 1,5b-6 rende gloria a lui per la salvezza che ha operato per noi. Dice: "A colui che ci ama, che ci ha liberato dai nostri peccati con il suo sangue e ha fatto di noi un regno di sacerdoti per il suo Dio e Padre, a lui la gloria e la potenza nei secoli dei secoli. Amen!".

La prima frase "che ci ama" significa che l'opera della salvezza da lui compiuta è considerata un gesto di amore per noi. La seconda frase "che ci ha liberato dai nostri peccati nel suo sangue" ricorda la sua morte e l'effetto salvifico avuto su di noi, cioè la liberazione dai peccati. La terza frase "e ha fatto di noi regno, sacerdoti per il suo Dio e Padre" indica con una metafora la salvezza definitiva dei credenti. Ciò appare nella visione di Ap 7,9-17 in cui la folla immensa dei salvati si trova davanti al trono di Dio e presta servizio giorno e notte nel suo santuario. Ciò indica la loro funzione sacerdotale, come simbolo della loro partecipazione alla gloria. In Ap 20,1-6 parla della resurrezione delle anime di coloro che erano stati decapitati a causa della testimonianza di Gesù e della parola di Dio e del loro regno di mille anni insieme a Cristo. E in Ap 22,5 descrive la condizione di coloro che fanno parte della nuova Gerusalemme. Dice che regneranno nei secoli dei secoli. Quindi con queste espressioni allude alla salvezza definitiva dei redenti, di cui il libro descrive l'attuazione.

In Ap 1,7 annuncia la venuta del Signore dicendo: "Ecco, viene sulle nubi e ognuno lo vedrà". E ciò riguarda il suo ritorno, annunciato di nuovo anche nell'epilogo (Ap 22,7a.12a.20a), e descritto come realizzato in Ap 14,14-16 per la mietitura del mondo, in Ap 19,11-21 per la battaglia finale contro la bestia e i re della terra per il dominio del mondo.

Finalmente in Ap 1,9-20 descrive la visione iniziale di Gesù, che gli affida il compito di scrivere le cose che vede. In Ap 1,17b-18 Gesù si presenta e dice: "Io sono il primo e l'ultimo, il vivente. Ero morto ed ecco sono vivo per i secoli dei secoli. E ho le chiavi della morte e degli inferi". I primi due attributi "primo e ultimo" (ὁ πρῶτος καὶ ὁ ἔσχατος) significano con una immagine che egli è prima di tutto e dopo di tutto. E ciò si può riferire alla eternità del suo essere. Il terzo attributo "il vivente" (ὁ ζῶν) descrive la sua condizione attuale, come quella di colui che non muore, La frase "ero morto ed ecco, sono vivo per sempre", si riferisce alla sua morte e resurrezione. Infine la frase "ho le chiavi della morte e degli inferi" indica con una immagine che egli ha il potere sulla morte e sugli inferi. Poiché questo potere si è manifestato nella sua resurrezione dai morti, l'immagine potrebbe indicare la vittoria sulla morte e sugli inferi, da lui riportata con la sua resurrezione e la sua morte. Ma poiché il possesso delle chiavi indica un potere attuale, ciò potrebbe essere una immagine per significare che lui, in seguito alla sua morte e resurrezione, ha conseguito il potere di condannare e di salvare, di aprire e di chiudere la morte e gli inferi, in seguito al giudizio finale. E ciò allude chiaramente alla sua funzione di giudice del mondo attuale, a cui il testo si riferisce con l'annuncio del Figlio dell'Uomo che viene sulle nubi per mietere il mondo in Ap 14,14-16 e con la scena dei troni su cui siederanno coloro che devono giudicare e regnare con Cristo in Ap 20,4.6.

Dopo la presentazione, in Ap 1,19 Gesù conferisce all'autore il mandato di scrivere. Dice: "Scrivi dunque le cose che hai visto (o che vedi), quelle che sono e quelle che accadranno dopo queste". Queste espressioni "le cose che vedi", "le cose che sono", "le cose che accadranno dopo queste (ἃ εἶδες καὶ ἃ εἰσὶν καὶ ἃ μέλλει γενέσθαι μετὰ ταῦτα) indicano in forma generica il contenuto delle visioni riportate nel libro. Molti autori considerano le ultime due frasi come specificazione della prima e ritengono che "le cose che sono" riguardino le lettere alle sette chiese sulla loro situazione attuale, riportate nei capp. 2-3 e che "le cose che accadranno dopo queste" riguardino le cose future descritte nelle visioni da Ap 4,1 a 22,5. Ma questa distinzione non è conveniente perché le lettere fanno parte della visione e il loro contenuto riguarda sia le cose che sono, sia quelle che accadranno. D'altra parte è chiaro che ciò che è descritto in Ap 4,1-22,5 non riguarda solo il futuro, ma anche ciò che sta accadendo nel tempo in cui il libro è scritto. Infatti Ap 7,1-8 riguarda il sigillo che viene imposto a coloro che sono destinati alla salvezza. E questa è già in atto. Ap 10,8-11 riguarda chiaramente la vocazione profetica di Giovanni, già prevista nel libro sigillato ed è quello che egli sta facendo scrivere il libro.

Ap 13,1-18 riguarda il conferimento del potere alla bestia e il suo dominio sul mondo, che di fatto sta esercitando, come risulta da Ap 17,1-18 in cui il suo potere è personificato nella grande prostituta, chiamata Babilonia e che, per consenso comune, indica la città e il potere di Roma sulla terra.

Tuttavia non c'è dubbio che le espressioni "le cose che sono" e "le cose che accadranno dopo queste" riguardano il presente e il futuro. Il problema che si pone è di sapere a che cosa si riferisce l'espressione generica 'cose' e cioè di sapere di quali cose si tratta, o a che genere di cose l'autore pensa indicandole con una forma così indeterminata. Mi sembra che una risposta generale si possa dare tenendo conto dello scopo per cui il libro è stato scritto. Dalla indagine precedente è risultato che le visioni narrate devono esortare alla perseveranza nella fede fino alla morte. Perciò è ragionevole supporre che il loro contenuto riguardi ciò che crediamo. Sarebbe strano se l'autore, per invitare a perseverare nella fede, portasse motivi che riguardano altre cose e non le verità della stessa fede. Infatti nella fede ci sono cose che sono e cose che accadranno. Tra le cose che sono, ci sono le verità che riguardano Dio e l'opera della salvezza da lui compiuta in Cristo e la condizione attuale di quelli che credono. Tra le cose che accadranno ci sono le verità del ritorno di Cristo, della resurrezione dei morti, del giudizio finale, della sua vittoria sul male e sulla morte, della vita eterna, del mondo che verrà e della visione beata.

Tenendo conto di questo è lecito supporre che le visioni narrate nel libro esprimano in simboli ed immagini simboliche le verità della fede. Questa ipotesi è confermata dal fatto che queste visioni sono chiamate proprio all'inizio del libro in Ap 1,1 "rivelazione di Gesù Cristo" e si specifica subito che questa rivelazione l'ha data a lui Dio. Quindi, poiché la rivelazione viene da Dio, per mezzo di Cristo, si deve subito dire che riguarda il suo piano salvifico per l'uomo. Tuttavia poiché questa rivelazione viene comunicata ai suoi servi per esortare alla perseveranza nella fede fino alla morte, si deve supporre che essa cerchi di spiegare la condizione attuale di chi crede e soffre per la fede e di indicare il futuro di pace per consolare.

Questa ipotesi è confermata dal contenuto della visione, che ora cercherò di riassumere in modo generale, prima di indicare l'idea teologica dominante.

Bibliografia. (su Ap 1,1-4) R. Pesch, "Offenbarung Jesu Christi. Eine Auslegung von Apk 1,1-3", *BiLe* 11 (1970) 15-29.- (su Ap 1,4-8) S. Läuchli, "Eine Gottesdienststruktur in der Johannesoffenbarung", *TZ* 16 (1960) 359-378.- P. von Osten-Sacken, "Christologie, Taufe, Homologie - Ein Beitrag zu Apk 1,5f", *ZNW* 58 (1967) 255-266.- E. Schüssler Fiorenza, *Priester für Gott*, 168-262.- U. Vanni, "Ap 1,4-8: un esempio di dialogo liturgico", in: Idem, *L'Apocalisse*, 101-113.- (su Ap 1,9-20) C. Rowland, "The Vision of the Risen Christ in Rev 1,13ff: The Debt of an Early Christology to an Aspect of Jewish Angelology", *JTS* 31 (1980) 1-11.- U. Vanni, "Il contatto con Cristo risorto", in: Idem, *L'Apocalisse*, 115-136.- W.C. van Unnik, "A formula describing Prophecy", *NTS* 9 (1963) 86-94.

3. *Sintesi della visione*. In Ap 1,9-20 narra che era sull'isola di Patmos. Nel giorno del Signore, cioè domenica, oppure Pasqua secondo altri, gli apparve il Signore risorto, che gli disse di scrivere in un libro ciò che vede e di mandarlo alle sette chiese: di Efeso, Smirne, Pergamo, Tiatira, Sardi, Filadelfia, Laodicea (Ap 1,11). Gli dà ordine di scrivere le cose che ha visto, quelle che sono e quelle che accadranno dopo queste (Ap 1,19).

In Ap 2,1-3,22 Gesù gli detta le lettere per gli angeli delle sette chiese, di cui riporta il contenuto. In ognuna di esse, esamina la condotta della chiesa, rimprovera le infedeltà, riconosce la fedeltà, esorta al pentimento, minaccia il giudizio, esorta alla perseveranza, promette il premio al vincitore, che resisterà fino alla fine.

In Ap 4,1-11 vede in estasi la porta del cielo aperta e contempla *un trono nel cielo e colui che era seduto sul trono*. Intorno al trono ci sono ventiquattro sedili, su cui siedono ventiquattro anziani, in vesti bianche e con corone d'oro. Il trono è sostenuto da quattro esseri viventi, di aspetto diverso: un leone, un vitello, un uomo, una aquila. Questi lodano Dio proclamandolo 'santo' e gli anziani lo adorano, gettando le loro corone davanti al trono.

In questa visione Dio è presentato come Signore e dominatore di tutto. Il 'trono' infatti è simbolo del dominio e il fatto che si innalza sopra quattro esseri viventi, significa che questo potere è universale. Egli governa su tutto ciò che vive. Le parole dei quattro viventi in Ap 4,8 confermano il significato dei simboli della visione. La adorano come 'santo' ($\mathring{\alpha}\gamma\iota\sigma\varsigma$), lo chiamano 'Signore Dio' ($\kappa\acute{\upsilon}\rho\iota\sigma\varsigma$ $\acute{o}$ $\theta\epsilon\acute{o}\varsigma$), "dominatore di tutto" ($\pi\alpha\nu\tau\sigma\kappa\rho\acute{\alpha}\tau\omega\rho$). Le parole dei ventiquattro anziani in Ap 4,11 spiegano che l'onore, la gloria e la potenza ($\delta\acute{\upsilon}\nu\alpha\mu\iota\varsigma$) appartengono a Dio, perché egli ha creato tutte le cose ($\kappa\tau\acute{\iota}\sigma\alpha\varsigma$ $\tau\grave{\alpha}$ $\pi\acute{\alpha}\nu\tau\alpha$), che sussistono per la sua volontà. Perciò la visione mostra dall'inizio che Dio esercita potere su tutto perché è il creatore di tutto.

In Ap 5,1-14 vede che colui che è sul trono ha nella mano destra *un libro sigillato con sette sigilli*. Poi vede *un agnello, come immolato, dritto sul trono*. Il quale *prende il libro dalla mano di colui che è sul trono*. Immediatamente i ventiquattro anziani, tutti gli angeli che sono intorno al trono, tutte le creature del cielo, della terra, di sottoterra e del mare, e i quattro esseri viventi, lodano, celebrano e adorano l'agnello. Gli anziani dicono che egli è capace di prendere il libro e di aprirne i sigilli, perché è stato immolato e ha riscattato per Dio con il suo sangue uomini di ogni popolo e nazione, e li ha costituiti un regno, sacerdoti per Dio (Ap 5,9-10). Gli angeli dicono che l'agnello immolato è degno di ricevere potenza e gloria (Ap 5,12). Tutte le creature rendono gloria e onore a colui che siede sul trono e all'agnello (Ap 5,13). I quattro viventi rispondono "Amen!" e adorano.

Poiché l'agnello immolato dritto sul trono di Dio è il Cristo esaltato alla sua destra dopo la morte e la resurrezione, si deve dire che la sua capacità di aprire il libro deriva direttamente dalla sua morte, per mezzo della quale ha salvato un popolo per Dio e che il contenuto del libro riguarda le conseguenze della sua esaltazione. Quindi la capacità di aprire il libro è un simbolo che indica che dal momento della sua morte ed esaltazione, egli ha conseguito il potere di attuare il disegno salvifico di Dio e di dargli compimento. Infatti l'apertura dei sette sigilli del libro indica simbolicamente il susseguirsi delle vicende, per mezzo delle quali Dio giudica il mondo e instaura in esso il suo regno per mezzo di Cristo.

Bibliografia. (su Ap 4,1-5,14) R. Bergmeier, "Die Buchrolle und das Lamm (Apk 5 und 10)", *ZNW* 76 (1985) 225-242.- A. Gangemi, "La struttura liturgica dei capitoli 4 e 5 dell'Apocalisse di s. Giovanni", *Ecclesia Orans* [Roma] 4 (1987) 301-358.- L. Mowry, "Revelation 4-5 and Early Christian Liturgical Usage", *JBL* 71 (1952) 75-84.- H.-P. Müller, "Die himmlische Ratversammlung. Motivgeschichtliches zu Apc 5,1-5", *ZNW* 54 (1963) 254-267.- E. Schüssler Fiorenza, *Priester für Gott*, 263-290.- W.C. van Unnik, " 'Worthy is the Lamb'. The Background of Apoc 5", in: *Mélanges bibliques B. Rigaux*, ed. A. Descamp - A. de Halleux, Gembloux 1970, 445-461.

In Ap 6,1-17 descrive *l'agnello che apre i primi sei sigilli*. Dai primi quattro escono quattro cavalieri: il primo con cavallo bianco, il secondo con cavallo rosso, il terzo con cavallo nero, il quarto con cavallo verdastro.

A costoro è dato il potere di sterminare la *quarta parte della terra* con la spada, la fame, la peste e le fiere (Ap 6,1-8). All'apertura del quinto sigillo, *sente la voce degli immolati a causa della parola di Dio*, che da sotto l'altare *chiedono a Dio di vendicare il loro sangue sugli abitanti della terra*. Viene detto loro di *aspettare*. Deve essere completato il numero dei fratelli che deve essere ucciso come loro (Ap 6,9-11).

All'apertura del sesto sigillo un terremoto scuote tutto il mondo e tutti gli uomini si rifugiano sotto terra dicendo che è venuto il grande giorno dell'ira di Dio (Ap 6,12-17). Ma questo giorno non si manifesta subito. Occorre mettere il sigillo del Dio vivente sulla fronte dei redenti. Pertanto il giorno dell'ira è differito perché si deve compiere prima la salvezza di tutti coloro che Dio ha destinato alla redenzione.

In Ap 7,1-17 vede quattro angeli che trattengono i quattro venti affinché non soffino e non devastino la terra. Poi vede un altro angelo che sale dall'oriente con il sigillo del Dio vivente, che ordina agli angeli *di non devastare niente perché deve mettere il sigillo sulla fronte dei servi di Dio* (Ap 7,1-3).

Ode che vengono sigillati 144.000, 12.000 da ogni tribù, Giuda, Ruben, Gad, Asher, Neftali, Manasse, Simeone, Levi, Isaccar, Sabulon, Giuseppe, Beniamino (Ap 7,4-8). Poi vede *una moltitudine immensa davanti al trono di*

Dio e all'agnello, in bianche vesti e con la palma in mano e viene a sapere che costoro sono coloro che sono passati attraverso la grande tribolazione. Ora sono davanti a Dio e giorno e notte rendono servizio nel santuario. Sono quindi i sacerdoti di Dio, cioè i salvati, perché così sono chiamati in Ap 1,6 e in Ap 5,10.

Pertanto questa seconda visione (Ap 7,9-17) mostra quale sarà il destino celeste del popolo dei redenti, di cui ha parlato nella visione precedente (Ap 7,1-8). I due gruppi sono forse identici, ma considerati in due momenti distinti: all'inizio e alla fine della redenzione. Di costoro parla di nuovo in Ap 14,1-5 in cui li descrive sul monte Sion insieme all'agnello, per indicare che la loro salvezza sarà compiuta prima dell'inizio del giudizio finale, che viene annunciato subito dopo in Ap 14,8-13 e descritto nell'annuncio come già avvenuto in Ap 14,14-20, con la venuta del Figlio dell'Uomo sulla nube del cielo.

Bibliografia. (su Ap 7,1-17) O. Böcher, *Die Johannesapokalypse*, 56-63.- J.A. Draper, "The Heavenly Feast of Tabernacles: Revelation 7,1-17", *JSNT* 19 (1983) 133-147.- A. Feuillet, "Les 144.000 Israélites marqués d'un sceau", *NT* 9 (1967) 191-224.

In Ap 8,1-13 descrive *l'apertura del settimo sigillo* e in suo effetto. Appena lo apre, ci fu un grande silenzio nel cielo. Ciò indica nel simbolo l'attesa di un grande evento. Poi vede apparire *sette angeli con sette trombe* davanti a Dio. Le trombe indicano in modo simbolico evidente che il giudizio sta per iniziare. Un angelo offre sull'altare davanti a Dio incenso insieme alle preghiere dei santi e getta sulla terra l'incensiere pieno di fuoco preso dall'altare. Cadendo sulla terra provoca suoni, clamori, fulmini, scosse di terremoto. Ciò significa che la preghiera dei santi, ricordata all'apertura del quinto sigillo in Ap 6,9-11 è stata esaudita da Dio. Il loro sangue sta per essere vendicato sugli abitanti della terra, nell'ira del giudizio. In Ap 8,6-12 descrive *gli angeli che suonano le prime quattro trombe* e ciò provoca disastri su *un terzo della terra.*

Ciò significa che il giudizio è più vicino, in rapporto ai flagelli precedenti che riguardavano solo un quarto della terra (Ap 6,8). E tuttavia non è ancora compiuto. Al suono della prima tromba, un terzo della terra è arso. A quello della seconda un terzo del mare è trasformato in sangue. A quello della terza la stella assenzio cade nelle acque e nelle sorgenti e le avvelena, provocando la morte degli uomini. A quello della quarta, il giorno e la notte perdono un terzo della loro luce.

In Ap 8,13 vede *un'aquila volare nel cielo che proclama tre volte 'Guai!'* (οὐαί), per gli abitanti della terra. Ciò significa che la condizione degli uomini diventa più difficile. Il primo "Guai!" coincide con il suono della quinta tromba. Un angelo precipita nell'abisso, lo apre e ne esce *un esercito stermi-*

nato di cavallette che per cinque mesi invade la terra e tormenta gli uomini con aculei di scorpione, ma senza ucciderli (Ap 9,1-12).

Quando suona la sesta tromba, l'angelo libera *i quattro angeli prigionieri sull'Eufrate*, i quali con un esercito di 200 milioni uccidono un terzo dell'umanità, seminando la morte con il fuoco e lo zolfo che escono dalle corazze dei cavalieri e dalla bocca dei cavalli. Ma gli uomini non rinunciano alla loro idolatria né si convertono dalla loro condotta perversa. Ciò significa che le piaghe provocate dal suono delle trombe hanno lo scopo di invitare alla conversione, prima che avvenga il giudizio finale.

In Ap 10,1-11 vede un altro angelo scendere dal cielo *con un piccolo libro in mano*, posare un piede sul mare e uno sulla terra e giurare per Dio. Nelle parole del giuramento dice che non c'è più indugio. *Al suono della settima tromba si compirà il mistero di Dio, annunciato ai suoi servi, i profeti* (Ap 10,1-7). Una voce dal cielo ordina all'autore di *mangiare il piccolo libro*. Esegue l'ordine e trova che il suo sapore è dolce come miele per la bocca, ma amaro per le viscere. Il senso di questo gesto è nel mandato che riceve subito dopo. Gli viene detto di profetizzare ancora su molti popoli e nazioni (Ap 10,8-11). Ciò potrebbe significare che la missione profetica dell'autore era già stata prevista nel piano salvifico di Dio, contenuto nel libro sigillato e che il piccolo libro da lui mangiato indica la rivelazione che egli ha scritto nel suo libro profetico. Questa missione accade prima della fine, cioè nel tempo in cui Dio darà compimento al suo mistero. La sua vocazione profetica coincide con la visione di Patmos, che egli sta scrivendo nel suo libro.

Bibliografia. (su Ap 10,1-11) R. Bergmeier, "Die Buch Rolle und das Lamm (Apk 5 und 10)", *ZNW* 76 (1985) 225-242.- A. Feuillet, "Le chapître X de l'Apocalypse: son apport dans la solution du problème eschatologique", in: *Sacra Pagina* 2 (BETL 12-13), Gembloux 1959, 414-429, rist. in: Idem, *Etudes johanniques*, Paris 1962, 228-245.

In Ap 11,1-13 riceve una canna con l'ordine di misurare il santuario di Dio, l'altare e il numero di coloro che lo adorano. Ma gli viene detto di non misurare l'atrio esterno perché sarà abbandonato ai pagani, che calpesteranno la città santa *per 42 mesi*. Nello stesso tempo, *per 1260 giorni, i due testimoni*, vestiti di sacco, *compiranno la loro missione profetica*. Terminata la missione, *saranno vinti e uccisi dalla bestia* che sale dall'abisso. I loro cadaveri saranno esposti sulla piazza della città in cui il loro Signore fu crocifisso. Ma dopo tre giorni e mezzo un soffio di vita da Dio li farà rivivere e una voce li inviterà a salire al cielo. In Ap 11,14 dice che il secondo "Guai!" è passato e che viene subito il terzo. Quindi ciò che segue deve essere considerato come inizio del terzo "Guai!", di cui non è mai segnalata la fine. Ciò potrebbe significare che perdura fino al termine, cioè al giudizio finale. Questa ipotesi è confermata dal fatto che suona subito la settima tromba e quindi si compie il mistero di Dio, come ha annunciato l'angelo in Ap 10,6-7.

In Ap 11,15-19 *il settimo angelo suona la settima tromba* e ode voci potenti nel cielo che dicono che il regno appartiene al Signore nostro e al suo Cristo. I 24 anziani si prostrano davanti a Dio e lo ringraziano perché ha instaurato il suo regno, perché è giunta l'ora della sua ira, perché è giunto il tempo di dare la ricompensa ai suoi servi. Si aprì il santuario del cielo e apparve l'arca della alleanza. Ciò significa che inizia la fine, presentata come tempo della instaurazione del regno di Dio e del suo Cristo.

In Ap 12,1-18 vede apparire due segni nel cielo: *una donna vestita di sole,* con la luna sotto i piedi e una corona di dodici stelle sul capo, che geme per le doglie del parto; e *un enorme drago rosso,* con sette teste e dieci corna, che si pone davanti a lei per divorare il figlio che deve nascere. Ma appena lo diede alla luce, *il figlio fu subito rapito verso il trono di Dio*. La donna si rifugiò *per 1260 giorni nel deserto*, dove Dio le aveva preparato un rifugio (Ap 12,1-6).

Subito dopo scoppia una guerra nel cielo. Michele con i suoi angeli lotta contro il drago e i suoi angeli. Lo vince e lo precipita sulla terra (Ap 12,7-9). Allora ode una voce nel cielo che canta un canto di vittoria. Dice che si è compiuta la salvezza, la potenza e il regno del nostro Dio e la potenza del suo Cristo, perché l'accusatore dei nostri fratelli è stato precipitato. Dice che essi lo hanno vinto con il sangue dell'agnello e la testimonianza del loro martirio. Ma annuncia guai per la terra, su cui il drago è precipitato, furioso perché ha poco tempo (Ap 12,10-12).

Infatti il drago si avventa subito contro la donna. Essa riceve ali di aquila per fuggire nel deserto. Egli la insegue rovesciandole dietro dalla bocca un fiume di acqua. Ma la terra la protegge, ingoiando l'acqua con una voragine.

Il drago allora diresse la sua furia contro il resto della discendenza della donna, cioè contro coloro che osservano i comandamenti di Dio e hanno la testimonianza di Gesù (Ap 12,13-18). Il drago si ferma sulla spiaggia del mare.

In Ap 13,1-18 *sale dal mare una bestia con dieci corna e sette teste,* simile alla pantera, con zampe di orso e bocca da leone. Il drago le diede la sua forza, il suo trono, la sua potenza. Una delle sette teste appariva ferita. Ma la sua ferita mortale era guarita. *Tutta la terra,* piena di ammirazione, *va dietro alla bestia e adora il drago*. Alla bestia viene dato potere di agire *per 42 mesi* (Ap 13,5), di bestemmiare contro Dio, di fare guerra ai santi e di vincerli, di dominare su tutti i popoli. *Tutti gli abitanti* della terra, il cui nome non è scritto nel libro della vita e dell'agnello, *adorano la bestia*.

Conclude esortando ad accettare la prigionia e l'uccisione, perché in ciò si manifesta la pazienza dei santi (Ap 13,1-10).

Poi vede *una seconda bestia salire dalla terra*, con due corna simili a quelli di un agnello e con la voce di un drago. Compie portenti e seduce gli uomini, spingendoli a fare una statua della bestia, che si era riavuta dalla sua ferita. Riesce ad animare la statua: la fa parlare, affinché metta a morte coloro che si rifiutano di adorare (Ap 13,11-18).

In Ap 14,1-5 vede *l'agnello dritto sul monte Sion insieme a 144.000* persone che portano sulla fronte il suo nome e quello del Padre suo. Cantano un canto nuovo davanti al trono e accompagnano l'agnello dovunque va. In Ap 14,6-7 vede nel mezzo del cielo *un angelo con un vangelo eterno da annunciare a tutta la terra* e che invita a temere Dio perché è giunta l'ora del giudizio. In Ap 14,8 un secondo angelo grida che *Babilonia è caduta* e in Ap 14,9-11 *un terzo angelo* minaccia l'ira di Dio, fuoco e tormento eterno a coloro che adorano la bestia e ne portano il marchio sulla mano e sulla fronte.

L'autore conclude con un invito alla pazienza e una beatitudine per coloro che muoiono nel Signore, dettatagli dal cielo.

In Ap 14,14-16 *vede il Figlio dell'Uomo venire su una nube del cielo*. Un angelo uscito dal tempio del cielo gli ordina di gettare la falce e di mietere la terra. In Ap 14,17-20 un altro angelo esce dal tempio del cielo e riceve l'ordine di gettare la falce per vendemmiare la terra.

Occorre rilevare che i capp. 11-14 hanno alcune coincidenze numeriche. I 42 mesi del dominio dei pagani (Ap 11,2) coincidono con i 1260 giorni dell'attività dei due testimoni (Ap 11,3), con i 1260 giorni in cui la donna che ha partorito il figlio resta nascosta nel deserto nel rifugio preparatole da Dio (Ap 12,6); con i 42 mesi in cui la bestia esercita il suo potere. Occorre anche tenere presente che, secondo l'opinione generale degli studiosi, il figlio partorito dalla donna vestita di sole e rapito subito in cielo verso Dio e verso il suo trono (Ap 12,5) è il Cristo e che la donna è il simbolo della comunità dei credenti, in cui è custodita con la fede la testimonianza di Gesù. Occorre anche tenere presente che l'annuncio del vangelo eterno, di cui parla in Ap 14,6 riguarda l'annuncio del vangelo dato dopo l'esaltazione e che la venuta del Figlio dell'Uomo per la mietitura della terra, di cui parla in Ap 14,14-16 fa parte dell'annuncio del vangelo. Pertanto nelle visioni di questi capitoli l'autore descrive in forme simboliche 'il vangelo', cioè il mistero di Dio (τὸ μυστήριον τοῦ θεοῦ), annunciato da Dio ai profeti, come ha detto l'angelo in Ap 10,7. Questo mistero che ora si compie, comprende anche l'annuncio della fine. Ciò potrebbe sembrare una contraddizione. L'annuncio della venuta di Cristo, il suo 'rapimento' presso il trono di Dio, la vittoria su Satana con il suo sangue, sono presentate nella visione come se dovessero accadere 'dopo' la sua esaltazione. Ma la contraddizione è solo apparente. L'opera salvifica di Cristo è accaduta 'prima' dell'inizio della fine. Ma il suo mistero è stato compreso solo 'dopo' la sua esaltazione ed è diventato il contenuto del vangelo eterno che ora è annunciato da coloro che custodiscono la sua testimonianza, cioé dai credenti, dei quali i due testimoni di Ap 11,3-13 sono il simbolo nel racconto. Il tempo in cui essi danno l'annuncio è il tempo che precede immediatamente il giudizio, affinché coloro che lo accolgono, adorino Dio e si salvino.

Bibliografia. (su Ap 11,1-13) O. Böcher, *Die Johannesapokalypse*, 63-68.- A. Feuillet, "Essai d'interprétation du chapître XI de l'Apocalypse", *NTS* 4 (1958) 183-200, rist. in Idem, *Etudes johanniques*, Paris 1962, 246-271. C.H. Giblin, "Revelation 11,1-13: its Form, Function and Contextual Integration", *NTS* 30 (1984) 433-439.- D. Haugg, *Die Zwei Zeugen*, Münster 1936.- S.P. Minear, "Ontology and Ecclesiology in the Apocalypse", *NTS* 12 (1966) 89-105.- J. Pikaza, "Apocalipsis IX: el nascimiento pascal del salvador", *Salm* 23 (1976) 217-256.- (su Ap 12,1-18) R. Bergmeier, "Altes und Neues zur 'Sonnenfrau am Himmel' (Apk 12). Religions-geschichtliche und Quellenkritische Beobachtungen zu Apk 12,1-17", *ZNW* 73 (1982) 97-109.- O. Böcher, *Die Johannesapokalypse*, 68-76.- P. Busch, *Der gefallene Drache*. Mythenexegese am Beispiel von Apokalypse 12 (TANZ 19), Tübingen 1996.- A. Feuillet, "La femme vetue de soleil (Ap 12) et la glorification de l'épouse du cantique des cantiques (Ct 6,10). Troisième partie. Des problèmes particulières ardus: Comment lire l'Apocalypse et le Cantique des Cantiques", *NVet* 59 (1984) 103-128. Idem, "Le chapître XII de l'Apocalypse. Son charactère et sa richesse doctrinale", *EsprVie* 88 (1978) 674-683.- Idem "Le Messie, sa mère d'après le chapître 12 de l'Apocalypse", *RB* 66 (1959) 55-86.- H. Gollinger, *Das grosse Zeichen von Apokalypse 12*, Stuttgart 1972.- Idem "Das 'grosse Zeichen.' Offb. 12 - das zentrale Kapitel der Offenbarung des Johannes", *BiKi* 39 (1984) 66-75.- A. Kassing, *Die Kirche und Maria*. Ihr Verhältnis zum 12. Kapitel der Apokalypse, Düsseldorf 1958.- P. Prigent, *Apokalypse 12*. Histoire de l'exégèse, Tübingen 1959.- E. Testa, "La struttura di Ap 12,1-7", *SBFLA* 34 (1984) 225-238.- U. Vanni, "Dalla maternità di Maria alla maternità spirituale della Chiesa. Una ipotesi di evoluzione di Giov 2,3-4 e 19,26-27 ad Ap 12,1-7", *RasT* 26 (1985) 28-47.- Idem, "La decodificazione del 'grande segno' in Apocalisse 12,1-6", *Mar* 19 (1978) 121-152, rist. in: Idem, *L'Apocalisse*, 227-251.- A. Vögtle, "Mythos und Botschaft in Apokalypse 12" in: *Tradition und Glaube*, FS K.G. Kuhn, ed. G. Jeremias - H.W. Kuhn - H. Stegemann, Göttingen 1971, 395-415.- (su Ap 13,1-18) O. Böcher, *Die Johannesapokalypse*, 76-83.- J.J. Garret, "The Dialectic of Romans 13:1-7 and Revelation 13: Part Two", *Journal of Church and State* 19 (1977) 5-20.- P. Prigent, "Au temps de L'Apocalypse II. Le culte impérial au 1er siècle en Asie Mineur", *RHPR* 55 (1975) 227-233.- S.J. Scherrer, Revelation 13 as an Historical Source for the Imperial Cult under Domitian, Diss. Harvard University, Cambridge, Mass. 1979.- H. Schlier, "Vom Antichrist. Zum 13. Kapitel der Offenbarung Johannis" (1935), rist. in: Idem, *Die Zeit der Kirche*. Exegetische Aufsätze und Vorträge, Freiburg 1956, [2]1958, 16-29.- (su Ap 14,1-20) A. Feuillet, "La moisson et le vendange de l'Apocalypse 14,14-20: La signification chrétienne de la révélation johannique", *NRT* 94 (1972) 113-132; 225-250.- J. Pintard, "La moisson et le vendange dans l'Apocalypse (14,14-20). Pour encourager les confesseurs de la foi", *EsprVie* 82 (1972) 373-377.- U. Vanni, "Questi seguono l'agnello dovunque vada (Ap 14,4)", in: *PSV* 2 (1979) 171-192.- W. Weicht, *Die dem Lamm folgen*. Eine Untersuchung der Auslegung von Offb. 14, 1-5 in den letzten 80 Jahren, (estratto ex diss. in Fac. Theol. P.U.G.), Untermerzbach/Bamberg 1976.

In Ap 15,1-16 assiste alla esecuzione degli ultimi sette flagelli che compiono l'ira di Dio. La scena inizia con *la visione dei sette angeli con i flagelli*. In Ap 15,2-4 vede su un mare di cristallo e fuoco coloro che avevano vinto la bestia e che cantavano *il cantico di Mosè e dell'agnello*. Celebrano le grandi opere di Dio, perché i suoi giusti giudizi si sono manifestati. In Ap 15,5-8 vede aprirsi il tempio del cielo e uscire i sette angeli con i sette flagelli, ai quali furono date *sette coppe piene dell'ira di Dio*.

In Ap 16,1-21 assiste al *versamento delle sette coppe dell'ira di Dio sulla terra*. La prima coppa produce sugli uomini che adoravano la bestia una piaga maligna. La seconda fece diventare sangue il mare e ogni vivente morì. La terza fece diventare sangue le sorgenti. La quarta fu gettata sul sole che bruciò gli uomini. La quinta sul trono della bestia, che fu avvolto di tenebre. La sesta sul fiume Eufrate, che si asciugò per fare passare i re dell'oriente. Dalla bocca del drago, della bestia e del falso profeta escono *tre demoni in forma di rane*, che seducono gli uomini: *radunano tutti i re della terra per la grande battaglia del giorno di Dio*.

In Ap 16,15 il Signore avverte che *verrà come un ladro* e proclama beato chi vigila e conserva le sue vesti per non essere trovato nudo. I re della terra si raccolgono in Armaghedon per la battaglia. La settima coppa è versata nell'aria e una voce potente dice: "E' fatto!" (o "E' avvenuto": γέγονεν: Ap 16,17). La grande città si squarciò in tre. Dio si ricordò di Babilonia e decise di farle bene la sua ira. *Le isole e i monti scompaiono*. Una grandine gigantesca da mezzo quintale cade sugli uomini. In Ap 16,11.22 l'autore nota che gli uomini colpiti da questi flagelli bestemmiano Dio e non si pentono delle loro azioni. Quindi i flagelli di Dio induriscono quelli che non credono.

In Ap 17,1-18 descrive *la grande prostituta* che giace presso le acque, su una bestia scarlatta con sette teste e dieci corna. La donna è ubriaca del sangue dei martiri di Gesù.

E' chiamata 'Babilonia' e gli viene spiegato che è la città che giace sui sette colli. Dice che le sette teste sono dei re e anche le dieci corna. Costoro consegneranno la loro forza alla bestia, combatteranno contro l'agnello. Ma l'agnello vincerà.

L'angelo che lo accompagna spiega che le acque presso cui siede sono i popoli da lei sedotti. Poi dice che le dieci corna e la bestia odieranno la prostituta, ne mangeranno le carni e la bruceranno. Dice anche che *Dio ha messo loro in cuore il desiderio di realizzare il suo disegno*. Si accordano per affidare il loro regno alla bestia per realizzare le parole di Dio. L'angelo conclude dicendo che la donna è la grande città che regna su tutti i re della terra. Con questa spiegazione diventa chiaro che la visione parla in modo simbolico del potere di Roma, del suo impero e della sua fine.

In Ap 18,1-18 descrive *"la caduta di Babilonia"*, cioè la fine dell'impero di Roma e il lamento su di lei. In Ap 19,1-10 ode la voce potente di una folla immensa che canta *"alleluia!"* in onore di Dio, per il suo trionfo, perché i suoi giusti giudizi si sono manifestati e ha condannato la prostituta. Gli anziani si associano al coro e una voce dal trono invita tutti a lodare Dio. Poi ode di nuovo la voce di una folla immensa che grida che il Signore Dio ha preso possesso del suo regno e che sono giunte le nozze dell'agnello. La sposa è pronta.

Bibliografia. (su Ap 17,1-19,10) O. Böcher, *Die Johannesapokalypse*, 87-96.- H. Conzelmann, "Miszelle zu Apk 18,7", *ZNW* 66 (1975) 288-290.- W.C. van Unnik, "μία γνώμη. Apokalypse of John 17,13.17", in: *Studies in John*, FS J.N. Sevenster, Leiden 1970, 209-220. A.Y. Collins, "Revelation 18: Taunt-Song or Dirge?", in: *L'Apocalypse Johannique*, ed. J. Lambrecht, 185-204.- Idem, "The Political Perspective of the Revelation of John", *JBL* 96 (1977) 241-256.

In Ap 19,11-21 descrive la fine del potere della bestia. Vede aprirsi il cielo e uscire un cavallo bianco, cavalcato da un cavaliere, chiamato 'Fedele' e 'Verace'. *E' il Verbo di Dio.* Lo seguono gli eserciti del cielo, su bianchi cavalli e in veste bianca. *La bestia e i re della terra con i loro eserciti gli fanno guerra.* La bestia è vinta, catturata con il suo falso profeta e insieme vengono gettati nello stagno di fuoco. E con ciò indica la fine del potere politico della terra e della sua seduzione religiosa.

In Ap 20,1-6 dice che un angelo *lega Satana nell'abisso per mille anni.* Le anime di coloro che erano stati decapitati a causa della testimonianza di Gesù ripresero vita e *regnarono con Cristo per mille anni.* Dice che questa è *la prima resurrezione.*

In Ap 20,7-10 descrive la fine di Satana. Sciolto dopo mille anni, seduce tutte le nazioni, che egli chiama Gog e Magog e li spinge a fare guerra contro i santi e la città diletta. Ma un fuoco scese dal cielo e li divorò. *Il diavolo fu gettato nello stagno di fuoco*, insieme alla bestia e al falso profeta.

In Ap 20,11-15 descrive il giudizio, la fine della morte e degli inferi. Davanti a Dio seduto su un trono bianco, sono scomparsi cielo e terra. I morti stanno dritti davanti al trono. Vengono aperti i libri e il libro della vita e *tutti sono giudicati, ciascuno secondo le sue opere. La morte e gli inferi sono gettati nello stagno di fuoco* e con essi coloro che non erano scritti nel libro della vita. Questa è la seconda morte.

In Ap 21,1-8 vede un nuovo cielo e una terra nuova e la nuova Gerusalemme che scende dal cielo. Ode una voce potente che esce dal trono e che la presenta come dimora di Dio con gli uomini e annuncia che non ci sarà più morte, né lutto né lamento né affanno, perché lo cose di prima sono passate.

Colui che siede sul trono dice: "Ecco, io faccio tutto nuovo". In Ap 21,8-27 descrive la sposa dell'agnello, la nuova Gerusalemme. Dice che in essa non vide alcun tempio. Si tratta quindi della presenza vivente di Dio presso coloro che egli ha redento. In Ap 22,1-5 descrive un fiume di acqua viva che sgorga dal trono di Dio e dell'agnello. Questo fiume attraversa la città e sulle sue sponde cresce l'albero della vita, che produce frutti ogni mese. Le sue foglie guariscono le nazioni. L'angelo che lo accompagna dice che la maledizione non ci sarà più e che i suoi servi vedranno la sua faccia. Con questa visione del paradiso, in cui l'uomo è riammesso, si chiude la profezia del libro.

4. *L'idea teologica dominante: l'instaurazione del regno di Dio e del suo Cristo*. Da un esame accurato, risulta che il testo narra con visioni simboliche gli eventi che seguono alla esaltazione di Cristo alla destra di Dio. Ci sono eventi che riguardano la storia del mondo. Eventi che riguardano la sofferenza dei credenti nel mondo. E ci sono eventi che riguardano la fede: la salvezza dei redenti, il giudizio di Dio sul mondo, la vittoria sul diavolo che governa il mondo, la fine del mondo, il giudizio finale, la venuta del mondo nuovo. Questi eventi occupano il tempo che va dalla esaltazione di Cristo alla vita eterna. Ma tutti sono presentati come momenti per mezzo dei quali Dio instaura il suo regno sul mondo per mezzo dell'agnello, sconfigge il potere del diavolo e riapre all'uomo l'accesso al paradiso da cui era stato cacciato a causa del peccato, provocato dal diavolo stesso per gelosia verso Dio. Ma di ciò il lettore si rende conto solo progressivamente, con il procedere della narrazione. Ciò corrisponde alla reale intenzione dell'autore che vuole descrivere il progressivo attuarsi del mistero di Dio, rivelato ai profeti (Ap 10,10). Questa è l'idea teologica fondamentale che ispira il racconto e ne guida lo sviluppo.

La progressione degli eventi è fatta notare dall'autore per mezzo di alcuni particolari narrativi. Le piaghe provocate dall'apertura dei sette sigilli riguardano la quarta parte della terra (Ap 6,8). Quelle provocate dalle sette trombe riguardano un terzo degli elementi del mondo, cioè la terra, il mare, i fiumi e le sorgenti, il sole e l'umanità (Ap 8,7.8.10.12 9,18). Quelle provocate dalle sette coppe riguardano la totalità del mondo: terra, mare, fiumi e sorgenti, sole, uomini, il regno della bestia, la storia degli uomini, Babilonia (Ap 16,2.3.4.8.10.19). Quando viene versata la settima coppa, scompaiono isole e i monti (Ap 16,20). Al momento del giudizio scompaiono il cielo e la terra (Ap 20,11). Con questo modo di narrare l'autore annuncia che il mondo è destinato alla fine per il giudizio di Dio sul male compiuto dall'uomo al servizio del potere del diavolo.

A questa progressione narrativa corrisponde una progressione nell'annuncio del giorno dell'ira di Dio, che compirà il giudizio per instaurare il suo regno sul mondo.

In Ap 6,10-11 gli immolati a causa della parola di Dio gridano da sotto l'altare che è davanti al trono e chiedono che il loro sangue sia vendicato sugli abitanti della terra. Gli risponde in Ap 6,11 di avere pazienza perché non è ancora completo il numero dei loro fratelli che devono essere uccisi come loro. In Ap 6,17 dopo l'apertura del sesto sigillo, gli uomini cercano rifugio, perché si rendono conto che è giunto il giorno dell'ira di colui che siede sul trono e dell'agnello.

In Ap 10,5-7 un angelo con un piccolo libro giura solennemente per colui che vive nei secoli e dice: "Non vi sarà più indugio. Nel giorno in cui il settimo angelo farà udire la sua voce e suonerà la tromba, allora si compirà il mistero di Dio, come egli ha annunciato ai suoi servi, i profeti". In Ap 11,15a suona la settima tromba e in Ap 11,15b ode voci potenti che dicono: "Il regno del mondo appartiene al Signore nostro e al suo Cristo. Egli regnerà nei secoli dei secoli". In Ap 11,17-18 i 24 anziani ringraziano Dio dicendo: "Hai instaurato il tuo regno" e aggiungono: "E' giunta l'ora della tua ira, il tempo di giudicare i morti, di dare la ricompensa ai tuoi servi".

Da queste espressioni risulta che l'instaurazione del regno avviene per mezzo dell'ira, in cui Dio compirà il giudizio sui morti, e darà la ricompensa ai suoi servi. Pertanto l'attuazione del dominio di Dio sul mondo si compirà con gli eventi che appartengono alla fine del mondo, nel giudizio sui morti e nella ricompensa dei giusti.

All'annuncio della fine, segue la descrizione della sua realizzazione, che comprende i capp. 12-22. A questa realizzazione appartiene anche l'opera salvifica di Cristo, compiuta con la sua morte, ma rivelata solo dopo la sua esaltazione per mezzo dell'annuncio del vangelo, testimoniato da coloro che credono e rappresentati simbolicamente dai due testimoni del capitolo 11. Il contenuto del 'vangelo' è sintetizzato nelle visioni simboliche dei capp. 12-14.

In Ap 12,1-6 narra che la donna vestita di sole partorisce un figlio destinato a governare le nazioni. Il drago, simbolo di satana, cerca di divorarlo. Ma è rapito verso Dio e verso il suo trono. Questo significa che satana non è riuscito a vincere sul figlio, ma è stato vinto da Dio che lo ha portato con se stesso. Questa vittoria di Dio su satana è narrata subito dopo in Ap 12,7-9. Michele e i suoi angeli vincono il drago e i suoi angeli. Il drago viene precipitato dal cielo sulla terra. In Ap 12,10-12 una voce dal cielo annuncia: "Ora è avvenuta la salvezza, la forza e il regno del nostro Dio e la potenza del suo Cristo perché è stato precipitato l'accusatore dei nostri fratelli". In Ap 12,11 la voce fa notare che la vittoria è opera anche dei credenti, che lo hanno vinto con il sangue dell'agnello e con la testimonianza della fede fino alla morte.

Pertanto con la morte di Cristo e la fede di coloro che credono di essere stati purificati dal suo sangue, il regno di Dio è già avvenuto. Satana è stato sconfitto e cacciato dal cielo, e precipitato sulla terra. Ciò significa che dal momento della morte di Cristo, il peccato fomentato da Satana, non ha più potere di accusare gli uomini presso Dio, perché Dio già regna su coloro che hanno vinto il diavolo con la fede nel sangue espiatorio di Cristo.

Tuttavia il regno già avvenuto, deve essere ancora instaurato sul mondo, nel quale domina Satana, che precipitato da cielo, seduce tutta la terra per mezzo del fascino del potere politico e della falsa religione di coloro che non credono. Satana è adorato da coloro che non adorano il vero Dio.

Questa condizione del mondo è espressa simbolicamente nella visione di Ap 13,1-18. La sua funzione è quella di spiegare ai credenti che cosa sta accadendo nel mondo, dopo la vittoria riportata da Dio sul diavolo per mezzo di Cristo e della fede di coloro che credono. Egli mostra che Satana, sconfitto, domina tuttavia incontrastato nel mondo per mezzo di coloro che non adorano il vero Dio. Quindi la sconfitta di Satana nel cielo e la sua precipitazione sulla terra sono eventi simbolici con cui l'autore cerca di spiegare e di fare comprendere ciò che professiamo per fede.

Noi crediamo che Dio ha vinto Satana con la morte di Cristo e la fede di coloro che credono nel perdono che il suo sangue ci ha procurato. Pertanto per noi la salvezza è già avvenuta.

E tuttavia deve essere portata a compimento perché Satana, sconfitto dal sangue di Cristo, continua a dominare nel mondo in coloro che si oppongono al vero Dio e perseguitano i testimoni di Cristo. Per l'autore i nemici di Dio e dei suoi testimoni sono coloro che esercitano il potere sul mondo, rappresentati dalla bestia con le sette teste e le dieci corna, che egli considera rappresentante del diavolo, così come il Cristo lo è di Dio. Ciò risulta evidente nei simboli del racconto.

In Ap 13,1-10 il drago, cacciato dal cielo e precipitato sulla terra, consegna la sua forza, il suo trono e il suo potere alla bestia che sale dal mare, con sette teste e dieci corna. Una delle teste della bestia è ferita a morte. Ma la sua ferita mortale si guarisce. Ciò significa che il potere che domina la terra, e che la bestia rappresenta, sembra destinato a finire e tuttavia riprende sempre a vivere.

Per questo l'autore lo rappresenta come ferito a morte e poi guarito dalla sua ferita mortale, che chiaramente si vede. Così dell'agnello, ritto sul trono, dice che è immolato, cioè con la ferita del suo sacrificio (Ap 5,6). La bestia quindi rappresenta l'anticristo, anche se l'autore non usa mai questa parola per indicarlo. Ma ciò che compie lo indica chiaramente in modo narrativo. Dice che bestemmia Dio (Ap 13,6) e fa guerra contro i santi (Ap 13,7).

La bestia ha il suo falso 'profeta', rappresentato simbolicamente in Ap 13,11-18 come una seconda bestia che sale dalla terra, con due corna di agnello e con la voce di un drago. Questa bestia seduce gli uomini con i suoi prodigi, li spinge a fare una statua della bestia che era stata ferita, che è guarita e li esorta ad adorarla. Poi fomenta la persecuzione e la morte contro coloro che non l'adorano (Ap 13,14-15).

Si tratta quindi di un simbolo della religione di stato, che adora chi esercita il potere sulla terra e perseguita gli adoratori del vero Dio.

Attraverso queste visioni, l'autore esprime il suo giudizio teologico sulla condizione del mondo, dopo la morte e l'esaltazione di Cristo. Questo mondo è soggetto al dominio del diavolo e contrario al vero Dio. Persisterà in tale stato finché Dio non avrà instaurato su tutto il suo regno, eliminando per mezzo di Cristo coloro che si oppongono. In questa condizione egli esorta i credenti in Ap 13,9-10 a manifestare la loro pazienza e la loro fede accettando la prigionia e la morte di spada, destinate a coloro che si rifiutano di adorare la bestia e il suo potere.

Bibliografia. (su Ap 6,9-11) O. Böcher, *Die Johannesapokalypse*, 76-83.- J. Pikaza, "La perversión de la politica mundana. El sentido de las bestias y la cortesana in Ap 11-13 y 17-20", *Estudios Mercedarios* 27 (1971) 557-594.- J.P. Heil, "The Fifth Seal (Rev 6,9-11) as a Key to the Book of Revelation", *Bib* 74 (1993) 220-243.- J. Lopez, *La figura de la bestia entre historia y profecia*. Investigación theológico-bíblica del Apocalipsis 13,1-18 (Tesi Gregoriana Sezione Teologica 39), Roma 1998.

In attesa di questo evento definitivo, coloro che sono destinati alla salvezza saranno riuniti con l'agnello, il vangelo è annunciato in tutto il mondo, insieme al giudizio di Dio. Queste vicende sono indicate nelle visioni di Ap 14,1-20. In Ap 14,1-5 descrive l'agnello dritto sul monte Sion, insieme a 144.000 che portano sulla fronte il suo nome e il nome del Padre suo. Essi sono "i redenti della terra" (Ap 14,3), che "sono stati redenti tra gli uomini come primizie per Dio e per l'agnello" (Ap 14,4). Con questa visione indica che coloro che sono destinati alla salvezza, saranno riuniti con l'agnello e preservati dal giudizio che travolgerà tutto il resto. In Ap 14,6-7 descrive un angelo che porta un vangelo eterno e invita gli uomini a temere Dio "perché è giunta l'ora del suo giudizio". Quindi l'annuncio del vangelo è dato agli uomini affinché si convertano a Dio e sfuggano all sua ira che si manifesterà nel giorno del giudizio.

Questo giudizio è parte dell'annuncio del vangelo. Ciò risulta dalla visione di un secondo angelo che in Ap 14,8 annuncia la caduta di Babilonia, cioè della città che rappresenta il potere che domina la terra; e della visione di un terzo angelo in Ap 14,9-11 che rivolge un ammonimento e minaccia l'ira di Dio, il fuoco e il tormento eterno per coloro che adorano la bestia. Al contrario, in Ap 14,13 una voce dal cielo gli dice di scrivere: "Beati da ora in poi i morti, che muoiono nel Signore (…); riposeranno dalle loro fatiche perché le loro opere li seguiranno". In Ap 14,14-20 segue la visione della venuta del

Figlio dell'Uomo su una nube bianca per la mietitura e per la vendemmia del mondo. In questo modo il giudizio è annunciato come già eseguito. In ciò che segue, ne descrive l'esecuzione.

Con questa visione termina quello che io ho chiamato l'annuncio del vangelo riportato nelle visioni simboliche dei capp. 12-14. Il vangelo infatti descrive l'antefatto di ciò che sta accadendo e annuncia il giudizio futuro. Questo giudizio è ora descritto nel testo attraverso una serie di eventi in cui viene compiuto, per mezzo dei quali Dio instaura il suo regno.

In Ap 15,1-16,21 e Ap 17,1-19,10 descrive gli ultimi flagelli, provocati dal versamento delle sette coppe dell'ira di Dio. La descrizione di questa serie di eventi finali si apre con la visione di coloro che avevano vinto la bestia, i quali su un mare di cristallo misto a fuoco cantano il cantico di Mosè e dell'agnello. Nelle parole del canto, riportate in Ap 15,3-4 celebrano le opere grandi e mirabili di Dio, le sue vie vere e giuste. E annunciano il giudizio dicendo: "Tutte le genti verranno e si prostreranno davanti a te, perché i tuoi giusti giudizi si sono manifestati".

Con questa visione vuole mostrare che i redenti sono già presso Dio al momento in cui inizierà il suo giudizio. Essi sono al sicuro, perché sono stati liberati dal potere malvagio che regna nel mondo. Per questo cantano "il cantico di Mosè e dell'agnello". Questo è un nome simbolico per fare comprendere che essi sono stati liberati dalla schiavitù del diavolo per mezzo dell'agnello, come i liberati dalla schiavitù dell'Egitto cantarono il canto di Mosè che aveva guidato il popolo.

Il versamento delle sette coppe dell'ira di Dio provoca la devastazione della terra e la distruzione di Babilonia, che rappresenta la città che esercita il dominio sulla terra (Ap 16,1-21 17,1-18,24). Con queste visioni indica simbolicamente che ogni potere terreno è destinato a finire per giudizio divino. La fine dei regni del mondo è un segno simbolico per mezzo del quale Dio esercita il suo potere sul mondo e instaura il suo regno. Ciò è detto nelle parole del canto di trionfo che chiude l'episodio. In Ap 19,6-8 ode la voce di una folla immensa che dice: "Alleluia! Ha preso possesso del suo regno il Signore, il nostro Dio, l'onnipotente". Ormai è la fine. La stessa voce dice che sono giunte le nozze dell'agnello e che la sua sposa è pronta.

In Ap 19,11-20,15 *descrive l'instaurazione del regno di Cristo sul mondo* e le vicende che concludono la storia del mondo. Per mezzo di visioni simboliche esprime alcune verità essenziali della fede.

In Ap 19,11-21 *descrive la venuta di Cristo*, annunciata dal vangelo (Ap 14,14-16), ma con immagini diverse da quelle usate nel vangelo. Egli è rappresentato come un cavaliere, che cavalca un cavallo bianco. E' chiamato 'Fedele' e 'Verace' (πιστός / ἀληθινός); è indicato come Verbo di Dio (ὁ λόγος τοῦ θεοῦ); porta scritto sul femore e sul mantello i titoli "Re dei re" (βασιλεὺς βασιλέων) e "Signore dei signori" (κύριος κυρίων), per indicare il potere universale a cui è destinato. Con gli eserciti del cielo vince gli eserciti dei re della terra guidati dalla bestia. Poi cattura la bestia e il suo falso profeta e li getta nello stagno di fuoco. In questo modo simbolico mostra che il Cristo è destinato a trionfare sui nemici che si oppongono al suo dominio sul mondo.

In Ap 20,1-6 descrive *l'avvento del regno di Cristo*. Egli ha vinto la bestia. Satana che la sosteneva con il suo potere è incatenato per mille anni nell'abisso. Le anime dei decapitati a causa della parola di Dio e della testimonianza di Gesù riprendono vita "e regnarono con Cristo per mille anni". L'autore chiama questo ritorno alla vita "prima resurrezione" (ἡ ἀνάστασις ἡ πρώτη) e afferma che "la seconda morte" (ὁ δεύτερος θάνατος) non ha potere su di loro. Poiché in seguito non parla mai di seconda resurrezione, ma precisa in Ap 20,5 che gli altri morti non tornarono in vita fino al compimento dei mille anni, si può supporre che egli consideri il ritorno alla vita degli altri morti al momento del giudizio come "la seconda resurrezione".

Pertanto la sua affermazione potrebbe essere equivalente a ciò che dice Paolo in 1Cor 15,23 in cui afferma che alla venuta di Cristo, risorgeranno quelli che sono di Cristo. Poi sarà la fine.

Alla luce di questo testo, l'espressione "prima resurrezione" indicherebbe il privilegio che spetta a coloro che hanno la fede. Essi saranno i primi a risorgere, perché in questo modo saranno sottratti dal giudizio finale.

In Ap 20,4c dice che essi "regneranno con Cristo per mille anni". L'espressione è di natura simbolica e significa che coloro che sono morti nel Signore, quando risorgeranno, saranno associati alla vita del loro Signore. E poiché il Cristo alla fine regna su tutto, dice che regneranno con lui, per fare comprendere con una immagine, indicata dal verbo 'regnare', che condivideranno in tutto la sua vita e il suo essere. Pertanto i mille anni sono un numero simbolico, che serve all'autore per esprimere la partecipazione dei risorti alla vita immortale del loro Signore.

Ciò è confermato da Ap 20,6b in cui dice beati coloro che prenderanno parte alla prima resurrezione, perché la seconda morte non ha potere su di loro. In Ap 20,14 precisa che "la seconda morte" è la condanna eterna nello stagno di fuoco. Da ciò appare evidente che il linguaggio esprime in modo simbolico ciò che crediamo. Coloro che sono morti in Cristo, risorgeranno per essere uniti per sempre alla vita del loro Signore, e in questo modo saranno sottratti dalla condanna e salvati dal giudizio finale.

In Ap 20,7-10 presenta *la vittoria di Dio su Satana* prima del giudizio. Dice che Satana dopo i mille anni di regno di Cristo sarà sciolto per sedurre il mondo. Questo è un modo simbolico che serve all'autore per significare che Satana non ha potere, dove Cristo è Signore. Ma continua a sedurre e a dominare in coloro che non accettano di sottomettersi a Cristo con la fede. Tuttavia anche il potere di Satana è destinato a finire. Dio stesso vi porrà un argine. Questo vuole indicare la frase simbolica che un fuoco scese dal cielo e lo distrusse (Ap 20,9). La sua fine è certa ed è indicata dal fatto che viene gettato nello stagno di fuoco, che indica la condanna e la morte eterna.

In Ap 20,11-15 presenta *il giudizio finale e la vittoria di Dio sulla morte e sugli inferi*, come ultimo atto della instaurazione del suo regno. La descrizione inizia in Ap 20,11a con la visione di un trono bianco e di colui che vi è seduto, come all'inizio in Ap 4,2-3. In Ap 20,11a dice che la terra e il cielo sono scomparsi. E ciò significa che siamo veramente alla fine della vicenda umana, iniziata con la creazione. Tutti i morti, cioè tutti quelli che non appartennero al Cristo, stanno in piedi davanti al trono e vengono giudicati secondo le loro opere, registrare nei 'libri', che ora vengono aperti, come dice in Ap 20,12b. Questo simbolo indica in modo chiaro che Dio conserva memoria del bene e del male compiuto dall'uomo durante la sua vita e che di ciò gli chiederà conto, quando è terminata. Il plurale 'libri' (βιβλία) quindi si riferisce alla qualità delle azioni degli uomini, che sono buone e malvagie, registrate su un libro diverso secondo la qualità. L'altro libro (ἄλλο βιβλίον), che egli chiama "della vita", contiene il nome di coloro che sono destinati alla salvezza e non alla condanna, come risulta da Ap 20,15. Anche questo è simbolo chiaro che significa che, tra coloro che saranno giudicati, alcuni sono destinati alla vita, altri alla "seconda morte", come dice in Ap 20,14b.

Pertanto le parole 'vita' e 'seconda morte' sono due parole simboliche. La prima indica la salvezza, come partecipazione per sempre alla vita, cioè alla vita immortale di Dio. La seconda indica la condanna, come privazione eterna di vita, cioè totale privazione della vita divina. A questa condanna sono destinati anche la morte e gli inferi. In Ap 20,14a dice che furono gettati nello stagno di fuoco e specifica che questa è la seconda morte, la totale privazione della vita. La condanna subita dalla morte e dagli inferi è la stessa subita dalla bestia (Ap 19,20c) e da Satana (Ap 20,10). In questo modo l'autore fa comprendere che la loro funzione sulla vita degli uomini non è stata benefica ma malvagia, perché con il loro potere li hanno separati da Dio, per mezzo del peccato. Destinandoli alla "seconda morte" significa che per essi è giunta la fine. Per loro non c'è più posto quando Dio avrà esteso su tutto il suo dominio.

Bibliografia. (su Ap 19,11-20,15) H. Bietenhard, *Das tausendjährige Reich.* Eine biblisch-theologische Studie, Zürich 1955.- O. Böcher, *Die Johannesapokalypse*, 96-106.- T.F. Glasson, "The Last Judgement in Rev 20 and Related Writings", *NTS* 39 (1984) 42-53.- M. Gourgues,

"The Tausend Year Reign (Rev 20:1-6): Terrestrial or Celestial?", *CBQ* 47 (1985) 676-681.- J. Herzer, "Der erste Reiter und der König der Könige. Ein Beitrag zur Christologie der Johannesapokalypse", *NTS* 45 (1999) 230-249.- J.A. Hughes, "Revelation 20,4-6 and the Question of the Millennium", *WTJ* 35 (1973) 281-302.- Idem, "The First Resurrection: Another Interpretation", *WTJ* 39 (1977) 315-318.- C. Mazzucco - E. Petrella, "Il rapporto tra la concezione del millennio dei primi cristiani e l'Apocalisse di Giovanni", *Aug* 18 (1978) 29-45.- S.H.T. Page, "Revelation 20 and Pauline Eschatology", *JETS* 23 (1980) 31-43.- P. Prigent, "Le millennium dans l'Apocalypse johannique", in: *Apocalyptique* (Etudes d'Histoire des Religions de l'Université des Sciences Humaines de Strasbourg 3), Paris 1977,139-156.- W. Robinson, " 'The First Resurrection' and 'The Second Dead' in the Apocalypse", *Theol* 46 (1943) 97-102.- G. Rochais, "Le règne des mille ans et la seconde mort: origine et sens (Ap 19,11-20,6)", *NRT* 103 (1981) 831-856.- E. Schüssler Fiorenza, *Priester für Gott*, 291-344.- Idem, "Die Tausedjährige Herrschaft der Auferstandenen (Apk 20,4-6)", *BiLe* 13 (1972) 107-124.- D.C. Smith, "The Millennial Reign of Jesus Christ - Some Observations on Rev 20,1-10", *RestQ* 16 (1973) 219-230.

5. *La vita eterna*. Con il giudizio termina l'instaurazione del regno di Dio. Ciò che segue non riguarda più il mondo, né il regno di questo mondo, né il tempo; ma solo il nuovo mondo, l'eternità e la vita con Dio. Ciò è descritto nelle visioni simboliche di Ap 21,1-22,5. Il loro significato corrisponde agli ultimi articoli del credo: "la vita eterna", "il mondo che verrà". L'autore presenta prima il nuovo mondo (Ap 21,1-27), poi la vita eterna con Dio (Ap 22,1-5), aggiungendo ciò che il credo non dice, ma che speriamo fermamente, la visione di Dio (Ap 22,4).

In Ap 21,1-4 vede un nuovo cielo e una nuova terra, che non descrive. Ma fa capire che si tratta proprio del mondo nuovo. Dice che il cielo e la terra di prima sono passati (ἀπῆλθαν) e che il mare non c'è più. Ciò è sufficiente per significare che ciò che ci attende è una realtà nuova e differente. E tuttavia l'uso delle stesse parole 'cielo' e 'terra' sta ad indicare che la stessa realtà perdura, ma totalmente rinnovata e non più come prima.

La stessa cosa dice della Gerusalemme che vede scendere dal cielo, da Dio, come una sposa preparata per il suo sposo. Come la Gerusalemme della terra era chiamata "città di Dio" perché Dio era presente nel suo tempio per abitare in mezzo al suo popolo; così anche nel nuovo mondo c'è una Gerusalemme.

Ma è nuova (καινή). E ciò lascia intendere che appartiene al mondo nuovo, come il nuovo cielo e la nuova terra. Una voce dice: "Ecco la dimora di Dio con gli uomini" e descrive le sue condizioni di vita. In Ap 21,4 citando Is 25,8 dice che Dio asciugherà ogni lacrima dai loro occhi. Ciò significa che Dio consolerà il pianto dell'uomo perché non ci saranno più le cause del pianto, cioè la morte, il lutto, il lamento, l'affanno. La voce dice: "Le cose di prima sono passate".

In Ap 21,5 riporta le parole di Dio che siede sul trono: "Ecco, faccio tutto nuovo" (ἰδοὺ καινὰ ποιῶ πάντα), e ordina di scriverle perché sono vere e

degne di fede. Le parole di Dio e l'ordine di scriverle hanno lo scopo di invitare chi legge a non dubitare della visione e ad accettare con fede la consolazione che promette. Ciò è confermato da altre parole di Dio, riferite in Ap
21,6. Dice: "Ecco, sono compiute"(γέγοναν). Poi offre se stesso come garante
del compimento. Dice: "Io sono l'alfa e l'omega, il principio e la fine". Infine
fa una promessa, dicendo: "A chi ha sete, darò gratuitamente l'acqua dalla
fonte della vita". Questa è una immagine simbolica che indica la vita immortale con cui disseta la sete dell'anima che vuole vivere sempre. Ma la promessa e riservata solo a chi è vittorioso. In Ap 21,7 Dio dice: "Chi sarà vittorioso,
erediterà questi beni e sarò per lui Dio ed egli sarà per me figlio". Con queste
parole Dio promette a chi crede lo stesso destino che ha riservato al Figlio, il
Cristo Signore.

In Ap 21,9-27 descrive la Gerusalemme nuova, che in Ap 21,10 chiama
"città santa", "Gerusalemme che scende dal cielo, da Dio", "splendida della
gloria di Dio". Alcuni elementi della descrizione fanno capire che questa città
è un'immagine simbolica del popolo dei redenti, partecipanti alla gloria.

Sono loro la vera dimora in cui abita Dio. In Ap 21,12 dice che le dodici
porte della città sono sorvegliate da dodici angeli e che sulle porte della città
ci sono "nomi scritti delle dodici tribù d'Israele". In Ap 21,14 dice che le
mura della città poggiano su dodici basamenti, sui quali sono scritti i nomi
dei dodici apostoli dell'agnello. I basamenti indicano fondazione. Ciò significa che la costruzione è fondata sulla fede degli apostoli, a cui hanno aderito
gli altri.

Costoro sono indicati dalle dodici porte di ingresso. Infatti il nome posto
sulle porte indica che sono riservate a coloro che vi possono entrare. Questi
nomi sono delle dodici tribù di Israele, da cui provengono i 144.000 che portano il sigillo del Dio vivente (Ap 7,1-8), e che sono chiamati in Ap 14,3 "i
redenti della terra", e di cui in Ap 14,4 si dice che "sono stati redenti tra gli
uomini come primizie per Dio e per l'agnello". Perciò è giusto dire che la
nuova Gerusalemme, in cui Dio dimora con gli uomini nel nuovo mondo, è
formata dai redenti dal sangue dell'agnello, perché hanno creduto alla fede
che gli apostoli hanno diffuso predicando il vangelo.

In Ap 21,22 fa notare che nella città non c'è tempio e dice che Dio e
l'agnello sono il suo tempio. Questo è un modo di parlare nel simbolo, per
fare capire che Dio è realmente presente insieme all'agnello in mezzo alla
città, formata da coloro che egli ha salvato.

Finalmente in Ap 22,1-5 descrive la vita di questa città, con immagini che
ricordano il paradiso, al momento della creazione dell'uomo, come descritto
in Gn 2,4-24. In questo modo il lettore comprende subito che alla fine l'uomo
è riammesso a partecipare alla vita di Dio, nel paradiso, da cui fu cacciato in

seguito al peccato, quando fu maledetto, come è narrato in Gn 3,1-24. Ciò risulta evidente sia dalle immagini della descrizione in Ap 22,1-2 sia dalle parole della promessa che segue la descrizione in Ap 22,3-5.

Quanto alla descrizione in Ap 22,1 dice di vedere un fiume di acqua viva che sgorga dal trono di Dio e dell'agnello e attraversa la città. In Ap 22,2 specifica che sulle sue sponde cresce l'albero della vita, di cui parla Gn 2,9. Dice che questo albero fa dodici raccolti, uno ogni mese e che le sue foglie guariscono le nazioni. Queste sono immagini simboliche. Il "fiume di acqua viva" (lett. fiume di acqua della vita) (ποταμὸν ὕδατος ζωῆς) indica la vita divina che dà vita a coloro che vivono nella città che attraversa. Dicendo "acqua della vita" (ὕδωρ ζωῆς) fa capire che sgorga sempre per dare vita.

Dicendo che scaturisce dal trono di Dio e dell'agnello vuole indicare nel simbolo che Dio e l'agnello sono l'origine unica di questa vita immortale. E' per mezzo dell'agnello infatti che viene comunicata all'uomo salvato. Dicendo che si trova in mezzo alla piazza della città, significa che ad essa partecipano tutti coloro che la formano. Dicendo che sulle sue sponde cresce "l'albero della vita" (ξύλον ζωῆς), significa che da essa tutti ricevono vita, cioè coloro che ora possono accedere all'albero della vita. Dicendo che le sue foglie guariscono le nazioni, vuole indicare che questa vita che viene da Dio sana tutti gli uomini dalla loro malattia, che è la morte.

Quanto alle parole che dice in Ap 22,3-5 confermano che la descrizione vuole indicare che l'uomo è riammesso di nuovo a partecipare alla vita di Dio, da cui era stato escluso per il peccato. In Ap 22,3 dice: "E non ci sarà più maledizione". Ciò significa che gli uomini sono salvati per sempre, perché è cessata la maledizione con cui Dio li allontanò da sé dopo il peccato. Pertanto alla fine avremo di nuovo la comunione di vita con Dio. Ciò è detto in modo chiaro con due immagini. In Ap 22,3 dice: "Il trono di Dio e l'agnello sarà in mezzo a lei e i suoi servi lo adoreranno e vedranno la sua faccia". Il trono significa la presenza di Dio e 'il guardare' la faccia indica la riammissione alla sua presenza, che noi chiamiamo 'visione beata o beatifica'.

Con ciò termina la storia della salvezza e inizia la nostra speranza.

Bibliografia. (su Ap 21,1-22,5) H. Bietenhard, *Die himmlische Welt im Urchristentum und Spätjudentum*, Tübingen 1951.- R. Bergmeier, " 'Jerusalem, du hochgebaute Stadt' ", *ZNW* 75 (1984) 86-101.- W.J. Dumbrell, *The End of the Beginning*. Revelation 21-22 and the Old Testament, Hombush West, NIW, 1985.- A. Calunga, "El cielo nuevo y la tierra nueva", *Salm* 3 (1956) 485-492.- J. Comblin, "La liturgie de la Nouvelle Jérusalem (Apoc 21,1-22,5)", *ETL* 29 (1953) 5-40.- J.A. Du Rand, "The Imagery of the Heavenly Jerusalem (Revelation 21,9-22,5)", *Neot* 22 (1988) 65-86.- A. Gangemi, "L'albero della vita (Ap 2,7)", *RivB* 23 (1975) 383-397.- D. Georgi, "Die Visionen vom himmlischen Jerusalem in Apk 21 und 22", in: *Kirche*, FS G. Bornkamm, ed. D. Lührmann - G. Strecker, Tübingen 1980, 351-372.- H. Kuhaupt, *Der neue Himmel und die neue Erde*. Eine Auslegung Apk 21,1-22,5, Münster 1947.- H. Läpple, "

'Das neue Jerusalem'. Die Eschatologie der Offenbarung des Johannes", *BiKi* 39 (1984) 75-81.- M. Rissi, *Die Zukunft der Welt*. Eine exegetische Studie über Johannes Offenbarung 19,11-22,5, Basel 1965.- J. Roloff, "Neuschöpfung in der Offenbarung des Johannes", *JBTh* 5 (1990) 119-138.- E. Schüssler Fiorenza, *Priester für Gott*, 345-375.375-389.397-416.- D.M. Stanley, "Lo! Make All Things New (Ap 21,5)", *The Way* 9 (1969) 278-291.- P. Stuhlmacher, "Sehe, ich mache alles neu!' ",*LuthR* 18 (1968) 3-6.- W. Thüsing, "Die Vision des 'Neuen Jerusalems' (Apk 21,1-22,5) als Verheissung und Gottesverkündigung", *TrThZ* 77 (1968) 17-34.- U. Vanni, "Gerusalemme nell'Apocalisse", in: *Gerusalemme*. Atti della XXXVI Settimana Biblica, Brescia 1982, 27-52, rist. in: Idem, *L'Apocalisse*, 369-390.- Idem, "La novità escatologica attuata: Ap 21,1-8", in: Idem, *L'Apocalisse*, 253-276.- Idem, "La dimension christologique de la Jérusalem nouvelle", *RHPR* 79 (1999) 119-133.- A. Vögtle, " 'Dann sah ich einen neuen Himmel und eine neue Erde' (Apk 21,1). Zur kosmischen Dimension neutestamentlicher Eschatologie", in: *Glaube und Eschatologie*, FS W.G. Kümmel, ed. E. Grässer - O. Merk, Tübingen 1985, 303-333.- M. Wilcox, "Tradition and Redaction of Rev 21,9-22,5", in: *L'Apocalypse johannique*, ed. J. Lambrecht, 205-215.

INDICE

Premessa   5

PARTE PRIMA

MARCO
Bibliografia   9
I   Autore, luogo e data di composizione di Marco   12
II Piano letterario del vangelo di Marco   14
III Lo Scopo teologico del vangelo di Mc   18

MATTEO
Bibliografia   23
I   Autore, luogo e data di composizione di Mt   25
II Piano letterario del vangelo di Mt   27
III Lo Scopo teologico del vangelo di Matteo   31

LUCA (Vangelo e Atti degli Apostoli)
Bibliografia   43
I   Autore, luogo e data di composizione di Luca (Vg e At)   47
II Piano letterario dell'opera di Luca   48
III Piano teologico del 'primo' discorso di Luca (Vg)   52
IV Piano teologico del 'secondo' discorso di Luca (At)   68

GIOVANNI
Bibliografia   79
I   Autore, data luogo di composizione di Gv   82
II Piano letterario del vangelo di Giovanni   84
III Scopo teologico del vangelo di Giovanni   87

PARTE SECONDA

AI ROMANI
Bibliografia   105
I   Piano letterario di Rm   106
II Teologia di Rm   111
III Il tema: la giustizia dalla fede   111
  2 Sviluppo del tema   112
    a) Tutti sono sotto il peccato e tutti sono giustificati in Cristo   112
    b) Giustificati per fede, saremo salvati   115
    c) Tutto Israele sarà salvato   119

AI CORINZI 1

Bibliografia 123
I Piano letterario di 1Cor 124
II Teologia di 1Cor 127
  1 *Il discorso della croce e la sapienza di Dio* 127
  2 *Siamo membra di Cristo e tempio dello Spirito* 129
  3 *Un solo Dio, un solo Signore* 130
  4 *La comunione al sangue e al corpo del Signore* 131
  5 *La cena del Signore* 131
  6 *I doni dello Spirito: la dottrina dei carismi* 132
  7 *La carità e la visione (faccia a faccia) di Dio* 134
  8 *La resurrezione dei morti* 135

AI CORINZI 2

Bibliografia 139
I Piano letterario di 2Cor 140
II Teologia di 2Cor 142
  1 *Il 'sì' di Dio e il 'sì' del Figlio di Dio* 143
  2 *Il ministero della lettera che uccide e il ministero dello Spirito che dà vita*
    (l'Antica e la Nuova Alleanza) 143
  3 *L'uomo esteriore, l'uomo interiore e il loro destino* 145
  4 *Il ministero della riconciliazione* 147
  5 *Cristo si è fatto povero per voi* 149

AI GALATI

Bibliografia 151
I Piano letterario di Gal 152
II Teologia di Gal 155
  1 *Il tema: il vangelo di Cristo* 155
  2 *Sviluppo del tema* 155
    a) Il vangelo di Cristo è unico ed è da Dio 156
    b) Il vangelo annunciato è conforme alla promessa fatta da Dio 158
  3 *Alcuni principi della fede evocati nella argomentazione di Gal* 162

AGLI EFESINI

Bibliografia 165
I Piano letterario di Ef 166
II Teologia di Ef 168
  1 *Il ministero della grazia affidato a Paolo e l'amministrazione del mistero* 168
  2 *La realizzazione del piano salvifico di Dio* 169
    a) L'opera salvifica di Dio: ricapitolare tutto in Cristo 169
    b) L'opera salvifica del Figlio: la riconciliazione degli uomini con Dio 171
  3 *Salvati per grazia* 173

4 *Vivere secondo la vocazione ricevuta* 174
   a) Conservare l'unità dello Spirito 174
   b) Fatevi imitatori di Dio 175
   c) Siate sottomessi gli uni agli altri nel timore di Cristo 177

AI FILIPPESI
Bibliografia 179
I Piano letterario di Fil 180
II Teologia di Fil 182
   1 *Crescere nella carità per discernere il meglio* 182
   2 *Il mio vivere è Cristo* 183
   3 *Abbiate gli stessi sentimenti che furono in Cristo* 184
   4 *Simile a lui nella morte per raggiungere la resurezione dei morti* 187
   5 *La nostra patria è nei cieli* 188

AI COLOSSESI
Bibliografia 189
I Piano letterario di Col 190
II Teologia di Col 194
   1 *La parola di verità del vangelo* 194
   2 *In Cristo abita la pienezza della divinità corporalmente* 198
   3 *Cercate le cose di lassù* 199

AI TESSALONICESI 1 e 2
Bibliografia 201
Ai Tessalonicesi 1 203
Bibliografia 203
I Piano letterario di 1Tess 204
II Teologia di 1Tess 206
   1 *Il destino dei morti e il ritorno di Cristo* 206
   2 *Il tempo del ritorno di Cristo* 208
Ai Tessalonicesi 2 209
Bibliografia 209
I Piano letterario di 2Tess 209
II Teologia di 2Tess 211
   1 *Il giorno del Signore e il mistero della iniquità* 211
   2 *Chi lo trattiene?* 214

LE LETTERE PASTORALI (1-2 Timoteo, Tito)
Bibliografia 217
I Piano letterario di 1Tim 219
II Teologia di 1Tim 221
   1 *Cristo venne nel mondo per salvare i peccatori* 221

2 *Un solo mediatore tra Dio e gli uomini: l'uomo Gesù Cristo* 221
3 *Il mistero della pietà* 222
4 *Dio, unico, incorruttibile, invisibile* 223
III Piano letterario di 2Tim 225
IV Teologia 2Tim 226
V Piano letterario di Tt 228
VI Teologia di Tt 229
1 *Chiamare alla conoscenza della verità* 229
2 *E' apparsa la grazia di Dio* 229
3 *Ci ha salvati per la sua misericordia* 230

A FILEMONE
Bibliografia 233
I Piano letterario di Filem 234
II Contenuto di Filem 234
III Teologia di Filem 236

AGLI EBREI
Bibliografia 239
I Piano letterario di Eb 241
II Teologia di Eb 245
1 *Il 'Nome' conseguito dal Figlio* 246
2 *Il Cristo, sommo sacerdote misericordioso e degno di fede* 250
3 *Cristo, sommo sacerdote, mediatore di una alleanza nuova nel suo sangue* 252
a) Cristo, sommo sacerdote al modo di Melchisedek 252
b) Il sacrificio di Cristo sommo sacerdote 253
c) Effetto del sacrificio di Cristo sommo sacerdote: la nostra santificazione e perfezione 256
4 *Le conseguenze parenetiche della istruzione su Cristo sommo sacerdote* 258
a) Prestare attenzione alle cose udite 258
b) Ascoltare la sua voce 258
c) Accostiamoci (a Dio) 259
d) Abbiamo grazia, per rendere a Dio un culto gradito 259

PARTE TERZA

DI GIACOMO
Bibliografia 263
I Piano letterario di Gc 265
II Teologia di Gc 272
1 *La tentazione ha origine dalla nostra concupiscenza e non da Dio* 272
2 *La fede senza opere è morta e non giova alla salvezza* 275

3 *Il giudizio secondo la legge di libertà* 277
4 *Dio, legislatore e giudice* 279
5 *Lo Spirito abita in noi* 280

DI PIETRO 1
Bibliografia 283
I   Piano letterario di 1Pt 286
II Teologia di 1Pt 289
   1 *La redenzione operata da Cristo* 289
   2 *Cristo, modello del cristiano* 291
   3 *L'opera salvifica del Cristo* 295
      a) Ha sofferto per i peccati, giusto per gli ingiusti 295
      b) Ha annunciato la salvezza agli spiriti in prigione (la discesa agli Inferi) 296
      c) Il battesimo dei credenti 298

DI PIETRO 2
Bibliografia 301
I   Piano letterario di 2Pt 302
II Teologia di 2Pt 305
   1 *La partecipazione alla natura divina* 305
   2 *La fine del mondo, il giudizio, il mondo nuovo* 307
   3 *Interpretazione e ispirazione della profezia* 309

DI GIUDA
Bibliografia 313
I   Piano letterario di Gd 314
II Teologia di Gd 316
   1 *Il giudizio universale* 316
   2 *Il giudizio individuale* 317
   3 *Gli angeli buoni e gli angeli peccatori* 319

DI GIOVANNI 1,2,3
Bibliografia 323
Di Giovanni 1 325
Bibliografia 325
I   Piano letterario di 1Gv 326
II Teologia di 1Gv 333
   1 *La manifestazione della vita* 334
   2 *La natura di Dio* 336
      a) Dio è luce 336
      b) Dio è giusto 337
      c) Dio è amore 338
   3 *Il Figlio di Dio come offerta di espiazione per i peccati* 339

4 *Il dono dello Spirito, segno della presenza di Dio* 341
5 *La manifestazione di Dio* 342

Di Giovanni 2 e 3
Bibliografia 345
Di Giovanni 2 345
Bibliografia 345
I   Piano di 2Gv 346
II Contenuto di 2Gv 346
III Teologia di 2Gv 347
Di Giovanni 3 349
Bibliografia 349
I   Piano di 3Gv 350
II Contenuto di 3Gv 350
III Teologia di 3Gv 351

APOCALISSE
Bibliografia 353
I   Piano di Ap 360
II Teologia di Ap 365
    1 *Lo scopo del libro* 365
    2 *Il titolo e il contenuto del libro come indicati in Ap 1,1-20* 367
    3 *Sintesi della visione* 371
    4 *L'idea teologica dominante: l'instaurazione del regno di Dio e del suo
      Cristo* 380
    5 *La vita eterna* 387